LA PÊCHE
ET LES PÊCHEURS
DES PROVINCES
MARITIMES DU CANADA

LA PÊCHE ET LES PÊCHEURS
DES PROVINCES MARITIMES DU CANADA

CONTRIBUTION À L'ÉTUDE DU SOUS-DÉVELOPPEMENT À L'INTÉRIEUR D'UN PAYS RICHE

JEAN CHAUSSADE

1983
LES PRESSES DE L'UNIVERSITÉ DE MONTRÉAL
C.P. 6128, SUCC. «A», MONTRÉAL (QUÉBEC), CANADA H3C 3J7

Cet ouvrage a été publié grâce à une subvention de la Fédération canadienne des sciences sociales, dont les fonds proviennent du Conseil de recherches en sciences humaines du Canada et avec le concours du Centre National de la Recherche Scientifique (France).

Couverture : Un seineur en action
(Photographie de Emploi et Immigration Canada)

ISBN : 2-7606-0585-X

À mon épouse, Nicole
À mon maître de la Sorbonne, Pierre George
À mes amis des deux côtés de l'Atlantique

Les faits nous rappellent à chaque pas que nous ne régnons nullement sur la nature comme un conquérant règne sur un peuple étranger, comme quelqu'un qui serait en dehors de la nature, mais que nous lui appartenons avec notre chair, notre sang, notre cerveau, que nous sommes dans son sein et que toute notre domination sur elle réside dans l'avantage que nous avons sur l'ensemble des autres créatures de connaître ses lois et de pouvoir nous en servir judicieusement. (FRIEDRICH ENGELS)

« Entre le fort et le faible, c'est la liberté qui opprime et c'est la loi qui libère. » (LAMENNAIS)

LISTE DES ABRÉVIATIONS UTILISÉES DANS CETTE ÉTUDE

C.I.P.A.N.   Commission internationale des pêcheries de l'Atlantique du Nord-Ouest
C.R.A.S.E.   Conseil régional d'aménagement du Sud-Est (du Nouveau-Brunswick)
Év.   Évangéline (le quotidien des Maritimes)
F.R.B.   Fisheries Research Board of Canada
I.S.T.P.M.   Institut scientifique et technique des pêches maritimes (en France)
Le V.   Le Voilier (hebdomadaire du Nord-Est du Nouveau-Brunswick)
P.C.   Le Petit Courrier (hebdomadaire de la Nouvelle-Écosse)
P.M.   La Pêche Maritime (revue française)
U.M.F.   United Maritime Fishermen
ou P.U.M.   ou Pêcheurs unis des Maritimes (coopératives)
U.P.M.   Union des pêcheurs des Maritimes (syndicat)

Nota : Parmi les photos jointes à cette étude, celles qui ne sont pas spécifiquement mentionnées
sont de l'auteur.

AVANT-PROPOS

*V*oici enfin la publication, sous une forme raccourcie, d'une thèse de doctorat d'État soutenue en juillet 1980 à l'Université de Bretagne Occidentale (Brest).

Ce travail fait suite à plusieurs autres recherches menées en Europe et en Amérique du Nord sur le même thème ; ainsi, on peut comprendre dans quelle disposition cette étude a été entreprise : non comme quelqu'un qui découvrirait le milieu maritime pour la première fois, mais en ayant toujours présent à l'esprit la situation des pêches dans les autres pays occidentaux. Autrement dit, même si cette étude ne se présente pas sous une forme comparative, il ne fait pas de doute que la comparaison est sous-jacente à toute notre réflexion. Ajoutons aussi, qu'elle exprime le point de vue d'un «Français de France» sur une région qu'il a certes bien connue pour y avoir vécu et travaillé durant plusieurs années mais qui lui reste naturellement étrangère ; d'où parfois, des appréciations sur la vie et les gens qui auront de quoi surprendre nos amis canadiens!

Comme on l'a deviné, il s'agit d'une étude de *géographie humaine*. Non pas d'une analyse froide et théorique d'un secteur d'activités que l'on aurait extirpé de son cadre physique social et culturel mais bien d'une description aussi claire et vivante que possible (la géographie n'est pas affaire de spécialistes, que diable!) des liens multiples et complexes qui unissent ces pêcheurs à leur environnement.

Comment ne pas voir, par exemple, que les difficultés que doivent affronter ces travailleurs de la mer ne sont pas très différentes de celles des autres petits producteurs des Maritimes (agriculteurs ou propriétaires de lots boisés). Leur pauvreté a un contenu économique mais aussi politique et culturel. Un mot peut la résumer : *dépendance* ; dépendance vis-à-vis des institutions où ils se sentent mal représentés, dépendance vis-à-vis des compagnies de transformation et de distribution pour qui le territoire des trois provinces n'est qu'une base d'approvisionnement parmi d'autres, dépendance enfin vis-à-vis du genre de vie nord-américain qui n'est guère favorable à la valorisation des produits de la mer.

Mais comment ne pas se rendre compte également que ces difficultés rejoignent par bien des aspects celles des pêcheurs des autres pays halieutiques, qu'il s'agisse de l'appauvrissement des fonds, de la montée vertigineuse des frais d'exploitation du bateau ou de la faiblesse de recrutement des marins.

Comme on le voit, le projet de cette étude est vaste et certains pourront dire ambitieux. Après tout, il est celui de tout géographe : établir des rapports entre des données extrêmement disparates, allant de la physique à l'histoire, en vue d'expliquer d'apparentes anomalies ; en l'occurrence, il s'agit de comprendre pourquoi ces petites communautés de pêcheurs sont restées pauvres alors même qu'elles avaient la chance d'être situées à proximité immédiate d'un des secteurs les plus poissonneux de l'hydrosphère.

Étude de synthèse, étude globale menée selon les règles strictes qu'impose tout devoir scientifique. Est-il besoin de le préciser, le travail du géographe n'est pas celui du romancier ; il doit s'appuyer sur des documents et de multiples statistiques, «coller» le plus possible à la réalité et, comme on dit «faire du terrain», beaucoup de terrain ; mais plus encore que l'historien, il doit faire face à des lacunes, à des hiatus dans la connaissance et dans ce cas, sa perception des choses intervient ; comme toutes les sciences humaines, la géographie est soumise à une marge *d'incertitude ;* il est donc un peu vain de vouloir arriver à une appréhension rigoureuse et, disons-le, quantifiée du réel ; et si quelques-uns croient aujourd'hui y parvenir, les chiffres et les formules auxquels ils aboutissent, dans leur précision même, sont illusoires, puisque les données mathématiques qu'ils traitent par ordinateur sont par trop fragmentaires et déjà trompeuses en elles-mêmes. Tout cela pour dire que si le géographe doit s'efforcer de s'approcher du réel observable (en s'appuyant pour cela sur les mathématiques), il doit bien admettre que le but ambitieux qu'il s'assigne ne lui permet pas d'arriver à une parfaite objectivité telle que le rêvaient les positivistes du XIXe siècle et telle que le rêvent encore certains spécialistes en sciences humaines.

Avant d'aborder cette étude, qu'il nous soit permis de témoigner notre vive gratitude à tous ceux qui, d'une manière ou d'une autre, ont bien voulu collaborer à ce travail de longue haleine. Est-il besoin de le préciser, sans leur coopération et l'aide matérielle aussi bien que morale qu'ils nous ont apportées tout au long de ces années de recherches, nous ne serions pas venus au bout de nos peines.

Nos remerciements iront en premier lieu à Messieurs les professeurs Delvert et Guilcher qui ont grandement facilité notre entrée au C.N.R.S. Monsieur Delvert avait guidé nos premiers pas de chercheur avec un mémoire de D.E.S. sur un village fang d'Amérique Équatoriale, puis un doctorat de 3e cycle sur la pêche et les pêcheurs du littoral vendéen. Monsieur Guilcher a accepté de prendre le relais pour cette étude plus large qui s'inscrit dans le cadre des travaux de l'Équipe de recherche associée qu'il a dirigé jusqu'en 1981. La confiance qu'il nous a toujours manifestée au milieu d'inévitables difficultés de parcours a été un précieux encouragement à poursuivre notre tâche coûte que coûte. Au moment où les différents organismes de recherche français se dotent de nouvelles structures, il n'est pas inopportun de rappeler l'importance pour un chercheur en Sciences humaines de travailler dans un tel climat de liberté et d'indépendance d'esprit.

Nos remerciements s'adresseront ensuite à tous ceux qui ont facilité nos séjours au Canada. Je veux parler de mes très chers amis Maurice et Simone Rainville, Jean et Louise Peronnet qui m'ont accueilli si chaleureusement chez eux à chaque fois que, fatigué des randonnées sur la côte ou des sorties en mer, je venais chercher à Moncton un peu de réconfort et de repos. J'associerai volontiers à cet hommage tous mes collègues et amis de l'Université de Moncton où j'ai eu la grande joie d'enseigner durant plusieurs années, ainsi que les autorités administratives de ce campus qui m'ont permis de profiter des moyens incomparables de leur bibliothèque pour effectuer, avec l'aide de mon épouse, un dépouillement systématique de nombreux journaux régionaux.

Notre reconnaissance ira également à tous ceux qui nous ont aidé lors de nos déplacements le long des 4 000 km de côte : les familles Levert de Chéticamp, Lavoie de Sydney River, Danault de Sainte-Anne du Ruisseau, Degas de Pointe-Sapin, Mac Intyre de Baie Sainte-Anne, Foulem de Caraquet, Cline de l'île de Campobello, Ben Arié de Dartmouth, et de bien d'autres encore...

Je n'oublie pas non plus l'amabilité et la gentillesse des responsables du ministère de l'Environnement à Halifax qui ont mis toute leur bonne volonté à me rendre service (allant même jusqu'à m'ouvrir la bibliothèque le dimanche pour que je puisse lire et photocopier des documents que je n'avais pas eu le temps de consulter durant la semaine!). C'est à Halifax que j'ai rencontré un des meilleurs spécialistes canadiens de l'économie des pêches, Monsieur Cléo Cormier, qui n'a pas ménagé son temps et sa peine pour satisfaire mon insatiable curiosité. Je garde aussi un souvenir ému des longs entretiens que l'éminent biologiste René Lavoie a bien voulu m'accorder à son domicile de Boutiliers Point pour m'éclairer sur toutes les subtilités de la pêche aux huîtres. Je dois aussi beaucoup à Messieurs De Roussy et Rhéal Chiasson, directeurs des coopératives d'Alder Point et de Lamèque, ainsi qu'à Monsieur Arthur Leblanc, président des Pêcheurs unis des Maritimes pour les éclaircissements qu'ils m'ont apportés sur cette question difficile mais ô combien importante de la commercialisation des produits de la mer. Merci également à Messieurs Legare et Vagneux du ministère des Pêches du Nouveau-Brunswick pour leurs précieux renseignements, et à Monsieur Gérard Saint-Cyr, directeur de l'école des pêches de Caraquet pour son accueil si sympathique. Cette énumération serait incomplète si je n'y joignais le nom de mon ami Gilles Thériault, animateur à l'Association des pêcheurs du Sud-Est du Nouveau-Brunswick, qui a grandement facilité mon insertion dans le milieu maritime de cette région.

Enfin, il nous faut rendre un hommage spécial à tous ces marins-pêcheurs, rencontrés au hasard de nos pérégrinations sur le terrain, qui nous ont accordé un peu de leur temps pour répondre à nos questions. Un simple quart d'heure passé à bavarder le long d'un quai ouvre parfois plus d'horizons que la lecture de bien des documents! Parmi eux, il nous faut remercier plus particulièrement ceux qui nous ont si aimablement reçu à leur domicile et nous ont ouvert leur cahier de comptes sans la moindre réticence, ainsi que tous ces patrons-pêcheurs qui ont bien voulu nous accueillir sur leur bateau pour nous faire toucher du doigt les dures réalités d'un métier pas comme les autres. Si leur nom n'est pas mentionné dans cette étude, c'est pour respecter la volonté de nombre d'entre eux de garder l'anonymat et de ne pas être mêlé de près ou de loin aux conséquences éventuelles qui pourraient résulter de leurs déclarations un peu trop franches ou de la liberté qu'ils ont l'habitude de prendre avec les règlements.

Nous voudrions aussi témoigner notre vive gratitude à tous ceux qui, en France, ont accepté de collaborer d'une manière ou d'une autre à ce travail de recherche, et manifesté de la sollicitude à notre égard.

Ainsi, je ne peux oublier l'accueil plus qu'amical que m'a réservé, durant tout le temps de mon séjour à Brest, le personnel (enseignants et employés administratifs) de la faculté des lettres de l'Université de Bretagne Occidentale (qu'ils me pardonnent de ne pas les nommer), celui également de l'Institut scientifique et technique des pêches maritimes de Nantes où, grâce à la bienveillance du directeur Monsieur Maurin, et l'assistance de Madame L'Excellent et de Mesdemoiselles Radenac et Le Paul, j'ai pu tirer le meilleur parti de l'admirable bibliothèque. Je sais gré aussi à Monsieur Bécherel, président du Rotary Club de Brest, de m'avoir obtenu une bourse de voyage pour une mission au Canada.

Enfin, qu'il nous soit permis de remercier très sincèrement nos collègues et amis, André Guyon et Chantal Duverger, d'avoir accepté de relire une ou plusieurs parties de cette thèse, ainsi que notre dessinatrice Jacqueline Roump d'avoir passé de longues heures à terminer les nombreux dessins et croquis.

J.C.
16 novembre 1982

INTRODUCTION

*D*e prime abord, les trois Provinces Maritimes canadiennes apparaissent bien placées pour développer une importante industrie des pêches[1]. Bordées par des mers parmi les plus poissonneuses du monde et reconnues comme telles depuis fort longtemps, elles sembleraient les plus aptes à tirer profit de ces richesses, surtout si l'on songe qu'elles appartiennent à un État, le Canada, situé à la pointe du développement industriel et dont on pourrait croire qu'il s'efforcerait de faire bénéficier ses pêcheurs de tous les progrès techniques, de toutes les innovations technologiques qui, dans d'autres grands pays, ont considérablement modifié le visage de la pêche depuis une cinquantaine d'années.

Et même si le marché intérieur canadien apparaît trop limité en volume pour servir de débouché exclusif, il ne faut pas oublier la relative proximité du formidable réservoir humain que constitue la mégalopolis américaine qui, avec son niveau de vie, un des plus élevés de la planète, offre un incomparable foyer de consommation.

De fait, les Provinces Maritimes constituent la première région halieutique du Canada tant par le volume des captures (621 000 tonnes en 1978, 46 % des débarquements), et la valeur de la production (268 millions de dollars en 1978, 40 % de la valeur des pêches canadiennes) que par l'importance du nombre de marins-pêcheurs en activité (environ 17 000, soit 27 % de l'effectif global).

Le rôle de la pêche et des industries annexes dans l'économie régionale n'est pas moins considérable. Il suffit d'une première visite sur le terrain pour s'apercevoir que bon nombre de ces communautés littorales n'existent et ne vivent que pour la pêche. D'ailleurs, l'image de cages à homard empilées près d'une maison,

1. Pour la bonne compréhension de cette étude, précisons que les trois Provinces Maritimes comprennent : le Nouveau-Brunswick, la Nouvelle-Écosse, et l'île du Prince-Édouard et seulement ces trois provinces. Quant aux Provinces Atlantiques, elles comprennent les trois Provinces Maritimes et les deux provinces de Terre-Neuve et du Québec.

ou de quais cernés de cabanes de pêcheurs et supportant une ou plusieurs usines de traitement du poisson, appartient d'abord à ces provinces. L'homme des Maritimes n'est-il pas avant tout un marin? Les statistiques sont là pour le confirmer :

— D'après les données ministérielles, l'industrie des pêches représente 10 à 12 % de la valeur ajoutée de l'ensemble des activités des trois provinces. Ce pourcentage s'élève à 15 % pour la Nouvelle-Écosse et à plus de 16 % pour l'île du Prince-Édouard, mais s'abaisse à 6 % pour le Nouveau-Brunswick en raison de la place prépondérante prise ici par l'industrie du bois.

— Quant au nombre d'emplois ainsi créés par la pêche et les activités situées aussi bien en aval (services et administrations portuaires, transports...) qu'en amont (chantiers navals, ateliers de mécanique...), il est toujours difficile de le chiffrer. En se basant sur l'idée généralement admise qu'un homme en mer procure au moins deux emplois à terre, c'est entre 8 et 10 % qu'il faudrait estimer la part de la population directement impliquée dans l'économie des pêches ; en y ajoutant les emplois indirects résultant d'une part de la consommation des familles, d'autre part de l'approvisionnement en fournitures diverses destinées à ces activités maritimes (chantiers navals, conserveries...), il n'est pas déraisonnable de penser que 14 à 16 % de la main-d'œuvre de ces trois provinces sont intéressés de près ou de loin par l'industrie des pêches.

Mais le rôle dominant qu'occupe cette frange littorale dans l'ensemble de l'économie halieutique du Canada et le poids des activités maritimes au sein même de chacune des provinces, permettent-ils d'affirmer que la pêche a atteint ici un degré de développement comparable à celui d'autres secteurs, satisfaisant au regard des besoins potentiels du marché américain et des richesses ichtyologiques de ses eaux littorales? Certainement pas, et c'est là une *anomalie* qu'il nous faudra comprendre et, si possible, expliquer tout au long de cette étude.

Ce petit territoire rejeté au N.E. de l'Amérique du Nord n'a rien du dynamisme japonais et ne ressemble pas non plus aux pays qui frangent la mer du Nord, pour ne prendre que deux exemples célèbres de grandes régions de pêche. Il s'agit plutôt d'une terre de contrastes née de l'intégration inégale et tardive d'une société rurale, communautaire et religieuse à la civilisation urbaine, individualiste et désacralisée issue de la révolution industrielle : de la concrétisation dans l'espace d'une opposition violente entre deux types de production dont l'un n'a pas complètement disparu.

Il ne faut pas s'attendre à trouver ici de vastes complexes portuaires, lieux de rassemblement de flottilles à grand rayon d'action, centres d'activités diverses et points de départ de chaînes commerciales s'étendant à tout un continent. La trame géographique est constituée d'une multitude de petites infrastructures portuaires, réduites parfois à un simple appontement, rattachées à des communautés rurales ou semi-urbaines disséminées le long d'un littoral très indenté ; une pêche côtière, artisanale, composée de petites embarcations, qui n'atteignent pas le plus souvent 14 mètres, la plupart non pontées, opérant à la journée selon des techniques

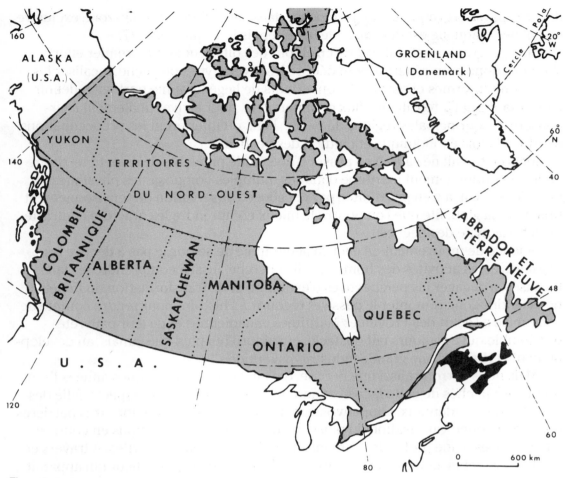

Figure 1
*Le petit isthme des trois Provinces Maritimes par rapport
à la « vastitude » canadienne.*

ancestrales et diversifiées ; une organisation de la vie sociale fondée sur la com-
plémentarité des activités qu'offrent la forêt, les champs, le domaine aquatique et,
de plus en plus aujourd'hui, le travail en ville.

Milieu cohérent mais quelque peu ankylosé, à l'intérieur duquel les formes
industrielles liées à l'essor du capitalisme moderne, ont fait irruption. Dès la fin du
XIXe siècle, des firmes agro-alimentaires se sont intéressées au traitement et à la
commercialisation du poisson, source de profits des plus substantiels. Mais ce n'est
que depuis la Seconde Guerre mondiale et surtout depuis les années soixante,
qu'elles participent directement aux opérations de captures. Le développement de
la pêche industrielle est donc relativement récent, et reste étroitement localisé à
un petit nombre de secteurs côtiers. Aujourd'hui encore, seules quelques dizaines
d'unités sont capables de rivaliser avec les unités ultra perfectionnées des flottilles
étrangères dont la venue en force, il y a un peu plus de vingt ans, a suscité bien des
protestations de la part des populations riveraines et contraint le Canada, après

d'autres pays, à revendiquer puis imposer dans ses 200 milles, une «zone exclusive de pêches», laquelle est devenue effective depuis le 1er janvier 1977.

Si la géographie est d'abord l'art d'établir des différences, un premier effort s'impose donc pour répertorier et décrire les divers types de pêche, localiser les aspects multiformes et parfois déconcertants de la géographie portuaire, définir l'importance et l'intensité des flux commerciaux, pour arriver finalement à circonscrire les principales régions de pêche, lieux où interfèrent les préoccupations d'ordre à la fois économique et culturel des pêcheurs.

Mais ce travail ne saurait se passer d'une étude préalable de ce petit territoire et de son prolongement maritime dans ses multiples composantes physiques et humaines. C'est, à n'en pas douter, par cet effort d'observation de l'environnement pris dans sa globalité que l'on pourra le mieux comprendre le caractère contrasté de cette activité des pêches.

Science de mouvement en effet, la géographie ne se borne pas à décrire les paysages et les activités des hommes, elle cherche aussi à comprendre les faits localisés, à dégager les perspectives d'évolution et de transformation du milieu. Il nous faudra donc remonter le passé et recourir à l'histoire pour rendre compte de cette mise à l'écart des Provinces Maritimes canadiennes et de leur pauvreté d'ensemble qui a toujours fait obstacle, et aujourd'hui plus que jamais, au développement véritable d'une grande industrie halieutique.

Mais nous verrons aussi que la crise, qui affecte depuis quelques années l'économie des pêches de cette façade atlantique, rejoint par maints aspects celle des autres pays occidentaux. L'appauvrissement des fonds et les nombreuses barrières mises à la bonne valorisation du poisson ont accéléré les évolutions en cours et jeté les bases d'une profonde réorganisation de ce secteur d'activités. À travers ces bouleversements, nous le verrons, c'est un nouveau type de pêcheur qui apparaît.

PREMIÈRE PARTIE

À la découverte des trois Provinces Maritimes et des mers qui les bordent

CHAPITRE PREMIER

Une autre Amérique

Les trois Provinces Maritimes du Canada dessinent sur la façade atlantique une sorte de promontoire s'avançant quelque peu vers l'Europe et s'enracinant tant bien que mal dans l'immense arrière-pays continental. L'ambiguïté d'une telle position apparaît immédiatement : tourné vers les *Vieux Pays,* ce territoire s'en trouve encore fort éloigné par l'immense bras d'eau de l'Atlantique Nord, large de 5 000 km et plus ; partie intégrante du continent américain, tout semble se conjuguer pour l'en isoler, que ce soit par le morcellement du pays qui aggrave les distances, la dispersion des populations en bordure d'un littoral démesurément allongé, la nature enforestée et difficilement pénétrable des interfluves, ou encore l'existence de cette énorme apophyse de l'État du Maine qui s'oppose aux relations directes avec le Canada central.

Rien d'étonnant, dans ces conditions, que les Maritimes forment un petit monde à part. Non pas que les paysages, les gens et les mœurs y soient si différents des autres régions. Que l'on ne s'y trompe pas, c'est bien à l'Amérique que l'on a affaire. L'espace omniprésent et à peine aménagé sert, ici comme ailleurs, de dénominateur commun avec ses richesses inestimables et déjà largement exploitées, ses quelques villes copiant dans leurs moindres aspects les plus grandes métropoles : même plan géométrique s'articulant sur l'inévitable *Main Street,* même floraison des centres d'achats (Dominion, Sobey's, Zellers, Eaton), même triomphalisme des édifices bancaires (Bank of Montreal, Royal Bank of Canada), même goût pour les *blocs-appartements,* les quartiers historiques ou les parcs de maisons-mobiles, mêmes «restaurants-autos» *(Drive-in),* mêmes magasins-distributeurs de plats chauds *(Take-out).*

Tout le paysage porte l'empreinte d'une même façon de voir et de penser, de l'appartenance à une même civilisation, à une même culture, tout y révèle l'homme américain dans sa complexité et ses ambivalences : pressé et décontracté, pratique et sentimental, spontané et calculateur, affichant les mêmes goûts pour les gros *chars,* le hockey, le coca-cola et la pause-café, l'amour des arbres et des pelouses impeccables. Mais attention aux jugements rapides et sommaires. Il est toujours facile, surtout pour un étranger, de se laisser prendre au jeu des caricatures et de ne voir qu'uniformité et monotonie là où n'existent que nuances et diversités. Les Maritimes offrent l'image d'une Amérique moins démesurée dans ses traits, plus calme et plus traditionnelle dans ses mœurs. Elle est déjà le passé d'un jeune continent, un pays sans prétention, le revers de cette Amérique victorieuse et bouillonnante d'idées que le reste du monde envie ; elle n'a de records à brandir que ceux par lesquels se définissent généralement la pauvreté et la dépendance. C'est l'Amérique que l'on ne connaît pas, que l'on ne veut pas connaître de peur de ternir l'image de marque de la *véritable,* de celle qui fait parler d'elle. Elle est l'Amérique périphérique (un détail sur la carte), pays quelque peu endormis, à l'écart des grands foyers industriels, mal intégrés à l'espace économique national, en un mot sous-développés et même colonisés, diront certains. Mais elle est aussi, dans une certaine mesure, un pays heureux pour ceux qui sont à la recherche d'une douceur de vivre en passe de disparaître ailleurs.

A. *Les inconvénients d'un promontoire*

Rejeté à l'est de l'immense bassin en forme de cuvette que constitue l'espace géographique canadien, l'isthme des Maritimes (134 582 km) apparaît bien minuscule au regard de l'immense Canada (9,96 millions de km) et nettement plus petit que chacune des autres provinces du pays : le Québec par exemple est 11,2 fois plus grand, l'Ontario 7,9 fois, la Colombie britannique 7 fois, et Terre-Neuve incluant le Labrador encore 3 fois. Sans doute, une partie importante de ces immenses territoires s'étend bien au-delà des limites de l'œkoumène et demeure

en grande partie inoccupée ; ce n'est pas le cas des Maritimes entièrement situées sous des latitudes plus tempérées. De plus, ce que ces Provinces perdent par leur petitesse pourrait être compensé par leur situation privilégiée de base avancée vers l'Europe. De fait, celle-ci leur a valu de jouer un rôle important dans l'histoire mouvementée des relations entre les deux continents. Avec Terre-Neuve, elles se glorifient d'avoir reçu les premiers explorateurs et les premiers campements européens ; leurs franges littorales ont été reconnues et défrichées avant les autres. Port-Royal, sur la baie de Fundy, a été le premier établissement permanent de tout le continent nord-américain, bien avant que les comptoirs de Québec, Montréal, Boston ou New York ne s'inscrivent sur la carte. De tout temps, ce finistère a eu une valeur stratégique primordiale et Halifax, sa capitale économique, a été d'abord une grande base navale, l'équivalent de Brest sur la côte occidentale atlantique.

Une question alors se pose : les Maritimes ont-elles tiré profit de cette situation? Il serait hasardeux de vouloir apporter dès maintenant une réponse satisfaisante. Constatons simplement que le flot d'immigrants, qui depuis le XVIIIe siècle n'a cessé de déferler sur le Nouveau Monde, a choisi de s'installer plus à l'ouest. Les Maritimes n'ont servi le plus souvent que de zone de transit, n'attirant tout au plus, et durant une courte période (1790-1840), que quelques dizaines de milliers de réfugiés. Bien mieux, elles sont devenues à leur tour une terre d'émigration vers les États-Unis et les autres provinces canadiennes. Le phénomène de dévitalisation, commencé dès le dernier tiers du XIXe siècle, se poursuit encore aujourd'hui (perte de 100 000 personnes environ entre 1961 et 1971). De sorte que l'on peut se demander, d'un point de vue strictement géographique, si cette position ne comporte pas finalement plus d'inconvénients que d'avantages :

— d'une part, la configuration des côtes place l'énorme foyer industriel du nord-est des États-Unis ainsi que les grands ports de Boston et Portland à moindre distance des plus grandes agglomérations canadiennes, Montréal et Toronto en particulier, que les deux principales villes portuaires des Maritimes, Halifax et Saint-Jean (fig. 3). Il s'agit là d'un handicap majeur dans la mesure où le transport par voie maritime est moins onéreux que par voie terrestre ; les bateaux ont donc intérêt à venir charger et décharger en des points de la côte situés le plus près possible de

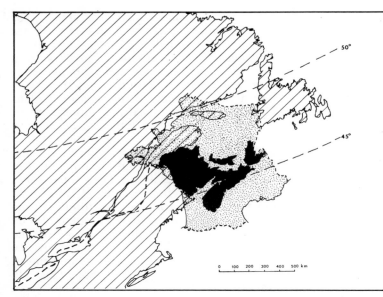

Figure 2
Superficies et situations comparées de la France et des Provinces Maritimes.

ces pôles urbains et industriels, et à délaisser les bases avancées des Maritimes. Le jeune État canadien, dans le but d'unifier le pays et d'éviter une trop grande subordination vis-à-vis du puissant voisin étatsunien[2], a bien tenté à différentes reprises de surmonter cet obstacle. La construction en 1876 de la voie ferrée joignant Montréal à Halifax (le fameux Intercolonial se prolongeant jusqu'à Vancouver), puis en 1889 d'une autre ligne entre Montréal et Saint-Jean à travers le Maine, manifestait cette volonté politique d'une meilleure intégration de ce petit promontoire. Plus tard, le vote de subsides aux transporteurs canadiens allait dans le même sens. Mais ces efforts, aussi importants et généreux soient-ils, n'ont pas été suffisants pour détourner l'essentiel du trafic commercial du Canada central de cette formidable zone d'attraction que constitue la région Nord-Est des États-Unis d'Amérique.

— d'autre part, les Maritimes ont souffert de la présence de cette grande voie d'eau qui, contournant le promontoire par le nord, pénètre jusqu'au cœur du continent américain : le Saint-Laurent. Dès les débuts de la colonisation, politiciens, marchands, trappeurs, aventuriers de tout acabit se sont intéressés au «Grand Fleuve». N'offrait-il pas des perspectives autrement plus intéressantes

2. Nous utiliserons ce néologisme *étatsunien* compte tenu du caractère amphibologique du terme *américain*.

que l'espace étriqué des Maritimes? Ce qu'il portait en lui d'espoirs, de conquêtes et de découvertes, de passages vers un Eldorado mythique, l'emportait sur toute autre considération. De fait, c'est le Saint-Laurent qui, au cours des siècles, allait drainer l'essentiel des forces humaines et matérielles pour devenir l'axe économique du Canada.

À y regarder de près, le Saint-Laurent n'offre pourtant pas que des atouts. Son cours, orienté du S.W. au N.E., monte jusqu'au 50° N, à des latitudes qui, de ce côté de l'Atlantique, le font sortir de la zone intensément peuplée. De surcroît, il ne débouche pas directement sur l'Atlantique mais sur un vaste golfe presque fermé qui oblige les transports océaniques à de longs détours avant d'arriver au port de destination. Le fleuve est en outre parsemé de chutes dont les plus importantes se situent en amont de Montréal. Pendant longtemps elles ont empêché toute navigation vers l'intérieur du pays. Dès 1825 cependant, le canal Lachine avec ses sept écluses permettait de contourner les rapides de Montréal. L'effort se porta ensuite sur l'aménagement des cours d'eau alimentant les grands lacs et se concrétisa par l'achèvement en 1932 du canal de Welland destiné à éviter les chutes du Niagara. Entre 1951 et 1959 enfin, les travaux gigantesques de canalisation du haut Saint-Laurent, entrepris de concert avec les États-Unis, allaient rendre possible la remontée des navires de haute mer jusqu'aux limites du Lac Supérieur, et valoriser encore plus les ports fluviaux de Montréal et du bas estuaire au préjudice de ceux des Maritimes. «Actuelle-

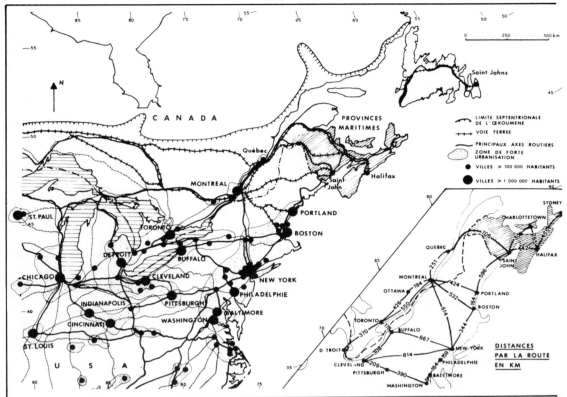

Figure 3
L'isolement des Provinces Maritimes.

ment, un transatlantique qui emprunte la voie maritime sur toute sa longueur (3 770 km) peut transporter une tonne de marchandise en vrac, de Chicago à Liverpool (en Angleterre), pour un prix inférieur à celui d'une tonne de fret par voie terrestre de Chicago aux ports de la côte Est. Les marchandises du centre du continent nord-américain atteignent directement l'Europe ou d'autres points du monde sans autre opération que celle du chargement au point de départ» (Canada d'Aujourd'hui n° 46, janvier 1979).

Plus contraignant encore apparaît l'englacement du fleuve. Il paralyse l'activité fluviale durant toute la période hivernale (janvier-avril). Ce handicap a sans doute fait la fortune de Saint-Jean et Halifax, libres de glace à «l'année longue», et dont la «vocation» a été pendant longtemps de servir d'exutoire saisonnier aux marchandises en provenance des régions continentales (notamment le blé des grandes Plaines). Mais outre que le dynamisme des deux grands ports canadiens de l'Atlantique n'a pas eu d'effet notoire sur le développement d'ensemble des trois provin-

ces, sinon d'aggraver les déséquilibres régionaux entre le Nord-Est et le Sud-Ouest du territoire, ce privilège de la façade atlantique semble aujourd'hui s'amoindrir à mesure qu'est levé l'obstacle de la navigation hivernale sur le Saint-Laurent. Depuis la fin du XIXᵉ siècle, la période d'inactivité a été réduite de sept semaines à Montréal et les experts estiment généralement qu'aux environs de l'an 2000 il sera possible, grâce à la mise en service de brise-glaces extrêmement puissants, de maintenir ouverte la circulation fluviale durant tout l'hiver. Le rôle de Saint-Jean et Halifax en sera une nouvelle fois affaibli, d'autant que les provinces centrales seront alors en mesure d'exporter leurs produits par la baie d'Hudson jusque-là inutilisable.

B. *Un territoire morcelé*

L'abaissement des axes structuraux et la submersion d'une partie de modelé continental par les eaux marines n'ont pas eu seulement pour effet de réduire ce territoire des Maritimes à un petit isthme du continent américain, ils l'ont de surcroît morcelé, désarticulé en îles et presqu'îles de formes, de dimensions et d'orientations très différentes, ce qui a amené la division du pays en trois provinces.

1. Le Nouveau-Brunswick

Au N.W., la province du Nouveau-Brunswick (73 436 km^2) occupe à elle seule près de la moitié de la superficie des Maritimes. Elle doit son nom au roi d'Angleterre Georges III, de la maison de Brunswick-Lunebourg, qui régnait en 1784 quand ce territoire fut détaché de la Nouvelle-Écosse pour devenir une colonie autonome. Situé entre les 45° et 48° de latitude nord et les 64° et 69° de longitude ouest, il a la forme d'un quadrilatère, de 350 km en sa plus grande largeur d'Ouest en Est, sur près de 400 km du Nord au Sud. C'est une presqu'île massive, solidement ancrée au continent, avec deux façades maritimes tournées l'une à l'Est vers le golfe du Saint-Laurent, l'autre au Sud vers la baie de Fundy et que sépare l'étroit isthme de Chignecto par lequel on accède à la province voisine de Nouvelle-Écosse.

2. La Nouvelle-Écosse

Plus maritime apparaît la presqu'île de la Nouvelle-Écosse à laquelle se rattache administrativement l'île du Cap-Breton, d'ailleurs reliée à la terre ferme depuis 1959 par la chaussée de Canso. Cette province, d'une superficie de 55 490 km^2 (légèrement inférieure à celle du Nouveau-Brunswick), forme une longue péninsule s'étendant sur près de 600 km du S.W. au N.E., dans le sens des axes appalachiens, pour une largeur comprise entre 80 et 120 km. Sur la bordure nord, s'enracine la petite presqu'île de Cumberland d'où part l'isthme de Chignecto auquel la Nouvelle-Écosse doit de ne pas être une île. Autant dire que la province est largement ouverte sur le domaine maritime ; au N.E., elle s'avance hardiment en direction de Terre-Neuve dont elle est séparée par le détroit de Cabot (large de 100 km), tandis qu'au S.W., elle s'approche à moins de 450 km des rives opposées des États de la Nouvelle-Angleterre.

3. L'île du Prince-Édouard

Isolée dans le sud du golfe du Saint-Laurent, l'île du Prince-Édouard constitue malgré sa superficie restreinte (5 645 km^2) une province à part entière du Canada. Autrefois île Saint-Jean du temps de l'occupation française, elle fut détachée en 1769 de la Nouvelle-Écosse et reçut en 1799 le nom du prince Édouard, duc de Kent, fils du roi

Georges III. C'est en 1873 qu'elle devait obtenir le statut de province. Sa forme rappelle celle d'un croissant s'allongeant sur près de 180 km au large des côtes du Nouveau-Brunswick et de la Nouvelle-Écosse dont elle n'est séparée que par l'étroit couloir de Northumberland large de 8 à 16 km.

Dans l'ensemble, les paysages de ces provinces de l'Est sont marqués par la monotonie : nul relief accusé, mais plutôt des horizons fuyants que viennent interrompre çà et là les coupures parfois profondes de vallées ou encore quelques alignements de collines enserrant de vastes dépressions probablement surcreusées à l'époque glaciaire. Malgré l'important travail de dissection entrepris par les réseaux hydrographiques, *il n'y a pas de grandes voies de pénétration vers l'Ouest.*

— Le Saint-Laurent passe, on le sait, beaucoup plus au nord, entre la Gaspésie et la Côte Nord du Québec : quant au long couloir de la baie de Fundy, il ne permet l'accès qu'aux ports étrangers et concurrents de la Nouvelle-Angleterre. Reste la baie des Chaleurs. Jacques Cartier, lors de son premier voyage en 1534, avait bien cru y voir le grand passage vers le Nord-Ouest qu'il recherchait. Hélas, cette voie si large à son embouchure se rétrécit rapidement en amont pour se terminer en cul-de-sac ou presque. Par l'étroite vallée de la Matapédia qui remonte au N.W., il est possible d'accéder à la petite ville de Mont-Joli, sur le Saint-Laurent, mais à plus de 600 km en aval de Montréal.

— Le fleuve Saint-Jean présente d'autres inconvénients. À son embouchure sur la baie de Fundy, immédiatement à l'amont du port de Saint-Jean, il est obstrué par des rapides provoqués par le rétrécissement soudain de la vallée. Par cette cluse qui n'a que 80 m de large, s'engouffrent les eaux bouillonnantes apportées par des marées de 8 m d'amplitude moyenne. À chaque flot et à chaque jusant il s'y forme des chutes réversibles, objet de curiosité pour des milliers de touristes, et dont la légende micmac dit qu'elles ont été créées par le héros Gluskap en détruisant une digue construite par un castor géant. Au-delà, la vallée effectue d'amples sinuosités et remonte vers le Nord en traversant indifféremment toutes les zones structurales par une alternance d'étranglements et de lacs grandioses. Il faut attendre la paroisse de Grand-Saut (à plus de 326 km au nord de Saint-Jean) pour voir la vallée se rétrécir et s'infléchir vers l'Ouest en direction d'Edmunston. À partir de là on peut, en empruntant la vallée adjacente de la

Madawaska, déboucher à Rivière-du-Loup sur la voie du Saint-Laurent, à 140 km en amont de Mont-Joli mais encore à plus de 190 km en aval de Québec et 474 km de Montréal.

Si longues et incommodes soient-elles, ces vallées sont pourtant, aujourd'hui encore, les seules empruntées par les grandes voies ferroviaires et routières qui joignent les Maritimes aux grands pôles économiques du Canada central. En effet, comme si l'éloignement physique et le morcellement des terres ne suffisaient pas à isoler les Maritimes du reste du pays, il a fallu que le voisin états-unien établisse, non sans d'âpres discussions d'ailleurs (Traité de Webster-Ashburton de 1842), cette frontière purement artificielle de l'État du Maine, énorme apophyse de 350 km d'Est en Ouest (de Calais à Stewartstown) sur 310 km du Sud au Nord (de Bangor à Madawaska). Vers le Nord, la ligne-frontière se rapproche à moins de 50 km des rives du Saint-Laurent, au-delà par conséquent du 47e parallèle, et sépare encore plus les Maritimes du «Canada utile». Le fait qu'aucune liaison directe, indispensable au désenclavement de ce territoire n'ait pu encore s'établir à travers l'État du Maine, alors qu'il existe des relations de bon voisinage entre le Canada et les États-Unis, est révélateur des réticences maintes fois exprimées par le voisin américain à l'égard de tout projet de construction de route et de villes-relais dans une région pour ainsi dire inhabitée, domaine réservé à quelques centaines de pêcheurs et chasseurs citadins ainsi qu'à plusieurs grandes bases militaires que l'on entend bien protéger des regards indiscrets ; mais il illustre aussi le faible pouvoir d'intervention de ces provinces de l'Est auprès du gouvernement fédéral canadien, lequel n'a pas encore jugé utile de mettre cette question au premier plan de ses discussions avec son partenaire américain. De toute façon, il y a fort à parier que les États-Unis se feront tirer l'oreille avant de satisfaire les besoins des Provinces Maritimes dont l'état d'isolement, il faut bien le reconnaître, sert si bien leurs intérêts.

C. **Un littoral démesurément allongé**

Lié au fractionnement du pays, le littoral apparaît extraordinairement développé : un interminable ruban de 4000 km, plus long que celui du territoire français dont la superficie est pourtant un peu plus de quatre fois supérieure. Par la complexité du dessin et la variété des formes, il tranche singulièrement sur l'uniformité des paysages intérieurs.

— *La côte du golfe du Saint-Laurent* s'allonge sur près de 1 000 km en un vaste demi-cercle depuis la pointe de Miscou jusqu'au cap North. Le tracé irrégulier porte dans le détail les empreintes d'un drainage préglaciaire, partie intégrante du réseau hydrographique du Saint-Laurent s'étendant autrefois sur tout le golfe. Par la suite, le mouvement général de transgression de la structure plissée, oblique par rapport au rivage, a dégagé une succession de «rentrants» et de «saillants» que le travail de remblaiement et de sape a largement contribué depuis à atténuer. Sur cette côte plate, le profil d'accumulation a eu tendance à s'établir en avant du rivage. La houle de N.E. dominante a façonné de longs remblais sous-marins (barres) d'où émergent de majestueux cordons littoraux ; ceux-ci, en s'appuyant au rivage intérieur, ont fini par enfermer des lagunes («barachois») qui ne communiquent avec la mer que par d'étroites passes («goulets»). Telles apparaissent les grandes plages de Pokemouche, Tracadie, Tabusintac qui barrent de petites rias où viennent se jeter de minuscules cours d'eau ; tels aussi les pouliers effilés qui s'opposent à l'accès par l'Est des havres de Miscou et de Shippagan. Sur la côte septentrionale de l'île du Prince-Édouard, se succèdent de petits caps rocheux entaillés de belles falaises de grès rouge ; ils encadrent de longues bandes sableuses percées de goulets instables (*inlets*) ; ces cordons se sont développés en avant d'un tracé de côte irrégulier dû à la submersion partielle d'un réseau fluvial dentritique ; citons comme exemples, les magnifiques crêtes émergées qui ferment au N.W. les deux grandes baies ramifiées de Malpèque et Cascumpèque, séparées de la terre ferme par un étroit chenal (*the Narrows*) ; ces rivages extérieurs sont interrompus par des passes migrantes peu profondes que seules de petites embarcations peuvent emprunter. À l'intérieur du détroit de Northumberland, les dimensions de la houle et son efficacité en tant qu'agent de façonnement du rivage, se trouve affaiblies. Le colmatage y est moins prononcé et n'obstrue que les plus petits havres (Antigonish, Little Harbour, Havre Boucher, Shemogue...) ainsi que le fond des grandes baies (Hillsborough, Pictou, Bedegue, Egmont). Les autres baies (John, Tatamagouche, Pugwash, Shédiac, Cocagne), encombrées de bancs sableux et de remblais mouvants, n'offrent que des mouillages médiocres. À mesure que l'on va vers l'Est, la structure beaucoup plus plissée et faillée laisse apparaître de larges secteurs rectilignes, tel le promontoire du cap Georges surplombant à l'Est la baie du même nom. De même, la côte occidentale de l'île du Cap-Breton; jalonnée de platiers rocheux extrêmement dangereux, elle ne compte qu'un nombre restreint de havres (Mabou, Inverness, Margaree, Grand Étang), situés au débouché de petites rias menacées d'ensablement. Plus au nord, le port de Chéticamp s'insère entre la terre ferme et une longue presqu'île rocheuse reliée au continent par un mince pédoncule sableux. Ce large et beau plan d'eau est malheureusement peu sûr par vents de N.E., mais c'est le seul abri acceptable de ce littoral. Au-delà, les blocs surélevés de Highlands arrivent jusqu'en bordure de mer. Sur plus de 100 km, la côte est escarpée de rochers abrupts, truffée de hauts-fonds dangereux. Ce n'est que passé le cap Saint-Lawrence que l'on peut trouver des refuges acceptables pour les bateaux de faible tonnage.

— *La côte atlantique de la Nouvelle-Écosse* débute au N.W. de l'île du Cap-Breton par l'avancée des Highlands. Il y a peu d'abris en dehors de ceux qui s'ouvrent dans les terrains plus tendres et partiellement déblayés (Aspy, Ingonish). Au S.E., la côte inhospitalière dans son ensemble est valorisée par quelques rias dont la plus importante est constituée par le havre de Sydney divisé en deux larges bras *(North west Arm* et *South Arm)* directement accessibles aux bateaux de toutes dimensions. Plus au Sud, la côte généralement basse est réputée malsaine par les pêcheurs à cause des nombreux îlets rocheux qui la débordent. De surcroît, les baies sont trop ouvertes pour constituer de bons abris, on les abandonne progressivement; seul le havre de Louisbourg a meilleure réputation, bien que son chenal d'entrée oblige les bateaux à des manœuvres délicates. Au-delà du boyau de Canso, la côte, sur plus de 500 km, est pénétrée par une multitude d'entailles longues et étroites, perpendiculaires ou même légèrement obliques par rapport à la ligne générale du rivage laquelle n'est interrompue que par les grandes baies de Chedabucto, Mahone et Sainte-Margaret. Ni falaise, ni plate-forme d'abrasion, mais dans le détail, une extrême irrégularité due à l'activité différentielle antérieure à la transgression : telles les bandes parallèles de lanières rocheuses *(ledges)* entièrement déblayées de leur gangue, que l'on peut voir près de Lockport s'enfoncer doucement sous les eaux. Les dépôts morainiques constituent une des curiosités du paysage côtier. Parmi les formes les plus courantes, il faut signaler les centaines de drumlins modelés dans les moraines de fond ; ces collines elliptiques sont disposées en chapelets de petites îles boisées qui retracent la marche lente du glacier vers son niveau de base ; dans les baies de Mahone et Lunenburg, leur nombre est tel que l'horizon s'en trouve complètement obstrué ; pour un peu, on ne se croirait plus en bordure de mer mais près d'un de ces nombreux lacs qui criblent la forêt voisine. La confusion est encore plus grande dans le S.W. de la Nouvelle-Écosse (région de Tusket, Wedgeport, Pinkney) où ces «dos de baleine» (whaleback en anglais) se rattachent les uns aux autres pour dessiner de longues péninsules effilochées enserrant des bras d'eau parsemés de fonds vaseux asséchants peu propices à la navigation. Dans l'ensemble, la côte fournit, en dépit du fourmillement de brisants qui la jalonnent, une foule de sites portuaires rapprochés les uns des autres, d'intérêt sans doute inégal, mais qui n'en favorise pas moins une grande dispersion des activités maritimes.

— *La côte du golfe du Maine et de la baie de Fundy.* Au nord du cap Chibucto, s'ouvre la baie Sainte-Marie[3] limitée au N.W. par l'alignement de Brier Island et Long Island et la presqu'île de Digby Neck. La côte redevient plus régulière mais aussi plus élevée et moins accueillante. Les petits cours d'eau des rivières Sissiboo, Meteghan et Salmon se terminent en lagunes inutilisables. Les havres sont peu nombreux et s'établissent à l'abri des pointes ou caps de Church Point, Saulnierville, St. Mary. Même chose du côté N.W. de la baie, frangée de récifs dangereux ; les seuls refuges acceptables s'y localisent dans les «rentrants» du Grand et du Petit Passage par lesquels on accède à la grande baie de Fundy. Celle-ci

3. La désignation et l'orthographe des noms géographiques posent toujours des difficultés. Ainsi au Canada, les cartes topographiques, géographiques et routières sont généralement établies par des anglophones lesquels traduisent à leur façon les noms d'origine française et indienne. Cela peut donner un certain nombre d'inexactitudes. Ainsi, il nous paraît abusif (et aux Acadiens encore plus !) de désigner les localités francophones de Cap Pelé et d'Anse bleue par Cape Bald et Blue Cove, non conforme également à l'usage d'écrire Shippegan au lieu de Shippagan. En ce qui concerne Ste Mary, il y a ambiguïté. S'il s'agit du cap et de la localité anglophones qui portent ce nom, l'écriture *Cape St Mary* nous semble correcte, mais un peu plus au nord, la région francophone de Saulnierville, Pointe-l'Église, Comeauville, Grosses Coques, est située, elle, en bordure de la *baie Sainte-Marie* (comme le disent et l'écrivent la plupart des habitants). Cependant, les quelques villages anglophones de la bordure septentrionale de la baie font toujours pencher la balance pour *St Mary's Bay*. Le professeur canadien L.E Hamelin a entrepris de mettre un peu d'ordre dans cet inventaire des noms géographiques ; un travail de longue haleine.

comprend de larges secteurs escarpés, dépourvus d'abris ; telle la longue bordure des North Mountains où, sur près de 100 km, il n'y a qu'un mur de falaises basaltiques, miné à sa base par les grès rouges triasiques trop friables pour résister à l'attaque furieuse des vagues ; aucune protection, si ce n'est quelques anses mal protégées situées au débouché de petits cours d'eau ; tel aussi le rebord abrupt des collines calédoniennes, depuis le cap Hopewell jusqu'au cap Spencer, entrecoupé de petits estuaires encombrés à leur entrée de cordons de graviers et de conglomérats. On distingue aussi de vastes dépressions, constituées par les bassins ennoyés d'Annapolis et de Windsor ainsi que par les branches terminales qui ferment à l'Est la baie de Fundy ; là-aussi, les possibilités d'installation y sont médiocres ; les torrents d'eau s'engouffrent à chaque marée dans ces rétrécissements, et déposent dans les angles abrités quantité de sédiments triasiques arrachés aux falaises avoisinantes ; ainsi se sont formées, au cours des siècles, de vastes zones herbeuses et marécageuses («les platières»), protégées de l'invasion quotidienne des eaux par de petites digues naturelles de sables et de graviers ; ce sont ces marais que les colons acadiens, plus agriculteurs que pêcheurs, entreprirent d'assécher à partir du XVIIe siècle ; en dehors de ces «bas champs», la frange littorale ne présente qu'une suite de falaises triasiques, de blocs volcaniques (Cap d'Or, Mont Gerrish, Five Islands), de promontoires cristallins ; excepté le havre de Digby, on n'y compte qu'un petit nombre de sites portuaires d'ailleurs dévalorisés par le fort marnage qui oblige les bateaux à s'embosser ou s'affourcher à marée basse. Enfin, on peut suivre du fleuve Saint-Jean à la frontière des États-Unis, un secteur très indenté beaucoup plus favorable à la vie maritime ; il correspond au littoral du comté de Charlotte. L'ennoyage de vallées jeunes et profondes a échancré la côte de petites anses qui abrite chacune un ou plusieurs havres de bonne qualité (Saint-Jean, Lorneville, Musquash Dipper, Pocologan, Beaver Harbour...) ; plus à l'ouest, entre la presqu'île rocheuse du cap Quoddy et le promontoire de Deadman, s'ouvre la grande baie de Passamaquoddy ; ce grand et magnifique plan d'eau offre, de part et d'autre de la presqu'île de St. Andrews, de nombreuses entailles secondaires dont le long estuaire de la Rivière St. Croix ; l'accès y est rendu difficile cependant par la présence d'une multitude d'îles d'importance inégale. Parmi celles-ci, il faut signaler les îles de Campobello et de Deer et plus au large l'imposante île de Grand Manan caractérisée à l'Ouest par une côte de hautes falaises basaltiques et à l'Est par une côte généralement basse où se situent la plupart des havres (Grand Harbour, Seal Cove, Deep Cove...).

D. *Des pays marqués par la «nordicité canadienne»*

Situés entre les 43e et 48e degrés de latitude nord, les Maritimes se trouvent dans une position *a priori* privilégiée qui, en Europe occidentale, les rangerait parmi les pays à climat tempéré. Si on ajoute à cela le morcellement du pays et l'interpénétration de terres et de mers qui en résulte, on pourrait s'attendre à ce que ces trois provinces canadiennes bénéficient d'un climat d'une douceur et d'une aménité comparable à celles rencontrées sur l'autre façade atlantique ou même encore en Colombie britannique sur la côte du Pacifique. Il n'en est rien. Malgré les nuances régionales qu'il ne faut pas sous-estimer, les Maritimes n'échappent pas dans leur ensemble à ce qu'il est convenu d'appeler la «nordicité canadienne». Deux traits la caractérisent : d'une part, la présence d'un hiver long, rigoureux et neigeux, d'autre part, un été chaud et humide, d'allure tropicale, avec cependant, pour l'une et l'autre saison, de brusques changements de temps consécutifs au passage de masses d'air violemment contrastées.

1. *L'hiver canadien*

Pour un Européen, l'aspect le plus spectaculaire et sans doute le plus inattendu de ce climat, réside dans la rudesse et la violence de l'hiver «Mon pays, ce n'est pas un pays, c'est l'hiver», clame le poète québécois Gilles Vigneault. Cette phrase pourrait tout aussi bien s'appliquer à cette frange maritime. En effet, la position du pays, à l'Est d'un continent large de plus de 5 000 km, exclut toute influence directe de masses d'air humide en provenance du Pacifique, d'autant que l'imposante chaîne des Rocheuses orientée N.S., c'est-à-dire parallèlement à la côte occidentale, constitue une barrière pour ainsi dire infranchissable. D'autre part, la mer ne peut avoir le même effet régulateur qu'en Europe en raison du rafraîchissement continuel des eaux littorales par le courant froid du Labrador. De plus, la présence d'importantes masses de glaces (dérivantes

A

Planche 1

L'hiver au Canada

A
Mer gelée près des îles de la Madeleine.

B
Port de Caraquet en hiver.

C
Bateaux affourchés et soigneusement protégés des intempéries.

B

C

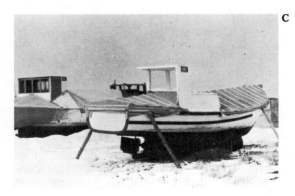

Planche 2

L'hiver au Canada (suite)

D
Fin avril : arrive le temps de la récolte du sucre d'érable.

ou fixées au rivage), d'innombrables étendues d'eau gelée à l'intérieur des terres, sans parler de l'existence de la couverture neigeuse qui recouvre durant quatre à cinq mois la plus grande partie du pays, ont pour résultat de réfléchir une part importante du rayonnement solaire et de retarder la venue du printemps. Enfin, il ne faut pas oublier que le Canada, plus encore que la Sibérie, est largement au contact de l'Arctique, aussi bien par l'étendue de ses terres polaires que par l'existence de l'immense pôle répulsif de la baie d'Hudson lequel pénètre au cœur du continent nord-américain jusqu'à des latitudes proches de celles de Londres. De ce fait, les masses d'air froides anticycloniques qui se forment au centre du continent au-dessus des glaces, de la neige et du sol gelé sont capables d'influencer à tout moment les régions maritimes avec d'autant plus de facilité que les Appalaches septentrionales n'ont pas la hauteur suffisante pour jouer le rôle d'un écran protecteur.

L'hiver est donc rigoureux. Sur la plus grande partie du pays, les températures moyennes quotidiennes sont généralement

D

négatives de décembre à mars et dépassent de peu le 0° en avril, tandis que les minima quotidiens enregistrés durant le mois le plus froid descendent partout au-dessous de -5° et même -10°C en bordure du golfe du Saint-Laurent. Fort heureusement, ces journées de grand froid ne durent jamais bien longtemps. Plus que partout ailleurs, l'hiver est instable. Les perturbations en provenance des grands lacs s'incurvent vers le sud avant de se relever vers le Nord ; elles traversent alors les Maritimes avant de converger vers une aire dépressionnaire voisine de l'Irlande. Ces dépressions sont rarement isolées ; elles arrivent généralement par «familles» de quatre ou cinq, avec une vitesse de propagation comprise entre 15 et 35 nœuds. Le mouvement est rapide, si rapide même qu'il arrive qu'une même carte météorologique indique l'éloignement d'une tempête vers Terre-Neuve et l'arrivée d'une autre en provenance de la Nouvelle-Angleterre. Or, chacune d'elle appelle, au fur et à mesure de son déplacement, des vents de S.W. relativement chauds et humides, des vents de S.E. doux et pluvieux, des vents de N.E. froids et neigeux, des vents de N.W. glacials et secs. Il s'ensuit une réalité prodigieusement agitée avec une succession de temps caractérisée par des sautes brutales de température. Il n'est pas rare qu'au plus fort de l'hiver, lors d'une avancée de l'anticyclone, le thermomètre indique -25°C ou moins encore, puis qu'il remonte de 25° à 30°C dans les 24 heures qui suivent et amorce un dégel précoce. Une autre conséquence de cette instabilité atmosphérique est l'importance des précipitations sous forme liquide (pluies) ou solide (neige, grêle). En bordure du golfe du Saint-Laurent, les 7/10 d'entre elles sont composées de chutes de neige et les stations enregistrent des moyennes élevées : 3,61 m à Campbellton, 2,66 m à Charlottetown, 2 m à Chéticamp. Dans le reste des Maritimes, ce rapport tombe à 5/10 et même 4/10, et les précipitations neigeuses déclinent d'Est en Ouest : 2,42 m à Sydney, 1,80 m à Halifax, 1,17 m à Digby. Il faut ajouter qu'en un même lieu, la quantité de neige tombée varie énormément d'une année sur l'autre, comme à Moncton où sur une période de 9 ans (1958-1968), on a relevé un minimum de 1,80 m en 1959 et un maximum de 5,80 m en 1963 (Pelletier, 1977, p.69).

Plus encore qu'au Québec, l'hiver arrive par saccades. Les premières «bordées» de neige tombent habituellement avant la fin du mois de novembre alors que les arbres sont déjà dénudés. Mais la neige ne tient pas ; elle ne devient «hivernante» qu'à partir de janvier quand le froid est définitivement installé. C'est alors seulement que s'engourdissent la nature et les hommes. Les «barachois», les estuaires, les baies et les milliers de lacs s'englacent, les rivières se figent, les paysages s'uniformisent sous l'immense linceul blanc ; sous la violence des vents, les «poudreries» accumulent des congères qui paralysent la circulation. Mars est le mois où la fréquence des tempêtes est la plus grande, l'époque où le tapis neigeux atteint son maximum d'épaisseur. L'hiver aux Maritimes est donc bien canadien ; il use et ronge les machines, force les animaux à se terrer ou à fuir vers des contrées plus clémentes ; et si pour l'homme il n'est pas aussi contraignant qu'autrefois (voir le confort des maisons à double-fenêtres, le luxe et la sécurité des voitures, les chaudes combinaisons à «skidoo», l'organisation des services d'approvisionnement en fuel domestique, l'usage immodéré du téléphone), il le soumet à un autre rythme et impose à l'ensemble de la collectivité de lourdes charges financières. Dès qu'une tempête est annoncée, écoles, bureaux, usines se vident rapidement ; chacun rentre chez soi «s'encabaner» comme autrefois ; les avions ne décollent plus, les trains restent en gare. Malheur aux automobilistes qui n'auront pas entendu les appels-radio ; pris dans la tourmente, ils devront abandonner leur véhicule au bord de la route et chercher un hébergement de fortune. Toute la vie économique du pays se trouve ainsi arrêtée, paralysée totalement. Pas pour longtemps il est vrai. À peine la tempête est-elle éloignée, qu'une énorme machinerie de camions, chasse-neige, souffleuses, bulldozers, se met en branle. Il ne faut pas plus de quelques heures pour ouvrir les grands axes de communication, dégager les principales artères des villes et des villages ; à chacun ensuite de «pelleter» sa propre allée («*drive way*») en ayant recours s'il le faut aux bandes de gamins qui, de maison en maison, proposent leurs services pour quelques cents.

À partir du mois d'avril, les dépressions s'affaiblissent et se tiennent sur des trajectoires plus septentrionales. Les chutes de neige se font plus rares tandis que le réchauffement du sol, résultant de l'allongement des jours et de l'ascension du soleil, relève les températures diurnes. Jusqu'en mai cependant, on n'est pas à l'abri de coups de froid et de bourrasques de neige, de successions de dégel et de gel provoquant de terribles verglas ; l'hiver n'en finit pas de mourir et chacun se sent las, fatigué, énervé, ou mieux encore «magané» pour reprendre le terme indien usité.

Si le printemps existe, il est fait de contrastes. Bouffées de chaleur et coulée polaires se succèdent implacablement, sans nuances. Ainsi, le mois de mai 1977 illustre bien ce genre de printemps toujours escamoté ; jusqu'au 10, la persistance de vents glaciaux venus du nord maintenait obstinément le thermomètre aux alentours de 0°C, le manteau neigeux n'arrivait pas à fondre, les estuaires restaient englacés retardant la sortie des pêcheurs. Puis subitement, en une nuit, les vents tournèrent au S.S.W., les températures grimpèrent alors à une allure vertigineuse pour dépasser les 25°C et même les 30°C en certains endroits ; près d'Halifax, on enregistra des pointes de 33°C. Pendant une semaine, nature et hommes se laissèrent prendre au jeu et crurent que l'été s'était installé pour de bon ; le paysage se débarrassa définitivement de son apparat hivernal et se couvrit d'un tapis végétal, les arbres firent craquer leurs bourgeons. Dans les villes, des milliers de promeneurs, piqueniqueurs, sportifs, touristes, envahirent spontanément les parcs à la recherche d'un peu de fraîcheur ; des jeunes allèrent jusqu'à se doucher aux jets d'eau des bassins d'agrément et des fontaines publiques. Mais bien vite on déchanta. Vers le 25 du mois, les vents changèrent une nouvelle fois de direction, passant au N.N.E. ; les températures un peu partout dégringolèrent pour frôler le 0°C. La météo signala même des chutes de neige. Il fallut se résoudre à reprendre son manteau et ses grosses moufles, à renoncer aux flâneries ; quelques oiseaux tropicaux, imprudemment avancés, furent terrassés par le froid. Une dernière fois encore, l'hiver canadien retrouvait toute sa vigueur et entendait imposer sa loi.

2. *Un été tropical*

Après nombre d'avancées et de retraits, l'été finit par s'installer. Le tapis neigeux disparaît, la glace cède partout. Les rivières craquent et se remettent à chanter, tout en s'encombrant d'énormes blocs qui provoquent des embâcles spectaculaires. En quelques jours la nature se libère, les sols dégèlent et les chemins se transforment en bourbiers ; les labours peuvent commencer tandis que la mer s'ouvre enfin à la navigation. La remontée de l'anticyclone nord-atlantique et la formation d'une aire cyclonique au centre du Canada engendrent un courant aérien qui, dévié vers la droite par la force de Coriolis, donne des vents dominants de secteur S.S.W., chauds et humides en provenance des tropiques. L'été éclate alors, la verdure jaillit de toute part et les arbres acquièrent rapidement leur plein feuillage. Les températures s'élèvent rapidement et dépassent fréquemment les 25°C, même en bordure de mer. La côte atlantique et la baie de Fundy bénéficient d'un peu plus de fraîcheur mais sont en revanche enveloppées par d'épais brouillards dus à l'arrivée de masses d'air océaniques et à l'intense évaporation qui se produit au-dessus des mers et des lacs : Saint-Jean, (c'est sans doute la ville la plus affectée des Maritimes) compte entre mai et août 10 à 14 jours mensuels de brume et de mauvaise visibilité. En règle générale, l'été est la mauvaise saison ; il est éprouvant pour l'organisme, non pas tant en raison de la chaleur que de l'extrême moiteur de l'air ; à cela s'ajoute la présence irritante des moustiques («maringouins») qui vous assaillent dès que vous sortez des villes. Pour un peu on se croirait transporté sous les Tropiques humides, avec leur cortège de fatigues, de langueurs et d'indolences inexplicables, à tel point qu'on en vient à guetter l'ondée et son baume de fraîcheur pour vous ôter cette lourdeur. C'est pourtant le temps où il faut s'activer : déménager ou réparer sa maison, rendre visite à ses amis ou parents éloignés, partir les fins de semaine dans son «chalet» (résidence secondaire) et tenter sa chance à la pêche, travailler enfin pour amasser des «piastres» et voir venir l'hiver.

À partir de la seconde moitié du mois d'août, la région est à nouveau soumise au passage de fréquentes perturbations et surtout aux fameux cyclones tropicaux (les «hurricanes») que les météorologues se plaisent à baptiser d'un nom poétique : Betsy, Alice, Caroline, Diane ; ils ne représentent qu'une fraction négligeable des tempêtes (à peine 3 %), mais leur violence inouïe et les dévastations qu'ils provoquent leur a valu depuis longtemps une triste célébrité. Ils prennent naissance dans la zone des alizés, à partir de l'énergie fournie par la chaleur latente de la vapeur d'eau dégagée à la surface de l'océan ; au fur et à mesure de leur remontée vers le nord, ces ouragans perdent de leur virulence au contact des masses d'eaux plus froides ; la plupart se désagrègent avant d'avoir atteint le continent ou passent beaucoup plus au large, mais il peut leur arriver de régénérer des perturbations vieillies et de se retrouver dans la zone perturbée du front polaire. Ce sont donc des hurricanes fort dénaturés qui parviennent jusqu'aux Maritimes ; ils n'en occasionnent pas moins sur leur passage de graves dommages : toits arrachés, arbres déracinés, routes coupées, quais et maisons emportés, sans parler des bâtiments de mer perdus corps et biens. La liste serait longue de toutes les tragédies causées par ces terribles «tempêtes-du-mois d'août» (*August Gales*).

Dès septembre, les nuits se rafraîchissent brusquement. Les premières gelées apparaissent chassant définitivement les maringouins. Les grandes chaleurs sont passées et l'hiver n'est pas encore là. Heureux temps. Les oiseaux migrateurs, outardes, oies, grues, repartent vers le sud et la chasse est ouverte ; pour traquer l'orignal, il faudra avoir été tiré au sort. La forêt revêt sa parure éclatante de bruns, de jaunes, de cuivres et de pourpres se détachant sur le fond verdâtre des conifères. L'été finit en apothéose. Les journées, sous l'influence d'un régime anticyclonique, sont le plus souvent ensoleillées et sèches, dégagées de brouillard : c'est le charme de «l'été indien» qui ne dure que quelques semaines. Après ces mois bruyants, les villes retrouvent peu à peu leur visage tranquille et monotone. Les enfants s'aventurent sur les rivières et les lacs ; il y aura encore des accidents. Les finales de base-ball et de football américain ne sont pas encore toutes jouées que déjà débute la saison de hockey, et avec le hockey c'est bien l'hiver qui s'annonce. Une page est définitivement tournée.

E. *La forêt omniprésente*

La présence d'un manteau forestier, dense, monotone, impénétrable, fondamentalement hostile à l'implantation humaine, est un autre aspect important de la géographie des Maritimes. Adaptée au climat contrasté et rude en même temps qu'aux caractères édaphiques et biotiques du Canada oriental, la forêt «acadienne» n'est qu'une variante de cette immense forêt laurentienne qui s'étend sur une bonne partie du Québec et de l'Ontario, et que l'on peut suivre jusqu'aux portes de Winnipeg dans le Manitoba. Ses sous-bois sont obscurs, touffus et malsains et ne rappellent en rien les accueillantes et paisibles sylves européennes. On ne s'y promène pas, on s'y bat, bâton en main, pour se frayer un chemin. Aussi, les hommes, pendant longtemps, ont-ils jugé préférable de s'implanter sur la périphérie littorale ; ils y bénéficiaient non seulement d'un climat plus clément, mais encore de ressources multiples et complémentaires tirées d'activités à la fois halieutiques et terrestres ; en outre, ils pouvaient aisément communiquer avec l'extérieur, en premier lieu avec la mère-patrie dont dépendaient leurs approvisionnements en colons, vivres et matériel.

Le caractère hostile de la forêt nous aide aussi à mieux comprendre l'importance capitale des voies fluviales de pénétration et combien les Maritimes perdent à ne point en posséder de comparables à celle du Saint-Laurent. Malgré son morcellement et à cause de celui-ci, ce petit isthme est apparu aux yeux des gouvernants et hommes d'affaires des XVIIe et XVIIIe siècles comme un territoire stratégique indispensable à conserver dans sa mouvance, mais trop isolé de l'arrière-pays continental pour donner libre cours aux ambitions de conquêtes des uns, aux espoirs d'enrichissement des autres. Ainsi s'explique la situation vulnérable, pour ne pas dire périlleuse de cette colonie acadienne de la baie de Fundy (alors baie française). Outre le fait d'être abandonnée par la métropole, elle se voyait privée, à cause précisément de cet écran forestier, de l'aide efficace du principal foyer francophone implanté sur les rives du grand fleuve Saint-Laurent alors même que sa situation, à proximité du golfe du Maine, l'exposait aux attaques surprises de l'ennemi bostonien. Tout au long de l'histoire, la forêt est apparue comme un obstacle à vaincre, sinon à contourner, un espace inhabitable, une sorte de *no man's land* ; elle a renforcé l'isolement de ces petites communautés dispersées le long du littoral, tout en les protégeant de cette vague de fond qui, partout ailleurs et loin de là, transformait profondément les paysages et les conditions mêmes d'existence des hommes. Par sa seule présence, elle a contribué à donner des Maritimes cette image de pays lointains, difficilement accessibles et déjà marginaux.

Mais la forêt n'a pas seulement joué un rôle négatif ; elle a eu son utilité et a marqué profondément de son empreinte l'histoire et la vie de ces populations. Zone de repli et de refuge, elle permettait à un groupe de colons de ne pas succomber devant un ennemi débarqué en force et à l'improviste sur le rivage ; sur les arrières, il était toujours possible de cacher une partie de ses biens, de sauvegarder intacts ses effectifs, et même

d'entretenir la guérilla, en un mot d'organiser la résistance. Sans la présence de la forêt, on ne comprendrait pas l'extraordinaire aventure de ces Acadiens qui, ayant échappé en 1755-1758 à la déportation, errèrent en rebelles plusieurs années durant, jusqu'à ce que, la paix revenue, on les laisse à nouveau se sédentariser. Quelque inhospitalier qu'il pût être, le manteau forestier offrait tout ce dont l'homme avait besoin pour se chauffer, s'abriter, se cacher, se nourrir ; ses sous-bois abondent en champignons (cèpes, girolles) et en fruits (framboises, airelles, groseilles, canneberges, cassis) sans compter ses fameux érables qui produisent un délicieux sirop dont on peut se gaver à la fin de l'hiver ; ils renferment aussi du gros gibier (chevreuil, orignal), source de protéines indispensables au moment de la soudure, et des animaux à fourrure (castor, martre, vison, renard), objet au XVIIe siècle d'un important trafic international ; ses cours d'eau enfin regorgent de saumons et de truites.

Si la forêt omniprésente a séparé les hommes, elle les a également aidés à supporter les dures privations, à survivre dans des conditions d'existence difficilement imaginables aujourd'hui, à bâtir une civilisation originale basée sur l'intimité des relations entre la terre et l'eau. Comment ne pas voir l'importance encore actuelle du bois dans la vie et les activités du pêcheur, depuis les bâtiments d'entreposage (quais, vigneaux, tonneaux, viviers) jusqu'au matériel de pêche proprement dit (le bateau et ses agrès, les engins de capture, etc.).

À partir de la seconde moitié du XIXe siècle, la révolution technologique et technique est venue atténuer cette emprise de la forêt. La construction des grands axes routiers et ferroviaires a réduit les distances vis-à-vis de la voie économique du Saint-Laurent et privilégié le transport terrestre au détriment du cabotage. Rompant avec une politique économique fondée presque exclusivement sur le commerce outre-mer, les Maritimes se sont tournées davantage vers le Canada et les États-Unis. À leur façon, elles se sont continentalisées et américanisées. Du coup, la frange côtière de défrichement a eu tendance à s'élargir ; de nouveaux axes pionniers se sont ouverts le long des nouvelles voies de communication dont le tracé, établi à l'écart du front de côte, manifestait l'intention de couper au plus court et d'enjamber les multiples entailles du littoral à leur point de rétrécissement. La forêt, progressivement, a perdu de son ascendant et de son mystère ; on la traverse aujourd'hui sans difficulté, sans presque s'en rendre compte, dans le confort climatisé d'une voiture. On a même oublié ce qui faisait autrefois son attrait ; les fruits sauvages ne sont plus ramassés, les champignons délaissés. En revanche, la chasse et la pêche, devenues un passe-temps, doivent être sévèrement réglementées.

L'intérêt de la forêt réside aujourd'hui dans l'exploitation de son capital ligneux : industries des pâtes à papier et bois de charpente principalement ; mais dans ce domaine-là, les Maritimes ne semblent pas en mesure de rivaliser avec les provinces du Centre et de l'Ouest, en raison notamment de l'appauvrissement de la ressource. Les ravages de la chenille tordeuse d'épinette restent considérables malgré les déversements massifs d'insecticides, de même que les dévastations provoquées par les incendies d'origine naturelle (orages) et humaine (lignes à haute tension). Mais il y a surtout l'exploitation incontrôlée et irrationnelle de cette richesse nationale par des personnes privées (le milliardaire Irving au Nouveau-Brunswick) et quelques grandes compagnies capitalistes (Consolidated Paper, Bathurst Paper, Scott Paper, Frazer Co., Nackawic Paper, etc.), propriétaires ou locataires d'immenses pans de forêts. Le reboisement est devenu aujourd'hui une nécessité urgente ; il devra s'accompagner d'un effort d'aménagement de l'espace boisé et d'une meilleure utilisation des produits coupés (récupération de l'écorce, des déchets de sciage, des souches) (L.E. Hamelin, 1969, p. 197).

Malgré l'usage accru de la brique et du ciment armé, le bois demeure, dans ce pays forestier, le matériau de construction le plus employé. On a parlé précédemment de son rôle dans l'industrie de la pêche, il faudrait encore mentionner la maison canadienne ; ce *centre du monde,* régi pour résister aux assauts de l'hiver, illustre à merveille cette adaptation au milieu. Traditionnellement, elle est isolée du sol par un grand plancher de bois surélevé formant une sorte de caisson (le solage) ; ses murs comprennent une double cloison de planches se chevauchant partiellement (assemblage à clins), avec de la laine de verre (autrefois de la sciure de bois) pour remplir le vide entre les deux. La toiture à forte pente ne possède pas de tuiles mais un parquet de planchettes (bardeaux), en bois de cèdre ou de pruche, clouées sur voliges et recouvertes comme les murs d'une matière goudronnée imperméable. Sur la façade principale, un avant-toit à pente plus faible abrite une galerie vitrée, pièce intermédiaire s'interposant entre l'au-dehors et le confort douillet du logis.

F *Une économie marginale*

Ainsi, les Maritimes appartiennent avec Terre-Neuve et la Gaspésie à ces vieux pays du Sud-Est canadien en marge du dynamisme nord-américain. Elles font partie de ces régions à développement lent, aux perspectives peu intéressantes dont parlent abondamment les rapports gouvernementaux ; elles sont l'autre Amérique, «îlots» ou «poches» de pauvreté nés d'une croissance fondamentalement différentielle que les nombreux programmes de restructuration n'ont pas encore pu ajuster. Pauvreté toute relative sans doute, qui ne se définit que par comparaison avec les standards d'une société industrielle à haut niveau de vie, mais pauvreté réelle comme en témoigne la faible participation des Maritimes au P.N.B. canadien, à peine 4 % pour une population qui représente un peu plus de 7 % de l'ensemble.

L'état de faiblesse structurelle des Maritimes s'exprime de multiples façons, chacune de ses composantes jouant à la fois le rôle de cause et d'effet. Que les Maritimes soient faiblement peuplées apparaît comme un handicap majeur et lourd de conséquences pour le développement des pêches : un million et demi d'habitants au recensement de 1971. Rapporté à la superficie des trois provinces, cela donne une densité de presque 12 habitants au kilomètre carré, chiffre honorable par comparaison à l'immense Canada dont les 9/10 du territoire sont occupés par les terres arctiques et subpolaires inhabitables ; mais rapporté au chiffre global de la population canadienne (21,5 millions d'habitants), il ne représente qu'un faible pourcentage (7,2 %) tout à fait insuffisant pour peser sur les décisions importantes du pays, et cela même si la division en trois provinces politiques distinctes permet aux Maritimes de faire valoir largement ses droits au parlement d'Ottawa et d'y être surreprésenté par rapport aux autres provinces (l'Ontario et le Québec notamment). Cette situation ne saurait d'ailleurs s'améliorer compte tenu du manque de dynamisme interne de cette population[4].

4. Par manque de dynamisme interne de cette population, nous entendons la faible vitalité démographique : taux de natalité et de fécondité notamment.

En effet, l'émigration amorcée dès la fin du XIXe siècle vers les États de la Nouvelle-Angleterre, et plus récemment vers les grandes métropoles canadiennes (Montréal, Toronto, Vancouver), ne semble pas devoir se ralentir, et comme elle porte sur les adultes les plus entreprenants, les plus jeunes, elle contribue à vieillir dangereusement la société des Maritimes. Ce caractère est aggravé par un phénomène tout à fait nouveau celui-là : la chute brutale intervenue depuis une quinzaine d'années du taux de fécondité (fig. 4A) ; autrefois fort élevé, surtout parmi les francophones des Maritimes, ce taux, avec un temps de retard, rejoint aujourd'hui celui des autres provinces. Phénomène capital lié à la généralisation des moyens contraceptifs, au planning familial, au travail féminin, à la scolarisation prolongée, à d'autres raisons aussi, telle la moins grande emprise d'un clergé jadis partisan d'une vigoureuse politique nataliste ; d'une manière plus générale, il traduit une mutation économique et sociale et l'adhésion à un autre système de valeurs. Résultat : la population stagne, et nombre de comtés voient leurs effectifs diminuer ; la pyramide des âges, qui présentait jusque-là la forme rassurante d'une cloche, se rétrécit dangereusement à la base (fig. 4B).

La dispersion déjà mentionnée de la population sur toute la périphérie d'un territoire déjà fort morcelé, n'est pas faite pour compenser cette infériorité numérique. Sur une profondeur de un ou deux kilomètres tout au plus, un ruban ininterrompu de défrichements et de maisons disséminées le long d'une route épouse le tracé sinueux de la côte, s'insinue le long des larges estuaires, et forme un liséré fragile et discontinu en bordure du fleuve Saint-Jean et du lac du Bras d'Or (fig. 4). Seule, la petite île du Prince-Édouard, avec son semis de villages répartis plus uniformément dans un paysage ouvert, échappe à cette règle.

Cet émiettement le long d'un littoral très indenté, explique l'état d'isolement dans lequel sont restées enfermées ces communautés rurales jusqu'à une époque toute récente, et par voie de conséquence, la survivance étonnante des particularismes régionaux, des coutumes et des traditions apportées par les diverses ethnies ayant trouvé refuge sur cette terre. Aujourd'hui, l'ouverture de ces provinces à l'économie d'échanges et aux valeurs culturelles véhiculées par le puissant voisin étatsunien, est en passe d'effacer bien des différences et de diluer ces identités dans le grand *melting pot* américain.

Pour les Irlandais, les Highlanders écossais, les Loyalistes, l'appartenance à une entité culturelle originale, soigneusement entretenue au demeurant par nombre de cérémonies et de fêtes, correspond beaucoup plus à un attachement sentimental au passé qu'à l'expression d'une réalité ethnique authentiquement vécue. Malgré leurs différences religieuses, ils tendent, par la force des choses à ne former qu'un même groupe canadien anglais, face à la minorité francophone autrement plus résistante.

Chassés des rives de la baie de Fundy lors du *Grand Dérangement* de 1755, les prolifiques Acadiens, catholiques et francophones, ont colonisé les terres inoccupées du sud-ouest de la Nouvelle-Écosse et de divers secteurs des îles du Cap-Breton et du Prince-Édouard ; ils ont surtout peuplé les confins inhospitaliers de la façade orientale du Nouveau-Brunswick et de la baie des Chaleurs (comtés de Gloucester, de Restigouche, de Kent). Avec la population d'origine québécoise implantée dans la haute vallée du fleuve Saint-Jean (comtés de Madawaska et de Victoria), les francophones rassemblent 262 000 individus, soit 17,1 % de la population des Maritimes (35,5 % pour la seule province du Nouveau-Brunswick). Cependant, les chiffres ne doivent pas faire illusion ; ils relèvent plutôt d'une situation acquise il y a quelques décennies et à jamais révolue semble-t-il. Ainsi, la perte de vitalité démographique, tout comme les progrès indéniables de l'assimilation linguistique, sont autant de signes tangibles marquant la fin d'un superbe isolement ; avec l'effritement des valeurs religieuses et culturelles traditionnelles, les Acadiens s'acheminent vers l'intégration à un autre mode de vie calqué sur celui de la majorité britannique détentrice du pouvoir économique et politique.

Qu'on le veuille ou non, comprendre l'anglais est devenu aujourd'hui une nécessité pour le jeune qui veut trouver un *job* et se débrouiller dans la vie. Moins attaché que ses parents aux valeurs du passé, il ne se sent plus le même devoir de conserver sa langue maternelle ; réaliste, il délaisse cette langue des pauvres, des soumis, des humiliés, des ignorants, qu'il maîtrise d'ailleurs mal, et se valorise en parlant l'anglais, langue des affaires. Même une ville comme Moncton, qui se compose pourtant de 40 % de francogènes et concentre la plupart des services francophones de la province (presse, radio, télévision, clubs, université), demeure un milieu britannisant (taux d'assimilation de l'ordre de 13 %). Que dire alors des petits îlots de peuplement plus exposés que jamais à la culture dominante? Cependant, l'agitation qui a secoué, ces dernières années surtout, la population acadienne, prenant tout aussi bien la forme de défilés à caractère politique et social que de manifestations culturelles, et déjà concrétisée au printemps 1972 par la naissance d'un Parti Acadien, témoigne d'une volonté de résister aux tendances hégémoniques de la majorité anglo-saxonne, et de renverser un courant qui semble à première vue irréversible.

On comprend dès lors l'extrême difficulté pour ces populations des Maritimes, si disparates et traversées par des forces antagonistes, de former un tout cohérent capable de peser un peu plus lourd dans les destinées du pays. L'Union des Maritimes, malgré les quelques progrès réalisés ces dernières années, n'est pas pour demain, et le morcellement politique préparé par une nature profondément divisée persistera sans doute longtemps encore.

Autre élément majeur de la pauvreté des Maritimes, l'incapacité fondamentale de ces populations à tirer pleinement profit de leurs ressources pourtant loin d'être négligeables. Ainsi en est-il, comme on l'a vu, de l'exploitation de l'immense domaine forestier (en majorité propriété de la Couronne), des riches gisements de fer, de plomb, d'argent, de cuivre, découverts depuis la Seconde Guerre mondiale et localisés principalement dans le nord-est du Nouveau-Brunswick (région de Bathurst et de Newcastle), du ramassage de la tourbe (région de Shippagan), de l'extraction du charbon des bassins de Chipman Minto au Nouveau-Brunswick, ceux de la Nouvelle-Écosse (Springhill, Joggins, Pictou, Sydney). Confiée à des grandes compagnies internationales avec l'aide financière de l'État, l'exploitation de ces richesses n'a guère permis le «rattrapage» économique de ces provinces. Bien au contraire, elle a accentué les écarts avec les régions du Centre et de l'Ouest et marginalisé encore plus les Maritimes. Les salaires distribués sont modestes, inférieurs de 20 à 40 %, selon les endroits et les secteurs envisagés, à ceux des travailleurs embauchés dans les filiales du Québec ou de l'Ontario, à peine supérieurs dans bien des cas à ce qu'une famille peut espérer retirer de l'assurance-chômage. Ainsi en 1970, le salaire annuel brut d'un bûcheron de Saint-Quentin, au Nouveau-Brunswick, s'élevait en moyenne à 3 387 dollars alors que dans le même temps un père de quatre enfants pouvait recevoir 2 947

dollars net par an de l'assistance sociale. Dans ces conditions, comment s'étonner que nombre d'ouvriers préfèrent se mettre au chômage pendant la saison hivernale plutôt que de rechercher une activité d'appoint de si faible rapport! De même, la foule de petits travailleurs indépendants qui produisent pour le compte de ces compagnies ne sont guère plus favorisés ; les propriétaires de lots boisés par exemple, qui fournissent une part non négligeable du bois de pulpe destiné aux usines de pâtes à papier, recevaient en 1971 pour leur bois «cordé» le long d'un chemin accessible aux camions, le même prix qu'en 1948 alors que les propriétaires québécois touchaient 33,3 % de plus pour le même bois. Il y a là, de toute évidence, une situation anormale qui ne s'explique que par référence aux structures socio-économiques de ces régions périphériques, éminemment défavorables dans la logique du système capitaliste à la valorisation sur place des ressources naturelles et à la promotion des hommes qui pourrait en résulter.

En effet, l'étroitesse du marché de consommation, l'insuffisance des infrastructures ferroviaires et routières, la cherté des transports par voie de terre, la difficulté de trouver des effectifs suffisants en personnel qualifié, sont autant de raisons qui incitent les compagnies, dont le champ d'intervention s'étend bien au-delà des Maritimes, à n'investir sur place que ce qui est nécessaire à la simple récupération de la matière première, tout au plus à l'élaboration d'un produit semi-brut lequel ne sera complètement valorisé et mis en marché que là où se trouve déjà concentré l'essentiel du capital productif, c'est-à-dire dans les grandes métropoles industrielles de l'Ontario et du Québec pour ne parler que du Canada. D'une façon plus générale, la venue de capitaux extérieurs ne dépend pas seulement de l'existence de matières premières abondantes (forêt, mines, charbon), mais aussi de la présence d'une main-d'œuvre jusqu'à présent peu exigeante, encore mal organisée pour se doter d'un véritable pouvoir de négociations, ou encore d'avantages de toute sorte consentis par les gouvernements provincial et fédéral, tant sur le plan financier que législatif ; ces conditions s'ajoutant les unes aux autres, permettent aux compagnies de produire au moindre coût. Ainsi s'explique l'installation d'une usine américaine de montage de voitures de grand luxe (la Bricklin à Saint-Jean), d'une usine textile japonaise (la Cirtex à Caraquet aujourd'hui fermée) ou de deux usines françaises de fabrication de pneus (Michelin en Nouvelle-Écosse). Mais ces implantations demeurent fragiles dans la mesure où elles sont dépendantes des fluctuations du marché international et d'une stabilité sociale nécessairement précaire puisque dépendant de rapports de production antagonistes. Que l'un ou l'autre de ces facteurs vienne à se modifier, et se sont les conditions mêmes de rentabilité et d'existence de ces usines de production qui se trouvent remises en question. La fermeture de plusieurs de ces usines durant l'hiver 1971-1972, sans raisons très précises, a provoqué une vive agitation parmi une population qui a de plus en plus le sentiment d'être manœuvrée par des forces extérieures.

L'agriculture, autrefois base de l'économie des Maritimes, a perdu beaucoup de son importance ; les conditions naturelles sont souvent invoquées pour expliquer ce déclin. Il est vrai que les terrains rencontrés le long de la côte atlantique avec leurs sols minces, lessivés, pierreux et même parfois absents, ne sont guère favorables. Mais il reste les terres sablonneuses des bas plateaux généralement propices à la pomme de terre, les grès argileux du Permien de l'île du Prince-Édouard, les terrasses fluviales du fleuve Saint-Jean, les grès tronqués de la vallée d'Annapolis, les marais littoraux de la baie de Fundy, autant de régions propices aux herbages et à l'élevage. Pourtant, même dans ces contrées, l'agriculture ne semble pas en mesure de mettre sur le marché des produits compétitifs, capables de soutenir la comparaison avec ceux venus de l'Ouest canadien. Pourquoi ? Les exploitations sont en grande majorité trop petites, inférieures de 40 hectares en moyenne à celles des autres provinces. Le paysan des Maritimes, souvent mal informé des techniques modernes de production, doit faire un peu de tout pour survivre ; en plus de cultiver ses terres et d'entretenir quelques bêtes, il vend des sapins au moment de Noël, organise des *parties de sucre* à la fin de l'hiver, se fait bûcheron ou maçon, il lui arrive même d'offrir ses services à un patron-pêcheur. En dehors de quelques formes d'exploitation spécialisées, la culture de la pomme de terre dans la haute vallée du fleuve Saint-Jean (comté de Victoria) ou des arbres fruitiers dans la vallée d'Annapolis, l'agriculture n'a pas su, faute de moyens suffisants, se moderniser et modifier ses structures héritées du passé. Aussi bien, le manque de rentabilité incite le paysan à laisser une partie de ses terres en friche et, quand le besoin se fait sentir ou qu'une occasion se présente, à

vendre un lopin à quelque riche citadin. D'où une montée vertigineuse du prix des terrains de culture (même dans les coins les plus reculés) qui enlève toute chance à ces petits exploitants de pouvoir un jour s'agrandir et donc de se moderniser.

Ainsi, avec une population clairsemée, insuffisamment organisée pour tirer partie de ses richesses, isolée des pôles attractifs du reste du pays, les Provinces Maritimes ne peuvent offrir une structure urbaine harmonieusement développée. Généralement de petites dimensions, les centres commerciaux regroupent les activités les plus diverses (pêche, tourisme, ateliers de réparations...) et présentent un habitat dispersé le long de routes interminables. Seules émergent quelques bourgades mieux placées pour attirer quelques activités industrielles et portuaires : Dalhousie, Bathurst, Chatham, Pictou, Sydney, Yarmouth, ou des capitales administratives telles Frédériction et Charlottetown, élégantes cités remplissant également une fonction religieuse et culturelle.

Moncton, sur le coude de la Petitcodiac, doit sa promotion à sa position de carrefour qui semble la désigner comme future capitale d'une Union des trois provinces (si jamais elle se fait). Étirée de chaque côté des installations ferroviaires du Canadian National, cette agglomération de 50 000 habitants est surtout connue depuis quelques années pour être le théâtre de la bataille linguistique que se livrent anglophones et francophones.

Seules, deux agglomérations dépassent les 100 000 habitants :
— *Saint-Jean,* sur la baie de Fundy (100 000 habitants), est incontestablement la métropole économique du Nouveau-Brunswick. Elle regroupe à elle seule 40 % de la production manufacturière et 20 % du commerce. Terminus du chemin de fer et port de mer libre de glaces toute l'année, il continue d'être un des grands havres d'hiver du Canada (produits pétroliers, blé, sucre brut, papier journal). Il a su également se doter d'un important secteur industriel : usine de pâte à papier, raffineries, chantiers navals rénovés, centrale thermique. Il semble cependant que dans son effort de modernisation, la *Cité des Loyalistes* ait pris un certain retard sur sa grande rivale Halifax.
— *L'agglomération Halifax-Dartmouth,* avec ses 210 000 habitants, rassemble le tiers de la population provinciale et constitue le pôle politique, économique et même culturel des Maritimes. Installée sur la côte S.E. de la

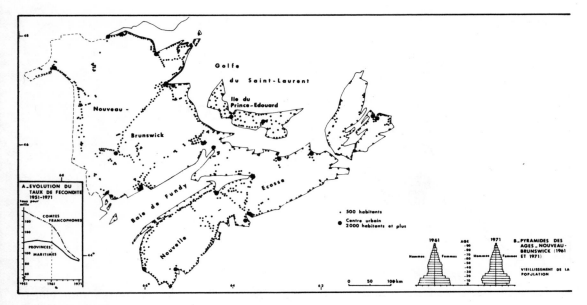

Figure 4
*Répartition de la population des Provinces Maritimes
(Recensement de 1971).*

Nouvelle-Écosse, à l'intérieur d'une baie d'entrée facile et très profonde, Halifax possède tous les avantages de Saint-Jean : c'est un terminus ferroviaire et routier, encore plus avancé vers l'Atlantique, un port de mer libre de glaces tout l'hiver. Créée en 1749 par les Anglais pour faire pièce à la forteresse de Louisbourg, Halifax a eu pendant longtemps une fonction militaire importante : celle de servir de base à la marine impériale. Elle joua aussi le rôle de port de transit pour les voyageurs en partance pour ou en provenance de l'Europe. Ses activités portuaires sont aujourd'hui plus diversifiées (importation de pétrole, de matériel lourd, exportation de blé, de pommes de terre, de bois...) auxquelles s'ajoutent ses industries : raffineries de pétrole, chantiers navals, conserveries, fonderies, fabriques de cartonnages, de cordages, de peintures...

CHAPITRE DEUX

La mer pourvoyeuse

Au regard de ces terres morcelées, pauvres, aux horizons bornés par la forêt, les perspectives offertes par les rives bordières apparaissent autrement plus intéressantes. Elles ne constituent pas seulement l'espace libre de toute entrave, ce champ ouvert à l'aventure et aux voyages, ce lieu privilégié de l'imagination et des rêves, elles circonscrivent un domaine sous-marin aux richesses inestimables ou supposées l'être, objet depuis des siècles de toutes les convoitises et de bien des querelles entre les nations. En cette fin du XXe siècle, les possibilités offertes par la découverte (au large de l'île de Sable notamment) de riches gisements pétrolifères, ou la récupération, plus au large, de quantité d'agrégats marins (les fameux nodules métalliques), ou encore l'utilisation à des fins énergétiques des marées à forte amplitude de la baie de Fundy, pourraient justifier à elles seules l'attention portée à cette région maritime. Pourtant, c'est l'extrême abondance de ses eaux en animaux marins, reconnue par les pêcheurs européens bien avant que Christophe Colomb ne «découvre» officiellement l'Amérique, qui continue de susciter, aujourd'hui encore, le plus d'intérêt. Faut-il s'en étonner? À l'heure où l'on recherche de nouvelles sources d'approvisionnement en protéines animales, le Nord-Ouest atlantique demeure, malgré la mise en exploitation récente de nombreux autres secteurs de l'hydrosphère, une des zones les plus productives et un des hauts lieux de convergence des grandes flottilles de pêche. En 1974 par exemple, les quelque 2 057 bateaux qu'on y dénombrait (tonnage moyen : 825 tjb) appartenaient à plus de 18 nationalités différentes. Leurs débarquements se chiffraient à un peu plus de 4 millions de tonnes, faible pourcentage sans doute par rapport à la production mondiale (soit à peine 6 %), mais il faut voir que ces résultats ont été compilés à partir de la zone C.I.P.A.N. (Commission internationale des pêcheries de l'Atlantique du Nord-Ouest), une des plus petites zones de pêche délimitées par les instances internationales. D'ailleurs, en y regardant de plus près, on se rend compte que près de 65 % des prises du Nord-Ouest atlantique proviennent d'un secteur plus limité encore, celui des mers adjacentes au territoire des Maritimes. C'est dire l'importance des ressources ichtyologiques de cette bordure continentale.

A. *Aperçu des conditions favorables au développement de ces ressources*

Les marges continentales, du fait des faibles profondeurs et de la proximité des côtes, continuent d'être le domaine privilégié où s'exercent le plus commodément les activités de pêche. Coïncidence heureuse, c'est là où la faune et la flore sont les plus riches. En effet, c'est à l'intérieur de la zone «euphotique» (qui reçoit la lumière) du domaine néritique[5] comme sur le fond de la plate-forme littorale, que s'élabore le mieux ce milieu nutritif fondamental qu'est le phytoplancton, premier maillon de la chaîne qui conduit aux animaux carnivores dont l'homme se nourrit. Cela se comprend aisément si l'on songe que, grâce aux apports terrigènes, à la turbulence des eaux, à la profusion de la faune et de la flore, objet d'une importante dégradation bactérienne, les végétaux *autotrophes*[6] y disposent, plus qu'ailleurs, de substances minérales (nitrates et phosphates) dont ils sont capables de faire la synthèse à partir de l'énergie solaire captée par leurs pigments chlorophylliens. Le phytoplancton y serait en moyenne de dix à quinze fois plus dense qu'en haute mer. Outre ces capacités nutritives, la diversité des conditions physico-chimiques dévolue à ces mers épicontinentales (température, luminosité, salinité, teneur en oxygène dissous) permet à un plus grand nombre d'espèces de s'y rencontrer et de s'y repeupler, sans parler de la très grande variété de substrats[7] (roches, graviers, sables) qu'on y trouve, susceptibles chacun, de délimiter une aire de peuplement caractéristique.

Le domaine maritime qui frange les Provinces Maritimes répond à ces critères avantageux.

— La plate-forme continentale, entendue comme «*la zone qui ceinture les continents et s'étend depuis le niveau des plus basses mers (ou zéro hydrographique) jusqu'à la profondeur à laquelle se produit habituellement un accroissement sensible de la déclivité*» (J.R. Vanney, 1977, p. 12), y atteint des dimensions tout à fait exceptionnelles. Très étroite sur la côte Est de la Floride, elle atteint plus de 450 km dans le Grand Banc de Terre-Neuve. Aux abords de la Nouvelle-Écosse, sa largeur déjà considérable (de l'ordre de 250 km) s'agrandit, du fait de l'abaissement des axes appalachiens et de l'ennoyage qui en a résulté, de deux vastes mers intra-continentales : le golfe du Saint-Laurent et l'ensemble golfe du Maine — baie de Fundy, ce qui donne au domaine néritique des Provinces Maritimes une superficie d'environ 540 000 km².

— L'ensemble disloqué, morcelé que dessinent les Maritimes avec ses nombreuses îles et presqu'îles, sa côte dentelée, permet cette intimité des terres et des mers dont on sait qu'elle est une source d'enrichissement incomparable pour l'hydrosphère. Mais cette disposition avantageuse se trouve renforcée par la situation de ces mers bordières dans l'Atlantique Nord-Occidental

— L'avancée de la masse continentale du Groenland et les conditions climatiques propres à cette façade maritime, expliquent l'extension loin vers le sud d'une circulation cyclonique subpolaire dont le segment le plus intéressant pour cette étude est constitué par le courant du Labrador (fig. 4 bis). Celui-ci n'est, selon l'expression de Baulig (G.U., 1936, t. XIII, p. 42) que le «*trop-plein du Bassin*

---

5. En océanographie, le terme *néritique* désigne les eaux de la plate-forme continentale.

6. Les *autotrophes* sont des végétaux ou des microorganismes qui présentent la particularité d'élaborer directement la matière vivante à partir de substances minérales alors que les *hétérotrophes* se nourrissent d'êtres vivants ou morts, autotrophes ou non.

7. Par *substrat*, on entend le support de tout peuplement benthique (J.M. Pérès 1961, p. 37). Par *biotope*, une aire géographique donnée regroupant des êtres vivants liés par une dépendance réciproque (J.M. Pérès, *ibid.*, p. 34), sans idée d'échelle ajoute P. George dans un dictionnaire géographique, 1970, p. 43. Par *écosystème*, une portion de l'espace terrestre présentant un caractère d'homogénéité au point de vue topographique, microclimatique, botanique, zoologique, hydrologique et géochimique (P. George, Dictionnaire géographique, p. 144).

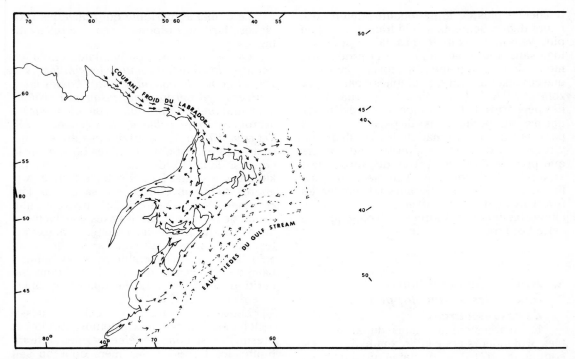

Figure 4 bis
*Circulation générale des eaux de surface dans le Nord-
Ouest Atlantique.*

*polaire suralimenté par l'apport des grands
fleuves eurasiatiques et nord-américains ».* Il
prend naissance, dans les parages du détroit
de Davis, de l'union de divers courants qui,
déviés vers la droite par la rotation de la terre,
contournent le Groenland par l'Est, le Sud et
l'Ouest, pour fusionner avec les eaux polaires
issues de la mer de Baffin. Cet énorme fleuve
sous-marin a un débit estimé à 4 ou 5 millions
de mètres cubes dans les 1 500 premiers
mètres (A. Guilcher, 1965, p. 191) ; il longe la
côte du Labrador à une vitesse de 15 à 20 cm
par seconde tout en s'alimentant d'apports atlantiques qui le réchauffent quelque peu au fur
et à mesure de son acheminement vers le sud.
Ce sont ces eaux, d'une couleur verte
caractéristique, très froides (inférieures à
3°C), d'une salinité inférieure à 34 pour mille,
riches en oxygène et en phosphates qui, constamment déviées vers leur droite, font sentir
leur influence sur toute la marge continentale
y compris dans le golfe du Maine et la baie de
Fundy pourtant fort éloignés de la source
émettrice. Aux accores de la plate-forme, elles
se heurtent aux eaux d'origine tropicale,
chaudes et salines, de couleur bleue, de la
Dérive Nord-Atlantique, segment occidental
d'une circulation anti-cyclonique elle-même
formée par les courants du Gulf stream et
Nord-équatorial.

La convergence de ces masses d'eau contrastées s'effectue le long d'une surface de contact subverticale appelée front, se
matérialisant sur les cartes par un grand resserrement des isothermes et des isohalines, à
tel point, dit-on, qu'il arrive souvent qu'un
même bâtiment baigne à l'avant dans de l'eau à
peine supérieure à 0°C tandis qu'à l'arrière, le
thermomètre indique 10°C et plus. Ce *mur
froid* comme on l'appelle *(Cold wall)* est une
zone de grande turbulence et de concentrations exceptionnelles d'animaux aquatiques
(morue et hareng par exemple) attirés par une
production primaire prodigieuse pouvant atteindre lors des poussées printanières des valeurs de 16 à 20 mg par mètre cube (poids sec).
—   De plus, les eaux mêmes de la plate-forme
sont soumises, à ces latitudes moyennes, à de
forts brassages ou *mixages* verticaux. Ainsi en
hiver, le refroidissement des eaux superficielles au contact de l'atmosphère produit, par
alourdissement, une descente des eaux
oxygénées (phénomène dit de *cascading*) et
un renouvellement salutaire de l'oxygène des
profondeurs. Durant la période estivale, le
réchauffement rapide des eaux de surface a

pour effet de créer une stratification plus ou moins prononcée au sein de la colonne d'eau. Si elle se stabilisait plusieurs mois durant, cela pourrait être un inconvénient majeur car elle s'opposerait alors à une remontée des eaux profondes riches en substances nutritives ; ainsi en est-il des eaux tropicales relativement pauvres en ressources ichtyologiques. Mais à ces latitudes tempérées, le caractère temporaire de cette stratification constitue au contraire un facteur favorable dans la mesure où elles s'opposent à un enfoncement trop rapide des organismes et végétaux planctoniques hors de la zone photosynthétique.

— On peut également noter que si les conditions ne sont pas réunies pour que naissent dans l'Atlantique du Nord-ouest de grandioses *upwelling* comparables à ceux observés le long des côtes du Pérou ou de l'Angola, la fréquence des tempêtes aussi bien en hiver qu'en été peut entraîner localement un déplacement vers le large des eaux côtières superficielles et une remontée par compensation des eaux profondes riches en phosphates et nitrates. D'une façon générale, le fait pour ces mers bordières d'être situées sur le passage de nombreuses dépressions, contribue à l'instabilité fondamentale des masses d'eau en présence et partant de leur enrichissement mutuel.

— D'autre part, les apports d'eaux douces issues directement des précipitations ou indirectement du ruissellement continental, sont importants sur cette façade atlantique (de l'ordre de 700 à 1 200 mm par an) ; ils contribuent également à l'enrichissement du milieu aquatique. Le déversement de ces eaux sur la plate-forme crée des turbulences liées non seulement à leur température et à leur salinité spécifiques, mais aussi à leur dynamisme (vitesse et forme de l'écoulement) ; de plus, les fortes quantités de sels minéraux nutritifs qu'elles contiennent sont utilisées par les végétaux autotrophes pour leur synthèse alors que les débris organiques devront être préalablement soumis à l'action bactérienne de dégradation.

— En outre, la production planctonique dépend étroitement de la lumière solaire et varie au cours des saisons. Elle est quasiment nulle durant la période hivernale (décembre à mars) en raison de l'obliquité trop grande des rayons incidents et de la durée trop brève de l'éclairement. Mais si l'activité photosynthétique n'est pas possible, la décomposition des débris organiques ne s'en

poursuit pas moins activement ; de sorte que lorsque le printemps arrive, ces réserves d'éléments nutritifs accumulées et renouvelées par le brassage des eaux sont capables de déclencher une poussée phytoplanctonique importante, une véritable *explosion ;* il faut ajouter que la longueur du jour, la forte nébulosité, l'importance du matériel particulaire en suspension, l'agitation des eaux de surface, sont autant de facteurs favorables à la croissance de ces pâturages flottants (composés surtout de Diatomées et de Dinoflagellés). Ceux-ci servent de support à une intense activité zooplanctonique : crustacés nains (Copépodes), Euphausiacés, mollusques (Hétéropodes), protozoaires (Foraminifères, Radiolaires), à leur tour dévorés par les planctonivores (les Cétacés).

Comme on a pu l'observer en d'autres régions du globe, cette prolifération planctonique connaît deux maximums, l'un au printemps, l'autre un peu moins marqué à l'automne ; le creux enregistré entre juin et septembre serait dû au *broutage* par les herbivores (c'est précisément en juin-juillet que le zooplancton est à son apogée), mais il est probable aussi que les variations de la nébulosité tamisant les radiations lumineuses et réglant l'éclairement, ou encore les perturbations atmosphériques venant modifier le *mixage* vertical des eaux (dont dépend le renouvellement des sels minéraux nutritifs), ont une incidence sur l'appauvrissement de la *prairie* pélagique. Il faut compter aussi sur les migrations verticales circadiennes du plancton, migrations en rapport avec l'alternance des nuits et des jours dont l'importance pour la pêche au hareng par exemple est considérable.

— Enfin, en dehors de ces conditions ambiantes favorables à l'élaboration du premier maillon de la chaîne alimentaire, les mers de l'Atlantique du Nord-Ouest présentent une gamme de combinaisons, variant dans le temps et l'espace, entre la température, la salinité et les différents substrats, capables de satisfaire les exigences biologiques d'un nombre élevé d'espèces nectoniques (animaux marins dotés d'une mobilité propre leur permettant de nager en permanence). N'est-il pas significatif par exemple qu'une même aire maritime puisse voir défiler les *mouvées* de phoques groenlandais *(Phoca groenlandica)* descendues des rives englacées du Grand Nord auxquelles succèdent, quelques mois plus tard, les grands thons rouges *(Thunnus thynnus)* en provenance des fosses océaniques de la zone tropicale? D'une façon générale, ces mers bordières à fortes amplitudes de température d'une saison à une autre, seront susceptibles d'abriter des espèces eurythermes[8], supportant des écarts saisonniers importants (mollusques, crustacés et certains poissons plats) ou des espèces migrantes sténothermes ou sténohalines à la recherche d'un biotope favorable (thon, hareng, morue, maquereau...).

Mais une étude plus précise du milieu maritime doit prendre en considération les particularités écologiques et biologiques bien tranchées de chacun des trois ensembles de cette marge continentale.

B. *Le golfe du Saint-Laurent*

Situé entre 45° et 52° de latitude Nord et 56° et 66° de longitude Ouest, le golfe du Saint-Laurent ferme la plus importante échancrure de la façade atlantique du continent nord-américain. D'une superficie d'environ 250 000 km², cette vaste mer intérieure a la forme d'un triangle délimité à l'Est par la côte occidentale de Terre-Neuve (elle-même isolée de la longue et impressionnante Côte-Nord du Québec par le petit détroit de Belle-Isle), à l'Ouest par la péninsule de Gaspésie qui va border au Nord l'énorme embouchure du fleuve Saint-Laurent, enfin au Sud-Ouest et au Sud par le long demi-cercle que dessinent les côtes du Nouveau-Brunswick et de la Nouvelle-Écosse à leur tour séparées de la Grande Île par l'ouverture du détroit de Cabot.

Le trait le plus caractéristique de cette mer intra-continentale tient à la présence d'un profond sillon (de 200 à 500 mètres de profondeur), d'une largeur oscillant entre 35 et 110 km et s'allongeant sur 1 240 km : le chenal laurentien. Prenant naissance dans le lit du fleuve Saint-Laurent, à l'embouchure de la rivière Saguenay (soit à 160 km en aval de Québec), il s'élargit progressivement et se courbe conformément au tracé de la Gaspésie, puis il traverse le golfe de part en part selon

une direction N.W.-S.E., franchit dans toute sa largeur le détroit de Cabot, et parcourt encore l'étendue de la bordure continentale pour finalement déboucher sur la cuvette océanique atlantique, à quelque 280 km au S.E. de l'île du Cap-Breton. Deux autres gouttières également importantes se rattachent à lui : le chenal d'Anticosti, longue dépression de 200 km environ s'étirant depuis le Passage Jacques Cartier (entre l'île d'Anticosti et la Côte-Nord) jusqu'au chenal Esquiman ; celui-ci commence au large de la pointe Riche sur la côte occidentale de Terre-Neuve, s'élargit vers le S.W. avant de venir confluer avec le chenal laurentien, soit à plus de 300 km de son lieu d'origine.

Ces auges délimitent un certain nombre de talus de formes et de dimensions inégales, prolongements sous-marins de basses terres côtières.

a) En bordure de la Côte Nord, les plateaux de grès et d'argiles calcaires sont recouverts d'une épaisse couverture de matériaux grossiers morainiques ; ils forment une chaussée relativement étroite, fragmentée de nombreux chenaux et de dépressions entre les écueils parallèles au rivage.

b) À l'est, l'extension sous-marine de l'île de Terre-Neuve s'élargit jusqu'à la presqu'île de Port-au-Port pour se réduire, entre les deux caps de Ray et d'Anguille, à une bande littorale de 10 km à peine de largeur. Sa surface, doucement inclinée vers le large jusqu'à des profondeurs de 120 m, est tapissée de sédiments fins favorables dans l'ensemble au chalutage.

c) De toutes les plates-formes sous-marines du golfe, la plus imposante est sans conteste celle dite du Plateau magdalénien. D'une superficie de près de 80 000 km², elle occupe toute la partie occidentale et méridionale du golfe que délimite à l'Ouest la ligne de rivage semi-circulaire, longue de 2 500 km, des deux façades du Nouveau-Brunswick et de la Nouvelle-Écosse, et d'où émergent au Sud l'île du Prince-Édouard et au Nord les îles de la Madeleine. Ce «plateau» prolonge, sans discontinuité apparente le bassin permo-carbonifère continental et s'étend selon une pente extrêmement faible (0,44 m à 0,84 m par km) jusqu'au rebord du chenal laurentien.

Le golfe du Saint-Laurent doit à ses traits physiques particuliers le privilège de ne pas subir de plein fouet les inconvénients auxquels l'exposerait normalement sa situation avancée vers le Nord.

Le détroit de Belle-Isle qui s'ouvre au Nord-Est, n'est qu'un seuil étroit et peu pro-

8. Les animaux *eurythermes* sont ceux qui peuvent supporter des écarts importants de température, les *sténothermes* ne le peuvent pas. Cette distinction n'est pourtant pas aussi nette qu'on pourrait le croire ; pour une même espèce, les besoins changent en fonction de l'état physiologique de l'animal. Ainsi un poisson relativement eurytherme (comme la morue) peut faire preuve de sténothermie à l'époque de la reproduction. À l'inverse, une espèce habituellement sténotherme (maquereau ou hareng) montre souvent après la ponte une relative indifférence vis-à-vis de la température. La même sensibilité existe vis-à-vis de la salinité de la mer : on parlera alors d'espèces *sténohalines* et *euryhalines*.

fond (45 m). Il ne laisse pénétrer qu'une quantité limitée d'eau labradorienne, mais il s'agit, selon l'expression du commandant Beaugé, de la « crème » superficielle, c'est-à-dire des eaux de la bordure interne, les plus froides et les moins salines ; elles entrent dans le golfe en longeant la rive septentrionale du détroit puis, guidées par les auges longitudinales et le courant général qui les portent vers l'Ouest, elles font sentir leurs effets négatifs tout le long de la Côte-Nord du Québec jusqu'à Natashquan et plus loin encore. La plus grande partie du golfe ne reçoit ainsi que les eaux de mélange et demeure dans l'ensemble à l'abri de ces coulées polaires. D'autre part, l'englacement commence très tôt dans le détroit (Instructions nautiques, p. 28). Dès le 15 décembre, apparaît une mince couche de glace de formation locale à laquelle vient bientôt s'ajouter la glace de dérive en provenance de l'Arctique ; de gros *flœs* de 1 à 3 mètres d'épaisseur remplissent rapidement le détroit et se soudent entre eux pour former une barrière qui s'opposera durant toute la période hivernale à l'irruption massive de glaces flottantes *(drift ice)* à l'intérieur du golfe. De même, les icebergs se rassemblent par centaines (entre avril et septembre surtout) à l'intérieur du détroit (immense voie de garage où les conduit le courant du Labrador), mais ils parviennent difficilement à franchir ce haut seuil ; pressés les uns contre les autres, ils s'échouent et se brisent en multiples morceaux avant de venir grossir au printemps le long ruban du *pack*. Seuls quelques-uns, parmi les plus petits, parviennent à franchir le détroit ; ils défilent alors dans le sens général du courant et disparaissent avant d'avoir atteint la pointe Sud d'Anticosti.

Avec un débit moyen légèrement supérieur à 10 000 m^3 par seconde, *le fleuve Saint-Laurent* est le grand fournisseur des eaux continentales de cette marge. Il en est aussi un des principaux éléments perturbateurs. Ses eaux saumâtres, déjà soumises à de fortes amplitudes saisonnières, se chargent dès le 15 novembre et jusqu'à la mi-mai d'énormes masses de glaces qui sont rejetées dans le golfe en même temps que quantité de matières terrigènes, arrachées à ses rives par l'érosion glacielle, et qui contribuent à l'enrichissement du milieu nourricier du golfe. La dynamique de transport est assurée par des courants de surface, tributaires de la marée de type semi-diurne ; leur vitesse est faible, inférieure généralement à un nœud, sauf dans les chenaux les plus étroits. Dans la tranche

d'eau comprise entre 25 et 50 mètres, existe un courant portant constamment vers l'aval, c'est-à-dire vers le golfe : le courant de Gaspé ; il longe la côte à une distance comprise entre 5 et 20 km et à une vitesse qui dépasse fréquemment 2,3 nœuds à marée descendante (un peu plus par vents de N.W. dominants). À ce flot régulier de sortie, correspond en profondeur un courant de sens inverse que l'on peut repérer en surface près de la rive Nord de l'estuaire.

Le détroit de Cabot, séparant l'île du Cap-Breton de Terre-Neuve, constitue la porte la plus importante du golfe tant par sa largeur (106 km du cap North au cap Ray) que par sa profondeur supérieure à 500 mètres dans la gouttière centrale. Cette ouverture béante sur l'océan ainsi que l'épaisseur de la colonne d'eau à refroidir pendant l'hiver, ajoutent encore au caractère modéré de l'englacement. On peut cependant noter qu'elle n'est pas située exactement dans l'axe vertical du golfe, mais qu'elle se trouve nettement déportée vers le Sud-Est par la présence de l'île du Cap-Breton. De ce fait, les eaux issues du Saint-Laurent qui s'écoulent en tenant leur droite, ont tendance à venir s'enfermer dans le Sud du golfe où il n'existe pour toute sortie que l'étroit boyau de Canso. Il en est de même des glaces dérivantes ; elles viennent se plaquer contre la côte Nord de l'île du Prince-Édouard et s'engouffrent dans le détroit de Northumberland jusque dans les petites baies et les estuaires qui festonnent le littoral. De sorte que toute cette partie méridionale du golfe qui borde les Maritimes, fait paradoxalement figure de région défavorisée : le froid y est plus tenace, l'emprise des glaces plus forte, et les principaux havres ne sont pas libérés avant la fin avril, quelquefois même plus tard. À l'intérieur du détroit, deux courants de sens inverse dominent la circulation ; le long de la rive occidentale et sur une largeur d'environ 30 km à partir du cap North, existe un abondant courant de sortie d'eaux généralement froides et peu salines, que l'on peut suivre jusqu'à l'île de Scatarie au-delà de laquelle il se mélange aux eaux plus tièdes de la plateforme néo-écossaise. Dans la partie orientale du détroit, se maintient en toute saison (en surface tout au moins) un flot entrant d'eaux mixtes atlantiques de température et de salinité plus fortes dont les effets adoucissants se font sentir sur toute la côte occidentale de l'île de Terre-Neuve jusqu'à la Baie des Îles, et même parfois plus au Nord. Le détroit ne gèle pratiquement jamais, mais de janvier à mai, la navigation est quelquefois rendue dangereuse par les glaces de mer qui se pressent à la sortie du golfe. Généralement, le *pack* dérive au large de l'île Saint-Paul et ne gêne guère l'entrée et la sortie des bateaux, d'autant qu'il lui arrive, par vents de N.W., d'être complètement repoussé sur la côte orientale de l'île du Cap-Breton, laissant le passage libre plusieurs semaines durant. La situation se dégrade par vents de S.W. ; les milliers de *flœs* de 1 m à 1,50 m d'épaisseur se dispersent sur toute la largeur du détroit, et il faut attendre que les vents tournent de N.E. à S. pour voir se dégager le passage (Instructions nautiques, p. 31). Au moment de la grande débâcle printanière (entre la mi-avril et la mi-mai), le *pack* est si compact qu'il parvient à former un barrage presque continu entre l'île Saint-Paul et le cap Ray : ce *pont* est un autre obstacle retardant la libre circulation des navires.

À l'intérieur du golfe, les eaux se comportent comme des liquides non miscibles dont les échanges se font aux surfaces de contact. Durant la période estivale, la distribution verticale des températures permet d'individualiser une triple zonation d'une importance capitale pour la vie planctonique et nectonique.

— La tranche de surface descend jusqu'à 45 mètres de profondeur et baigne la plus grande partie du talus continental. Les températures s'y échelonnent de 8°C à 18°C, et parfois même à 20°C près des côtes, tandis que les taux de salinité varient selon les lieux de 26 à 32 pour mille. À l'intérieur de cette couche, des stratifications secondaires apparaissent suffisamment marquées pour répondre aux exigences biologiques d'espèces sténothermes aussi différentes que le hareng, le thon et la goberge *(Pollachius virens)* ; même la morue, qui pourtant recherche généralement des eaux plus fraîches, peut y faire de brèves apparitions. Mais cet *édifice* hydrologique est précaire, remis en cause à tout moment par les nombreux coups de vent qui balayent le golfe. Il s'ensuit de fréquentes oscillations de thermoclines ; celles-ci entraînent, dans le meilleur des cas la fuite du poisson vers les profondeurs du large où il devient difficile sinon impossible pour les pêcheurs côtiers de le capturer. Elles peuvent être aussi (beaucoup plus souvent qu'on ne le croit) à l'origine de la mort de quantité d'animaux marins : la destruction presque complète en 1963 du stock de pétoncles du Plateau magdalénien est à cet égard significatif. Ces nappes d'eaux superficielles sont en outre animées d'amples déplacements horizontaux imprimés par les vents et les variations de la pression atmosphérique ainsi que par les courants de marée. Les travaux entrepris depuis un demi-siècle ont montré l'existence, à l'intérieur du golfe, d'un vaste mouvement tourbillonnaire dans le sens inverse des aiguilles d'une montre (ou sinistrogyre) ; le moteur en serait *le courant de Gaspé*. Au sortir de l'estuaire du Saint-Laurent, celui-ci se scinde en plusieurs branches qui envahissent la partie méridionale du golfe en adoptant une direction générale N.W.-S.E. À la hauteur du détroit de Cabot, il fusionne avec le flot d'entrée des eaux mixtes atlantiques puis longe la côte de Terre-Neuve avant de se diviser à son tour en deux bras vers le N.E. ; l'un formera le courant de sortie de la rive sud du détroit de Belle-Isle, alors que l'autre ira se joindre aux eaux d'entrée labradoriennes. Si lente soit-elle (environ un nœud), cette circulation cyclonique exerce une influence prépondérante (bien qu'encore mal connue) sur les migrations planctoniques, telles les larves de hareng qui, nouvellement écloses sur les frayères du Plateau magdalénien, se dispersent vers le Sud et l'Est jusque sur la côte méridionale de Terre-Neuve où elles achèvent leur croissance. Dans quelle mesure n'agit-elle pas non plus sur les déplacements du necton? (c'est-à-dire des organismes nageurs qui vivent au sein des eaux et non sur les fonds). D'ici peu on devrait pouvoir répondre à cette question.

— La tranche intermédiaire est formée des eaux froides accumulées lors de l'hiver précédent. Les températures y oscillent entre -1°C et +4°C, et les taux de salinité de 32 à 34 pour mille. Décelable surtout à l'intérieur des auges qui sillonnent le golfe (jusqu'à des profondeurs de 180 à 190 mètres), elle empiète largement sur les plates-formes littorales où quelques trous ou tranchées constituent de véritables réservoirs d'eaux constamment glacées. Elle sert de zone de refuge à de nombreuses espèces comme la plie américaine *(Hippoglossoides platessoides)* qui trouve sur les fonds sableux et graveleux des conditions idéales pour sa reproduction.

À l'intérieur, il y aurait lieu de distinguer la couche relativement mince, aux températures négatives, prise en sandwich entre des tranches d'eaux plus tièdes, et défavorable à la vie animale. Heureusement, ce «*voile*» comme l'appelle Beaugé, n'est pas toujours présent ; il peut se réduire selon les années à une simple lentille de quelques mètres d'épaisseur, pas plus, mais là où il existe, il joue à l'égard des migrations verticales de nombreuses espèces y compris la morue le rôle de plafond ou encore de plancher.

— La tranche profonde se caractérise par des températures remarquablement stables toute l'année (4°C à 6°C), et des salinités supérieures à 34 pour mille. Elle n'intéresse que la partie profonde du chenal laurentien (supérieure à 200 mètres). On connaît encore mal l'origine de ces eaux ; comme certains le supposent, elle serait liée à des apports extérieurs qui viendraient par intermittence s'engouffrer dans le détroit de Cabot. À l'automne, par suite du déclin du rayonnement, les eaux des étages supérieurs s'homogénéisent progressivement pour arriver à ne former au milieu de l'hiver qu'une seule et même *couche de mélange* de 150 à 180 mètres d'épaisseur. Ces eaux tempérées des profondeurs accueillent nombre d'espèces démersales et pélagiques, chacune d'elles s'établissant au niveau correspondant à son biotope. L'insuffisance de nourriture conduit d'ailleurs la plupart d'entre elles à réduire sensiblement leur activité nutritionnelle : c'est l'hivernage *(overwintering)* qu'elles mettent à profit pour achever le développement de leurs glandes génitales.

C. *La plate-forme néo-écossaise*

Le long de la façade atlantique de la Nouvelle-Écosse, la plate-forme a l'aspect d'un quadrilatère allongé du S.W. au N.E. sur plus de 500 km pour une largeur qui oscille entre 160 km au S.W. de la plate-forme et 240 km au N.E.

Bien individualisée par le chenal laurentien qui la sépare du grand Banc de Terre-Neuve, elle se différencie plus difficilement des quelques bancs qui ferment l'entrée du golfe du Maine et dont elle n'est que le prolongement. Sa topographie est complexe et comprend *grosso modo* trois parties :

• une bordure littorale peu profonde, relativement étroite (10 à 40 km en moyenne), que délimite assez bien la courbe des 50 brasses (91 mètres) sur les cartes hydrologiques ; elle constitue l'extension sous-marine de ce que l'on a appelé *la pénéplaine atlantique* ;
• une longue dépression centrale parallèle à la ligne de rivage, aux profondeurs souvent supérieures à 150 mètres, bien développée au S.W. du plateau et accidentée de chaussées n'occupant qu'une surface réduite ;
• une série de grands bancs allongés parallèlement aux accores à plus de 200 km de la

côte, et séparées les uns des autres par des dépressions entaillant profondément la convexité externe de la plate-forme.

Dans une perspective géographique, il nous semble préférable de distinguer d'Est en Ouest trois unités hydrobiologiques.

a) Dans la partie orientale de la plate-forme, la bordure littorale s'élargit à près de 60 km et dessine à l'est de l'île du Cap-Breton (en bordure du chenal laurentien par conséquent) l'immense plateau de Sainte-Anne (55 m) enserrant les bancs de Scatarie (24 m) et Curdo (19 m) (fig. 5). Au S.W. de l'île, elle se rétrécit progressivement et ne compte plus que quelques centaines de mètres le long de l'île-Madame. Jonchée de pierrailles et de gros blocs anguleux, voire de débris morainiques plus ou moins retravaillés, cette chaussée qualifiée de *très rugueuse* par les pêcheurs a la triste réputation de mettre à mal les chaluts ; de ce fait, elle a été pendant longtemps abandonnée aux seuls lignottiers. Plus au large, une série de chenaux ramifiés à l'extrême correspond à la dépression centrale, réduite ici à sa plus simple expression. Allongées du S.W. au N.E., ces fosses tortueuses sont les vestiges d'un ancien réseau de vallées subséquentes datant probablement du crétacé supérieur ou au début du tertiaire. Bien qu'en partie fossilisées sous un épais coussin de sables et d'argiles, elles montrent encore un bel encaissement (190 à 250 m) et se singularisent par leur verrouillage du côté du chenal laurentien ; au Sud, elles isolent les bancs de Misaine et d'Artimon aux fonds unis et doux, plus propices au chalutage. Enfin, à l'extrémité sud-est, s'étend la vaste table du Banquereau. D'une superficie supérieure à 7 000 km², ce haut-fond a *grosso modo* la forme d'un rectangle de 190 km d'Est en Ouest sur 75 km du Nord au Sud ; les profondeurs s'établissent entre 50 et 60 mètres mais se relèvent dans la partie orientale pour donner une crête allongée du N.E. au S.W., le *rocky ground* bien connu des pêcheurs pour l'abondance de petites morues qu'on y trouve. Recouvert sur sa plus grande partie de cailloutis enrobés de sables et de graviers généralement bien triés (comparables au *laurentian silt* du chenal), il constitue un des meilleurs champs de chalutage de cette plate-forme.

b) De Canso à Halifax, la bordure littorale s'élargit légèrement (de 12 à 25 km) tandis que la dépression centrale prend toute son ampleur. Les bancs intermédiaires de Canso et du Middle Ground offrent une topographie peu tourmentée, bien que bordés en contrebas par

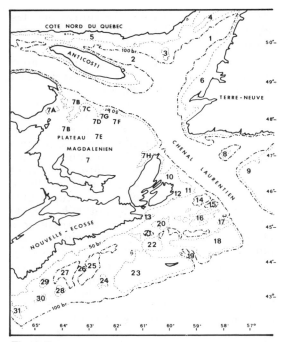

Figure 5
Golfe du Saint-Laurent et plate-forme néo-écossaise.

*1 chenal Esquiman, 2 chenal d'Anticosti, 3 banc Beaugé,
4 chenal de la Mécatina, 5 bordure côtière de la Côte-
Nord du Québec, 6 bordure côtière de Terre-Neuve, 7
Plateau Magdalénien (7A Auge de la baie des Chaleurs,
7B vallée de Shediac, 7C banc des Orphelins, 7D chenal
Ouest de Bradelle, 7E banc Bradelle, 7F chenal Est de
Bradelle, 7G banc Bennett, 7H chenal du Cap-Breton), 8
banc de Burgeo, 9 banc St Pierre, 10 plateau Sainte-Anne
(ou Sydney Bight), 11 banc Scatari, 12 banc Curdo, 13
banc Carousse, 14 fosse à «Grey-Sole», 15 petites fosses,
16 banc de Misaine, 17 banc d'Artimon, 18 Banquereau,
19 Le Goulet (the Gully), 20 banc Canso, 21 fosse de
Canso, 22 banc du Milieu (Middle Ground), 23 banc de
l'île de Sable, 24 banc Emerald, 25 bassin Emerald,
26 banc Sambro, 27 bassin La Have, 28 banc La Have,
29 banc Roseway, 30 banc Baccaro, 31 banc Brown.*

des monticules morainiques peu praticables.
C'est là surtout que le relèvement externe de la
plate-forme est le plus marqué ; les fonds diminuent régulièrement sur le pourtour de ce
long cordon à peine arqué qu'est l'île-de-
Sable, et délimitent un large banc (*Tongue
ground* ou banc de l'île-de-Sable) recouvert
de débris quaternaires de 10 à 15 mètres
d'épaisseur, à la surface rocailleuse, jonchée
d'innombrables blocs rocheux ; il était autrefois renommé pour sa richesse en flétans.
Le rebord méridional est festonné d'auges escarpées parmi lesquelles le Goulet *(The
Gully)* ; ce long et profond couloir sépare le
Banquereau de l'île-de-Sable et fait office de
porte d'entrée aux eaux tièdes océaniques.

c) Au Sud-Ouest, la plate-forme se rétrécit
singulièrement en raison de l'absence de
grands bancs externes. En revanche, deux
larges bassins (La Have, Emerald) remblayés
de sédiments fins et compacts, d'une couleur
gris sombre caractéristique, remarquablement homogènes, occupent la plus grande
partie de sa surface. D'origine glaciaire (Sco-
tian Sheft drift), ces dépôts recouvrent aussi le
Sambro (93 m), lieu de pêche privilégié des
flottilles de Lunenburg et d'Halifax. Plus à
l'Ouest encore, les bancs tabulaires de Roseway (61 m), Baccaro (76 m) et La Have, également coiffés de matériaux fins déposés lors de
la transgression qui a suivi le retrait des
glaciers pléistocènes, présentent une topographie uniforme favorable au chalutage.

Le régime hydrographique est largement
conditionné par les caractères physiques de
cette plate-forme. Il s'agit d'un palier difficilement accessible aux eaux atlantiques, d'autant
plus que les deux grands bancs de l'île-de-
Sable et du Banquereau, disposés sur la bordure externe du talus, s'opposent à cette
pénétration ; en revanche, il est largement
soumis à l'influence des deux sources d'eaux
froides qui lui arrivent du N.E. : les eaux
laurentiennes et les eaux labradoriennes.

Les eaux laurentiennes ont un débit cent
fois supérieur à celui du grand fleuve quand,
déviées sur leur droite, elles sortent du golfe
pour envahir graduellement le plateau. Des
travaux de Lauzier, Trites et Hachey, il ressort
que ces eaux de faible salinité se cantonnent
l'hiver en bordure du littoral où elles se
mélangent aux eaux continentales jusqu'à
environ 30 mètres de profondeur ; en été, elles
s'étalent largement en surface jusqu'à recou-
vrir la quasi-totalité de ce *balcon océanique*.

Les eaux labradoriennes arrivent sur la
plate-forme après avoir contourné le grand
banc de Terre-Neuve. D'un débit considérable
(bien qu'encore non mesuré), elles ont conservé, en dépit de leur long cheminement, suffisamment de leurs traits d'origine pour faire
de cette mer épicontinentale «*un poste avancé
et permanent des eaux arctiques dans la
région tempérée*» (Beaugé). Contrairement à
ce que l'on pensait autrefois, ces eaux ne restent pas homogènes. Durant la période estivale, à mesure que se fait sentir la vague de
chaleur qui arrive du grand large, elles se
stratifient tout comme dans le golfe du Saint-
Laurent.

• En surface, elles se mélangent aux eaux
laurentiennes pour donner *la tranche de l'encornet* (T° = 8°C à 18°C) si précieuse quand les

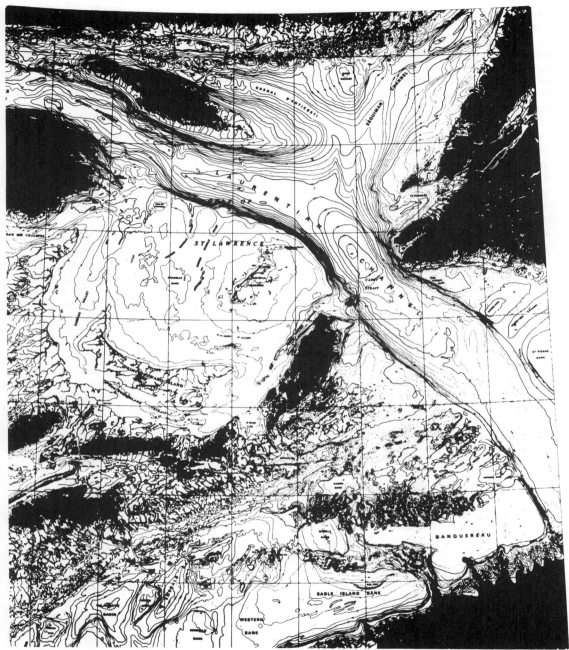

Figure 5 bis
Le golfe du Saint-Laurent : carte bathymétrique, dans
Vanney J.R., 1977, p. 102.

lignottiers devaient capturer la boëtte avant même de pêcher la morue.

• Au-dessous, la couche froide intermédiaire (-1°C à +8°C) baigne la plupart des bancs et convient particulièrement aux espèces démersales (églefin, goberge, morue).

• Enfin, la tranche profonde dite du *flétan*, aux températures plus homogènes (3°C à 6°C), s'étend jusqu'aux accores du plateau.

Les échanges avec les eaux océaniques plus chaudes et plus salines se font par l'intermédiaire des eaux de pente, ainsi nommées parce qu'elles tapissent le talus continental ; elles se placent entre les formations continentales et le système du Gulf Stream. Rallier du Baty pensait qu'elles formaient « *un barrage souple et imperméable aux eaux atlantiques* », lesquelles tentent de pénétrer à l'intérieur des réservoirs des bancs tout en poursuivant leur acheminement vers l'Est, « *mais que vis-à-vis de l'eau arctique, elles jouaient un rôle analogue à celui de la paroi poreuse d'un alcarazas* » (1926). De fait, la réalité est plus complexe et la plupart des auteurs (MacLellan, Bailey, Miller) ont montré depuis que le rempart n'est pas aussi inaccessible qu'on le supposait (Ch. Allain, 1965, p. 359). Ainsi, durant la belle saison (avril-octobre), on peut y distinguer trois étages superposés :

• les eaux de pente de surface (T° = 17°C S = 35, pour mille) ; elles se mélangent aux eaux superficielles de la plate-forme, c'est-à-dire aux eaux labradoriennes et laurentiennes ;

• les eaux de pente intermédiaires (T° = 11°C S = 35,40 pour mille) : directement influencées par les eaux de la Dérive atlantique, elles progressent du S.W. au N.E. en émettant des lobes d'eaux tièdes qui peuvent occasionnellement envahir les dépressions et créer de forts contrastes de température et de salinité avec les eaux sus-jacentes ;

• les eaux de pente profondes (T° = 4°C S = 34,97 pour mille) : situées au-delà des 800 mètres, elles contiennent une forte proportion d'eaux atlantiques et avancent le long du talus par des mouvements ascendants intermittents ; elles pourraient même remonter à l'intérieur des auges et soulever les couches supérieures, ce qui expliquerait le refroidissement subit des eaux de surface.

Ainsi, l'hydrologie de cette plate-forme présente de nombreux points communs avec celle du golfe du Saint-Laurent. L'instabilité des eaux y est grande et résulte aussi bien des diverses turbulences et brassages verticaux (entretenus par les modifications incessantes apportées aux eaux superficielles par l'inégale intensité du rayonnement solaire et le passage de nombreuses dépressions atmosphériques) que de la convergence et de l'affrontement de masses d'eaux océaniques aux caractéristiques radicalement différentes ; elle n'exclut pas, on l'a vu, une stratification des eaux dont le caractère seulement temporaire constitue un élément d'enrichissement du milieu aquatique dans la mesure où les organismes végétaux planctoniques, toujours passifs, ne sont pas transportés en dehors de la zone euphotique.

Cependant, l'ouverture relative de cette mer bordière sur le bassin océanique, son éloignement marqué vis-à-vis des sources d'eaux froides et de ce grand exutoire d'eaux continentales qu'est le fleuve Saint-Laurent, l'emprise moins forte des glaces, tout cela introduit des facteurs de différenciation appréciables. D'une façon générale, les eaux y sont plus maritimes, moins contrastées que dans le golfe. En été, les températures partout inférieures à 19°C éliminent certaines espèces dont le seuil de reproduction se situe à un niveau plus élevé ; elles sont néanmoins suffisantes pour accueillir de grands migrateurs pélagiques venus des profondeurs tropicales (espadons, thons rouges, maquereaux...). À noter aussi que les amplitudes thermiques annuelles, plus faibles que dans le golfe, favorisent un meilleur étalement des activités physiologiques des animaux sédentaires, une croissance plus lente mais aussi plus soutenue, plus longue, de sorte que les individus d'une même espèce (homard par exemple) acquièrent une taille moyenne supérieure à celle observée dans le golfe. Les êtres sténothermes et sténohalins trouvent également de meilleures conditions de développement, non seulement parce qu'ils n'ont pas à redouter ces variations brusques de température et de salinité si difficilement supportables pour l'organisme, mais aussi parce qu'il leur est plus aisé (compte tenu de la disposition des fosses) d'atteindre ces zones-refuges des profondeurs. En règle générale, les migrations des poissons de fond (morue, églefin, flétan) y sont moins amples que dans le golfe, avantage dont les pêcheurs savent tirer parti en raccourcissant la marée.

À l'intérieur de cette zone néritique, des nuances régionales apparaissent qui sont loin d'être négligeables. Du N.E. au S.W. en effet, les conditions hydrologiques se modifient sensiblement.

LA MER POURVOYEUSE

— Dans la partie orientale, l'influence des eaux froides nordiques et continentales est très marquée d'autant que le *pack* peut descendre, pendant les mois d'extension maximaux (février-mars), jusqu'à la limite de 44°30 N (Instructions nautiques, p. 31); les populations de poissons y vivent en étroite relation avec leurs congénères des bancs de Saint-Pierre et du Plateau magdalénien au point de ne former parfois qu'un seul et même stock (églefin par exemple).

— Au contraire, au-delà des deux bassins de La Have et d'Emerald (aire de retraite autant que barrière infranchissable à de nombreux poissons), les influences atlantiques s'accentuent, facilitées en cela par le rétrécissement de la plate-forme; les échanges s'y effectuent de préférence avec les communautés du golfe du Maine et de la baie de Fundy.

À souligner enfin l'existence, à l'étage infralittoral, d'un vaste relief tourmenté, de bosses, de trous et de surplombs, à leur tour criblés de fissures et d'autres aspérités; il est recouvert le plus souvent d'un herbier remarquablement touffu, support d'innombrables *écotopes-tertres* favorables aux peuplements photophiles, et à des *écotopes-dépressions* investis par les animaux sciaphiles. On est donc en présence d'une réserve extrêmement riche et variée, mais difficilement accessible aux engins de pêche non sélectifs.

D. *Le golfe du Maine et la baie de Fundy*

Autre échancrure importante de la façade atlantique, le golfe du Maine est néanmoins deux fois plus petit que le golfe du Saint-Laurent (superficie de l'ordre de 135 000 km^2).

Vers l'Ouest et le Nord (du cap Cod à la pointe Lepreau), il est bien délimité par un littoral arqué de 500 km, extrêmement déchiqueté dans le détail. Au-delà, vers le Nord-Est, il se prolonge par un long couloir rectiligne de 200 km sur 50 km de large, la baie de Fundy, fermé à son extrémité orientale par la presqu'île de Cumberland. Enfin, la côte occidentale de la Nouvelle-Écosse contribue à le fermer quelque peu à l'Est. Largement ouvert sur l'océan par une porte de 300 km de large, il n'a rien apparemment d'une méditerranée. Pour mériter une telle appellation, il devrait être engagé plus profondément à l'intérieur du continent et ne communiquer avec l'océan que par un détroit d'étendue et de profondeur restreintes (J.M., Pérès, t.1, p. 3-5). Pourtant, sa topographie sous-marine bien connue depuis les travaux de Goldthwaith (1924), D.W. Johnson (1925) et ceux plus récents d'Emery et Uchupi (1965-1966), lui confère une indéniable personnalité.

Son trait le plus remarquable est d'être barré à son entrée par quelques hauts-fonds isolant une vaste dépression dont la baie de Fundy n'est qu'une sorte d'appendice. Plus précisément, on se trouve en présence de reliefs monoclinaux, enfermant des bassins partiellement exhumés de leurs sédiments triasiques et recouverts par la suite d'une couverture plus ou moins épaisse de matériel moraïnique. Au S.W. du cap Cod, les Nantucket Shoals dessinent un grand dôme faiblement immergé (20 mètres à peine par endroits), accidenté de nombreux écueils et d'îlots rocheux ainsi que de longues crêtes sableuses orientées N.W.-S.E. Vers l'Est, la courbe des 50 brasses se resserre pour donner un seuil orienté plein sud (le Great South Channel), mais il est trop fortement relevé et n'autorise que des échanges limités entre les eaux intérieures du golfe et celles de l'Atlantique; au milieu de l'entrée, la courbe s'élargit en une forme ovoïde, circonscrivant l'un des plus importants hauts-fonds du précontinent américain : *le banc Georges* (fig. 6). Taillé dans une série tertiaire en discordance sur les assises du secondaire, ce plateau a des dimensions imposantes : 230 km sur son plus grand axe (S.W.-N.E.) et encore près de 130 km sur son plus petit (N.W.-S.E.). Il s'abaisse légèrement vers le rebord externe orné de plusieurs têtes de ca6nons (Corsair, Gilbert, Oceanographer, Walker, Hydrographer...) alors que vers l'intérieur, il se termine par un talus abrupt au pied duquel s'allongent les bassins de Franklin et de Georges. Une de ses particularités topographiques est de posséder, comme les Nanctucket Shoals mais avec plus de netteté et d'ampleur encore, une série de *chaînes* ou de crêtes sableuses, modelées, croit-on savoir, par les courants de houle et de marée à partir des débris fluviatiles et proglaciaires de sa surface (J.R. Vanney, 1977, p. 198-207). Ces élongations actives de 8 à 15 mètres de hauteur, ont une amplitude comprise entre 180 et 500 mètres; elles s'alignent sur plusieurs dizaines de kilomètres du S.E. au N.W., et s'articulent avec des chaînons secondaires ou *ridins* disposés perpendiculairement à l'arête principale. Les Cultivator et Georges Shoals, immergés de quelques mètres, sont les plus célèbres de ces champs dunaires, moins propices qu'on pourrait le croire au chalutage en raison, disent les pêcheurs, de la difficulté à se maintenir en ligne. Enfin à l'Est, entre les bancs Georges et Browns, l'auge du Northeast Channel ou couloir de Fundy (40 km de large sur 250 mètres de profondeur) forme la seule trouée vraiment importante du golfe du Maine, la seule grande voie d'entrée des eaux profondes d'origine atlantique. Quant à la *dépression intérieure,* elle est loin d'offrir une parfaite régularité ; elle est, en effet, cloisonnée par de nombreux blocs rocheux *(ledges)*, rehaussées de chicots où s'accrochent des cordons de blocailles (J.R. Vanney, *ibid.,* p. 80) ; ces lanières individualisent une série de bassins (Crowell, Jordan...) qui prennent le plus souvent la forme de simples couloirs aux fonds ondulés de remblais morainiques.

Au Nord-Est, *la baie de Fundy* est un long fossé d'affaissement où les grès et les argiles rouges, d'origine continentale, qui s'y étaient accumulés sur une épaisseur considérable, ont été progressivement déblayés. À son entrée, elle a 80 km de large et ses profondeurs en bordure du Digby Neck dépassent fréquemment les 50 brasses. Puis, en même temps que ses fonds se relèvent, sa largeur diminue ; au cap de Chignecto, elle a encore 45 km, mais à partir de là, elle se divise en deux branches terminales, la baie de Chignecto au nord-est et le bassin des Mines à l'est, chacune d'elles se subdivisant en plusieurs embranchements (baie de Shepody et de Cumberland pour la première, baie de Cobequid pour la seconde).

Ainsi, le golfe du Maine ne se différencie guère du plateau néo-écossais. Tout comme celui-ci, on peut l'assimiler à un palier ne s'ouvrant largement sur l'océan qu'au-dessus de 100 mètres. L'existence à son entrée d'un chapelet de bancs s'oppose à l'invasion massive des eaux atlantiques et restreint également ses échanges avec les autres mers bordières ; en ce sens, il agit comme un système parfaitement autonome. Les eaux de pente plus tièdes et de salinité élevée peuvent occasionnellement l'envahir en été, remonter même le long des indentations en soulevant les couches sus-jacentes, mais leur influence est finalement limitée. Les eaux labradoriennes et laurentiennes pénètrent plus aisément en utilisant au besoin le long chenal de Fundy, mais elles sont passablement dégradées. Quant aux eaux continentales, leurs effets se font surtout sentir localement, dans le sud-ouest du Nouveau-Brunswick par exemple où la décharge du fleuve Saint-Jean (1 670 m^3 au

moment des crues printanières) est loin d'être négligeable.

D'une manière générale, les brassages y sont plus importants que partout ailleurs, et affectent, mais inégalement, la quasi-totalité de la colonne d'eau. De ce fait, la stratification a beaucoup plus de mal à s'établir. S'il est encore possible en été de déceler dans la partie centrale la fameuse tranche intermédiaire (T° = -1°C à +4°C) prise en sandwich entre deux couches de salinité et de température différentes, dans les eaux de la frange littorale l'instabilité est de règle.

— Il existe en effet, à l'intérieur du golfe, deux grands mouvements tourbillonnaires *(eddies)* reconnus par Bigelow il y a plus de quarante ans. L'un, situé dans la partie septentrionale, est stimulé par le courant néo-écossais venu de l'Est ; se déplaçant dans le sens inverse des aiguilles d'une montre, il passe au large de Yarmouth avant de pénétrer dans la baie de Fundy ; là, il longe un moment le Digby Neck avant de passer sur le côté opposé de la baie d'où il sort après avoir contourné l'île de Grand Manan ; il progresse alors le long de la côte dentelée de l'état du Maine avant d'amorcer un mouvement vers l'est qui le fait revenir à son point de départ.

Le second tourbillon s'établit plus au Sud, *grosso modo* à l'emplacement du grand banc Georges ; il tourne dans le sens négatif, de telle façon que le bras nord se trouve cheminer parallèlement mais en sens inverse de l'autre courant. Ce double système de rotation n'est d'ailleurs pas stable, contrairement à ce que pensait Bigelow. Il faut tenir compte des modifications apportées par la force et la direction des vents qui, à tout moment, peuvent soit interrompre soit au contraire accélérer le mouvement. De fait, des études plus récentes ont montré qu'il ne fonctionnait convenablement que durant la période estivale ; à partir de septembre, le système rotatif au-dessus du banc Georges disparaît sans que l'on sache exactement pourquoi. Il est remplacé par une dérive générale des eaux vers le Sud, autrement dit vers l'océan.

• À proximité des côtes, le brassage dépend surtout des marées. Déjà fortes sur la côte S.W. de la Nouvelle-Écosse (3 mètres au cap Sable), elles atteignent, on le sait, des amplitudes exceptionnelles à l'intérieur de ce long entonnoir qu'est la baie de Fundy. De 5 mètres à son entrée (Grand Passage et Three Islands), elles augmentent régulièrement à mesure que l'on se rapproche du promontoire de Cumberland ; dans le chenal de Chignecto, elles dépassent

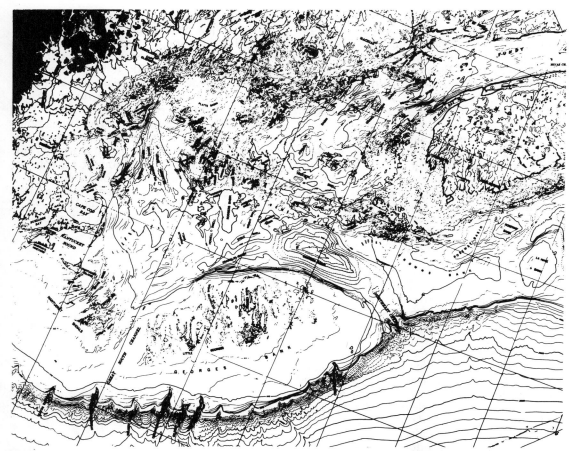

Figure 6
Carte bathymétrique du golfe du Maine. Équidistance des courbes : 20 m, Carte dressée par UCHUPI (1968), dans J.R. Vanney, 1977, p. 25.

habituellement les 10 mètres et même les 12 mètres dans la branche terminale de la Petitcodiac où le mouvement du flux est généralement précédé d'un véritable mur d'eau écumant de 70 cm à 1 mètre de haut, communément appelé *tidal bore,* objet de curiosité pour des milliers de touristes[9]. Elles sont encore plus fortes dans le bassin des Mines où l'on en observe de 12,4 mètres à Hornton Bluf, 13,7 mètres à Burncoat Head, et même 16,7 mètres au petit port de Noël. Les courants de marée n'ont pas l'ampleur de ces oscillations de la mer ; ils sont inférieurs à 2 nœuds dans la plus grande partie de la baie, mais s'élèvent à 6 nœuds et plus dans les goulets donnant accès aux baies de la côte occidentale et dans les passages séparant Brier Island et Long Island du Digby Neck.

9. À signaler que la construction récente à Moncton (N.B.) d'une chaussée en travers la Petitcodiac a singulièrement atténué le phénomène du *Tidal bore,* l'équivalent *(mutatis mutandis)* du mascaret dans l'estuaire de la Senne. Et les responsables du tourisme de cette ville se demandent aujourd'hui comment faire pour attirer à nouveau les estivants.

Ainsi, la forte turbulence assure presque en permanence une bonne oxygénation de toute la colonne d'eau, et un approvisionnement quasi continuel de la couche euphotique en sels minéraux. Néanmoins, la production planctonique est très inégale selon les régions considérées. Sur le banc Georges et dans la baie de Passamoquoddy par exemple, où les brassages sont réguliers et relativement modérés, la *poussée* planctonique est considérée comme maximale par les biologistes ; d'où la concentration d'une faune composite (pélagique et benthique) qui vaut à ces deux aires maritimes d'être un des hauts lieux de rassemblement des flottilles de pêche. Au contraire, dans la partie orientale de la baie de Fundy, la turbidité excessive des eaux et leur opacité due à la trop grande charge de matières en suspension, s'opposent à la pénétration des radiations lumineuses et créent un milieu *oligotrophe* extrêmement pauvre en animaux marins.

D'autre part, comme les variations saisonnières de température affectent la quasi-totalité de la nappe d'eau, les amplitudes seront plus élevées en profondeur, comparativement à celles du golfe du Saint-Laurent, mais plus faibles dans les couches superficielles ; ainsi, on a noté, en été, des écarts allant jusqu'à 5 degrés entre les eaux tièdes du Plateau magdalénien et celles de l'entrée de la baie de Fundy. Les poissons, dont les fonctions de reproduction se situent à l'intérieur de tranches thermiques étroites (églefin par exemple) y sont plus à l'aise ; les activités métaboliques y sont aussi plus lentes avec une croissance continue et prolongée des animaux sédentaires.

Cependant, il ne faut pas croire que le mixage vertical ne subisse aucune perturbation ; les océanographes ont montré qu'un excès de vent de S.W. pouvait favoriser la rétention des eaux superficielles à l'intérieur de la baie de Fundy et contrecarrer le jeu normal de leur sortie vers le golfe du Maine. Cet arrêt momentané de la circulation a des répercussions importantes sur la vie aquatique. Quand il se produit durant la période estivale, il provoque un réchauffement anormal des eaux de la baie et chasse la plupart des sténothermes froids (morues, goberges) vers les profondeurs du golfe du Maine ; les sténohalins (églefins, harengs) y sont gênés par l'abaissement du taux de salinité consécutif au confinement des eaux continentales à l'intérieur de cet étroit couloir. En revanche, certains animaux sédentaires y trouvent avantage ; ainsi, cette situation hydrologique particulière serait responsable des classes exceptionnelles de pétoncles enregistrées à divers reprises ces dernières décennies : l'élévation de température aurait eu pour effet de hâter la croissance des larves, de les sortir plus rapidement de la période d'extrême vulnérabilité ; retenues plus longtemps à l'intérieur de la baie, elles pourraient s'être installées sur les fonds appropriés à leur maturation. Cela tendrait à prouver que les courants horizontaux jouent un rôle essentiel dans la dispersion des œufs et des larves, lesquels risquent de se retrouver dans une aire de distribution stérile ou féconde selon les cas (J.M. Pérès, 1963, t. II, p. 63).

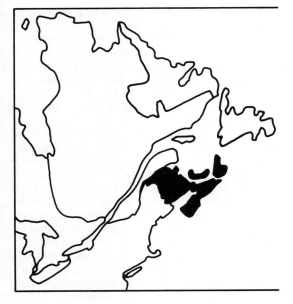

L'accessibilité aux ressources

Ce qui vient d'être dit permet de se rendre compte de l'extraordinaire richesse de ces mers du Nord-Ouest Atlantique.

L'abondance et la variété de la faune marine y sont le fruit d'une instabilité fondamentale des eaux, laquelle résulte pour l'essentiel de la situation géographique de ce secteur de l'hydrosphère et des caractères physiques propres à cette plate-forme continentale.

Mais dresser un inventaire des ressources ichtyologiques d'une région maritime est une chose, définir les chances de succès du pêcheur en est une autre. Ces chances dépendent étroitement de la venue saisonnière mais aléatoire des *mouvées* de poissons le long des côtes et du comportement souvent capricieux de l'animal vis-à-vis des différents types de pièges qu'on lui tend.

À cette incertitude qui pèse sur les possibilités de capture s'ajoutent tous les obstacles d'ordre climatique à la libre circulation des bateaux sur la mer. Et c'est là-dessus que nous voudrions à présent insister. La *nordicité canadienne,* qui à terre fait déjà sentir ses effets négatifs sur le bon déroulement des activités, devient autrement plus contraignante dès lors qu'il s'agit pour l'homme d'affronter cet espace non maîtrisable qu'est le milieu marin.

Mais cette sujétion du pêcheur aux conditions atmosphériques est naturellement inégale d'une région à une autre et se manifeste de différentes façons suivant le type d'intempéries auquel il s'expose.

A. *Les brouillards*

Il est rare qu'un bateau, travaillant ne serait-ce que quelques jours dans le Nord-Ouest Atlantique, échappe à cette fameuse *boucaille* si redoutée du temps où les dorissiers devaient s'éloigner du bateau-mère pour poser ou relever leurs lignes de fond. Aujourd'hui encore, elle constitue une gêne sérieuse, surtout pour les pêcheurs côtiers habitués à naviguer sans radar en prenant simplement leurs marques à terre, mais pas au point de s'opposer à la sortie en mer des bateaux. Même par très faible visibilité, nombre de pêcheurs n'hésitent pas à quitter le quai pour aller *chatouiller* le poisson. Pour les guider, ils doivent alors s'en remettre aux appels de la corne de brume et compter sur leur expérience qui leur fera deviner plus que voir les chapelets de récifs. La pêche devient dans ces conditions un exercice difficile et dangereux, surtout le soir, après une dure journée de travail, quand il faut déployer toute son attention pour suivre l'étroit chenal qui mène au quai de débarquement. Faut-il le dire, il y a des retours au havre qui relèvent de l'exploit, quand ce n'est pas du miracle!

Manque de chance pour les pêcheurs des Maritimes, cette purée de pois se produit principalement durant la belle saison, au moment où les activités battent leur plein. En hiver en effet, en dehors des chutes de neige qui rendent la visibilité presque nulle, la fréquence des brouillards reste faible. Il s'en produit quelquefois le matin, le long des côtes, quand les vents froids soufflant de terre viennent raser la surface de l'eau ; il se crée alors une intense évaporation. Pendant plusieurs heures, la mer *s'enfume* véritablement. Mais ce voile blanc se dissipe généralement en fin de matinée et ne reparaît que si les vents se maintiennent dans la même direction. À partir du mois d'avril et jusqu'en septembre, les brumes et les brouillards deviennent chose courante. Dans le golfe du Maine et la baie de Fundy, de même que sur les bancs de la plate-forme néo-écossaise, la visibilité ne dépasse pas le kilomètre un jour sur deux, quand ce n'est pas moins encore. À l'intérieur du golfe du Saint-Laurent, seuls le Nord et l'Est se trouvent affectés tandis que le détroit de Northumberland demeure remarquablement dégagé, sans doute en raison de l'écran protecteur que forme à l'ouest l'ensemble des collines de Cobequid et de la Calédonie.

Au printemps, ces brouillards se forment quand les vents chauds et humides de S. S.W. entrent en contact avec les surfaces froides des mers épicontinentales.

«La condensation commence au ras de l'eau et se propage quelque peu en hauteur par brassage de l'air, sans s'élever beaucoup, car la couche d'air refroidie, devenue plus lourde, a tendance à rester au contact de la mer» (Instructions nautiques, p. 9).

Ces *brouillards* bas progressent lentement vers le Nord en présentant un *front en rouleaux* s'effilochant en mèches blanchâtres avant de s'étaler au-dessus de la nappe d'eau sur une épaisseur de 20 à 30 mètres. Chauds et secs dans les premières heures (ils laissent le pont des navires aussi net, paraît-il, que par temps clair), ils deviennent vite mouillants et collants. Inexorablement, le temps se bouche pour plusieurs jours, voire plusieurs semaines. Il n'y a plus alors qu'à guetter l'arrivée de vents de N. N.W. pour chasser la grisaille et mettre un peu de baume au cœur des hommes.

À peine croit-on s'en être délivré que l'atmosphère peut à nouveau s'assombrir sous l'effet de *brouillards frontaux* qui précèdent et accompagnent les perturbations.

Il peut arriver que la partie inférieure du corps du système nuageux se soude à la brume basse ; il existe alors une zone continue et très haute où la visibilité est très mauvaise (Instructions nautiques, p. 9).

Les pêcheurs des bancs, avertis de ces phénomènes, profitent de l'embellie qui précède le passage du front pour s'éloigner des secteurs dangereux. Mais le peuvent-ils toujours? La boucaille empoisonne la vie de tous les jours ; elle gêne les manœuvres, perturbe les communications avec la terre, embrouille les pistes, fait disparaître les marques. Elle rend toute chose poisseuse jusqu'aux draps des couchettes, et affecte plus ou moins durablement le moral des hommes. Si utile dans l'élaboration du plancton (grâce à l'effet de tamisage du rayonnement qu'elle provoque), elle devient un inconvénient majeur dans la conduite des opérations de pêche et rend encore plus précaire la situation de ces marins isolés sur cette grande plaine liquide. Ce n'est pas la première fois que l'on voit poindre les effets contradictoires d'un même phénomène physique.

B. *Les tempêtes*

Excepté la légère période d'accalmie des mois de mai et juin, les *gros temps* se succèdent toute l'année sans discontinuité, et constituent une autre menace pour les pêcheurs des Maritimes en même temps qu'une entrave à leurs activités.

Si attirant par ses richesses, le Nord-Ouest exige comme rançon d'avoir ses victimes. Et dans ce domaine-là, sa réputation n'est plus à faire. On ne compte plus le nombre de naufrages et de pertes en vies humaines, et chaque année amène régulièrement son lot de malheurs. Au demeurant, les parages des îles de Sable et de Miquelon ne sont-ils pas considérés comme les deux plus grands cimetières marins de l'Atlantique Nord. Triste privilège!

La tempête, quand elle n'oblige pas à faire route terre ou à mettre à la cape, contrarie les efforts des hommes. A tous les postes il faut redoubler de vigilance. Chacun vit dans la crainte qu'un paquet de mer ne le jette par-dessus bord comme un fétu de paille. Malheur à celui qui se fera emporter. Dans la tourmente, il n'aura aucune chance de s'en sortir. Quel marin, même le plus téméraire, n'a jamais pris conscience de ce danger mortel! Et il suffit de si peu de chose parfois, une seconde d'inattention, pour que le drame arrive. Alors il faut vivre et se cramponner, *une main pour toi, une autre pour le travail,* la règle l'exige, essuyer sans répit des fouettées d'embrun, sentir, des journées entières, le pont se relever et s'incliner sous ses bottes. Et tout le monde, il faut bien le dire, n'a pas le cœur bien accroché. Même chez les marins, le mal de mer existe et le roulis finit pas user les plus solides. De sa passerelle, cette tour sacrée vers laquelle convergent et d'où partent toutes les informations, le capitaine scrute le baromètre, appelle par radio ses compagnons de route. Comment se comportent-ils? Qu'annonce la météo? Retour au calme prévu dans les 24 heures. C'est bon, on tiendra jusque-là. Mais quelques minutes plus tard, une autre information se répand comme une traînée de poudre : nouvelle tempête prévue dans le sud du golfe se dirigeant sur Terre-Neuve. Allez donc savoir si c'est vrai! Un coup d'œil sur la carte, on pourra peut-être y échapper, et encore, en mettant le cap au Sud, et au plus vite. En attendant, les vents ne mollissent pas et la houle est toujours forte. Les hommes vont et viennent, les mines renfrognées. Le cœur n'y est pas. Pas de travail, pas de poisson. Mouillés, transis, ils se sentent bien esseulés pour résister à ces éléments déchaînés.

De toutes les tempêtes, celles qui s'abattent dans la deuxième moitié de l'été (au cours des mois d'août et de septembre) sont toujours les plus redoutées des pêcheurs à cause de leur apparition inattendue et souvent brutale. Quelques-unes d'entre elles sont restées tristement célèbres. Ainsi celle de 1873 :

«Plusieurs bâtiments étaient à la pêche loin dans le Golfe. La mer commença à grossir, elle devint terrible. Mais pas de vent : donc impossible d'aller se mettre à l'abri. Tout à coup, l'ouragan frappa. Une tempête effroyable qui frappa de l'est, puis de nord-est, puis du sud, puis de l'ouest, puis du nord-est! Épouvantable! Les vagues prirent les proportions de montagnes qui venaient se jeter sur les bateaux...» Plusieurs goélettes se perdirent..., une autre *«se mit à louvoyer pour gagner un abri à Souris»* (île du Prince-Édouard) et ne parvient à bon port que *«couché sous ses voiles».* Quant au *Matagon* (une autre goélette), il ne lui restait plus rien sur le pont après la tempête : *«même le bastingage avait été emporté. L'équipage avait prié, crié vers le ciel et à genoux avait fait des promesses de messes et de prières. Ils attribuèrent leur salut à un miracle»* (A. Chiasson, 1972, p. 69-70).

Fort heureusement, de telles catastrophes sont devenues fort rares aujourd'hui. Grâce à la motorisation et à la haute technicité des équipements (sans oublier les progrès remarquables accomplis dans le domaine des prévisions météo), les bateaux peuvent toujours trouver le temps de s'abriter avant que le cyclone ne traverse leur secteur. Il n'empêche que ces tempêtes perturbent souvent la vie économique d'une région. Il a déjà été fait mention des dégâts occasionnés aux quais et aux infrastructures portuaires; il faudrait y ajouter les dizaines de bateaux endommagés, les centaines de casiers détruits, les filets emportés, les pièges à poissons démantelés, sans parler de l'ensablement des chenaux qui, sur la côte du golfe du Saint-Laurent, oblige à de continuels travaux de déblaiement. Ainsi, la tempête qui s'abattit en mai 1975 sur le centre-est du Nouveau-Brunswick rabattit en quelques heures plusieurs milliers de tonnes de sable à l'entrée du port de Pointe-Sapin emprisonnant les bateaux qui se trouvaient amarrés au quai et empêchant les autres de venir s'y réfugier (cf. Év. du 21 mai 1975). C'est par plusieurs dizaines de millions de dollars que se chiffrent à chaque fois les réparations (45 à 50 millions pour la seule tempête du 18 décembre 1975 qui ravagea les côtes de la Nouvelle-Écosse). En outre, ces désastres entraînent un manque à gagner dû à l'arrêt inopiné des activités de pêche, jusqu'à dix jours et plus parfois. Les pêcheurs restent à quai, les usines de transformation cessent de fonctionner faute d'approvisionnement laissant des centaines de travailleurs sans emploi.

C. *Les glaces*

Elles jouent naturellement un rôle important, certains diront déterminant, sur les activités halieutiques des Maritimes, mais, comme nous allons le voir, d'une manière fort inégale selon les régions envisagées.

En bordure du golfe du Saint-Laurent, la banquise côtière (*fast ice*) forme un liseré ininterrompu de plusieurs milles de large bloquant la quasi-totalité des havres pendant les quatre premiers mois de l'année (janvier-avril). À coup sûr, il s'agit là d'un handicap majeur. Durant le tiers de l'année, toute l'industrie des pêches se trouve paralysée par l'impossibilité pour les bateaux de franchir cette barrière. À noter que la date de l'apparition de ces glaces à l'intérieur des rentrants est relativement incertaine, ce qui n'est pas fait pour arranger la situation. En effet, si habituellement les glaces ne se forment pas avant les premiers jours du mois de janvier, on n'est pas assuré de voir ce phénomène se répéter d'une année sur l'autre, et il peut très bien se faire que les havres soient pris dès la mi-décembre. Cette seule éventualité oblige les quelques chalutiers et senneurs qui désirent poursuivre durant tout l'hiver leurs activités à l'extérieur du golfe, à partir dès le début du mois de décembre pour ne point risquer de se voir immobilisés à leur port d'attache.

L'englacement perturbe la vie économique de ces secteurs côtiers durant cinq bons mois de l'année. Pas moins. Il n'y a guère que les unités de pêche des ports proches de la sortie du détroit de Cabot (Chéticamp, Souris, Georgetown) qui peuvent à l'occasion profiter d'un englacement tardif pour effectuer des débarquements jusqu'en plein mois de janvier.

De même, la libération des havres au printemps s'échelonne durant tout le mois d'avril : vers le 10 avril à Pictou, le 20 avril à Charlottetown, le 30 avril à Shippagan-Caraquet. Mais l'irrégularité, ici encore, est la règle. Et il arrive (une fois par décennie en moyenne) qu'au 10 mai les principaux ports soient encore bloqués par les glaces, ce qui

retarde, il va sans dire, les sorties en mer et compromet les chances des pêcheurs.

Ainsi la pêche en bordure du golfe du Saint-Laurent ne peut-être qu'une activité saisonnière impliquant un rythme de vie en deux périodes bien tranchées :
• une morte-saison (décembre-avril) où chacun s'occupera comme il peut pour faire vivre sa famille et ne pas s'ennuyer ;
• une belle-saison (mai-octobre) débordante au contraire de vitalité et toute orientée vers la constitution d'un petit pécule et *l'éligibilité* à l'assurance-chômage que l'on pourra faire valoir le prochain hiver quand il n'y aura plus de travail (cf. deuxième partie, chap. VII).

Sur le reste du littoral des Maritimes par contre, du cap North à la frontière du Maine, l'emprise des glaces est moins forte sans être pour autant négligeable. Les havres les plus imposants, ceux notamment de Sydney, Louisbourg, Petit-de-Grat, Canso, Halifax, Yarmouth, restent généralement libres tout l'hiver et abritent de ce fait les ports les plus importants. S'il leur arrive d'être pris par la banquise, l'épaisseur de celle-ci ne saurait empêcher le passage des gros navires spécialement équipés, avec leur bordage renforcé par des plaques d'acier.

La situation des autres havres apparaît plus difficile à cerner, et mériterait d'ailleurs un inventaire minutieux, non encore réalisé à ce jour. L'englacement y est plus ou moins prononcé et dépend de la profondeur et de l'orientation du chenal d'accès, de la force des courants, de la configuration des côtes. D'une façon générale, l'emprise des glaces diminue à mesure que l'on s'éloigne du détroit de Cabot.

À l'est d'Halifax, elle est encore très forte et le plus grand nombre des petites criques et des estuaires sont impropres à la navigation pendant au moins quatre à cinq semaines (entre le 15 janvier et le 15 mars). Sur la côte orientale de l'île du Cap-Breton, c'est un exploit que de maintenir durant tout l'hiver un chenal d'accès jusqu'au quai d'amarrage, surtout quand les vents s'installent à l'Est et poussent le *pack* vers la terre. Même un grand havre comme celui de Sydney n'est pas à l'abri d'une paralysie temporaire. Le port d'Alder Point, situé au nord de Sydney, occupe une position limite au-delà de laquelle il devient hasardeux pour les pêcheurs d'exercer une activité hivernale.

À l'ouest d'Halifax, l'englacement devient moins contraignant ; il n'affecte qu'un nombre restreint d'anses et de baies durant une

SITUATION DURANT LA
PREMIERE QUINZAINE DE JANVIER

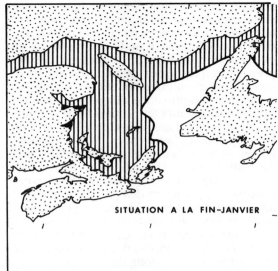

SITUATION A LA FIN-JANVIER

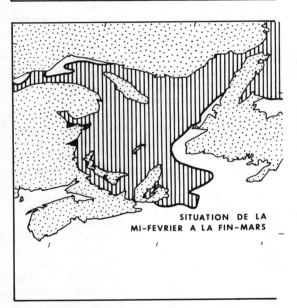

SITUATION DE LA
MI-FEVRIER A LA FIN-MARS

SITUATION DURANT LA
PREMIERE QUINZAINE D'AVRIL

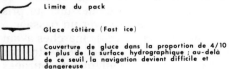

Limite du pack

Glace côtière (Fast ice)

Couverture de glace dans la proportion de 4/10
et plus de la surface hydrographique ; au-delà
de ce seuil, la navigation devient difficile et
dangereuse

Figure 7
Situation des glaces dans le Golfe du Saint-Laurent.
Sources: Centre de prévision des glaces, Ottawa, moyenne
1970-1975 et service météorologique du ministère de
l'Environnement.

période de temps limitée (de quelques jours à deux semaines au maximum). Là où il pourrait faire sentir ses effets, en particulier dans le S.W. de la Nouvelle-Écosse où la côte présente un extraordinaire chevelu de petites îles et presqu'îles resserrées et allongées perpendiculairement ou obliquement par rapport au rivage, les communautés villageoises ont eu la prudence d'installer leurs quais à une certaine distance du fond des baies (tels les ports de Pinkney Point, Wedgeport, West Pubnico, Lower Argyle). Les risques d'immobilisation des bateaux dus à l'assèchement (le marnage devient important à partir de Shelburne) comme à la présence des glaces se trouvent ainsi singulièrement réduits. La pêche peut donc se dérouler tout au long de l'année, exactement comme en Europe occidentale : avantage appréciable dont on mesurera l'importance tout au long de cette étude. Mais il s'agit d'une vue toute théorique. De fait, les pêcheurs de cette région, qui n'ont pas à subir les effets d'une interruption forcée de leurs activités, doivent en revanche tenir compte des glaces dérivantes que les vents refoulent continuellement vers la côte. *La brise à bournes,* comme on l'appelle en baie Sainte-Marie, est cause de multiples destructions : lignes et filets emportés, casiers à homards irrémédiablement perdus, bateaux endommagés... Devant ces risques, les pêcheurs préfèrent encore rester à quai en attendant des jours meilleurs. Ce repos, ni tout à fait forcé ni vraiment voulu, ne dure jamais bien longtemps. Quelques semaines tout au plus en février-mars. Il est probable d'ailleurs qu'il serait beaucoup plus long si les produits pêchés durant cette période ne bénéficiaient de cours élevés dus au sous-approvisionnement du marché nord-américain. Et quand le poisson se vend bien, qui ne chercherait à tenter sa chance et à braver les intempéries!

Pour les bateaux de fort tonnage qui peuvent accéder à la haute mer, le plus grave danger est de se laisser prendre dans un champ de glace. Le *pack* qui se forme à l'intérieur du golfe du Saint-Laurent dérive lentement au gré des vents et des courants vers le détroit de Cabot qu'il finit par franchir avant de se répandre dans la partie orientale de la plate-forme néo-écossaise jusqu'aux accores du Banquereau ; là il disparaît rapidement au contact des eaux plus tièdes de l'Atlantique. Loin de former une croûte unie, cette énorme masse de glace se brise en multiples morceaux ou plaques (*floes*) de dimensions variables. Selon le mouvement des vents,

ces blocs s'empilent les uns au-dessus des autres (*hummocks*) ou plus souvent encore s'enchevêtrent les uns dans les autres pour donner ces longues crêtes (*ridges*) d'amas chaotiques de plusieurs mètres de haut ; ils peuvent aussi se desserrer et se laisser pénétrer par tout un réseau de passes d'eau claires (*saillies*) s'élargissant parfois en un véritable bras de mer. Le *pack* n'a donc pas une étendue bien définie. Sous l'action des vents, il se soude, se divise, se distend sur des centaines de milles, se referme brutalement en quelques heures. Il est souple et changeant, imprévisible dans ses déplacements. Aussi, les bateaux s'aventurant dans un secteur d'eaux libres sont-ils toujours à la merci d'une volte-face des vents qui ramènera soudain les glaces sur eux. Pour les unités de bois, le danger est d'être drossé à la côte ou, pis encore, de se trouver coincé entre les glaces. Sous l'effet de la pression, la coque ne tardera pas à se briser comme un œuf. De tels accidents arrivent malheureusement chaque année, au mois de mars, quand a lieu la chasse aux phoques dans les parages des îles de la Madeleine. Les bateaux-fer sont mieux armés pour résister, bien qu'ils ne soient pas à l'abri, eux aussi, d'avaries sérieuses : pale d'hélice cassée, tôles de bordage déchirées, gouvernail faussé.

Dans ce domaine-là, la côte occidentale de Terre-Neuve est, chaque année, la zone la plus fertile en événements, et bien des capitaines avouent y avoir connu de belles frayeurs. S'y croyant à couvert du *pack,* traditionnellement, les flottilles s'y précipitent pour pêcher les riches concentrations de harengs et de morues. Mais qu'un vent de suroît se maintienne pendant deux ou trois jours, et toute la côte se trouve subitement envahie par les glaces. Ceux qui auront été prévenus à temps pourront gagner la sortie du golfe ou se réfugier dans un port de la Grande Île, les autres devront attendre dans une *clairière* d'eau libre qu'un brise-glace vienne les délivrer. Et puis il y a les quelques-uns qui, pris au piège, tenteront de se frayer un passage à travers la banquise ; à force de marches avant et arrière répétées, ils finiront peut-être par s'en sortir mais en attendant, que de journées perdues et de risques encourus! (lire à ce propos le livre fort intéressant de Jean Recher : *Le Grand métier,* Plon, «Terre humaine»).

L'hiver, il faut ruser avec les glaces et savoir prendre sa chance, mesurer les dangers et trancher rapidement. Être vigilant surtout.
Durant les nuits sans lune, il est difficile de déceler l'approche des glaces.

On maintient le cap dans une mer libre. Rien sur le cadran-radar, et puis tout à coup c'est le choc, léger, imperceptible, un frottement suivi d'un grincement. Le bateau s'est engagé dans la banquise. L'apparence est souvent trompeuse et nombreux sont ceux qui se laissent prendre (Propos d'un capitaine).

Il existe d'autres dangers plus graves encore : le choc avec des blocs de glace isolés. Peut-être pas avec des icebergs car ils sont peu nombreux à l'entrée du golfe et généralement bien signalés par les services de l'Ice Control, mais des blocs de deux à trois mètres de haut, les *floebergs*. Leur partie immergée présente parfois des éperons dont la longueur atteint fréquemment une dizaine de mètres, et un bateau lancé à pleine vitesse y transperce son étrave (Instructions Nautiques, p. 32). Par temps couvert et brumeux, il est difficile de les repérer surtout s'ils sont isolés du *pack* lequel peut être perçu durant la journée par le voile lumineux qu'il réfléchit juste à la base des nuages (*iceblink*). La présence de mouvées de phoques est aussi, paraît-il, un bon indice.

Enfin, comme si les glaces ne suffisaient pas à rendre la navigation difficile et même dangereuse, les marins doivent aussi compter sur la présence du terrible froid canadien. Il est là, pesant, pénétrant, implacable. Il gèle les oreilles et les doigts imprudemment découverts, crevasse les joues, gerce les lèvres. Le travail se transforme en calvaire. Les manœuvres les plus routinières comme délover les lignes, mettre le chalut à l'eau, ramender un filet, lancer une aussière, deviennent difficiles car tout se trouve pétrifié, raidi, alourdi. Les gestes sont maladroits, imprécis. Les jurons fusent et les accidents ne sont pas toujours évités hélas. Du courage il en faut pour tenir le coup et garder le moral!

Au terme de cette première partie, il convient de mettre l'accent sur deux points qui nous paraissent essentiels pour la suite de cette étude.

1. La présence à proximité des côtes de ressources ichtyologiques abondantes constitue un atout de première importance pour les régions limitrophes du Nord-Ouest atlantique.

C'est presque un truisme de le dire. Car même si le voisinage des pêcheries n'est plus, depuis l'amélioration des méthodes de conservation et l'accroissement de la capacité de stockage, une condition nécessaire au développement de l'industrie halieutique d'un pays, il n'en demeure pas moins un avantage incontestable que l'augmentation vertigineuse du prix du carburant enregistrée cette dernière décennie vient encore renforcer.

Cependant, une appréciation plus juste de la situation doit prendre en considération les handicaps qui pèsent (quoique d'une façon fort inégale selon les régions côtières) sur l'accessibilité à ces richesses faunistiques. Dans ce secteur de l'hydrosphère, les glaces dérivantes, le brouillard, le froid, les tempêtes, viennent singulièrement compliquer les conditions d'exercice d'un métier déjà difficile en lui-même, et rendre encore plus problématique le résultat d'une campagne de pêche. Ainsi, l'intérêt qu'il peut y avoir pour les riverains de cette façade atlantique de ne pas avoir à se lancer dans la construction d'énormes navires-usines (toujours difficiles à rentabiliser) pour mener à bonne fin des opérations de pêche, se trouve contrebalancé par les risques qui résultent de la plus grande dépendance de cette flottille côtière ou semi-hauturière canadienne aux multiples facteurs (d'ordre climatique, hydrobiologique et humain) qui règlent la sortie en mer des bateaux et l'arrivée du poisson à portée d'action du pêcheur. Celui-ci a peut-être la chance de trouver ce qu'il convoite à quelques encablures seulement de son port d'attache, encore faut-il qu'il puisse mettre à l'eau son embarcation et que la proie ne soit pas *avalée* par quelque navire étranger avant d'arriver à la côte. Or, le danger pour lui de voir s'échapper une richesse qu'il estime faire partie de *son* patrimoine est bien loin d'être inexistant. À l'échelle de la planète, cette région maritime est toujours apparue (et apparaît encore) comme une des mieux placées pour seconder, voire suppléer le Nord-Est Atlantique dans l'approvisionnement en protéines des populations nombreuses et fortement ichtyophages de l'Europe Occidentale. Autrement dit, l'éloignement (tout relatif il est vrai) de ce secteur maritime des grands foyers de peuplement n'a pas mis les populations riveraines à l'abri des opérations souvent dévastatrices des flottilles étrangères.

2. L'intégration économique et politique de ces régions maritimes à un pays qui se situe à la pointe du développement industriel peut être appréciée de différentes manières.

On peut la considérer assurément comme un avantage ; elle rend possible en effet la mise en œuvre de tous les moyens techniques dont l'homme dispose aujourd'hui pour capturer le poisson jusque dans ses derniers retranchements pour l'évacuer ensuite dans les meilleures conditions vers n'importe quel point de la planète. L'appartenance à un pays hautement développé rend également possible l'élaboration d'une politique d'aide substantielle de l'État aux régions les plus pauvres ou aux secteurs industriels en difficulté. C'est dans cette optique que le pêcheur recevra des subsides ou bénéficiera de prêts bonifiés pour s'équiper d'un bateau plus moderne ou d'engins de capture plus efficaces, qu'il percevra des allocations qui le dédommageront du manque à gagner que constitue pour lui l'interruption forcée de ses activités pendant l'hiver. On pourrait multiplier les exemples.

Mais si tout devient réalisable, il s'en faut de beaucoup que tout se réalise pour le plus grand bien de tous, car tout dépend finalement d'une volonté politique qui a souvent fait défaut aux responsables, ici comme ailleurs.

L'organisation de l'espace nord-américain telle qu'elle apparaît aujourd'hui est le fruit d'une évolution relativement rapide qui, dans le cadre de l'économie de marché, a conduit à de graves disparités régionales et à la mise à l'écart de ces Provinces Atlantiques pas assez riches en hommes et en ressources pour attirer les investisseurs privés en quête de placements *utiles* (c'est-à-dire rentables). Cette inégalité dans la prise en considération des régions a joué également à l'intérieur des différentes branches d'activités. Ainsi, dans le domaine des activités halieutiques, à côté d'un secteur de la transformation (ou du conditionnement) qui a sollicité le plus gros des efforts d'investissement, la pêche est demeurée une activité marginale, un refuge pour ceux qui n'ont pas d'instruction et que les pouvoirs publics préfèrent ne pas voir migrer vers les villes, de peur que ces régions périphériques s'appauvrissent encore plus.

Ce n'est que depuis la dernière guerre (il y a donc peu de temps), sous l'effet conjugué de l'augmentation considérable de la capacité de traitement et d'une certaine pénurie de matière première (résultant de l'appauvrissement des fonds) qui a mis les pêcheurs dans l'incapacité d'assurer un approvisionnement satisfaisant de ces usines, que les sociétés de conditionnement ont décidé de se lancer dans les opérations de capture. La seconde partie de cette étude, consacrée à la description des différentes activités halieutiques, sera aussi l'occasion de montrer les aspects conflictuels entre la grande pêche industrielle nouvellement mise en place et la petite pêche artisanale traditionnelle.

Pour une géographie des pêches

Un des traits dominants de la géographie des Maritimes réside dans l'aspect multiforme des activités halieutiques. Elles défient en effet toute classification. La diversité en est le maître mot : diversité de la flottille et des méthodes de capture, diversité des procédés de transformation et de conditionnement du poisson, diversité des formes d'aménagement portuaire, diversité des genres de vie. Nul pays peut-être n'offre un tel musée vivant de ce que l'homme a pu réaliser depuis 150 ans, dans le cadre étroit des contraintes socio-économiques propres à chaque stade de développement, pour tirer parti des ressources vivantes de ces mers bordières.

Plus précisément, le paysage côtier présente toutes les formes de transition d'une petite production marchande atomisée, éparpillée, rétentrice d'une main-d'œuvre nombreuse, en voie aujourd'hui d'intégration à l'économie capitaliste : de grandes firmes agro-alimentaires en position déjà dominante sur le marché de la distribution tentent progressivement d'étendre leur contrôle vers l'amont, par l'implantation le long des côtes de grosses unités de transformation incorporant jusqu'aux opérations de capture.

Mais avant de replacer cette lente évolution dans son cadre historique, il convient dans ce chapitre et ceux qui vont suivre, de décrire aussi minutieusement que possible la situation présente dans sa complexité mouvante, d'en tirer en quelque sorte une photographie en prenant soin de ne rien oublier qui puisse étayer notre connaissance du sous-développement de cette région.

Nous commencerons donc par donner un aperçu général des activités halieutiques de cette façade maritime en y insérant les infrastructures portuaires à partir desquelles s'organisent les efforts des hommes. Nous passerons ensuite en revue les principales pêches, celles qui jouent un rôle prépondérant dans l'organisation de la vie sociale et économique de ces communautés littorales. Nous y ajouterons la description d'un certain nombre d'autres activités de pêche qui, sans avoir une importance primordiale en termes statistiques, n'en sont pas moins caractéristiques de la diversité des métiers rencontrés dans cette région de l'hydrosphère.

Ainsi, sans aller jusqu'à dresser un inventaire exhaustif de toutes les formes de pêche qu'il est possible de rencontrer dans ces mers bordières du Nord-Ouest Atlantique, nous ferons en sorte d'en avoir une vue suffisante pour consigner ultérieurement les réflexions qu'elles nous inspirent.

Enfin, à partir des résultats d'une enquête, nous essaierons d'évaluer la situation économique de ces pêcheurs et d'établir la part qui revient dans ces revenus, à la pêche, aux diverses autres activités et à l'allocation d'assurance-chômage.

CHAPITRE PREMIER

Caractères généraux de l'activité des pêches

A. *Répartition des infrastructures portuaires*

Malgré les modifications notables inter-venues ces dernières années, la distribution des ports de pêche le long du littoral des Maritimes présente une physionomie héritée pour l'essentiel d'un passé relativement an-cien. Plusieurs traits la caractérisent :

— tout d'abord un extraordinaire *émiette-ment*. Au lieu de se concentrer en un nombre restreint d'organismes portuaires, les activités de pêche s'éparpillent en une multitude de points de débarquement. D'après les sources officielles, on en compte plus de 700, soit en moyenne un port tous les quatre kilomètres de côtes. L'observation de la carte annexe 3 montre qu'aucun secteur n'a été oublié. La bordure très indentée du littoral atlantique en regroupe sans doute une forte densité, mais pas beaucoup plus finalement que la côte basse et empâtée du golfe du Saint-Laurent. Une dispersion totale qui de prime abord ne semble pas tenir compte de la nature con-trastée du littoral. Il n'y a que les secteurs à la fois escarpés et rectilignes qui en sont dépourvus (telles la côte occidentale de l'île de Grand Manan, ou la frange côtière des Hautes-terres de l'île du Cap-Breton, ou encore la retombée des Monts calédoniens sur la baie de Fundy) ; mais jamais, remarquons-le, sur de longues distances, car il est bien rare que ces alignements de falaises ne recèlent pas une baie ou une anse susceptibles d'abriter un ou plusieurs quais. Si petites soient-elles, les embouchures des cours d'eau peuvent toujours offrir des échouages acceptables pour de frêles embarcations, même quand elles sont obstruées de barres de galets et de graviers.

— cet émiettement s'accompagne d'une grande *hiérarchisation*. Rien de comparable en effet entre les centaines de petits centres qui ne totalisent que des débarquements insignifiants, de l'ordre de quelques tonnes par an, et la vingtaine d'organismes portuaires qui affichent des mises à terre supérieures à 4 500 tonnes, le plus important étant Lunenburg avec des apports de l'ordre de 30 000 tonnes. À remarquer cependant que les statistiques ne mentionnent pas les résultats par port mais par district de pêche ; on compte 76 districts pour les seules Provinces Maritimes. À s'en tenir aux données de 1976, une dizaine d'entre eux n'alignent que quelques dizaines de tonnes et ne jouent qu'un rôle négligeable. D'une façon générale, ces zones de faibles production se localisent dans les «rentrants» de la côte : partie orientale de la baie de Fundy, fond de la baie des Chaleurs et de l'estuaire de la Miramichi, frange côtière du détroit de Northumberland et littoral septentrional de l'île du Prince-Édouard. D'après les informations recueillies, ces secteurs cumulent trois séries d'inconvénients (voir cartes, annexes nos I, II, III).

● des conditions d'installation rendues difficiles soit par l'absence de sites naturels favorables (fonds vaseux par exemple), soit par la forte amplitude des marées (notamment dans la baie de Fundy).

● des conditions de navigation rendues plus délicates qu'ailleurs par la force des courants, l'étroitesse et la sinuosité des chenaux d'accès aux havres, la présence pour le moins gênante de barres sableuses à l'entrée des estuaires.

● enfin et surtout, l'éloignement des champs de pêche qui n'incite guère les pouvoirs publics et les sociétés privées à entreprendre d'importants travaux d'aménagement dans ces secteurs naturellement défavorisés.

À l'inverse, 18 districts regroupant les principaux ports industriels totalisent à eux seuls près de 80 % des apports annuels. Ils se répartissent à chacune des *extrémités* des Maritimes, c'est-à-dire à proximité immédiate des grands champs de pêche :

Le S.W. des Maritimes est de loin la première région de pêche. Elle comprend les districts qui s'échelonnent de Halifax jusqu'à Annapolis (21 à 39A) ainsi que les quatre districts du comté de Charlotte (50 à 53) dans le S.W. du Nouveau-Brunswick ; soit une vingtaine de districts qui, en 1976, ont aligné 330 500 tonnes de mises à terre (62 % du total) représentant une somme de 93,5 millions de dollars (65 % de la valeur totale débarquée). Ces quelques chiffres indiquent que dans cette région, les arrivages y sont non seulement plus volumineux mais encore d'un prix moyen supérieur à celui des autres secteurs côtiers, ceci en rapport avec le fort pourcentage des espèces «nobles» qui composent le tonnage débarqué (homard, pétoncle, églefin...) et les meilleurs résultats obtenus dans la valorisation des produits (en particulier de la morue).

Les deux autres régions à forts débarquements occupent des secteurs plus restreints. On trouve d'une part, les quatre districts de l'extrémité S.E. des Maritimes (dist. 15, 9,7,6) regroupés autour des ports de Canso, Petit-de-Grat, Louisbourg, North Sydney (16 % des arrivages mais à peine 9 % de la valeur débarquée), et d'autre part, le N.E. du Nouveau-Brunswick comprenant les trois districts 65, 66, 67 de la presqu'île du Gloucester avec les trois ports de Caraquet, Lamèque, Shippagan (7 % des débarquements et 6 % de la valeur).

Les autres districts d'une certaine importance se situent également en bout de terre. Ce sont les deux bordures extrêmes de l'île du Prince-Édouard (avec les ports de Souris Georgetown, Tignish) et la pointe d'Escuminac du Centre-Est du Nouveau-Brunswick (port de Baie Sainte-Anne).

— Un autre caractère intéressant de cette répartition, consiste dans *l'isolement* des centres de pêche. L'étude attentive de la carte annexe 3 montre qu'ils se dissocient des autres activités industrielles et commerciales, lesquelles se concentrent de préférence dans les villes portuaires situées en fond d'estuaire et non sur le front de mer. Ainsi, les deux grandes agglomérations de Saint-Jean et Halifax ne regroupent que fort peu d'industries de traitement de poisson. Il en est de même des autres centres urbains d'une certaine importance : Moncton, Chatham, Bathurst, Pictou, Truro, Sydney, New Glasgow... Une constatation s'impose donc : les ports de pêche situés comme on l'a vu en bout de terre, se localisent également *à l'écart* des principales villes des Maritimes ; ils ne sont que des organismes spécialisés, sans autres grandes fonctions annexes. Plus précisément, les quelques activités industrielles et commerciales en rapport direct ou non avec la pêche, ne créent finalement qu'un nombre limité d'emplois. Le plus grand port des Maritimes, Lunenburg, n'a que 3 000 habitants, les autres ports importants — Canso, Louisbourg, Caraquet, Shippagan — en ont moins encore. Il existe cependant deux exceptions : les ports de Yarmouth (10 000 hab.) et de North Sydney (8 000 hab.) qui ajoutent à leurs activités proprement halieutiques d'autres fonctions commerciales importantes nées de leur situation de principal point de transaction (ou de rupture de charge) pour les marchandises et les voyageurs à destination ou en provenance des États-Unis pour le premier, et de Terre-Neuve pour le second.

Sans vouloir analyser les conditions historiques du développement de cette région, on peut souligner d'ores et déjà que cette répartition géographique des activités industrielles et commerciales a été conditionnée par les principales voies de communication routières et ferroviaires, mises en place *à distance* du littoral pour aller au plus court et éviter les innombrables sinuosités de la côte (d'autant qu'elles devaient enjamber les rias à leur point le plus étroit, c'est-à-dire en amont des estuaires). Pour les activités halieutiques au contraire, ce n'est pas la rapidité d'évacuation qui a été le facteur déterminant dans la localisation des installations portuaires et des usines de transformation, mais bien la *proximité* des lieux de pêche. Deux raisons peuvent être avancées pour éclairer cette situation :

a) *La priorité accordée à la commercialisation des produits surgelés sur le poisson simplement réfrigéré ou frais.* En dehors de quelques produits dits de luxe (homard, saumon) et de petits tonnages d'ailleurs non comptabilisés de poisson de fond (morue, églefin) qui, commercialisés «en l'état», doivent emprunter des circuits de distribution extrêmement rapides (avion par exemple), l'essentiel des débarquements se dirige vers l'usine de conditionnement la plus proche pour y être transformé en filets et blocs congelés. Ce n'est qu'une fois «affinés», c'est-à-dire transformés en produits «prêt-à-cuire», qu'ils seront vendus tels quels dans les comptoirs frigorifiques des magasins libre-service. À noter que cette seconde série d'opérations peut se tenir, soit au lieu de débarquement du poisson, soit, comme il arrive le plus souvent, à proximité des centres de consommation. Il existe donc une chaîne du froid continue qui prend le poisson dès son arrivée au port et l'achemine par étapes jusqu'à la vitrine frigorifique du

A

B

Planche 3

A
Pinkney Point (Nouvelle-Écosse).

B
Saint-Raphaël (Nouveau-Brunswick). Cabestan destiné à hisser le bateau et à le mettre à l'abri dans une tranchée creusée dans la falaise

C
Chéticamp (île du Cap Breton).

détaillant. Aussi bien durant les opérations de transport que pendant le stockage, la température ne doit à aucun moment remonter au-dessus de −18°C. Une certaine tolérance néanmoins est permise, mais elle ne doit pas dépasser 3°C pour une période de vingt-quatre heures maximum. Si les normes de sécurité sont respectées, la denrée ne court aucun danger de détérioration, quelle que soit la durée d'entreposage, avec cependant une limi-te qui varie de 2 mois à 10 mois selon les espèces.

Ainsi, grâce à cette possibilité qu'offre la congélation de stabiliser un produit haute-ment périssable, la rapidité d'évacuation vers les foyers de consommation ne devient plus une exigence majeure comme dans les pays où le poisson est commercialisé à l'état réfrigéré et doit se conserver pendant son transport dans de la glace à 0°C (en France par exemple).
b) *L'absence d'équipement de la flottille canadienne en chaînes de congélation*. Si la rapidité d'écoulement des produits vers l'intérieur du continent n'est plus nécessaire avec la mise en place de la chaîne du froid, elle le devient en revanche pour le transport des prises depuis les lieux de pêche jusqu'au point où elles seront mises hors d'état de s'altérer, c'est-à-dire à la base portuaire. En effet, la quasi-totalité des bateaux de pêche canadiens ne sont pas pourvus de tunnels de congélation et de chambre de stockage analogues à ceux que l'on trouve sur les grandes unités mo-dernes. Même sur les navires hauturiers sus-ceptibles de rester plusieurs jours en mer, le procédé de conservation en cales simplement réfrigérées est le seul utilisé. Cette formule a l'avantage d'éviter des investissements trop onéreux et de simplifier les questions de re-crutement du personnel, mais elle présente aussi des inconvénients dus principalement à la prolongation des sorties en mer rendue nécessaire par l'éloignement des pêcheries. En effet, pour réussir une bonne congélation, il faut (des expériences l'ont prouvé) que le pro-duit arrive au quai dans un état de fraîcheur satisfaisant ; sa capacité de conservation en dépend (la congélation, dans les meilleure des hypothèses, stabilise le produit dans l'état où il se trouve mais ne l'améliore pas). Entre autres conditions, il est nécessaire que le préstockage dans la glace ne dépasse pas un certain délai dont la détermination dépend de nombreux facteurs encore mal définis. L'opinion la plus répandue est que les poissons gras ne doivent pas rester sous glace plus de trois jours et les poissons maigres plus de six jours. Mais il faut tenir compte de l'état physiologique des pois-sons avant leur capture, des soins avec les-quels ils sont manipulés après leur capture, des conditions de leur entreposage, etc. Les critères les plus souvent retenus sont : une odeur fraîche, des yeux brillants et saillants, des branchies d'un rouge vif recouverts d'une substance visqueuse claire, une chaire ferme et élastique sous la pression du doigt, des parois abdominales intactes, un tissu mus-culaire blanc, une peau d'une teinte brillante... (Benezit, 1961, p. 367). Cette exigence suffit à elle seule à limiter la durée des sorties en mer, même si le bateau est doté par ailleurs d'une autonomie qui lui permettrait de rester plus longtemps sur les lieux de pêche. Par con-séquent, il est absolument indispensable que le bateau perde le moins de temps possible dans ses déplacements entre les lieux de pêche et son attache portuaire. D'où la lo-calisation de cette dernière en bout de terre, le plus près possible des champs de pêche. Une situation comme on le voit, fort différente de ce qui existe en Europe (et en France en particulier).

B. **Permanence de la pêche côtière**

Expression même de cette dispersion et de cet émiettement des activités halieutiques, la petite pêche côtière tient une place encore considérable sur cette façade atlantique. On lui attribue environ le tiers des arrivages et de 45 à 48 % de la valeur débarquée. Cette impor-tance est d'ailleurs sous-estimée par le fait que les statistiques ne font entrer dans cette catégorie que les bateaux inférieurs à 25 ton-neaux et d'une longueur qui, sans être précisée, ne dépasse jamais les 45 pieds (13,70 m) ; elle exclut donc les unités de taille intermédiaire (14 à 18 m) qui, de par leurs ac-tivités et leur mode d'organisation, pourraient très bien se ranger dans la catégorie de bateaux de petite pêche.

Comme on pouvait s'en douter, il s'agit d'une flottille entièrement artisanale. Il faut entendre par là que le bateau et les engins de capture appartiennent à un ou plusieurs membres d'équipage, le plus souvent au seul patron-pêcheur. L'autre critère de différencia-tion (bien que secondaire celui-là) se situe au niveau du travail à bord qui se fonde beaucoup plus sur le savoir-faire multiple des hommes que sur la parcellisation des tâches. Autre caractère de cette petite pêche, elle mobilise une main-d'œuvre importante : une dizaine de milliers de patrons-pêcheurs et environ cinq à six mille matelots, aides ou «begous» (*helpers*, *partners*), soit près de 90 % de la population maritime des trois Provinces. Cela ne signifie d'ailleurs pas que la grande pêche n'intéresse que le pourcentage restant (soit 2 000 à 2 500 individus). Tout se trouve compliqué par le fait que nombre de matelots de grandes unités peuvent très bien posséder un petit bateau et participer, selon le moment de l'année, à telle ou telle activité de pêche côtière.

1. *Une flottille homogène*

Bien qu'en constante diminution ces dernières années, le nombre de ces petites unités de pêche demeure impressionnant : 10 851 en 1978, soit 94 % de l'effectif de bateaux présents sur le littoral des Maritimes. Malheureusement, les statistiques ne mentionnent pas le tonnage global de cette flottille, ce qui nous empêche de calculer par exemple la quantité et la valeur débarquée par tonneau et d'établir ainsi des comparaisons avec les unités françaises de même jauge.

À l'intérieur même de cette catégorie, il convient de mettre à part les 4 300 barques non motorisées. De 7 à 8 mètres de longueur, ces embarcations dérivent des fameux Doris ou Dorés et de leur variante les Warys, petits *boats* à fond plat dont on se servait autrefois pour aller poser ou relever les lignes de fond. Les pêcheurs les utilisent encore fréquemment pour se rendre à bord de leur bateau quand celui-ci est contraint de s'amarrrer à distance du quai. Malgré son apparente fragilité, cette petite chaloupe tient bien la mer et s'acquitte convenablement des multiples tâches qui se déroulent à proximité immédiate du rivage. Les chasseurs de phoques la tirent sur la mer englacée et en font usage pour passer les bras d'eau claire et ramener à terre leur précieuse cargaison de peaux. Mais, dès qu'il faut s'éloigner de la côte et acquérir un tant soit peu de mobilité, l'adjonction d'un moteur devient indispensable ; on obtient alors le «canot», outil de pêche à part entière, capable d'évoluer à plusieurs milles au large à condition toutefois de ne pas dépasser des limites raisonnables, celles qu'impose le temps nécessaire au retour prématuré au port en cas d'arrivée subite d'une tempête. Leur faible capacité n'autorise que de brèves sorties pour des actions limitées et ponctuelles : coulissage d'une senne, récolte des algues, ratissage d'un banc d'huîtres, réparation d'un piège fixe. Rien de plus ou presque.

Aussi, dès la fin du siècle dernier, l'intensification des opérations de pêche et l'allongement des marées consécutif à un certain appauvrissement des fonds, obligèrent-ils les autorités à rechercher un nouveau type d'embarcation, d'un tonnage intermédiaire entre la goélette dévalorisée par la sortie des vapeurs et les frêles esquifs côtiers. Un bateau suffisamment fort pour affronter la pleine mer mais d'un coût raisonnable qui n'excédât pas les faibles disponibilités financières des pêcheurs. Le «Cape Island» devait répondre à ces exigences. D'origine américaine, ce modèle fut rapidement adopté par tous les pêcheurs du Nord-Ouest Atlantique, de la Géorgie jusqu'au Labrador. Succès total et durable qui mérite qu'on s'attarde quelque peu sur ses qualités.

Par sa proue effilée et son arrière carré, il rappelle le Wary mais en plus imposant : 12 à 14 mètres hors-tout pour une largeur de 3,50 à 4 mètres hors-membre. Sa carène évasée, montée sur quille, lui fait bien tenir la vague même par gros temps alors que son faible tirant d'eau (0,70 m à 1,20 m) lui permet de se faufiler entre les brisants, de «sauter» les barres qui gênent l'entrée des goulets, de remonter sans coup férir les chenaux étroits et mouvants qui sillonnent les estuaires. Léger, il se contente d'un bon «huit cylindres» comme moyen de propulsion (souvent récupéré d'ailleurs sur une vieille carcasse de voiture) et se laisse aisément haler sur la berge ou remorquer près de la maison à la fin de la saison de pêche. Sa passerelle, située dans le premier tiers-avant, possède un tableau de bord des plus rudimentaires : un sondeur à ultrasons (et encore pas toujours!) et un émetteur-récepteur ; c'est à peu près tout. Pas de radar ni de compas magnétique. A quoi bon, la navigation s'effectue à vue, c'est-à-dire en prenant ses marques à terre. Dans un coin trône l'antique poêle de fonte fort appréciée par les fraîches matinées d'automne. La partie avant, toujours pontée, abrite deux ou trois couchettes et tient lieu aussi de cuisine. Aucun espace n'est perdu. Ainsi les bas-côtés renferment tout un fouillis de lignes, hameçons, lests, flotteurs, fanaux, fusées de détresse, outils divers, en somme tout l'attirail que n'importe quel pêcheur digne de ce nom se doit de posséder, sans oublier l'immuable thermomètre à renversement si souvent utilisé pour essayer de percer le secret des profondeurs marines. L'arrière, complètement ouvert, est entièrement consacré à l'entreposage du poisson : un volume énorme puisqu'on peut y transporter en vrac 20 à 25 tonnes de marchandises et, quand il le faut, un chargement de plusieurs dizaines de cages à homard.

Le Cape-Island est le type même du bateau à tout faire : pratique, maniable, souple, robuste et d'un coût de construction relativement faible, l'équivalent, a-t-on coutume de dire, d'un gros «char» américain (8 à 13 000 dollars en 1976). Il en existe naturellement de nombreuses versions. Dans le S.W. de la Nouvelle-Écosse par exemple, les Cape-Islands sont conçus pour aller plus au large, à 20, 30 et même 40 milles ; ils possèdent des formes plus imposantes, une force motrice de plusieurs centaines de chevaux-vapeur, et leur équipement comporte la panoplie à peu près complète des instruments modernes de navigation. Leur prix d'achat s'élève facilement à trois ou quatre fois celui d'une unité conventionnelle.

2. *Une production diversifiée*

Tout naturellement, les apports de cette flottille comprennent une variété relativement grande de produits. Elle détient même l'exclusivité des prises pour le saumon, l'éperlan, l'anguille et la plupart des mollusques et crustacés de l'étage médio-littoral et d'une grande partie de l'infra-littoral. Mais sa grande affaire reste la pêche au homard : 60 à 65 % de la valeur de ses mises à terre. Malgré l'exploitation récente, par des bateaux hauturiers, de riches gisements localisés en certains points éloignés de la plate-forme continentale, la pêche de ce précieux crustacé continue de s'effectuer pour l'essentiel à proximité du rivage ; de ce fait, elle demeure l'apanage de milliers de pêcheurs-artisans qui, depuis longtemps, en ont fait la base de leur activité. Son importance a même eu tendance à se renforcer ces dernières années en raison de l'irruption d'une puissante flottille industrielle dont l'effet le plus clair a été de dévaloriser et de marginaliser les apports des petits bateaux en pétoncles (pour lesquels la pêche côtière n'intervient plus que pour 4 % de la production), en hareng (6 %) et surtout en poissons de fond (à peine 25 % des arrivages contre 75 à 80 % il y a moins d'un demi-siècle).

Pour cette dernière catégorie de produits, la pêche côtière artisanale se trouve gravement pénalisée par le fait que la commercialisation de produits simplement réfrigérés n'existe pratiquement pas sur le continent nord-américain. Tout au moins, elle y est faiblement développée ainsi qu'il a été dit plus haut. Les prises en provenance de ces petits bateaux n'ont pas de débouchés spécifiques. À leur arrivée au quai, elles sont mélangées, sans autre considération, à celles des grandes unités industrielles en vue de leur transformation en blocs et filets congelés ; dans ces conditions, elles ne peuvent bénéficier de cette

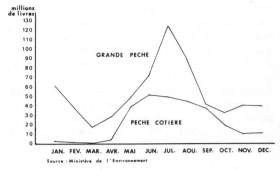

Figure 8
Évolution des apports au cours de l'année 1974 (quantités).

prime à la qualité qui, dans les pays où existe ce marché en frais (en France par exemple), permet à la pêche artisanale de compenser, et parfois largement, la faiblesse relative de ses arrivages.

3. *Une pêche à caractère saisonnier*

Autre trait remarquable de cette pêche côtière : le caractère fortement saisonnier de ses activités, ainsi qu'en témoigne l'observation de la courbe mensuelle des débarquements ; 80 % des mises à terre se concentrent durant les cinq mois de la «belle saison» (mai à septembre), dont plus de la moitié (53 %) pour les trois seuls mois de juin, juillet, août. Le reste (20 %) se répartit sur les sept mois de la période creuse avec, il faut le souligner, une nette prédominance des trois derniers mois de l'année sur les quatre premiers, lesquels ne totalisent que 4 % des apports. On obtient ainsi un profil en pyramide nettement dissymétrique, caractérisé par le «boom» des arrivages en mai et juin, une pointe en juillet, puis une baisse sensible les mois suivants qui s'accuse à partir de septembre pour se terminer par une légère remontée en décembre (fig. 8).

Cette distribution fort contrastée des débarquements s'explique par l'assujettissement de cette flottille aux conditions climatiques qui règlent les sorties en mer et l'accès aux ressources. L'existence d'un hiver rigoureux contraint le pêcheur côtier à une longue interruption et impose un double rythme à son travail : une morte-saison où il n'aura pas grand chose à faire sinon bricoler et survivre comme il peut, une saison active où il lui faudra au contraire redoubler d'efforts pour «en mettre de côté» et voir venir sans crainte l'inévitable coupure hiémale. Cependant, l'hiver ne se manifeste pas partout avec la même force. L'englacement de la mer qui en est le principal attribut, le plus lourd de conséquences puisqu'il s'oppose à la mise à l'eau du bateau, ne paralyse que la bordure du golfe du Saint-Laurent et les indentations les plus resserrées de la côte atlantique. Le long du golfe du Maine et de la baie de Fundy, la banquise ne tient jamais bien longtemps et ne constitue pas un empêchement majeur à la navigation.

Dans ces conditions, à cette emprise inégale des glaces devraient correspondre des profils de débarquement différents pour chacune des régions envisagées. Or il n'en est rien. Que faut-il en conclure sinon que dans les secteurs côtiers non soumis à l'englacement, des facteurs purement dissuasifs entrent en ligne de compte dont les effets sur les opérations de pêche sont pour le moins aussi importants que là où ne joue que l'impossibilité de naviguer. Parmi ceux-ci, il faut signaler le froid, les tempêtes, la présence des glaces dérivantes ; ils n'empêchent pas les sorties en mer mais les découragent surtout par les risques d'endommagement qu'ils font courir aux engins de capture (casiers, filets, trappes-flottantes, etc.). Dans ces régions, l'action inhibitrice de la nature ne s'exerce pas en tant que telle mais par l'intermédiaire de l'argument économique et psychologique qui peut se résumer ainsi : cela vaut-il la peine de prendre la mer pour des profits aléatoires et finalement dérisoires au regard de l'effort exigé et des dangers encourus? Dans ce calcul, car c'est bien d'un calcul qu'il s'agit, l'assurance-chômage joue un rôle déterminant. Elle procure au pêcheur cette sécurité élémentaire qui lui faisait tant défaut autrefois quand il devait braver les intempéries et aller jusqu'à risquer sa vie pour rapporter de quoi nourrir sa famille. Cette garantie qu'il a aujourd'hui de pouvoir passer l'hiver sans encombre a, sans nul doute, modifié sa perception des choses ; ce qui s'est traduit au niveau des arrivages par le renforcement du creux hivernal et l'élimination progressive des pêches marginales, de maigre rapport qui désormais ne se justifient plus.

4. Quelques aspects d'infrastructures portuaires liées à la pêche côtière

Alors que la flottille hauturière est liée étroitement au port industriel, la pêche côtière s'en libère quelque peu. D'une part parce qu'elle s'accommode d'installations plus légères, voire inexistantes, d'autre part parce que les quantités débarquées par le pêcheur

côtier peuvent fort bien s'entreposer sur place avant d'être expédiées ultérieurement vers des centres plus importants.

Il arrive que le pêcheur n'utilise aucune installation particulière pour abriter son bateau. Il se contente de tirer son embarcation sur un plan incliné de terre battue, ou mieux encore sur des rails de bois grossièrement équarri. En haut de la rampe, un treuil électrique facilite le halage. Procédé simple, peu coûteux, qui permet au pêcheur isolé d'abriter sa barque près de sa maison sans se lancer dans la construction, toujours onéreuse, d'un quai. Dans le S.W. du Nouveau-Brunswick (comté de Charlotte), l'existence de ces rampes se justifient par le caractère provisoire des grands pièges à poissons édifiés à quelques dizaines de mètres du rivage. Ailleurs, leur présence témoigne plutôt de l'attachement du pêcheur à son coin de terre et son hostilité déclarée à toute forme de regroupement. Il fera tout son possible pour rester sur place, quitte à se priver des avantages matériels qui lui procurerait son installation dans le port voisin. Un bel exemple de cet enracinement est fourni par les pêcheurs de Pigeon Hill sur la côte orientale de l'île de Lamèque (Nouveau-Brunswick). À la manière de leurs ancêtres, ces hommes se servent encore d'un cabestan pour tirer à terre ou mettre à l'eau leur bateau. Ils le manœuvrent à la force des bras, sur des distances considérables de l'ordre de 120 à 150 mètres, et même plus quand ils reviennent à marée basse. Pour effectuer cette corvée, le bateau doit s'alléger de toute charge et s'ancrer en pleine eau ; il faut ensuite utiliser un canot auxiliaire pour, le matin, embarquer le matériel et, le soir venu, débarquer la marchandise. À noter qu'après plusieurs années de réclamations, les pêcheurs de Pigeon Hill avaient enfin obtenu un magnifique quai public qui devait les soulager de toutes leurs peines. Malheureusement, les difficultés d'accès à ce nouvel abri les ont obligés à revenir à leur procédé traditionnel.

À quelques kilomètres plus au sud, les pêcheurs de Saint-Raphaël procèdent d'une façon quelque peu différente. Paradoxalement, la présence à cet endroit d'une côte élevée (8 à 10 mètres) a facilité les choses. Les hommes sont parvenus à creuser la falaise, constituée par bonheur de matériaux friables, de larges tranchées susceptibles de recevoir de front une ou deux embarcations. Comme la pente demeure malgré tout assez forte, le cabestan est toujours nécessaire, mais il est manœuvré, non plus à la main, mais par un cheval que l'on peut voir le reste du temps attaché à son pieu à quelques mètres de là, près de la maison du pêcheur.

Une parfaite unité se trouve ainsi réalisée entre ces abris artificiels, les habitations des pêcheurs disséminés en bordure de mer, et la route, un peu en retrait, par laquelle on accède à l'usine de transformation de Lamèque à moins d'une demi-heure de là.

Si ingénieux qu'il soit, le système a ses inconvénients. Il oblige à de nombreux transbordements qui, outre leur caractère fastidieux, portent toujours préjudice à la qualité des produits pêchés. Mais surtout, il fait perdre au pêcheur un temps précieux qui sera autant de pris sur sa journée de pêche. Et Dieu sait s'il faut profiter de chaque instant dans ces régions où la saison de pêche est déjà si courte! De plus, compte tenu des efforts demandés, il ne peut convenir qu'à des unités de petites dimensions (10 à 11 mètres maximum) ce qui met le pêcheur dans l'impossibilité de suivre l'évolution en cours et de se doter d'un bateau de plus fort tonnage avec lequel il serait pourtant en mesure de mieux gagner sa vie.

Aussi, chaque fois qu'il le peut, le pêcheur cherche-t-il à avoir son propre quai: simple appontement perpendiculaire au rivage, dérivé de l'antique «échafaud». Juchée dessus ou un peu à l'écart sur la terre ferme, la remise (*shed*) se reconnaît aisément à ses murs de planches à clins. Le pêcheur y entrepose son attirail de pêche: outils divers, bidons d'huile, jerrycans d'essence, sacs de sel, barils de boëtte, quelquefois même une ou plusieurs cuves à saumure. Sur la côte atlantique où les multiples indentations de la côte se prêtent admirablement à l'éparpillement des installations, il n'est pas rare de le voir s'isoler au fond d'une petite crique accessible de la route principale seulement par un étroit sentier. Il n'y a là qu'un simple embarcadère, un ou deux cabanons, et une demeure de type traditionnel, sobre mais confortable, située un peu en retrait sur une élévation du terrain. Aucune autre maison. La forêt partout, une seule perspective donnant sur la mer.

Avec ce type d'installation, les quantités débarquées sont trop faibles pour justifier l'organisation par la compagnie d'un service de ramassage du poisson. Il revient à chacun, avant de s'en retourner chez soi, d'aller livrer sa marchandise à l'usine la plus proche. Pourtant, le quai ne se réduit jamais à un simple abri. Le pêcheur y débarque toujours une partie de ses prises, ne serait-ce que pour préparer sa boëtte. Il peut aussi avoir avantage à s'occuper lui-même de la commercialisation de ses produits. Dans les environs d'une agglomération comme Halifax, les débouchés ne manquent pas, surtout parmi les restaurateurs et les diverses collectivités. Parfois aussi, comme en bordure de la route qui mène à Yarmouth, l'adjonction aux installations existantes d'un vivier de fortune permettra de vendre du homard aux touristes de passage. Il y a toujours de l'argent à faire à qui veut s'en donner la peine et faire preuve de débrouillardise.

Mais l'isolement a ses limites et n'est supportable qu'à deux conditions:
— que le détour du bateau par l'usine n'engendre pas une perte de temps trop considérable (pas plus d'une heure par jour);
— que le pêcheur et sa famille puisse bénéficier de la proximité de services élémentaires (commerces, écoles...) ainsi que d'une viabilité satisfaisante pour la maison d'habitation (eau, électricité...).

De fait, il impose de lourdes charges au propriétaire pour maintenir le quai et le chemin d'accès en bon état (surtout en hiver avec les dures contraintes qu'impose l'enneigement); il oblige aussi à d'incessants déplacements à la ville la plus proche. Aussi, la préférence va-t-elle, dans la mesure du possible, au regroupement mais sous une forme telle que l'individualisme puisse encore s'exprimer.

Un type d'installation extrêmement fréquent est constitué par la juxtaposition de petits débarcadères au fond d'une baie ou sur chacune des deux rives d'un estuaire (fig. 9). On en compte autant que de bateaux attachés au havre: vingt, trente, quarante, selon les cas. Les habitations se dispersent sur les hauteurs avoisinantes à l'orée de la forêt omniprésente, au milieu de pelouses agrémentées d'arbres et de petits jardins potagers. En contrebas, passe la route contournant la zone marécageuse pour enjamber le cours d'eau à son point le plus étroit; cette voie de passage draine son lot habituel de petits boutiquiers, de stations essence et de garages, et quand le port a la chance de se doubler d'une plage, d'un petit commerce de magasins-souvenirs, voire d'un ou plusieurs motels-restaurants (tel Gabarus sur la côte méridionale de l'île du Cap-Breton).

Le rassemblement d'une flottille de petits bateaux peut alors justifier la mise en place d'un service de ramassage du poisson. Les transactions se déroulent presque toujours sur un quai spécialement aménagé à cet effet.

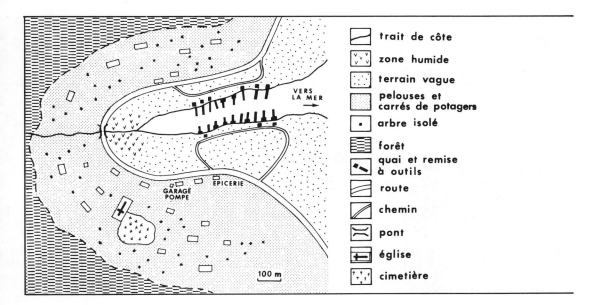

Figure 9
Type de petit port.

Les pêcheurs y débarquent leurs prises dans des caisses à claire-voie (généralement de 100 livres) que «l'acheteur», simple particulier ou agent d'une compagnie de conditionnement, vient peser à l'aide d'une balance romaine *(Planche 7, photo B)*; le poisson est ensuite chargé à bord d'un camion, puis acheté sans délai vers l'usine de congélation distante parfois de plusieurs dizaines de milles.

Le long du golfe du Saint-Laurent où les sites d'implantation sont plus rares et offrent moins d'espace, les pêcheurs utilisent le plus souvent un quai public construit et entretenu par le gouvernement fédéral. Quant à la route d'accès, elle relève de l'administration provinciale et bénéficie des mêmes services de réfection et de déblaiement que n'importe quelle voie publique. Mais, hormis cet appontement édifié presque toujours à l'abri d'une de ces flèches de sable qui barre l'entrée de rias, il n'y a aucune autre installation. Le quai n'est qu'un simple abri saisonnier pour un nombre réduit de bateaux (pas plus d'une dizaine parfois). Autour, comme à Aboujagane près de Cap-Pelé, il n'y a rien sinon l'inévitable manteau forestier. Les villages s'étendent en ordre dispersé le long d'une route rectiligne en retrait de quelques centaines de mètres du front de mer, lequel est en passe aujourd'hui d'être accaparé par les résidences secondaires («chalets») de la petite et moyenne bourgeoisie des villes (Fig. 10).

Mais qu'on ne s'y trompe pas, cette dispersion des points de débarquements relève d'une situation à jamais révolue semble-t-il où les formes prédominantes de conditionnement du poisson s'accommodaient du fractionnement des activités halieutiques (mise en conserve du homard) ou les exigeaient même (fumage du hareng, séchage de la morue). La préservation de ce paysage témoigne plutôt du haut degré d'organisation d'un pays qui a su tirer parti des moyens modernes de communication (du camion isotherme comme du téléphone) et décentraliser au maximum ses services collectifs de telle sorte que chaque individu puisse disposer d'un grand espace de vie sans pour autant s'y sentir isolé et démuni.

C. *Prépondérance de la grande pêche*

Par rapport à la petite pêche qui ne se pratique qu'à proximité du rivage (à 30 milles tout au plus), la grande pêche regroupe les bateaux dotés d'un tonnage et d'une autonomie suffisants pour affronter la haute mer et effectuer, s'il le faut des marées supérieures à la journée. À cet égard, l'expression de pêche hauturière, si souvent employée, nous paraît inadéquate (même s'il nous arrive de l'utiliser), car elle laisse sous-entendre que les bateaux qui s'y adonnent n'exerceraient leurs activités que hors de vue des côtes, ce qui n'est pas le cas loin s'en faut.

D'une importance encore faible il y a à peine trois décennies, la grande pêche s'est rapidement imposée au point de tenir au-

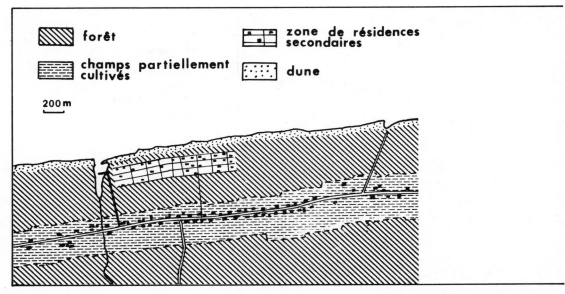

Figure 10
Type de quai isolé (S.E. du Nouveau-Brunswick).

jourd'hui un rôle essentiel dans la vie des Maritimes. Elle totalise près des trois quarts des débarquements annuels (360 à 400 000 tonnes), et intéresse environ 4 000 pêcheurs.

1. *une flottille hétérogène*

Selon les statistiques, elle regroupe environ 600 unités supérieures à 25 tjb et d'une longueur comprise entre 45 et 200 pieds (13,70 m à 60,90 m). Ces limites extrêmement larges recouvrent, il va sans dire, des réalités fort différentes.

a) Les bateaux-bois de 45 à 75 pieds (13,50 m à 22,50 m) constituent à eux seuls près de la moitié de l'effectif de la flottille. Comparables aux «Cape Island» par les formes évasées de la membrure et l'emplacement des superstructures, ils s'en différencient par la présence d'un arrière entièrement ponté et l'équipement d'un moteur diésel sur lequel se branchent un ou plusieurs auxiliaires. La majorité d'entre eux sont exploités d'une façon artisanale avec un équipage de trois à six hommes, rémunérés à la part avec ou sans minimum garanti. L'avantage de cette flottille est de pouvoir s'adapter à n'importe quelle pêche, qu'elle soit côtière ou hauturière, mais avec des résultats forts différents d'une unité à une autre.

b) Les bateaux-bois ou fer de 75 à 120 pieds (22,50 m à 36,60 m) appartiennent quelquefois à des particuliers, mais le plus souvent à des sociétés privées d'armement travaillant en étroite liaison avec des compagnies de traitement du poisson. Le capitaine et même une

partie de l'équipage peuvent détenir une part plus ou moins importante du capital, mais cette pratique semble aujourd'hui en voie de disparition. De son côté, le mouvement coopératif (U.M.F.) possède quelques unités de ce type pour assurer un approvisionnement de base à ses usines de transformation. Construits pour la plupart sur le modèle américain, ces bateaux participent au dragage des pétoncles sur le banc Georges ou au chalutage du poisson de fond. La majorité des grands senneurs de hareng se range également dans cette catégorie.

c) Les bâtiments supérieurs à 120 pieds (36,60 m) sont tous, sans exception, la propriété des quelques puissantes compagnies de conditionnement du poisson implantées sur le littoral des Maritimes. Ils servent presque exclusivement au chalutage par l'arrière des poissons pélagiques et démersaux. Dotés des derniers perfectionnements de la science halieutique, ils possèdent une carène renforcée et soudée de façon à pouvoir affronter les champs de glace et augmenter leur vitesse d'intervention sur les lieux de pêche ; les formes mêmes de la proue sont conçues pour garantir une parfaite stabilité d'ensemble et faire en sorte que les lames rejaillissent sur le côté sans briser sur le gaillard. Volumineuses et parfaitement étanches, les cales se placent à l'arrière, de part et d'autre généralement des machineries. Quant aux apparaux de pont (treuils de pêche, guindeaux), ils sont propulsés électriquement par des auxiliaires indépendants représentant un fort pourcentage de la puissance totale installée. Enfin, les emménagements à bord se caractérisent par la séparation des postes de couchage et de réfectoire, le développement des installations de cuisine et des sanitaires...

Mais quelque modernes et sophistiqués qu'ils soient, ces bateaux sont encore loin de posséder l'autonomie des grandes unités étrangères présentes dans l'Atlantique du Nord-Ouest, en particulier de ces navires-usines capables de traiter la totalité des prises effectuées par une armada de bateaux-satellites. Moins distante de ses attaches portuaires, la flottille canadienne n'est pas assujettie aux mêmes impératifs. Dépourvues de tunnel de congélation, ses unités possèdent nécessairement un champ d'action plus restreint, limité pour le moment au chapelet de bancs s'égrenant du cap Cod au banc de Saint-Pierre au large de Terre-Neuve, en excluant les grandes pêcheries situées plus au nord, aux abords du Labrador et du Groenland.

Les sorties en mer dépassent rarement la semaine ; au-delà, la qualité de la cargaison en souffrirait grandement. À remarquer cependant que ce délai se trouve quelque peu rallongé par le fait que le poisson est immédiatement traité et stabilisé dès son arrivée au port, et qu'il n'y a donc pas lieu de prendre en compte (comme pour les trains de marée en Europe) la durée nécessaire à son acheminement vers les lieux de consommation.

Ainsi, la relative modicité du capital-navire renforce la dépendance de ces bateaux vis-à-vis des facteurs hydrobiologiques et humains qui règlent les fluctuations des richesses faunistiques à l'intérieur des eaux de la plate-forme. Cela peut n'avoir aucune incidence sur le plan économique et même se révéler bénéfique tant qu'abondent les ressources ichtyologiques, mais dès lors qu'elles se raréfient, le manque d'autonomie de la flottille devient un handicap majeur. L'histoire de ces vingt dernières années est riche, comme on le verra, de ces déconvenues.

2. *Une évolution contrastée des apports*

L'évolution mensuelle des apports de cette grande pêche montre une similitude avec ceux de la pêche côtière : même gonflement des arrivages pendant la période estivale, avec en particulier une pointe en juillet (18 % du total), même creux en hiver surtout accusé en février-mars. De toute évidence, la grande pêche se trouve assujettie elle aussi, bien que dans une moindre mesure, aux aléas climatiques et aux données socio-économiques dont dépendent les sorties en mer. Néanmoins, des différences appréciables interviennent entre les diverses régions des Maritimes.

— En bordure du golfe du Saint-Laurent, les activités diminuent très rapidement à partir de décembre. Pour les hommes, c'est à ce moment qu'il devient urgent, pour ceux tout au moins qui veulent éviter le piège de l'hiver, d'amarrer leur bateau dans un port de l'Atlantique, pour les autres de s'inscrire à l'assurance-chômage. Dans la partie orientale du Plateau magdalénien (à l'Est de l'île du Prince-Édouard), l'englacement commence généralement plus tard et laisse aux harenguiers la possibilité, jusqu'à la mi-février parfois, de venir débarquer leur pêche à Port Hood, Chéticamp ou Georgetown. Après la grande interruption de mars et d'avril, la reprise en mai est rapide et quasi générale. Les mois de juin et juillet voient les plus forts arrivages. Mais contrairement à ce qui se passe dans les autres secteurs, la pêche se maintient ici à un rythme élevé durant tout l'été et jusque tard en automne. Tout en effet doit être mis en œuvre pour profiter pleinement de cette période favorable et permettre aux pêcheurs comme aux usiniers de compenser le manque à gagner de la coupure hivernale.

— Sensiblement différente apparaît la situation dans le S.W. des Maritimes. Dans cette région, on n'observe pas de discontinuité des activités halieutiques. Les débarquements durant les mois de mars et avril soutiennent la comparaison avec ceux des mois d'octobre, novembre et décembre. Le redressement estival est en revanche spectaculaire, avec près de 60 % des mises à terre pour les trois seuls mois de juin, juillet, août ; il correspond aux grosses prises de poissons de fond et de harengs, en particulier dans le district 33 où les compagnies ont implanté plusieurs grandes usines de récupération des déchets. Mais dès qu'arrive septembre, pour peu que les quotas soient atteints, la fièvre redescend aussitôt. Les bateaux s'immobilisent au quai. Les équipages n'ont plus qu'à s'en retourner chez eux repeindre et retaper leur petit *boat* en vue de l'ouverture prochaine de la saison de homard.

— Dans l'est de la Nouvelle-Écosse, le moment fort des activités se situe entre novembre et février. Apparente anomalie qui s'explique par la convergence vers ce secteur de plusieurs dizaines d'unités de pêche venues d'autres régions des Maritimes, en particulier des ports paralysés du golfe du Saint-Laurent. Elles y venaient autrefois exploiter les riches concentrations de morue localisées au nord de l'île Saint-Paul sur les rebords du chenal laurentien ; aujourd'hui, c'est surtout les pêcheries de harengs du «Sydney Bight» (plateau Sainte-Anne) et de la baie de Chedabucto qui les intéressent. Le reste de l'année, en revanche, les arrivages se stabilisent à un niveau relativement bas à cause surtout du nombre restreint de bateaux de taille intermédiaire (40 à 60 pieds) présents dans cette région, et dont la production contribue généralement à rapprocher la courbe des apports de grande pêche de celle de la pêche côtière.

3. *Les organismes portuaires liés à la grande pêche*

Ainsi qu'on pouvait s'y attendre, les infrastructures afférentes à cette grande pêche ne se dispersent pas, comme pour la pêche artisanale, en une nébuleuse de petits centres de débarquement. Elles se concentrent en une trentaine d'organismes portuaires, convenablement placés par rapport aux pêcheries les plus importantes et en des sites qui garantissent la meilleure protection possible à des coûts d'aménagement les plus bas. Le port devient un organisme complexe avec ses ateliers de mécanique, ses grues de déchargement, ses magasins de stockage, ses entrepôts frigorifiques. Mais surtout apparaît l'usine de conditionnement, centre nerveux de la vie portuaire. Une particularité : elle s'installe sur la terre ferme ou même sur l'appontement, mais toujours à proximité immédiate du lieu d'amarrage des bateaux, de façon à réduire au maximum la distance qui sépare le point de déchargement de la chaîne de fabrication où sera traité et stabilisé le poisson. Quand le transbordement porte sur des quantités énormes, de l'ordre de plusieurs centaines de tonnes, chaque mètre gagné peut avoir des effets positifs sur le prix de revient du produit final (*Planche 4, photo B*).

Mais le port peut se résumer à cela : un ou plusieurs ouvrages d'accostage et une unité de conditionnement. Rien de plus ou presque. Ainsi en est-il du complexe édifié au début des années cinquante au Cap Bimet (près de Shédiac). Bien que l'importante usine qui s'y trouve occupe près de 500 employés durant la pleine saison, le lieu est demeuré inhabité. Surajoutée au paysage, elle ne l'a pas ap-

A

B

Planche 4

A
Lockeport (N.E.). Exemple de promiscuité entre l'usine de conditionnement et le quai de débarquement du poisson.

B
Bateaux du type Cape Island.

C
Clark's Harbour (N.E.). Expression de l'individualisme du pêcheur : chacun possède son débarcadère.

C

paremment modifié. Les villages avoisinants, dont la fondation remonte aux premiers temps de la colonisation, s'étire le long d'une route qui, tout en épousant le tracé de la côte, s'en écarte parfois de plusieurs centaines de mètres pour franchir les estuaires à leur point d'étranglement. La main-d'œuvre se recrute dans un rayon de 40 à 50 km à la ronde. Dès qu'un bateau arrive au quai, la nouvelle aussitôt est transmise par téléphone. Rapidement, les employés se regroupent par voiture pour gagner leur lieu de travail. La difficulté provient de l'irrégularité des arrivages qui contraint le personnel à d'incessants déplacements à l'usine pour une durée effective de travail qui n'excède pas, le plus souvent, quelques heures. La journée est donc remplie de temps-morts et d'attentes à la cantine de l'établissement. Manifestement, le peuplement linéaire et discontinu convient mal à la présence de ces grosses unités de transformation. S'il s'en accommode, c'est grâce à l'usage généralisé de l'automobile et, ainsi qu'il a été dit plus haut, à l'existence d'un réseau de communications téléphoniques adéquates qui permettent de pallier l'inconvénient des distances. Les transports sont encore trop onéreux pour que chacun

puisse se rendre à son travail avec son propre véhicule. La situation du regroupement par voiture n'est donc qu'un pis-aller, supportable dans la mesure où chaque famille reste profondément attachée à son coin de terre et qu'elle ne désire pas le moins du monde en sortir, surtout pour se rapprocher d'une source de pollution comme l'est la «factorie».

Mais s'il est toujours possible de créer un port de toutes pièces, les compagnies de transformation du poisson ont intérêt à ne pas trop isoler leur usine des villes portuaires où elles pourront bénéficier des avantages qu'offrent les infrastructures existantes (routières et ferroviaires en particulier). À l'intérieur de ces complexes, la fonction halieutique proprement dite n'occupe qu'une étroite bande littorale de quelques dizaines de mètres. À l'abri d'un plan d'eau lui-même délimité parfois par une ou deux digues protectrices, s'allongent les appontements (wharfs) perpendiculaires au rivage. Construites dessus ou immédiatement en arrière, se dressent les bâtisses des usines avec leurs murs faits encore de planches à clins peintes aux couleurs les plus vives (rouge brique, ou vert bouteille). Sur les quais, de grandes pompes aspirent le poisson directement dans les cales

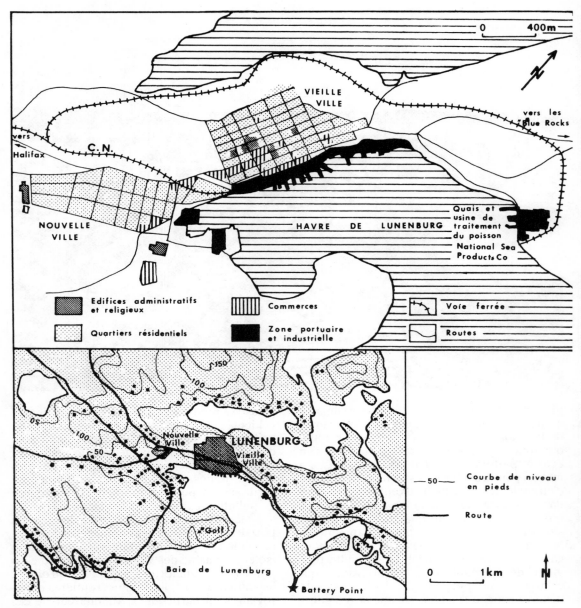

Figure 11
Lunenburg (site et fort).

du bateau et l'envoient par un système de convoyeurs longs de plusieurs dizaines de mètres, jusqu'à l'intérieur de l'établissement. Mais les captures ne supportent pas toujours le pompage moyen extrêmement rapide sans doute mais dommageable au poisson. Dans le port de Lamèque, les bateaux ont encore la possibilité de venir s'amarrer les uns après les autres tout près de l'usine-coopérative, de sorte que les grues n'ont qu'à décharger le poisson dans des sortes de vastes entonnoirs dont l'embout conduit directement à l'intérieur du bâtiment. Ailleurs, il faut avoir recours au chariot-élévateur. Ces opérations de débarquement risqueraient de prendre trop de temps et d'entraîner des retards préjudiciables à la qualité de la marchandise si les compagnies ne s'arrangeaient pour posséder chacune leurs propres quais.

Cette promiscuité qui unit chaque usine à son débarcadère donne des résultats pour le moins surprenants. Pour peu en effet que le site soit trop étroit, les établissements se serrent les uns contre les autres, et forment, comme à Lockeport, un ensemble si compact qu'il devient impossible d'accéder aux quais (autrement dit au front de mer) sans traverser l'un des corps de bâtiment. À Shippagan, le manque de place a même obligé les usines à se décaler les unes par rapport aux autres pour se donner un peu de champ libre ; les opérations de déchargements ne s'en sont pas trouvées pour autant facilitées ; la Connors Brothers Cie par exemple a été contrainte d'édifier un impressionnant système de convoyeurs pour acheminer le hareng aspiré dans les cales de bateaux amarrés à une bonne centaine de mètres de la «factorie». C'est encore l'exiguïté des lieux qui, dans ce port, a obligé une autre compagnie, la Gully Fish, à implanter son atelier de traitement du crabe un peu à l'écart, en contrebas de la chaussée qui mène à l'île de Shippagan. Quant à l'installation de la nouvelle unité de conditionnement de crustacés de la compagnie Associated Fisheries, elle n'a pu se faire qu'après d'importants travaux de remblaiement et d'agrandissement du site primitif. À Lunenburg également, c'est la petitesse du vieux port qui a poussé la National Sea Products Cie à construire sa grande unité de production à plusieurs kilomètres de là (à Battery Point), dans un site totalement inhabité mais qui a l'avantage d'offrir des conditions d'accès satisfaisantes à ses gros chalutiers (Fig. 11).

Immédiatement, à l'arrière de ce front de mer tout encombré de ses usines et de ses entrepôts, quelquefois de ses chantiers navals, s'étend la ville, qui respecte le plan traditionnel en damier des cités américaines. Une voie ferrée longe immanquablement la première rue (First street) bordée, ainsi que les ruelles adjacentes, d'ateliers de mécanique et d'électricité, de magasins de gros et de bureaux administratifs. À North Sydney, l'artère du bas de la ville est encore la plus animée avec ses commerces de bric-à-brac, ses pubs et ses petits dining-rooms. Le monde du travail s'y côtoie : mineurs endimanchés, marins en cirés, ouvrières à tablier blanc et petite coiffe. Pas de recherche esthétique, pas la moindre concession au superflu, mais la rue à l'état brut, vivante et bruyante, toute orientée vers la satisfaction des besoins immédiats et nécessaires, et que l'on pourrait croire sortie à peine de l'âge des pionniers si elle ne se montrait aux prises avec les difficultés habituelles de la circulation et du stationnement. Ailleurs, comme à Yarmouth, l'axe animé de l'agglomération est reporté plus à l'intérieur du damier. Mais du fait de son éloignement du front industriel, il perd un peu de sa couleur locale. Cette rue principale tend alors à ressembler à n'importe quelle Main Street de villes moyennes américaines : les commerces se diversifient et s'ouvrent à une plus large clientèle ; les boutiques de prêt-à-porter alternent avec les salons de coiffure, le team-room, les restaurants et les clubs. Les cinémas apparaissent ainsi que les bâtisses somptueuses des banques. Mais tous ces magasins et autres services ne se concentrent plus sur quelques centaines de mètres, ils se dispersent sur plusieurs kilomètres au milieu des habitations. La rue, en même temps qu'elle s'élargit, s'allonge démesurément. Les distances désormais trop grandes à parcourir, donnent à l'automobile la priorité sur le piéton. Les trottoirs se vident de leurs passants et ne retrouvent une certaine animation qu'à la sortie des bureaux. À Lunenburg, le caractère étroit et accidenté du site primitif a donné naissance, sur la périphérie à un nouveau quartier qui tend aujourd'hui à devenir le centre dynamique de la cité. La ville ancienne n'a pas tout à fait perdu de son animation d'autrefois, surtout dans les rues adjacentes au vieux port. Dès que l'on s'écarte pour gagner les hauteurs, les commerces et les services se raréfient pour laisser place aux villas résidentielles. En contrebas, près du port, trônent encore quelques somptueuses demeures victoriennes ombragées par des arbres centenaires. Pourtant, les maisons bourgeoises à double pignon et galerie circulaire prédominent, au milieu des deux églises du XVIIIᵉ siècle et du musée. Plus haut, l'habitat se resserre et la verdure s'amenuise ; les maisons prennent l'aspect de simples bungalows de couleur crème, rose ou verte, identiques à ceux que l'on rencontre d'un bout à l'autre du continent.

Ainsi, le port de pêche ressemblerait à n'importe quelle petite bourgade provinciale, calme et endormie, si l'arrivée de la saison printannière ne lui apportait ce surcroît de vie, cette effervescence que beaucoup de villes, même plus importantes, lui envient. On pourrait en dire autant, *mutatis mutandis,* de ces petits quais dispersés le long du front de mer et qui, abandonnés durant six mois de l'année deviennent à la faveur du beau temps retrouvé ce lieu privilégié de rencontre des pêcheurs, des touristes, des badauds.

La pêche ne joue donc pas le même rôle qu'en Europe ; elle ne vient pas régulariser le rythme d'activité de la frange côtière. Tributaire des conditions climatiques, elle se comporte comme le tourisme vis-à-vis d'une station balnéaire : elle suit le mouvement des saisons. Ainsi, les équipements, quelle que soit leur nature (quais, usines, bateaux), devront s'ajuster aux périodes (forts courtes) de rendement maximum sans pouvoir toujours les satisfaire au mieux, alors qu'ils resteront sous-utilisés ou même inutilisés la plus grande partie de l'année. Inadaptation fondamentale, plus marquée il va sans dire sur la côte du golfe du Saint-Laurent soumise aux contraintes de l'englacement durant les quatre mois de l'hiver. Cette longue interruption hivernale a une autre conséquence : elle évite aux pêcheurs de former un groupe à part, replié sur lui-même dans son univers culturel. Du reste, il n'existe pas de quartiers de marins semblables à ceux rencontrés dans les villes portuaires européennes (Le Passage et La Chaume aux Sables d'Olonne par exemple). Homme de la mer, le pêcheur des Maritimes n'en demeure pas moins aussi un terrien, habitué par la force des choses à faire un peu de tout pour survivre. Il n'habite pas en ville mais à la campagne, au milieu des autres ruraux. Il se sent lui-même un rural. Mais cette intégration à la vie sociale du pays a sa contrepartie : elle fait du pêcheur un être isolé, souvent mal informé des réalités de sa profession, et peu apte du même coup à faire valoir ses droits auprès des responsables politiques. Il faudra revenir sur ce sujet.

CHAPITRE DEUX

La pêche au homard

De toutes les activités halieutiques du littoral des Maritimes, la place la plus importante revient sans conteste à la pêche au homard. Les 12 000 à 15 000 tonnes qu'on y débarque en moyenne chaque année représentent 80 à 85 % de la production canadienne, et 25 à 35 % de la valeur totale des produits débarqués dans les trois provinces. De fait, cette pêche constitue aujourd'hui l'occupation principale de la majorité des 16 000 pêcheurs côtiers, sinon la seule pour au moins 30 % d'entre eux. De nombreux facteurs peuvent expliquer le développement remarquable de cette activité ; trois doivent retenir dès à présent notre attention.

— L'abondance exceptionnelle de homards (*Homarus americanus*) dans les eaux côtières des Maritimes. Bien que l'habitat naturel de ce crustacé s'étende de la Caroline du Nord au Labrador, c'est dans la partie médiane de cette zone (du 44° au 48°) que se trouvent réalisées les meilleures conditions de sa croissance et de sa reproduction. En particulier, les nombreuses indentations de la côte néo-écossaise et les platiers rocheux et herbeux du littoral sud du golfe du Saint-Laurent favorisent la multiplication d'importantes concentrations.

— La haute valeur marchande acquise au fil des années par ce crustacé a été un autre élément favorable ; elle doit être mise en rapport avec l'extraordinaire essor de l'industrie de la conserve dans la seconde moitié du XIXe siècle, relayée plus tard par l'expédition, vers les États-Unis presque exclusivement, du homard vivant dit «en carapace». Cette seconde forme de commercialisation n'a cessé depuis de progresser au point de réduire la mise en conserve à l'état d'activité secondaire, voire négligeable. Cette évolution capitale est liée d'une part aux progrès technologiques et techniques qui ont permis l'évacuation rapide dans des conditions de survie acceptable d'un produit hautement périssable vers un marché nord-américain en rapide expansion, d'autre part au déclin des relations commerciales avec l'ancien pays protecteur, la Grande-Bretagne, pendant longtemps principal importateur de homard en conserve.

— Le caractère essentiellement artisanal de cette pêche a été un autre atout. Le fait que le homard se tienne près des côtes (de la laisse de basse mer jusqu'à 15 à 20 brasses de fond), et qu'il soit inaccessible aux engins non sélectifs (tel le chalut), lui a servi de protection face aux modes de captures plus modernes mais aussi plus destructeurs utilisés dans les autres pêches. De là vient que cette activité ait pu échapper, jusqu'à présent, à l'emprise capitaliste et conserver son aspect artisanal traditionnel. De là aussi, les craintes que suscite aujourd'hui la mise en exploitation par de grandes compagnies des riches colonies de homards découvertes aux accores de la plate-forme continentale (fig. 12).

A. *La pêche, son déroulement*

La pêche au homard a beaucoup gardé de son aspect d'autrefois. Elle s'effectue à l'aide de petits bateaux à moteur du type Cape Island, de 10 à 15 mètres de long, les mêmes que pour les autres pêches côtières ; chacun d'eux est monté par un à trois hommes (plus généralement deux) : le patron-propriétaire que l'on nomme pompeusement le «capitaine» et son ou ses aides (*helper* ou *begou)*. Ces derniers n'appartiennent pas obligatoirement au milieu maritime ; le patron les recrute dans le voisinage du port parmi les adolescents (étudiants ou membres de la famille), juste le temps de la saison, et selon des critères qui tiennent dans ce propos si souvent exprimé : «Point besoin d'un gars trop savant, pourvu qu'il ait de bons muscles et qu'il sache écouter». En règle générale, cet équipier est rémunéré sur une base fixe. Dans le S.E. du Nouveau-Brunswick par exemple, où la pêche est fructueuse en début de saison, l'habitude est de le rétribuer à la semaine avec une prime sur les captures ; puis au fur et à mesure que les prises diminuent, on ne le paye qu'à chaque sortie en mer ; en fin de campagne, il n'est pas rare que le patron juge préférable de se passer de ses services. Pour le jeune qui accepte cette occupation pendant ses vacances scolaires, c'est peut-être un travail physiquement

éprouvant mais intéressant pécuniairement : 800 à 1 200 dollars en 6 à 8 semaines (1976) ce n'est pas négligeable, d'autant qu'il n'occupe qu'une partie de la journée (de 4 heures du matin à midi au plus tard), et sur une courte période de l'année (2 mois tout au plus).

L'engin de pêche utilisé est obligatoirement le casier-bois. Ainsi le veut un règlement, datant de 1914, qui interdit l'usage des chaluts et la plongée sous-marine largement pratiquée sur les côtes de Nouvelle-Angleterre. Semi-cylindriques ou parallélépipédiques, ces casiers encore appelés bournes, trappes, attrapes[10] ou plus simplement cages, sont fabriqués par les pêcheurs eux-mêmes durant la période hivernale. Leur longueur, limitée pendant longtemps à 2 pieds et demi (75 cm), a eu tendance à s'allonger au fil des années et l'on peut en voir aujourd'hui qui mesurent jusqu'à 4 pieds (1,21 m). La base de chacun d'eux, faite de planches épaisses en bois d'épinette ou de genévrier, est alourdie de grosses pierres plates et de plaques de ciment destinées à stabiliser la cage au fond de l'eau, à l'empêcher de rouler. La forme semi-cylindrique (la plus délicate à construire) est donnée par les «baux», tiges de bois que l'on courbe en forme de demi-cercle, et que l'on fixe aux deux extrémités et au milieu du piège ; assez souples pour ne pas se casser, elles doivent être suffisamment solides pour servir de support aux lattes de bois que l'on cloue par-dessus. La trappe comporte généralement deux entrées ou «portes», disposées sur la partie allongée du piège et non plus comme autrefois aux extrémités, ceci pour ne pas risquer de voir le contenu s'échapper lors de l'opération de levée. Sur ces ouvertures sont posés, côté intérieur, des filets-entonnoirs (les «têtes rondes») ; ils permettent à l'animal, attiré par l'appât, d'accéder au premier compartiment la «cuisine». La boëtte (hareng, maquereau, éperlan) y est piquée sur un aiguillon de bois et maintenue en place par un anneau de cuir fixé sur un fil ; on peut aussi l'enfouir dans un sac de toile ou de morceau de filet, ou dans une boîte faite de lattes de bois. Le homard prisonnier cherche alors à s'échapper ; il s'engouffre dans un autre filet conique (le «grand filet»), disposé non plus transversalement mais dans le sens de la cage, et débouche dans un second compartiment le «salon» ou

---

10. À remarquer la richesse du vocabulaire francophone dans ce domaine de la petite pêche côtière. Les Acadiens de Chéticamp disent volontiers *sougner les attrapes* ce qui signifie prendre soin des casiers, ou plus communément *pêcher le homard* (voir A. Chiasson, 1972, p. 245).

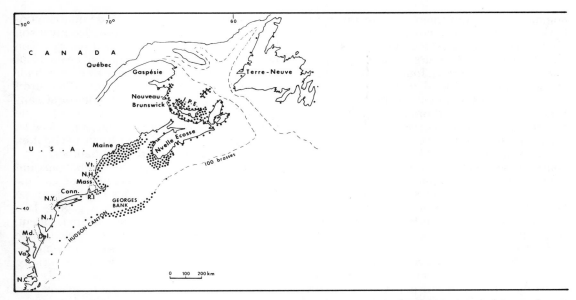

Figure 12
Prises de homards sur la Côte Atlantique du continent nord-américain (moyenne 1970-1975).

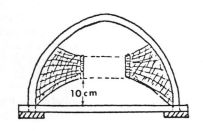

1 : sur le côté (dog ears).

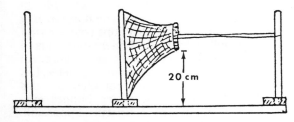

2 : à l'intérieur (grand filet).

Figure 13
Disposition des filets entonnoirs.

«dortoir» où il n'a plus aucune chance de recouvrer sa liberté (fig. 13).

1. *L'ouverture de la saison*

La saison du homard est le moment fort des activités du pêcheur côtier ; la grande affaire de l'année. Aussi s'agit-il de la préparer minutieusement, dans ses moindres détails, si l'on veut mettre toutes les chances de son côté et, le moment venu, se consacrer exclusivement à la pêche. La nature est déjà porteuse de bien trop d'imprévus et de caprices pour que l'on puisse se permettre la moindre négligence. Graisser et remettre en état le moteur, consolider les trappes, peindre le bateau, refaire convenablement ses initiales sur les bouées, changer les cordages, vérifier la qualité de la boëtte, le travail ne manque pas dans les quelques semaines qui précèdent l'ouverture. Le quai, silencieux tout l'hiver, devient pour quelques temps une sorte de vaste chantier, une ruche active, bourdonnante de mille allées et venues, d'appels, de klaxons, de coups de marteau, de crépitements de chalumeau, de musiques s'échappant de quelque auto-radio. Hommes, femmes, enfants, tout le monde s'y met pour transporter le matériel. Les casiers s'empilent par centaines, par milliers sur les appontements, le long des routes et des chemins adjacents, au milieu d'un fatras de filets, de câbles, d'ancres, de bidons d'huile, de barils de toutes dimensions.

Le dernier dimanche donne lieu, dans chaque port, à diverses manifestations. Cela commence inévitablement par un office religieux : un moment aussi important se doit d'être placé sous la protection du Très-Haut. La cérémonie est toujours présidée par quelques pêcheurs vétérans. Toute la communauté villageoise y participe : d'un côté les hommes mal à l'aise dans leur costume bien ajusté, de l'autre les femmes arborant leur plus belle toilette. C'est à cette occasion qu'autrefois on sortait sa dernière pièce, son dernier billet précieusement conservé tout l'hiver pour l'offrir au Seigneur dans l'espoir d'être «chanceux». Après la cérémonie, ce petit monde se retrouve habituellement sur le quai. À Cap-Pelé, la tradition veut que le pêcheur parte avec sa famille et ses amis faire un petit tour en mer, histoire de se détendre un peu et donner aux autres (à travers le repérage des marques à terre, la reconnaissance des fonds et jusqu'au mal de mer qui en fait défaillir plus d'un), un petit aperçu de ce que peut être la vie d'un marin-pêcheur. Dans plusieurs villages, on en profite pour organiser une petite fête nautique ; elle a lieu généralement l'après-midi. Rien de bien extraordinaire sans doute, mais que de rires et de fols amusements surtout lorsque 4 ou 5 bateaux, dépouillés de leurs agrès, en viennent à livrer une course effrénée au milieu d'une forêt de bouées. Et puis, il est bien rare que cela ne se termine pas chez l'un ou chez l'autre. Jusqu'à la nuit tombée, chacun s'y mettra pour danser et chanter les beaux airs d'autrefois, et pour peu que la bière coule à flots, il s'en dira ce soir-là des histoires grivoises, à vous faire sursauter de honte le lendemain matin !

L'attente commence ensuite, vécue dans l'anxiété des deux ou trois questions toujours les mêmes, que tout pêcheur se pose : le homard sera-t-il abondant? Comment s'annoncent les cours? Y aura-t-il des tempêtes? en sachant parfaitement qu'il ne pourra se satisfaire des réponses apportées par les uns et les autres, même s'il ne peut s'empêcher de les quêter, ne serait-ce que pour le gramme de vérité qu'elles pourraient contenir. Pour lui, il va de soi que ces données appartiennent à un domaine inaccessible à son entendement et sur lesquelles sa volonté ne saurait avoir prise. En homme habitué à vivre avec la nature, il est prêt à accepter d'avance et d'un bloc les petites et grandes misères qu'il trouvera sur son chemin ; parce que c'est comme ça, dans l'ordre des choses, et qu'il n'y peut rien ; mais aussi parce que ces mauvais coups du sort pourront lui servir d'excuse à l'heure des comptes, pour justifier au besoin ses

médiocres résultats. À défaut de nourrir convenablement sa famille, il se doit de sauver son honneur de pêcheur. Et ce n'est pas rien son honneur! Nul ne sait mieux que lui ce qu'il faut de ruse, de flair et d'ardeur au travail pour tenir son rang, simplement son rang, et avoir le droit d'être écouté comme un homme-qui-sait-ce-dont-il-parle. Chaque saison est une nouvelle épreuve qui s'engage, un nouveau défi à relever ; il remet son titre de pêcheur en jeu. Saura-t-il se montrer à la hauteur?

Le grand jour est arrivé. Les bateaux ont été chargés à bloc d'un maximum de casiers, d'ancres et de bouées, et les hommes ont eu toutes les peines du monde à gagner leur passerelle respective. Les moteurs pétaradent, prêts à s'élancer vers le large. Sur le quai, toute la communauté villageoise s'est rassemblée, curé en tête, grossie d'une foule de curieux, touristes, photographes, journalistes. Un tel événement fera le lendemain la une des quotidiens! Les officiels sont là également impassibles et sérieux comme tout détenteur d'une parcelle d'autorité. La loi précise que les pêcheurs peuvent aller mouiller leurs trappes 24 heures avant l'ouverture officielle de la saison, et ils ne seront pas trop de 4 ou 5 pour veiller à ce que le règlement soit scrupuleusement respecté. Enfin, les bavardages ont cessé. D'un mouvement, les regards se sont tournés vers la mer. Un drapeau s'est levé, et dans un crépitement assourdissant les bateaux se sont éloignés du quai, un peu lourdauds sous leur charge excessive qui les fait s'incliner dangereusement vers l'arrière.

2. *Le beau coup d'Alphée*

Alphée est l'un de ces pêcheurs. Il en est peut-être à sa trentième campagne dans le détroit de Northumberland, mais c'est toujours avec le même entrain qu'il prend le départ. «La pêche au homard tient de la compétition, avec des vainqueurs et des vaincus», dit-il, «si tu veux sauver ta saison et garder ta réputation de bon pêcheur, tu ne dois pas rester à la traîne». Les beaux coups (qui pourrait l'ignorer ici!) se font les premiers jours, quand les homards de l'année sont en nombre. Au bout d'une semaine les dés sont déjà jetés. Les fonds écrémés ne permettent plus que des rendements médiocres, et les bonnes surprises deviennent rares. Il n'est pas impossible cependant de forcer le destin. Ainsi une année, Alphée avait comme à l'accoutumée regroupé ses cages en trois endroits différents, ceci pour répartir convenablement ses chances. Les premières marées furent décevantes. Par rapport aux autres qui revenaient à la mi-journée avec 1 000 à 1 500 livres, Alphée, lui, devait se contenter de 500 à 600 livres : un vrai désastre! Déconcerté, agacé au début, il en fut bientôt blessé, mortifié à l'extrême ; il ne comprenait plus ; il se voyait déjà vieilli de 10 ans, et les paroles apaisantes des uns et des autres l'accablaient encore plus. Fallait qu'il soit «fini» pour qu'on en vienne à lui donner quelques conseils! Mais peu à peu, il se rendit compte qu'il s'était laissé avoir comme un novice. Il avait mal placé ses trappes voilà tout. Pouvait-il redresser la barre? Apparemment non, puisque les fonds traditionnels avaient déjà été exploités. Mais il ne pouvait s'avouer battu. Aussi se décida-t-il à tenter un grand coup.

Sans avertir personne, il partit seul un matin, un peu plus tôt que d'habitude. Remontant une partie de ses trappes, il les replaça beaucoup plus au large, sur un fond autrefois exploité mais depuis longtemps abandonné, ignoré même des plus jeunes. Il jouait à quitte ou double. L'opération pouvait tourner au fiasco et il ne serait même plus en mesure de rembourser ses dettes, sans parler bien entendu de ce que l'on penserait de lui au village : «Alphée, à son âge, y ferait ben de s'asseoir sur le quai!». Mais quelle ne fut pas sa surprise le lendemain de découvrir que chaque cage contenait jusqu'à 10 livres de homards. Il allait de l'une à l'autre, soulagé, ravi, émerveillé. À la fin de la marée, on lui pesa 2 400 livres (1 089 kg) le lendemain encore plus de 2 000 livres (900 kg), le surlendemain la même chose. Alphée était redevenu un homme heureux et confiant. Pour un beau coup, c'en était un! La nouvelle fit bien entendu le tour du village. Quel diable de pêcheur tout de même! et pas près de baisser pavillon devant l'adversité! Mais où donc avait-il été pour dénicher ce nouveau gisement? Comme il fallait s'y attendre, on commença à lui poser des questions sur ce sujet. Pas directement bien sûr mais avec toutes les précautions et les feintes d'usage. Alphée essayait bien de différer sa réponse par des gestes évasifs, mais avec une gêne inhabituelle qui manifestement trahissait son secret. Finalement, au bout de deux jours, il vit apparaître quelques bouées à côté des siennes, puis des dizaines. Bientôt ce fut une véritable ruée. Chacun voulut avoir sa part du trésor. Les rendements déclinèrent presque aussitôt. L'affaire était entendue ; il n'y avait plus qu'à terminer la campagne sur des fonds plus traditionnels. N'empêche qu'en quatre ou cinq sorties, Alphée avait ramené

pour 5 500 à 6 000 dollars de homards (1974) et sauvé sa saison.

3. *Le territoire de pêche et la communauté des pêcheurs*

Si la concurrence est impitoyable entre les pêcheurs et le chacun-pour-soi la règle d'or, cela n'exclut pas la soumission à certaines coutumes quant à la façon d'exploiter le patrimoine commun. Ainsi, il ne viendrait à personne l'idée d'aller placer ses trappes sur des fonds situés à proximité d'une autre localité même si aucun règlement ne l'interdit. Il va de soi qu'à toute collectivité est dévolu un certain territoire de pêche, aux limites sans doute imprécises mais néanmoins suffisantes pour que tout individu sache parfaitement jusqu'où il pourra mouiller ses cages sans s'attirer les remontrances de ses voisins. Quiconque enfreint cette règle s'expose à de graves représailles : celle par exemple de retrouver ses amarres coupées et ses trappes au fond de l'eau sans espoir de les récupérer. De même, il n'est pas toujours facile à un nouveau venu de se faire admettre par une communauté de pêcheurs. On raconte qu'un pêcheur, ayant quitté son village du Cap-Breton pour s'installer sur les bords de la baie Saint-Margaret, fut soumis à toutes sortes de tracasseries de la part de ses nouveaux voisins. Il ne se passait pas une journée sans qu'il ne se trouve un ou deux casiers détruits, des bouées crevées, un grappin ôté ; un matin, même, il retrouva la porte de sa maison maculée d'inscriptions obscènes. Exaspéré, il décida de se rebiffer. Plaçant une lame arquée de faux de chaque côté de son bateau, il parcourut la baie de long en large, sectionnant au passage toutes les amarres de bouées qu'il voyait. Un éclat qui devait faire son effet. Non seulement il ne reçut aucun reproche, mais on commença à le regarder avec un peu plus de considération, voire même de sympathie. Il ne s'en était pas laissé imposer, et un premier pas avait été accompli vers son intégration. Plus jamais il n'y eut de chicanes.

En règle générale, l'aire géographique à l'intérieur de laquelle se déplacent les pêcheurs de homards ne dépasse pas une quinzaine de milles. Sur le littoral du golfe, le faible balancement des marées permet de placer les trappes «à la côte», à quelques encablures seulement du rivage, en particulier dans le prolongement des caps, là où existe un

A

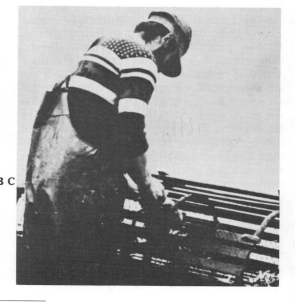

B C

D

La pêche au homard

A
Premier voyage pour immerger les attrapes ou bournes.

B
*Remontée des casiers (photo. min. Envir.) avec ici
3 hommes d'équipage.*

C
*Après avoir sorti le homard, il faut rebouetter (photo.
Omer Melanson).*

L'entreposage du homard

D
Cageots à homard immergés en série près du quai.

platier rocheux propice à la croissance du crustacé. D'ailleurs les forts courants qui balayent en permanence les fonds du large n'incitent guère les pêcheurs à tenter l'aventure en pleine mer, à moins d'y être contraint (comme Alphée). Sur les côtes du S.W. de la Nouvelle-Écosse en revanche, la largeur de la plate-forme et l'ampleur des marées les autorisent et les obligent à partir plus au large, à 25, 30 milles, voire 40 milles parfois. C'est déjà une pêche lointaine qui privilégie les bateaux plus forts, plus modernes, dotés d'un matériel perfectionné (en premier lieu le radar). Devant cet inconvénient de devoir allonger sans cesse leur rayon d'action, ce qui n'eut pas manqué à la longue de remettre en cause le caractère artisanal de cette pêche, certaines communautés ont été amenées à utiliser les nombreuses îles qui parsèment cette bordure littorale comme base avancée de leurs activités. À Wedgeport, les hommes partent du lundi au vendredi pêcher le homard dans les parages des îles de Tusket. Sur l'une d'entre elles, l'île Harris, ils ont construit un véritable village portuaire qui leur sert d'abri journalier pendant toute la durée de la saison ; les hommes se regroupent à quatre ou cinq, soit deux équipages par maison (appelée «logis» ou «shanty»). Une femme (l'épouse de l'un des pêcheurs) est aussi du voyage ; elle remplit les tâches ménagères. Chaque après-midi à la fin de la marée, un ou plusieurs «acheteurs», également résidents temporaires, se mettent à la disposition des pêcheurs pour peser la marchandise et éventuellement l'évacuer sur le continent (fig. 14).

4. *Le travail en mer*

Le déroulement de la pêche au homard est des plus simples. Il consiste pour le pêcheur et son aide à partir au petit jour relever les quelques centaines de trappes immergées par 10 à 30 brasses de fond. Ce travail s'effectuait autrefois à la force des bras ; la grande innovation de ces dernières années a été l'équipement de la quasi-totalité des bateaux d'un treuil mécanique *(trap hauler)*. En une matinée, chaque casier peut être remonté, vidé de son contenu, boëtté, puis de nouveau immergé, au même endroit ou plus loin si le pêcheur trouve ses prises insuffisantes.

Salem part chaque matin avec son fils, un garçon de 18 ans, haler ses 250 trappes mouillées sur les fonds rocheux de la baie Sainte-Margaret (Nouvelle-Écosse). Les opérations sont menées tambour battant, en cinq heures d'affilée, sans prendre le moindre

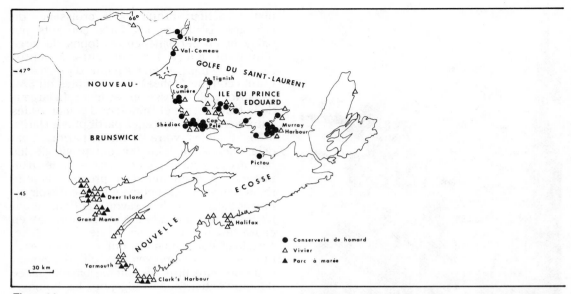

Figure 14
Localisation des conserveries et entreposage du homard dans les Provinces Maritimes.

repos, selon une technique éprouvée que les deux hommes connaissent sur le bout des doigts. Le bateau fonce sur la bouée, aisément reconnaissable à sa couleur d'un beau rouge vif sur laquelle se détachent les initiales noires du propriétaire : S.M. Avant même que celle-ci ne se présente à bâbord, on coupe l'allure de façon que l'embarcation n'aille pas, sur son erre, dépasser le lieu d'immersion. À l'aide d'un crochet, le jeune s'empare rapidement de l'espar ; la ligne est aussitôt enfilée sur la poulie d'un palan que l'homme de barre (le patron), d'un geste vif, a mis en marche ; en moins de vingt secondes la trappe apparaît en surface. Il reste à paumoyer les derniers mètres avant de la hisser à bord. On peut alors la débarrasser de son contenu. Oursins, crabes, araignées, poissons divers sont invariablement rejetés par-dessus bord, de même que les homards trop petits ou les femelles grainées. Les autres, destinés à la vente, sont mis soigneusement de côté. Il faut ensuite s'assurer de la solidité du piège et replacer de la boëtte fraîche à l'intérieur. Puis, sur un signe du patron, la trappe est renvoyée à la mer. La manœuvre n'a pas duré plus de deux minutes : un record ! Le bateau file déjà sur une autre bouée. Sans perdre un instant, le garçon s'est saisi d'un homard et, le tenant serré entre ses genoux, il s'emploie à l'aide d'un outil approprié à lui immobiliser chacune de ses énormes pinces avec un élastique. Rares sont ceux qui se tirent convenablement de cet exercice !

Aucune marée ne ressemble à une autre. Chacune a sa propre histoire avec ses contretemps inévitables tels que rater la réception de la bouée, rafistoler un casier avec les moyens du bord, bricoler le moteur («le maudit !») toujours en passe de lâcher !, laisser échapper un outil... Et puis il y a les casiers à changer de place parce qu'on a entendu dire que le homard est «rendu» sur la roche, ou qu'un courant froid balaye cette partie de la baie. Le pêcheur côtier n'en finit jamais de faire des essais espérant toujours gagner le gros lot et tomber sur une pêche miraculeuse dont il sera le premier découvreur. Ce que disent les biologistes («ces blouses blanches du ministère»), il s'en méfie d'instinct. Après tout il leur arrive de se tromper. À lui aussi d'ailleurs. N'a-t-il pas cru pendant longtemps que le homard migrait sur de longues distances ? Fort de cette conviction, il partait chaque printemps «à sa rencontre», et disposait ses cages en un long chapelet de 70 à 80 unités amarrées à une même ligne-mère. Avec quatre ou cinq de ces «filières», il établissait un barrage opposé au passage du homard qui, à cette période de l'année, était censé «monter à la côte». Il en était de même à l'automne quand le précieux crustacé, toujours selon ses vues, devait regagner les profondeurs. Les travaux de Wilder et de Mc Leese, dans les années quarante et cinquante, ont montré l'inconsistance de tels propos. Le homard est un animal sédentaire ; son rayon d'action ne dépasse pas quelques milles (quatre à cinq tout au plus). Ses soi-disant disparitions et réapparitions relèvent plutôt d'une adaptation aux conditions changeantes du milieu. Autrement dit, il demeure sur place et c'est son inégale activité qui le rend plus ou moins aisément «capturable». Une telle découverte révélait du même coup l'inanité des méthodes jusqu'alors utilisées, et l'obligation d'en trouver de nouvelles. Désormais, les lignes les plus longues ne portent pas plus de 10 à 12 trappes; la plupart n'en ont que 2 ou 3, il est même fréquent, comme en divers points de la côte atlantique, d'amarrer un seul casier par câble de bouée. La nature des fonds entre en ligne de compte dans ce choix; avec un relief chaotique la dispersion est de rigueur, alors qu'en «plaine», les regroupements sont préférables. Mais il y a aussi les habitudes acquises des pêcheurs. Un tel préfèrera placer deux bournes par câble alors que son voisin s'obstinera à n'en mettre qu'une seule. Allez donc savoir pourquoi?

B. *L'organisation*

Contrairement à l'insouciance qui a prévalu dans les autres pêches, les autorités gouvernementales se sont vite rendu compte, à la faveur notamment du déclin spectaculaire des captures de 1887 à 1920, que l'exploitation de ce crustacé, si abondant soit-il, devait se faire d'une manière plus rationnelle, moins anarchique. Avec patience et ténacité, elles ont mis en place toute une réglementation visant à protéger l'espèce d'une destruction systématique; l'analyse des documents de l'époque (journaux, rapports, discours) fait aussi apparaître un autre souci des législateurs: celui d'assurer une bonne qualité des produits exportés et d'adapter la production aux aléas du marché américain en tenant compte des apports massifs mais saisonniers des pêcheurs du Maine et du Massachussets.

Il n'est pas question de dresser un inventaire exhaustif de ces règlements (une étude excellente du service des pêches et des sciences de la mer vient d'être réalisée sur ce sujet: Gordon Dewolf, 1974), mais d'étudier parmi ces dispositions celles dont l'application a été d'une importance souvent décisive sur la vie économique et sociale de ces populations. L'une concerne le découpage du littoral en dix arrondissements inégaux, parmi lesquels ont été définies sept saisons de pêche (variant de 2 à 6 mois) échelonnées de telle façon que la pêche soit toujours ouverte

dans l'un des secteurs côtiers (fig. 15). Une autre concerne la taille marchande minimale du homard, mesure destinée à permettre à un plus grand nombre de crustacés d'arriver à maturité. Calculée à partir de la longueur de carapace, cette taille varie selon les arrondissements de 2 pouces et demi (6,4 cm) à 3 pouces trois seizièmes (8,1 cm), ce qui correspond à des poids allant de 200 grammes à une livre environ (fig. 16). L'effet le plus immédiat de telles mesures a été de personnaliser encore plus nettement deux grandes régions des Maritimes.

a) Les arrondissements 1,3,4, qui englobent la baie de Fundy et le S.W. de la Nouvelle Écosse jusqu'à l'est d'Halifax, ont une saison de pêche exceptionnellement longue s'étendant sur six mois au moins.

L'existence ici de conditions hydrologiques relativement favorables (principalement l'absence de glaces fixes), a permis aux autorités de placer la campagne de pêche durant l'hiver et au début du printemps, plus précisément du 1er décembre au 31 mai pour l'arrondissement no 4, de loin le plus important par la quantité de homards débarqués. Néanmoins, durant cette période, les froids rigoureux, la neige et les nombreux coups de vent rendent la pêche difficile. En février et mars, la majorité des patrons-pêcheurs préfèrent ramener leurs casiers à terre en attendant des jours meilleurs, et les quelques audacieux qui s'entêtent à pêcher ne sont pas toujours récompensés. Chaque hiver amène son lot de déboires et de drames, bournes détruites par centaines, barils de boëtte emportés, bateaux chavirés..., de sorte que la longueur de la saison vient ici compenser les entraves apportées par les intempéries au bon déroulement des activités. Pourtant, si le travail est difficile et risqué, il est aussi plus rentable que partout ailleurs.

Les populations de homards qui profitent d'un environnement favorable forment des concentrations importantes capables de supporter une exploitation soutenue. Pour les pêcheurs, elles présentent surtout l'avantage d'être composées d'individus plus gros et donc plus lourds. Pour comprendre un tel phénomène, il faut se souvenir que la croissance de cet animal est fonction du nombre de mues et de l'augmentation de taille à chaque mue. Or, les recherches menées depuis plus de trente ans dans ce domaine ont montré d'une façon évidente que celle-ci dépendait directement de la température de l'eau. Dans ces mers bordières caractérisées par leur

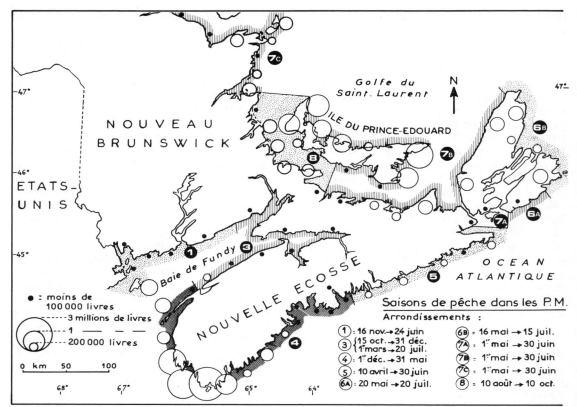

Figure 15
Saisons de pêche et débarquements de homards dans les Provinces Maritimes du Canada (1978).

fraîcheur en été et leur tiédeur en hiver, les mues sont peu nombreuses mais elles profitent à l'animal ; autrement dit, celui-ci sera relativement lent à atteindre sa maturité (c'est-à-dire l'âge à partir duquel il pourra se reproduire), mais il «poussera» mieux et plus longtemps. S'appuyant sur cette conclusion, les pouvoirs publics, soucieux d'éviter une prise inconsidérée de homards adultes, ont fixé la limite minimale de taille marchande à un niveau élevé. Si bien que la totalité des captures de cette région appartient à la catégorie dite *market*, vendue à l'état vivant (on dit encore «en carapace») à un prix nettement plus intéressant que le homard de petite taille (dénommé *canners*) destiné à la conserverie. En 1976, quelle que soit la région considérée, l'écart entre les deux types de crustacés s'élevait entre 40 et 60 cents la livre. De sorte qu'à Port Meitland (N.E.) par exemple, où la totalité des prises se compose d'individus de plus de trois pouces, le prix unitaire, toutes catégories confondues, s'établissait en 1976 à 4,45 dollars le kg contre 2,20 dollars le kg dans

les ports du golfe du Saint-Laurent. Cette disparité importante des prix provient aussi du fait que les pêcheurs de ce littoral bénéficient, de janvier à avril, d'un sous-approvisionnement généralisé du marché nord-américain. Aucune autre saison n'est ouverte dans les Maritimes, et pour cause : il y a l'englacement. D'autre part, les débarquements sur la côte du Maine sont faibles car, n'étant soumis à aucune réglementation, les pêcheurs de cet État américain ont pris l'habitude de réduire leurs activités à partir de décembre pour ne les reprendre qu'en mai et juin (leur temps fort se situant entre août et novembre). Aussi, obéissant au jeu de l'offre et de la demande, les cours du seul homard vivant *(market)* sont-ils en moyenne de 40 à 70 % plus élevés dans cette région du Sud-Ouest que dans les autres secteurs côtiers des Maritimes.

La proximité du marché américain est un autre avantage sur lequel il n'y a pas lieu de s'étendre. Elle a pour effet de réduire les frais de transport et de permettre aux expéditeurs de maximaliser leurs profits tout en laissant aux pêcheurs une marge de bénéfice acceptable. De fait, profitant de sa situation privilégiée, cette région est devenue progressivement une des principales zones d'approvisionnement du marché américain en homards vivants, supplantant même la côte de l'État du Maine pourtant mieux placée. Pour comprendre une telle évolution, il faut savoir que les Américains n'ont jamais cherché à exploiter à fond leurs ressources. Les pêcheurs du Maine et du Massachussets, d'une façon plus marquée encore que leurs homologues des Maritimes, ne travaillent qu'à temps partiel ; ils allient à leurs activités de pêche (toujours saisonnières) des emplois à terre en général mieux rémunérés. Pour les inciter à pêcher à l'année longue (ce qui serait possible puisque les havres sont libres de glaces tout l'hiver), il eût fallu que les pouvoirs publics prissent en temps voulu des dispositions pour relever sensiblement les prix pratiqués au débarquement afin que les revenus de ces pêcheurs à temps complet pussent se comparer à ceux des autres catégories professionnelles. Mais en laissant faire, ils ont permis aux grandes chaînes de distribution d'aller se ravitailler à meilleur compte chez le proche voisin canadien, avec d'autant plus d'empressement d'ailleurs que celui-ci s'est toujours plié de bonne grâce à leurs exigences. Ainsi à plusieurs reprises, quand il s'est agi d'augmenter la taille limite marchande du homard que le gouvernement américain avait unilatéralement imposée à ses ressortissants, le Canada a dû suivre et appliquer les mêmes normes dans les secteurs maritimes concernés. Que cette limite soit portée prochainement à 3 pouces et demi (comme il en est fortement question), et il ne fait pas de doute que la région du Sud-Ouest devra suivre.

b) Pour les arrondissements qui se succèdent d'Halifax jusqu'à la baie des Chaleurs et qui couvrent tout l'Est et le Nord-Est des Maritimes, l'établissement de saisons de pêche devait poser des problèmes autrement plus difficiles du fait de la présence d'une banquise côtière interdisant toute sortie en mer de la mi-décembre à la fin avril. Il eût été possible de n'en fixer qu'une seule s'étalant de mai à décembre ; mais pour les autorités du début de ce siècle, un des moyens les plus efficaces (pensaient-ils) de mettre fin au gaspillage des ressources, consistait à limiter à deux mois seulement la campagne de pêche. Or, il était difficile que cette saison se déroulât partout au même moment, sinon le marché eût été régulièrement engorgé. Il fallait en outre tenir compte des débarquements américains concentrés entre les mois de septembre et

Figure 16
Tailles minimales de capture (1976).

novembre, et ne pas oublier les exigences des conserveurs, beaucoup plus nombreux qu'aujourd'hui, dont les activités ne pouvaient se contenter d'une période aussi courte. En ce sens, la solution d'établir plusieurs campagnes de deux mois répondait à leurs vœux car ils pouvaient ainsi, une fois la saison terminée dans un arrondissement, partir s'approvisionner ailleurs ; le fonctionnement de l'usine s'en trouvait prolongé, amenant des avantages sociaux pour toute la communauté villageoise.

Une autre difficulté subsistait. Dans le sud du golfe, les basses températures hivernales et printanières font que le homard ne peut muer que pendant les deux seuls mois de juillet et août. Durant cette courte période, les températures relativement élevées des eaux côtières ont pour effet d'activer le phénomène ; dans le détroit de Northumberland par exemple, les homards changent cinq à sept fois de carapace durant leur premier été d'existence, trois fois lors de leur second, deux fois à leur troisième, une seule fois par la suite. Cette situation hydrobiologique n'est guère favorable aux pêcheurs.

— Les homards arrivent certes plus vite à l'état adulte, mais leur augmentation en poids est faible, de sorte que dans la limite de la taille marchande que l'on a cru bon de fixer ici à un niveau assez bas (fig. 16), la proportion de petits sujets destinés à la conserve (et donc bien moins rétribués) sera plus élevée. Il s'ensuit que le prix du kilo de homards débarqués est, comme on l'a vu, inférieur de 50 à 70 % à celui obtenu dans la région du S.W. de la Nouvelle-Écosse et de la baie de Fundy.

— Ces nombreuses mues et leur concentration en plein milieu de la période estivale gênent et perturbent les opérations de pêche. Durant cette transformation, le homard se met sur le côté, le corps replié, immobile, incapable pendant plusieurs jours de chercher sa nourriture. Cette absence de dynamisme le rend moins facilement *capturable* et les débarquements s'en trouvent gravement affectés.

— Enfin, le homard venant de muer, n'a pas la même valeur marchande ; sa carapace est molle et sa chair flasque. Cette constatation devait amener dès 1867 les autorités canadiennes à interdire la pêche durant les deux mois de juillet et août afin d'assurer une bonne qualité aux conserves destinées à l'exportation.

c) Les critiques. Définie dans ses grands traits par les contraintes qu'imposent la nature et les exigences du marché international, la réglementation laborieusement mise en place à la fin du XIXᵉ siècle et au début du XXᵉ siècle, résultait aussi d'une série de tâtonnements et de compromis entre d'une part, les pêcheurs, conserveurs, expéditeurs, avides de tirer parti de cette manne à portée de leurs mains, d'autre part, les pouvoirs publics, plus soucieux de garantir l'avenir par des mesures souples de protection des fonds. Elle ne pouvait par conséquent satisfaire tout le monde, et nombre de techniciens et professionnels s'interrogent aujourd'hui sur le bien-fondé de certaines de ces mesures.

Les pêcheurs des arrondissements 7B et 7C par exemple, se plaignent d'une saison qui, placée trop tôt dans l'année, est bien souvent compromise par la présence des glaces et la fréquence des coups de vent ; ou bien les casiers ne peuvent être immergés, ou bien ils sont endommagés en partie ou parfois même en totalité. Dans les deux cas, le manque à gagner est énorme. Ainsi, tout au début du mois de mai 1975, les pêcheurs de Baie Sainte-Anne et de Pointe Sapin (Nouveau-Brunswick) ont perdu en une seule tempête la moitié de leur 21 000 casiers, soit une perte sèche évaluée à 125 000 dollars (Év. du 8 mai 1975), aggravée du fait qu'ils ont dû continuer leur saison avec un nombre restreint de trappes. Il existe bien un système d'aides et de compensations versées aux pêcheurs par les autorités provinciales, mais il n'a rien d'automatique, et donne lieu chaque fois à maintes contestations. Cependant, un programme d'assurance sur les agrès de pêche est en voie d'élaboration et devrait être mis prochainement en application.

Il arrive aussi qu'en cette période de l'année la boëtte fasse défaut. En 1974 par exemple, les pêcheurs de la côte nord de l'île du Prince-Édouard ont vu leur saison perturbée par le retard apporté dans les livraisons de barils de boëtte en provenance des îles de la Madeleine et de Terre-Neuve ; ceci à cause des glaces qui, ayant bloqué plus longtemps qu'à l'accoutumée les havres de ces îles, avait différé la pêche au hareng dont on se sert comme appât.

Si on ajoute à ces inconvénients la chute du prix moyen du homard en mai et juin, consécutive à un certain encombrement du marché, on comprendra les revendications des pêcheurs de ces arrondissements qui veulent voir reporter leur saison de pêche à l'automne, même si cette modification devait entraîner une baisse des prix au débarquement dont les victimes, cette fois, seraient les pêcheurs de l'arrondissement nᵒ 8, les seuls de la région à bénéficier à ce moment de l'année d'un certain tassement de la production. Ces dernières années, nombre de localités du N.E. du Nouveau-Brunswick ont préconisé l'instauration de deux saisons de pêche, l'une au printemps, l'autre à l'automne, quitte à n'utiliser en automne qu'un nombre limité de casiers (200 tout au plus). Conscientes des dangers que ferait courir la remise en cause d'une organisation si difficilement élaborée, les autorités n'ont pas donné suite à ces exigences (Év. du 3 décembre 1975 et du 9 février 1976).

Pourtant, biologistes et économistes du service des pêcheries s'accordent pour réclamer eux aussi un allègement de cette réglementation. Ils font remarquer que les courbes de production traduisent une certaine indifférence vis-à-vis des mesures de restriction adoptées. Leur mise en place durant la période 1880-1920 n'a pas empêché que se poursuive la dégringolade inexorable des débarquements. Ils affirment que les fluctuations cycliques, observées tous les cinq ou sept ans, sont dues beaucoup plus à l'influence de facteurs naturels (vents, températures, nourriture, maladies, substrats, prédateurs...) qu'aux effets de l'exploitation (Gordon Dewolf, 1974, p. 12-13). Une nouvelle réglementation s'impose donc, plus souple mais aussi plus efficace. Deux mesures concrètes semblent aujourd'hui retenir l'attention des experts.

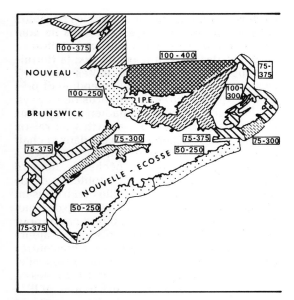

Figure 17
Nombre maximal et minimal de casiers permis par bateau selon les arrondissements (1976).

Figure 18
Évolution des débarquements des homards dans les provinces maritimes.

— La première concerne l'engin de pêche lui-même, plus précisément l'espacement des deux plus basses lattes qui ferment chaque côté du casier. Avec un écartement plus grand imposé par une législation très stricte, on permettrait à un plus fort pourcentage de jeunes homards de s'échapper du piège. Présentement, c'est au pêcheur de les relâcher. Sans parler de la tentation toujours grande d'écouler la marchandise illicite à un conserveur complaisant, l'effet produit est quasiment nul ; même rejetés à l'eau, la plupart de ces jeunes homards trop longtemps exposés au vent, à la pluie ou au soleil ne survivent pas, ou sont dans un état d'épuisement tel qu'ils sont les victimes désignées des morues, flétans, saumons, phoques, etc. Au contraire, en imposant cet espacement plus grand entre les deux lattes inférieures, on permettrait à l'animal de recouvrer sa liberté par ses propres moyens, sans avoir à quitter son milieu nourricier. La manutention s'en trouverait facilitée puisque crabes, araignées, escargots et autres animaux intrus n'encombreraient plus les trappes. Cette loi aurait un autre avantage, celui de ne pas être facilement contournée par les pêcheurs ; un simple contrôle des casiers empilés sur le quai suffirait à s'assurer de son application.

— La seconde se rapporte à la limitation du nombre de pêcheurs de homard. C'est la conclusion à laquelle est arrivé un groupe de techniciens de la pêche, à la suite d'une enquête menée en 1975 dans les Maritimes (G. Chouinard, 1975. Lobster fishery task force). La réduction de 25 à 50 % de l'effectif actuel permettrait à ceux qui resteraient dans la profession de vivre plus convenablement.

L'idée n'est pas nouvelle. Dès 1968, des décisions ont été prises dans ce sens. Les bateaux ont été répartis en deux catégories. Ceux de la classe B appartiennent aux pêcheurs occasionnels pour qui la pêche n'est qu'une occupation secondaire ; ils ont été les premiers visés par les mesures gouvernementales. Non seulement on leur a imposé de pêcher avec un nombre minimum de casiers (de 50 à 100 selon les arrondissements) (fig. 17), mais on leur a fait savoir qu'à la cessation de leurs activités, la licence de pêche ne serait pas transmissible à une tierce personne. C'est aussi pour restreindre leur activité qu'on a pris la décision d'interdire la relève des casiers les samedi et dimanche. Ainsi, devraient progressivement disparaître ceux que l'on a coutume d'appeler *les pêcheurs-à-la-petite-semaine (moonlighters)*. Les conditions faites aux autres professionnels, ceux dont les bateaux se situent dans la classe A, sont manifestement meilleures. Ils ont la possibilité de transmettre leur licence à n'importe qui, de la vendre même s'ils veulent amasser un petit pécule pour leur retraite. Ainsi, l'imposition par les pouvoirs publics d'un nombre minimum de casiers par bateau dans la classe B représente un inconvénient pour les pêcheurs occasionnels par le surcroît d'investissement et de travail qu'il suppose ; par contre, le maximum imposé à la casse A s'est révélé plutôt avantageux pour les pêcheurs de cette catégorie parce que le nombre limite a été placé très haut et leur a laissé la possibilité d'accroître leur capacité de capture.

Pourtant, la distinction entre pêcheurs professionnels et occasionnels n'est pas aussi tranchée qu'on pourrait le croire. À côté d'une minorité de citadins détenteurs d'une licence (on ne sait trop comment!) qui viennent pêcher le homard en dilettantes en profitant de leurs congés annuels, il y a tous les autres : les pêcheurs-à-plein-temps qui sont devenus occasionnels par la force des choses, parce que la mer ne *nourrissait plus son homme* et qu'il a fallu chercher une occupation à terre. Mais à son tour celle-ci suffit rarement à satisfaire les besoins d'une famille, et le maintien d'une activité d'appoint, telle la pêche au homard, devient alors un élément indispensable à sa survie, l'ultime rempart avant la prise en charge par l'assistance sociale ou l'exode définitif vers la ville. Dans le contexte de pauvreté des Maritimes, la volonté de réduire l'effectif des pêcheurs, si elle ne s'accompagne pas de la création d'un nombre équivalent d'emplois à terre, risque fort d'accélérer le processus de marginalisation de ces régions côtières. La promotion sociale du pêcheur côtier passe par un plan de développement global des trois provinces. Un sujet sur lequel il faudra revenir.

d) La question de la pêche hauturière du homard. C'est vers le milieu des années cinquante qu'on a découvert, un peu par hasard, de riches concentrations de homards le long de la pente continentale par 50 à 250 brasses de fond. Des recherches plus approfondies devaient mettre à jour de véritables gisements de 5 à 15 milles de large, s'étendant sur 500 milles nautiques environ depuis le canyon de Norfolk au large de la baie de Chesapeake (37°N.) jusqu'au Corsair Canyon au S.E. du banc Georges (41°N.) (fig. 19).

Pendant longtemps, les autorités canadiennes ont interdit cette pêche hauturière pour ne pas inquiéter les pêcheurs côtiers. Au contraire, les États-Unis se sont lancés tout de suite dans leur exploitation et, au début des années soixante dix, la flottille néo-anglaise forte de 133 unités (dont 83 caseyeurs et 50 chalutiers) revendiquait près de 40 % des captures de homards de ce pays. En 1971, les pêcheurs canadiens d'espadon, contraints d'arrêter leurs activités en raison du taux élevé de mercure décelé dans la chair de ce poisson migrateur, furent autorisés à titre de compensation à pêcher le homard hauturier. Il leur fut prescrit toutefois de ne pêcher qu'au-delà des 50 milles en n'utilisant que le casier et non le chalut jugé trop destructeur. Dès 1971, cinq bateaux furent armés pour cette pêche lointaine ; en 1973, on en ajouta deux autres. Les débarquements concentrés dans les districts 28 à 32 (S.W. de la Nouvelle-Écosse), devaient progresser de 101 tonnes en 1971 à 454 tonnes en 1973 et 676 tonnes en 1976 (5,4 % de la production) ; ils pourraient dépasser les 1 000 tonnes en 1980. Les pêcheurs côtiers s'alarment du rôle grandissant de cette pêche, et pour plusieurs raisons.

— Prenant pour hypothèse de départ qu'il existe des relations entre les populations de homard côtier et ceux de la haute mer, ils affirment que toute exploitation désordonnée des stocks du large, comme cela se passe actuellement, aura nécessairement des répercussions néfastes sur ceux du littoral. Interrogé sur cette question, le biologiste G. Wilder du laboratoire de Saint-Andrews a réaffirmé que la distance moyenne parcourue par un homard ne dépassait pas 3 milles nautiques. Si quelques individus se déplacent sur de plus grande distance, c'est toujours un peu «*à l'aveuglette et sans habitude bien définie*» (P.C. du 6 janvier 1977). La preuve en est qu'aucun des 121 spécimens étiquetés dans la région du banc Georges n'a été repris par les pêcheurs côtiers. D'ailleurs, un examen plus approfondi montre les différences appréciables, que ce soit dans l'anatomie ou le comportement, entre le homard de la côte et celui du large. Incontestablement, dit-il, on a affaire à deux stocks bien différents ; mais, s'empresse-t-il d'ajouter, cela ne signifie pas qu'aucun rapport n'existe entre les deux. Les œufs de homard sont pélagiques ; ils restent un à deux mois à la surface des eaux. Durant cette période, ils peuvent, au gré des courants, parcourir des distances considérables, et bien qu'il soit difficile scientifiquement de prouver que les œufs pondus au large arrivent jusqu'à la côte, il n'est pas non plus impossible de rejeter cet argument. De leur côté, les pêcheurs font remarquer avec juste raison que ces bateaux hauturiers travaillent pour la plupart à la limite des 50 milles et ne sont pas très éloignés des bateaux côtiers du S.W. de la Nouvelle-Écosse dont quelques-uns s'écartent jusqu'à 30 à 40 milles des côtes. Comment imaginer, dans ces conditions, que les deux types de flottilles exploitent des populations radicalement différentes? En tout état de cause, il faudrait reculer cette limite à au moins 100 milles pour ne pas gêner les pêcheurs côtiers.

— Cette opposition à la pêche hauturière, qui a pris la forme ces dernières années de violentes manifestations (comme celle de janvier 1977), cache une autre inquiétude: les pêcheurs craignent la concurrence inégale que pourrait susciter l'expansion de cette pêche industrielle et lointaine déjà accaparée par les sociétés capitalistes. N'est-ce-pas l'une d'entre elles, la Continental Sea Foods de Shelburne, qui arme déjà quatre de ces bateaux? De quelque côté que l'on se tourne, disent-ils, les pêcheurs-artisans sont perdants:

● ils n'ont pas un capital suffisant pour espérer un jour accéder à cette pêche du grand large (jusqu'à 500 milles des côtes);

● ils seront les premiers à subir de plein fouet les effets d'une exploitation incontrôlée et destructrice des fonds;

● le prix de leur homard sera affecté, d'une manière ou d'une autre, par les apports massifs en provenance de ces bateaux (voir P.C. du 6 janvier 1977).

N'y a-t-il pas, là encore, menace pour cette pêche côtière, la seule épargnée jusqu'à présent par le développement vertigineux de l'industrie halieutique depuis vingt ans!

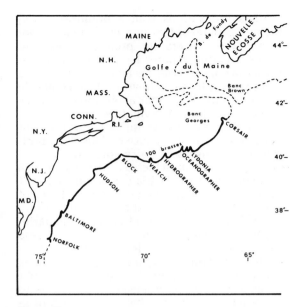

Figure 19
Principaux gisements de homard aux accores de la plate-forme continentale américaine.

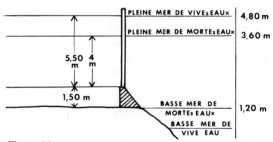

Figure 20
Rapport entre l'amplitude des marées et le changement d'eau dans les parcs à marée (comté de Charlotte), d'après Bull. 147, F.R.B., p. 56.

C **La commercialisation**

1. *L'entreposage*

L'acheminement du homard vers la conserverie dans les meilleures conditions possibles, et plus encore sa commercialisation à l'état vivant, présentaient à la fin du XIXᵉ siècle d'énormes difficultés en raison notamment de la multiplicité des points de débarquement, et de l'éloignement considérable des lieux de consommation. Aussi, les professionnels de la pêche ont-ils été amenés à mettre en place un ingénieux système d'entreposage rendu plus nécessaire encore par les fluctuations importantes des prix d'une saison à une autre.

Les précautions sont à prendre à bord même du bateau. Dès que les homards sont retirés des casiers, le premier travail du pêcheur est de séparer les petits sujets destinés à la conserverie, des plus gros exportés à l'état vivant, lesquels devront faire l'objet de plus de soins. Après leur avoir immobilisé les pinces à l'aide de chevillettes ou de bandes élastiques (pour éviter qu'ils ne se blessent entre eux), on les entasse dans les traditionnelles caisses à claire-voie ou *cageots* ; ceux-ci servent aussi bien à l'entreposage qu'à l'expédition, et allient à la fois la robustesse et la commodité. D'une capacité de 100 livres et d'une forme invariable (31 x 32 x 13 pouces ou 78,4 x 53,1 x 32,8 cm), ils offrent la particularité d'avoir les planches du fond et du dessus serrées les unes contre les autres de façon à protéger le homard du soleil qui assèche les branchies, comme de la pluie qui affaiblit l'organisme ; leur intérêt est d'empêcher toute dégradation de la marchandise en évitant le cisaillement des pinces lors des diverses manutentions. Les planches situées aux deux extrémités sont au contraire largement espacées pour assurer une bonne circulation de l'eau à l'entreposage.

De retour au port, les caisses sont immédiatement débarquées et pesées sur le quai. Ce travail est ordinairement effectué par *l'acheteur*. Celui-ci est un simple agent d'une compagnie de poisson ou d'une coopérative maritime, ou bien encore un intermédiaire indépendant. Si la conserverie est proche, les caisses de petit homard y sont tout de suite acheminées ; cependant, il est fréquent qu'elles doivent séjourner avec les autres dans un ou plusieurs centres d'entreposage, pendant un temps plus ou moins long. Disséminés le long du littoral, ceux-ci se différencient de par la quantité de marchandises entreposées et la durée de stockage. Le lieu choisi peut être une petite anse suffisamment fermée pour assurer une bonne protection contre les coups de vent, mais assez ouverte pour permettre un brassage régulier des eaux et une bonne oxygénation de l'animal. Dans la mesure du possible, il faut éviter le voisinage des estuaires où la salinité est trop faible, surtout aux périodes de fortes crues de printemps et d'automne. Le site doit être en outre accessible aussi bien aux bateaux par voie de mer qu'aux camions par voie de terre ; les plus importants d'entre eux seront installés à proximité d'une gare ferroviaire ou d'un terrain d'aviation.

a) La forme la plus simple d'entreposage, la moins coûteuse aussi, consiste à laisser flotter les caisses sur plusieurs rangées, les unes à côté des autres auprès d'un ponton (Planche 6, ph.B).

Le plus souvent cependant, elles sont placées à l'intérieur de ce que l'on appelle communément des *boutiques flottantes*. Il s'agit de solides caissons que l'on immerge à proximité d'un quai. De 5 à 10 mètres de long, 3 à 5 mètres de large, et 1 à 3 mètres de profondeur, ils ont une charpente de bois conçue pour résister aux plus fortes tempêtes. Leur caractère flottant leur permet de supporter une cabine servant d'abri à l'acheteur tandis qu'une ou plusieurs trappes donnent accès aux compartiments intérieurs.

b) Une forme d'entreposage de plus grande capacité est constituée par les viviers installés à terre et approvisionnés en eau de mer par tout un système de pompes et de tuyauteries. On en dénombre une trentaine dans les Provinces Maritimes, répartis dans les deux principales régions productrices, le long du détroit de Northumberland et au S.W. de la Nouvelle-Écosse, ainsi que dans la zone d'attraction d'Halifax (fig. 14). Bien que leur coût d'installation soit très élevé et leur fonctionnement toujours délicat, leur implantation dans ces secteurs côtiers se justifie par l'existence d'un réseau de distribution locale portant sur des commandes variées mais de faible volume. Ces viviers, construits à l'intérieur de grandes bâtisses, comprennent deux ou trois réservoirs superposés, ni trop larges ni trop profonds, de façon à faciliter l'observation et la capture. À l'île du Prince-Édouard, nombre d'entre eux, de construction plus légère, sont édifiés à ciel ouvert, sur le quai, en vue de conserver le homard pendant les seuls mois de printemps et d'été.

c) Plus importants encore sont les 21 *parcs à marée*, propriété de quelques compagnies (National Sea Products et H.B. Nickerson) et de l'Union des coopératives des pêcheurs des Maritimes (U.M.F.).

D'une très grande capacité (200 à 500 tonnes), ils servent à parquer le homard vivant au moment où le prix de celui-ci est au plus bas (mai-juin notamment). Le principe de construction est simple ; ce sont de petits barrages faits de boues et de graviers, retenus dans une charpente de bois de 1 à 4 mètres de haut et aménagés à l'intérieur d'une anse ou d'une portion de plage. Leur installation est soumise cependant à de sérieuses exigences qui ne se trouvent réunies que dans un petit nombre de sites concentrés dans le Sud-Ouest du Nouveau-Brunswick (comté de Charlotte) et en plus petit nombre encore dans le Sud-Ouest de la Nouvelle-Écosse (comtés de Yarmouth et Shelburne) (fig. 14).

Dans ces régions en effet, le jeu important des marées assure en permanence un brassage d'eau vertical et horizontal convenable et, ce qui est plus fondamental encore, une durée de submersion du parc acceptable. De plus, les conditions hydrologiques particulières (faibles amplitudes thermiques, absence de grands cours d'eau) réduisent les risques de réchauffement rapide en été et de gel en hiver, ainsi que tout abaissement dangereux de la salinité. De ce point de vue, les parcs de la Nouvelle-Écosse n'offrent pas les mêmes garanties que ceux des îles Campobello et Deer (Nouveau-Brunswick) où, pour assurer une bonne oxygénation des eaux profondes, il faut constamment provoquer des brassages à l'aide de pompes ; d'autre part, les risques de mortalité massive n'y sont pas à exclure surtout en hiver avec le gel et le froid. La partie du barrage située en amont comprend une forte clôture calculée de façon à ce qu'elle émerge de un mètre au moins au-dessus des marées de vives eaux (fig. 20) ; ainsi, quelle que soit l'amplitude des marées, les homards ne peuvent s'échapper. Le parc lui-même est divisé en plusieurs sections dont le fond, parfaitement horizontal, permet de les répartir uniformément. Durant toute la durée de leur séjour, la surveillance est très stricte ; outre le réglage du niveau d'eau, il faut fréquemment nettoyer les fonds, ôter les plantes marines, repérer les sujets en mauvaise santé et les mettre à part, réparer les clôtures, éviter les entassements, etc., sans compter l'approvisionnement en nourriture de bonne qualité et de quantité suffisante, cela durant plusieurs mois. Mais dans ce domaine, les connaissances restent trop insuffisantes pour ne pas être une cause supplémentaire de mortalité.

2. L'expédition

L'expédition du homard en carapace a fait de gros progrès ces dernières décennies. Avant la dernière guerre, on le transportait encore dans des tonneaux remplis de glace pilée. Si les sujets avaient, paraît-il, bon aspect en arrivant à Boston, bien peu supportaient le voyage jusqu'à New York. Les restaurateurs n'acceptaient que les survivants, à un prix tel que l'opération était, à ce qu'il paraît, encore rentable (Év. du 3 juin 1948).

Le mérite d'un pêcheur, du nom de Conley, fut de comprendre que l'eau douce provenant de la glace fondue était à l'origine de ces lourdes pertes. Pour les réduire, il convenait d'éviter le contact entre la glace et la précieuse marchandise. C'est ainsi que devait être mis au point le système de la caisse à plusieurs compartiments, invention qui fut à l'origine de l'extension du marché à tout le continent nord-américain.

La première opération concerne la récupération des homards entreposés dans les parcs. Le procédé le plus efficace et le plus rapide est certainement le chalutage, mais il présente l'inconvénient de blesser quelques sujets. Certains utilisent une truble d'un maniement plus aisé, d'autres profitent des basses eaux pour descendre dans le parc, chaussés de cuissardes, et racler les fonds à l'aide d'une simple épuisette. Afin d'améliorer l'apparence de l'animal, on le brosse pour enlever toute la végétation de petites algues qui se développe sur sa carapace ; ce travail fastidieux exige un personnel nombreux et s'effectue en plein air, en bordure même du parc. Pour les grosses expéditions, les homards sont placés dans les caisses à claire-voie, puis mis à bord de camions isothermes ou de bateaux équipés de compartiments à glace ; on les achemine ensuite vers les ports de la Nouvelle-Angleterre (Boston, Portland surtout), et de là vers les grandes villes américaines de l'intérieur. Le principe essentiel est que la durée totale du voyage ne dépasse pas les quatre jours ; au-delà, les pertes seraient trop onéreuses et la rentabilité compromise.

Des expéditions plus lointaines ont lieu en avion, le plus souvent vers les villes du Centre et de l'Ouest de l'Amérique du Nord ; elles portent alors sur de petits lots. Les homards sont disposés dans des caissettes cubiques de 50 cm de côté, à double compartiment ; dans le premier, l'animal est placé entre deux couches de fucus mouillé afin d'entretenir l'humidité de la marchandise et de la protéger contre les manutentions trop brutales ; dans le second, superposé au premier, on met de la glace en paillettes qu'il est nécessaire de renouveler fréquemment lorsque la température de l'air est élevée. Une autre méthode plus répandue encore consiste à emballer le homard dans des copeaux de bois ou de la fibre de verre auxquels on ajoute par temps chaud 5 à 10 livres de glace concassée. Une fois arrivés à destination, un autre triage s'impose pour séparer les sujets faibles ou blessés, qui devront être cuits immédiatement, des autres plus vigoureux dont la vie pourra être prolongée de quelques heures si toutefois l'on dispose de réservoirs d'eau de mer naturelle ou artificielle (McLeese et Wilder, 1967, p. 61-70).

Cependant, les pertes accumulées aux différents stades de la capture, de l'entreposage et de l'expédition, demeurent importantes. D'après les estimations, elles s'élèveraient entre 10 et 15 % de la production totale, et représenteraient un manque à gagner d'environ 4 millions de dollars (1976). Le cannibalisme, les maladies, ainsi que les variations brutales des conditions ambiantes, occasionnent des coupes sombres dans les stocks entreposés ; il faudrait y ajouter les mauvaises habitudes contractées par les pêcheurs. Exemple : les chevilles de bois, encore utilisées à la place des élastiques pour immobiliser les pinces, blessent souvent l'animal ; ces lésions peuvent, en s'infectant, dégénérer en une maladie extrêmement répandue, connue sous le nom de *Gaffaya homari* (ou *gaffkyaémie*). Le sang des individus malades ne se coagule pas correctement et l'animal meurt d'épuisement au bout de plusieurs jours ou parfois même de quelques heures, contaminant durant cette période les autres sujets écorchés.

Ainsi, malgré l'extraordinaire engouement qu'elle suscite, la pêche au homard n'est pas à l'abri de difficulté dues pour l'essentiel aux effets de l'appauvrissement des fonds et de l'augmentation des charges d'exploitation. En 1975, une Commission d'enquête (Rapport Doucet) avait évalué à 0,65 dollars le salaire horaire d'un pêcheur de homard du Nord-Est du Nouveau-Brunswick, soit un niveau nettement inférieur à celui du salaire minimum de la province (2,35 dollars).

Les résultats auxquels nous sommes parvenus de notre côté sont plus encourageants (cf. chap. VII) ; ils montrent surtout l'importance économique de cette activité artisanale dans la vie de ces pêcheurs côtiers si pénalisés par ailleurs par l'essor inconsidéré de la pêche industrielle.

La pêche aux poissons de fond

Aux prises avec de sérieuses difficultés ces dernières années, la pêche aux poissons de fond demeure néanmoins une des principales activités des Provinces Maritimes. Selon les statistiques, 7 400 pêcheurs y consacrent chaque année une part plus ou moins grande de leur emploi du temps et totalisent un volume de débarquements de l'ordre de 180 000 à 200 000 tonnes par an. On ne peut oublier non plus qu'elle sert d'élément de base à une importante industrie de traitement, laquelle concerne 150 établissements extrêmement différents de par leur taille et la variété des produits élaborés[11].

A. *La profusion des ressources*

Les Maritimes n'exploitent qu'une vingtaine d'espèces de poissons de fond, parmi lesquelles cinq représentent à elles seules 85 % des apports.

En tête arrive la morue *(Gadus morhua).* Sa large distribution partout sur la plate-forme continentale ainsi que sa bonne valeur marchande (29 cents le kg en 1976) en font l'espèce la plus recherchée des pêcheurs tant côtiers que hauturiers (56 800 tonnes en 1976, soit 31 % des mises à terre). Malheureusement, ses déplacements sont déconcertants et imprévisibles. La tient-on enfin qu'elle disparaît à

11. Depuis le retrait des flottilles étrangères, c'est-à-dire depuis 1977, on assiste à une reconstitution des stocks ; ainsi, la production canadienne de poissons de fond a sensiblement progressé (247 000 tonnes débarquées pour les seules Provinces Maritimes en 1978, dont 92 000 tonnes de morue, 41 000 tonnes d'églefin ; en revanche, les stocks de sébastes surexploités aux cours des années soixante-dix se trouvent encore à un niveau très faible (seulement 30 000 tonnes en 1978).

l'improviste ; à croire qu'elle s'amuse à déjouer les plans des hommes.

De fait, elle appartient à cette catégorie de poissons sténothermes et sténohalins dont les exigences varient à mesure que se modifie leur état physiologique. Ce n'est que lorsqu'elle se reproduit que ses besoins deviennent plus stricts. *L'eau de morue* répond en effet à des normes bien précises (températures comprises entre 2 et 4°C et salinité entre 33 et 34,5 pour mille). Elle choisit ce moment pour se rassembler en *taches* sur les bancs et devient plus aisément accessible aux pêcheurs. Pas longtemps cependant. Une semaine tout au plus, car une fois passé ce cap difficile, la morue toujours en quête de nourriture s'écarte sensiblement de ces limites et se retrouve aussi bien dans les eaux proches de 0°C que dans celles de + 10°C. Elle se présente alors soit en *piaule* (ou piolle) c'est-à-dire en concentrations propices au chalutage, soit en formation dispersée mais stationnaire *(en plaine)* plus favorable à l'utilisation des lignes.

La nature des fonds entre également en ligne de compte. La morue affectionne les fonds durs chaotiques, rocailleux et graveleux, mais elle peut monter dans les couches de surface pour satisfaire son insatiable appétit, en particulier la nuit pour se nourrir d'une euphausiacé *(Meganyctiphanes norvegica)*. À la recherche malgré tout d'un biotope favorable, ses migrations restent soumises aux modifications saisonnières du milieu ambiant. En règle générale, elle se rapproche des côtes durant la belle saison (on dit qu'elle *territ*) pour s'en éloigner l'hiver et se réfugier dans les profondeurs des fosses marines. Sur le Plateau magdalénien où le réchauffement tardif des eaux interdit tout regroupement en vue de la ponte, les déplacements durant la période estivale sont assujettis, plus qu'ailleurs encore, à de grandes irrégularités. Par temps calme, la stratification prononcée de la colonne d'eau autorise la morue à se mouvoir, à l'intérieur de la couche intermédiaire, sur presque tout le plateau jusqu'en bordure immédiate du rivage. Situation éminemment favorable à la pêche mais toujours passagère car d'un moment à l'autre le réchauffement finit par gagner les couches sous-jacentes, obligeant l'animal à s'enfuir vers le large où il devient inaccessible aux pêcheurs côtiers. On arrive au même résultat quand s'amplifie la luminosité et que disparaît par *broutage* le voile planctonique. La fugue est encore plus rapide lorsqu'à la suite d'une tempête par exemple s'accélèrent les brassages verticaux.

À noter que les jeunes morues, plus dynamiques que leurs aînées, se dirigent les premières dans le N.W. du golfe du Saint-Laurent attirées par l'abondance de la nourriture. Autrefois, les pêcheurs de la baie des Chaleurs, qui pouvaient la capturer dès la fonte des glaces et profitaient du bel ensoleillement printanier de ces régions limitrophes pour la faire rapidement sécher, l'expédiaient en *prime* trois semaines avant les autres sur le marché européen où elle recevait un bon prix. Sa petite taille lui valait en outre d'être exportée dans de petits barils *(boucauts)* vers le Brésil, puis transportée à dos d'âne vers les contrées montagneuses de l'intérieur.

L'hiver, la morue sort du golfe pour se mélanger à d'autres stocks. Il lui arrive aussi de se réfugier sur les rebords internes du chenal laurentien, notamment au N.E. du Cap-Breton où de belles prises sont encore parfois effectuées. Ailleurs, le long du littoral atlantique et sur le pourtour du golfe du Maine, les caractères physiques et hydrobiologiques de la plate-forme continentale réduisent l'amplitude des déplacements et mettent les aires de refuge hivernal à la portée des pêcheurs côtiers. Avantage souvent contrarié par les rigueurs climatiques qui dissuadent ces hommes de mettre leur bateau à l'eau.

Plus apprécié encore que la morue, l'églefin *(Melanogrammus aeglefinus)* arrive au second rang des mises à terre. En 1976, les 19 000 tonnes d'apports de ce poisson ont représenté une valeur un peu supérieure à 8 millions de dollars, soit un prix moyen de 42,3 cents le kg, presque deux fois plus élevé que celui de la morue[12].

Beaucoup plus exigeant que la morue, l'églefin se trouve absent de la plus grande partie du golfe du Saint-Laurent à cause des forts écarts de température et de salinité qu'on y observe. Pour cette raison, il ne s'approche guère des rivages et se maintient de préférence sur les fonds doux et vaseux compris entre 25 et 50 brasses. Le biologiste Tyle a répertorié sept stocks différents dans le N.W. Atlantique, chacun d'eux correspondant à un territoire assez bien déterminé (fig. 21). Trois d'entre eux se situent à l'est du chenal laurentien, mais se trouvant à la limite de leur habitat, les géniteurs de cette zone ont les plus grandes peines à survivre. À l'ouest du chenal, se trouve un important stock localisé au-dessus du banc de l'île de Sable, mais qui peut

12. *Ibid.*

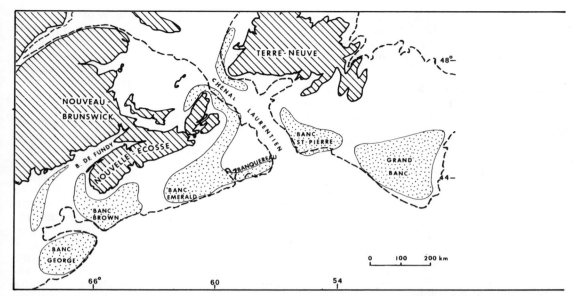

Figure 21
Principaux stocks d'églefins dans le N.W. atlantique
Sources: D'après A.V. Tyler, Environnement Canada, F.F.S.,
n° 13

s'étendre éventuellement sur le Banquereau et dans les eaux littorales du plateau de Sainte-Anne et de la fosse du Cap-Breton. Un second stock, d'un grand intérêt également, occupe toute la partie S.W. de la plate-forme et se prolonge jusqu'à la pointe de Brier, à l'entrée de la baie de Fundy. Enfin, les deux derniers stocks se répartissent, l'un le long de la côte du Maine (à une certaine distance néanmoins), l'autre au-dessus du banc Georges. Ce dernier, sans doute le plus important du N.W. Atlantique, a été malheureusement dilapidé par les ponctions massives opérées en 1965 et 1966 sur les jeunes classes d'âge. Sa reconstitution en 1979 était loin d'être achevée (voir chap. V, troisième partie).

En dehors de ces deux gadidés qui totalisent à eux seuls plus de la moitié de la valeur débarquée (54,2 % en 1976), les apports de poissons de fond portent sur un certain nombre d'espèces dont la liste a eu tendance à s'allonger à mesure que déclinaient les rendements de pêche et que s'amélioraient les techniques de captures.

Il faut citer en premier lieu le sébaste *(Sebastes marinus)*, encore appelé perche rose. D'une chair molle et d'un faible poids comestible qui le rendait peu propre à la mise en marché, ce scorpaenidé, au demeurant difficile à prendre, a été pendant longtemps délaissé par les pêcheurs. Il a fallu, entre les deux guerres, l'essor de la technique du file-

tage et la raréfaction de l'églefin sur les fonds traditionnels, pour voir les Américains s'intéresser à ce poisson. Les Canadiens y sont venus après 1945 avec l'introduction du chalutage. Depuis, son exploitation n'a cessé de s'intensifier avec des résultats inégaux d'une année sur l'autre. En 1976, il se situait de par son tonnage en seconde position derrière la morue (42 700 tonnes), mais son faible prix unitaire (13,2 cents le kg) ne le classait qu'au 3e rang quant à la valeur des prises (5,5 millions de dollars).

Il existe deux types de sébastes dans le N.W. Atlantique ; seul *Sebastes marinus mentella* est pour le moment exploité. On l'identifie aisément à sa coloration allant du rose pâle au rouge orangé, à ses joues épineuses et à la protubérance osseuse de sa mâchoire inférieure, inexistante chez son cousin *Sebastes marinus marinus*. Son trait le plus remarquable, le plus important pour la pêche, réside dans son adaptation aux grandes profondeurs. En effet, il vit de préférence au-dessous de la courbe des 50 brasses sur les pentes vaseuses du talus continental et dans des auges profondes de la plate-forme, à l'intérieur de la tranche profonde soumise à de faibles oscillations thermiques. Contrairement aux autres démersaux, il n'entreprend pas de grandes migrations horizontales, ce qui le met hors de portée des pêcheurs côtiers. Il effectue pourtant des montées verticales pour se nourrir, tout comme la morue, d'Euphausiacés *(Meganyctiphanes norvegica)* et secondairement de Copépodes, mais comme elles n'ont lieu que la nuit, les pêcheurs préfèrent attendre le jour pour le traquer sur le fond avec plus de sûreté. Le développement du chalut pélagique devrait ouvrir dans ce domaine de plus larges perspectives d'exploitation.

Autre particularité de ce poisson, il est ovivipare, c'est-à-dire que les œufs éclosent à l'intérieur de la femelle. L'expulsion n'a lieu que lorsque les larves ont consommé le contenu du sac vitellin et pas avant qu'elles n'aient atteint la taille de 6 mm. Cela donne sans doute une plus grande chance de survie aux jeunes organismes, mais cet avantage est en partie annihilé par la faiblesse de la progéniture : 25 000 à 40 000 individus par femelle contre plusieurs millions d'œufs pondus par les ovipares. De plus, le sébaste a une croissance très lente (2,5 cm par an au minimum) de sorte qu'il ne parvient à maturité qu'à l'âge de 10 ans. On comprend mieux ainsi la fragilité de ces populations et les effets particulièrement désastreux d'une surpêche.

La pêche aux poissons plats a connu depuis la guerre une progression spectaculaire en rapport avec l'essor des arts traînants et la mise en marché des *filets de sole*. En 1976, les captures se sont élevées à 26 000 tonnes pour une valeur à la première vente de 6,7 millions de dollars, soit un prix moyen de 25,6 cents le kg (équivalant à celui de la morue). Mais l'intérêt que les pêcheurs accordent à cette catégorie de poissons varie beaucoup d'une expèce à une autre.

— Ainsi le flétan atlantique *(Hippoglossus hippoglossus)* mérite une place spéciale pour sa taille et son poids imposant (il peut atteindre 250 kg) et pour sa chair blanche et ferme d'une grande valeur commerciale (1,84 dollar le kg en 1976). Grégaire et vagabond, il vit sur les mêmes fonds que la morue et peut, tout comme elle, s'aventurer en surface quand il lui faut poursuivre sa proie (l'éperlan par exemple). En revanche, ses déplacements latéraux s'effectuent sur de plus courtes distances et semblent même diminuer à mesure que s'amenuisent les stocks. La pêche n'a porté ces dernières années que sur moins d'un millier de tonnes.

— Parmi les autres pleuronectes, la plie canadienne *(Hippoglossoides platessoides)* est devenue en quelques années l'une des espèces les plus exploitées des Maritimes (15 000 tonnes en 1976). De petites dimensions (20 à 40 cm), le *balai* comme on l'appelle encore, ressemble étonnamment à un petit flétan, bien qu'il s'en distingue par sa caudale arrondie. On le trouve en été par moins de 20 brasses sur les

fonds *mous* de sable et de vase ; mais très sensible aux variations thermiques, il peut se retirer rapidement jusqu'aux limites de la plate-forme. Pourtant, c'est un poisson relativement sédentaire, très pêché aux abords des îles de la Madeleine et sur les bancs de Sainte-Anne et Misaine au large de la Nouvelle-Écosse.

— La plie rouge *(Pseudopleuronectes americanus)* se cantonne habituellement sur les fonds vaseux et herbeux de la zone côtière, depuis la laisse de basse mer jusqu'à la courbe des 20 brasses. Ses déplacements, de faible amplitude, s'effectuent en sens inverse de la plupart des autres poissons. Alors qu'elle séjourne durant l'hiver à l'intérieur des estuaires et des criques, elle s'en éloigne quelque peu l'été pour fuir le réchauffement prononcé des eaux. Son exploitation, qui reste l'affaire des pêcheurs côtiers, a été pendant longtemps entravée par la nécessité d'utiliser de minuscules hameçons adaptés à la petitesse de l'orifice buccal de l'animal. L'usage d'engins non sélectifs a depuis peu levé cet obstacle (3 200 tonnes de captures en 1976).

— Remarquable par sa petite tête et par le nombre considérable de rayons que comportent ses nageoires, la plie grise *(Glyptocephalus cynoglossus)* fréquente les *petites eaux* en été et devient quelque temps accessible aux pêcheurs côtiers. Le reste de l'année, elle paresse en bordure de la plate-forme et s'enfonce même dans les fosses et dans les goulets pour se protéger des trop fortes oscillations thermiques. Sa croissance extrêmement lente la rend vulnérable à toute exploitation incontrôlée ; c'est pourquoi il ne semble pas que les tonnages débarqués ces dernières années (4 870 tonnes en 1976) puissent connaître à l'avenir une sensible augmentation.

— Le flétan du Groenland *(Reinhardtius hippoglossoides)* occupe le même territoire que la plie grise. Avantagé par ses dimensions imposantes, comparables à celles du flétan atlantique, ce pleuronecte a fait l'objet depuis 1965 d'une pêche intensive aux palangres et aux filets maillants. Les prises ne dépassent plus aujourd'hui le millier de tonnes.

— Enfin, la limande à queue jaune *(Limanda ferruginea)* se reconnaît aisément à sa couleur rouille marquée de taches brunes d'un côté et jaunes de l'autre, et à ses gros yeux si rapprochés que les orbites semblent se toucher. Bien qu'elle puisse se capturer à proximité des côtes, cette sole se pêche presque toujours au large, sur les fonds sablo-vaseux (20 à 60 brasses) émaillés de crêtes rocheuses. Ce poisson plat a été pendant longtemps peu prisé sur le marché ; son exploitation a commencé il y a une quinzaine d'années et a été menée d'une manière intensive à la faveur de prévisions par trop optimistes. Les apports sont devenus modestes (740 tonnes en 1976), mais pourraient cependant augmenter à nouveau grâce à la grande prolificité de l'animal.

De la famille des Gadidés, la goberge *(Pollochius virens)* ressemble à la morue à laquelle on l'assimilait autrefois, mais elle s'en différencie par sa teinte plus verdâtre virant parfois au jaune. Extrêmement actif, ce poisson effectue d'amples migrations, en particulier les jeunes individus qui vont jusqu'à s'aventurer au printemps dans les eaux saumâtres des estuaires pour satisfaire leur voracité (d'où leur nom de *petite goberge* ou *goberge des criques* qu'on leur donne parfois). Largement exploité partout dans les Maritimes, y compris dans la baie de Fundy, les prises se sont limitées jusqu'à présent à moins de 25 000 tonnes (23 150 tonnes en 1976). Il est vrai que son prix moyen, de 40 % inférieur en moyenne à celui de la morue, n'a pas incité les pêcheurs à la rechercher systématiquement. C'est une pêche d'appoint tout comme celle du brosme *(Brosmius brosme)* ou du poisson-chat *(Anarhichas lupus)*. Il faudrait encore citer la merluche blanche ou lingue *(Urophycis tenuis)* abondante surtout sur les fonds sableux de la baie des Chaleurs et du Plateau magdalénien, ainsi que la merluche-écureuil *(Urophycis chuss)* dont les alevins présentent la particularité de se nicher parfois à l'intérieur des valves de pétoncles. À signaler enfin le poulamon ou *poisson des chenaux (Microgadus tomcod)* qui remonte à l'automne les cours d'eau pour frayer. Avec une simple ligne et quelques vers montés ou non sur l'hameçon, il est possible de faire des pêches mirifiques. Plus tard, en hiver, on peut encore le prendre sous la glace comme l'éperlan.

B. *Localisation des infrastructures portuaires et industrielles*

La carte de répartition des débarquements permet de dégager trois grandes régions aux poissons de fond (fig. 5 en annexe).

1. *L'ouest de la Nouvelle-Écosse (districts 21 à 38)*

L'importance de ce secteur, qui regroupe à lui seul plus de la moitié du volume et près de 60 % de la valeur des mises à terre, se justifie par la relative proximité des hauts-fonds (Brown, Georges surtout) parmi les plus poissonneux du précontinent américain. N'est-ce pas grâce à cette richesse faunistique que les Bostoniens ont pu asseoir leur domination dès la fin du XVIIe siècle. N'est-ce pas aussi dans cette portion de l'hydrosphère que l'on a vu évoluer les premières goélettes au début du XVIIIe siècle. Quant aux prix élevés qu'y reçoivent les pêcheurs (de 10 à 30 % plus élevés que dans les autres zones côtières), ils s'expliquent par la composition des arrivages et le pourcentage élevé des espèces chères dans le tonnage débarqué (églefin, flétan, morue), mais aussi par une meilleure valorisation des mises à terre, en particulier de la morue. Alors que la valeur unitaire de ce gadidé s'élevait en 1976 à 24,3 cents le kg pour l'ensemble de ces trois provinces, elle dépassait les 30 cents dans la plupart des districts du S.W. et plafonnait à 41,5 cents dans le district 34.

Cette particularité résulte pour l'essentiel de la proximité du marché américain et du caractère quasi permanent des activités de pêche (dû à la faiblesse de l'englacement). La conjugaison de ces deux facteurs a permis à un plus grand nombre d'entreprises (y compris les plus petites) de s'organiser pour commercialiser une part importante de leurs produits (15 à 20 % estiment certains) sur le marché en *frais*. Dès son arrivée au port, le poisson est mis en sachets sous forme le plus souvent de filets, puis placé avec de la glace en paillettes dans de grands emballages en carton. Ces colis sont expédiés vers les foyers urbains du N.E. des États-Unis (Chicago, Buffalo, Détroit, New York) et vendus *en l'état,* via les courtiers habituels, aux consommateurs et autres collectivités locales. Cette mise en marché du poisson à l'état réfrigéré permet aux *usiniers,* transformés pour la circonstance en simples mareyeurs, de mieux rétribuer les pêcheurs tout en bénéficiant pour eux-mêmes de marges bénéficiaires plus élevées.

Une autre tradition, encore très vivace dans cette région, est de préparer de la morue salée et désarêtée *(boneless cod)* mieux valorisée sur le marché que le poisson transformé en blocs et filets congelés. Cette activité reste la spécialité de petites entreprises n'employant chacune que quelque dizaines d'employés. Remarquons que ces établissements se sont pas astreints, comme dans les autres secteurs, à la règle du regroupement mais peuvent au contraire se disperser largement le long du littoral. Il s'ensuit que la petite pêche côtière, déjà placée dans des conditions favorables du fait de la qualité, de l'abondance et de la bonne accessibilité des ressources, bénéficie de surcroît de débouchés intéressants. Elle dispose donc de bons atouts pour tirer son épingle du jeu et se maintenir à côté de la grande pêche industrielle. En 1976, elle représentait pour cette région de l'Ouest de la Nouvelle-Écosse, 25 % du volume et 31 % de la valeur débarquée. Par rapport à la pêche côtière de l'ensemble des Maritimes, ces pourcentages s'élevaient à respectivement 58 et 67 %.

Dans ces conditions, l'industrie des pêches n'offre pas le même visage que dans les autres secteurs. À côté d'organismes portuaires (Yarmouth, Lockeport, Liverpool, Westport), lieux de regroupement d'une flottille à grand rayon d'action et d'importantes usines de conditionnement, subsiste un fourmillement de petits centres *d'apprêtage* du poisson qui forment autant de points d'appui à des bateaux de petits et moyen tonnage.

2. *La région orientale de la Nouvelle-Écosse, d'Halifax au Cap North (district 31 à 1)*

Elle arrive en seconde position. En 1976, on y a débarqué 57 000 tonnes de poissons de fond, soit 31 % des apports des Maritimes. Contrairement à ce qui a été vu précédemment, l'industrie de traitement ne se dissémine pas ici tout au long du littoral, mais se regroupe dans les quatre grands ports déjà mentionnés : Canso, Petit-de-Grat, Louisbourg et North Sydney. Cet aspect discontinu et ponctuel des activités halieutiques tient aux conditions générales du marché nord-américain (étudié ultérieurement) ainsi qu'aux caractères physiques de ces mers bordières dont il a déjà été question dans les chapitres précédents.

L'élément intéressant sur lequel il faut ici se pencher, réside dans le rôle mineur, voire négligeable, qu'y joue la petite pêche côtière. À peine 12 % des prises de ce secteur, ce qui est fort peu. Là où elle existe, elle côtoie la pêche industrielle et se trouve directement en concurrence avec elle. Cette situation s'explique par le fait que dans ce secteur il n'a pas été possible jusqu'à présent d'organiser de ventes directes de produits simplement réfrigérés. Cela ne signifie pas qu'il n'en existe aucune trace, mais elles n'intéressent qu'un faible volume des prises (impossible à chiffrer).

A

B

Planche 7

Scènes de la vie portuaire

A
Préparation des lignes de fond ou palangres.

B
L'acheteur pèse le poisson sur le quai.

C

D

Planche 8

C
Le poisson est débarqué à la fourche.

D
Un exemple de manutention archaïque.

D'ailleurs, contrairement à ce qui se passe dans le S.W. de la Nouvelle-Écosse, les grandes compagnies sont les seules à pouvoir s'intéresser à ce marché ; elles disposent d'une capacité d'entreposage et d'un volume d'apports suffisant pour distraire une partie des prises effectuées en fin de marée par leurs propres bateaux et les expédier vers les grossistes de Montréal, New York ou Chicago. Elles tirent parti de cet avantage financier pour distribuer des *primes* à *leurs* pêcheurs afin de compenser les *ristournes* accordées aux pêcheurs membres des coopératives. De leur côté, les petits *usiniers* sont d'autant moins en mesure d'organiser ces expéditions qu'ils se trouvent éloignés des grands centres de consommation. Le fait aussi que les côtiers susceptibles de les approvisionner doivent cesser leurs activités pendant plusieurs semaines, voir plusieurs mois de l'année, ne les met pas en bonne posture pour rivaliser avec les grandes sociétés.

Compte tenu de tous ces handicaps qui pèsent sur cette pêche côtière, on peut s'étonner que celle-ci n'ait pas complètement disparu. Pour les gérants d'usine, les apports de ces petits bateaux constituent un véritable *casse-tête* : pas assez volumineux pour servir d'appoint aux autres débarquements et justifier la création de nouveaux emplois, ils sont d'une qualité insuffisante pour être dirigés sur le marché *en frais*, ils présentent aussi une trop grande variété d'espèces pour qu'on les travaille en même temps que les prises des grands chalutiers. Il faut donc qu'une partie de la main-d'œuvre soit retirée de la chaîne principale pour s'occuper des arrivages de ces petites unités, ce qui engendre inévitablement une augmentation du prix de revient sur le produit fini. Si malgré tout, les usiniers continuent d'accepter ces apports négligeables et fort peu rentables à ce qu'ils disent, c'est surtout pour se lier les pêcheurs et les empêcher d'aller, durant la saison, livrer le homard à une compagnie concurrente.

À côté de cette petite pêche côtière qui ne présente finalement qu'un caractère résiduel et artificiel, la pêche industrielle aux poissons de fond tient une place de première importance 50 140 tonnes en 1976, soit 35,5 % des apports hauturiers des Maritimes. Elle s'organise à partir des quatre bases portuaires et industrielles déjà mentionnées ci-dessus, et dont la position se justifie :

● par le faible éloignement des grands bancs de la plate-forme néo-écossaise et terre-neuvienne remarquablement situés au contact des eaux labradoriennes, laurentiennes et atlantiques, et par la proximité du chenal laurentien, zone de refuge privilégiée de nombreux sténothermes ;

• par l'emprise atténuée des glaces qui laisse aux grands chalutiers une assez grande liberté d'action (le choix d'implantation des usines ayant été fait en fonction précisément des possibilités d'accès des navires de pêche durant la période hivernale).

Il s'agit d'une région orientée vers la production massive de blocs et filets congelés destinés à l'exportation vers les États-Unis. Les espèces communes y tiennent une large part dans le tonnage débarqué, en particulier le sébaste (40 % des apports à lui seul), ce qui explique les faibles prix unitaires enregistrés (16,7 cents le kg contre 22,8 cents dans le S.W. de la Nouvelle-Écosse). Enfin, au niveau même des opérations de pêche, il faut souligner le rôle prédominant joué par le chalutage, bien adapté à la demande massive de ces grosses unités de transformation.

3. La région du golfe du Saint-Laurent

Elle ne joue plus aujourd'hui qu'un rôle modeste. En 1976, les 32 districts de pêche n'ont totalisé que 27 401 tonnes du tonnage débarqué (soit à peine 15 % du total des Maritimes). Cette région cumule en effet deux handicaps majeurs :
• l'éloignement du marché de consommation renforcé par la défectuosité du réseau ferroviaire et routier ;
• l'emprise des glaces et la paralysie qui frappe durant au moins quatre mois de l'année la circulation de toutes les catégories de bateaux.

On ne sera donc pas étonné qu'aucune tentative n'ait été faite jusqu'à présent pour organiser l'expédition du poisson *en frais* vers les grands centres urbains du Centre-Est du continent américain. Un petit trafic a bien lieu durant l'été entre les quelques bases portuaires de la partie amont de la baie des Chaleurs et les villes proches du Québec, mais la médiocrité des ressources de ce fond de baie, gravement pollué par les effluents des divers complexes industriels, limite les possibilités d'extension de ce commerce. Il explique néanmoins le prix élevé de la morue (25 à 40 cents le kg) obtenu dans les deux districts 63 et 64, alors que partout ailleurs il reste inférieur à 15 cents le kg.

Finalement, l'industrie s'est concentrée au bout de la presqu'île de Gloucester, dans les trois ports de Caraquet, Lamèque, Shippagan, bien situés par rapport à une série de hauts-fonds (Miscou, Orphelins) lesquels bénéficient, on l'a vu, du déversement des eaux terrigènes du Saint-Laurent déviées vers leur droite par la force de Coriolis, à l'origine d'une forte productivité phyto- et zooplanctonique. Malheureusement, l'englacement limite l'expansion de cette industrie. La seule issue pour les compagnies est d'élargir la gamme de leur production. Ainsi, l'usine de la National Sea Products à Shippagan congèle le poisson de fond mais aussi le crabe et les crevettes ; elle apprête en outre du hareng mariné, et possède une importante usine de réduction des déchets. Nul doute que les mesures prises ces dernières années pour limiter les prises de poissons de fond dans le golfe du Saint-Laurent, n'accentuent encore cette tendance à la diversification des activités.

À l'autre extrémité de cette frange littorale, les trois bases portuaires de Chéticamp, Souris et Georgetown sont remarquablement placées pour exploiter les riches populations de poissons plats de cette partie méridionale du golfe dont les fonds doux, argilo-sableux, conviennent au déploiement des arts traînants en particulier de la senne de fond peu utilisée dans les autres secteurs.

C. Les techniques de pêche

1. La ligne à main

Une des méthodes les plus simples et les moins onéreuses pour pêcher le poisson de fond reste encore la ligne à main.

Au siècle dernier, les pêcheurs l'utilisaient couramment aussi bien sur les bancs du grand large que près des côtes. Mais les temps ont changé. Comme partout ailleurs, d'autres techniques plus efficaces et d'un maniement plus aisé se sont imposées. La ligne à main ne fournit plus aujourd'hui qu'une faible part des mises à terre : 8 700 tonnes en 1976 d'un montant de 2,5 millions de dollars, soit respectivement 4,7 % du tonnage et 6,4 % de la valeur débarquée. C'est peu mais non négligeable, surtout si l'on se réfère aux prises qui, ne se dirigeant pas vers les circuits habituels de commercialisation, ne sont pas prises en compte par les services de statistiques. Malgré tout, en dehors de la région du S.W. de la Nouvelle-Écosse où elle tient une place encore honorable (district 32 surtout), cette pêche aux lignes ne se pratique que lorsqu'il n'y a pas d'autre travail en vue, dans les jours qui précèdent ou suivent la saison de homard par exemple. Nombre de retraités, touristes et adolescents s'y adonnent autant pour se dis-

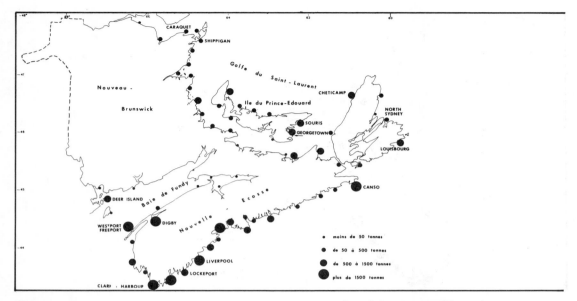

Figure 22
La pêche aux poissons de fond : débarquements de la pêche côtière (année 1976).

Source: Ministère de l'Environnement, Halifax.

traire que pour se procurer quelques revenus d'appoint.

Hormis certains secteurs de la côte atlantique où l'on peut encore voir des pêcheurs partir deux ou trois jours en mer et glacer leur poisson à bord même de leur bâteau, cette pêche s'exerce le long des côtes, *en petites eaux,* à l'aide d'une embarcation traditionnelle qu'on laisse dériver sur les lieux présumés de passage du poisson. À bord, un ou deux hommes. Chacun d'eux utilise deux lignes appâtées, comprenant un long fil de nylon lesté d'un plomb (ou *cale*) terminé par deux ou trois avançons garnis d'un hameçon ou croc. Le pêcheur, placé dos au vent, laisse filer les lignes de son *caret* (ou dévidoir) à la profondeur désirée en prenant soin de les relever à une ou deux brasses au-dessus du fond. C'est là qu'il a le plus de chance de traquer l'animal. À ses lignes, il imprime des coups secs de manière à bien ferrer le poisson, attend quelques secondes, puis renouvelle ses gestes saccadés et ainsi de suite, durant des dizaines de minutes, des heures s'il le faut. Dès qu'une ligne est prise, l'autre est rapidement accrochée à un piton du bastingage. Le halage commence : opération toujours pénible quand elle se fait (cas le plus fréquent) à la force des bras et qu'elle se répète une bonne centaine de fois au cours de la journée! Aussi, les hommes prennent-ils grand soin de se protéger les join-

tures des doigts en enfilant des gants rembourrés de coton ouaté appelés *manigots.*

Quand la morue nage en formation serrée entre deux eaux *(en batterie),* il devient possible de la prendre à la *faux* (fig. 24). Il s'agit d'un plomb nickelé de forme allongée, muni à son extrémité d'un hameçon simple, double ou triple. Dans ce cas-là, le pêcheur exerce sur sa ligne d'amples mouvements semi-circulaires à la manière d'un faucheur, de façon à ce que la cale imite dans l'eau les déplacements ondulatoires d'un poisson. À noter que l'animal ne vient pas mordre à l'hameçon mais qu'il est croché au passage de la faux par une partie ou l'autre de son corps. Dès qu'il sent la moindre résistance, le pêcheur doit avoir la présence d'esprit de tirer brusquement sur sa ligne et la remonter aussitôt, sans s'arrêter, pour ne pas risquer de voir sa prise lui échapper.

Comme on le voit, bien qu'elle exige une certaine adresse de la part du pêcheur, la technique de la ligne à main demeure relativement simple. Par rapport au filet, elle présente l'avantage de pouvoir s'utiliser aisément à n'importe quelle profondeur et ainsi de s'adapter aux déplacements souvent imprévisibles du poisson, de le suivre dans ses moindres repères jusque sur les fonds tourmentés inaccessibles au chalut. En contrepartie, elle demande, pour porter ses fruits, une solide connaissance de la mer et du milieu marin ; savoir dénicher les lieux de pêche et monter sa ligne en conséquence n'est pas donné à tout le monde, et bien des apprentis-

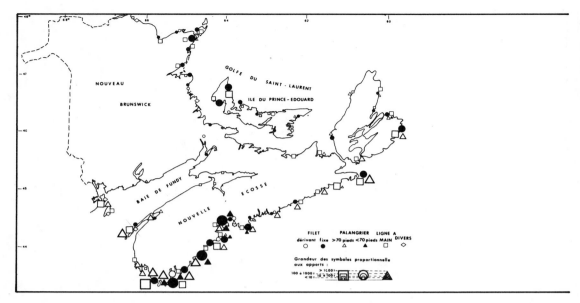

Figure 23
Pêche aux poissons de fond : méthodes traditionnelles.

pêcheurs y perdent leur latin et souvent leur patience! Autre intérêt de cette méthode, elle ne nécessite qu'un faible investissement, surtout depuis l'emploi généralisé des fils synthétiques pour ainsi dire inusables. Elle s'adapte donc à la situation de ces pêcheurs côtiers qui ne peuvent et ne veulent pas engager des dépenses importantes dans une activité de maigre rapport et somme toute accessoire.

Reste la question primordiale de l'appât ou boëtte. Le pêcheur a toujours la possibilité de l'acheter à la compagnie. Mais là encore, les profits retirés de cette pêche ne justifient pas de tels frais. Dans la mesure du possible, il essaiera donc de se la procurer par ses propres moyens. Rien de plus facile dans certains secteurs : il suffit d'attendre que le capelan *(Mallotus villosus)* vienne frayer dans les vagues déferlantes du rivage et s'échouer de lui-même sur la grève au moment du reflux. Malheureusement, le phénomène si spectaculaire sur les côtes de Terre-Neuve ne se produit que fort épisodiquement sur le littoral des Maritimes, et seulement aux pointes de l'île du Cap-Breton et de la presqu'île de Gloucester. Privé de cette manne, le pêcheur des Maritimes doit recourir à une pêche préalable. Pour cela, il peut mouiller quelques filets à harengs ou à maquereaux à quelque distance de son quai. Avec un peu de chance, il recueillera en une ou deux sorties suffisam-

ment de boëtte pour qu'il puisse en conserver dans une solution saumurée jusqu'à la fin de la saison. À l'automne, il est encore possible de prendre l'encornet *(Illex illecebrosus)*, excellent appât qui, outre l'avantage de bien tenir à l'hameçon, peut s'utiliser plusieurs fois de suite sans perdre ses qualités olfactives. On le pêche généralement à la turlutte, leurre en plomb peint en rouge et garni à sa base d'une simple ou double couronne de pointes de cuivre (fig. 24). Malheureusement, ce mollusque, qui s'approche des côtes en bancs serrés, ne monte dans les tranches d'eaux supérieures que pendant un temps très court de la journée, une heure tout au plus, à l'aube et au coucher du soleil. Trop occupé, le pêcheur ne peut toujours se rendre disponible pour le prendre.

D'autres méthodes ont été introduites récemment pour obvier à cet inconvénient de devoir recourir à un appât. La principale innovation dans ce domaine reste l'introduction de l'hameçon-leurre. Il s'agit d'un simple *croc* engaîné dans un tube de caoutchouc de couleur vive, se terminant par une pointe effilée qui sert à dissimuler le dard et son ardillon. Selon le modèle norvégien, la ligne comprend plusieurs hameçons-leurres fixés à chaque extrémité des avançons par des anneaux à émerillon, avec en bout une faux dont la hampe se trouve également enfilée dans une gaine de caoutchouc. Les résultats obtenus ont été excellents, et sans qu'il en résulte une augmentation sensible du coût du matériel. La substitution du leurre à la boëtte a même singulièrement facilité la pratique de cette pêche.

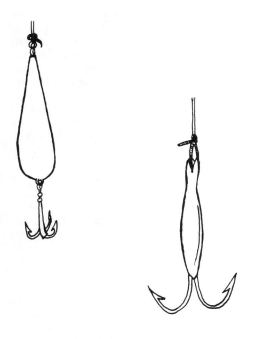

Modèles de faux.

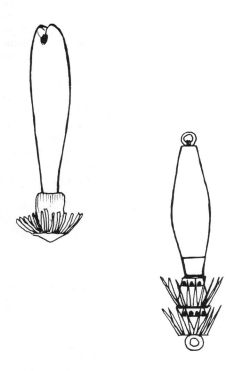

Modèles de turlutte pour pêcher l'encornet.

Figure 24

Plus besoin de le prévoir et de se préparer en conséquence. Chaque patron possède à bord de son bateau tout ce qu'il lui faut pour satisfaire à tout moment de la journée, en fin de marée surtout, son envie de *jigger*, histoire de rapporter une ou deux belles pièces de morue qu'il vendra à quelque étranger de passage.

2. *La ligne de fond ou «trolle»*

La ligne à main reste malgré tout d'un rendement médiocre. Un bon pêcheur, estime-t-on, n'a guère la possibilité de couvrir plus de 1 000 mètres carrés dans sa journée. Et encore, ses chances de succès dépendent de nombreux facteurs qui échappent bien souvent à sa perspicacité et à son entendement. Le plus souvent, il en est réduit à jeter sa ligne un peu au hasard en espérant tomber sur une *piolle* (concentration). Un espoir trop souvent déçu hélas!

La ligne de fond ou dormante supplée jusqu'à un certain point à cette lacune. Inventée à la fin du XVIIIe siècle par un capitaine dieppois de nom de Sabot, cette technique fut longtemps délaissée par les Américains qui la jugeaient dangereuse pour les hommes et d'un effet médiocre quant à la qualité des prises obtenues. Ce n'est que dans le dernier tiers du XIXe siècle, avec l'accroissement de la demande et l'application du froid à la préservation des denrées périssables, que les pêcheurs de la Nouvelle-Angleterre puis ceux des Maritimes finirent par l'adopter.

À noter que le terme de *trolle,* par lequel on désigne la ligne de fond de ce côté de l'Atlantique, n'est que la francisation de l'anglais *trawl* lequel dérive du latin *trahere* (traîner) d'où est sorti en français le verbe *trôler* qui signifiait autrefois traînasser.

Cette ligne traînante ou palangre n'est qu'une extension de la ligne à main (fig. 25). Elle se compose d'une maîtresse-corde de 50 brasses (91 m) sur laquelle viennent s'amarrer, à intervalles réguliers (1,50 m) des lignes plus courtes appelées bras ou avançons de 2 à 4 pieds de longueur (60 cm à 1,20 m), elles-mêmes terminées par un hameçon ou croc de la grosseur appropriée à l'espèce que l'on veut capturer. Chaque longueur de 50 brasses ainsi montée constitue ce que l'on appelle une *pièce de lignes (tub of trawl).* Une palangre en compte plusieurs dizaines aboutées les unes aux autres et solidement maintenues au fond par une série de grappins et deux grosses ancres situées à chacune des extrémités. Celles-ci sont reliées par des orins à un système de signalisation de surface composé d'un baril ou cube de liège ou encore d'un gros ballon synthétique doublé d'un mâtereau de 2 mètres de long lesté à sa base et muni à son sommet d'un réflecteur-radar. Des feux clignotants ou des cellules photoélectriques, régulièrement disposées le long de la ligne immergée, complètent le dispositif.

Ainsi gréée, la palangre peut couvrir une surface considérable de l'ordre de quatre à cinq hectares. Pour chacun des quatre hommes d'équipage, cela donne un rendement de dix fois supérieur à celui d'un lignottier. L'efficacité d'une telle technique n'est donc pas à démontrer. Sur les fonds chaotiques de la bordure atlantique néo-écossaise, elle peut soutenir avantageusement la comparaison avec le chalut, avec même un atout supplémentaire pour la trolle, celui de ramener des chargements uniformes de poissons de grande taille bien cotés sur le marché et composés pour 70 à 80 % (selon les années) de morue et d'églefin de haute valeur marchande. Il n'est donc pas étonnant que les 23 000 tonnes débarquées en 1976 par les 130 palangriers de la côte néo-écossaise (12,5 % des apports de poissons de fond) aient représenté près de 21 % de la valeur débarquée, soit un prix moyen de 42 cents le kg, nettement plus élevé que celui obtenu par les autres engins de capture.

La pêche s'effectue à l'aide de bateaux conventionnels de 13 à 22 mètres et d'un gabarit compris entre 25 et 100 tjb. Dans le golfe du Saint-Laurent, on peut encore voir quelques *gaspésiennes,* reconnaissables à leur tonture abaissée au milieu du pont pour faciliter le halage des lignes. Les sorties ne dépassent pas généralement les 48 heures. Seules quelques unités plus puissantes travaillent plus au large et restent cinq à six jours en mer. L'innovation la plus importante, intervenue depuis un demi-siècle dans cette pêche, a été sans nul doute la substitution au lendemain de la guerre des treuils mécaniques aux embarcations annexes pour effectuer les opérations de mouillage et de relevage des lignes. Pour comprendre la portée d'un tel changement, il faut se souvenir de toutes les difficultés que devaient affronter autrefois les pêcheurs quand ils ne pouvaient compter pour cette besogne que sur leur petit Dory (ou Doré). Malgré leur bonne tenue en mer, ces canots ne pouvaient opérer par mer agitée, et de nombreuses journées se perdaient à attendre le moment favorable pour mettre à l'eau les embarcations. Et puis, mille dangers guettaient ces hommes qui devaient s'écarter de plusieurs milles du bateau mère. Qu'une tempête brutalement se lève ou que la boucaille s'installe sur les bancs, et c'était l'hécatombe : embarcations chavirées ou perdues au milieu de l'immensité des eaux. L'histoire est hélas trop remplie de ces drames de la mer pour qu'il soit nécessaire d'insister plus longuement. L'installation de treuils a rendu cette pêche moins dépendante des conditions atmosphériques ; elle est donc plus efficace et surtout moins périlleuse pour les marins.

Le premier travail consiste à préparer les lignes. C'est là une occupation longue et fastidieuse qui se fait habituellement à terre (le plus souvent dans un des hangars que la compagnie met «généreusement» à la disposition des pêcheurs. Il s'agit pour chaque homme de lever les lignes à l'intérieur de grands baquets, sorte de tonneaux sciés par la moitié. Au fur et à mesure, les hameçons sont remis en forme à l'aide d'un crampillon fixé sur le rebord de la cuve, et, s'il le faut, aiguisés avec la pierre que chacun porte sur soi, puis boëttés et disposés sur l'extérieur de la cuve (Planche 7, ph. A). Une homme se charge de préparer l'appât et de le répartir entre les autres, les boëtteurs. Là aussi, il y a des traditions qui ne se perdent pas. Le hareng se coupe en 6 ou 8 quartiers, légèrement en diagonale pour qu'il tienne mieux au croc ; pour le maquereau, il en va autrement : on élimine la tête, la queue et l'épine dorsale pour ne conserver que les filets avec lesquels on obtient une bonne dizaine de morceaux. Avec l'encornet, le plus simple est de le découper en 6 ou 8 rondelles. La mye commune ou coque peut servir aussi d'appât, mais la préparation exige plus d'efforts car il faut enfiler l'hameçon à travers le corps de l'animal et ensuite piquer le siphon terminal pour faire apparaître la pointe acérée.

Selon une règle bien établie, le mouillage des lignes s'effectue un peu après le coucher du soleil. La morue mord mieux, paraît-il, durant la nuit. Les bateaux quittent donc le quai à la fin de l'après-midi. Il ne faut pas plus de trois ou quatre heures pour gagner les lieux de pêche. Là, le capitaine doit consulter le sondeur et sa carte Decca, relever les températures, observer la direction des vents avant de se décider à larguer les lignes. La mise à l'eau s'effectue par l'arrière, avec le courant, ou mieux encore en se plaçant de travers, de façon que la maîtresse-corde se tende d'elle-même et que les avançons ne se chevauchent pas entre eux. On commence par jeter la bouée de bord et ses accessoires (pour

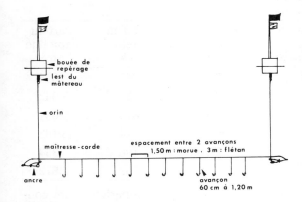

Figure 25
Éléments d'une palangre.

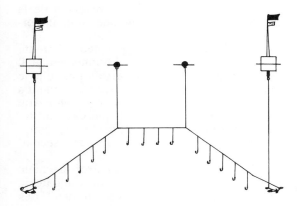

Figure 26
Palangre flottante.

la pêche au flétan, il est plus prudent d'ajouter un second flotteur appelé cochonnet), arrive ensuite l'orin d'une longueur égale à une fois et demie, deux fois, la profondeur de l'eau, puis la première ancre (à 5 à 6 pattes) et son câble de fond, enfin la corde proprement dite filée à bonne vitesse (6 à 7 nœuds). Pour que celle-ci n'arrive pas à chasser le fond, l'usage veut que l'on pose tous les dix ou quinze pièces de lignes une ancre plus petite (grappin) reliée à une bouée de surface, laquelle servira de repère au cas où viendrait à se produire une cassure en un point quelconque de la palangre. Arrivé à la dernière pièce, la seconde ancre ainsi que la bouée *de bout* sont à leur tour mises en place. Il n'y a plus qu'à se reposer et guetter l'aube pour les relever. Attendre plus longtemps comporterait certains risques, celui par exemple de voir les prises se décrocher de l'hameçon ou, pire encore, se faire dévorer par de petites animalcules (de la famille des amphipodes) que les pêcheurs surnomment *pucerons*.

Le halage s'effectue à tribord, en profitant au maximum du courant de dérive. Tandis qu'un matelot surveille l'arrivée des lignes, un autre gaffe le poisson, un troisième posté au treuil se tient prêt à couper le moteur au cas où la maîtresse-corde viendrait à se tendre dangereusement ou que surgirait des profondeurs une pièce d'un poids tel qu'il faudrait la harponner dès sa sortie de l'eau et la hisser par-dessus le bastingage. Si la palangre doit être élongée une seconde fois au cours de la marée, et donc boëttée à bord même du bateau, il convient de ne pas ranger les lignes dans les paniers mais de les suspendre par les hameçons sur une ou plusieurs tiges de fer placées transversalement sur un support de bois appelé *piano* (*nack* en anglais). Cette façon de procéder évite l'emmêlement des avançons et permet à deux hommes de boëtter en même temps.

Une autre méthode très en vogue parmi les pêcheurs néo-écossais consiste à remettre à l'eau la palangre immédiatement après l'avoir relevée et reboëttée au passage. Expérimenté pour la première fois à la fin du XIXe siècle par un pêcheur de Lunenburg, ce procédé dit de *paumoyage (underrunning)* économise beaucoup de temps mais ne peut être employé avec profit que sur les fonds poissonneux. Enfin, sur les aires vaseuses du Plateau magdalénien, la maîtresse-corde est souvent disposée à une certaine distance du fond ou même franchement entre deux eaux. Plus exactement, on la surélève toute ou partie

Tableau I
— Résultats moyens obtenus par 4 palangriers (Costs and Earning) 1975.

Années	Nombre de jours de mer	Nombre d'heures de pêche	Apports en tonnes durant la saison	Profits de l'armement en $	Part d'un matelot en $	Part du capitaine en $
1969	90	771	152	2 383	3 949	4 614
1970	87	963	162	3 508	3 933	7 942
1971	90	1 110	180	3 380	4 879	9 034
1972	85	1 103	158	3 669	4 214	5 182
1973	51	634	94	451	4 198	5 354
1974	68	904	124	3 715	7 162	7 872

par de petits orins ou bandingues reliés à des flotteurs. Les bouts-de-lignes inclinés vers les deux ancres extrêmes fournissent ainsi des indications souvent précises sur la tranche d'eau où se localisent de préférence certaines espèces (fig. 26).

Après avoir vu durant plusieurs années son champ d'action se restreindre à mesure que se développait le chalutage, la pêche aux cordes paraît aujourd'hui devoir se stabiliser. Le nombre de palangriers (130) n'a pas sensiblement diminué ces dix dernières années malgré les graves difficultés de l'industrie du poisson de fond. Afin de se rendre compte de l'intérêt suscité par cette pêche, il suffit d'examiner les résultats obtenus par 4 de ces cordiers (43 à 48 pieds) de 1969 à 1974 (Costs and Earning, 1975) (Tableau I).

Le nombre de jours de mer reste faible (78 jours), très inférieur à celui d'un homardier (90 jours) ou même d'un chalutier de taille intermédiaire (92 jours). À cela une explication : la dépendance de cette activité vis-à-vis des conditions climatiques reste grande en dépit de la révolution suscitée par l'installation des treuils mécaniques. Le métier est dur et dangereux, il n'incite guère à prendre des risques inutiles. *«À vouloir trop gagner, on finirait par ne plus trouver d'hommes pour embarquer»* reconnaissait un capitaine. D'autant que les revenus paraissent acceptables au regard de ceux obtenus dans les autres pêches. Ainsi, pour la seule année 1974, la part d'un homme de pont (7 162 dollars) n'était guère inférieure à celle obtenue par un matelot d'un chalutier équivalent (7 732 dollars), lequel comptabilisait pourtant un nombre de jours sensiblement plus élevé (+24). Que dire si l'on compare avec un grand chalutier de 120 pieds et plus (36 m) ; le revenu d'un matelot y oscillait pour l'année 1974 entre 5 et 8 000 dollars mais avec un nombre de jours de mer de trois

fois à trois fois et demi supérieur. À ne considérer que les résultats de ces petits cordiers (ceux d'une taille plus grande, 60 à 86 pieds, seraient sensiblement moins bons), la pêche aux lignes dormantes reste un *bon job,* même si le travail à terre y tient, en raison de la préparation des lignes une place plus importante que dans les autres pêches.

La situation est quelque peu différente pour le patron-pêcheur. Traditionnellement, il ne s'octroie qu'une demi-part de plus que le matelot, de sorte que ses revenus se situent à un niveau nettement inférieur à celui d'un capitaine de chalutier de même gabarit. Ramené cependant à l'heure de pêche, le premier avec 8,7 dollars l'emporte encore sur le second (7,7 dollars).

Il faut voir aussi ce que ce patron-pêcheur, presque toujours propriétaire de son bateau, retire de son capital-navire. En dépit des charges importantes dues à l'achat de la boëtte, poste de loin le plus important après celui de la main-d'œuvre, la rentabilité de ces unités semble assurée comme elle l'a toujours été d'ailleurs entre 1969 et 1974 (voir tableau ci-contre). C'est là un point remarquable qu'il importe de souligner en cette période de crise de l'industrie du poisson de fond. Au bout du compte, les gains annuels d'un patron-armateur s'élevaient en 1974 à 11 587 dollars, soit l'équivalent de ce que touchait la même année un premier maître sur un chalutier de type industriel (Tableau II).

Dès lors, on comprend le dynamisme de cette pêche. Bien qu'elle n'exige pas au départ une mise de fond importante, comparable à celle requise pour l'achat d'un chalutier classique, elle permet sans efforts démesurés de rémunérer convenablement le personnel et le capital. Cependant, son efficacité n'est reconnue qu'à l'intérieur d'une aire relativement restreinte, celle que circonscrivent les fonds tourmentés de la bordure littorale de la côte

Tableau II

Rémunération du capital ; moyenne sur 4 palangriers. 1975 (d'après Costs and Earning).

RECETTES		DÉPENSES	
		Réparations, achat de matériel	4 997 $
43 359 $		Fuel	1 167 $
		Appât	6 108 $
		Charges courantes ; glace, vivres, etc.	1 067 $
		Charges fixes : assurances, locations,	
		remboursements	2 462 $
		Part équipage	23 375 $
		Total dépenses	38 186 $
Part brute d'armement	5 173 $		
Amortissement	1 458 $		
Profit net bateau	3 715 $		

atlantique néo-écossaire (fig. 23). Il n'apparaît donc pas souhaitable d'envisager une augmentation du nombre de ces cordiers, tout au moins tant que les stocks de morue et d'églefin de cette région maritime ne seront pas reconstitués. Pas avant 1983-1984 estimaient les biologistes en 1979.

3. *La senne de fond*

Pour pêcher sur les fonds doux (dits de *plaine*), une autre technique a été plus récemment adoptée par les pêcheurs des Maritimes, la senne de fond. Cet engin, mis au point au milieu du XIXe siècle par un Danois du Limfjord (Jans Vaever), n'a longtemps été utilisé que par les Scandinaves. De ce côté de l'Atlantique, il a fallu attendre le début des années cinquante pour assister aux premiers essais. Débuts timides puisque vers 1960, on ne comptait qu'une vingtaine de senneurs de fond, tous basés sur la côte néo-écossaise.

Le grand élan allait venir après 1965, quand les pêcheurs du golfe du Saint-Laurent décidèrent à leur tour de l'expérimenter. Nombre d'entre eux se trouvaient aux prises avec de graves difficultés de trésorerie dues à la concurrence suscitée par le lancement de grands chalutiers industriels. S'équiper d'un moteur plus puissant eût exigé une mise de fonds importante que bien peu étaient en mesure de fournir, et cela pour des résultats aléatoires. Pour leur venir en aide, le gouvernement canadien prit l'initiative d'affréter un senneur britannique, le *Guiding Star* et son équipage, pour voir s'il était possible d'adapter la senne de fond sur des unités de taille intermédiaire (13 à 20 m). Le succès dépassa les vues les plus optimistes. Le bateau expérimental obtint tout au long de sa saison des rendements doubles ou même triples de ceux des autres chalutiers travaillant sur les mêmes fonds.

L'intérêt d'une telle technique est en effet d'offrir, pour une force motrice relativement faible (150 à 200 CV), une efficacité souvent comparable à celle d'un chalutier de 350 à 400 CV. Autrement dit, elle présente sur le plan économique les avantages d'une pêche non sélective, sans avoir à supporter les charges d'exploitation élevées des chalutiers de type classique. On comprend dans ces conditions qu'elle ait été rapidement adoptée par nombre de capitaines de chalutiers en mal de reconversion.

Bien qu'elle se range dans la catégorie des arts traînants, cette technique de pêche se différencie nettement du chalutage. Elle consiste à entourer rapidement de plusieurs funes le banc de poissons préalablement détecté et à le diriger vers une grande poche qui sera progressivement traînée puis repliée sur elle-même avant d'être finalement hissée avec son contenu jusqu'à bord du bateau. Selon la méthode danoise, le bateau, après avoir jeté les filets et les câbles, revient à son point d'ancrage et c'est de là qu'il remorque la senne. Les pêcheurs des Maritimes préfèrent le *dragage à la volée (fly dragging)* qui n'implique pas l'usage d'une ancre.

L'opération se déroule en cinq temps (fig. 27).
— À l'endroit présumé de la concentration, on commence par mettre une bouée de position à laquelle on attache un premier câble de touage que le bateau laisse filer avec le courant sur une longueur de 1,5 à 2 km.
— Se plaçant alors en travers la dérive, le bateau poursuit son dévidage jusqu'à ce qu'arrive la senne. Celle-ci est jetée par-dessus bord et aussitôt mise en place avec ses deux ailes largement déployées sur une cinquantaine de mètres. À l'extrémité est fixé un autre câble de touage que le bateau laisse filer

sans plus tarder en décrivant un immense arc de cercle qui le ramène à sa bouée de départ.

— Commence la *levée*. Elle consiste à touer les deux câbles à une vitesse n'excédant pas les deux nœuds de façon à ce que le raclement des funes rabatte le poisson vers l'intérieur, c'est-à-dire vers une surface toujours décroissante.

— Quand le tiers environ de chaque câble est enroulé, on augmente progressivement la vitesse. Les deux ailes de la senne se replient alors doucement tout en se rapprochant du bateau. Le poisson, acculé sur une aire de plus en plus restreinte, cherche à s'enfuir mais il est *avalé* au fur et à mesure par la senne.

— Une fois le poisson pris au piège, la senne se referme complètement à la manière d'un filet coulissant. Il ne reste plus qu'à l'embarquer, d'abord à la main, puis au treuil.

Comme on le voit, cette méthode tient à la fois du chalutage et de la senne de plage. Elle exige des moyens appropriés pour effectuer, comme pour la pêche au filet tournant, une détection préalable du banc.

Entre autres avantages sur les autres engins de capture, elle a celui de ramener du poisson de bonne qualité, non endommagé comme avec le chalut par les pressions exercées sur la pochée durant toute la période de trait (ce risque est moins grand ici puisque le poisson une fois chassé à l'intérieur du piège, se trouve presque immédiatement ramené à bord). À noter également que la légèreté de l'engin évite de labourer et de détruire les fonds ; ses partisans prétendent aussi qu'il est moins *attrape-tout* que le chalut et laisse échapper une quantité appréciable d'immatures. Autre atout enfin, il peut couvrir en une journée des espaces considérables sans pour cela multiplier le nombre de traits ; il suffit de filer une plus grande longueur de funes et de circonscrire des étendues plus vastes dont le dessin sera fonction de la direction des courants.

Pour accroître les rendements, des expériences ont été faites récemment pour jumeler deux sennes entre elles. Mais sans beaucoup de succès jusqu'à présent. De leur côté, plusieurs pêcheurs essayent d'opérer désormais à deux bateaux. Dans ce cas, le déroulement des opérations se trouve profondément modifié. On commence par mouiller la senne, puis les deux embarcations s'écartent l'une de l'autre en dévidant soigneusement tous leurs funes. Puis, après avoir parcouru un trajet plus ou moins long, elles se retrouvent bord à bord. Il n'y a plus alors qu'à

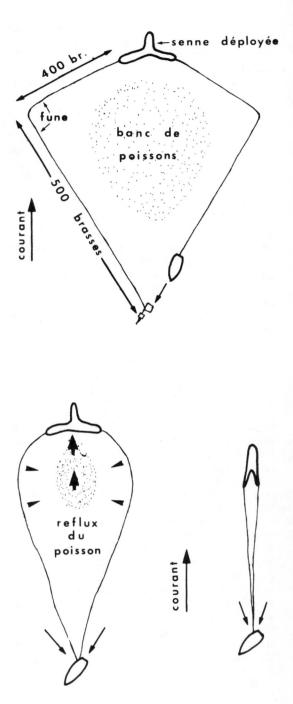

Figure 27
Pêche à la senne de fond.

110

haler câbles et filets selon le procédé précédemment décrit.

La senne de fond ne peut s'employer avec profit que sur les fonds meubles et peu profonds (/ 50 brasses) du Plateau magdalénien. Ailleurs, sur la côte atlantique notamment, les risques d'accrochages sont trop nombreux en raison soit de la forte déclivité des pentes, soit des irrégularités de la surface. Aussi, la majorité des débarquements s'effectuent-ils dans les ports du golfe du Saint-Laurent (Shippagan, Lamèque, Chéticamp) et dans une moindre mesure à North Sydney et Louisbourg. En 1976, les 17 600 tonnes de poissons de fond capturées par cette technique se composaient surtout de plies *(Hippoglossoides platessoides* et *Glytocephalus cynoglossus),* autrement dit d'espèces *communes* peu valorisées sur le marché. Il semble bien, là aussi, que l'appauvrissement des fonds en morues et églefins limite pour le moment l'extension de ce type de pêche que l'on croyait appelé, au milieu des années soixante, au plus bel avenir.

4. *Le chalutage*

Quasi inexistant il y a une quarantaine d'années, le chalutage a supplanté, depuis, toutes les autres techniques de pêche. Les statistiques mentionnent aujourd'hui 300 chalutiers environ, dont 164 supérieurs à 150 tonneaux. Cette flottille assure à elle seule 62 à 65 % des prises annuelles de poissons de fond. C'est dire son importance. Mais une distinction s'impose entre les grands chalutiers industriels intégrés aux grandes compagnies de conditionnement et les chalutiers-bois de taille intermédiaire (15 à 23 m), propriété le plus souvent du patron-pêcheur.

a) *Le petit chalutage.* Le *T.V.* basé à Little Dover (petit port près de Canso) appartient à cette catégorie.

De onze ans d'âge en 1976, cette unité de 16 mètres a été rachetée pour *« une bouchée de pain ».* « *Il pêchait mal* » raconte James son capitaine, un solide gaillard d'une quarantaine d'années. Personne n'en voulait, et pour cause : il fallait le remettre à neuf, renforcer le bordage, l'équiper d'un moteur de 400 CV, refaire les cabines et le repeindre. Durant tout l'hiver, James a travaillé dessus et sans aide. Plus d'une fois il s'est repenti d'avoir acheté ce *« rafiot ».* Et puis, au printemps suivant, quand il a voulu se lancer dans la *« bagarre »* comme il dit, il a commencé par chercher quatre bons matelots. Pas si simple à l'époque ; les jeunes préféraient partir à la *trolle* ou même s'engager sur un chalutier plus moderne. Il a donc bien fallu qu'il se contente de ce qu'il

trouvait : des gars pas trop expérimentés et peu enclins au *« challenge »* (ce qui dans sa bouche signifie surtout *sans trop d'ardeur au travail).* Heureusement, il connaissait son métier et savait où se trouvait la morue. La chance aussi lui a souri. Bref, les premières marées ont donné de bons résultats et il a pu rapidement s'entourer d'un bon équipage ce qui, dit-il, est essentiel pour réussir.

Son aire de pêche? Il ne peut la définir avec précision. À l'est, elle ne dépasse pas la pointe Michaud, et à l'ouest les îles Tuffin et White. Au début de la saison, c'est de ce côté-là qu'il commence généralement ses sorties. D'une durée de trois à quatre jours, quelquefois plus. Il va aussi sur le banc du Milieu, à cinq heures de route. Juste pour pêcher l'églefin : *« un poisson qui rapporte gros mais qui se fait rare ».* Mais il n'y a jamais de règle bien établie dans ce travail sinon aimer son métier et savoir se débrouiller, être à l'affût de toutes les informations à terre comme en mer. Ainsi, il n'y a pas si longtemps, alors qu'il se trouvait depuis trois jours dans les parages du banc de Canso (où il ne pêchait presque rien si ce n'est de la goberge), James a surpris à la radio une conversation entre deux capitaines et, à la manière dont ils se parlaient, il a deviné que par 60/45 il pouvait y avoir de bons paniers à lever. Aussitôt, il a fait route terre pour décharger ce qu'il avait, et sans même se reposer une heure il a repris la mer. Les hommes n'ont pas bronché, même si la plupart n'avaient dormi que quelques heures au cours des journées précédentes. *« Il y a de l'argent à faire, on se reposera après »* s'est-il contenté de leur dire. Et en effet, deux jours plus tard, le bateau revenait avec 15 tonnes dans ses cales dont 9 de belles morues. Une belle marée, exceptionnelle même. Les gars sont repartis chez eux plus que satisfaits.

James n'aime pas que l'on parle de *la guerre des croches.* Ici comme partout ailleurs (et en France aussi, ajoute-t-il), les capitaines possèdent leur propre carte des *croches* qu'ils établissent patiemment au fur et à mesure qu'ils butent contre l'une d'elles. C'est le métier qui veut cela. C'est aussi ce qui fait son intérêt, son attrait, car à force de tâtonnements on finit toujours par voir ses efforts récompensés. Le jour par exemple où le chalut arrive à se faufiler à travers un chaos de rochers et à prendre de la belle morue, c'est une victoire pour tout l'équipage. Ses indications sur l'emplacement des rochers, il n'hésite pas à les donner mais à condition qu'on n'use pas de détours pour lui en fournir, à lui aussi. Donnant, donnant. C'est la règle entre capitaines, et chacun y souscrit par tradition et aussi par conviction. Ne compter que sur soi, sur son courage et son astuce pour triompher des mille difficultés du métier, et arriver à se tirer d'affaire, cela crée un sentiment de légitime fierté.

Pourtant, James n'ignore rien de tous les éléments extérieurs qui sont venus ces dernières années limiter ses possibilités de réussite et rendre l'avenir incertain. Le petit chalutage, avoue-t-il, a fait son temps. Autrefois, sur le bateau de son père, les marées étaient plus courtes et les rendements bien supérieurs. Il y avait assez de «bons poissons» pour se désintéresser des autres, de ceux qui ne valent pas grand chose sur le marché. Les temps ont changé. Les gros bateaux ont «écrémé nos mers». James a pu voir de ces énormes bâtiments venir draguer à moins de dix milles des côtes. «Quand notre gouvernement s'est décidé à réagir, le mal était déjà fait.» Aujourd'hui, chacun doit bien se contenter de ce qu'il trouve. Sur son grand cahier de comptes que Linda, son épouse, tient minutieusement à jour (une aubaine pour le chercheur!), il n'a rapporté en 102 jours de mer que 81 tonnes de morue et d'églefin sur les 403 tonnes débarquées (soit 20%), alors qu'il y a une quinzaine d'années, sur le chalutier de son père, il en prenait trois ou quatre fois plus. Il n'est pourtant pas homme à se plaindre. Il affirme même se situer parmi les meilleurs de la région. Lors de la dernière campagne, chacun de ses hommes a gagné un peu plus de 8 000 dollars : un beau résultat que peu de matelots obtiennent, même ceux des grands bateaux.

Aux dernières nouvelles (1978), James était toujours sur la «brèche», plus vigoureux que jamais. La saison pourtant ne lui a pas trop réussi. Il a commencé par perdre un train de chalut (la première fois depuis bien des années!), puis son moteur a eu des avaries et il a fallu arrêter pendant une bonne quinzaine, au moment précis où il y avait du poisson à prendre. La malchance quoi! Pour rattraper un peu de son manque à gagner, il a prolongé sa saison d'un bon mois, jusqu'en novembre.

b) *Le grand chalutage.* L'entrée en scène des chalutiers-fer remonte au début de la décennie soixante. L'augmentation de la capacité de production des usines de transformation impliquait un effort sans précédent pour accroître les approvisionnements, surtout durant la période hivernale. À l'initiative des compagnies aidées par l'État, on assista en

peu de temps à la constitution d'une flottille hauturière ultra-perfectionnée, susceptible de travailler à l'année longue.

Plusieurs traits le caractérisent :
— La quasi-totalité de ces unités appartient à des sociétés de conditionnement ainsi qu'à l'association des coopératives Pêcheurs unis des Maritimes. Rien d'étonnant, si l'on songe au prix d'achat d'une de ces unités. Ainsi un 140 pieds (42 m) revenait à 500 000 dollars en 1968, à plus d'un million de dollars en 1975 et pas loin du double en 1980! Même en comptant sur les subsides de l'État (qui, dans la situation actuelle, peuvent aller jusqu'à 45 % du coût de la construction) et les différents prêts offerts par les gouvernements provinciaux, l'acquisition de tels chalutiers demeure inaccessible au simple particulier.
— Toutes ces unités se situent dans la catégorie des moins de 500 tonneaux, et sont donc loin de posséder une puissance comparable à celle des bâtiments étrangers présents dans le Nord-Ouest Atlantique dont le tonnage moyen se situait, en 1974-1975, à plus de 800 tonneaux. De plus, elles sont dépourvues, comme nous l'avons déjà dit, d'installations de congélation qui leur permettraient de prolonger leur sortie en mer sans revenir au bout d'une semaine pour décharger leurs prises entreposées dans les cales simplement réfrigérées. De ce fait, leur domaine d'action se limite à une aire relativement restreinte surnommée le *Laurentian Bight* lequel englobe le golfe du Saint-Laurent, le plateau néo-écossais auquel s'adjoint le banc Georges qui ferme le golfe du Maine, et au-delà du chenal laurentien les bancs de Burgeo et de Saint-Pierre. Comme on le voit, le Grand Banc de Terre-Neuve ainsi que le golfe du Maine, trop éloignés des bases portuaires, n'y figurent pas. Cette absence d'autonomie explique la sujétion de ces chalutiers aux aléas de la ressource, et les difficultés qu'ils rencontrent présentement pour équilibrer leur compte d'exploitation et distribuer de bons revenus aux équipages.
— Le plus grand nombre de ces unités sont profilées et adaptées pour pratiquer le chalutage par l'arrière dont les avantages sur le chalutage traditionnel par le côté paraissent aujourd'hui incontestables :
• un gain de temps d'abord, par la réduction des temps morts de manœuvre. Ainsi, au lieu de hisser le chalut par à-coups en autant de palanquées de deux à trois tonnes qu'il contient, on le remorque en une seule fois et le vidage peut se faire immédiatement ;

- une réparation et une inspection du filet beaucoup plus aisées dans la mesure où la totalité du chalut se trouve exposée sur la plage arrière ;
- la possibilité d'avoir un pont couvert puisque disparaît l'obligation d'avoir une plate-forme de réception à ciel ouvert, peu élevée par rapport au niveau de la mer ;
- une meilleure harmonisation du travail avec celui des machines, et finalement une meilleure sécurité des hommes.

c) *Le rythme de vie et les revenus des équipages.* Le lancement de ces grands chalutiers devait provoquer une révolution dans le milieu maritime. C'était une autre vie qui s'offrait aux jeunes, un autre métier qui exigeait des connaissances théoriques et pratiques que le pêcheur côtier était loin de posséder. Au demeurant, les compagnies ne comptaient pas sur eux pour manœuvrer leurs nouvelles unités mais sur une élite de techniciens formés par les écoles de pêche récemment implantées à Caraquet et Pictou. Les espérances furent déçues. Au Canada comme dans la plupart des autres pays halieutiques, les responsables se heurtèrent à un difficile problème de recrutement. Les armateurs durent recourir à de la main-d'œuvre terre-neuvienne, plus facile à satisfaire en raison du chômage élevé qui sévit en permanence dans ce pays.

Les griefs formulés à l'encontre de ce type de pêche peuvent se résumer ainsi : le travail n'est pas rémunéré comme il se doit compte tenu des efforts exigés et du rythme de vie imposé. De la même manière que les matelots français, allemands ou anglais, les Canadiens expriment un sentiment de frustration, celui de devoir subir un sacrifice (celui d'être coupé de la vie à terre) finalement mal récompensé.

Que remarque-t-on en effet? Les bateaux tournent à raison de deux marées de 8 à 10 jours par mois et 24 marées par an ; une cadence soutenue, fréquemment observée en Europe, mais qui demeure exceptionnelle de ce côté de l'Atlantique. Ces marins totalisent un nombre de jours de mer deux fois plus élevé en moyenne que celui des équipages des autres bateaux (petits chalutiers, palangriers, senneurs). En dehors des congés (deux à trois semaines) qu'ils prennent à tour de rôle à un moment quelconque de l'année, leur vie est réglée par la succession régulière des marées. Plus question de participer aux sorties de fin de semaine ou de suivre comme chacun le fait (et avec quelle assiduité!) les matchs de hoc-

key des mercredi et samedi soirs. Par son rythme de vie, le matelot de grande pêche ne se sent pas un pêcheur comme les autres. Il est celui-qui-n'est-jamais-chez-soi-et-qui-ne-peut-comprendre ; comprendre son épouse qui *fait marcher la maison,* comprendre les enfants qui grandissent sans le voir, comprendre les autres pêcheurs qui peuvent se rencontrer et s'organiser (du moins il le pense). Il est l'isolé, l'éternel *absent.* Cette mise à l'écart l'affecte d'autant plus que les motivations qui l'avaient poussé à choisir ce métier, celles de se sentir libre et de ne pas être astreint (comme dans les autres professions) à des horaires fixes, de vivre au large, au contact de la nature, et d'assumer enfin des responsabilités, ont été en grande partie déçues. Le travail à bord de ces grands bateaux est trop bien réglé pour permettre aux hommes de prendre la moindre initiative. À la cadence des *trois-huit,* les équipes se relaient aux divers postes ; contacts limités, souvent superficiels, réduits aux échanges rapides et aux plaisanteries faciles. Le jeune matelot tout fraîchement sorti de l'école doit faire ses classes en *piquant* la glace à longueur de journée. Les tâches se sont parcellisées, mécanisées, automatisées. Plus d'attente fiévreuse. Les traits se succèdent sans surprise de jour comme de nuit. Il n'y a guère qu'en hiver, quand les glaces envahissent la mer, que l'imprévisible peut arriver ; et encore, seuls les hommes de pont en profitent. Les mécaniciens n'ont pas le temps de voir ce qui se passe. Dans leur salle des machines, ils suent à grosses eaux en attendant les ordres.

Certes, tout n'est pas négatif et certains s'estiment satisfaits de cette vie plus régulière qui offre une plus grande sécurité et un meilleur confort. Mais, comme le résumait un jeune matelot déçu par ce genre de vie, «*c'est moins le fun parce que c'est moins le challenge* (la compétition)».

Mais on peut penser qu'une grande partie de ces doléances et autres récriminations disparaîtraient d'elles-mêmes si les revenus l'emportaient sur ceux obtenus dans les autres types de pêche. Or, les diverses enquêtes effectuées sur ce sujet montrent qu'il n'en est rien.

D'après le bulletin des comptes d'exploitation de 13 grands chalutiers (Costs et Earning, 1975), on observe qu'en 1974, le revenu moyen annuel d'un homme de pont se situait entre 4 500 et 7 900 dollars, c'est-à-dire à un niveau guère plus élevé à celui d'un matelot de bateau de moyen tonnage. Rapportés à la journée de mer, ces gains ne

Tableau III

Résultats obtenus par les chalutiers industriels
(Moyenne sur 13 bateaux)
Costs et Earnings, ministère de l'Environnement, 1975

	Nombre d'hommes	Jours de mer	Heures pêchées	Nombre de marées	Longueur de la marée en jours	Débarquements en tonnes	Valeur en $	Prix moyen en $/la tonne	Part homme de pont en $	Part capitaine en $
Chalutier 124 pieds (4 bat.)	12,5	199	2 208	24	8	1 280	205 213	160,3	5 274	17 371
Chalutier 141 pieds (3 bat.)	13,0	221	2 454	24	9	1 161	192 865	166,1	4 486	17 358
Chalutier 155 pieds	13,8	243	2 647	28	8	2 209	329 515	149,1	7 876	26 678

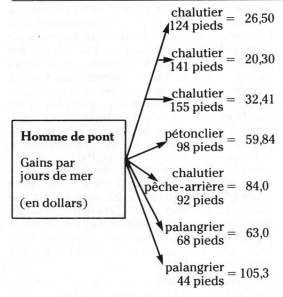

s'élevaient dans le meilleur des cas qu'à 32 dollars, contre 84 dollars sur un chalutier de 19 mètres, 60 dollars sur un pétonclier et 105 dollars sur un petit palangrier (Tableau III).

Autrement dit, à un travail presque toujours perçu comme peu attrayant, le matelot d'un chalutier industriel ne trouve aucune compensation financière. Au contraire même, il ne peut rivaliser avec son homologue de la pêche artisanale, lequel a toujours la possibilité, à la fin de sa courte saison de pêche, de juxtaposer à ses activités maritimes d'autres occupations toutes terriennes, parfois mieux rémunérées que les premières.

Autre détail intéressant : les revenus annuels des membres d'encadrement de ces grands chalutiers, jusqu'au Premier Maître, tout en étant supérieurs à ceux du personnel des autres bateaux leur demeurent inférieurs quand on les ramène à la journée de mer. Suivant le même calcul, le traitement des capitaines, si important qu'il puisse paraître de prime abord, ne dépasse guère la part journalière d'un patron-pêcheur de palangrier et arrive même loin derrière celui d'un capitaine de pétonclier ou d'un chalutier pêche-arrière de plus petit tonnage.

d) *La rémunération du capital.* Considérons à présent les résultats obtenus par les 13 armements au cours de l'année 1974 (tableaux III et IV).

Côté recettes :
— Les chalutiers classiques (pêche sur le côté) de 124 à 141 pieds opèrent sur une base de 5,25 à 6,43 tonnes de prises par jour, à peine supérieure à celle d'un chalutier de 62 pieds. Il faut arriver au chalutier pêche-arrière de 155 pieds pour observer des rendements nettement plus élevés, de l'ordre de 9 tonnes par jour.
— Autre donnée importante, le prix moyen par livre débarquée demeure extrêmement faible = 15 à 17 cents en moyenne le kg contre 35 cents le kg pour un palangrier.
Cela s'explique :
● par la proportion élevée (jusqu'à 50 %) de poissons *communs* dans les arrivages (tel le sébaste).
● par le faible prix unitaire obtenu pour les poissons *nobles* (40 % moins élevé pour la morue, 13 à 15 % pour l'églefin).
C'est là, croyons-nous, une des conséquences de l'allongement des marées qui oscillent entre huit et dix jours, et de la qualité souvent médiocre des marchandises réceptionnées.

Côté dépenses :
Une remarque générale s'impose. Alors que, sur les bateaux s'adonnant à un autre type

Tableau IV

Charges de fonctionnement et coût de la main-d'œuvre sur les chalutiers industriels (moyenne sur 13 bateaux)
Costs et Earnings, ministère de l'Environnement, 1975

	Réparations		Fuel, huile		Charges fixes		Reste	Coût de la main-d'œuvre		Total frais de fonctionnement		Bilan (avant amortissement)	Amortissement	Bilan final
	en $	% des recettes	en $	% des recettes	en $	% des recettes	en $	en $	% des recettes	en $	% des recettes	en $	en $	en $
Chalutier classique 124 pieds (4 bateaux)	70 455	34,33	29 065	14,16	20 186	9,83	26 227	96 227	46,8	146 583	71,42	-35 597	24 481	-60 078
Chalutier classique 141 pieds (3 bateaux)	77 329	40	29 238	15,07	20 750	10,75	22 040	91 164	47 26	149 357	77,44	-47 656	20 993	-68 649
Chalutier Pêche arrière 155 pieds (6 bateaux)	123 379	36,3	52 194	15 36	33 840	9,97	26 409	149 014	43,91	235 822	69,50	-45 529	39 887	-85 416

de pêche, les charges de fonctionnement ne dépassent jamais la moitié des recettes brutes, avec les chalutiers industriels elles en atteignent à peu près les trois quarts. Tous les postes de dépenses, que ce soient les réparations (équipement électrique, machinerie, etc.), le carburant ou même les charges fixes (assurances, cotisations, locations d'appareils...) y sont proportionnellement plus élevés. Seul le coût de la main-d'œuvre y reste moins important (44 à 47 %).

Interrogés sur cette question, les gérants de compagnies expliquent que leurs bateaux sont astreints à un trop grand nombre d'arrêts techniques dus au manque de formation de leurs matelots. Selon eux, les équipages pourraient éviter bien des avaries en faisant preuve d'un peu plus d'attention et gagner un temps précieux s'ils disposaient de connaissances suffisantes pour effectuer les réparations sur-le-champ, à bord même du bateau, au lieu de revenir à quai. Ces retours trop fréquents au port entraînent des pertes énormes et désorganisent le travail de l'usine.

Pourtant, même s'ils offrent (comme en 1974) un bilan négatif et constituent de ce fait une charge financière importante pour la compagnie, ces chalutiers industriels jouent un rôle irremplaçable dans l'approvisionnement des grandes usines de traitement. Ainsi, la coopérative d'Alder Point, en Nouvelle-Écosse, disposait en 1976 de deux grands chalutiers de 140 pieds qui assuraient à eux seuls 80 à 85 % des fournitures de matière première de l'usine de traitement où travaillent en permanence 150 ouvriers. Pourtant, au

cours de l'année 1975-1976, les apports conjugués de ces deux unités ont accusé, en raison de nombreuses immobilisations, des écarts mensuels allant de 100 à 600 tonnes (voir tableau V), ce qui, aux dires de son directeur, créait les pires difficultés pour alterner dans le temps les départs et les retours à quai de ces bateaux. Il pouvait arriver, par exemple, que durant une semaine, les employés travaillent 10 à 11 heures par jour puis tombent en chômage technique la semaine suivante. Cette irrégularité des arrivages devait d'ailleurs amener les responsables du mouvement Pêcheurs Unis des Maritimes à transférer un autre grand chalutier, le *Lady Janice* de la coopérative de Lamèque, sur Alder Point où il se trouve encore basé présentement.

Ainsi, intégrées à la comptabilité d'ensemble de l'entreprise, ces unités de pêche contribuent à créer de la valeur ajoutée. Et c'est bien cela le point essentiel. Leur déficit n'apparaît que dans les frais généraux de l'établissement industriel. Rien de plus. En outre, les résultats médiocres de ces comptes d'exploitation peuvent être considérés comme momentanés dans la mesure où l'extension aux 200 milles de la zone économique du Canada et le report plus au large des flottilles étrangères devraient amener, dans les prochaines années, un rétablissement des stocks de morue et d'églefin, et qui sait, une meilleure utilisation des ressources.

Tableau V

Tonnage débarqué par 2 chalutiers de 140 pieds de la coopérative d'Alder Point en 1975 (en tonnes)

Janvier	Février	Mars	Avril	Mai	Juin	Juillet	Août	Septembre	Octobre	Novembre	Décembre
315	588	217	583	252	295	170	156	570	98	287	229

La pêche au hareng dans les Provinces Maritimes du Canada

Parmi les activités halieutiques, la pêche au hareng occupe une place de premier plan dans les Provinces Maritimes canadiennes, tant par le nombre de pêcheurs qu'elle mobilise (environ 5 000 chaque année) que par la diversité des industries qu'elle a fait naître. Nulle part ailleurs, la pêche n'offre autant de variété dans les techniques de capture utilisées, des plus traditionnelles (pièges fixes installés à proximité du rivage) aux plus sophistiquées (sennes tournantes capables de prendre 200 tonnes et plus en une seule virée); nulle part l'industrie de transformation ne juxtapose autant de contrastes entre de petites entreprises familiales (boucanières) et les grandes conserveries intégrées à des firmes agroalimentaires à vocation multinationale.

Quelle est l'importance de cette pêche? Malgré un sérieux déclin de la production observé depuis 1968, date à laquelle on enregistra des prises record de 354 000 tonnes, les apports semblent devoir se stabiliser ces dernières années autour de 170 à 200 000 tonnes, soit environ le tiers des débarquements globaux. Le hareng arrive ainsi en tête des produits pêchés, loin devant la morue dont le tonnage lui est près de 3 fois inférieur, et presque à égalité avec l'ensemble des poissons de fond. Pourtant, en dépit d'une progression remarquable, le prix à la première vente de ce clupéidé reste encore faible (166 dollars la tonne en 1978); sa valeur débarquée ne représente que 8 à 10 % des déchargements. De ce fait, il ne se classe qu'en quatrième position derrière les pétoncles, le homard et la morue.

De prime abord, il n'y a là rien de bien étonnant. Au cours des siècles, les hommes n'ont jamais manifesté une grande considération pour ce poisson commun (trop commun sans doute), difficile à conserver, et tout juste bon à nourrir les populations démunies quand ce n'est pas à fertiliser les terres. Mais cette dépréciation se trouve particulièrement accusée sur cette façade atlantique où le pêcheur reçoit 3 à 4 fois moins pour son kilo de hareng que son homologue de Colombie britannique ou d'Europe occidentale. Un tel écart a quelque chose de surprenant ; il ne peut s'expliquer que par la spéculation qui s'attache à ce produit plus qu'à aucun autre, et la difficulté des pêcheurs des Maritimes à s'organiser pour y faire face.

A. *Une ressource extraordinairement abondante*

Le hareng atlantique *(Clupea harengus harengus)* est un des poissons les plus courants des eaux côtières atlantiques. Pas besoin d'aller très loin pour le prendre. À des époques bien précises de l'année, il s'approche du rivage en bancs immenses ; il *«frappe la terre»*, comme on dit, pour frayer. Une densité telle que la mer se pare de milliers de reflets scintillants tout en prenant une couleur laiteuse caractéristique ; c'est en effet au moment de cette *«montée à la côte»* que la femelle laisse échapper ses 30 à 45 000 œufs qui, une fois fécondés par la semence du mâle, iront s'accoler en paquets granuleux aux herbes et aux aspérités des fonds marins.

Les aires de concentration s'identifient relativement bien ; elles correspondent à des substrats durs, graveleux ou même caillouteux susceptibles de retenir les œufs durant les quelques jours d'incubation, ou bien encore à la présence d'un herbier abondant et touffu, riche en *Desmarestia aculeata*. Mais ces éléments ne sauraient suffire à déterminer le lieu de ces grands rassemblements. Les caractères hydrologiques particuliers des mers adjacentes entrent en ligne de compte et délimitent trois grandes régions de pêche (fig. 65).
a) À l'intérieur du golfe du Saint-Laurent, il y a 2 saisons de frai, la première (de loin la plus importante) se place au printemps. Elle débute dès la fonte des glaces, à la fin du mois d'avril, et se poursuit sans interruption jusqu'au mois de juillet. Le réchauffement des eaux de surface en constitue l'élément moteur. Le biologiste Marcotte qui a bien étudié le phénomène, remarque que son apparition est indéfectiblement liée à des températures comprises entre 0° et 12°C. Les migrations s'effectuent par vagues successives, des classes les plus âgées aux plus jeunes, avec une intensité maximale qui se situe vers la mi-mai, moment au cours duquel les températures sautent rapidement d'un palier à un autre. Si la plupart des baies et des anses de cette région du golfe accueillent de telles concentrations ou *mouvées,* les plus importantes se localisent aux abords des îles de la Madeleine, de la Gaspésie (anses de Gaspé, et Malpay) et de la presqu'île de Gloucester (baie de Caraquet) (fig. 28). De belles frayères se forment également, mais de plus épisodiquement, à la Pointe Escuminac (Nouveau-Brunswick) et à l'intérieur des baies d'Egmont (île du Prince-Édouard) et de Saint-Georges (Nouvelle-Écosse). Celles du détroit de Northumberland, autrefois si abondantes, ne s'établissent plus depuis l'édification d'une chaussée en travers du boyau de Canso. Le hareng qui s'engouffrait jadis dans cet étroit passage pour envahir le Plateau magdalénien, se trouve désormais contraint de faire le grand tour par le détroit de Cabot et ne s'aventure que rarement à l'intérieur de ce bras de mer, les facteurs qui régissent l'oxygénation des eaux ayant subi de sérieuses modifications. L'ouverture momentanée, au printemps 1978, des écluses de la chaussée, et la réapparition simultanée de hareng en divers points du détroit, semblent confirmer cette thèse.

La seconde saison de frai a lieu à la fin de l'été et au début de l'automne, juste avant les grands froids de l'hiver, plus précisément au moment où les températures chutent de plusieurs degrés. La fourchette se situe entre 15° et 8°C, à un niveau par conséquent plus élevé que celle qui commande la phase printanière. À noter que cette deuxième apparition est moins spectaculaire que la précédente. Les frayères y sont beaucoup plus difficiles à circonscrire ; elles se tiennent à 15 et même 20 milles du rivage, à des profondeurs comprises entre 10 et 20 brasses. Les affaires du pêcheur côtier ne s'en trouvent pas facilitées car à la difficulté de s'écarter de la côte et d'affronter les mers souvent houleuses de l'automne, s'ajoute le problème de la conservation en cale d'un hareng généralement gras, plus délicat à maintenir en bon état.

Peu de temps après le frai, les géniteurs en quête de nourriture se dispersent et il devient alors difficile, sinon impossible, de les capturer par les moyens traditionnels. Où

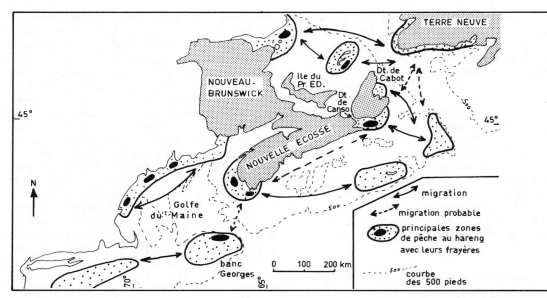

Figure 28
Les pêcheries de hareng et sens des déplacements.

passent-ils l'hiver? La question longtemps débattue a trouvé un début d'explication depuis les travaux de Scattergood, Leslie W. et Tibbo S.N parus maintenant il y a plus de vingt ans (1959). Pour ces auteurs, le hareng quitterait le Plateau magdalénien pour se réfugier partie sur la plate-forme néo-écossaise, partie le long des côtes occidentales et méridionales de Terre-Neuve. Les connaissances en restent là pour le moment. On peut simplement ajouter que cette migration du N.W. du golfe vers le S.E. affecte également les larves qui, entraînées par le grand mouvement cyclonique des eaux du golfe, vont peupler en priorité les hauts-fonds proches des îles de la Madeleine lesquels constituent une des principales zones d'alevinage de cette région maritime.

b) Sur la côte Atlantique de la Nouvelle-Écosse, les multiples indentations du rivage et le caractère tourmenté de la bordure littorale offrent des zones d'accueil de première importance. Il n'est pas une baie, pas une crique qui ne reçoive à un moment donné la visite du clupéidé. Mais les formes que prennent les migrations varient d'un secteur à un autre.

Ainsi, sur la côte orientale où les conditions hydrologiques peuvent se comparer à celles du golfe du Saint-Laurent, il existe 2 saisons de frai : l'une au printemps, la seconde à l'automne, en tout point identiques à celles précédemment décrites. Mais l'appartenance de ces populations à un seul et même stock se réfugiant l'hiver au-dessus du Banquereau ne

paraît plus tout à fait assurée à la lumière des récentes recherches. Deux groupes distincts se partageraient cette zone, l'un situé sur le plateau Sainte-Anne (le Sydney Bight), le second dans la baie de Chedabucto, avec malgré tout des transferts possibles et même probables de l'un vers l'autre. Il n'est pas non plus exclu qu'une partie des larves partent alimenter les autres stocks de la région occidentale y compris ceux du golfe du Maine et de la baie de Fundy.

Sur la côte occidentale, on n'a pu constater jusqu'à présent qu'une seule période de ponte, mais elle dure longtemps puisqu'amorcée vers la mi-juillet, elle ne s'achève qu'à la mi-novembre. D'une façon générale, les *mouvées* y sont nombreuses mais peu abondantes, émiettées par les multiples sinuosités du rivage et plus propices au bout du compte à la pêche traditionnelle (engins fixes ou dérivants) qu'au déploiement des grandes sennes tournantes. Durant l'hiver, ces harengs se regrouperaient aux accores de la plate-forme, en particulier sur le pourtour de l'île de Sable où de bonnes prises sont parfois effectuées par les senneurs. De grandes incertitudes demeurent néanmoins sur le sens et l'importance de ces déplacements.

c) Le golfe du Maine et la baie de Fundy renferment les zones de concentration les plus importantes du N.W. atlantique. Parmi les plus célèbres, il faut signaler celles qui se forment sur la bordure septentrionale du banc Georges (Cultivator Shoals et Northeast Peak), sur des fonds caillouteux balayés en permanence par les forts courants de marée. Elles présentent néanmoins l'inconvénient de se situer à près de 100 milles des côtes et d'être inaccessibles aux pêcheurs côtiers. Heureusement pour ceux-ci, il en existe d'autres à proximité du rivage, comme celles que l'on rencontre au large de Yarmouth (Trinity Ledge et Lurches) et à l'ouest du cap Sable (parages des îles Tusket). De belles frayères s'établissent également sur les hauts-fonds qui ceinturent l'île de Grand Manan ainsi que sur les chaussées du pourtour du golfe (Stellwagen bank, Penobscot bay...). Dans toute cette région, la saison de ponte s'étale de la fin juillet à la mi-décembre, parfois même jusqu'en janvier (banc Georges) avec un maximum d'intensité qui se place toujours au début de l'automne (septembre-octobre). Les frayères de printemps ne sont pas absentes ; on en repère régulièrement quelques-unes dans la partie orientale de la baie de Fundy (Bassin des Mines), mais elles n'ont guère d'ampleur et n'offrent qu'un faible intérêt pour les pêcheurs.

Mais la particularité et le privilège de cette région est de renfermer dans les multiples petites échancrures de la côte S.W. du Nouveau-Brunswick (comté de Charlotte) et de l'État du Maine, de très riches *nurseries* de harengs, base d'une importante industrie de la conserve. Curieusement, il n'a pas encore été donné d'explication satisfaisante à ce phénomène ; tout au plus remarque-t-on qu'un certain nombre de conditions favorables se trouvent réalisées : la forme resserrée des anses et leur disposition par rapport au mouvement général des eaux constituent des éléments déterminants. On serait en présence d'une zone de repli et de refuge naturel pour les innombrables larves issues des différentes frayères de la plate-forme continentale et entraînées jusque-là par les divers courants au terme d'un voyage long parfois de plusieurs centaines de milles. D'autre part, les faibles amplitudes saisonnières de température et de salinité ainsi que la bonne oxygénation des eaux, auraient pour effet de prolonger le séjour des alevins à l'intérieur de cette frange côtière d'autant qu'y foisonnent des copépodes *(Calanus, Cladocera...)* propres à satisfaire leur insatiable appétit (voir Messieh S.N., 1970).

Les Maritimes apparaissent donc remarquablement placées pour développer une importante industrie du hareng. Mais si les ressources abondent, les opérations de capture restent soumises à de nombreux aléas. Ainsi les pêcheurs côtiers, avantagés par l'arrivée massive de cette manne à proximité

immédiate de leur rivage, ne seront pas en mesure d'en tirer le maximum de profit en raison de l'irrégularité et de la brièveté du phénomène. Dans la même situation que les fellahs d'Égypte incapables de canaliser les eaux du Nil au moment des crues, ils prendront ce qu'ils peuvent en laissant échapper l'essentiel. De leur côté, les pêcheurs hauturiers, grâce à la plus grande autonomie de leur engin, pourront suivre le hareng dans ses déplacements et même le prendre avant qu'il n'entre dans le champ de prospection des bateaux côtiers ; ils seront en outre les seuls à pouvoir exploiter les frayères du grand large et à traquer l'animal dans sa retraite hivernale. Mais ils devront s'adapter eux aussi aux nombreux facteurs qui gouvernent les migrations horizontales et verticales. Un exemple : si la pleine lune disperse le poisson en profondeur et le rend inaccessible aux engins tournants, une lumière au contraire diffuse l'attire en surface. Mais entre les deux, que de nuances et d'interprétations différentes !

Enfin, on ne peut oublier que cette pêche reste plus qu'une autre dépendante des fluctuations naturelles qui affectent les différentes classes d'âge. Les responsables en sont les maladies *(Fungus)* qui viennent périodiquement décimer des populations entières, les ponctions inégalement importantes effectuées par les nombreux prédateurs (morue, églefin, flétan surtout), et la disponibilité nutritionnelle en rapport avec la production planctonique. Ainsi durant plusieurs saisons, le hareng disparaît d'une aire maritime sans raison apparente, laissant les riverains dans le plus complet désarroi. Cette incertitude des prises, faut-il le dire, pèse lourdement sur la rentabilité de l'outil de production (le capital-navire), et au moins autant sur celle de l'usine de traitement pour laquelle une certaine régularité des apports demeure indispensable.

Une conclusion alors s'impose : plus que dans toute autre activité, cette fragilité des stocks rend nécessaire une gestion rationnelle ; moins encore que dans toute autre, il faut s'attendre à des résultats positifs immédiats compte tenu des informations par trop fragmentaires que l'on possède sur les mécanismes de renouvellement des classes d'âge.

B. *Méthodes traditionnelles de capture*

Aussi étrange que cela puisse paraître, les procédés traditionnels de capture du hareng restent encore largement en honneur aux Maritimes. Les statistiques leur accordent près de 30 % des mises à terre (50 à 55 000 tonnes). À vrai dire, la survivance de ces techniques ancestrales faisant appel beaucoup plus à l'ingéniosité des hommes à leur art d'utiliser les forces naturelles qu'à la toute-puissance des engins sophistiqués de détection, n'a rien de surprenant. Elle témoigne de l'efficacité de méthodes rodées depuis longtemps et parfaitement adaptées au milieu naturel, mais plus encore de conditions socio-économiques défavorables dans leur ensemble aux pêcheurs côtiers. Mis dans l'impossibilité de rivaliser avec les grands senneurs, ceux-ci ont été amenés à ne voir dans cette pêche qu'une activité complémentaire, voire négligeable, ne pouvant justifier à elle seule l'acquisition d'un équipement spécifique. Ils ont donc continué à travailler comme par le passé en espérant tirer malgré tout leur épingle du jeu.

a) Parmi les techniques les plus anciennes et les plus simples, il faut citer la pêche dite *à la torche,* encore très en vogue entre les deux guerres en baie de Fundy (voir Planche 9, p. 127).

Elle se pratiquait, une fois la nuit tombée, à quelques centaines de mètres du rivage, pas plus. À l'avant d'une petite embarcation montée habituellement par deux hommes, on plaçait un grand flambeau résineux destiné à *lever* le poisson et à le concentrer en surface. Pendant que l'un ramait, l'autre n'avait qu'à plonger son épuisette dans la masse frétillante qui s'agitait à l'intérieur du halo lumineux. La seule difficulté était de surveiller l'arrivée de la *mouvée* à l'intérieur de la crique afin de ne pas s'exposer à des sorties inutiles. Pour ne pas se tromper, il suffisait d'observer le comportement des goélands argentés *(Larus argentatus);* au printemps ils avaient, paraît-il, l'habitude de faire leur nid dans les arbres ou à même le sol, mais toujours en bout de terre, le plus près possible des lieux d'*atterrage* du hareng qui leur servait de nourriture. Mais la colonisation a depuis longtemps chassé ces oiseaux des régions habitées. De son côté, la pêche à la torche, jugée trop destructrice, a été interdite en 1940. Quelques pêcheurs s'y adonnent encore aujourd'hui, beaucoup plus par plaisir que par intérêt.

b) Une autre méthode fréquemment employée par les pêcheurs côtiers du comté de Charlotte (Nouveau-Brunswick), consiste à fermer l'entrée d'une anse à l'aide d'un grand filet d'interception *(shut-off net).*

Naturellement, il faut d'abord s'assurer que le hareng a profité de la marée montante pour arriver sur les lieux. Pour cela, on procède à la traditionnelle *visite :* à bord d'un chaland, le pêcheur va et vient en laissant plonger une sonde à différentes profondeurs ; au nombre de touches qu'il perçoit, il évalue la quantité de barils à retirer ainsi que le *moule* moyen de la marchandise dont dépendra son acheminement vers les boucanières ou les conserveries. Si les résultats se révèlent positifs, le barrage est rapidement disposé d'une extrémité à l'autre de la baie. Avec le reflux, le poisson cherchera à retourner vers les eaux plus profondes et se trouvera inévitablement pris dans les mailles du filet. Dans la majorité des cas cependant, on s'arrange pour que le piège ne soit jamais complètement asséché de manière à ce que le produit garde le plus longtemps possible toute sa fraîcheur et sa qualité.

Se pose alors la question de sa récupération. Les uns se servent d'une petite senne coulissante. Le procédé a le mérite de la rapidité, mais il exige une hauteur d'eau suffisante pour déployer la nappe ; il a en outre l'inconvénient de ne pas être très précis et de laisser échapper une partie des prises ; il exige enfin un surcroît de dépenses que ne justifie pas toujours la brièveté de la saison. Aussi, bien des pêcheurs préfèrent-ils installer une sorte de grande poche au milieu du barrage pour qu'au moment du reflux, le hareng longe l'intérieur du filet et s'y réfugie. Les hommes alors n'ont plus qu'à repousser la masse frétillante vers le rebord du piège d'où elle sera embarquée dans un bateau-transporteur à l'aide d'une grande épuisette ou salebarde.

c) Dans la plupart des secteurs des Maritimes, c'est encore le simple filet maillant qui rencontre la faveur des pêcheurs. On lui doit, selon les statistiques, 8 à 10 % des débarquements.

En bordure du golfe du Saint-Laurent, à peine les quais sont-ils libérés des glaces, que des centaines de petits *boats* partent tendre leurs filets. Chaque tésure comprend une dizaine de roies ou nappes, d'une trentaine de mètres de long chacune sur 1,60 à 2 mètres de profondeur, aboutées les unes aux autres. La largeur des mailles varie de 3,1 à 4,1 cm. À cette époque de l'année où le hareng ·monte à la côte, la préférence va aux filets fixes ou stationnaires. Au petit jour, chaque pêcheur et ses deux ou trois acolytes s'en vont les relever. Si la pêche s'annonce bonne, il n'y aura pas lieu de les changer de place ; on se contentera de

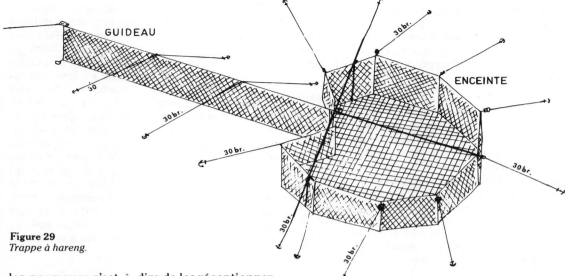

Figure 29
Trappe à hareng.

les *paumoyer*, c'est-à-dire de les réceptionner à tribord en les faisant passer par-dessus un grand rouleau disposé à l'arrière du bateau, le long de la lice, de les démailler au fur et à mesure de leurs prises, puis de les remettre à l'eau à bâbord. Technique simple et suffisamment rapide permettant à ceux qui le désirent d'aller, l'après-midi, *visiter* leurs trappes à homard. Elle exige malgré tout un investissement important (environ 3 000 dollars en 1978 pour un ensemble de 48 jeux) qu'un pêcheur ne peut couvrir que s'il réalise des apports journaliers de l'ordre de 5 à 6 tonnes durant les 5 semaines de la campagne, résultat, comme on s'en doute, hypothéqué par le retrait tardif des glaces et l'irrégularité qui marque les déplacements de ces bancs de harengs.

À l'automne, la pêche dans le golfe devient délicate et demande un plus grand engagement des hommes. Le hareng, comme on l'a vu, se trouve plus au large, et sa détection pose souvent de sérieuses difficultés. De fait, on procède surtout par tâtonnements en s'aidant de l'écho-sondeur, en observant attentivement la couleur des eaux et le comportement de certains animaux marins. La présence par exemple d'une baleine est souvent de bon augure car elle atteste l'existence d'euphausiacés, dont le hareng lui aussi se nourrit. Dès que son *souffle* au loin apparaît, les pêcheurs entament une course de vitesse pour tenter de la dépasser et mouiller leurs filets devant elle, de façon à intercepter le banc de poissons censé la précéder ; aucun danger pour le mammifère qui plongera sous le barrage et poursuivra sa route. Pour ce genre de pêche, les filets ont des longueurs de plusieurs cen-

taines de mètres, des chutes de l'ordre de 8 à 12 mètres, des mailles également plus larges (8 à 9 cm). On les amarre habituellement le soir, à l'avant du bateau mis à la dérive durant toute la nuit. À l'aube, les filets sont halés et démaillés. Si tout va bien, le bateau peut revenir au port au milieu de la journée.

d) Sur la côte atlantique de la Nouvelle-Écosse, il est encore possible de voir quelques trappes-flottantes *(pound-nets)* spécialement conçues pour pêcher le hareng (fig. 29).

Chacune comprend un grand mur de filets, le guideau, long de 150 à 200 mètres sur 4,50 à 5 mètres de profondeur ; installé près du rivage, sa fonction est de s'opposer au déplacement de la mouvée et de la diriger vers une enceinte placée à l'extrémité côté mer ; celle-ci est munie d'un fond à larges mailles et d'une ou plusieurs ouvertures que l'on fermera le moment venu afin de *soulager* le piège de sa prise. L'ensemble de ces filets est maintenu en place par un système d'ancres reliées par des orins aux ralingues supérieures munies de flotteurs, et de gros plombs disposés à intervalles réguliers sur les ralingues inférieures. Pour l'enceinte, deux grands câbles transversaux seront ajoutés afin d'assurer une parfaite stabilité d'ensemble quelle que soit l'importance des courants.

La *visite,* là aussi, peut se faire chaque jour et n'offre pas de difficultés particulières. Un bateau monté par trois ou quatre hommes pénètre à l'intérieur de l'enclos. Une fois les ouvertures fermées, la manœuvre consiste à se placer dans le sens du courant et à tirer à la main le fond du filet pour le faire passer sous l'embarcation. On amène ainsi progressivement la poche contre le rebord du piège. Il suffit alors de la vider dans un chaland ancré à l'extérieur. Si la coordination est bonne, l'opération peut s'accomplir en moins d'une heure.

La trappe-flottante possède un certain nombre d'avantages sur les autres engins de pêche. Bien qu'opérant pratiquement 24 heures sur 24, elle n'exige qu'une faible mobilisation de la part des hommes ; tout en la surveillant, ceux-ci peuvent s'adonner à d'autres activités, halieutiques ou non. Et si, pour une raison ou une autre, l'emplacement apparaît mal choisi, il est toujours possible de la déplacer et, si besoin, d'adapter l'installation aux migrations souvent fantaisistes du poisson. Autre atout à ne pas négliger, le poisson se conserve très bien à l'intérieur ; que les conditions du marché viennent momentanément à se dégrader, et le pêcheur pourra décider de ne pas vider l'enclos et de s'en servir, plusieurs jours durant, comme d'un immense vivier. En contrepartie, il fait bien voir que cette trappe-flottante représente un capital extrêmement lourd, trop lourd sans doute par rapport au profit réel qu'un propriétaire peut espérer en tirer. Là où la longueur de la saison et la richesse faunistique permettraient de l'utiliser avantageusement (en baie de Fundy surtout), la violence des courants et les risques d'endommagement découragent à l'avance toute initiative. De fait, la trappe-flottante est un engin efficace mais fragile, utilisable sur les côtes bien abritées de préférence à faibles marées (golfe du Saint-Laurent et côte Est de la Nouvelle-Écosse), là où précisément la brièveté de la campagne limite son intérêt économique. On peut penser cependant qu'avec l'augmentation récente du prix du hareng, une chance nouvelle sera accordée à ce type d'engin très en vogue autrefois dans cette région des Maritimes.

C. *Les parcs à fascines*

À côté de ces filets flottants, stationnaires ou dérivants, on rencontre, en bordure de la baie de Fundy, un autre type d'engin destiné à prendre le hareng immature encore appelé *sardine* de ce côté de l'Atlantique.

Il mérite une attention particulière aussi bien par le caractère imposant et spectaculaire de sa structure que par son importance sur le plan économique et social. Il s'agit de ces grands pièges fixes construits au milieu des eaux, à quelques dizaines de mètres du

rivage, comparables aux madragues méditerranéennes et aux *bundgarn* du Limfjord danois (Corlay, 1976). Les Anglais les désignent du nom de *weir* qui signifie barrage. Dans les régions acadiennes de la Nouvelle-Écosse, c'est le mot indien de *nijagan* qui revient le plus souvent. La traduction française la plus souvent employée est *parc à fascines* ou simplement *fascines*. À remarquer que le terme de *bordigue ou bourdigue* que les francophones utilisaient il y a encore quelques décennies (voir par exemple le journal Évangéline du 28 janvier 1937), a complètement disparu aujourd'hui ; la définition que donne le Robert de ce mot d'origine provençale correspond pourtant bien à ce qui existe aux Maritimes : «*enceinte en clayonnages qui, au bord de la mer, sert à prendre ou à garder du poisson*».

1. *Nombre de parcs*

Il ne peut être donné avec précision. Certains auteurs en mentionnent près d'un millier, mais ce chiffre paraît nettement exagéré si l'on tient compte des pièges définitivement abandonnés par leurs propriétaires ou mis temporairement hors d'état de fonctionner parce que dépourvus de filets durant une ou deux saisons. Il faut aussi mettre à part ceux d'une construction plus légère utilisés seulement dans la partie orientale de la baie de Fundy pour capturer les poissons anadromes (alose, gasparot, saumon), et les quelques parcs installés dans le S.W. de la Nouvelle-Écosse destinés surtout à la prise du maquereau. Finalement, d'après les services officiels, 240 à 250 fascines sont mises en activité chaque année, de mai à octobre ; elles produisent au total 27 à 30 000 tonnes de *sardines* (soit 18 à 20 % des prises totales de hareng), et procurent de l'emploi à environ 900 personnes.

2. *Description*

Leur plan, en projection verticale, rappelle celui des trappes-flottantes, mais à une autre échelle. Ils possèdent en effet un ou plusieurs guideaux de 100 à 200 mètres de long dont la fonction là aussi est de rabattre le banc de poissons vers une immense enceinte en forme de cœur de 700 à 900 mètres de périmètre.

Il s'agit avant tout d'un piège construit et non flottant, comprenant une première série de grands pieux de bois (*stakes*) solidement plantés dans le fond et régulièrement espacés tous les 7 pieds (2,13 mètres), reliés ensemble par de longues perches transversales (*ribbons*) de 28 à 30 pieds (9 mètres), le tout supportant un jeu de filets (*bottom twine*). Sur cette armature se fixe un second assemblage de gaules plus légères soutenant un autre jeu de filets (*top twine*). La hauteur totale ainsi obtenue est considérable, de l'ordre de 13 à 17 mètres ; elle est calculée de telle sorte que la partie supérieure du piège reste toujours émergée, ne serait-ce que de 30 à 40 cm au moment des marées de vives eaux, ceci pour que le poisson ne puisse à aucun moment s'échapper. La double contrainte qu'imposent la taille limite des arbres (hêtres, bouleaux) dans lesquels sont taillés les pieux et l'amplitude exceptionnelle des marées, conduit donc à cette superposition de deux bâtis, renforcés souvent par des fagots serrés de branchages ou fascines (Planche 9, ph. A et B).

3. *Choix du site*

Ce principe de construction une fois posé, la répartition des parcs obéit à des règles bien précises. L'endroit choisi devra se situer sur le passage obligé des bancs de *sardines* ce qui, compte tenu des variations cyclique et annuelles auxquelles sont soumises les migrations de ce clupéidé, comportera toujours une part d'incertitude. De plus, il faudra s'arranger pour ne pas l'installer dans une zone d'occupation trop dense, là où l'édification d'un parc supplémentaire risquerait de porter préjudice à tous les autres.

Le relief et la nature des fonds marins doivent également être pris en considération : ils seront suffisamment meubles pour que l'on puisse y enfoncer des poteaux à 1 mètre, 1,50 mètres de profondeur (en se servant pour cela d'une sorte de bélier monté sur ponton) (fig. 30), et d'une faible déclivité pour que la structure d'ensemble soit capable de résister aux forts courants qui s'exercent presque en permanence aux différents niveaux de la colonne d'eau. Enfin, il faudra s'assurer d'une bonne accessibilité aussi bien par voie de terre pour le camionnage du matériel de construction que par voie de terre pour l'accostage du bateau-transporteur chargé de procéder aux opérations de pompage.

4. *Localisation géographique*

Ces conditions d'implantation expliquent le regroupement de la presque-totalité de ces parcs dans le S.W. du Nouveau-Brunswick où les multiples indentations du rivage offrent tout à la fois une zone éminemment favorable au pullulement du petit hareng et quantité de sites appropriés à la construction de ces grands pièges. Elles justifient aussi leur

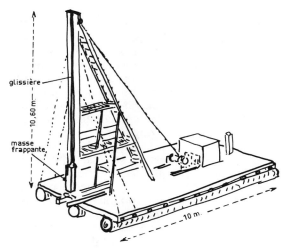

Figure 30
Mouton sur plate-forme flottante pour enfoncer les pieux (floating pile driver).

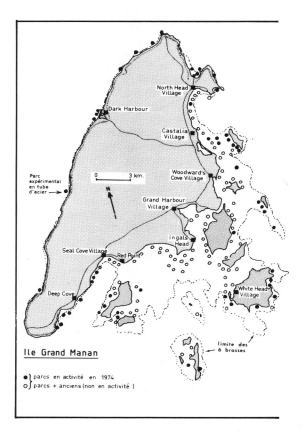

Figure 31
Emplacement des parcs à fascines.
Source : Allaby, 1975, p. 8.

répartition fort inégale à l'intérieur de cette aire. Ainsi, dans l'île de Grand Manan (fig. 31), la cinquantaine de parcs encore en opération, se localisaient jusqu'à ces dernières années, sur la côte orientale basse et bien protégée, et en bordure de laquelle s'égrènent les petits villages portuaires de North Head, Castalia, Grand Harbour, Woodwards Cove, Seal Cove. En revanche, la côte occidentale, longée sur presque toute sa longueur par de hautes falaises basaltiques et serrée de près par la courbe des 6 brasses, en était quasiment dépourvue bien que la sardine, aux dires mêmes des pêcheurs, y abonde partout. Récemment, on a pu voir quelques fascines trouver refuge à l'intérieur des petites anses de Dark Harbour et Money Cove, c'est-à-dire aux seuls endroits un peu abrités de ce littoral. Il s'agit là d'une évolution qui vise à installer des parcs à de plus grandes profondeurs, jusqu'à la limite extrême des 6 brasses.

5. *Évolution*

En effet, bien que cette méthode de capture n'ait guère changé dans ses grandes lignes depuis les temps reculés où les Indiens eux-mêmes l'utilisaient, de nombreuses modifications ont été apportées au fil des années pour la rendre plus efficace et l'adapter aux besoins de l'industrie moderne de la conserve.

Jusqu'au XIXᵉ siècle, les nombreux *nijagans* que l'on construisait dans le S.W. des Maritimes avaient des dimensions restreintes. D'après les informations de l'époque, les enceintes n'avaient pas plus d'une quinzaine de mètres de diamètre; on s'arrangeait pour ne pas les élever au-delà de la limite des basses eaux de manière qu'une charrette à bœufs, venant de la côte, puisse y accéder sans difficulté, mais le poisson, mort depuis plusieurs heures, n'avait pas grande valeur marchande; chargé sans précaution à la fourche et à la pelle, il allait surtout fertiliser les terres à pommes de terre.

Dans le dernier quart du XIXᵉ siècle, le développement de l'industrie de la conserve allait amener les pêcheurs à faire de sérieux efforts d'adaptation. Les uns creusèrent des excavations à l'intérieur de l'enclos pour y maintenir un peu d'eau et permettre au hareng de se conserver le plus longtemps possible à l'état vivant, d'autres trouvèrent plus astucieux de les édifier à l'emplacement de petites dépressions naturelles. Mais bientôt, en raison d'un certain appauvrissement des fonds consécutif à l'intensification des opérations de pêche, l'équilibre fragile qui venait de s'établir

entre l'exigence d'une évacuation rapide de la marchandise par voie de terre jusqu'à l'usine, et celle de sa bonne conservation à l'intérieur même du parc, fut rompu. On dut se résigner à construire plus loin du rivage, à sortir de la zone intertidale. Du même coup la structure du parc s'agrandit et se renforça; les filets remplacèrent peu à peu les fascines. Mais surgit alors le problème de la récupération du poisson à l'intérieur de l'enclos. Dès la fin du XIXᵉ siècle, on songea à se servir de la senne tournante qu'avaient mis au point les Américains pour pêcher le maquereau; l'histoire veut que ce soit à Seal Cove (île de Grand Manan) que l'expérience ait été tentée pour la première fois en 1883, mais sans beaucoup de succès apparemment puisqu'il fallut attendre l'Entre-deux-guerres pour voir les frères Mathiews de l'île de Campobello l'expérimenter à nouveau à bord d'une simple embarcation à rame puis d'un bateau à moteur. La méthode fit merveille et incita nombre de pêcheurs à l'utiliser plus au large, en dehors même des parcs. La pêche à la senne tournante ainsi née allait prendre rapidement le pas sur les autres techniques de capture. Résultat: l'effectif des pièges se réduisit considérablement; pour la seule île de Grand Manan, il tomba d'une moyenne de 80, 90 durant les années 40 et 50 à 25 en 1971, pour remonter quelque peu depuis cette date. Les parcs, malgré tout, conservent leurs farouches partisans, et il n'est pas dit qu'avec la montée vertigineuse du prix du hareng, on ne les verra pas jouer à nouveau un rôle prépondérant.

6. *Exploitation et déroulement des opérations*

La dépense élevée que représentent la construction et l'exploitation de ces parcs devait conduire les pêcheurs à se regrouper en petites associations de quatre à six propriétaires (*weir company*). Système tout à fait original et unique en son genre, puisque chaque membre de la société participe effectivement aux différents travaux d'entretien mais pour une quantité d'heures proportionnelle au nombre de parts qu'il détient. Naturellement, si la besogne est importante (au printemps quand il faut remettre le piège en état), l'actionnaire devra recourir au service d'un ou plusieurs ouvriers qu'il se chargera lui-même de rétribuer. L'affaire se complique quand le même pêcheur possède plusieurs fractions de parts dans plusieurs sociétés; le plus simple alors pour lui, sera d'engager un ou deux ouvriers à plein temps

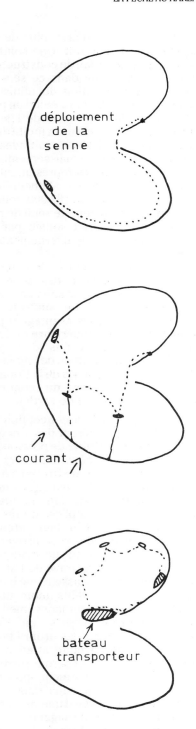

qui le représenteront sur les différents chantiers.

Dès que l'un des exploitants, chargé de la surveillance, décide après plusieurs sondages que l'heure est venue de *soulager* le parc de sa prise, les partenaires et leurs aides se dirigent immédiatement vers la petite crique. Il y a là un abri, hâtivement construit, qui tient lieu de salle de repos et de restauration en attendant le signal du départ. À côté, un rail de bois permet de glisser les deux ou trois barques jusqu'à l'eau. Quelques minutes de discussion et les hommes se dirigent à la rame vers l'enclos. Une fois à l'intérieur, chacun se met en position pour faire coulisser la senne. La manœuvre est délicate et exige une parfaite coordination (fig. 32). Il s'agit en effet de déployer très progressivement le filet de telle sorte qu'il vienne épouser le plus exactement possible le volume d'eau contenu dans l'enceinte, et qu'en une seule virée la totalité de la prise soit empochée. L'opération en elle-même difficile, se trouve souvent contrariée par de violents remous qui risquent à tout moment de jeter la pochée contre l'armature du piège, provoquant parfois la déchirure du filet et la fuite du poisson. Pour les parcs situés à de grandes profondeurs (5 à 6 brasses), les risques d'endommagement sont tels qu'il est encore préférable de faire appel à un scaphandrier qui transmettra ses ordres en tirant sur les différents câbles de ralingues. Progressivement, le filet-entonnoir se referme, laissant apparaître la masse frétillante. On s'arrange pour la placer sur le bord de l'enceinte, tout contre le bateau-transporteur ancré, lui, à l'extérieur (Planche 10, ph.D).

Commence alors l'opération d'*assèchement (drying up)*. Autrefois, elle pouvait durer plusieurs heures ; il fallait diviser la prise en plusieurs palanquées que l'on vidait l'une après l'autre en se servant d'une baille manœuvré à la force des bras. Au milieu des années cinquante, l'introduction de pompes pneumatiques devait grandement faciliter la tâche et faire gagner un temps précieux. Le hareng est aujourd'hui aspiré d'un seul trait et convoyé jusque dans les cales du bateau où deux hommes, d'un rythme régulier, le saupoudrent d'une bonne pelletée de sel au fur et à mesure de son arrivée. Auparavant, il aura été débarrassé mécaniquement de ses écailles ; celles-ci sont récupérées dans des seaux sous forme d'écume blanchâtre ; exportées vers les États-Unis, elles serviront d'ingrédients dans la composition de divers médicaments, produits cosmétiques et

Figure 32
Manœuvre pour coulisser la senne à l'intérieur de l'enceinte d'un parc à fascines.

matières plastiques ; on les utilise aussi pour fabriquer des perles.

7. *Irrégularité des mises à terre*

La saison de pêche se tient entre mai et novembre au moment où les bancs de sardines, en quête de nourriture, se rapprochent le plus près possible du rivage. Les nuits sans lune, affirment certains pêcheurs, sont les plus propices surtout quand elles tombent avec le flux de la marée. Mais il n'y a pas de règle générale, et les plus fins pronostiqueurs se trouvent souvent prix en défaut. Certains parcs font leurs plus grosses prises à l'automne, d'autres au printemps, mais sans régularité d'une année à l'autre. Il en faut tellement peu (quelques centaines de mètres, pas plus) pour que vous échoie la pêche miraculeuse ou la pêche désastreuse!. La configuration des côtes par rapport à la direction des courants joue un rôle important, sans qu'il soit possible pour le moment d'apporter plus de précision. De même, la venue d'une bonne brise de mer est toujours accueillie avec satisfaction car elle est présumée rabattre les bancs vers la côte. Mais l'imprévisibilité reste totale ; elle fait de cette pêche une véritable loterie engendrant des revenus instables et des conditions de vie difficiles. Les apports varient énormément d'une année sur l'autre, d'une baie à l'autre, d'un parc à l'autre. N'a-t-on pas vu telle fascine prendre 200 tonnes en 3 jours d'affilée et plus rien par la suite! Aucune régularité d'ailleurs dans la réussite comme dans l'échec, et un parc qui avait juste là bonne réputation peut tout à coup se révéler inopérant. En 1978, les apports par fascine ont oscillé de quelques tonnes à près de 1 000 tonnes, la moyenne se situant autour de 110 tonnes. D'après les pêcheurs, ces fluctuations sont de plus en plus marquées en raison de l'appauvrissement des fonds par les senneurs. Le poisson n'arrive plus à la côte, voilà tout! Du reste, l'avantage ne va-t-il pas aujourd'hui à ceux qui construisent leurs parcs en eau profonde? À Grand Manan par exemple, les trois fascines situées à la limite des 6 brasses ont totalisé en 1978 près de 40 % des apports de l'île.

On touche là à l'une des difficultés majeures de ce type de pêche. S'il a été possible jusqu'ici d'augmenter les dimensions de ces pièges et ainsi d'élargir substantiellement leur rayon d'action, il semble bien que soit atteinte aujourd'hui une limite qu'il sera difficile de dépasser. À supposer même que l'on puisse acquérir des pieux suffisamment longs,

la fragilité de l'armature créerait plus de difficultés qu'elle n'en résoudrait. Une solution serait de changer de matériau de construction. Une expérience a été faite dans ce sens en 1974. Grâce à une subvention du ministère fédéral, un groupe de pêcheurs a édifié un parc en tube d'acier sur la côte ouest de l'île de Grand Manan, un peu au-delà de la limite des 6 brasses (fig. 31). Résultats encourageants puisqu'en une courte saison (mai-septembre), 258 tonnes ont été capturées représentant un revenu brut de 40 000 dollars. Malheureusement, le coût de construction (62 000 dollars, 1974) ayant sensiblement élevé le seuil de rentabilité, l'opération se serait soldée par un échec sans les subsides gouvernementaux (23 000 dollars).

D'autre part, les compagnies de parcs se plaignent de la concurrence des senneurs avantagés par des apports plus substantiels et surtout moins fluctuants. De surcroît, les conditions du marché ne les avantagent pas. Malgré la qualité souvent supérieure de leurs prises, ils ne bénéficient pas d'un prix supérieur en raison, entre autres, de leur faible pouvoir d'intervention vis-à-vis de la Connors Brothers Company, détentrice du monopole de l'industrie de la conserve de sardine.

Autre handicap : dans sa conception actuelle, le parc devient inopérant dès lors qu'il renferme une certaine quantité de poisson ; on dit qu'il est *saturé*. Il convient alors de l'assécher aussitôt pour le remettre sans délai en état de fonctionner. Or il arrive qu'au milieu de la saison, les parcs situés dans un même secteur géographique se remplissent presque tous en même temps, et il faut attendre plusieurs heures avant de voir arriver le bateau-transporteur. Il s'ensuit un manque à gagner pour les pêcheurs, aggravé du fait que les prix au débarquement subissent une baisse sensible à cause de cet afflux momentané d'arrivages. Pour obvier à cet inconvénient, le gouvernement fédéral a pris, en 1977, l'initiative de subventionner les propriétaires qui construiraient une enceinte attenante à l'enclos principal ; cela devrait permettre de ne livrer la marchandise qu'au moment opportun, une fois le marché assaini, sans risquer de perdre le bénéfice de l'arrivée d'une *mouvée* à la côte. On pourrait même envisager de mettre le hareng trop petit en attente, jusqu'à ce qu'il ait atteint la dimension requise pour la vente.

Mesures intéressantes certes, mais encore insuffisantes pour revigorer cette technique de pêche, dépendante plus qu'une autre des conditions générales du marché et des me-

La pêche au hareng

A
*Vue aérienne d'un parc à fascines
(photo. min. Envir.)*

B
Disposition d'un parc par rapport au rivage.

C
*Pêcheur en barque se dirigeant vers intérieur du parc
pour le soulager de sa prise.*

A

B C

sures prises ou à prendre pour éviter la surexploitation des stocks. Pour s'en convaincre, il suffit de regarder les revenus par fascine ; en 1977, ils n'ont pas dépassé en moyenne les 11 000 dollars, soit à peine 3 000 dollars par pêcheur, mais les écarts ont oscillé de 70 dollars à près de 100 000 dollars (source officielle).

Récemment, un nouveau pas a été franchi pour remédier aux effets de cette im-

prévisibilité. L'association des pêcheurs de parcs a mis sur pied une caisse d'assurance-prise qui, grâce à une subvention de l'État (250 000 dollars pour l'année 1979) et à un prélèvement de 3 % sur les apports, devrait permettre d'assurer un revenu minimum compris entre 5 000 et 11 000 dollars par fascine. Plus précisément, chaque association se verra attribuer au début de la saison une somme de 5 000 dollars pour entreprendre une nouvelle campagne de pêche. Si le revenu en fin de

Planche 10

D
Récupération du hareng à l'intérieur de parc au moyen d'une senne tournante.

E
Un senneur en action (photo. min. Emploi et Immigration).

campagne est inférieur à 10 000 dollars, la caisse remboursera la moitié du déficit, soit par exemple 3 000 dollars pour un parc qui n'aurait rapporté que 4 000 dollars (6 000 $: 2) ou 1 000 dollars pour un autre qui n'aurait gagné que 8 000 dollars (2 000 $: 2). D'après les résultats de 1978, plus de la moitié des propriétaires de fascines devrait bénéficier de cette aide.

Ainsi peut-on espérer enrayer le déclin d'une activité qui fait vivre, il faut le dire encore une fois, 900 familles de pêcheurs, et donne de l'emploi à près de 1 500 personnes de l'industrie de la conserve.

D. *La senne tournante*

En moins de vingt ans, la senne tournante a pris aux Maritimes une place dominante dans l'exploitation du hareng. Encore peu employée au début des années soixante, elle s'est rapidement imposée au point de reléguer les autres méthodes de capture à un rôle secondaire, voire marginal pour certaines d'entre elles.

Le filet tournant a pourtant une longue histoire qu'il serait fastidieux et hors de propos de développer ici. Retenons qu'il fut introduit aux Maritimes dans le dernier tiers du XIXe siècle (vers 1880) par des pêcheurs américains. Mais il ne reçut dans un premier temps qu'un accueil mitigé : engin trop dispendieux et d'une efficacité contestable, estimait-on alors.

La méthode, il est vrai, différait sensiblement de celle utilisée de nos jours. En l'absence de tout appareil de détection, il fal-

lait repérer la *matte* à l'œil nu. Pour cela, un homme de vigie bravant la fatigue et la peur devait rester perché, la journée entière, tout là-haut sur les vergues. Dès qu'il apercevait un banc, vite on mettait une chaloupe à l'eau. Une douzaine d'hommes, pas moins, y prenait place et ramait à force allure pour déployer le filet autour de la proie (Planche 9, p. 127).

Mais que de fausses alertes et d'opérations manquées! Il fallait attendre des journées, des semaines parfois, pour que le brouillard enfin se lève et rende possible le repérage. Et impossible naturellement de manœuvrer durant la nuit, au moment où précisément le hareng a le plus de chance de monter à la surface! Maintes fois, la senne, trop restreinte (150 à 200 mètres de circonférence sur 6 à 7 mètres de profondeur), laissait échapper le poisson sans espoir de le rattraper. Résultat : les apports étaient encore plus irréguliers qu'avec les fascines et ne justifiaient pas, c'est du moins ce que l'on pensait, l'engagement des 12 à 15 hommes requis pour une telle pêche.

De fait, cette technique fut oubliée pendant un demi-siècle, et ce n'est que vers les années 1935-1940 qu'on la vit réapparaître, d'abord pour récupérer le petit hareng à l'intérieur des fascines puis pour pêcher le thon en pleine mer. Pendant la guerre, la forte demande de *sardines* incita le gouvernement à encourager le lancement de petits senneurs motorisés, dotés des premiers écho-sondeurs.

Libérée ainsi des contraintes qui avaient jusque-là limité son développement, on aurait pu croire que la senne allait rapidement prendre le pas sur les autres techniques de pêche. Il n'en fut rien. D'abord, parce que la demande après quelques années d'euphorie se stabilisa, ensuite parce que les bateaux, de type Cape Island, dont se servaient les pêcheurs côtiers, devaient se révéler peu aptes à ce genre de pêche.

Leur principal inconvénient résidait dans la capacité insuffisante des cales ; elle obligeait les pêcheurs à d'incessantes allées et venues des lieux de pêche au port d'attache, les contraignant même parfois, à abandonner sur place une partie de la pochée si laborieusement circonscrite. La solution eût été d'adopter un autre type de bateau, comparable à celui qu'utilisaient au même moment les Canadiens et les Américains sur la côte du Pacifique. Mais le caractère saisonnier de cette activité n'autorisait pas de tels investissements, d'autant que la pêche côtière au homard, par les revenus plus substantiels qu'elle procurait, avait toujours la faveur des pêcheurs. Dans ces conditions, mieux valait ne rien changer et s'accommoder de ce que l'on possédait, chercher à en tirer le meilleur parti sans pour autant rejeter les innovations techniques : moteur Diesel en 1948, radar en 1950, power-block (poulie coulissante) en 1955, senne en fibres synthétiques en 1958.

Cependant, à partir des années soixante, la forte demande en farine de poisson destinée à l'alimentation du bétail allait inciter les compagnies à lancer des unités pontées de plus fort tonnage, capables d'approvisionner leurs usines de réduction. Tels furent en 1962-1963 le *Sarah and Stewart* (17,60 m) et le *Polley B.* (19,80 m), puis en 1964-1965 le *Green Waters* (28 m) et le *Quoddy Bay* (24 m), enfin à partir des années 1966-1967, la génération des grands senneurs de 30 mètres et plus en provenance de la Colombie-britannique.

La senne tournante entrait dans une ère nouvelle. Responsable de quelques milliers de tonnes en 1960, son rôle n'allait cesser de s'affirmer pour atteindre un sommet en 1968, date à laquelle 272 000 tonnes furent débarquées par cet engin, soit près des trois quarts des prises totales du hareng.

Depuis, malgré une baisse substantielle des apports, l'importance relative de la senne s'est maintenue. En 1977 et 1978, avec des captures de l'ordre de 120 000 tonnes, elle a encore totalisé près de 70 % de la production des Maritimes.

Deux types de pêche à la senne coexistent aujourd'hui aux Maritimes.

— Dans le S.W., la majorité des senneurs exploités sur le mode artisanal, sont de petite taille (17 à 22 m). Dérivés du modèle Cape Island, ils n'ont pas la capacité et la force suffisantes pour s'éloigner à plus de 30 milles de leur base portuaire. Ils doivent donc se contenter d'exploiter les pêcheries de la frange maritime de l'entrée de la baie de Fundy, en ayant le plus souvent recours à des bateaux-transporteurs *(carriers)* pour pomper directement le poisson emprisonné dans leur filet.

— Ailleurs, attachés aux ports de Pubnico-East, Louisbourg, North Sydney, Caraquet, Shippagan, se trouvent les senneurs de plus de 30 mètres, dotés des derniers perfectionnements de la science halieutique. Astreints comme les autres à débarquer leurs marchandises dans les 24 heures qui suivent la capture, ces grandes unités effectuent de courtes marées, rarement supérieures à la journée. Mais leur immense supériorité est de pouvoir garder la mer jusqu'à temps qu'elles tiennent la *mouvée,* de suivre le hareng dans ses déplacements le long du littoral, de le traquer dans ses moindres repères et l'encercler au moment opportun.

1. *Une sortie sur un petit senneur*

25 Mai 1977, 6 heures du soir. Dans le port de Pubnico-Ouest situé à l'extrême pointe S.W. de la Nouvelle-Écosse, les senneurs un à un *décollent* du quai. Ils sont bien là une vingtaine, reconnaissables à leur lourde et puissante poulie suspendue en haut du mât de charge d'où part une forêt de câbles retombant sur le volumineux tas de toile pliée au milieu du pont. Sur la rampe arrière, l'annexe du bateau (le skiff) est à peine incliné, en position d'attente.

La saison a commencé avec du retard et sans beaucoup de succès jusqu'à présent. La première semaine tout allait bien, reconnaît l'un des hommes, il fallait monter jusqu'au Cap St. Mary pour trouver le hareng. Loin peut-être, mais payant. On revenait avec 40, 50 tonnes dans les cales. Répété tous les jours, cela donnait de bonnes moyennes. Puis le mauvais temps s'est mis de la partie et tout a été *chaviré.* Les bateaux sont restés à quai une bonne semaine. Après, le hareng avait disparu, dispersé on ne sait trop pourquoi. Depuis, il n'y a plus rien de bon sinon de petites concentrations localisées dans les parages des îles Tusket, à 3 heures de route d'ici. C'est vers cette zone que les senneurs se dirigent ce soir.

En attendant de livrer leur dure bataille, les sept hommes d'équipage du V. passent le temps comme ils le peuvent. Après le traditionnel souper pris en commun, les uns jouent aux cartes sur un soin de table, d'autres parcourent un illustré trouvé Dieu sait où, plusieurs somnolent dans leur couchette. Puis tout le monde, au bout d'une heure, se retrouve dans la cabine de pilotage, sans doute pour s'enquérir des dernières informations et faire les commentaires qui s'imposent. Le sujet du jour ne peut laisser personne indifférent. Ils s'agit de la dernière déclaration du ministre des Pêches et de sa volonté de passer outre aux revendications américaines en incorporant le banc Georges dans la zone économique canadienne. Pas un, ici, ne condamnerait des propos aussi fermes ; mais tout de même on s'inquiète. N'y va-t-il pas un peu fort ? Mieux vaudrait arriver à un accord à l'amiable et ne pas risquer des représailles de la part du puissant voisin. Mais quelles représailles ? Facile, dit l'un d'eux, ils n'achètent plus notre poisson et nous laissent crever de faim. Et un autre de répliquer : cela nous permettrait au moins de rechercher d'autres acheteurs. En Europe, par exemple, il paraît qu'ils manquent de poisson par là-bas. Mais l'Europe, chacun en convient, est bien loin. Que faire ? sinon compter sur l'Amérique pour se sortir d'affaire. Le Canada finira bien par plier, comme d'habitude. Remous divers. Cette façon de voir ne fait pas l'unanimité, c'est le moins qu'on puisse dire. «*Mais laissez-les donc s'arranger entre eux!*» jette le capitaine comme pour mettre un terme à la discussion.

L'heure n'est d'ailleurs plus aux bavardages. Sans même s'en rendre compte, le bateau a parcouru les 35 milles qui le séparait de la zone de pêche. La nuit est maintenant tombée, complètement dégagée de l'épais brouillard qui, au départ, réduisait la visibilité à presque rien. Au loin, immobilisés au milieu des eaux, quelques senneurs, le pont tout illuminé, ont déjà tenté leur premier coup de senne.

Chacun est alors descendu enfiler ses bottes et son ciré. Le capitaine également qui, pour quelques minutes, a passé les commandes. Puis l'on se regroupe une fois de plus sur la passerelle. Le sonar mis en marche n'a révélé que des taches grisâtres. Ça n'annonce rien de bon. La même chose qu'hier, soupire le capitaine. Le hareng est partout et nulle part. Pas moyen de l'accrocher. Malgré tout, l'ordre a été donné de mettre le skiff sur la rampe ; on ne sait jamais...

Tous feux éteints, le senneur s'est mis à rechercher sa proie, allant et venant sur l'immense plaine liquide. Gravité du moment que souligne le silence des hommes qui, les yeux fixés sur le cadran lumineux, se contentent de chuchoter quelques brides de phrases. Un moment la chance a paru sourire : une tache énorme, noire et bien franche, comme un beau champignon est apparue sur le rouleau enregistreur. Un «oh!» d'admiration a sorti chacun de sa torpeur. Mais le temps de virer de bord et de se mettre en position, et la *matte* avait disparu.

À plusieurs reprises il en sera ainsi ; le poisson est là, mais impossible de le saisir. Trop de houle? Nuits trop éclairées? Eaux trop froides? Les avis, comme toujours, sont partagés. Le capitaine n'a rien dit mais, jouant son va-tout, il a décidé de partir plus au large.

Initiative récompensée car moins de dix minutes plus tard l'ordre enfin arrivait comme une délivrance : «*larguez toute!*». Deux hommes aussitôt ont bondi dans le skiff. Libéré de son attache, celui-ci s'est élancé côté tribord dans une course folle, déployant derrière lui son lourd gréement de filet.

Il n'a pas fallu plus de 5 minutes pour installer (ou *caler*) l'immense barrage de filet : 700 mètres de périmètres, 50 mètres de chalut, une surface totale de 1,5 ha «*De quoi attraper un volume de poisson aussi gros que votre Concorde!*» me lance le capitaine visiblement ragaillardi de la tournure des événements.

Revenu à son point de départ, le skiff s'est placé à bâbord de façon à touer le bateau pour qu'il se maintienne bien en place et ne vienne à se déporter sur la senne. Simultanément, on a mis le treuil en action pour resserrer les coulisses d'acier et fermer les cordons de la bourse. En un quart d'heure, la première manche est gagnée. Quoiqu'il arrive, le hareng ne pourra s'échapper.

On peut alors éclairer le pont et travailler comme en plein jour. Mais le plus difficile reste à faire : enfiler sans coup férir les anneaux de fer retenant le chaînage du gréement sur le bras d'acier (le canon). L'opération est délicate, mais les hommes depuis longtemps rodés à ce genre d'exercice s'en tirent à merveille. Deux saisons pour arriver à une parfaite coordination dans la manœuvre, devait indiquer plus tard le capitaine.

Pendant ce temps, le *power-block* suspendu au bout de sa corne de charge s'est mis à tourner pour aspirer les 15 tonnes de filet. Spectacle hallucinant que de voir ces hommes debout au milieu du pont, cirés et suroîts ruisselants sous l'averse permanente, recevoir les bras tendus vers le ciel cette toile dégoulinante qu'ils replient minutieusement sous eux tandis qu'anneaux et ralingues sont disposés au fur et à mesure sur les côtés pour que tout soit en place pour le prochain coup de senne.

Il ne faut pas moins de deux heures de travail ininterrompu pour que la bourse, si rapidement mise en place, laisse enfin découvrir sa charge frétillante. Quelques instants de repos, le temps de prendre une bière et d'évaluer la prise. Il n'y a pas de quoi pavoiser. Un petit coup! Huit, dix tonnes tout au plus! Mais pourquoi faire le difficile quand les autres n'annoncent que des quatre à cinq tonnes. Un trait qui ne s'inscrira pas dans les mémoires, voilà tout. Reste alors à pomper le poisson pour le mettre en cale après avoir au passage récupéré les fameuses écailles : une simple routine.

Le skiff remonté, il n'y a plus qu'à reprendre les recherches. Il est près de 2 heures du matin. Les hommes regagnent leur place sur la passerelle mais exténués par l'effort qu'ils viennent de fournir, ils ne tardent pas à se recroqueviller et à s'assoupir, la tête entre les genoux. Peut-on espérer un autre coup de senne? Le patron n'y croit plus guère, d'autant que le vent qui vient de se lever risque désormais de gêner les manœuvres. Mais il faut tenir bon et *prendre sa chance* jusqu'au bout. Le bateau continuera donc sa ronde, poursuivant inlassablement l'animal qui toujours au dernier moment parviendra à se dérober. Dix fois, vingt fois peut-être, l'alerte sera donnée, mais sans résultat.

Finalement, vers 4 heures du matin, alors que l'aube commençait à poindre, le bateau a fait route terre. Les hommes ont regagné leur couchette. Le capitaine, toujours à la barre, les yeux rougis de fatigue mais enfin détendu, peut s'abandonner à l'interview.

2. *L'avenir de la senne tournante?*

Personne ne le voyait en rose il y a quelques années quand les étrangers venaient écrémer les fonds côtiers.

Les petits senneurs ont été les plus durement frappés par cette invasion. En 8 ans, de 1968 à 1976, les apports de ces unités inférieures à 70 pieds (21 m) ont baissé de 70 %. Mais le Canada a repris le contrôle de ses ressources, et chacun ici a bon espoir de renouer avec les performances de la dernière décennie. Pas avant quatre ou cinq ans, font remarquer cependant les experts.

En attendant, la politique des quotas impose de dures contraintes aux pêcheurs. Ainsi

en baie de Fundy, il a fallu à plusieurs reprises déjà (1974 et 1976 pour le moins) fermer la pêche à la senne en plein milieu de la saison estivale, le contingent de prises ayant été atteint en quelques semaines.

Pour parer à ces inconvénients, les pêcheurs sont parvenus à s'organiser. Avec l'aide du gouvernement, ils ont créé une association regroupant aujourd'hui (1979) la quasi-totalité des petits senneurs. Leur effort a porté jusqu'à présent sur la fixation d'une prise maximale hebdomadaire par bateau, de façon que la saison de pêche soit plus longue et que le volume total des captures n'excède pas la capacité d'absorption de l'industrie des produits saumurés, et qu'ainsi aucun surplus ou presque n'aille alimenter l'industrie de la farine, de faible rapport pour le producteur.

Les résultats ont été probants puisque le prix de la tonne de gros hareng, qui stagnait à 21 dollars la tonne en 1968, a triplé depuis cette date pour dépasser les 64 dollars en 1976 et frôler les 200 dollars en 1978. En 1979, pour la première fois sur la côte atlantique, un système de vente du hareng aux enchères a été instauré à Yarmouth avec un prix de base fixé à 214 dollars la tonne.

Il faut ajouter, pour expliquer cette progression, que l'extension de la zone économique canadienne (ainsi que d'autres pays) et l'appauvrissement des riches pêcheries de la mer du Nord ont créé une situation de forte pénurie sur le marché européen. On a pu voir ces dernières années, des bâtiments étrangers (polonais notamment) venir acheter du hareng directement aux pêcheurs canadiens, et cela à des prix nettement supérieurs à ce que les compagnies canadiennes proposaient. Une situation tout à fait nouvelle qui ne manque pas d'inquiéter les sociétés de conditionnement (voir Év. du 16 juillet 1976), et montre bien la volonté clairement affirmée des pêcheurs de tirer un meilleur profit de leurs ressources.

3. *La campagne d'un grand senneur*

Il n'y a pas que les petites unités de pêche qui ont souffert de l'appauvrissement des fonds. Les grands senneurs, ceux que l'on classe dans la catégorie des plus de 70 pieds (21,33 m), ont connu eux aussi de graves difficultés de trésorerie. Cependant, la baisse des apports, quelque notable qu'elle ait été (de 50 % entre 1968 et 1978), n'a jamais pris l'allure d'une catastrophe. Moins dépendants que les autres de l'attache portuaire, ils ont pu étendre leur rayon d'action, exploiter de nouvelles pêcheries et poursuivre leurs activités à l'année longue.

Par ailleurs, ils ont bénéficié à leur tour de la hausse spectaculaire des prix du hareng et ainsi augmenté, dans des proportions importantes (5 à 10 % par an), la valeur totale de leurs débarquements.

Est-ce suffisant pour rentabiliser ces bateaux dont le coût moyen unitaire s'élevait en 1978 à quelque 2,5 millions de dollars? Certainement pas. Presque toujours exploités par des compagnies, elles-mêmes largement subventionnées par l'État, ces senneurs ont moins pour objectif de former une entreprise économiquement viable que de valoriser les industries de transformation par des apports volumineux et si possible stables, et de permettre à une élite de pêcheurs de retirer de hauts revenus.

L'exemple de l'Apollo III, un des plus beaux spécimens de la flottille canadienne, est à cet égard significatif.

Ce senneur de 369 tjb, long de 115 pieds (35 m), est doté de la plupart des instruments de navigation et de détection de la pêche moderne : compas magnétique pour diriger le navire selon le cap choisi, gyrocompas ou enregistreur de cap associé au pilote automatique commandant l'orientation du gouvernail, sondeur-détecteur travaillant à la verticale du bateau couplé au sonar à balayage sectoriel, etc. Propulsé par un moteur diésel de 1 125 CV, il possède des cales réfrigérées parfaitement étanches d'une capacité énorme puisqu'il peut emmagasiner jusqu'à 400 tonnes de poisson.

On note aussi qu'il a été l'un des premiers de la côte atlantique à s'équiper du fameux tambour à senne mis au point par les Américains. Il s'agit d'un grand touret à entraînement hydraulique, disposé à l'arrière du navire juste devant la rampe ; sa fonction est de filer ou de hisser à bord la totalité de la senne y compris les accessoires : lièges, ralingues de plomb et anneaux. Deux larges rouleaux verticaux complètent le dispositif et assurent à l'ensemble un enroulement parfaitement régulier. Ce système a l'avantage, sur le *power-block,* de réduire considérablement (de 3 fois en moyenne) la durée des opérations de calage et de rentrée du filet. D'où la possibilité avec un équipage plus restreint de lancer la senne plusieurs fois de suite, à intervalles rapprochés, et de mettre ainsi à profit ces courtes périodes de la journée au cours desquelles se forment dans les tranches de surface de petites concentrations, insaisissables par la méthode traditionnelle.

À une économie de temps et de main-d'œuvre s'ajoute une économie d'espace qui a permis par exemple à l'Apollo d'adjoindre à son équipement une seconde nappe de filets, manœuvrée de l'arrière par une poulie conventionnelle. Dans l'esprit des constructeurs, il s'agissait au départ de constituer un bateau polyvalent, capable de pêcher le hareng à la senne tournante et d'avoir en réserve un chalut semi-pélagique destiné à pêcher le poisson de fond. Pour des raisons de rentabilité, cette idée n'a pas été suivie, et le navire n'a servi jusqu'à présent qu'à la seule pêche au hareng.

Il a été lancé en 1970 pour le compte de la société *Les Pêcheries acadiennes de Caraquet* déjà propriétaire de plusieurs autres bateaux. Le capitaine est l'un des principaux actionnaires de cette société, mais aussi un des membres fondateurs de la compagnie Carapec qui, dans ce même port de la presqu'île de Gloucester (Nouveau-Brunswick), possède une importante usine de conditionnement du poisson. L'Apollo III a donc pour rôle de fournir le plus gros contingent de hareng de cette entreprise, spécialisée, entre autres, dans la préparation des marinades.

Comment se présente le calendrier d'activités de ce bateau : exemple de la saison 1976-1977!

— Cette année-là, l'Apollo a commencé sa campagne le 15 septembre.

— Jusqu'au 20 novembre, il a pêché le hareng d'automne en baie des Chaleurs, plus précisément dans les parages de l'île Bonaventure (Québec) où la proximité des lieux de pêche lui a permis de revenir chaque jour ou presque à son port d'attache et d'approvisionner ainsi d'une façon satisfaisante l'usine Carapec.

— À partir du 20 novembre, le bateau a pris, comme il le fait chaque année à la même époque, ses quartiers d'hiver ; c'est-à-dire qu'il est sorti du golfe du Saint-Laurent avant que ne se forment les glaces. La société d'armement a passé un accord avec la compagnie H.B Nickerson pour que le senneur alimente ses usines de la côte atlantique. Jusqu'au mois de décembre, l'Apollo III a donc travaillé sur le plateau Sainte-Anne, débarquant quotidiennement ses cargaisons de hareng à North Sydney.

— Du 23 décembre au 1er janvier, les huit hommes d'équipage, tous originaires de

Caraquet (Gloucester), ont été rapatriés chez eux par avion afin de passer les vacances de fin d'année en famille.

— Du 2 janvier au 15 février, le quota de la zone 4 Vn (zone CIPAN) ayant été atteint, le senneur a dû descendre plus au sud, dans la baie de Chedabucto. La chance lui a souri puisque les concentrations dans ce secteur étaient telles qu'il a pu pêcher aussi bien de jour que de nuit avec des résultats satisfaisants : 78 à 80 tonnes en moyenne par jour, avec quelques pointes supérieures à 200 tonnes.

— Entre le 15 février et le 15 avril, durant 2 mois, le bateau est resté à quai dans le port de Canso. Pourquoi? L'équipage prétend qu'au milieu de l'hiver, les usines se mettent à tourner au ralenti ce qui entraîne inévitablement une forte diminution de la demande en poisson. Il est probable aussi que les faibles prises enregistrées au début du mois de févier (5 à 10 tonnes) et les médiocres perspectives offertes à cette époque de l'année, n'ont pas incité l'armateur à rechercher d'autres contrats de vente qu'il n'aurait peut-être pas été en mesure de respecter. On peut penser aussi que les hommes, à ce moment de l'hiver, ont souhaité selon une habitude bien établie, revenir au pays et se mettre sur l'assurance-chômage.

— À partir du 15 avril, la pêche a repris d'abord en baie de Chedabucto puis à l'entrée du golfe du Saint-Laurent, dans les parages de l'île Saint-Paul avec pour base de débarquement les ports de North Sydney et Port-aux-Basques (Terre-Neuve). Habituellement, le bateau remonte dès la fin du mois d'avril dans le nord du golfe. Mais ce printemps-là, les glaces ont été plus longues à partir, de sorte qu'il n'a pu gagner Caraquet que vers le 10 mai. Autre déconvenue, le hareng n'a pas donné fort sur les côtes. Dès le 20 mai il s'est dispersé, et les coups de senne n'ont fourni que des rendements médiocres. À tel point qu'à partir du 15 juin, le bateau s'est amarré au quai de Caraquet pour ne le quitter que le 15 septembre, date à laquelle a débuté une nouvelle campagne de pêche.

Pas moyen, durant toute cette période estivale, d'aller pêcher le hareng en baie de Fundy, ni même de chaluter le poisson de fond dans le golfe, la réglementation le lui interdit. Contraint et forcé de s'immobiliser. Trois mois durant. Que faire pour les hommes sinon s'occuper comme ils le peuvent à ramender les filets, piquer la rouille, peindre, nettoyer. Du bricolage en somme!

À la vue de ce calendrier, une constatation s'impose : cet outil de travail est largement sous-utilisé ; seulement 85 jours de mer en une année d'activité, c'est très insuffisant pour rentabiliser un tel bateau. Pour expliquer ces piètres résultats, on peut arguer des mauvaises conditions atmosphériques et de la malchance qui a voulu que cette année-là le hareng de printemps disparaisse prématurément des côtes. Pourtant, aux dires mêmes du Premier Maître, depuis la fixation de quotas de prises en 1972, l'Apollo III n'a jamais pu effectuer plus de 120 jours de mer dans son année d'exercice. Cependant, ses apports se maintiennent à un bon niveau, entre 5 000 et 5 500 tonnes par an, avec néanmoins une grande irrégularité dans les débarquements quotidiens (de 3 à 220 tonnes). Si l'on tient compte des charges d'exploitation et des dettes contractées envers le gouvernement provincial (prêt de 475 000 dollars à 4 %), ce bateau ne peut pas être rentable dans les conditions actuelles de fonctionnement.

Mis en chantier durant une période d'expansion des pêches, ce senneur a été lancé au moment où s'établissait une politique rigoureuse de contingentements des ressources, non encore assouplie en 1979. Le sera-t-elle suffisamment un jour pour qu'il puisse travailler sur les bases initialement prévues? Heureusement, la forte hausse du hareng enregistrée récemment a sauvé une situation des plus compromises et redonné quelque espoir aux armateurs. En 1978, le prix du hareng a largement dépassé le niveau des 150 dollars la tonne, seuil à partir duquel le capitaine de l'Apollo III assurait, l'année précédente, pouvoir rentabiliser son affaire sans pour autant étendre ses activités au-delà des 100 jours de mer annuels. Compte tenu de la montée simultanée des charges d'exploitation, il n'est pas certain qu'il y soit parvenu.

Reste que ce type de bateau fournit de bons revenus aux pêcheurs, sans doute parmi les plus élevés des Maritimes. Ainsi pour la campagne 1976-1977 de l'Apollo III, la part brute de chaque matelot atteignait 22 000 dollars. Déduction faite des frais communs (4,5 dollars par jour de pêche) et les retenues fiscales (entre le quart et le cinquième des ressources selon la situation familiale de chacun), on arrive à des gains nets de deux fois supérieurs en moyenne à ceux obtenus par un matelot d'un grand chalutier arrière travaillant sur une base d'au moins 150 jours de mer par an. Que dans ces conditions, les capitaines de ces grands senneurs ne rencontrent aucune difficulté à recruter des hommes d'équipage *solides et consciencieux* n'a rien de surprenant. Sur l'Apollo par exemple, deux de ces matelots appartenaient à la même famille que le capitaine, les autres habitaient le même village et possédaient un niveau d'études de fin de second cycle. L'un d'eux était passé par une université.

E. *Le conditionnement du hareng*

La commercialisation du hareng a été pendant longtemps retardée par les préjugés qui s'attachaient à ce poisson *commun* et aux difficultés apparemment insurmontables pour tirer parti d'une ressource abondante certes mais disponible en de courtes périodes de l'année seulement, et d'une façon fort irrégulière, de surcroît. Il a fallu attendre les progrès réalisés, au milieu du siècle dernier, dans l'appertisation des aliments et les multiples applications obtenues par la suite du procédé de congélation, pour que l'on voit naître et se développer une grande industrie du hareng.

Celle-ci se localise à proximité immédiate des grandes pêcheries mentionnées au début de ce chapitre, à savoir :
- le S.W. des Maritimes (dist. 33,34,50,53).
- la côte orientale de la Nouvelle-Écosse (dist. 15,9,7,6) ;
- et le N.E. du Nouveau-Brunswick (dist. 65, 66, 67)

Cette étroite dépendance vis-à-vis des lieux de pêche n'a rien de surprenant, surtout si l'on tient compte des énormes quantités débarquées et du caractère extrêmement périssable de la matière première qui rendrait bien aléatoire son transport à longue distance, qu'il se fasse par voie de terre ou de mer.

Cette concentration s'accompagne d'une grande diversité des formes de conditionnement, lesquelles traduisent chacune à leur façon l'histoire mouvementée de cette industrie.

1. *Le commerce de la boëtte*

En l'absence de capelan, le hareng a d'abord été utilisé comme appât pour pêcher la morue et les divers poissons de fond. À ce titre, il a fait l'objet, dès le début du XIXe siècle, d'un commerce actif entre les différentes communautés de pêcheurs du N.W. atlantique ; au niveau régional d'abord, des secteurs touchés par les *mouvées* vers ceux qui ne l'étaient point, au niveau international ensuite avec un trafic illicite des Maritimes vers les

États-Unis. Des ports comme Yarmouth, Digby, Liverpool, Lockeport jouèrent, durant toute la première moitié du XIXe siècle, le rôle de véritables plaques tournantes de ce négoce.

Le commerce de la boëtte est encore bien vivant ajourd'hui, même s'il est difficile d'en évaluer l'importance. D'après les statistiques, 13 à 15 000 tonnes de poissons divers (dont 50 % de harengs) seraient ainsi mis chaque année à la disposition des pêcheurs des Provinces Atlantiques ; chiffres nettement insuffisants si l'on se réfère aux besoins en appât des pêcheurs de homard, lesquels s'élèveraient pour les seules Maritimes à environ 20 000 tonnes. Nombreux sont ceux qui pêchent et préparent eux-mêmes leur boëtte pour en vendre une partie à leurs voisins. Il ne faut pas oublier en effet qu'en bordure du golfe du Saint-Laurent, la saison de homard se place au moment de l'arrivée du hareng sur les côtes. Il devient alors difficile, sinon impossible pour le pêcheur, de s'occuper simultanément des deux pêches. Que peut-il faire alors sinon s'approvisionner à la compagnie qui entrepose toujours un peu de boëtte dans ses frigos, ou encore auprès d'un pêcheur qui en aura fait saumurer quelques barils. Or, ce sont précisément ces ventes de particulier à particulier qui échappent au contrôle statistique des services officiels. Cette simultanéité des deux pêches oblige les compagnies des Maritimes à importer du hareng d'autres régions. Les îles de la Madeleine et de Terre-Neuve fournissent habituellement les plus gros contingents, ce qui ne va pas d'ailleurs sans inconvénients ; car si dans ces pays le clupéidé, pour une raison ou une autre, vient à manquer, ce sont les activités de pêche des Maritimes qui se trouvent compromises. On le voit bien à chaque fois que le maintien des glaces, dans le secteur des îles de la Madeleine, retarde l'ouverture de la pêche au hareng dans cette région maritime et par voie de conséquence le démarrage de la saison de homard sur les côtes de l'île du Prince-Édouard et du Nouveau-Brunswick. La substantielle valorisation du hareng, à laquelle on a assisté ces dernières années, devrait à l'avenir inciter les compagnies à se tourner vers d'autres formes de boëtte (maquereau surtout).

2. *Les marinades*

Procédé de conservation connu depuis fort longtemps, le marinage a connu ces derniers temps un essor spectaculaire dû aux efforts menés conjointement par les professionnels et les autorités gouvernementales pour revaloriser l'industrie du hareng. La production annuelle des produits saumurés et marinés a plus que doublé en cinq ans, pour dépasser aujourd'hui les 20 000 tonnes. Et compte tenu des possibilités intéressantes qu'offre le marché, il est probable qu'elle augmentera encore dans les prochaines années.

Nombre de poissons pélagiques, tels que le maquereau ou le gaspereau «*Alosa pseudoharengus*», alimentent cette industrie, mais le hareng fournit 85 à 90 % de la matière première. Le principe de la préparation est des plus simples. Il suffit de jeter le poisson en vrac dans de grandes cuves remplies d'une saumure vinaigrée à laquelle on ajoute une sauce épicée dont la composition est traditionnellement tenue secrète. L'action combinée du vinaigre et du sel a pour effet d'augmenter l'acidité du milieu et de paralyser la majeure partie des microorganismes. On obtient un produit qui se conserve bien (deux à trois mois environ) et qui, à la différence d'une salaison, ne se durcit pas.

Des entreprises vont plus loin dans le conditionnement et se chargent de fileter mécaniquement le hareng avant de le mariner. Le traitement dure une semaine, pas plus. Après quoi, des équipes de femmes s'occupent d'ôter la peau. Au fur et à mesure de cet *épiautage,* les harengs sont disposés dans de grands bidons métalliques, quelquefois encore dans des barils de bois, puis expédiés vers l'étranger : les États-Unis principalement, mais aussi la République fédérale d'Allemagne et les pays scandinaves. Retravaillés et mélangés à d'autres ingrédients, ils seront vendus en bocaux pour servir de *delikatessen* dans les restaurants et les tavernes. Ces dernières années, des efforts ont été accomplis par de petites entreprises canadiennes pour mener la préparation jusqu'au bout de la chaîne, c'est-à-dire jusqu'à la mise en bocal. Les grandes compagnies (National Sea Products, par exemple) leur vendent la matière première qu'elles se contentent, selon leur propre expression, *d'affiner.* Il s'agit ni plus ni moins que de la sous-traitance destinée à alimenter le marché national.

3. *Le boucanage*

Largement en honneur autrefois dans la plupart des ports des Maritimes, le fumage ou boucanage du hareng a progressivement disparu pour ne plus se concentrer aujourd'hui que dans deux seuls petits secteurs géographiques : l'île de Grand Manan et les villages de Cap-Pelé et Petit-Cap dans le S.W. du Nouveau-Brunswick.

Sur l'île de Grand Manan, le boucanage est une longue tradition liée à la situation exceptionnelle de la grande île par rapport aux *mouvées* de gros harengs qui s'approchent à intervalles réguliers de ses côtes. Chaque *boucaneux* possède un lot de quatre à cinq bâtiments comprenant un magasin à sel, un entrepôt de bois et copeaux, une salle de préparation et d'empaquetage, et un ou deux fumoirs (boucanières) aisément identifiables à leurs grands volets à glissières et au faîtage surélevé de leur toit d'où s'échappent en permanence des fumées odorantes. Aussi bien à Castalia, qu'à Woodwards Cove et Grand Harbour, ces bâtisses se disséminent dans la nature, à quelque distance des quais de débarquement, ceci pour éviter que l'embrasement toujours possible d'une boucanière n'en vienne à se propager aux autres corps de bâtiments. Mais plus au sud, à Seal Cove, où le manque d'espace est flagrant, chacun des trente à trente-cinq *boucaneux* présents s'est arrangé pour que ses bâtisses tiennent sur un seul et même quai s'avançant perpendiculairement aux rives de la baie ou du petit estuaire adjacent. Solution acceptable qui limite les risques d'extension d'un incendie tout en assurant cette proximité toujours fort avantageuse entre le lieu d'amarrage du bateau et celui de traitement du poisson (Planche 3, ph.B et Planche 11, ph. A).

Dans le S.E. du Nouveau-Brunswick, la présence d'une bonne quarantaine de ces boucanières resserrées sur un front de côte de moins de 10 km de large a de quoi surprendre, surtout si l'on se souvient de la quasi-disparition des frayères de hareng à l'intérieur du détroit de Northumberland. S'explique-t-elle par l'attachement de ces hommes à leur métier et à un genre de vie ? À l'existence d'un microclimat sec et ensoleillé particulièrement propice aux opérations de saurissage ? Ces éléments ont sans doute joué, mais d'une façon moins déterminante, pensons-nous, que la position centrale de ce petit secteur côtier par rapport aux trois grandes régions productrices de hareng des Maritimes, à partir desquelles chaque *boucaneux* s'organise pour échelonner ses approvisionnements tout au long de l'année.

Plusieurs centaines de personnes participent régulièrement aux activités de saurissage encore empreintes d'un fort caractère artisanal. Dès son arrivée, le hareng, après avoir été soigneusement lavé et écaillé, est mis à

tremper durant 60 à 72 heures dans plusieurs bacs à saumure. Cette première opération répond à une double exigence :
— provoquer une déshydratation, ne serait-ce que partielle, de la chair du poisson, ceci pour stopper l'activité des enzymes qui agissent comme catalyseurs dans la décomposition bactérienne.
— affermir la substance musculaire de l'animal, et déjà lui donner une certaine saveur grâce aux ingrédients que l'on ajoute à la composition de la saumure.

La seconde manipulation, de loin la plus fastidieuse, consiste à enfiler le hareng par les ouïes sur des baguettes de bois *(aînets* ou *cannes)* d'une longueur immuable de 3 pieds (91 cm). À Cap-Pelé, ce travail d'*enfilage* incombe presque toujours aux femmes et aux adolescents. Il exige une grande dextérité à qui veut gagner correctement sa vie. À raison de 20 harengs par canne, cent cannes forment un *bunch,* et certaines employées (elles sont rares) arrivent à produire 22 *bunches* dans leur journée!

Les réglettes sont chargées sur une sorte de chariot à bras *(horse)* et transportées jusqu'à la salle de fumaison. Là, une équipe d'hommes, les *hangneux,* s'occupent de les suspendre, l'une après l'autre, entre les supports de bois qui s'allongent d'un bout à l'autre de la boucanière. Il n'y a plus ensuite qu'à allumer à même le sol de petits feux de copeaux de bois et de sciure auxquels on ajoute parfois quelques bûchettes. Durant les premières semaines, ces feux sont allumés deux fois par jour de manière à accentuer le séchage préalable et à faire fondre la graisse qui recouvre les tissus. Dans un second temps, on se contente de produire de la fumée (boucane) et d'ouvrir de temps en temps les volets pour assurer une bonne ventilation. Mais le travail des *hangneux* ne s'arrête pas là ; chaque jour ou presque, ils doivent, au milieu des bouffées suffocantes et sous une pluie continuelle de graisse, escalader les madriers pour déplacer les réglettes et obtenir de cette façon un saurissage uniforme.

Après 7 à 8 semaines de fumage, le produit est suffisamment *cuit* pour qu'il soit possible de procéder à son empaquetage. Mais il faut faire vite pour éviter que l'humidité de l'air n'en vienne à favoriser le développement de moisissures. En 1972, plus de 50 000 boîtes de harengs fumés ont dû être rejetées à la suite d'un mauvais conditionnement. Dans la région de Cap-Pelé où les opérations de fumaison se répètent dorénavant trois fois dans l'année

(janvier-mars, mai-juillet, septembre-novembre), l'intérêt des *boucaneux* se porte principalement sur la production de *Bloaters* (harengs fumés entiers, non vidés) alors qu'à l'île de Grand Manan la préférence va à la préparation de *Kippers* (harengs fendus le long du dos) ou même de filets de Kippers.

Une fois placé dans des caissettes de 18 livres, le hareng fumé est centralisé sur Halifax où des sociétés d'import-export se chargent de l'expédier vers les pays étrangers ; traditionnellement les Antilles (République dominicaine), les États-Unis, et plus récemment l'Europe occidentale (en particulier l'Italie). Enfin, il faut signaler que certaines compagnies, telle la National Sea Products à Lunenburg, possèdent leur propre tunnel de fumaison incorporé à l'usine de traitement, mais il n'existe aucune statistique concernant cette production annexe.

4. *La mise en conserve du hareng*

Née dans le dernier tiers du XIXe siècle, l'industrie de la conserve du hareng tient toujours une place importante aux Maritimes puisqu'elle représentait en 1976 une production de 9 300 tonnes, soit environ la moitié du volume des produits de la mer mis en boîte. À noter que la *sardine* (hareng immature) n'est plus la seule à intervenir dans cette forme de conditionnement. Le gros hareng y participe pour une part non négligeable (35 % des apports). Du coup, le champ d'action de cette industrie, qui se limitait autrefois à l'entrée de la baie de Fundy, c'est-à-dire en bordure immédiate des riches zones d'alevinage de la baie de Passamaquody, a eu tendance à gagner d'autres rivages pour tirer parti des grandes pêcheries de l'Atlantique du Nord-Ouest.

Il ne s'agit pas toutefois d'une activité émiettée, comme a pu l'être autrefois la conserverie du homard. Les sommes considérables que mobilise chaque unité de production n'ont pas favorisé une redistribution du capital, et cette industrie reste, depuis l'Entre-deux-guerres, largement dominée par une seule et même compagnie, la Connors Brothers Company, elle-même affiliée au groupe agroalimentaire Weston, lequel contrôle d'autres sociétés (dont B.C. Packers) et la chaîne de distribution Sobey's.

La puissance de la seule société Connors Brothers apparaît considérable au vu de l'éventail de ses activités (voir tableau ci-après). Au centre de cette toile d'araignée, la ville portuaire de Black's Harbour et une immense conserverie entièrement rénovée au-

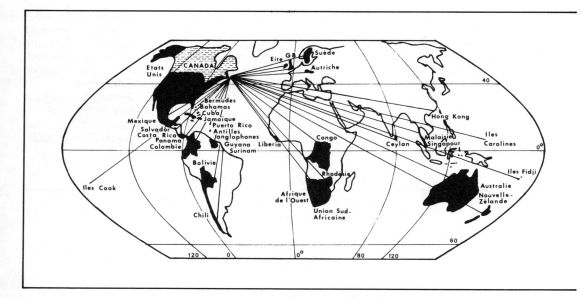

Figure 33
Marché d'exportation de la «sardine» de la compagnie Connors Brothers.

jourd'hui. Durant toute la saison, une flottille de bateaux-transporteurs se mobilise pour récupérer le hareng des parcs à fascines et le rapporter au port.

Dès son arrivée à quai, le poisson est lavé, nettoyé de ses dernières écailles, puis placé dans des cuves à saumure. On le répartit ensuite sur des grils ou treillis mécaniques qu'un convoyeur dirige vers un long four chauffé à la vapeur. À sa sortie, les grils chargés de sardines encore toutes fumantes sont disposés sur des chariots à plusieurs étages, et de là conduits vers des séchoirs munis de souffleurs à air chaud. Il n'y a plus ensuite qu'à convoyer les grils vers les tables d'empaquetage. Là, à deux par table, plusieurs centaines de femmes, avec coiffe et tablier blancs, s'affairent à classer le hareng selon leur moule puis, avec des ciseaux, elles leur coupent la tête et la queue ; enfin, elles les rangent avec minutie dans des boîtes qu'elles placent au fur et à mesure sur des plateaux. Tout cela à une vitesse extraordinaire, stupéfiante même (chacune d'elle apprête 2 000 à 3 000 sardines à l'heure!). Tandis que les déchets se dirigent automatiquement vers l'usine de réduction attenante, un autre convoyeur transporte les plateaux sous différents becs d'écoulement d'huile. À chaque étape de la chaîne, plusieurs équipes de travail interviennent pour transformer et enrichir le contenu car, ne l'oublions pas, à partir de la même matière première, la

compagnie offre une gamme de plusieurs dizaines de produits différents : sardines préparées à différentes huiles, fumées ou non, en entier ou en filet, assaisonnées à diverses sauces...

Convenablement préparées, les boîtes passent au sertissage puis à la stérilisation (d'une durée de 45 minutes). Tout n'est pas terminé pour autant car il faut encore les laver en les aspergeant d'un détergent pour enlever toute trace d'huile. Après un dernier rinçage à l'eau claire et une nuit de refroidissement, les conserves sont étiquetées et placées dans des caisses contenant juste 100 boîtes. Plus d'un million de ces caisses sont ainsi produites annuellement par la compagnie. Le marché d'exportation s'étend à une bonne soixantaine de pays, principalement anglo-saxons (Australie, îles britanniques, Nouvelle-Zélande, Antilles britanniques, Afrique du Sud, Libéria, Malaisie, Hong-Kong), secondairement d'Amérique centrale et andine (Costa-Rica, Panama, Chili, Bolivie.) (fig. 33). Quant aux exportations à destination de l'Europe des six puis des neuf, elles ont été freinées jusqu'à présent par l'imposition de forts tarifs douaniers (jusqu'à 25 % de la valeur), les conserves ayant été exclues des négociations du Kennedy Round.

5. *L'industrie de la farine*

Elle est l'exemple même d'une activité spéculative dévoreuse de capitaux qui, après avoir connu un boom extraordinaire au cours de la décennie soixante-dix, est retombée aujourd'hui en sommeil.

À la fin de la Seconde Guerre mondiale, les recherches agronomiques menées dans les pays industriels devaient mettre en évidence la richesse des produits de la mer en matières azotées, vitamine B12 et acides aminés qui font généralement défaut dans les rations alimentaires composées exclusivement de matière végétale, et par conséquent leur caractère irremplaçable pour améliorer la croissance des jeunes animaux (porcelets et poulets surtout). Le marché mondial de la farine connut une rapide expansion puisqu'il passa de 3,5 millions de tonnes en 1954 à près de 8 millions de tonnes à la fin de la même décennie.

Les compagnies canadiennes furent plus lentes à se lancer dans cette entreprise. Le fléchissement des cours mondiaux à la fin des années soixante (de 40 % entre 1958 et 1960)

Tableau VI
Activités de la compagnie Connors Brothers

Ce qu'elle possède
- Principales conserveries Black's Harbour
  Usine de réduction   Beaver Harbour
  Fumoirs   Freeport
                                       Shippagan
- Flottille de bateaux-transporteurs (40).
- Entrepôts frigorifiques.
- Chantiers navals.
- Laboratoire de recherche sur les aliments.
- Usine génératrice d'électricité.
- Exploitation agricole.
- Scierie.
- Ateliers de fabrication de boîtes de fer blanc (couvercles, enduits caoutchoutés, chefs + lithographie, vernissage).
- Ville de Black's Harbour (2 000 hab.)
  (habitations, hôtel, centres d'achat, hôpital, casernes de pompiers, restaurant, cinéma, bibliothèque, patinoire, salles de jeux).

Ce qu'elle produit
- *Conserves* : sardines
                : harengs une trentaine de produits différents
  150 millions: sprats
  de boîtes : poissons en lamelles (chicken haddie).
  par an : poisson fumé en lamelles (finnan haddie).
- *Marinades* : hareng, gaspareau.
- *Filets congelés* de morue, sébaste, plie.
- *Blocs congelés* de crabe.
- *Écailles de hareng* : perles et produits divers.
- *Farine* et autres aliments pour animaux.
- *Huiles*, savon, peinture.
- *Résidus de fer blanc* : étain.

Ce qu'elle importe
- Poisson (40 000 tonnes).
- Sel (3 000 tonnes).
- Huiles (soja : 5 000 barils.
         olive : 150 barils.
- Sauce tomate (225 000 titres).
- Moutarde (150 barils).
- Fer blanc (6 000 tonnes).
- Essence (72 000 litres).
- Huile à lubrifier (36 000 litres).
- Gaz oil (675 000 litres).
- Caisses et cartons (1 million).
- Composé de caoutchouc (50 tonnes).
- Encre d'imprimerie (180 litres).

traduisait déjà une augmentation trop rapide de la capacité de production. Aussi devaient-elles se contenter, dans un premier temps, de traiter les déchets en provenance de l'industrie du poisson de fond. Une trentaine de milliers de tonnes tout au plus. La situation allait sensiblement se modifier à partir de 1965. On assista sur le plan international au relèvement des cours mondiaux de la farine de poisson dû principalement au coup d'arrêt temporaire donné à la production péruvienne (de loin la plus importante du monde), puis, dans les années qui suivirent, à leur abaissement jusqu'à un niveau sensiblement égal à celui du grand rival : le soja. Il en résulta une forte augmentation de la demande sur le marché mondial, à l'origine du bond en avant de la production de pays tels que le Pérou, l'Afrique du Sud, la Norvège, le Danemark. Sur le plan national, l'événement le plus lourd de conséquences fut l'effondrement des pêcheries du Pacifique au moment même où les besoins du marché intérieur connaissaient une forte expansion en rapport avec la montée en flèche de la production de volailles. Il s'ensuivit une véritable course à l'agrandissement des usines et à la construction de nouvelles unités. Cet effort, il faut le souligner, n'aurait pas pris une telle ampleur si l'État n'était lui-même intervenu pour soutenir financièrement les compagnies : subsides d'un montant égal à 33 % aux premiers 250 000 dollars de travaux et 25 % sur les 750 000 dollars suivants, et enfin 20 % sur le reste (C.L Mitchell, et D.B. McEachern, 1970, p. 16). On assista donc entre 1965 et 1970 à un quadruplement de la capacité des usines de réduction et à un triplement des apports de hareng.

Mais cette *ruée* devait fatalement amener ses déboires. Dès 1963, les principaux stocks recensés donnèrent les premiers signes d'épuisement. L'appauvrissement des classes d'âge eût exigé une diminution drastique de l'effort de pêche. Mais la machine une fois lancée, il était difficile de l'arrêter, d'autant que les pays membres de la C.I.P.A.N. faisaient preuve d'une mauvaise volonté évidente pour tempérer leur appétit (voir troisième partie de cette étude). Jusqu'en 1972, on continua donc à construire de nouveaux senneurs sans trop se préoccuper des dégradations qu'une telle politique impliquait pour l'écosystème.

Et puis, il apparut clairement que la capacité de traitement dépassait largement les besoins réels de la production. En 1968, année record des mises à terre pourtant, on estimait que l'ensemble des usines de réduction aurait pu traiter en 49 jours (sur une base de 24 heures sur 24 de fonctionnement) la totalité des apports canadiens de hareng. Manifestement, les compagnies, dans un souci de profit immédiat et aussi dans le dessein de tirer parti des subventions accordées généreusement par l'État, s'étaient lancées à corps perdu dans cette nouvelle industrie sans beaucoup réfléchir à l'avenir qu'elle offrait. Cette discordance entre la capacité de traitement et les possibilités de capture s'aggrava encore à partir de 1972-1973 avec l'établissement, par la C.I.P.A.N., de rigoureux quotas de captures et la décision prise par le gouvernement canadien de mettre fin au gaspillage en favorisant l'utilisation du hareng à des fins de consommation humaine. La mise au point d'une machine à trancher et fileter les petits poissons devait faciliter cette reconversion de l'industrie de la farine vers les marinades et assurer la primauté du soja comme composant de base des rations alimentaires des animaux.

CHAPITRE CINQ

La pêche aux pétoncles

Les Maritimes sont devenues en moins de trente ans une des principales régions du monde productrices de pétoncles. Encore modestes après la guerre, les prises ont augmenté d'une façon spectaculaire au début des années soixante grâce à l'exploitation intensive des riches gisements du banc Georges situés au large de la Nouvelle-Écosse. Depuis, malgré d'importantes fluctuations dues notamment à l'évolution capricieuse et fort difficile à prévoir des différentes classes d'âge de population, les débarquements se sont maintenus à un niveau élevé. En 1976 par exemple, après un nouveau bond en avant, la production a atteint le chiffre record de 92 000 tonnes (poids vif) ou 10 800 tonnes (écaillées) et une valeur de 38 millions de dollars plaçant pour la première fois ce mollusque à la tête des produits débarqués, devant le homard. Résultats confirmés et même dépassés en 1977 et 1978 puisque pour cette dernière année les mises à terre se sont élevées à 97 000 tonnes et 56 millions de dollars.

Il faut préciser qu'il s'agit du Grand Pétoncle *(Placopecten magellanicus)*, encore parfois appelé *vanneau* par les Acadiens. Ses dimensions respectables (17 à 20 cm de diamètre) le différencient nettement de l'autre pétoncle *(Chlamys islandicus)* également présent dans le N.W. atlantique mais faiblement exploité en raison de sa petite taille et de ses peuplements plus clairsemés. De fait, il ressemble plutôt à la coquille Saint-Jacques *(Pecten maximus)* des côtes européennes. À la charnière quasi rectiligne qui ferme ses deux valves, s'ajoutent des ailerons latéraux (ou oreillettes) sensiblement égaux ; la valve

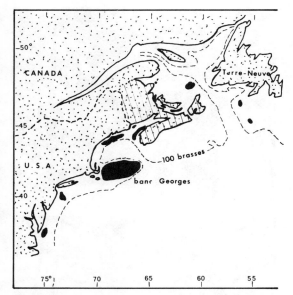

Figure 34
Principaux gisements de pétoncles dans le Nord-Ouest Atlantique.

inférieure reposant sur le sol, plate et bien lisse, présente une couleur crème caractéristique alors que la seconde, au profil nettement incurvé, a une coloration rouge brique le plus souvent dissimulée sous une mince pellicule d'algues marines.

La zone d'habitat est très large et s'étend pratiquement depuis le cap Hatteras (Caroline du Nord) jusqu'à la pointe septentrionale de Terre-Neuve. Mais c'est encore dans les mers adjacentes aux Provinces Maritimes canadiennes (entre les 40° et 47° de latitude) que les conditions de sa reproduction et de sa croissance se trouvent le mieux réalisées (fig. 34).

Il vit en concentrations d'inégale importance, depuis la laisse de basse mer jusqu'à 50 mètres et plus de profondeur, soit librement, soit fixé par son byssus filamenteux sur les rochers ou d'autres coquilles vides, mais avec une préférence marquée pour les fonds sableux et graveleux où il lui arrive de creuser de petites excavations pour s'y blottir. Contrairement à la plupart des autres mollusques, le pétoncle peut nager en avant *bouche première,* en expulsant l'eau par les coins de la charnière ; mais ses déplacements, comme l'ont montré différentes études, sont généralement de faible amplitude et ne dépassent guère les limites du gisement natal (N. Bourne, 1964, p. 10-20).

L'exploitation de ce bivalve remonte aux premiers temps de l'implantation des hommes sur ce continent. Bien avant l'arrivée des Européens, les Indiens s'en nourrissaient abondamment (N. Bourne, 1960, p. 19), et l'un des premiers voyageurs, l'avocat Lescarbot, fait mention dans son Histoire de la Nouvelle-France (1609) de ces *grosses palourdes,* deux fois aussi larges que les huîtres, que les tempêtes rabattent sur la côte et qu'il est possible d'aller ramasser à marée basse. De son côté, Nicolas Denys dans sa Description géographique et historique des Costes de l'Amérique septentrionale (1672), note qu'à l'entrée du havre de *La Haive* (La Have, à l'ouest d'Halifax), «*il y a une infinité de Conniffle qui sont de grandes coquilles comme celles que les pélerins rapportent de Saint-Michel et de Saint-Jacques*», et précise que «*c'est un excellent manger*» (Denys Nicolas, 1672, p. 482).

Jusqu'au début du XXe siècle cependant, il ne semble pas qu'il y ait eu un grand commerce de ce mollusque ; ce que l'on récoltait allait surtout à la consommation familiale. Tout au plus existait-il un petit trafic régional, portant sur quelques milliers de livres, destiné à alimenter d'une façon épisodique les villes de Saint-Jean et Halifax. Peu de choses en vérité. En effet, en dehors de considérations générales qui n'incitaient guère les marchands à s'intéresser à autre chose qu'au commerce du poisson salé et séché, l'exploitation de ces *lits* de pétoncles situés parfois à plusieurs milles du rivage, posait de sérieux problèmes techniques (celui, entre autres, d'obtenir un touage régulier et bien droit) que seule la substitution du moteur à la voile devait permettre de résoudre. À souligner également l'extrême difficulté pour les pêcheurs de conserver leurs produits dans un bon état de fraîcheur. Là aussi, il fallut attendre l'usage de la glace comme méthode de conservation pour le surmonter. Quant à la mise en valeur des gisements plus lointains du banc Georges, liée à la possession d'un important capital-navire, elle ne put se réaliser qu'à la faveur de l'intervention de puissantes sociétés de conditionnement au niveau des opérations de captures.

La commercialisation de ce bivalve allait poser d'autres difficultés. Pour des motifs relevant beaucoup plus d'habitudes acquises depuis l'enfance que de raisons objectivement fondées, les Nord-Américains ont appris à ne consommer que le gros muscle adducteur reliant les deux valves du mollusque. Il s'ensuit que la pêche ne consiste pas seulement à draguer les pétoncles, il revient à l'équipage de les décoquiller ou de les *écailler* comme on

B

C D

A

Planche 11

La pêche aux pétoncles

A
*Écaillage des pétoncles sur le plat-bord du bateau
(photo-Rev. Fish of C. nov. 1964).*

B
*Dragage des pétoncles par l'arrière dans le détroit de
Northumberland (photo. Rev. Fish of C. novembre 1969).*

C
*Écaillage des pétoncles sur un bateau à quai dans le port
de Pubnico-Ouest.*

D
*Remontée de la drague sur un bateau de grande pêche
(photo Bourne F.R.B. Bull. 145).*

dit, afin de ne recueillir que la partie commercialisable (la *chair*) et de rejeter tout le reste. Outre le gaspillage que l'on peut déplorer, une telle pratique exige un surcroît de travail et de main-d'œuvre qui vient alourdir considérablement les frais d'exploitation auxquels s'ajoutent les charges élevées résultant de l'imposant gréement et de l'application au bateau d'une forte puissance motrice. Or, si les prix au débarquement se situent à un haut niveau (4,51 dollars le kg en 1978) et rangent ce mollusque dans la catégorie des «produits de luxe», ils restent inférieurs de 10 % environ à ceux du homard dont la pêche n'engage comparativement que des dépenses minimes. Dans ces conditions, le seuil de rentabilité de cette pêche n'est atteint qu'avec les gisements les plus productifs, ceux susceptibles de fournir des rendements soutenus en excluant les populations éparses qui, en d'autres pays (en France par exemple), pourraient faire l'objet d'une pêcherie.

Ceci expliquant cela, la pêche aux pétoncles ne se disperse pas le long du littoral, mais se localise en trois secteurs géographiques bien distincts, chacun d'eux ayant ses particularités et ses propres difficultés.

A. *La baie de Fundy*

C'est à partir des années 1880-1890 que les goélettes ont commencé à draguer d'une manière régulière les petits gisements situés le long de la côte du Nouveau-Brunswick (parages des îles Wolves), et jusqu'en 1920, Pointe-Lepreau fut un des principaux centres de débarquement de pétoncles. Mais pour des raisons déjà évoquées, il fallut attendre les années 1930-1935 et la découverte des riches concentrations du Digby Neck pour voir cette pêche entrer dans une phase plus active (Év. du 4 janvier 1932). L'importance des *lits*, remarquablement disposés en bandes parallèles de 5 à 30 km de long sur 2 à 7 km de large, au droit d'une ligne allant de l'île Brier à l'ouest jusqu'à Parkers Cove à l'est (fig. 35) allait, plusieurs années durant, assurer la primauté de la côte néo-écossaise et faire de Digby le lieu de rassemblement d'une imposante flottille de dragueurs. Dans les bonnes années d'avant-guerre, pas moins de 60 à 80 unités participaient régulièrement à la campagne. La production annuelle oscillait alors entre 450 et 900 tonnes de pétoncles écaillés, et procurait des revenus acceptables aux pêcheurs (L.M. Dickie, 1955).

Pour freiner l'ardeur des participants et éviter autant que possible une dilapidation rapide de ce pactole, les autorités avaient jugé utile, dès les premiers temps de cette pêche, d'interdire tout dragage pendant l'été, plus précisément à l'intérieur de la ligne des 7 milles qui circonscrivait les principaux champs d'exploitation. Malheureusement, l'arrivée de nouveaux bateaux plus puissants et mieux équipés allait montrer l'inefficacité de ces mesures. Après quelques années d'abondance, les prises déclinèrent irrémédiablement. L'interruption de la guerre provoqua un redressement de courte durée. Beaucoup de bateaux se détournèrent alors de cette activité décidément peu rentable, et les apports continuèrent de baisser. En 1966, la quarantaine de bateaux encore attachés à cette pêche ne mettaient plus à terre qu'une quarantaine de tonnes de pétoncles, soit à peine le douzième de la production d'avant-guerre. Nombre de patrons-pêcheurs découragés et au bord de la faillite, n'eurent alors d'autre idée que de demander avec force la levée de toute réglementation et la liberté de draguer à n'importe quel moment de l'année. Curieusement, après bien des tergiversations, le gouvernement finit par céder à leurs exigences. La situation alors délicate qui prévalait dans l'industrie du poisson de fond comme dans les autres secteurs d'activité de la région, ne permettait pas d'envisager une reconversion immédiate de ces dizaines de pêcheurs réduits à la misère. La liberté d'action qu'on leur accordait avait au moins le mérite de calmer les esprits. à défaut de trouver une solution satisfaisante au problème posé. Mais comme il fallait s'y attendre, cette décision malencontreuse n'arrangea rien ; bien au contraire, elle favorisa l'arrivée de nouvelles unités. La production globale augmenta quelque peu (jusqu'à 80 tonnes par an), mais les prises par unité de pêche déclinèrent encore plus, avant de se stabiliser à un niveau dramatiquement bas. En désespoir de cause, il fallut bien se résoudre à faire machine arrière, et à imposer en 1972 une réglementation encore plus contraignante que celle existant avant 1966. Non seulement le cantonnement saisonnier fut rétabli (du 1er mai au 30 septembre), mais on limita à 54 le nombre de licences de pêche. Mesures encore insuffisantes, affirment aujourd'hui les biologistes. Compte tenu de l'extrême appauvrissement des fonds, la solution la plus efficace, selon eux, serait de fermer la zone côtière à toute exploitation pendant une dizaine d'années au moins ; ce serait le seul moyen d'assurer une bonne reconstitution des stocks.

En effet, les travaux de ces dernières décennies ont montré, sans nul doute possible, que le renouvellement des stocks de *Placopecten magellanicus* dépendait étroitement du type de circulation hydrologique prévalant durant la belle saison, de mars à octobre L.M. (Dickie 1955). Au printemps, les échanges qui se produisent entre la baie de Fundy et le golfe du Maine ont pour effet de ralentir le réchauffement de toute la colonne d'eau et de retarder le développement du naissain ; il s'ensuit de lourdes pertes qui se traduisent, six ans plus tard (durée nécessaire à la maturation), par l'arrivée de faibles classes d'âge. Au contraire, l'établissement d'une circulation fermée à l'intérieur de la baie limite le champ de dispersion des larves ce qui, à la faveur de températures sensiblement plus élevées, accélère la croissance de l'animal lequel sort ainsi plus rapidement de sa période d'extrême vulnérabilité. Malheureusement, cette seconde hypothèse, beaucoup plus favorable au repeuplement des fonds, ne se produit qu'assez rarement, en moyenne une fois tous les neuf ans, a-t-on pu constater (Fishermen's Information, 1977, 5E). De sorte qu'en arrêtant l'exploitation pendant une dizaine d'années, la chance d'obtenir un taux de survie acceptable pour au moins une classe d'âge serait assurée à 100 % ; c'est alors, et alors seulement ; que l'on pourrait rouvrir progressivement l'exploitation avec quelque espoir de succès. Mais les pêcheurs accepteront-ils une telle décision? Pour se sortir d'affaire ils ont été contraints, ces dernières années, d'exploiter des gisements plus lointains situés à l'extérieur de la zone des 7 milles et même en dehors de la baie. En 1976, les 4 185 tonnes (poids vif) débarquées à Digby provenaient, à plus de 90 %, de bancs localisés principalement dans le golfe du Maine (à l'ouest du cap St. Mary). Cette même année, quelques bateaux ont tenté pour la première fois l'aventure du grand large en allant draguer sur les fonds plus productifs du banc Georges, à quelque 90 milles au S.W. du cap Sable. L'expérience renouvelée depuis a provoqué la colère des hauturiers, et le gouvernement a dû

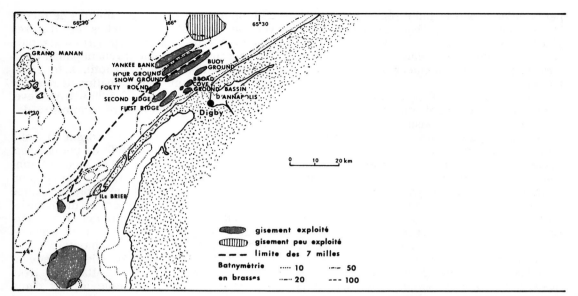

Figure 35
Gisements de pétoncles dans la baie de Fundy.
Source : F.R.B. Technical Reports, nº 168.

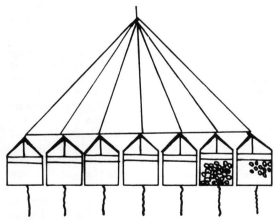

Figure 36
Type de drague à 7 poches utilisées par les pêcheurs de digby.

intervenir en 1978 pour réglementer cette nouvelle forme de pêche (P.C. du 8 juin 1978). Assistera-t-on dans les prochaines années à la disparition de cette flottille de petits dragueurs peu adaptés, il faut bien le dire, à cette pêche de haute mer et au déclin définitif du port de Digby au profit d'autres centres mieux situés par rapport au banc Georges? Rien ne permet encore de l'affirmer tant l'attachement au pays et aux traditions peut venir déjouer la logique du simple raisonnement économique.

En 1979, cette pêche conserve un caractère artisanal très marqué. Comme par le passé, elle se pratique à l'aide de petites embarcations de fabrication locale, de 17 à 19 mètres, légères et effilées, montées par quatre hommes maximum, le patron-propriétaire et ses trois matelots payés à la part. Chaque bateau ne tire qu'une seule drague que l'on met à l'eau à tribord et non par l'arrière comme sur les unités plus modernes. La drague elle-même n'a pas changé d'aspect depuis les années trente : elle comprend une solide armature d'acier qui, selon les règlements, ne doit pas dépasser les 18 pieds de large (5,48 m) ; s'y attachent 6 à 7 poches ou sacs *(buckets)* à ouverture rectangulaire faite d'anneaux métalliques de 3 pouces un quart de diamètre intérieur (8,25 cm).

Chaque trait dure 15 à 30 minutes. Pas plus. Une fois remontées, les poches sont vidées sur une longue planche de travail *(Dumping table)* aménagée sur le plat-bord du bastingage. Puis l'on trie les pétoncles ; les plus petits, inférieurs à la taille réglementaire de 90 mm sont rejetés à l'eau ; les autres sont placés dans de grands paniers puis déversés sur une grande table d'écaillage *(Shucking table)* installée généralement à l'abri de la passerelle.

Commence alors le décoquillage, opération entièrement manuelle, toujours délicate à pratiquer. Saisissant le mollusque dans la main gauche, les ailerons solidement tenus dans la paume, on introduit la lame du couteau entre les deux valves et d'un geste semi-circulaire opéré de bas en haut, on l'ouvre rapidement en ayant soin de sectionner au passage les ligaments qui rattachent le muscle adducteur à la valve supérieure ; il ne reste plus ensuite qu'à récupérer la chair comestible par une incision précise à la base, et de la jeter dans un seau d'eau de mer. La marchandise sera ensuite égouttée puis mise dans des sacs de coton de 35 livres, lesquels iront s'entasser dans les cales, mélangés à de la glace concassée. Une partie de ces pétoncles sera commercialisée à l'état frais ou congelée au fur et à mesure de la demande, une autre sera panée et passée en friture avant d'être expédiée vers le marché des États-Unis qui absorbe la plus grande partie de la production.

B. *Le détroit de Northumberland*

À l'intérieur de ce bras de mer, la pêche aux pétoncles a une histoire plus récente. Les premiers dragages ont commencé au début des années cinquante, mais c'est à partir de 1961 que le Service de recherche des pêcheries a découvert parmi les quarante gisements recensés, cinq *lits* suffisamment importants pour faire l'objet d'une exploitation commerciale : les deux principaux se situant l'un au large de Richibouctou, l'autre à proximité de Pictou (fig. 37). Pendant une dizaine d'années, il y eut une véritable ruée vers cette pêche, les côtiers trouvant là le moyen inespéré de compenser le manque à gagner dû à la diminution des prises de homard et de poisson de fond. La flottille grossit rapidement et passa de 34 unités en 1964 et 115 en 1968 pour arriver à 200 en 1973. Malheureusement, l'absence de tout contrôle devait une fois encore se retourner contre les pêcheurs. Après quelques bonnes saisons, les prises par unité de pêche déclinèrent inexorablement. La production globale poursuivit son essor jusqu'en 1968, date à laquelle un peu plus de 900 tonnes (chair) furent débarquées, puis s'effondra avant de se stabiliser à partir de 1973 autour de

250 tonnes. Les faibles possibilités de reconversion vers d'autres pêches ou d'autres emplois à terre, ainsi que la progression rapide des prix au débarquement venant pallier quelque peu la diminution des captures, tout cela avait conduit à une intensification démesurée de l'effort de pêche, de 50 à 80 % trop élevé, devait lui-même reconnaître le ministre des Pêches (Év. du 4 avril 1978).

La pêche n'a lieu que durant la belle saison. Elle s'effectue à l'aide de petits *boats* (type *Cape-Island*) de 40 à 45 pieds de longueur (12 à 13,50 mètres) montés par deux ou trois hommes. Dotées d'une faible puissance motrice, ces unités n'utilisent qu'un matériel léger, suffisant néanmoins pour ces fonds unis de moins de 15 brasses. Le bateau travaille avec un couple de dragues montées côtés tribord et bâbord ; chacune d'elles possède un cadre d'acier sur lequel s'attachent trois poches de treillis métallique lestées d'une plaque de bois. Jetées à l'eau, elles sont maintenues en surface jusqu'à ce que la vitesse soit suffisante pour que l'on puisse, en jouant sur les freins et le treuil, laisser filer les câbles ; la longueur une fois obtenue (approximativement trois fois la profondeur d'eau), le bateau ralentit son allure et se met en vitesse de touage laquelle dépend de nombreux facteurs tels que la direction des vents, la force des courants, etc. ; elle ne dépasse pas généralement 4,5 nœuds.

Un type quelque peu différent de montage *(wood Island type)* consiste à n'utiliser qu'une seule drague munie de trois à sept poches, qu'un portique, disposé à l'arrière, permet de remorquer. L'avantage d'un tel système est de pouvoir déverser les pétoncles directement sur une large plate-forme et de les trier immédiatement sans aucune autre manutention, puis de les écailler à la manière habituelle en se plaçant sur le plat-bord ou garde-corps (Planche 11, ph. A. et B).

Les marées ne dépassent jamais la journée, avec une moyenne de 7 à 8 traits par sortie et des prises quotidiennes de 40 à 80 kg de chair : ce qui est finalement peu. Pour les biologistes, il n'y a guère d'illusions à se faire : le détroit de Northumberland constitue un environnement beaucoup moins propice que les autres à la pousse de pétoncles (Fishermen's Information, 77 5E) ; la croissance y est plus lente : sept années pour atteindre la taille commerciale contre quatre ou cinq sur le banc Georges et six en baie de Fundy. Mais surtout, les risques de décimation naturelle y sont plus nombreux que partout ailleurs. En été par

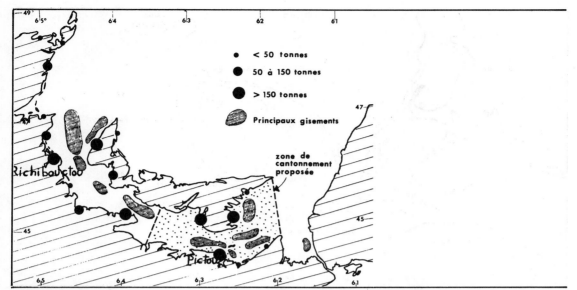

Figure 37
Débarquements de pétoncles dans le golfe du Saint-Laurent (année 1976).
Source : Fish Inf. Bull., 77-5E.

exemple, il peut arriver qu'à la suite d'un coup de vent, les différentes thermoclines disparaissent momentanément et que les eaux tièdes de surface envahissent brutalement les couches inférieures recouvrant le benthos. Le brusque changement de température qui en résulte entraîne la mort de nombreux bivalves ou, plus souvent encore, les affaiblit à ce point qu'ils deviennent incapables de résister à leurs ennemis naturels, au premier rang desquels figurent l'étoile de mer *(Asterias)* et l'éponge perforante *(Cliona)*. De plus, les sédiments vaseux que l'on rencontre fréquemment dans le détroit constituent des substrats nettement moins favorables à la reproduction et à la croissance de l'animal que les fonds graveleux et sableux de la baie de Fundy ou du banc Georges. Des plongeurs sous-marins n'ont-ils pas remarqué dernièrement que le passage des dragues produisait d'épais nuages de fines particules qui altéraient à la longue la vitalité des pétoncles par colmatage des branchies! Et l'on peut se douter que la construction de la chaussée de Canso, en aggravant l'envasement de ce bras de mer, n'a fait qu'accroître la fragilité de ces gisements.

Enfin, il faut noter que le développement rapide de cette pêche pose aujourd'hui le problème délicat des dommages causés aux populations de homards par le labourage répété des fonds. Même si ce crustacé se tient généralement plus près des côtes, dans les zones rocheuses, il ne fait pas de doute que les deux aires de peuplement se recouvrent en partie. D'où les protestations de plus en plus vives des pêcheurs de homard vis-à-vis de cette pêche jugée trop destructrice. Personne ne songe pourtant à supprimer cette activité qui procure un bon millier d'emplois aussi bien à terre qu'en mer. Il faut dire que dans ce secteur côtier, de petites quantités de pétoncles sont mises en boîtes dans les conserveries de la région, un moyen pour celles-ci de prolonger leur saison de plusieurs semaines, et pour les employés d'augmenter sensiblement leurs revenus.

Pour tenter de mieux organiser cette pêche et de concilier des intérêts apparemment divergents, différents projets ont vu le jour. Parmi toutes les idées émises, trois dispositions semblent aujourd'hui retenir l'attention des autorités et des groupes professionnels.

— La première émane de l'Association des pêcheurs du Sud-Est. Elle prévoit la fermeture de la pêcherie dans la partie orientale du détroit durant les mois d'été (du 1er juillet au 15 septembre). Cette mesure, applicable dès 1979, devrait permettre à un plus grand nombre de pétoncles adultes de frayer et de gagner du poids avant leur capture. Elle protègerait également les homards qui, en cette période de l'année effectuent leur changement de carapace (P.C. du 14 septembre 1979).

— La seconde viserait à interdire l'usage des dragues lourdes, les plus dommageables, estiment les experts, aux populations sédentaires du benthos. Ainsi, l'exploi exclusif

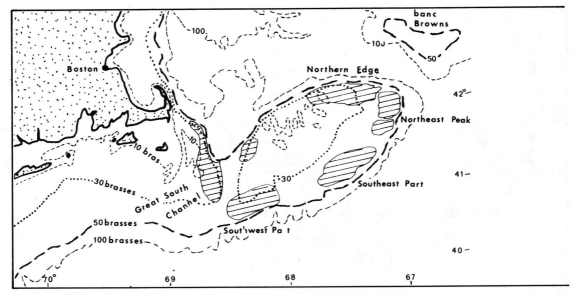

Figure 38
Localisation des gisements de pétoncles sur le banc Georges.

de dragues légères cantonnerait la pêche aux pétoncles aux seuls fonds mous, dits *de plaine,* moins fréquentés par les populations de homards.

— Enfin, il s'agirait de limiter le nombre des permis de pêche aux pétoncles, un des seuls moyens, pense-t-on, de mettre fin à la surexploitation des stocks. Mais, dans ce domaine, la prudence est de règle. Le nouveau ministre des Pêches s'est contenté, en 1979, de retirer les licences de ceux qui n'avaient pris part que très épisodiquement à la campagne de 1978.

Mesures insuffisantes sans doute pour enrayer le déclin irrémédiable de cette pêche, mais la seule acceptable compte tenu, là aussi, des faibles possibilités d'embauche dans les autres secteurs d'activité de la région[13].

C. *Le banc Georges*

La pêche aux pétoncles sur le banc Georges a pris depuis vingt ans une importance exceptionnelle puisque 70 à 90 % de la production des Maritimes proviennent aujourd'hui de ce secteur maritime.

13. Dans une déclaration récente (P.C. du 12 mars 1980), le directeur des services extérieurs du ministère des Pêches a cité le rapport d'un biologiste, le Docteur Glen Jamieson, sur l'état alarmant des stocks de pétoncles dans le détroit de Northumberland, en particulier dans la partie centrale et occidentale (au large de Richibouctou). Des mesures encore plus restrictives devraient être prises prochainement pour faire face à cette situation.

Les principaux gisements se localisent sur les fonds de la bordure septentrionale, caillouteux et soumis à de fortes turbulences, aux lieux dits : Northern Edge et Northeast Peak, situés à moins de 90 milles des côtes S.W. de la Nouvelle-Écosse (fig. 38). Les rendements n'y sont peut-être pas plus élevés qu'ailleurs mais régulièrement bons : avantage appréciable pour les pêcheurs généralement peu enclins à passer de longues heures à chercher le bon filon. On ne peut en dire autant des peuplements plus épars du Great South Channel et du Southeast Part, quoique les quelques bons traits qu'on y enregistre incitent parfois les capitaines à s'éloigner des aires traditionnelles pour tenter *le grand coup* dans le sud.

La découverte de ces riches concentrations remonte au XVIIIe siècle avec le développement de la pêche au large (consécutif à l'avènement de la goélette) et les prises accidentelles qu'y effectuaient les lignottiers. Mais ce n'est qu'à la fin de la Première Guerre mondiale (surtout après 1930) que les Américains s'intéressèrent à leur exploitation. Du côté canadien, le manque de capitaux et le refus catégorique opposé par les pêcheurs au lancement de grandes unités industrielles retardèrent d'une bonne quinzaine d'années le démarrage de cette activité hauturière. Ce n'est qu'à partir de 1945 que des compagnies (telles la General Food d'Halifax) se lancèrent dans une prospection méthodique des gisements. Sans beaucoup de résultats il faut bien le dire. L'inexpérience des hommes, la méconnaissance des lieux de pêche, le manque d'équipement, la puissance insuffisante des navires, autant d'éléments qui découragèrent les plus entreprenants. Combien de capitaines, après avoir dragué une ou deux marées sur le banc Georges, renoncèrent à leur tentative!

...La boucaille nous rendait la vie impossible ; pas moyen de se diriger et de retrouver ses marques. Dès qu'on se trouvait sur un lit, les courants aussitôt nous déportaient et nous empêchaient de maintenir le contact. C'était un tout autre métier, plus dur, plus ingrat, et ceux qui s'attendaient à des merveilles furent vite désappointés (propos d'un pêcheur).

Aussi bien, jusqu'en 1953, les prises furent sporadiques et même négligeables. À partir de 1954, les résultats prometteurs obtenus par quelques bateaux dont le *M.V. Aegir* encouragèrent les compagnies à s'intéresser de nouveau à cette pêche. En 1955, le *M.V. Barbara Jo,* un pétonclier de 121 tjb spécialement conçu pour la haute mer, commença à travailler toute l'année sur le banc Georges. Il devait être rejoint en 1956 par plusieurs autres dragueurs cantonnés jusque-là sur le banc de Saint-Pierre (sur lequel on avait fondé des espoirs excessifs) et à l'intérieur du golfe du Saint-Laurent que les autorités jugèrent bon de fermer aux unités de plus de 65 pieds (19,80 mètres). Le mouvement, une fois lancé, personne ne pouvait l'arrêter. Dès 1957, les apports des hauturiers dépassèrent ceux de la pêche côtière pour bientôt les surclasser, les tonnages mirobolants attirant un nombre toujours plus élevé de bateaux.

En 1965, à la faveur d'une classe d'âge particulièrement fructueuse, la production atteignit un premier sommet de 8 600 tonnes (chair). Cette année-là, une soixantaine de dragueurs participèrent à la campagne, dont une bonne moitié sur une base annuelle. Mais l'expansion une fois encore fut trop rapide et mal contrôlée. La venue de classes d'âge plus pauvres eût exigé une réduction de l'effort de pêche que personne n'osa proposer. Résultat : les prises déclinèrent inexorablement, chaque année un peu plus. En 1972, elles ne s'élevaient qu'à 5 200 tonnes (chair), soit une baisse de 43 % en 7 ans. Plus grave encore, les rendements moyens par bateau chutèrent de 60 à 70 %, quelquefois plus, et si l'on n'avait pas au même moment enregistré une progression extrêmement rapide des prix au débarquement (+330 % de 1962 à 1973), il y a fort à parier que

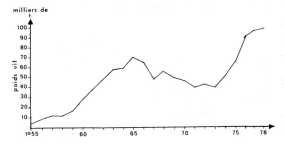

Figure 39
Évolution des apports de pétoncles (Provinces Atlantiques canadiennes).
Source : Statistiques Canada.

nombre de ces unités auraient dû déposer leur bilan.

Ces dernières années cependant, grâce à l'exploitation de nouveaux gisements et à l'arrivée de meilleures classes d'âge, cette pêche a connu un renouveau spectaculaire auquel personne ne s'attendait. On a assisté à un formidable bond en avant de la production : 7 900 tonnes en 1975 et un peu plus de 11 000 tonnes pour chacune des trois années 1976, 1977 et 1978. Fait incroyable, des dragueurs sont revenus après une semaine de mer avec de 18 à 20 tonnes de pétoncles à bord, certains même avec 25 tonnes. Comme aux meilleurs temps, des bateaux ont affiché 200 à 250 tonnes de prises dans leur saison, et des matelots ont déclaré avoir touché 25 à 30 000 dollars en 150 jours de mer (fig. 39). Un nouvel âge d'or alors? Assurément, si l'on s'en tient aux chiffres. Mais pour combien de temps encore[14]?

La soixantaine d'unités qui composent cette flottille appartiennent à trois grandes compagnies : la Sweeney de Yarmouth, la Comeau Sea Food de Saulnierville et la National Sea Products de Lunenburg. On peut remarquer que la place prépondérante prise depuis une vingtaine d'années par la pêcherie du banc Georges, a renforcé le rôle de ces trois centres portuaires du S.W. de la Nouvelle-Écosse au détriment de North Sydney, Port aux Basques (Terre-Neuve) et même Halifax (fig. 40). D'autres ports, tels que Riverport, Shelburne, Liverpool, peuvent occasionnellement servir de base de débarquements. Autre changement, les petits dragueurs de 18 à 20 mètres (les *65 footers* ») ont peu à peu disparu pour laisser place à de grosses unités de 95 à 120 pieds (29 à 36 mètres).

14. Déjà, les résultats de la saison 1979 indiquent une baisse notable des prises sur le banc Georges (un millier de tonnes environ), heureusement compensée par de bons dragages sur le banc Brown jusque-là peu fréquenté.

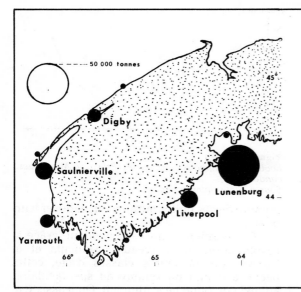

Figure 40
Débarquements de pétoncles : SW de la Nouvelle-Écosse (1976).

On reconnaît celles-ci aux épaisses plaques de métal et de bois qui protègent la partie médiane du bordage ainsi qu'aux deux immenses tangons (10 à 12 mètres de haut) destinés à touer simultanément les deux dragues. Chacune d'elle comprend une lourde armature de 4 à 4,60 mètres de large, munie d'une seule et unique poche constituée d'un réseau serré d'anneaux métalliques et d'une plaque d'acier dite *de pression*. Vide, elle pèse déjà une tonne, pleine, elle peut aller jusqu'à 4 tonnes. Une fois usée d'un côté, on peut la retourner et s'en servir encore durant plusieurs traits. Mais le matériel s'abîme rapidement et il est bien rare qu'une drague puisse tenir plus de deux marées consécutives. Les arrêts techniques sont donc nombreux, et peu de bateaux parviennent à effectuer plus de 200 jours de mer dans l'année. Quand bien même le pourraient-ils que les quinze à dix-huit hommes d'équipage ne le supporteraient pas. Durant les 10 à 13 jours de la marée, le rythme de travail est soutenu : 6 heures de travail, 6 heures de repos pour chacune des deux équipes, soit 12 heures de labeur par journée de 24 heures et plus encore s'il reste des pétoncles à écailler. De fait, il arrive fréquemment qu'une équipe fonctionne 16 heures consécutives sans la moindre pause. Un métier très dur, exténuant, au dire de tous, et de surcroît dangereux. La saison se tient de mars à décembre. Quelques bateaux s'arrêtent en novembre pour per-

mettre aux membres d'équipage de participer au démarrage de la saison de homard. S'il y a eu autrefois des problèmes de recrutement, ils ne se posent plus à présent. Les revenus élevés attirent les jeunes ; une des rares possibilités qui s'offrent à eux de se constituer rapidement un petit pécule grâce auquel ils pourront s'acheter un bateau côtier. Cela vaut bien quelques sacrifices.

Cette pêche est en effet une des mieux rémunérées. Prenons le L.V.J. basé à Yarmouth, un 98 pieds conventionnel de 160 tjb, monté par quinze hommes tous recrutés dans la région immédiate du port. En 1976, ce dragueur a effectué 13 marées de 10 à 12 jours chacune, soit un total de 150 jours de mer ; une moyenne assez faible reconnaît le capitaine, mais qu'il explique par plusieurs ennuis de moteur et un arrêt prolongé au quai à cause d'une blessure reçue par deux de ses hommes (en 1975, il avait effectué deux marées supplémentaires). En 142 jours et pêche, ce bateau a rapporté 125 tonnes de pétoncles écaillés, soit une moyenne de 9,6 tonnes par sortie, ce qui le classe, dit-il, dans la bonne moyenne. À 1,65 dollars la livre (ou 3,63 dollars le kilo), cela donne 34 800 dollars par voyage et 453 700 dollars pour la saison. De la part du capital (40 %), il faut soustraire les dépenses totales (190 500 dollars dont 17 % de fuel) et l'amortissement du bateau. On obtient alors un profit net de 12 500 dollars contre 9 600 dollars l'année précédente. Un bilan positif par conséquent. Pour l'équipage (60 %), la répartition s'établit comme suit :
- 27 500 dollars pour le capitaine ;

- 14 750 dollars pour le second (ou premier maître);
- 13 100 dollars pour les mécaniciens et le cuisinier;
- 11 000 dollars pour chacun des hommes du pont.

Il s'agit donc d'une pêche de bon rapport, sans doute une des plus payantes avec celle du hareng pratiquée par les grands senneurs. Mais les pêcheurs ont appris à se méfier et se gardent bien aujourd'hui de crier au miracle. Ils ne voudraient surtout pas se retrouver comme à la fin des années soixante, et voir revenir les vaches maigres après une courte période d'euphorie. Des prises de 50 000 et même 60 000 livres de pétoncles en 10 jours de mer, cela donne des parts de 2 500 à 3 000 dollars! Qui ne se laisserait tenter par de telles sommes! Mais, outre les risques d'engorgement du marché et de dégringolades des cours, ces pêches mirifiques peuvent inciter les compagnies à augmenter le nombre de leurs unités, avec toutes les conséquences que l'on peut deviner sur l'état de la ressource.

Pour éviter une telle faillite, l'Association des pêcheurs de l'Atlantique a proposé dès 1976 une série de mesures (P.C. du 27 mai 1976).

a) Limiter les prises à 20 000 livres par marée, avec une marge de tolérance de 3%.

b) Restreindre le nombre de sorties en mer à deux par mois. La durée d'une marée ne dépasserait pas 10 jours, et les équipages se verraient accorder 5 jours de repos consécutifs à terre.

c) Instaurer une fermeture de la pêche du 20 décembre au 1er mars, de façon à laisser aux hommes la possibilité de participer à la pêche côtière au homard. Autre avantage de cette formule, la flottille ne s'exposerait plus aux intempéries hivernales évitant ainsi un vieillissement et un délabrement prématurés du matériel. Cette disposition donnerait en outre aux populations de pétoncles une meilleure chance d'atteindre leur maturité et de se reproduire. Quant au marché, on pourrait aisément l'alimenter grâce aux stocks accumulés dans les entrepôts.

d) Protéger enfin les jeunes pétoncles en établissement à 40 maximum le nombre de muscles ou chairs récoltés par livre (454 grammes).

Compte tenu de ces exigences, la production totale annuelle de cette flottille hauturière, maintenue à son effectif actuel de 60 unités, ne devrait pas dépasser 21,6 millions de livres ou 9 720 tonnes de chair. Mesures sages et non excessives, mais que les autorités et les compagnies ont accueillies avec beaucoup de réticences. En 1977 et 1978 cependant, devant les dangers de surpêche résultant de l'accroissement vertigineux du nombre de dragueurs battant pavillon américain, le gouvernement canadien s'est décidé à montrer l'exemple et à appliquer, en les atténuant, une partie des propositions formulées par l'Association des pêcheurs : limitation des prises par bateau à 30 000 livres (ou 13,5 tonnes) par sortie en mer et 180 000 livres (ou 81 tonnes) pour chacune des trois périodes de contingentement divisant l'année (P.C. du 6 avril 1978).

Plus récemment encore, l'accord signé en 1979 entre les États-Unis et le Canada sur la gestion des ressources halieutiques du banc Georges, a ouvert d'autres perspectives intéressantes. Peut-être sera-t-il possible de voir se stabiliser cette pêche, d'un point de vue tant biologique qu'économique. Cela répondrait au vœu si souvent exprimé ces dernières années par les pêcheurs hauturiers de ne pas céder aux vertiges du moment pour prendre en compte l'avenir.

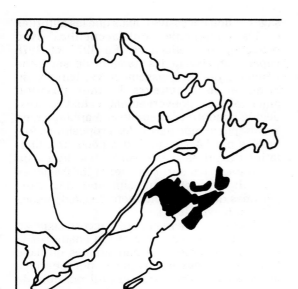

CHAPITRE SIX

Des pêches à caractère plus régional

En dehors de ces quatre activités halieutiques qui intéressent, comme nous l'avons vu, plusieurs milliers de riverains répartis dans un grand nombre de districts, il existe des pêches plus localisées géographiquement mais dont l'importance, sur le plan régional, est loin d'être négligeable.

Nous aborderons tout d'abord le caseyage en haute mer du crabe des neiges dont on a pu dire qu'il avait sauvé certains secteurs côtiers du désastre économique. Nous nous préoccuperons ensuite des petits métiers avec la pêche aux huîtres si différente de l'ostréiculture européenne, puis la pêche à l'éperlan, activité originale entre toutes puisqu'elle s'effectue l'hiver sous la glace. Nous verrons ensuite comment, avec le ramassage de la *mousse irlandaise* (algue), les populations côtières tirent parti d'une richesse prometteuse, encore sous-exploitée, et pleine d'avenir, pour terminer enfin par la pêche au saumon qui offre, à elle seule, un résumé étonnant de toutes les techniques de capture encore en usage dans ce pays du N.W. Atlantique.

A. *La pêche au crabe des neiges* *(Chionoecetes opilio)*

Juin 1977 — Après une longue semaine de tempêtes, les caseyeurs des trois grands ports de la presqu'île de Gloucester, Shippagan, Caraquet, Lamèque, reprennent un à un la mer. Le temps pour chacun d'eux d'aller relever les quelque 150 à 200 *trappes* géantes immergées quelque part sur le Plateau Magdalénien, et ils reviendront au bout de 48 heures, les cales remplies à bord. C'est du moins ce que l'on espère ici, les pêcheurs comme les quelque 1 200 ouvriers et ouvrières employés aux quatre ou cinq usines d'apprêtage du crabe de la région.

En moins de quinze ans en effet, la pêche au crabe est devenue une *grosse affaire*. Personne n'en revient : «*cela relève du miracle*» disent certains. Imaginez : avant 1965 il n'y avait rien. Pas une compagnie de la côte ne voulait acheter ce crustacé d'allure chétive, aux pattes démesurément allongées (communément appelé crabe des neiges), et pourtant si largement répandu sur les fonds sableux et vaseux du Plateau Magdalénien, depuis la courbe des 20 brasses jusqu'au rebord du chenal laurentien.

Chionoecetes opilio se caractérise par un corps aplati circulaire ou triangulaire de 10 à 13 cm de diamètre chez le mâle, la moitié chez la femelle. Les cinq paires de pattes, dont l'une porte des pinces, ont une longueur comprise entre 40 et 90 cm. Il pèse de 0,500 à 1,500 kg. Son habitat est vaste puisqu'on le trouve dans toutes les mers bordières du Nord-Ouest Atlantique. Les principaux gisements répertoriés se situent toutefois dans le sud du golfe du Saint-Laurent.

Les pêcheurs qui prenaient intempestivement ces crabes dans leurs filets n'en conservaient qu'une petite quantité pour leur propre nourriture ; le plus souvent, ils se contentaient de les démailler et de les rejeter à l'eau. Durant deux années, en 1959 et 1960, la compagnie National Sea Products et une petite entreprise familiale de Saint-Omer de Bonaventure au Québec, essayèrent bien, chacune de leur côté, de commercialiser ce crustacé si prolifique ; mais en vain, et leur échec n'incita guère les autres à poursuivre dans cette voie. Tout au plus se contentait-on de mettre sur le marché les quelques prises accidentelles des chalutiers, autrement dit presque rien.

C'est en 1965 que les compagnies, encouragées cette fois par les autorités fédérales et provinciales, s'intéressèrent à nouveau à ce produit. Ce regain d'intérêt eut pour origine une demande accrue de crabe congelé et en boîte sur le marché international, et en particulier aux États-Unis où la chute de la production du crabe royal *(King Crab)*, en provenance de l'Alaska (elle-même consécutive à une surexploitation des fonds), posait de sérieuses difficultés d'approvisionnement. Ajoutons que cette ouverture du marché au crabe des neiges, jusque là consi-déré comme un produit de valeur négligeable, arrivait à point. Les chalutiers-bois de 50 à 60 pieds, en service dans les ports des Maritimes, connaissaient de graves problèmes de trésorerie. L'arrivée, à partir de 1962-1963, de nouvelles unités de pêche plus puissantes, plus autonomes, plus modernes, avait eu pour effet de démoder ces bateaux de moyen tonnage construits après la guerre. En un mot ils n'étaient plus rentables, et les pêcheurs, faute de moyens financiers suffisants, ne pouvaient envisager que leur désarmement à plus ou moins brève échéance. On comprend dans ces conditions que cette possibilité, qui s'offrait tout à coup aux pêcheurs de transformer sans grosses dépenses leurs chalutiers en caseyeurs, fut accueillie avec enthousiasme et soulagement, d'autant qu'il était raisonnable de penser que cette activité nouvelle diversifierait l'industrie de traitement des produits de la mer et créerait de nombreux emplois dont les épouses de marins-pêcheurs seraient les premières bénéficiaires.

Mais les hommes avaient tout à apprendre de cette activité, tant sur le plan de la transformation et de la mise en marché que sur celui de la pêche proprement dite. Ainsi, sous l'égide des gouvernements fédéral et provinciaux, de nombreuses campagnes d'exploration eurent lieu entre 1965 et 1967 sur le Plateau Magdalénien pour localiser les concentrations les plus intéressantes, et étudier le comportement de ce crustacé. Les efforts les plus importants furent consacrés à la mise au point d'une méthode de capture. La senne danoise et le chalut de fond, tout d'abord utilisés, se révélèrent peu efficaces. On se tourna alors vers le casier (c'est-à-dire un engin stationnaire) qui donna aussitôt de meilleurs résultats.

Différents modèles furent essayés : en cloche, en encrier, en demi-cylindre, mais les uns et les autres alliaient difficilement la stabilité et la maniabilité ; de plus, la moindre vibration émise par l'engin suffisait à dissuader l'animal de pénétrer à l'intérieur du piège. Finalement, et après maints tâtonnements, l'accord se fit sur une forme parallélépipédique. Il s'agit d'une cage de grande dimension, de 1,82 m x 1,82 m x 0,76 m (6 pieds x 6 pieds x 30 pouces), constituée d'une armature de tige d'acier couverte de filets de polypropylène tressé et présentant, comme une simple trappe à homard, une ouverture en forme d'entonnoir de 9 cm de diamètre pour une profondeur égale aux deux tiers de la largeur du casier (fig. 41). Son poids considérable (pas moins de 100 kg) lui permet d'être stable et d'opérer par des fonds de 50 à 80 brasses (90 à 140 m). Un orin la relie à deux bouées, l'une servant au mouillage, l'autre au repérage. Cette dernière, *la baloune* (c'est ainsi qu'on l'appelle) peut être rouge, blanche ou noire ; le pêcheur y inscrit ses initiales ou celles de son bateau. Les premières années, on y ajoutait un mât à 1 ou 2 pavillons munis d'un réflecteur radar et d'un feu à éclat intermittent, mais cette pratique semble aujourd'hui abandonnée (fig. 42).

Pour faciliter le travail de halage, les casiers sont disposés en lignes de 20 à 25, distants les uns des autres de 250 à 300 mètres. Dès qu'une *baloune* se présente à tribord, le moteur est coupé et le bateau continue sur son erre. Un grappin est lancé dans la direction de la bouée ; l'homme ne doit pas manquer son coup s'il ne veut s'attirer les quolibets de ses compagnons et parfois même les remontrances du capitaine : on ne peut se permettre de perdre son temps à effectuer des manœuvres inutiles. Aussitôt saisie, la *baloune* est placée dans un caisson d'attente disposé au-dessus de la lice. Les hommes tirent à la main quelques mètres de cordage qu'ils font passer prestement dans la gorge d'une poulie de renvoi et d'un treuil hydraulique fixés au sommet d'une potence. Ainsi, en moins de deux minutes, la cage est amenée à la surface. Un petit ruban de couleur, astucieusement noué sur le filin, à une dizaine de mètres du piège, permet au capitaine de ralentir à temps l'allure de remontée, et aux matelots de se préparer à recevoir le précieux fardeau. À hauteur du bastingage, le casier est agrippé et fixé sur une plate-forme rigide spécialement conçue à cet effet ; celle-ci présente la particularité d'être montée sur deux vérins hydrauliques et de pouvoir se basculer à la verticale de façon à vider sans difficulté le contenu de la *trappe* sur le pont. Si pratique soit-il, ce procédé ne saurait éliminer toutes les besognes fastidieuses du travail à la main, et il faut bien à chaque fois un bon quart d'heure pour ôter les dizaines de crabes qui, désespérément, s'accrochent aux mailles des filets (Planche 12. ph. B.C.). L'un des hommes s'occupe ensuite de changer la boëtte : le gaspareau comme le hareng ou la morue peuvent faire l'affaire ; l'essentiel est que l'appât soit suffisamment frais pour attirer l'animal. Il est d'usage de le placer à deux endroits différents à l'intérieur du piège ; près de l'ouverture est fixée une simple brochette, c'est le *dîner*, tandis qu'au centre une autre partie, le *dessert*, est mise

Planche 12

La pêche au crabe des neiges
A
À hauteur du bastingage, la cage est agrippée par les hommes d'équipage.

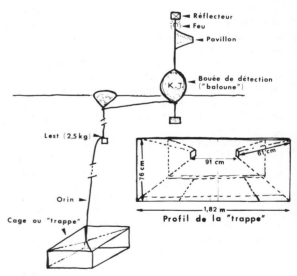

Figure 41
Pêche au crabe des neiges.

dans un petit sac suspendu par un lien solide au sommet de la cage.

Pendant ce temps, le reste de l'équipage s'affaire à trier. Les menus poissons démersaux sont invariablement jetés par-dessus bord («*Que pourrait-on faire de si peu*», «*il faut bien laisser quelque chose aux chalutiers*»). Depuis, 1975, un règlement interdit la capture des crabes *blancs*, c'est-à-dire ceux dont la carapace molle indique qu'ils sont en train de muer; ils ne contiennent alors que 50 % de leur poids normal, et seraient impropres à la mise en conserve. Il est prescrit également de remettre à l'eau les crabes trop petits, inférieurs à 3 pouces trois quarts (9,52 cm).

Ceux que l'on destine à l'usine sont re-groupés dans des cuves ou clayettes. Une fois remplies, ces dernières sont descendues dans la cale. Leur contenu est alors soigneusement étendu sur des plateaux et saupoudré d'une mince couche de glace en paillettes. Il est indispensable que le crabe soit livré vivant à la compagnie; s'il meurt, soit d'être resté trop longtemps au soleil, soit d'avoir été malencon-treusement renversé sur le dos, sa chair devient incomestible et ne peut être récupérée. Aussi, une surveillance de tous les instants est-elle nécessaire; constamment la trappe d'accès à la cale est soulevée en un geste quasi machinal pour s'assurer que les crabes de-meurent entassés dans le bon sens.

Le casier boëtté et refermé, le bon état du matériel vérifié, les nœuds resserrés, il n'y a plus qu'à remettre le moteur en marche. Un coup de sirène et la cage retenue sur le plat-bord est jetée à l'eau entraînant le déroulement du filin à l'extrémité duquel la bouée jaillit de son perchoir pour reprendre sa place dans la solitude de la mer. Pour l'équipage, c'est la minute de détente avant qu'une autre *baloune* se présente à tribord; chacun en profite pour se rafraîchir ou se faire un sandwich, et pour peu que la marée se présente bien et que la houle ne remue pas trop les estomacs, on se lancera quelques plaisanteries, histoire de se distraire un peu. Ainsi la journée se passe. Douze heures d'un travail acharné, quelque peu monotone pen-sent les uns, mais que finalement beaucoup de pêcheurs envieraient. Ils le reconnaissent d'ailleurs volontiers : le *job* est moins dur que sur un chalutier, «*c'est même le fun*» (le plaisir) ajoutent certains; les sorties sont courtes, 24 à 48 heures, jamais plus. Au-delà, on risquerait de voir les crabes mourir en trop grand nombre et la marchandise perdre toute valeur marchande. Et puis, il n'y a pas de travail de nuit; nul besoin dans ces conditions d'être de retour à terre pour recouvrer ses forces, la vie à bord n'en est que plus suppor-table. Le capitaine profite de ce temps de repos pour gagner d'autres parages et se trouver ainsi à pied d'œuvre le lendemain aux aurores.

En effet, il est bien rare aujourd'hui que toutes les *trappes* soient regroupées au même endroit; ce serait courir trop de risques. Mieux vaut, selon le vieil adage, ne pas placer tous ses œufs dans le même panier et répartir les *trappes* en deux ou trois *champs de pêche*. Si l'un ne donne pas, l'autre pourra tout au moins sauver la marée. Au début de la saison surtout, quand par suite du réchauffement progressif des eaux, le crabe change de carapace et adopte un comportement passif, cet effort de pêche réparti sur un vaste territoire peut se révéler bénéfique. De plus, comme les études l'ont suffisamment démontré, le crabe des neiges a une croissance lente et migre peu. De sorte que l'engouement qu'a suscité son exploitation a entraîné un appauvrissement de la plupart des gisements côtiers. Dans les conditions actuelles, il ne faut pas plus de trois années pour qu'un *champ* soit décimé et abandonné. Le capitaine est donc contraint de découvrir chaque année d'autres lieux de pêche, toujours un peu plus éloignés du port d'attache. Il faut reconnaître que les cam-pagnes de recherches entreprises conjointe-ment par les autorités fédérales et provinciales lui ont jusqu'à présent facilité la tâche, puisqu'à mesure que s'appauvrissait un fond de pêche, un autre était presque aussitôt mis à jour.

En 1967, la quinzaine de bateaux ayant participé à la campagne avaient débarqué environ 500 tonnes. En 1969, on comptait 70 caseyeurs pour une production de 6 300 ton-nes. Les années suivantes ont été marquées par un net déclin dû principalement aux dif-ficultés d'écoulement sur le marché américain, résultant à la fois du renouveau de la pêche au *Rock Crab* (exempté des droits de douane à l'importation), et de l'arrivée en force du crabe russe et japonais. Les prix au débarquement du crabe des neiges, loin de suivre le coût de la vie, déclinèrent. Alors qu'en 1970 le pêcheur avait reçu 10 cents la livre comme prix de campagne, l'année suivante les compagnies ne proposèrent que 8 cents. Pendant près d'un mois les pêcheurs refusèrent de sortir, et les 1 200 ouvriers des usines d'apprêtage furent réduits à l'inactivité; les prix chutèrent cette année-là de 25 %. La situation se rétablit en

1972 et 1973 grâce à l'augmentation sensible des prix au débarquement, 14 puis 20 cents la livre, mais elle fut à nouveau compromise à partir de 1974 par la crise économique qui secoua l'économie mondiale et en particulier le secteur des pêches. Sans l'aide substantielle de l'État, on se demande ce que cette activité serait devenue. En 1976, la production a retrouvé son niveau de 1969 pour le dépasser largement l'année suivante. En 1977 en effet, les 85 caseyeurs recensés ont débarqué 8 200 tonnes de crabes d'une valeur de 4,6 millions de dollars (prix moyens : 58 cents le kg). La flottille reste concentrée dans les trois ports de Lamèque, Shippagan et Caraquet. Mais depuis peu, des bateaux de Chéticamp se sont mis de la partie ; ils travaillent dans une zone appelée le *Gully,* s'étendant sur 80 milles de l'île Margaree au Cap Saint-Laurent.

Outre les fluctuations du marché, la difficulté la plus sérieuse à surmonter reste aujourd'hui celle de la surexploitation des fonds. Si l'on a eu la chance jusqu'à présent de découvrir de nouveaux gisements, il est peu probable qu'il en ira toujours ainsi, et cette pêche, dévoreuse de stocks, pourrait bien connaître d'ici peu de sérieux déboires. Les autorités ont bien essayé d'intervenir pour mettre un terme à ce gaspillage. En plus des quelques règlements déjà énoncés, elles ont tenté de limiter à 125 le nombre de casiers par bateau, mais cette disposition n'a guère été suivie par les pêcheurs qui continuent d'immerger 150 à 200 casiers quand ce n'est pas 250 comme le font certains. Au ministère, on affirme que ces pratiques devraient cesser à partir de 1978, mais à en juger par les piètres résultats obtenus par ailleurs, il est permis de douter de la portée d'une telle déclaration. D'autant que les uns et les autres profitent pour le moment de ce laisser-faire. Le grand nombre de casiers immergés permet de n'en visiter qu'une partie à chaque sortie en mer, ce qui laisse naturellement plus de chance de les voir garnis que s'il fallait les haler tous. Pour les capitaines, la situation est simple : si on les oblige à travailler avec 125 casiers, ils n'y arriveront plus, à moins, disent-ils, d'augmenter le prix du crabe dans des proportions considérables de l'ordre de 40 à 50 %.

Une étude, menée en 1972 par des responsables économiques du ministère des Pêches du Québec, permettait déjà de se rendre compte des grandes disparités de revenus entre les bateaux (Z. Bérubé, 1972, p. 7-24). Une enquête effectuée auprès d'un caseyeur de Caraquet, considéré comme l'un des meilleurs du port, a donné pour l'année 1976 les résultats suivants :

- Longueur du bateau = 65 pieds
- Hommes d'équipage = 4
- Période d'activité = mai à novembre
- Tonnage débarqué = 400 000 livres ou 181,6 tonnes (1976)
- Valeur brute débarquée = 88 000$ (27 cents la livre)
- Nombre de sorties en mer = 45
- Nombre de jours en mer = 98
- Apports moyens par sortie = 8 888 livres ou 4 035 tonnes
- Valeur brute moyenne par sortie = 19 360$
- Part brute de l'armement (40 %) = 35 200$ (pour la saison)
- Part brute de l'armement par marée = 782$
- Part brute revenant à l'équipage (60 %) = 52 800$ (pour la saison)
- Part brute revenant à l'équipage/marée = 1 173$

Si l'on soustrait les frais communs (dépenses moyennes par marée) :

- gas-oil, huile = 325$
- nourriture = 50$
- glace = 30$ Total = 600$
- boëtte = 170$
- divers = 25$

On obtient :

- Valeur nette revenant à l'équipage/marée = 573$
- Prime de 10 % au capitaine = 57$
- Part totale des 4 hommes = 516$

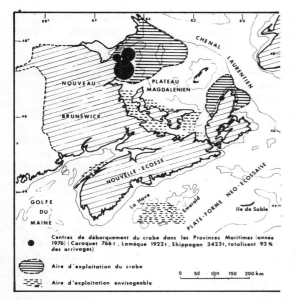

Figure 42
La pêche au crabes dans les Provinces Maritimes.

La part moyenne de chacun des trois hommes d'équipage a été de 129$ par marée, soit 5 805$ pour la saison (environ 26 122 F), alors que celle du capitaine s'est élevé à 186$ par marée, soit 8 370$ pour la saison (environ 37 665 F).

L'observation de ce bilan montre que les gains retirés d'une telle pêche ne sont pas aussi élevés que certains semblent le croire. La pêche au crabe des neiges demeure une activité soumise à de sérieuses fluctuations du marché comme de la production. Ainsi, les sorties au début de la saison (mai-juin) correspondent à la période de mue du crabe et ont souvent de maigres rendements. Plus tard, il faut compter sur les tempêtes qui bloquent trop souvent les bateaux à quai. En juillet et août, les apports peuvent parfois atteindre des records : en 1977, des bateaux ont ramené jusqu'à 30 000 livres de crabes en une seule marée (13,6 tonnes). L'opinion a alors tendance à ne retenir que ces prises spectaculaires pour affirmer que cette pêche est des plus profitables. Il n'en est rien malheureusement. On peut même se demander si les beaux jours de cette pêche n'appartiennent pas désormais au passé.

L'augmentation vertigineuse des charges d'exploitation, née de la montée du prix du carburant et de l'éloignement des aires de pêche, la pression accrue sur les stocks résultant de l'accroissement de l'effectif des caseyeurs et du nombre de casiers immergés (il a doublé entre 1970 et 1975), l'amenuisement sensible des prises moyennes par *trappe* (de 30 à 40 % estiment les pêcheurs), illustrent assez bien les difficultés que traverse actuellement cette activité. Il faudrait également parler de la contradiction difficile à surmonter entre l'allongement inévitable des marées et la conservation du crabe à l'état vivant, de la fragilité du marché américain, etc.

Déjà, l'intérêt commence à se tourner vers d'autres espèces de crustacés jusque-là inexploitées. Le crabe des roches ou petit crabe des côtes *(Cancer irroratus)* qui pullule dans le détroit de Northumberland et sur le pourtour de l'île du Prince-Édouard, pourrait faire un jour l'objet d'une mise en marché, de même que le crabe rouge *(Red Crab)* que l'on rencontre en grand nombre sur les bancs Emerald et Brown ainsi que sur la bordure orientale du banc Georges.

Pourtant, il ne peut s'agir que de solutions de secours. Tant que le crabe des neiges se trouvera en abondance sur le Plateau magdalénien, les compagnies ne seront guère portées à s'intéresser à ces crabes de petite taille et de plus faible poids dont la préparation (essentiellement l'extraction de la viande) leur reviendrait chère. Quant aux pêcheurs, il se sont peu préoccupés jusqu'à présent de pêcher ces crabes de dernière catégorie pour lesquels on ne leur offre que des prix dérisoires. Et puis, l'exploitation du crabe des roches soulèverait une autre difficulté : celle de la coexistence avec la pêche au homard qui se tient dans les mêmes parages.

Comme on le voit, la pêche au crabe des neiges qui, d'une façon inespérée, a permis le maintien d'une activité économique active dans tout le Nord-Est du Nouveau-Brunswick, devrait être soumise à une gestion beaucoup plus rigoureuse. C'est à cette condition qu'elle pourra continuer à jouer son rôle d'élément indispensable à l'expansion de cette frange littorale si dépendante de la pêche.

B. *La pêche aux huîtres*

L'ostréiculture, telle que nous l'entendons en Europe, c'est-à-dire l'élevage des huîtres à partir du captage de naissain, en est encore, au Canada, à son stade embryonnaire : seule existe la pêche à même les gisements naturels, encore appelés *battures* de ce côté de l'Atlantique. Et encore, celle-ci ne joue qu'un rôle modeste. En 1976, par exemple, la production d'huîtres s'est élevée à 1 109 tonnes et n'a rapporté qu'un peu plus de 520 000 dollars, soit 0,36 % de la valeur totale des produits débarqués. C'est peu. Et de fait il n'y a guère plus d'une dizaine de pêcheurs qui consacrent tout leur temps à cette activité de faible rapport. Son étude présente pourtant un grand intérêt, non seulement en raison de l'importance économique qu'elle revêt pour les 2 500 familles qui en tirent un complément souvent indispensable à leur revenus, mais aussi parce qu'elle illustre bien cette difficulté des gens des Maritimes à profiter pleinement de leurs ressources ichtyologiques. Il est en effet paradoxal de voir le Canada importer des États-Unis et du Japon jusqu'à 80 % des huîtres qu'il consomme alors que ses propres gisements restent sous-exploités, mal gérés, tout juste bons à occuper les pêcheurs pendant les moments creux de l'année, et à fournir des «timbres» qui serviront le moment venu à *retirer* de l'assurance-chômage.

1. *Des gisements marginaux*

L'huître que l'on trouve dans les Maritimes *Crassostrea virginica)* diffère sensiblement des espèces exploitées le long des côtes européennes et même de l'huître Olympia native de la Colombie britannique (J.C. Medcof, 1968, p. 11-32). Sa zone d'habitat est très large et s'étend pratiquement à toute la façade atlantique depuis le golfe du Mexique jusqu'au Cap Cod (la baie de Chesapeake aux États-Unis étant la première région productrice). Plus au nord, les eaux estivales trop froides du golfe du Maine et de la baie de Fundy constituent un obstacle majeur à la reproduction de l'espèce et ne possèdent aucun peuplement. Tous les essais de transplantation de naissain ont jusqu'à présent toujours échoué. La côte méridionale de la Nouvelle-Écosse face à l'Océan Atlantique n'est pas non plus favorable, bien que l'on puisse trouver ici et là quelques baies abritées (Mahone bay, Musquodoboit harbour, Chedabucto bay) renfermant de petits gisements d'une trop faible valeur commerciale cependant pour être exploités[15]. Seule finalement la côte méridionale du golfe du Saint-Laurent et les rives du Lac du Bras d'Or, grâce à la température élevée de leurs eaux estivales, répondent aux exigences biologiques de l'espèce (fig. 43).

Il ne s'agit pas en l'occurrence d'un peuplement continu. En 1977, on comptait dix-neuf centres de production localisés dans les secteurs côtiers les mieux abrités (baie de Malpèque, d'Aspy, de Caraquet, de Pictou, estuaires des rivières Bouctouche, Richibouctou, Cocagne, Shediac), c'est-à-dire là où les faibles profondeurs et la quasi-inexistence des courants de marée permettent aux eaux d'atteindre, quelques jours par an au moins, cette température critique de 20°C à partir de laquelle l'huître peut frayer. Cela se produit en général dans les derniers jours du mois de juin ou au tout début de juillet, lors des mortes eaux.

L'hiver canadien ne constitue pas en revanche un obstacle insurmontable. *Crassostrea virginica* possède la faculté de tomber en hibernation dès lors que la température du milieu descend au-dessous de 10°C. Une fois ce seuil franchi, elle ne cherche plus à se nourrir et n'ouvre plus sa coquille, ce qui la protège de ses nombreux prédateurs (étoiles de mer, *vers à boue* du genre *Polydora*). Elle se conserve donc sans vraiment perdre de poids (particularité facilitant, on le comprend, sa mise en marché). Cependant, sa croissance se trouve singulièrement ralentie puisque la période durant laquelle elle peut se nourrir se limite à quelques mois (du 10 mai à la fin septembre environ). Aussi met-elle de cinq à six ans pour atteindre sa taille marchande de trois pouces (7,5 cm) au lieu de quatre ans maximum pour sa congénère de la baie de Chesapeake. De même, si elle supporte aisément les températures les plus basses, la répétition trop fréquente des cycles gel-dégel l'affaiblit considérablement et finit par entraîner sa mort. Autre effet néfaste de l'hiver, il arrive que l'huître soit prise en profondeur par la banquette de glace côtière *(ice-foot),* et apparaisse en surface au printemps où elle succombe inévitablement. Ce curieux phénomène s'explique par le gel de la tranche inférieure des eaux au fur et à mesure que *s'use* par évaporation la glace de surface (J.C. Medcof, 1968, p. 38); il se produit, a-t-on remarqué, lors des hivers rigoureux, peu enneigés, et affecte en premier lieu les gisements situés dans les secteurs les moins profonds.

À ces particularités biologiques, il faut ajouter les obstacles naturels qui, dans les Maritimes, comme partout ailleurs, limitent l'extension des peuplements. Notre propos ici n'est pas d'en faire un inventaire exhaustif.

15. Le biologiste René Lavoie nous a signalé un gisement intéressant situé au fond de la baie Chedabucto, à l'intérieur de la lagune Ragged Head; mais la qualité des huîtres y est médiocre en raison du colmatage épisodique du goulet d'entrée dont l'effet le plus immédiat est d'abaisser le degré de salinité du milieu ambiant, ce qui rend la coquille crayeuse et friable.

B **A** C

Planche 13

La pêche aux huîtres

A, B et C
En baie de Caraquet (N.B.), un pêcheur d'huîtres en plein travail.

159

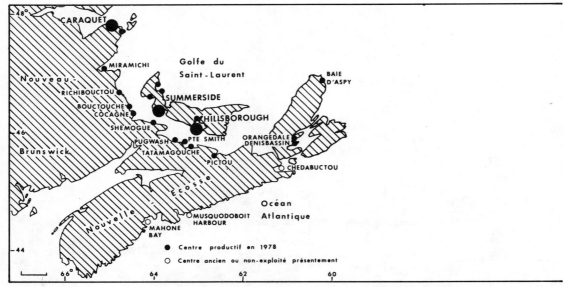

Figure 43
Principaux sites de production d'huîtres.

Précisons tout ce même que les fonds trop exposés à la lumière ou envahis régulièrement par les eaux douces des rivières ne sont pas favorables à sa croissance ; les chenaux profonds de nombre d'estuaires ne le sont pas davantage car l'huître y est exposée à l'envasement et quand elle ne meurt pas par asphyxie, elle s'allonge démesurément pour maintenir les deux bords de la coquille au contact de l'eau, son milieu nourricier, et sa valeur marchande en est singulièrement diminuée. Comme on le voit, il s'agit de gisements marginaux, vulnérables aux modifications écologiques dont l'homme est bien souvent le premier responsable.

Ainsi les pêcheurs de la baie de Caraquet, ayant eu l'imprudence au début des années soixante d'ouvrir un chenal à la racine de la flèche de sable barrant l'entrée, il en résulta un rafraîchissement des eaux intérieures et un ralentissement de la croissance de l'huître ; puis, le chenal s'étant refermé sur lui-même, les conditions hydrologiques redevinrent normales et l'exploitation put reprendre comme par le passé. Mais la construction en 1963 d'un quai, à peu de distance de cette *dune,* entraîna la réouverture progressive du chenal et le retour à une situation hydrologique défavorable. Des projets sont actuellement en cours pour refermer cette brèche (fig. 44).

2. *Comment la pêche s'organise-t-elle?*

L'exploitation des bancs d'huîtres sauvages n'est pas aussi simple qu'on pourrait le croire. Précisons tout d'abord que ces gisements appartiennent au domaine public et ne peuvent faire l'objet d'aucun partage, hormis quelques bancs contaminés concédés parfois à de simples particuliers. Quand s'ouvre à l'automne la saison de pêche commerciale, chaque pêcheur a le droit de venir capturer la quantité d'huîtres qu'il désire et de la mettre ensuite en vente. Il a en outre la possibilité d'obtenir de l'État fédéral une concession dont il se servira, non pour élever du naissain (seules quelques fermes ostréicoles le font), mais plus simplement pour y favorisr la maturation d'huîtres récoltées préalablement sur les bancs naturels. Cette transplantation est utile car elle permet aux jeunes huîtres de se retrouver dans un milieu mieux protégé des agents destructeurs (glaces et étoiles de mer surtout), et d'y atteindre plus rapidement la taille marchande de 2,5 à 3 pouces (7,5 cm) selon les régions.

Ces terrains du domaine maritime sont concédés pour une somme modique (5 dollars l'acre depuis le 1er avril 1977) et pour une durée de vingt ans renouvelable. Leur taille varie de un acre (0,40 hectares), minimum exigé par la loi, à 100 acres maximum (40,4 hectares). En 1978, la moyenne se situait à 2 acres environ (0,80 hectares) ; récemment, cette taille minimale légale vient d'être portée à 5 acres (2 hectares) afin, dit-on, de

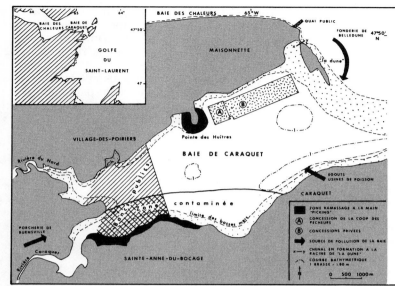

Figure 44
La pêche aux huîtres en baie de Caraquet.

développer cette activité sur une base économique plus solide. Chaque concession est par ailleurs soumise à plusieurs inspections pendant la durée du bail afin de s'assurer que le lot concédé est effectivement exploité. C'est en fonction de ces deux pôles d'intérêt : la batture publique d'une part, et la concession, de l'autre, que s'organisent les activités du pêcheur. Celui-ci n'attend pas l'ouverture de la saison de pêche à l'automne pour se mettre en action. Durant toute la période estivale, il va s'efforcer, tout en poursuivant d'autres occupations, d'alimenter comme il le peut sa concession. Deux possibilités s'offrent à lui :

a) *La cueillette à la main ou picking.* En certains points de la zone intertidale et infralittorale, favorables à la fixation du naissain, on s'est aperçu que l'action mécanique des glaces et les cycles répétés gel-dégel ne permettaient pas à l'huître de pousser convenablement. La barre de Malagash en Nouvelle-Écosse entièrement formée par l'accumulation au cours des siècles de milliers de coquilles, et la Pointe aux Huîtres en baie de Caraquet en sont de magnifiques exemples. Dans ces secteurs, il est permis d'aller ramasser les huîtres à la main (et à la main seulement) pour les replacer ensuite sur sa concession.

Il s'agit là d'un travail fastidieux, surtout lorsque l'on doit s'aventurer au-delà de la limite des basses eaux et repérer l'huître au bout du pied tout en tirant derrière soi un petit canot ; il est de surcroît peu rentable à court terme, car la récolte porte généralement sur de petits spécimens qui n'arriveront à maturité que dans trois ou quatre ans. Aussi, cette cueillette ne se pratique-t-elle qu'en fin de semaine, de préférence lors des grandes marées, le plus souvent en famille, quand il n'y a pas autre chose à faire (avant l'ouverture de la saison de homard par exemple) ; pour les familles pauvres, elle peut être un moyen d'alimenter à bon marché leur concession, progressivement, un investissement à long terme en somme.

b) *La pêche dite de relais.* Nombre de battures ne sont pas immédiatement exploitables à l'automne quand s'ouvre la saison de pêche. Les effluents d'origines diverses déversés par les rivières ou rejetés directement dans les baies par les égouts ont contaminé tout ou partie de ces gisements. Depuis une dizaine d'années, les pouvoirs publics ont été amenés à interdire la vente directe d'huîtres en provenance de ces secteurs pollués. Tout au plus permettent-ils aux pêcheurs de les transplanter sur leur concession afin qu'elles se purifient ; Mais cette opération doit impérativement se terminer un mois au moins avant l'ouverture de la campagne, délai nécessaire, estime-t-on, pour que l'huître redevienne saine et soit mise sans danger sur le marché de consommation. Tout comme le *picking*, cette pêche dite de *relais* n'apporte aucun revenu immédiat aux pêcheurs (tout au moins officiellement), mais elle conditionne bien souvent le succès de la *saison*. Dans l'île du Prince-Édouard, elle débute dès la fonte des glaces et se poursuit sans interruption jusqu'au 15 juillet. Plusieurs centaines d'hommes, de femmes, et parfois même d'adolescents, se pressent le long des petits estuaires tributaires des baies de Summerside et d'Hillborough qui renferment quelques-uns des gisements les plus importants des Maritimes ; on peut les voir chaque semaine arriver dans un camion chargé de leur *doré* et tirant la caravane qui leur servira de refuge jusqu'au vendredi suivant. Le ramassage terminé, ils consacrent le samedi à répandre leur récolte sur leur concession située pour la majorité d'entre eux en baie de Malpèque et repartent le dimanche soir ou le lundi matin. La plupart de ces pêcheurs travaillent pour leur propre compte mais un certain nombre livrent tout ou partie de leur cargaison à des concessionnaires plus importants, histoire de se faire tout de suite un peu d'argent et d'accumuler quelques timbres d'assurance-chômage ; quelques-uns n'hésitent pas à en vendre sous la table à des restaurateurs, touristes, ou simples particuliers. Des enquêtes discrètes ont d'ailleurs montré que cette vente illégale et dangereuse (non soumise à l'impôt) correspondait au surplus de revenus non indispensables aux familles pour bénéficier du maximum d'assurance-chômage. Mais le plus souvent, la pêche de *relais* est délaissée par les pêcheurs qui préfèrent se consacrer à une activité plus rentable. Dans le nord du Nouveau-Brunswick par exemple, il faut attendre la fin de la saison de homard pour les voir rappliquer sur les battures. Mais ils ne disposeront alors que du seul mois de juillet pour alimenter leur concession. En revanche, les ouvriers des entreprises d'extraction de la tourbe ont des horaires de travail qui s'accordent mieux avec ce genre d'occupation ; c'est parmi eux que se recrutent en général les meilleurs pêcheurs d'huîtres.

3. *Les opérations de pêche*

La pêche proprement dite, que ce soit sur la concession ou sur les battures, n'exige pas de gros investissements. À l'intérieur de ces baies ou estuaires bien abrités, point n'est besoin d'une grande embarcation ; une simple barquette de 7 à 10 mètres suffit. Mû autrefois par le pêcheur lui-même au moyen d'une grande perche, chaque bateau est aujourd'hui doté d'un moteur à essence permettant de rapides déplacements.

Les engins de cueillette sont des plus simples et s'adaptent à la topographie des lieux. Ainsi, sur les berges escarpées de l'estuaire de la rivière Bouctouche, il est d'usage d'utiliser un long râteau de 8 à 10 mètres aux dents légèrement incurvées et muni en arrière de la tête d'une plaque en treillis métallique destinée à recueillir le maximum de coquilles. Le pêcheur laisse d'abord glisser le manche jusqu'à toucher le fond, puis il le place sur son épaule afin d'y exercer de petites tractions jusqu'à ce qu'il soit progressivement ramené à la verticale. Il va sans dire que ce procédé n'est pas très efficace : nombre d'huîtres glissent du râteau au moment de leur sortie de l'eau. Sur les fonds moins accidentés (en baie de Caraquet par exemple), les pinces ou râteaux-tenailles offrent plus de garantie ; il s'agit de deux râteaux semblables à ceux précédemment décrits mais reliés ensemble par leur manche à la manière d'une paire de ciseaux. Le pêcheur, les genoux appuyés sur le rebord de l'embarcation, fait descendre son outil et, par une série de larges tractions horizontales, il écarte et referme les mancherons plusieurs fois de suite ; les tenailles sont ensuite relevées et posées sur le plat-bord (voir Planche 14).

Commence alors le triage. Il faut retirer les cailloux et les algues, rejeter les coquilles vides et celles qui ne font pas la taille, *détroquer* les *bouquets*. Pour ce travail ingrat (quand on fait une caisse de cent livres à l'heure et six caisses dans sa journée, c'est bien le maximum!), l'homme se fait souvent aider par son épouse, laquelle aura ainsi la possibilité, en tant que salariée, de cotiser à une caisse et de se rendre *éligible*, l'hiver, aux prestations d'assurance-chômage.

Un des inconvénients du râtelage est d'être lent et imprécis : certains secteurs échappent au ratissage alors que d'autres sont passés au peigne fin plusieurs fois de suite. La drague à huîtres, mises au point il y a quelques années, permet de surmonter ces difficultés. C'est une sorte de grand râteau de 18 pouces de large, fait de tiges d'acier réunies en pattes-d'oie et doublé d'un sac d'anneaux et de mailles métalliques. À sa base, une lame rigide parfois dentée permet de racler convenablement les fonds tandis qu'une plaque d'acier fixée à la partie supérieure de l'armature assure par sa pression une bonne stabilité d'ensemble. Le touage s'effectue généralement au moyen de petites embarcations à moteur de 35 à 40 pieds, du type de ceux utilisés pour les autres pêches côtières. Pour être fructueux, le dragage doit se faire régulièrement ; le plus difficile est de régler la vitesse du bateau en tenant compte à la fois de la longueur du fune (3 à 5 fois la profondeur de l'eau) et de la nature des fonds (plus ils sont *mous*, moins il faut de câble). Mais pour le pêcheur expérimenté, la méthode est efficace. Ainsi, l'Office de recherche des pêcheries a calculé qu'à l'aide d'une drague, un pêcheur pouvait couvrir en une journée 25 à 30 fois plus d'espace qu'un homme seul équipé de pinces ; et si avec le râtelage on obtient un meilleur rendement à l'unité de surface, la productivité (rendement par unité de temps) est 10 à 15 fois supérieure avec la drague (J.C. Medcof, 1968, p. 130).

Il y a quelques années est sortie la *récolteuse hydraulique*, engin extrêmement efficace mais dont la cherté ne permet guère aux pêcheurs des Maritimes d'envisager son adoption. Certains prétendent aussi qu'il endommage les fonds. Il s'agit d'une pelle montée sur roues pneumatiques, munie de puissants jets d'eau dirigés horizontalement dont la fonction est de soulever les huîtres du fond et de les pousser vers une courroie sans fin qui les achemine jusqu'au bateau où elles sont immédiatement triées et classées. Cet appareil très simple dans son principe présente de nombreux avantages sur les autres engins de pêche. Pour résumer, on peut dire qu'il va vite et travaille bien. Les expériences ont montré que son rendement est encore supérieur à celui de la drague ; de plus, il permet de ramener en surface des huîtres intactes, non endommagées et entièrement lavées ; on peut également s'en servir pour nettoyer les battures des vieilles coquilles et des moules qui les encombrent et dont la grande densité est souvent une gêne pour la croissance de l'huître.

4. *La commercialisation et les difficultés de cette pêche*

Le marché canadien des huîtres est largement dépendant des États-Unis et même du Japon. Entre 1965 et 1975, ce dernier pays a même doublé ses livraisons en boîtes. De fait, le Canada doit non seulement importer les huîtres décoquillées que les Maritimes ne fournissent pas, mais aussi près du tiers de celles dites *en écailles* et cela à un prix de 25 à 30 % supérieur à celui de ses propres producteurs. Cette situation de prime abord anormale s'explique par le fait que les gros ostréiculteurs de la côte est des États-Unis sont capables, de par leur surface commerciale, d'approvisionner directement et régulièrement les grossistes de Montréal et de Toronto, ce qui n'est pas le cas hélas! de la grande majorité des pêcheurs des Maritimes. Ceux-ci ne possèdent ni les installations nécessaires (chambre froide par exemple) ni la main-d'œuvre suffisante pour effectuer eux-mêmes l'empaquetage et l'expédition de leurs marchandises : ils doivent s'en remettre aux *acheteurs* locaux (compagnies de conditionnement ou encore l'union des coopératives : Pêcheurs unis des Maritimes) qui, à leur tour, font appel à d'autres sociétés privées pour la mise en marché. Il est évident que la multiplication des intermédiaires constitue un premier et lourd handicap pour ces pêcheurs par ailleurs trop dépendants des acheteurs pour espérer améliorer leur sort. De leur côté, les compagnies affirment que la production d'huîtres est trop restreinte et de surcroît trop éparpillée pour alimenter un flux substantiel et régulier ; et ce handicap ne les a guère incitées jusqu'à présent à tenter de valoriser ce produit dont les ventes ne représentent au demeurant qu'un faible pourcentage de leur chiffre d'affaire.

Autre remarque, les huîtres *en écailles* sont traditionnellement classées selon leur forme et leur taille en quatre catégories : Luxe, Choix, Standard, Commercial ; mais sans compter que des différences notables interviennent d'une région à l'autre dans les critères attribués à chacune de ces catégories, la plupart des pêcheurs attachent peu d'importance à cette opération. Le résultat est que les acheteurs ne pouvant prévoir le prix qu'ils pourront obtenir à la revente ont tendance à sous-estimer la valeur globale de la marchandise réceptionnée. Le pêcheur des Maritimes est une seconde fois perdant dans cette affaire.

Depuis 1968, beaucoup d'efforts ont été faits partout dans le pays pour créer des coopératives, seul moyen, croyait-on, de sortir le pêcheur de l'emprise des compagnies, d'améliorer la qualité des produits mis sur les marchés, et de développer une grande industrie de l'huître capable de soutenir la concurrence avec les États-Unis. L'État a accordé de grandes concessions aux coopératives et les pêcheurs se sont organisés pour les ensemencer. Cette pêche de relais pour le compte de la coopérative est d'ailleurs intéressante pour le pêcheur car elle lui permet de percevoir dès le printemps une avance sur le prix de la cargaison vendue à l'automne. On a même été plus loin et tenté de faire renaître le goût pour l'ostréiculture ; des subventions ont été accordées pour placer des collecteurs de naissain, nettoyer de vastes secteurs afin de les rendre propices à la culture ; en même temps on s'est attaché à spécialiser les régions les unes vers le captage, les autres vers l'élevage jusqu'à la taille de parcage...Cependant, malgré les progrès accomplis, il faut bien avouer que ces coopératives sont encore loin en 1978 d'avoir atteint une assise financière satisfaisante. Sans l'aide substantielle de l'État, la plupart d'entre elles n'auraient pas été capables de supporter la crise de 1974 ; et en 1976, quelques-unes ont été sauvées in extremis par les planureuses dégustations données lors des élections provinciales du Québec par les différents partis politiques. De fait, et chacun le reconnaît ici, ce dont les responsables des coopératives (recrutés presque toujours dans le milieu maritime) ont le plus souffert jusqu'à présent, c'est d'un manque cruel d'information et de formation ; il est bien difficile pour un pêcheur enlisé dans ses habitudes d'homme de la mer de se transformer du jour au lendemain en un commerçant actif et entreprenant ; et les faux pas accumulés par ces apprentis gestionnaires illustrent bien l'état de pauvreté et de dépendance de ces populations littorales. Ainsi en 1975, alors que les huîtres de la baie de Caraquet, trop maigres cette année-là, auraient dû être pêchées au fur et à mesure de la demande, les coopérants insuffisamment avertis des exigences du marché, ont pêché en quelques semaines la totalité de leur stock commercialisable lequel ne trouvant pas d'acheteurs au cours de l'hiver 1975-1976 a été remis à l'eau au printemps suivant.

D'un autre côté, un pêcheur d'huîtres nous a déclaré ne pas avoir touché plus de 4 000 dollars bruts pour sa saison 1976-1977. C'est peu si l'on considère le labeur fourni par cet homme et son épouse (environ 200 jours de travail partagés entre la cueillette, la pêche de *relais* et la pêche commerciale). Surtout en comparaison des profits qu'il aurait pu retirer en un laps de temps plus court de la pêche au homard (4 à 8 000 dollars en deux mois) ; mais c'est précisément parce qu'il ne possédait pas de licence pour ce genre d'activité, qu'il consacrait le plus clair de ses efforts à la pêche à l'huître.

Dans les ministères, on accorde bien volontiers que la pêche aux huîtres n'a été jusqu'à présent qu'une occupation marginale beaucoup plus destinée à assurer un *job minimum* aux laissés-pour-compte de la société d'opulence (de façon à ce qu'ils se *qualifient* plus aisément l'hiver pour l'assurance-chômage) qu'à permettre un véritable développement économique de ces régions périphériques. En dehors des solutions globales destinées à sortir l'économie de ces provinces de leur état de sous-développement, une mesure propre à ouvrir plus largement le marché de l'huître serait de se lancer dans le décoquillage. Les pêcheurs des Maritimes n'ont jamais cherché à commercialiser leurs huîtres (même partiellement) en boîtes ou en sachets comme le font les Américains. Il s'agit là pourtant d'une possibilité qui devrait être prise en considération si l'on songe que 90 % des huîtres consommées sur le continent nord-américain le sont sous cette forme. Au Canada même, les importations d'huîtres écaillées équivalent à deux fois la production des Maritimes. Une telle orientation aurait pour avantage, non seulement de tirer un meilleur parti de ces huîtres entières, difformes ou trop grosses, qui ne trouvent guère preneur sur les marchés, mais encore de diminuer sensiblement les frais d'expédition. Certains rétorquent que l'huître des Maritimes est trop maigre pour se prêter au décoquillage ; mais à considérer les essais déjà tentés (notamment à l'île du Cap-Breton au cours de la Seconde Guerre), on se rend compte que l'obstacle majeur auquel se heurtent les pêcheurs pour ce genre d'expédition est plutôt d'ordre économique que biologique : les entreprises canadiennes, faute de moyens et de personnels compétents n'ont jamais pu rivaliser avec leurs rivales américaines, dès lors que s'établissent des conditions de concurrence entre les deux pays.

Ainsi, bien qu'étant situés à la limite de leur habitat, dans des conditions de grande vulnérabilité, ces gisements huîtriers des Provinces Maritimes du Canada pourraient être mieux exploités, c'est l'avis de presque tous les experts. Mais il existe actuellement nombre de raisons s'opposant au renouveau de cette activité. Elles tiennent à l'insuffisance des capitaux, qui empêche les quelques courageux pêcheurs de se doter d'une entreprise capable de soutenir la concurrence sur le marché nord-américain, mais aussi et surtout au manque de compétence et d'imagination des hommes pour s'adapter à des conditions sensiblement différentes de celles rencontrées par leurs homologues américains, et au bout du compte au peu d'intérêt des pêcheurs vis-à-vis d'une activité qui, il est vrai, a montré dans le passé qu'elle était source de déboires beaucoup plus que de réussites. Il faudra du temps et de la patience pour changer cet état d'esprit.

A

B

C

C. *Une activité originale :*
   la pêche à l'éperlan

Si l'englacement des eaux côtières du golfe du Saint-Laurent perturbe considérablement les activités de pêche pendant quatre ou cinq mois de l'année, il serait faux de croire qu'il les fait complètement disparaître. L'homme, au prix de mille tâtonnements et d'une grande habileté, peut arriver non pas à vaincre mais du moins à s'accommoder de cet obstacle, parfois même en tirer parti. La pêche à l'éperlan (ou à *l'éplan* comme disent les Acadiens) offre un exemple saisissant d'une activité artisanale ingénieuse, aujourd'hui en voie de disparition.

Elle commence dès les premiers frimas, c'est-à-dire au tout début du mois de septembre. C'est à cette époque en effet que ce petit poisson anadrome, de la famille des Osméridés *(Osmerus mordax)*, remarquable par son dos verdâtre, ses flancs argentés et ses taches pigmentaires noires, se rassemble par milliers à l'embouchure des estuaires qui bordent le S.W. du golfe du Saint-Laurent. Peu à l'aise dans les eaux douces, il lui faut néanmoins remonter les fleuves au moment du frai pour déposer ses œufs à l'abri de l'eau salée qui autrement tuerait les embryons ; mais contrairement au saumon, il ne va pas très loin à l'intérieur et redescend vers la mer dès la pointe terminée. Il existe des éperlans d'eau douce, très nombreux dans les lacs des Provinces Maritimes, mais il n'y a que dans les lacs de l'Ontario qu'ils font l'objet d'une pêche commerciale. Quant aux alevins, ils éclosent en quelques jours et se dirigent immédiatement vers le bas du fleuve.

Planche 14

La pêche à l'éperlan

A
Le pêcheur retire son filet de dessous la glace (photo. Le Voilier).

B
Pêche au trou avec une simple ligne à main (photo. Bursey).

C
Pêche au trou en s'abritant sous une cabane mobile (shanty) (photo J. Peronnet).

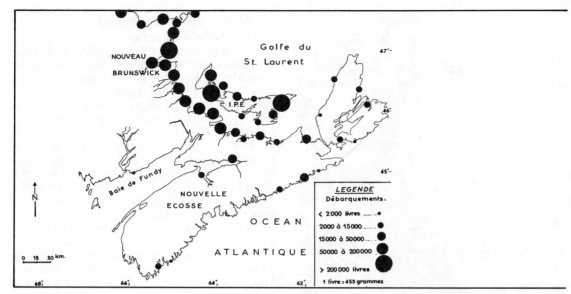

Figure 45
La pêche à l'éperlan dans les Provinces Maritimes
(Principaux centres de débarquements).

C'est durant ces migrations du lieu de ponte à la mer et vice versa que se font les captures, d'abord en *eau libre* de septembre à décembre, mais surtout sous la glace durant les trois premiers mois de l'année. Le poisson est ensuite transporté, autrefois en traîneau maintenant en moto-neige, au bord de la route où *l'acheteur* vient peser la marchandise avant de la conduire à l'usine de la compagnie ou de la coopérative où elle sera apprêtée (c'est-à-dire lavée, tranchée, éviscérée, mise en boîtes ou en sacs de plastique) en vue de son expédition vers les États-Unis, secondairement vers les autres provinces canadiennes.

1. *Les techniques de capture*

Elles sont sans aucun doute fort anciennes et remontent vraisemblablement aux premières installations de l'homme sur ces rivages, même si au fil des siècles elles ont subi quelques modifications.

a) *La pêche au trou.* Le procédé le plus simple et sans doute le plus anciennement utilisé, consiste à faire un trou dans la glace, ce qui n'offre aujourd'hui aucune difficulté avec les scies électriques. Il n'y a plus ensuite qu'à mettre à l'eau une ou plusieurs lignes à main, chacune munie d'un hameçon que l'on appâte avec des vérons vivants peints en rouge pour mieux attirer le poisson. On utilise aussi des leurres en métal ou en cire, ou bien encore des

rubans rouges plongés dans de la graisse de bacon. Que de trouvailles dans ce domaine... L'originalité pourtant n'est pas là. Elle réside dans l'utilisation de petites cabanes mobiles, les *shanties*. Le mot, d'origine irlandaise, désigne une vieille cabane, mobile ou non. Le pêcheur l'installe sur la glace même, à côté ou au-dessus de son trou, afin de pouvoir pêcher à l'abri des vents, au besoin pour emmagasiner son attirail de pêche (voir planche 14).

Autrefois, quand le lieu de pêche se trouvait trop éloigné de la maison du pêcheur, la *shanty,* placée, l'hiver durant, sur la terre ferme en bordure de l'estuaire, tenait lieu de véritable résidence annexe ; le pêcheur y vivait seul plusieurs jours, dans un confort très strict, sans contact avec l'extérieur sinon avec *l'acheteur* (fig. 45).

Aujourd'hui, cette activité est surtout prisée par les citadins qui, chaque week-end, viennent par dizaines, par centaines, s'adonner sur les baies à ce sport insolite. La *shanty* a pris l'aspect d'une véritable maison mobile, plus ou moins aménagée selon la fortune de chacun. Malheureusement, ces touristes insouciants ont pris la fâcheuse habitude de jeter tous leurs déchets, détritus de toutes sortes, sous la glace, sans souci des déprédations causées à l'environnement, si bien que les pouvoirs publics ont dû intervenir ces dernières années pour réglementer et limiter ce passe-temps.

b) Autre engin de pêche utilisé : *le filet maillant classique* (fig. 46). Il se présente en nappes de 28 mètres de long sur 1 à 1,30 mètre de

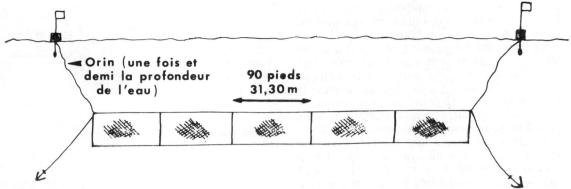

Figure 46
Filet-maillant à éperlan.

profondeur, et des mailles de 3,5 cm. Traditionnellement on les teint aux couleurs les
plus variées : brun, vert ou rouge selon les
goûts, chacun ayant son idée sur la couleur la
plus appropriée pour attirer le poisson.

Cinq à six de ces filets (ou roies) sont
attachés bout à bout (en série) et ancrés au
fond de l'eau avec des bouées de repère en
surface ; on peut aussi les fixer à des piquets
(stakes) enfoncés dans les fonds sableux ou
vaseux de l'estuaire. L'ingéniosité du système
consiste à savoir les disposer par rapport à la
zone des courants maximaux, soit en bordure
et parallèlement à celle-ci, soit sur les fonds
plats des *seuils* avec un angle de 30 à 40 degrés
par rapport aux courants des *mouilles.*

L'inconvénient de ces barrages est
d'émerger aux basses eaux ; de sorte que les
poissons pris au piège se trouveraient invariablement dévorés par les goélands si les
pêcheurs ne prenaient la précaution de ne les
placer que durant la nuit, et de les retirer pendant la journée ce qui, malgré tout, occasionne
de nombreuses manipulations et constitue un
manque à gagner.

Aussi, la majorité des pêcheurs
préfèrent-ils utiliser d'autres engins, sans
doute plus coûteux, mais certainement d'un
meilleur rapport : les filets poches et les filets
trappes.

c) *Le filet poche* est très largement employé
dans les Provinces Maritimes, de préférence là
où il y a suffisamment de profondeur et de
courants pour le tendre.

Comme son nom l'indique, il s'agit d'une
grande senne en forme de sac de 14 à 16 mètres
de profondeur dont l'ouverture (de 8 à 9
mètres de diamètre) est maintenue béante par
tout un système de filins reliés soit à des ron-
dins *(stubs)* plantés au fond du lit (alors que

les eaux sont encore libres), soit à de solides
bâtonnets fixés à même la couverture de glace
(fig. 47). C'est au moment des basses eaux que
les pêcheurs, qui désirent pêcher dans le sens
opposé des courants, retirent la poche, la vident et la nettoie, la répare s'il le faut avant de
la remettre à l'eau dans la direction désirée. Ils
peuvent aussi se servir d'une corde de dos et
de fond pour maintenir la poche dans sa position initiale et attendre la prochaine marée
favorable. À l'entrée de la senne est fixée une
trappe destinée à empêcher le poisson de
s'échapper une fois pris au piège. Il s'agit d'un
filet ayant la forme d'un tronc de pyramide
régulier dont la plus petite base (de 1,50 mètre
environ de côté) est tournée vers l'intérieur, à
une distance du nœud de fond soigneusement
calculée et égale généralement aux deux tiers
de la profondeur totale de la poche.

En hiver, quand la mer est prise,
l'installation du piège subit quelques modifications. À l'aide d'une scie électrique, on
pratique dans la couverture de glace une
entaille large d'au moins 60 cm sur une longueur excédant un peu le diamètre d'ouverture
du sac. À chaque extrémité, on plante un pieu
maintenu en place par une barre de bois trans-
versale ; sur chacun d'eux, des anneaux coulis-
sants permettent d'attacher les rebords
inférieurs et supérieurs de la senne. En les
faisant glisser le long d'un des poteaux (au
moyen d'une longue gaule émergeant elle
aussi de la glace), il sera possible de procéder
sans difficulté à la remontée et à la descente du
filet.

d) *Les filets trappes* procèdent du même
principe. Mais selon la nature et la profondeur
des estuaires, on distingue différentes formes
de pièges.

— Dans les secteurs d'eau profonde, concur-
remment avec le filet poche, les pêcheurs utilisent la *boîte* ou senne trappe *(square net, big
mouth* et *fair-tide nets).* Ainsi désigne-t-on un

filet de forme parallélépipédique de 9 m de long, 6 m de large sur 4 m environ de profondeur. La *boîte* possède également une trappe dont l'ouverture intérieure (la plus petite) se situe à quelque 6 mètres du fond de la cage. L'originalité de l'engin réside dans la présence de deux grandes ailes de 20 à 25 mètres de long, largement déployées en avant du piège de façon à rabattre vers l'intérieur le plus grand nombre possible de poissons. À noter cependant que pour jouer correctement son rôle, l'angle d'ouverture ne doit être ni trop petit ni trop grand ; on le calcule de façon à ce que les deux extrémités ne soient pas distantes de plus de 100 pieds (30 m) l'une de l'autre (fig. 49).

— Une variante est constituée par les *sennes trappes* proprement dites, plus communément appelées *box-nets* dans les Provinces Maritimes. On ne les utilise pas seulement pour la pêche à l'éperlan, mais aussi pour la

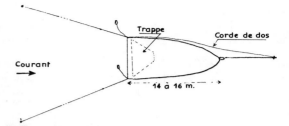

Figure 47A
Filet à poche (bag net) *(vue du dessus).*

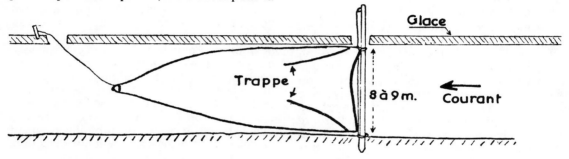

Figure 47B
Disposition du filet à poche sous la glace.

capture du saumon et du gaspareau qui a lieu à d'autres moments de l'année.

Ce piège, en forme de boîte, présente l'avantage de pouvoir s'installer dans les faibles profondeurs grâce à la présence d'un filet conducteur *(leader)*. Placé en travers l'estuaire, perpendiculairement aux courants, ce guideau long parfois de plus de 30 mètres s'oppose au cheminement normal du poisson qu'il force à se diriger vers le parc d'où il ne peut s'échapper. Quelquefois, plusieurs de ces filets conducteurs aboutés les uns aux autres servent à barrer une large section de l'estuaire. Reliés à deux *box-nets* placés l'un en face de l'autre, ils permettent de capturer le poisson quelle que soit la direction des courants.

Il existe deux formes de *box-nets ;*

• La plus simple ne possède qu'une seule entrée. La trappe, semblable à celle précédemment décrite, comprend une série de panneaux de filets rectangulaires *(beards)* disposés symétriquement par rapport au guideau en ne laissant qu'une étroite ouver-

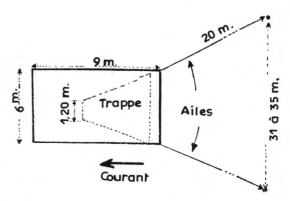

Figure 48
Un type de senne trappe (square net).

ture de 30 à 35 cm de large mais d'une profondeur égale à toute l'épaisseur de l'eau. À l'intérieur, il est d'usage de placer un autre filet trappe dont le rôle est de retenir les captures au cas où les panneaux qui ferment l'entrée viendraient à s'endommager et à ne plus remplir leur fonction. Autre précaution, pour que le poisson une fois détourné de sa direction ne parvienne à contourner le piège, on installe parfois deux petites ailes de 3 m à 3,50 m de long déployées à partir des deux coins extérieurs de l'ouverture ; d'autres se contentent de disposer des panneaux qui rétrécissent l'ouverture du piège. Comme on le voit, bien des adaptations sont possibles, et l'ingéniosité là aussi ne manque pas.

• Les *box-nets* à double entrée sont plus longs et plus étroits, et les pêcheurs ne les utilisent que dans les eaux peu profondes des *seuils* inférieurs à 4 mètres. Dans ce cas, le guideau s'étend du bord de l'estuaire ou de la flèche de sable jusqu'au piège localisé en bordure même de la zone des courants. L'expérience a montré que l'éperlan ne vient jamais frapper le filet (s'il le faisait, il est probable que la largeur des mailles lui permettrait de s'échapper), mais qu'il essaye de la contourner en se déplaçant parallèlement au filet et toujours à une certaine distance de celui-ci. Il faut donc que l'entrée du piège soit suffisamment large pour éviter que le poisson ne vienne rencontrer le côté du piège et ne tourne autour avant de retrouver sa liberté.

2. *Quel avenir pour la pêche à l'éperlan*

Si l'on en croit les statistiques, les captures d'éperlans qui se situaient au début du XXe siècle à un niveau annuel supérieur à 4 000 tonnes et représentaient en valeur le douzième environ de la production des produits de la mer, n'ont cessé depuis de diminuer. Entre les deux guerres, les prises annuelles ont oscillé de 2 000 à 3 600 tonnes avec une tendance très nette à la baisse. Depuis 1950, les débarquements n'ont guère dépassé les 2 000 tonnes pour descendre même à moins de 1 500 tonnes ces dernières années.

Pourquoi ce déclin d'une activité qui, autrefois, jouait un rôle économique non négligeable dans toutes les Provinces Maritimes? Aujourd'hui en effet, elle ne touche plus qu'environ un millier de pêcheurs regroupés principalement dans le nord et le centre-est du Nouveau-Brunswick ainsi que certains secteurs de l'île du Prince-Édouard (fig. 45).

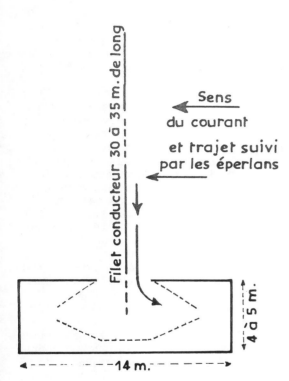

Figure 49
Une senne trappe (box net) *à double ouverture.*

Pour l'expliquer, on doit distinguer trois phases dans l'évolution de cette pêche.

a) La première concerne toute la période antérieure à la fin du XIXe siècle, c'est-à-dire jusqu'aux débuts de la commercialisation de ce poisson. Jusque-là en effet, il semble peu probable que l'éperlan ait fait l'objet d'un commerce actif à longue distance, c'est-à-dire d'expéditions plus ou moins régulières vers les États-Unis ou les autres provinces canadiennes. Cette pêche côtière n'en était pas moins largement pratiquée par la plupart des hommes valides de la côte, qu'ils soient pêcheurs, agriculteurs, journaliers, ouvriers. Pour ces populations maritimes, toutes préoccupées qu'elles étaient de se nourrir suffisamment et convenablement pendant la période hivernale, la pêche à l'éperlan fournissait l'occasion unique et presque inespérée de se procurer à bon compte un aliment de qualité (frais et riche en protéines), et cela sans efforts considérables, sans dépenses excessives; qu'on n'oublie pas en effet que durant la période des glaces, l'embarcation devenait inutile et que le poisson pouvait se conserver frais, à l'air libre, dans des conditions satisfaisantes.

b) La seconde phase commence avec la commercialisation du poisson. L'histoire veut que ce soit durant l'hiver 1872, à partir d'un petit village de l'estuaire de la Miramichi au Nouveau-Brunswick, que les premiers barils d'éperlan furent expédiés vers les États-Unis. Le désenclavement relatif de ces Provinces par l'établissement de grandes voies routières et ferroviaires, la mise au point du procédé de réfrigération du poisson par la glace, l'essor de la pêche au homard source de revenus monétaires appréciables pour ces familles habituées jusque-là à ne pratiquer que le troc, et d'une façon générale l'intégration de ces régions à l'économie de marché, tout cela devait favoriser l'expansion considérable du marché des produits de la mer et permettre aux pêcheurs de se libérer quelque peu de l'obsession de devoir chercher leur propre nourriture.

Mais, à la nécessité de trouver un aliment protéidique bon marché, devait se substituer un autre impératif: celui d'obtenir dans ces régions pauvres, dramatiquement engourdies durant les longs mois d'hiver, un emploi quelque peu rémunérateur, un surplus de revenus, une activité d'appoint. La pêche à l'éperlan remplit ce rôle avec, il faut le dire, plus ou moins de bonheur. Les aléas de la production, les dommages occasionnés par la rupture des glaces, la faible valeur marchande du produit réduisant trop souvent à néant les efforts des pêcheurs.

c) La troisième phase, dans laquelle nous sommes entrés depuis une vingtaine d'années environ, est marquée par la désaffection progressive des pêcheurs pour ce genre d'activité; et la crise que traverse ces dernières années le monde de la pêche n'est pas de nature à arranger la situation.

En 1975, une étude réalisée par l'Association professionnelle des pêcheurs du S.E. du Nouveau-Brunswick a montré qu'un pêcheur d'éperlan ne recevait que 0,46 cents de l'heure pour son travail, alors que le salaire minimum de la Province se situait cette année-là à 2,35 dollars.

La situation ne s'est pas améliorée depuis, malgré les efforts du gouvernement provincial pour promouvoir la consommation de ce poisson. La pêche à l'éperlan n'est plus payante, entend-on dire un peu partout; elle n'est plus rentable: d'un côté une stabilité inquiétante du prix moyen au débarquement depuis la fin de la Seconde Guerre mondiale, voire même une régression certaines années (en 1977, l'éperlan était acheté 22 cents le kg au pêcheur contre 59 cents en 1938-1940), de l'autre une hausse vertigineuse du coût d'achat du matériel de pêche (filet, filins, scie électrique, moto-neige). Les pêcheurs n'y arrivent plus. Lourdement endettés, ils éprouvent les pires difficultés à faire face à leurs échéances.

Plusieurs raisons peuvent être avancées pour expliquer une telle situation:

— La concurrence de l'éperlan des Grands Lacs est un premier fait. Sa production, pour la seule province de l'Ontario, est passée de 1,6 millions de livres en 1954 à 17,2 millions en 1973. Cette concurrence est d'autant plus vive que sur le marché de Montréal et de Toronto il se vend moins cher tout en étant souvent mieux apprêté.

— Le manque d'organisation du marché régional est également préjudiciable au pêcheur. Alors que l'éperlan atlantique est mal valorisé dans les autres provinces canadiennes, il est quasiment impossible de le trouver sur le marché des Maritimes. Les compagnies prétendent qu'il ne se vendrait pas, mais peu de choses ont été tentées jusqu'à présent pour changer cette situation et inciter les gens des Maritimes à privilégier leurs propres produits.

— Enfin, il y a la situation vulnérable de ces petits pêcheurs artisans face aux puissantes sociétés de conditionnement sur laquelle il faudra revenir. Ce sont celles-ci qui décident du prix de débarquement en fonction

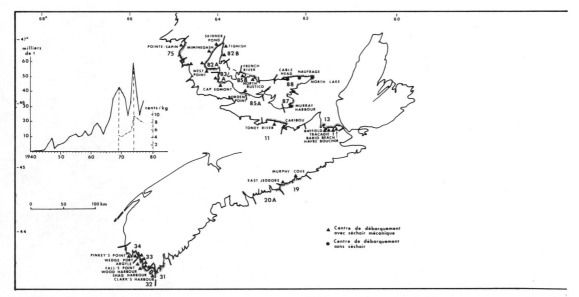

Figure 50
Régions de ramassage de la mousse irlandaise. Évolution des apports de mousse irlandaise et prix moyen pour la période 1969-1977.

d'intérêts qui ne correspondent pas toujours (c'est le moins qu'on puisse dire) à ceux des pêcheurs.

Tant que des remèdes énergiques ne seront pas trouvés pour revaloriser le produit, organiser le marché régional et tempérer le pouvoir des compagnies, il y a gros à parier que le mouvement de déclin de cette pêche saisonnière ne s'atténuera pas, d'autant que les pêcheurs peuvent aujourd'hui bénéficier durant l'hiver d'une assurance-chômage qui a largement dépassé, ces deux dernières années, les profits retirés de la pêche à l'éperlan. Mais l'assurance-chômage pour tous, est-ce bien la solution?

D. *Le ramassage de la mousse irlandaise (Chondrus crispus)*

Un des spectacles les plus familiers du littoral des Maritimes est la cueillette de l'algue *Chondrus crispus,* plus connue sous le nom de mousse irlandaise de ce côté de l'Atlantique. Il s'agit d'une activité non négligeable qui intéresse peut-être 3 000 personnes venues de tous les horizons ; étudiants, ouvriers, agriculteurs, touristes, et environ 1 200 pêcheurs-côtiers. Pour ces derniers, le ramassage de la mousse ne dure que quelques semaines, jamais plus, mais peut rapporter jusqu'à 40 à 50 dollars par jour (1976), de quoi justifier l'abandon de pêches moins

intéressantes (morue et maquereau par exemple).

La mousse irlandaise ou *carragaheen* (du nom d'un village irlandais situé près de Waterford), est une petite algue marine, courte et vivace, formant de grands parterres touffus depuis la laisse de basse mer jusqu'à des profondeurs de 7 à 8 mètres. Elle se reconnaît aisément à ses extrémités ramifiées et à ses couleurs d'un beau brun violacé tirant parfois sur le rouge ou même le vert-jaunâtre. Bien que certains la consomment telle qu'elle en salade ou mélangée à d'autres condiments ou s'en servent encore pour nourrir le bétail et même fumer la terre, cette algue est surtout exploitée depuis une trentaine d'années à des fins industrielles. De ses parois cellulaires, on extrait une substance gélatineuse, la carragheenine, qui entre dans la composition d'un nombre impressionnant de produits : crèmes glacées, conserves de viandes, cosmétiques, peintures, encres d'imprimerie, teintures, cuirs... ; on l'utilise aussi comme coagulant dans l'industrie pharmaceutique (sirop contre la toux) et comme agent de clarification dans la préparation de la bière...

Bien que partout présente le long du littoral des Maritimes, il n'y a guère que cinq secteurs où elle soit suffisamment abondante pour faire l'objet d'une exploitation commerciale (fig. 50).

Le S.W. de la Nouvelle-Écosse (dist. 31, 32, 33, 34).

Les comtés d'Halifax et de Guysborough (dist. 19 et 20A).

Le secteur de Pictou-Antigonish (dist. 11, 13).

L'Ouest de l'île du Prince-Édouard (dict. 82A, 82B, 83A, 85B).

L'Est de l'île du Prince-Édouard (dist. 87, 88).

Le Centre-Est du Nouveau-Brunswick (dist. 75, 76).

Le temps fort du ramassage se tient entre juin et septembre ; c'est à ce moment-là que l'algue, alors en pleine croissance, produit la meilleure gélose. Plus tard, le tapis herbeux se *rouille,* c'est-à-dire qu'il se détériore sous l'effet des secrétions visqueuses produites par divers animalcules, et perd une grande partie de son poids.

Comme dans les autres pays, plusieurs techniques se disputent la faveur des récoltants.

— La plus simple et aussi la plus ancienne consiste à profiter de la marée basse pour se rendre en *doré* sur les platiers (ou platins) situés à deux ou trois milles au large et, à l'aide de longs râteaux spécialement conçus à cet usage, d'arracher l'algue aux quelques rochers qui restent émergés. La méthode ne permet peut-être pas d'obtenir de hauts rendements mais elle a le mérite d'exiger peu de capitaux. Dans la région de Wedgeport, elle est surtout prisée par les marins retraités et une foule d'adolescents qui profitent des vacances scolaires pour gagner de quoi payer leurs études.

— Dans d'autres secteurs comme dans l'Est de l'île du Prince-Édouard (Murray Harbour, North Lake, Cable Head), les riverains préfèrent encore attendre que la mousse soit rejetée sur la grève, au printemps après le départ des glaces ou à l'automne lors des grandes marées ; ils n'ont plus alors qu'à la ramasser à la main ou à la fourche en s'aidant s'il le faut d'un tombereau ou d'un camion. Par ce moyen, les récoltes sont parfois abondantes mais, comme on l'imagine, fort irrégulières. La qualité surtout fait défaut et les *acheteurs* se voient souvent contraints de n'offrir que des prix extrêmement bas qui ne justifient pas toujours les efforts déployés.

— Aujourd'hui, la technique la plus couramment utilisée par les professionnels est encore le dragage. À cet effet, on équipe le bateau (du type *Cape-Island*) de deux larges dragues, sorte de râteau aux dents longues et serrées, halées simultanément par deux longs câbles eux-mêmes reliés à deux bras de potence disposés de chaque côté de l'embarcation. Dès qu'une drague est relevée (toutes les $10-15$

Planche 15

Le séchage

A
Dragage de la mousse irlandaise. *La drague une fois remontée et posée sur le plat-bord du bateau, il reste à racler la mousse qui reste accrochée aux dents.*
B
Séchage de la mousse irlandaise. *Une femme s'emploie ici à la trier.*

minutes environ), on la pose sur le plat-bord caoutchouté spécialement aménagé au milieu de la longueur du bateau. Les deux hommes d'équipage commencent à enlever à la main les cailloux et autres impuretés, puis au moyen d'un court racloir ils ôtent la mousse qui reste attachée aux dents de la drague. En une bonne journée, ils peuvent ramener 800 à 1 200 kg de mousse et se faire un profit net de 90 à 100 dollars (1977). Ce n'est pas négligeable pour une activité d'appoint que l'on s'arrange, dans la plupart des secteurs concernés, à ne pratiquer qu'avant ou après la saison de homard. Dans l'île du Prince-Édouard surtout, les revenus de bien des pêcheurs dépendent jusqu'à 40 et 50 % de cette récolte d'algue.

Pourtant, le bel optimisme pendant longtemps affiché a fait place ces dernières années à un climat de morosité dû à une série de difficultés qui ne semblent pas devoir disparaître à l'aube de cette décennie 80. Le gouvernement a déjà été obligé d'intervenir en 1976 et 1977 et de distribuer pour 375 000 dollars de subsides aux professionnels afin de les encourager à poursuivre leur activité. Que se passe-t-il donc?

Les rendements ne sont plus aussi soutenus qu'autrefois. C'est là, malheureusement, un fait incontestable. Après avoir connu une progression remarquable de 1964 à 1974, les apports stagnent aujourd'hui et régressent même dans certains districts. Ainsi, dans la région de Wedgeport, la cueillette de 1979 a baissé de + 30 % par rapport à celle de l'année précédente, elle-même déficitaire. À qui la faute? Au nombre trop élevé de récoltants? D'après les statistiques, il n'a pas sensiblement augmenté bien que beaucoup de participants échappent au recensement des services officiels. Faut-il incriminer le pullulement d'oursins mangeurs d'algues? Le phénomène constaté dans le comté de Charlotte ne semble pas avoir touché les autres secteurs des Maritimes.

Mais l'argument le plus souvent invoqué se rapporte à l'usage immodéré de la drague. Cet engin détruit les racines de la plante et l'empêche de se reproduire, affirment les partisans convaincus du ratelage manuel (P.C. du 30 août 1979). Ceux qui s'en servent, disent-ils, ne sont pas soumis aux cycles des marées et peuvent opérer chaque jour de la saison quel que soit l'état de la mer. Aussi faudrait-il, d'après eux, que le fédéral réglemente sévèrement le dragage, d'autant qu'en labourant les fonds, celui-ci bouleverse l'habitat des crustacés, notamment des jeunes homards.

Jusqu'à présent, les biologistes ne se sont pas prononcés sur ce sujet délicat, bien que plusieurs d'entre eux nous aient avoué partager le point de vue des pêcheurs. Un jour ou l'autre, il faudra bien mettre un terme au laisser-faire qui prévaut actuellement, et peut-être même retarder l'ouverture de la saison de façon à ce que la mousse sortant de la période hivernale trouve le temps de se fortifier et de s'enrichir en carragheenine.

Pourtant, le problème majeur ne semble pas aujourd'hui venir de là, mais plutôt de la valorisation insuffisante de ce produit. Après un bond en avant à 9 cents le kg en 1974 (+ 70 % par rapport à l'année précédente), le prix moyen a depuis nettement régressé. Il n'était plus qu'à 7,3 cents en 1977, à peine plus en 1978 et 1979. Les récoltants accusent les deux principales compagnies, Genu Product et Marine Colloids, de s'entendre pour jouer à la baisse. Ces deux sociétés, d'origine, l'une danoise et, l'autre américaine, ont investi d'énormes capitaux dans la construction d'immenses séchoirs mécaniques dans tous les secteurs d'exploitation. En quelques années, elles ont acquis un quasi-monopole dans ce commerce. Il n'y a pas si longtemps pourtant, une dizaine d'années tout au plus, le séchage était une affaire strictement familiale. Après sa cueillette, la mousse irlandaise mise en tas le long des routes ou des grèves à même le sol ou sur des vigneaux, devait être minutieusement triée et débarrassée de ses dernières impuretés. Une fois devenue suffisamment noire (ce qui signifie un taux d'humidité inférieur à 18 %), un *acheteur* de la compagnie venait en prendre livraison. L'installation de séchoirs mécaniques a dévalorisé le travail manuel qui n'intéresse plus aujourd'hui que des retraités et quelques épouses de récoltants, celles-ci cherchant d'ailleurs par ce moyen plus à se rendre éligibles aux diverses prestations d'assurance-chômage (à valoir sur le prochain hiver) qu'à obtenir une rentrée immédiate d'argent au demeurant fort modeste (Planche 16, photo D). Pourtant, s'il faut en croire un des responsables d'une des compagnies, les difficultés proviennent de là, du recours au séchage mécanique qui, depuis la montée des prix du carburant, a élevé sensiblement le prix de revient du produit fini.

Faudra-t-il alors s'aligner sur les principaux concurrents d'Amérique du Sud qui, eux, continuent de faire sécher la mousse selon la méthode traditionnelle, c'est-à-dire au soleil? Déjà en 1977 et 1978, les compagnies ont licencié du personnel dans la plupart de leurs usines, et des rumeurs de fermeture ont circulé.

Un autre sujet d'inquiétude pour les récoltants pourrait venir de la production artificielle d'algues sur une base industrielle. Dans ce domaine, de nombreuses expériences sont en cours, notamment dans l'île de Grand Manan, pour la production d'une algue rhodymenia *(dulse)* déjà commercialisée. À Meteghan (S.W. de la Nouvelle-Écosse), une des sociétés (Marine Colloids) possède un laboratoire de fabrication de *Chondrus crispus.* Selon les estimations des experts, il ne faudrait pas plus de 120 hectares pour produire les 50 000 tonnes de mousse récoltée dans le Canada (Mac Crimmon, 1975, p. 46). Mais les Philippines qui extraient déjà de grandes quantités de carragaheen à partir de la culture de deux autres algues, *Eucheuma cottonii* et *Eucheuma spinosum,* ont acquis une certaine avance qu'il ne sera pas facile aux Canadiens de rattraper, et cela malgré l'aide massive apportée ces dernières années par le gouvernement fédéral aux différents projets de la recherche.

E. *La pêche au saumon (Salmo Salar)*

La pêche au saumon de l'Atlantique *(Salmo salar)* occupe une place particulière parmi les activités halieutiques des Maritimes. Non pas que la production y soit très importante. En 1971, dernière année où la pêche commerciale ait été autorisée sur l'ensemble du territoire des trois provinces, les prises n'ont pas dépassé les 150 tonnes. C'est peu par rapport aux 2 000 tonnes que prennent annuellement les pêcheurs de Terre-Neuve et du Labrador, et même négligeable en comparaison des apports de la Colombie britannique (de l'ordre de 60 000 tonnes par an)[16]. Pourtant, la haute valeur marchande de ce poisson (3,83 dollars le kg en 1976) a toujours fait de cette pêche un *bon job,* et justifié, de la part des 1 200 à 1 500 pêcheurs qui s'y adonnent, une débauche d'ingéniosité pour rechercher les techniques les mieux adaptées au milieu géographique.

1. *Les migrations du saumon*

Le saumon, tout comme l'alose, l'esturgeon ou la lamproie, se range dans la catégorie des poissons anadromes, c'est-à-dire qu'il présente la particularité de quitter son habitat marin pour venir pondre dans les eaux douces des rivières. Depuis le début du siècle, de très nombreuses études ont porté sur ce sujet parmi lesquelles nous retiendrons la belle description, toujours actuelle, du biologiste Huntsman parue entre les deux guerres et les travaux plus récents de P. Elson sur le déclin des montaisons lié à la dégradation des conditions écologiques dans les secteurs d'alevinage, ou encore les articles de J.E Paloheimo sur les prises excessives dans les eaux proches du Groenland.

Malgré ces efforts d'investigation, il reste de nombreux points obscurs en particulier en ce qui concerne les migrations intra-océaniques, d'une très grande importance pourtant dans la répartition éventuelle des quotas de prises entre les pays riverains de l'Atlantique Nord. Tout ce que l'on peut dire, c'est que des saumons marqués aux Maritimes ont été retrouvés jusqu'au Danemark et en Norvège. Mais s'agit-il de déplacements massifs ou réservés simplement à quelques individus? La question longtemps débattue n'a pas reçu à ce jour de réponse définitive. Pourtant, les experts s'accordent aujourd'hui à penser que les saumons nés dans les cours d'eaux canadiens séjournent dans leur majorité sur la plate-forme continentale aux abords de Terre-Neuve et du Groenland. Pour P. Elson et H. Hord, le saumon issu du fleuve Saint-Jean se cantonnerait dans les eaux du golfe du Maine et de la baie de Fundy. Mais quels sont les mobiles qui poussent de temps en temps une partie du stock à s'aventurer plus au large? Personne n'a d'explication précise à fournir. On sait simplement que durant cette vie océanique, le saumon se tient entre deux eaux, à une certaine distance de la surface de peur d'affronter une trop forte luminosité, et passe son temps à se nourrir de menus poissons (lançons, capelans, harengs) ainsi que de crevettes qu'il va chercher à de grandes profondeurs.

Arrivé à maturité, le désir de se reproduire l'incite à retrouver les eaux courantes qui l'ont vu naître. L'explication généralement admise est que le saumon se dirige en pleine mer grâce au soleil (mais comment?). Une fois dans les eaux côtières, son odorat particulièrement développé l'aiderait à retrouver son cours d'eau natal. Cette attirance vers le lieu de naissance n'a toutefois rien d'irrésistible comme ont pu le montrer de nombreuses observations; ce qui tendrait à prouver que ces migrations sont surtout

16. Cette production de la Colombie britannique comprend naturellement plusieurs espèces de saumon.

commandées par *l'appel* plus ou moins pressant des fleuves qui, selon leur débit, répandent leurs eaux plus ou moins loin dans les profondeurs océanes (Mélançon, 1973, p. 140). Plus précisément, cette faculté d'orientation serait due à un conditionnement acquis lors des premiers stades de développement. Les saumons parviendraient à reconnaître *l'odeur* de la rivière dont ils sont originaires en percevant la présence de substances dissoutes à doses infinitésimales (J. Dorst, 1968, p. 9).

Les plus vieux et les plus gros spécimens (6 à 14 kg) sont les premiers en action. Ils commencent leur *montaison* à la fin de l'hiver ou au début du printemps, bientôt suivis aux mois de juin-juillet par les saumons de taille moyenne, puis viennent à l'automne les castillons ou madeleineaux *(grilse)* âgés de moins de cinq ans qui effectuent leur premier voyage. Cette remontée génétique est particulièrement éprouvante pour les individus. À la difficulté de s'adapter physiologiquement à un tout autre milieu, s'ajoute celle d'affronter les obstacles (rapides, cascades) qu'ils franchissent par contraction et détente rapide de tous leurs muscles. Cette lente et pénible progression vers l'amont s'effectue de préférence la nuit. Durant la journée, ils se tiennent dans les creux ou fosses ombragées, la tête à contre-courant de la rivière.

Ce n'est que vers le mois d'octobre qu'ils atteignent les frayères lesquelles se localisent presque toujours dans les nappes d'eau peu profondes (40 à 60 cm) sur des fonds de sables et de graviers. C'est à ce moment-là que l'excitation devient extrême et tourne à la frénésie (Mélançon, 1973, p. 142). Pendant que les vieux mâles, surnommés «bécards» à cause du recourbement de leur museau, tentent en vain d'éloigner leurs jeunes rivaux, les femelles par des mouvements de contorsion creusent dans le sol toute une série de petits sillons. Les œufs, une fois fécondés par la laitance du mâle, y sont déposés et immédiatement recouverts par l'agitation de l'eau d'une fine pellicule de sable. Ils y resteront jusqu'à leur éclosion au printemps suivant.

Pour les parents épuisés, amaigris, commence la descente vers la mer. La majorité de ces *charognards (Kelts)* mourront avant d'avoir atteint l'océan. Il semble toutefois que le taux de mortalité (de l'ordre de 85 %) y soit moins élevé que sur la côte du Pacifique où l'éloignement des frayères entraîne la disparition de la quasi-totalité des géniteurs. Sur la façade atlantique, il n'est pas rare qu'un même individu fraye trois ou quatre fois dans sa vie. Il peut aussi arriver qu'un certain nombre de ces mâles et femelles passe l'hiver dans les eaux saumâtres des estuaires et trouve assez de force le printemps venu pour effectuer une nouvelle montaison. Le plus grand nombre devra cependant se revigorer une année entière dans le milieu marin avant d'entreprendre un nouveau voyage.

Quant aux œufs démersaux, ils donnent des alevins pourvus d'un sac vitellin, c'est-à-dire d'une réserve de nourriture qu'ils mettent de quatre à six semaines à absorber. À deux mois, ils mesurent environ 3,5 cm. C'est à ce moment-là que leur corps se couvre de barres verticales et de taches rouges, coloration qu'ils garderont durant tout le temps de leur séjour en eau douce (environ 3 ans). Ils portent alors le nom de *parr* et ressemblent à l'omble de fontaine *(Salvelinus fontinalis),* quoiqu'ils s'en distinguent par le fond plus sombre de leur livrée et l'aspect fourchu de leur caudale (Mélançon, *op. cit.,* p. 143). Arrivés à leur troisième printemps, les saumoneaux prennent un aspect argenté caractéristique, et c'est sous le nom de *tacons* (ou *smolts*) qu'ils effectuent leur voyage d'avalaison vers la mer. Après un stage d'adaptation à l'embouchure du fleuve, ils finissent par s'aventurer dans les eaux océanes. Quelques-uns acquerront assez de force pour participer dès leur première année (comme *castillons*) à la première remontée, les autres devront attendre deux ou trois ans encore.

2. *Les techniques de pêche*

Nulle autre activité halieutique n'exprime avec autant de force l'ingéniosité de ces paysans de la mer à tirer parti, dans le cadre socio-économique qui leur est imparti, d'une des ressources les plus précieuses qu'offre le N.W. Atlantique. Le saumon se prend aussi bien à la senne qu'à la palangre ou même au chalut. Cependant, le gros des captures s'effectue comme par le passé, à l'aide des trois grandes catégories de filets que nous avons déjà rencontrées au cours des précédentes pêches, mais avec pour chacune d'elles de nombreuses variantes.

— *Les filets maillants* sont parmi les engins les plus prisés des pêcheurs canadiens, en raison de leur simplicité et de la relative modicité de leur coût. On les place à l'intérieur de l'estuaire, ou même en bordure de mer, en nappes jointes les unes aux autres par leur ralingue supérieure et inférieure. La tésure ainsi constituée est reliée au rivage par un *bout à terre* en câble d'acier tandis que l'autre extrémité se raccorde au moyen d'orins de mouillage à deux ancres de 30 à 40 kg chacune (fig. 52). La flottabilité de l'ensemble est assurée par une série de vessies en plastique régulièrement disposées le long du filet lequel se trouve en outre lesté par un câble de ralingue plombé. Selon la réglementation en vigueur, de tels barrages ne doivent pas dépasser le tiers de la largeur du cours d'eau et jamais plus de 100 brasses quand ils sont installés près des côtes. Leur longueur varie donc en fonction des sites choisis.

● Ces filets maillants peuvent aussi s'employer sous la forme dérivante, halés à l'arrière du bateau par des câbles de plusieurs dizaines de brasses. Avant 1972, pas moins de 130 unités de pêche opéraient de cette façon à l'entrée de la Miramichi, plus précisément à l'intérieur d'une aire s'étendant *grosso modo*

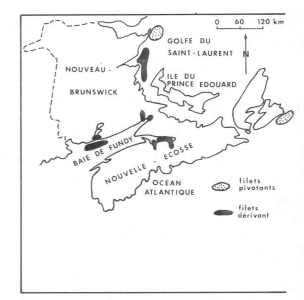

Figure 51
Pêche au saumon : zones d'utilisation des filets-maillants dans les Provinces Maritimes.

de Tracadie à Richibouctou (fig. 51) ; elles capturaient à elles seules près du tiers de la production des Maritimes. En baie de Fundy, le dérivage intéresse encore une soixantaine de pêcheurs. Il se pratique à l'embouchure du fleuve Saint-Jean et à l'intérieur des estuaires des petites baies de Cobequid, Chignecto, ainsi qu'à l'intérieur des estuaires des rivières Avon, Shubenacadie et Petitcodiac. La pêche est conduite de la même façon que dans le golfe, mais avec des tésures plus petites (inférieures à 200 brasses). Les sorties en mer dépendent des heures de marée et ne durent jamais bien longtemps (deux ou trois heures tout au plus).

● Dans le S.E. du Cap Breton et le N.E. du Nouveau-Brunswick, quelques pêcheurs accordent encore leur préférence aux filets maillants pivotants *(swinging* ou *pivot net)*. Combinaison des deux types d'engins précédents, ces filets ne sont fixés qu'à une seule extrémité, de sorte que la tésure pivote autour de son axe au gré des courants et des mouvements de marée. Plusieurs nappes ou roies de 50 brasses, placées ainsi en aligne-

Figure 52
Filet droit à saumon à proximité du rivage.

Figure 53
Filets pivotants disposés en série près de Louisbourg,
Source : d'après Dunfield, 1971, p. 8.

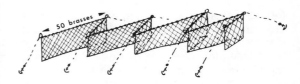

Figure 54
Filets en «crochet» disposés en série (baie Ste Margaret).

ment, peuvent balayer de larges secteurs du domaine maritime (fig. 53).

• Encore fort répandues aux Maritimes, *les trappes flottantes* sont constituées d'une série de nappes disposées de manière à enclore un volume d'eau plus ou moins important vers lequel les saumons se trouvent dirigés par un ou plusieurs filets-conducteurs (ou *guideaux*). La variété de ces pièges est extraordinairement grande ; le choix dépend des possibilités d'investissement de chaque pêcheur. En se basant sur les travaux de Dunfield (1971), deux principaux types se dégagent.

• Les plus simples sont formés par un *guideau* de 40 à 60 brasses, à l'extrémité duquel se rattache une nappe de 4 à 5 brasses formant avec le premier filet un angle plus ou moins aigu mais toujours inférieur à 90°. À noter qu'avec ce type de piège, le poisson ne se trouve pas simplement emprisonné mais pris par les ouïes (comme avec un filet droit) au moment où il s'apprête à contourner le barrage. Il est encore possible d'abouter une autre roie à l'extrémité du second filet de manière à refermer un peu plus *l'œil* du piège ou au contraire à l'ouvrir sur l'extérieur. Dans la baie St. Margaret's (N.E.), ces nappes disposées en série sur une longueur de plusieurs centaines de brasses forment ce que l'on appelle des *filets zig-zag* (fig. 54).

Il existe beaucoup d'autres trappes flottantes au dessin souvent fort compliqué. Leur point commun est de posséder au moins trois angles intérieurs qui leur permettent de jouer le rôle d'une véritable enceinte de retenue du poisson. S'y ajoutent généralement un ou plusieurs compartiments intérieurs et un filet de fond destinés à parfaire l'emprisonnement. Ces trappes, qu'elles soient en rectangle, en losange, en triangle ou en étoile, peuvent fonctionner en individuel ou en série le long d'un filet conducteur. Aussi bien, toutes les combinaisons sont possibles. Avant la cessation de cette pêche en 1972, les riverains de la Miramichi avaient la réputation de varier comme à plaisir les assemblages, disposant par exemple plusieurs trappes en triangle ou en losange avec une grande trappe en rectangle, laquelle pouvait d'ailleurs se modifier en une autre forme selon la nature des lieux et l'imagination de chacun (fig. 55).

— *Les pièges fixes* reposent sur le même principe que les trappes flottantes, mais à la différence de ces dernières, ils sont constitués d'une armature de pieux et de gaules suppor-

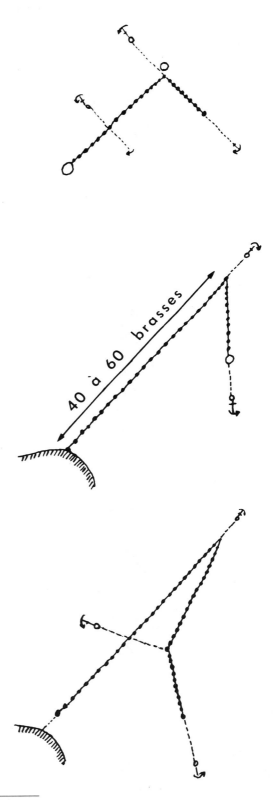

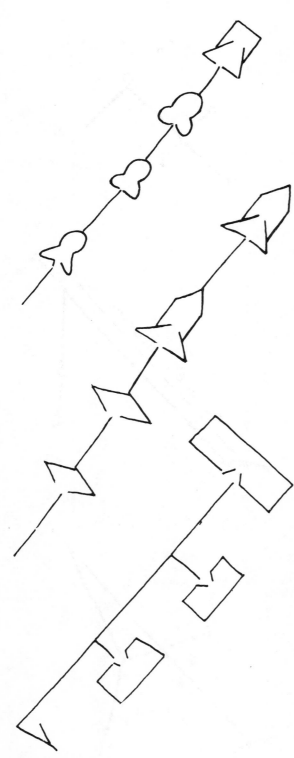

Figure 55
Différents montages de trappes flottantes.
Source: Dunfield

tant un jeu de filets à mailles réglementaires de 5 pouces (127 mm).

• Un bon exemple nous est fourni par les filets trappes *(box-nets)* qu'utilisent les pêcheurs du détroit de Northumberland. L'enclos a une forme rectangulaire de 9 pieds de large (2,70 m) sur 60 pieds de long (18 m). Le guideau, d'une soixantaine de brasses, est soutenu par un alignement de piquets solidement implantés dans le sol (fig. 56). De tels pièges servent également à prendre le gaspareau *(Alosa pseudoharengus),* bien que pour cette pêche, il soit permis d'adopter des filets à plus petites mailles.

En bordure du bassin des Mines, plus précisément entre le Cap d'Or et Hampton, les pêcheurs de saumon édifient encore des parcs à fascines analogues à ceux utilisés à l'entrée de la baie de Fundy pour prendre le hareng immature ou sardine. Mais en raison du manteau de galets et de roches qui encombre les fonds, les pieux ne sont pas fixés dans le sol mais simplement soutenus par un système d'étais obliques (jambes de force) reliés à un embasement disposé à l'extérieur de l'enclos, perpendiculairement à celui-ci. Ces pièges sont construits à la limite des basses mers de façon à ce que l'enceinte ne soit jamais complètement asséchée, tandis que le guideau, toujours très long, remonte vers le rivage pour barrer le maximum de surface d'eau. Sur la côte septentrionale de ce bassin des Mines (entre Five Islands et Glenholm), les parcs ont des formes en U ou en V avec l'apex tourné vers le large et les deux ailes largement déployées en direction de la terre ferme (fig. 57 bis). Dans le Bassin du Cumberland (dist. 24 et 81), les pêcheurs se contentent d'appuyer leur barrage sur des lanières rocheuses *(ledges)* disposées obliquement par rapport au rivage (fig. 58). Les prises y sont fort irrégulières et portent aussi bien sur le saumon que l'alose *(Alosa sapidissima)* ou le bar rayé *(Morone saxatilis),* espèces encore peu appréciées sur le marché nord-américain.

3. *L'avenir de la pêche au saumon*

La pêche au saumon a subi d'importantes fluctuations au cours des dernières décennies La production des Maritimes, qui avait approché les 2 000 tonnes en 1930, a depuis considérablement décliné pour ne plus dépasser les 600 tonnes annuelles. Les raisons de ce déclin sont de nos jours suffisamment bien connues pour qu'il soit nécessaire d'insister. Elles se rapportent d'une part, aux dommages

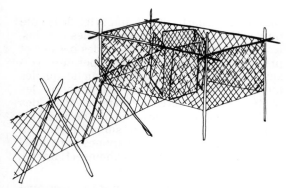

Figure 56
Piège à gaspareau et saumon utilisé dans le détroit de Northumberland
Source: d'après Dunfield

causés à l'environnement par la destruction des habitats, l'endiguement des cours d'eau et la pollution due aux déchets des usines de pâtes à papier, d'autre part, à la surexploitation des stocks dont les riverains, mais surtout les pêcheurs étrangers (danois, norvégiens) opérant en haute mer, se seraient rendus coupables. Ainsi, les biologistes canadiens ont estimé que sur 100 tonnes de saumon pêchées au large du Groenland, 40 tonnes au moins provenaient des cours d'eau canadiens (allocution du ministre des Pêches du 28 septembre 1978 au colloque international d'Édimbourg sur le saumon de l'Atlantique).

Face à cette situation critique, le gouvernement canadien a lancé ces dernières années un vaste programme de reconstitution

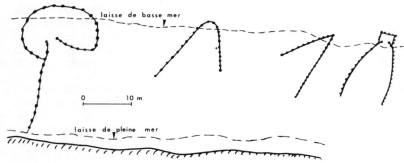

Figure 57
Pièges fixés à saumon édifiés en baie de Fundy.

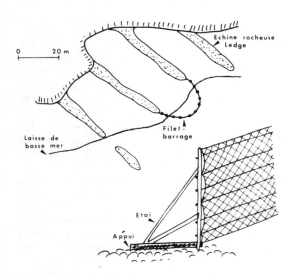

Figure 58
Construction de filets barrages dans le bassin de Cumberland (baie de Fundy).
Source: Dunfield

des stocks, d'un coût total estimé à 17 millions de dollars, sur 7 ans. En s'inspirant des résultats positifs obtenus sur la côte Pacifique, les efforts se sont déployés dans trois directions différentes.
— Protéger les cours d'eau et les nettoyer en obtenant si possible le concours des collectivités locales et de toutes les bonnes volontés. Faciliter aussi la remontée génétique des saumons. Ainsi, sur la rivière East près de Sheet Harbour (comté d'Halifax), les saumons son recueillis dans de grandes nasses disposées à l'embouchure du cours d'eau et transportés par camions-citernes en amont des barrages hydro-électriques. De plus, un système de tuyauteries permet aux jeunes *smolts* de contourner les turbines des stations lors de la descente vers la mer. Le Parlement canadien a pris aussi des mesures pour réglementer le dragage du sable dans les zones sensibles des estuaires.

Pourtant, ces efforts restent encore bien minces à côté des agressions dont est victime le territoire des Maritimes et sur lesquelles il faudra revenir ultérieurement. Toute cette politique se heurte d'ailleurs aux droits des propriétaires et locataires de lots boisés qui, selon une vieille loi britannique, ont entière juridiction sur les cours d'eau qui traversent leur domaine. Les professionnels ne cessent de réclamer une distinction entre droits territoriaux et droits de pêche dont l'absence a, jusqu'à présent, favorisé les spéculations et réduit la portée des essais de repeuplement des rivières (Év. du 14 août 1974).

— Suspendre temporairement la pêche commerciale dans les secteurs les plus affectés par la surpêche. C'est ainsi qu'en 1972, le Fédéral a pris la décision d'interdire la pêche à l'intérieur des estuaires et aux abords des rivages des provinces du Québec et du Nouveau-Brunswick. Chacun des 700 pêcheurs touchés par cette mesure, a reçu des compensations financières de l'ordre de 2 500 dollars par an. Une lourde charge pour l'État (12 millions de dollars entre 1972 et 1978), d'autant que les effets n'ont pas été probants en raison du maintien de la pêche sportive et de la recrudescence du braconnage. Personne n'est dupe aujourd'hui, chacun sait que les filets à maquereaux ou à gaspareaux servent surtout à prendre le saumon, vendu ensuite clandestinement aux restaurateurs et simples particuliers. Le ministre des Pêches estimait à 5 000 tonnes annuelles le total des prises illégales de saumon (Év. du 7 juillet 1976).

— S'efforcer d'obtenir un accord international sur la cessation de toute pêche du saumon en haute mer, au-delà même de la zone économique des 200 milles. Dans ce sens, a été conclu en 1971 un accord entre les membres de la C.I.P.A.N. visant au retrait progressif des flottilles étrangères aux abords du Groenland, aire privilégiée de concentration des salmonidés. Mais l'actuel contingentement de 1 190 tonnes représenterait, selon les experts, un volume de prises encore trop lourd à supporter compte tenu de la situation actuelle des stocks.

Depuis 1972, la pêche au saumon vit donc au ralenti. Les principales zones de pêche ont été fermées et personne ne peut dire la date à laquelle elles seront réouvertes. Peut-être au milieu de la décennie quatre-vingt, estimait un biologiste du ministère de l'Environnement. En attendant, les espoirs se portent aujourd'hui sur la pisciculture en plein essor depuis une quinzaine d'années.

À Clam Bay, à 40 milles au nord d'Halifax, une société privée (la Sea pool fisheries Ltd.) s'est mis à élever avec succès des truites et des salmonidés à partir d'œufs importés de la côte du Pacifique. Au fur et à mesure des besoins, les poissons sont pompés hors des bassins et précipités dans un bac où la température, voisine de 0°, crée un choc thermique qui les foudroie. Après quoi, les saumons ou les truites sont éviscérés et disposés dans des containers en plastique réfrigérés de 5 à 20 kg, puis expédiés par avion sur Montréal ou Toronto. Une trentaine de tonnes sont ainsi commercialisées chaque semaine (Harache, 1971, p. 145-149).

Mais l'effort le plus important a été en aval du barrage de Mactaquac (près de Frédéricton) où le gouvernement a installé en 1968 une station d'élevage de *smolts* d'une superficie de cinq hectares. Entre mai et octobre, un millier environ de géniteurs sont capturés pour fournir les 1 800 000 œufs nécessaires à la production de 500 000 *smolts*. Tandis qu'une partie est conservée après marquage dans des bassins, l'excédent est relâché en amont du barrage pour alimenter la pêche sportive et servir à la reproduction naturelle. Comme en été l'eau de la Mactaquac devient trop chaude, les géniteurs sont expédiés dans un bassin de maturation situé près de Newcastle sur le Miramichi. Après leur fécondation artificielle (à l'automne), les œufs sont immédiatement transportés dans des thermos jusqu'à Mactaquac puis répartis dans des jarres d'incubation. L'éclosion se produit à la fin du mois de mars. Les jeunes alevins sont alors transférés dans de petits bacs carrés de 0,80 m de côté (à raison de 6 000 par bac), puis au bout de quatre à cinq semaines dans des bassins rectangulaires (1,80 m sur 2,70 m) équipés d'un système de chauffage aux infrarouges destiné à éviter la formation de glace durant la période hivernale. Toutes les deux heures environ, des distributeurs automatiques se déplacent sur rail et déversent de la nourriture à base de granulés. La seconde année, les saumoneaux sont placés dans des bassins plus grands (11 m sur 11 m) et d'une capacité de 820 kg par unité ; ils y resteront une année supplémentaire avant d'être marqués et lâchés dans le fleuve. La production annuelle s'élève à 500 000 smolts de 6 à 8 pouces de long. En 1970, le prix de revient de chaque smolt revenait à 50 cents (ou 2,75 F), et se situait à un niveau nettement supérieur à celui obtenu dans les autres stations d'alevinage existant dans le monde (Harache, 1971, p. 135). Il ne semble pas que l'on soit parvenu depuis à une diminution importante des charges inhérentes à une forte consommation d'électricité.

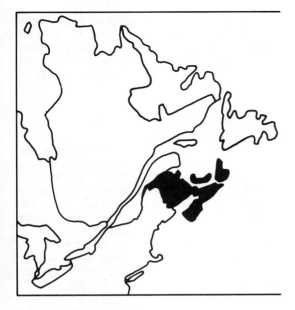

CHAPITRE SEPT

Les pêcheurs

Cette partie descriptive ne saurait s'achever sans porter une attention particulière sur le milieu maritime, à ces pêcheurs qui forment la trame de notre étude. Les experts économiques canadiens ont l'habitude de les classer parmi les pauvres de la société américaine. Qu'en est-il exactement? Sans vouloir nous lancer dans une étude approfondie de cette question (cela mériterait toute une recherche non encore entreprise à ce jour), il nous a paru bon d'établir une sorte de bilan des conclusions auxquelles nous ont amené notre pérégrination de port en port, et quelques enquêtes approfondies auprès de pêcheurs des Maritimes.

Le terme de *pauvre* mérite réflexion. Le dictionnaire *Le Robert* entend par ce mot : «*celui qui manque du nécessaire ou qui n'a que le strict nécessaire, qui n'a pas suffisamment d'argent, de moyens pour subvenir à ses besoins*». À noter que la pauvreté se différencie de la misère «*extrême pauvreté pouvant aller jusqu'à la privation des choses nécessaires à la vie*». Pour J.K. Galbraith (*l'Ère de l'opulence*, p. 311) :

> les gens sont dans le dénuement quand leur revenu, même s'il leur permet de survivre, se trouve nettement au-dessous de celui de l'ensemble de la communauté.

C'est en ce sens que l'on parle de groupes à faibles ou modestes revenus (*low incomes*). Pour H. Perroy «Pauvreté aux États-Unis», *Revue de l'Action populaire*, novembre 1955, p. 1044.

la civilisation étant, selon une courbe exponentielle, créatrice de besoins, les pauvres sont ceux qui, à un moment donné et dans un contexte géographique donné, ne possèdent pas les moyens de satisfaire les besoins considérés par leurs concitoyens comme fondamentaux.

Il est vrai que la croissance, de par son dynamisme *naturel*, est fondamentalement inégalitaire tout au moins en économie de marché ; elle secrète des *poches résiduelles* de pauvreté. C'est parce qu'il y a croissance et que beaucoup s'enrichissent qu'on prend conscience de l'état de pauvreté des *moins favorisés*, de ceux que l'on nomme encore des laissés-pour-compte, ou plus simplement encore des marginaux.

La pauvreté est donc une donnée toute relative, subordonnée à des notions de besoins et de revenus dont chacun sait qu'elles varient dans le temps et l'espace. C'est ainsi que selon les critères retenus par les économistes, 40 % au moins de la population du Nouveau-Brunswick vivent à la limite ou au-dessous du seuil de pauvreté. Des taux équivalents pourraient être attribués aux deux autres provinces des Maritimes (Rapport sur le développement social, 1971, p. 8). Les auteurs de ce document insistent sur les implications sociales et culturelles de cette pauvreté économique. Les pauvres n'ont ni le temps ni l'argent, et on pourrait ajouter ni le goût nécessaire pour participer à la vie associative et politique de leur région. Ainsi sont-ils parmi les plus mal représentés et les plus mal servis par les plans de santé, scolarité, logement, mis en place par les gouvernements :

> *Dans les domaines de développement économique, les programmes fédéraux et provinciaux accentuent les divisions entre ceux qui sont relativement fortunés et les pauvres de la province. Dans les programmes courants, il n'existe que des tentatives limitées pour fournir une aide financière à ceux qui en auraient le plus besoin* (Développement social, *op. cit.*, p. 10).

Comme on le voit, cette notion de pauvreté est extrêmement complexe car elle incorpore aux aspects purement économiques des éléments d'ordre psychologique et culturel encore mal définis. Ainsi, dans une société où le confort matériel est présenté comme une fin en soi, un sentiment de frustra-tion ne peut manquer de se produire à la vue d'objets inaccessibles. Les actes de violence auxquels s'adonnent quelquefois les pêcheurs ne seraient que des manifestations de cette inadaptation à un état permanent de privation.

A. *La pauvreté économique du milieu maritime*

Pour l'étude du niveau économique des pêcheurs des trois provinces, on s'appuiera surtout sur les enquêtes réalisées en 1976 auprès des 37 pêcheurs côtiers interviewés au hasard des rencontres sur le terrain et dont le tableau ci-contre donne les principaux résultats. Précisons que les matelots, qui forment un groupe extrêmement disparate et difficile à cerner, ont été exclus de cette analyse de même que les patrons-pêcheurs des bateaux de grande pêche (> 25 tjb).

Les 37 pêcheurs interrogés appartenaient donc à la famille (la plus importante) des pêcheurs côtiers artisans, de celle qui travaille sur une base saisonnière (6 à 10 mois d'activités) et dont les sources de revenus se partagent entre la pêche, un ou plusieurs emplois à terre, et l'assurance-chômage. À noter toutefois que ce tableau ne reflète que très imparfaitement la réalité dans la mesure où il ne tient pas compte des nombreux pêcheurs *occasionnels*, lesquels n'exercent leurs activités de pêche que durant une période inférieure à cinq mois. Nul doute que s'ils avaient été inclus dans cette étude, le bilan eût été plus médiocre. Néanmoins, les résultats tels qu'ils apparaissent permettent d'établir d'intéressantes comparaisons entre les différents secteurs des Maritimes.

1. *Les revenus tirés de la pêche*

Ils représentent un éventail extrêmement large puisque le plus faible revenu enregistré dans la région de Northumberland atteignait tout juste les 2 000 dollars alors que le plus élevé (dans le S.W. du Nouveau-Brunswick) dépassait légèrement les 12 000 dollars. Cet écart de 1 à 6, déjà fort important, eût été encore plus accusé en incorporant les *occasionnels*.

L'observation du tableau VII permet de regrouper les pêcheurs en deux régions géographiques (fig. 59). Les pêcheurs côtiers du S.W. des Maritimes (à l'ouest de la ligne mn sur la figure) tirent de la pêche des revenus substantiels qui se situaient, en 1976, dans une fourchette comprise entre 8 300 et 12 000 dollars, c'est-à-dire à un niveau comparable à celui de

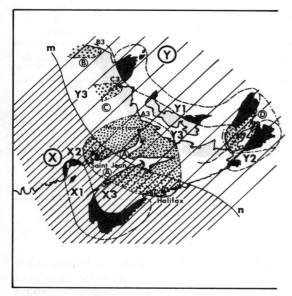

┌─────┐
│▨▨▨▨│ Zone économiquement favorable au SW de la ligne mn
└─────┘ X

┌─────┐
│   │ Zone économiquement défavorable au NE de la ligne
└─────┘ mn : Y

■■■■ Régions côtières bien situées par rapport aux lieux de
      pêche : X1, Y1 et Y2

┌─────┐
│   │ Régions côtières moins bien situées par rapport aux
└─────┘ lieux de pêche : X2, X3 et Y3

┌─────┐
│∷∷∷∷│ Aires de reconversion relativement facile vers un
└─────┘ travail à terre : A, B, C et D

Figure 59
*Types de régions halieutiques des Provinces Maritimes
(en fonction de l'emploi du temps des pêcheurs).*

la moyenne nationale des salaires des particuliers (9 265 dollars), nettement supérieurs par conséquent aux revenus-pêche observés dans les autres secteurs côtiers des Maritimes lesquels n'ont jamais dépassé les 5 000 dollars en 1976. Il faut remarquer toutefois que ce revenu net global inclut la part du pêcheur en tant que patron de son bateau et la rémunération du capital-navire. Or, sur ce dernier point, il faut bien avouer que les frais d'amortissement du bateau sont souvent sous-estimés ou même complètement ignorés. À chaque fois que l'occasion nous a été donnée d'avoir accès à la comptabilité d'une entreprise de pêche, nous avons pu constater l'évaluation très approximative de cette dépréciation du capital. De sorte qu'il conviendrait de tenir compte, dans une appréciation réelle des résultats, d'une surestimation de l'ordre de 10 à 20 %.

Cela dit, la majorité des pêcheurs côtiers du S.W. des Maritimes parviennent à gagner correctement leur vie sans avoir recours à d'autres activités. Les chiffres, là aussi sont éloquents ; dans cette région, les revenus tirés de la pêche représentent 80 % du revenu global alors que ce pourcentage ne dépasse jamais les 60 % dans les autres secteurs côtiers. Incontestablement, les pêcheurs du S.W. des Maritimes apparaissent comme relativement privilégiés par rapport à leurs homologues des autres régions.

a) D'une part, les contraintes résultant de l'englacement s'y font moins sentir que partout ailleurs. Le pêcheur a donc plus de facilités pour combiner plusieurs pêches de bon rapport (le homard en hiver et le hareng ou la morue en été).

La saison en effet s'étend non pas sur quelques mois, mais sur la quasi-totalité de l'année. À noter cependant que si le nombre de jours de mer, compris entre 110 et 135, y est de 20 à 30 % plus élevé que dans les autres districts des Maritimes, ce chiffre est encore faible si on le compare à celui obtenu par les pêcheurs européens (le plus souvent supérieur aux 200 jours de mer). Comme on l'a déjà dit, il existe dans cette région du S.W. des Maritimes des facteurs dissuasifs qui découragent le pêcheur, plus qu'ils ne l'en empêchent vraiment, de mettre son bateau à l'eau.

b) D'autre part, les facteurs naturels (abondance et qualité de la ressource) et humains (proximité du marché des États-Unis) se conjuguent pour mieux valoriser les mises à terre.

Ainsi en est-il de la pêche au homard ; bien que cette activité occupe dans cette région une place sensiblement moins importante dans le total des revenus, les pêcheurs en retirent des gains de plus de deux fois supérieurs à ceux obtenus dans les autres districts côtiers. Autrement dit, plus cette activité est avantageuse pour les pêcheurs, plus ces derniers disposent d'autres sources de revenus qui ne les rendent pas totalement dépendants d'elle. Au contraire, moins elle apparaît avantageuse pour les pêcheurs, plus ces derniers doivent compter sur elle pour sauver leur saison.

Cela confirme ce que nous disions précédemment de l'importance relative prise, selon les secteurs côtiers, par ces activités halieutiques complémentaires. Sur l'île de Grand Manan par exemple, la pêche au hareng rapporte autant ou presque que la pêche au homard. Même chose à Clark's Harbour ou Pubnico où la pêche au poisson de fond est également d'un bon rapport. En revanche, sur les bords du golfe du Saint-Laurent, les pêches au maquereau, à la morue, à l'éperlan, au gaspareau, ne rapportent tout au plus que quel-

Tableau VII

Moyenne des revenus (1976) de 37 pêcheurs côtiers dont la saison de pêche s'étend sur 6 à 10 mois d'activités.

	Nombre de pêcheurs interrogés	Revenus nets tirés de la pêche (en $)	Revenus nets autres que la pêche (en $)	(en %)	Assurance-chômage (en $)	Total revenus nets (en $)	Revenu pêche Revenu total	Nombre de jours de mer	Revenus nets Pêche homard (en $)	Pêche homard Pêche totale = %
S.W. de la Nouvelle-Écosse	5	10 500	1 200	10	300	12 000	87,5%	125	6 500	61.9%
Sud Nouveau-Brunswick	6	9 500	1 750	14,9	450	11 700	81,1%	115	6 200	65,2%
S.E. côte atlantique	8	4 560	1 950	25,2	1 200	7 710	59,1%	90	3 100	67,9%
N.W. de l'île du Cap Breton	4	4 300	2 000	26,8	1 150	7 450	57,7%	85	3 100	72,0%
Détroit de Northumberland	8	3 900	2 200	26,8	850	6 950	56,1%	96	2 800	71,7%
N.E. presqu'île de Gloucester (Nouveau-Brunswick)	6	4 400	2 200	27,1	1 500	8 100	54,32%	82	3 200	72,7%

ques centaines de dollars même quand le pêcheur parvient, dans son calendrier saisonnier, à les juxtaposer les unes aux autres.

Cette situation amène aujourd'hui un nombre grandissant de pêcheurs à abandonner ces pêches complémentaires. Ainsi, en 1976 à Petit Cap (en bordure du détroit de Northumberland), sur un effectif de 57 pêcheurs, 25 d'entre eux ne pratiquaient que la pêche au homard. Plus au nord, à Richibouctou-Village, sur 72 pêcheurs recensés, 35 seulement ajoutaient à la pêche au homard une ou plusieurs autres activités halieutiques. Il fallait aller à Baie Sainte-Anne, en bordure de l'estuaire de la Miramichi, pour voir la pêche au hareng entrer pour plus de 30 % dans les revenus de pêcheurs côtiers.

2. *Les revenus non tirés de la pêche*

Ils proviennent de multiples sources et sont généralement peu connus des services officiels. D'après l'enquête que nous avons pu mener sur ce sujet auprès de nos 37 pêcheurs, il ne semble pas qu'il faille leur accorder une place exagérée. Comme il fallait s'y attendre, c'est dans les régions où la pêche rapporte le moins que ces revenus annexes sont les plus élevés (jusqu'à 25 à 35 % selon les entreprises), sans toutefois compenser les faibles profits retirés de l'activité principale, la pêche.

Quelles sont ces activités annexes?

a) *La vente du poisson*. Nous l'avons déjà écrit, nombreux sont les pêcheurs qui se chargent de commercialiser une partie de leurs prises : boëtte de gaspareau ou de maquereau, hareng mariné, homard en carapace, huîtres et

moules. Ces ventes se font directement sur le quai ou à la maison du pêcheur. Elles sont surtout vivaces dans le voisinage des grandes villes, Moncton, Halifax, Saint-Jean, où les restaurateurs et les simples particuliers constituent une clientèle de choix.

À Grand-Digue par exemple, situé à quelque 20 milles au N.E. de Moncton, un pêcheur a profité de la présence dans cette ville d'une forte colonie de francophones pour organiser la vente d'huîtres et de moules non écaillées. En 1976, il avouait avoir retiré plus d'argent de ce négoce que de toute sa pêche réunie.

Ces ventes directes ne présentent pas que des avantages. Elles échappent à l'usine de traitement et ne sont pas, de ce fait, prises en considération pour le calcul de l'assurance-chômage. Aussi, le pêcheur a-t-il plus d'intérêt à ne consacrer à ce trafic que le surplus de sa pêche, celui dont il n'a pas besoin pour obtenir la valeur maximale de son timbre d'assurance.

Ainsi à Boutilier's Cove, petit port situé à quelque 30 milles à l'ouest d'Halifax, J. Alice occupe le plus clair de sa saison à pêcher la morue et l'églefin au filet de fond. À la fin de chaque sortie en mer, il passe à l'usine décharger les 150 kg de sa cargaison. L'excédent, s'il s'en a, il va le proposer le soir venu aux deux ou trois restaurateurs de la ville. En général, ils lui prennent tout ce qui lui reste, mais il peut encore en vendre aux touristes et aux simples particuliers qui se présentent chez lui. Pour entreposer sa marchandise, il dispose d'une petite glacière qu'il déclare, non sans fierté, avoir lui-même fabriquée. Combien retire-t-il de ce commerce? Lui-même n'en a qu'une idée approximative bien qu'il tienne à jour un grand cahier de comptes. Ce dont il est certain, c'est que son poisson payé 30 cents le kg par l'usinier, est acheté le double par ses clients ; une bonne affaire qui malheureusement ne se renouvelle pas tous les jours. La pêche est devenue trop incertaine depuis quelques années. Malgré tout, il affirmait, grâce à ces ventes, pouvoir doubler ses revenus nets de pêche lesquels s'élevaient en 1976 à 4 380 dollars. Estimation pour le moins exagérée puisque aussi bien Alice reconnaissait lui-même ne pas avoir pris en compte toutes les dépenses afférentes à ce commerce telles que les frais de transport ou le travail de son commis qui, en dehors de la pêche, l'aide à éviscérer le poisson et même à le vendre, sans parler du manque à gagner que constitue la journée de pêche perdu quand il lui faut se rendre à Halifax pour écouler sa marchandise.

b) *Les travaux salariés.* La plupart des revenus annexes sont liés à des travaux salariés. On les connaît donc beaucoup mieux. Dans le S.W. des Maritimes, quelques pêcheurs s'engagent comme simples matelots sur un bateau-transporteur d'une compagnie. B. Paul, de Commeauville, est de ceux-là :

> *«Un job éprouvant (avoue-t-il) parce qu'il faut être disponible 24 heures sur 24. Être là, chez soi, prêt à répondre au moindre coup de téléphone à n'importe quel moment de la journée et de la nuit. Mais c'est intéressant pour un jeune qui veut se faire de l'argent»*

Payé à la tâche, au coup par coup, Paul déclarait en effet avoir gagné près de 5 000 dollars durant les cinq mois de sa saison (juin-octobre), et avoir ainsi doublé les revenus de sa pêche hivernale au homard. Le calcul apparaît intéressant puisqu'il y a tout lieu de croire, au vu des résultats obtenus par les autres bateaux, que ce pêcheur n'aurait pas retiré des gains aussi élevés d'une pêche artisanale, d'autant qu'il en a profité pour louer son bateau durant cette période à un de ses cousins pour la somme de 1 000 dollars.

D'autres, ils sont les plus nombreux, trouvent à s'embaucher après la saison de pêche à l'usine de transformation. Trancher, fileter, dépiauter le poisson, préparer les saumures, contrôler le séchage, empiler le poisson salé, mesurer le taux d'égouttement, autant d'opérations qui n'ont pas de secret pour un pêcheur. Bien entendu, les plus adroits (et on les connaît !) sont généralement assurés d'une place où ils pourront gagner jusqu'à 5 dollars

l'heure (1976). Pour les autres, c'est un peu à la débrouille. Ceux qui durant la saison approvisionnent régulièrement l'établissement, seront récompensés de leur fidélité ; la compagnie essaiera de leur trouver une place à l'entretien, au déchargement, à la surveillance. Mais il faudra se contenter de petits salaires (1,80 à 2,20 dollars l'heure en 1976), à peine supérieurs au minimum provincial.

Remarquons tout de même que ces emplois temporaires à l'usine dépendent du prolongement durant l'hiver ou tout au moins durant une partie de celui-ci, des activités de la flottille de grande pêche. Les pêcheurs du golfe du Saint-Laurent, de ce point de vue, se trouvent désavantagés par rapport à leurs homologues des autres régions des Maritimes. À la fermeture de ces usines, à la fin du mois de décembre, le reclassement dans une activité à terre deviendra pour beaucoup une nécessité, ne serait-ce que pour échapper à l'ennui et au désœuvrement. Les solutions adoptées varient à l'infini.

Ainsi G. Norman, de Caissie Cape (S.E. du Nouveau-Brunswick). Quand il ne pêche pas, cet homme, la trentaine passée, travaille sur son exploitation agricole qu'il a hérité de ses beaux-parents. Les deux métiers, celui de la mer et celui de la terre, ne se concilient pas facilement, reconnaît-il. Surtout au printemps quand il y a d'un côté les labours et les semailles, de l'autre le hareng qui arrive à la côte. Heureusement, son épouse est là qui travaille fort, et c'est bien souvent elle qui conduit le tracteur dans les champs. Jusqu'à présent, il n'est jamais parvenu à cultiver la totalité de ses terres (250 acres ou 125 ha) ; il se contente d'exploiter une centaine d'acres (50 ha), le reste, il le loue à un fermier du pays. Pêcheur d'origine comme son père, il n'a jamais voulu renoncer au métier de la mer. Par sentimentalisme plus que par intérêt, affirme-t-il. Pourtant, la disparition du hareng dans le détroit de Northumberland et plus généralement les mauvais résultats de la pêche, l'ont poussé ces dernières années à consacrer le plus gros de ses efforts à son exploitation et à se contenter de ne pêcher que le homard. Cette activité, il n'est pas près de l'abandonner, non seulement parce qu'il doit finir de payer son bateau, mais aussi parce qu'il ne veut pas rompre définitivement avec la mer et l'ambiance fiévreuse de la pêche. Même si la tâche n'est pas de tout repos, il aime ces deux mois de campagne. Un véritable plaisir! Une joie même! Celle d'aller en mer, de sentir la bonne fraîcheur du large, les retours au quai et les retrouvailles avec les amis d'enfance! Quelque chose qu'il ne retrouve pas dans le milieu agricole où les gens vivent, dit-il, trop repliés sur eux-mêmes, indifférents les uns pour les autres. Chez le pêcheur il peut y avoir de la jalousie, de la cruauté, comme de la chaleur et des coups d'éclat, mais jamais de l'indifférence! Quelquefois, seul dans son champ, sur sa terre, Norman trouve sa journée un peu longue ; il lui arrive alors de rêver.

Les temps ont effectivement changé. Peu nombreux sont aujourd'hui ceux qui parviennent à combiner l'exploitation d'un lopin de terre avec les exigences de la pêche. Il en est de même du bûcheronnage, si couru autrefois par les gens de mer, et qui n'offre plus guère à présent d'emplois temporaires. Les pêcheurs ont aussi comme recours de se faire embaucher comme charpentier dans le montage des maisons. Dans ce domaine, ils bénéficient de la réputation (bien souvent justifiée) d'être des experts dans le travail du bois. Un second métier pour quelques-uns d'entre eux! Aussi, des entreprises acceptent-elles d'intégrer pour quelques semaines, voire quelques mois, ces ouvriers hors pair.

Ainsi, dès qu'arrive la fin de la saison de pêche, G. Hugh de Shediac, est assuré de retrouver un *job* de charpentier-menuisier à l'entreprise de bâtiment de la ville. Point de contrat, point d'attente. Quelle que soit la date choisie, il sera toujours bien accueilli. Avec l'accroissement rapide de l'agglomération de Moncton et la prolifération des résidences secondaires (*chalets*) le long de la côte, l'ouvrage ne manque pas. Cette année par exemple (1976), le patron a embauché deux autres compagnons, pêcheurs comme lui. Les salaires sont bons et attirent les jeunes. A 5,50 dollars l'heure, il lui arrive de gagner 2 600 dollars en dix ou douze semaines de travail ce qui double aisément les revenus de sa pêche au homard. Après cela, il n'a plus qu'à se mettre sur l'assurance-chômage et attendre la fin des glaces pour reprendre la mer.

Mais la majorité des pêcheurs n'ont pas cette chance, ils doivent se contenter d'un *job* à la semaine ou à la journée. Un coup de main à donner, un service à rendre ici ou là. Rien de bien défini. Le pêcheur, faut-il l'écrire, est un touche-à-tout, mais, précisons, de la meilleure veine ; un homme disponible à partir de l'automne. Qu'une affaire se présente, un débardage à Saint-Jean ou un camionnage jusqu'à Boston ou même une simple coupe de bois, c'est à lui, au pêcheur, qu'on fera d'abord appel ; parce qu'on sait qu'il est là à attendre

du travail et qu'il ne rechigne pas sur ces petits profits, qu'il doit même compter dessus pour boucler ses fins de mois.

● Un cas exceptionnel, celui de ce pêcheur de Saint-Thomas de Kent qui, s'étant un jour rendu compte qu'il avait le don de détecter les nappes d'eau souterraines à l'aide d'une baguette de bois, a monté une petite entreprise de forage de puits qu'il dirige durant la belle saison en même temps que ses activités de pêche.

● Autre exemple, celui de ce jeune pêcheur de l'île Madame qui, dès la saison terminée, va tenir une station d'essence située à quelques centaines de mètres de chez lui. Son patron, qui dirige une société de transport, lui demande parfois de conduire un poids lourd jusqu'à Montréal ou Toronto. Une mission dont il se passerait volontiers mais qu'il doit bien accepter pour garder sa place!

Certains n'hésitent plus comme autrefois à quitter leur village pour trouver un travail temporaire.

● Ainsi D. Cécil, de Canso, part chaque année, au commencement de l'automne, cueillir des pommes dans la vallée d'Annapolis, ou même aux États-Unis, Pendant cinq à six semaines, on ne lambine pas. De l'aube au crépuscule, il faut ramasser les fruits, les ranger soigneusement dans des clayettes, quelquefois les transporter jusqu'à l'entrepôt. Tiennent le coup ceux qui le peuvent! Mais pour les plus robustes, il y a moyen de se faire un bon millier de *piastres* (dollars). Un dernier coup de collier avant le repos hivernal! (fig. 60).

Pour D. Armand, de Port-Mouton (N.E), les occasions de travail ne se présentent jamais de la même façon. L'an dernier, par exemple, il a participé au renflouage d'un navire sur la côte du Pacifique. Rien que cela! Après quoi, il est parti cinq semaines dans un chantier forestier au Québec. Par le passé, il lui est même arrivé de trouver un emploi dans les mines du Labrador. Cette saison (1976), on lui a déjà proposé de transporter des maisons-mobiles d'Halifax jusqu'à l'Ontario. Tous ces voyages ne l'effrayent pas outre mesure, car il aime ça, voir du pays et rencontrer de nouveaux visages, même s'il admet qu'il n'économise guère d'argent dans ces longs déplacements.

C. Antoine, de Shippagan, est un peu dans la même situation. Jusqu'à présent, il trouvait à s'engager, comme beaucoup d'autres, à la société voisine d'extraction de la tourbe ; mais récemment l'acquisition par celle-ci d'énormes *aspirateurs* pour récolter la

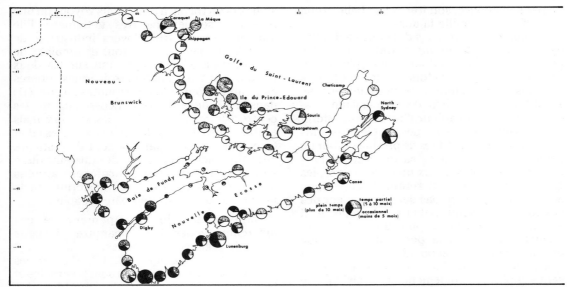

Figure 60
*Répartition des pêcheurs dans les différents districts et
leur durée d'activité* (moyenne 1970-1975).
Source: *Ministère de l'Environnement, Halifax.*

matière combustible, a supprimé un grand nombre de ces emplois saisonniers. L'an dernier (1975), il s'est retrouvé pour la première fois sans travail. Renouant alors avec une vieille habitude des pêcheurs, il est parti au port de Saint-Jean décharger les bateaux de commerce ; une solution dont il ne sait si elle pourra se présenter à l'automne prochain car, même de ce côté là dit-il, les offres se font de plus en plus rares aujourd'hui.

Acculé à la même extrémité, C. Clarence, du port voisin de Val-Comeau, a choisi de rejoindre son frère directeur d'une entreprise de maçonnerie à Montréal. C'est ainsi que cela se passe le plus souvent ; la découverte d'un *job* se fait grâce à l'existence de tout un réseau de relations qui s'étend bien au-delà des simples frontières de la province.

Pour les quelques pêcheurs détenteurs de quelques arpents de forêt (ils sont malheureusement peu nombreux de nos jours), il existe encore la possibilité, à défaut d'autres ouvrages, de vendre quelques cordes de bois à une compagnie de pâte à papier, ou même de se lancer dans l'exportation de sapins de Noël au moment des fêtes de fin d'année.

D. Léonard, de Richibouctou, en a retiré pour près de 1 000 dollars en 1976. Quant à R. Bill, de Shediac, il déclare se faire quelques jolies fins de semaine en organisant des *parties de sucre* à la fin de chaque hiver. Au milieu de ses bois, il a installé un petit cabanon à l'intérieur duquel il fait chauffer le jus d'érable. Le dimanche, nombre de touristes et citadins de Moncton viennent en promenade jusqu'à la cabane lui acheter quelques bouteilles du précieux sirop.

Enfin, pour terminer cette description, nous prendrons le cas de M. François, de Maisonnette (N.E. du Nouveau-Brunswick): l'exemple même de l'homme-à-tout-faire.

Comme il ne retire que de faibles revenus de la pêche (2 800 dollars en 1976), il multiplie les besognes pour arrondir ses fins de mois. C'est ainsi qu'il s'est vu confier la surveillance des fanaux et pylônes lumineux de son secteur côtier ; l'administration lui donne pour cela 700 dollars par an. Ce n'est pas si mal, convient-il, même si le travail est dur en hiver et présente quelques dangers. Il possède en outre une petite exploitation agricole (une dizaine d'arpents) sur laquelle il cultive des sapins en pépinière qu'il écoule vers les États-Unis au moment de Noël. De plus, avec sa femme, il élève des volailles et des lapins qu'il vend, ainsi que des œufs, aux gens du voisinage. Mais sa grande idée, quand nous l'avons vu pour la dernière fois, était de profiter de la création, tout près de là, du village historique acadien et de l'afflux de touristes que ce centre ne manquerait de susciter, pour aménager un terrain de camping sur lequel il comptait bien installer un *Take Out* (boutique de plats chauds). François était plein d'optimisme pour son projet auquel devaient participer son épouse, son frère et sa belle-sœur. Une affaire de famille là aussi.

Comme on le voit, les difficultés actuelles de l'industrie halieutique ont amené les pêcheurs côtiers à s'adonner avec plus d'empressement qu'autrefois à des activités annexes qui viennent principalement se substituer aux pêches d'arrière-saison, lesquelles font l'objet aujourd'hui d'un désintérêt grandissant en raison des faibles revenus qu'elles sont susceptibles de produire. Pour un pêcheur côtier, dont la saison s'étend normalement sur plus de six mois de l'année, les gains qu'il peut espérer retirer de cet emploi annexe ne dépassent pas dans le meilleur des cas 35 % des revenus nets tirés de la pêche. Il en irait tout autrement pour un pêcheur *occasionnel* pour qui la pêche n'est devenue qu'une occupation secondaire qui n'intervient que pour moins de 30 % parfois dans les revenus globaux. Finalement, la décision que prend un pêcheur d'abandonner telle ou telle pêche pour s'adonner à un travail à terre n'obéit pas à des règles bien précises ; elle dépend un peu des capacités de chacun, du goût qu'il manifeste pour son métier ainsi que de ses autres aptitudes professionnelles qu'il pourra faire valoir, le moment venu, auprès de ses employeurs éventuels. Cependant, les chances ne sont pas égales pour tous ; elles varient selon la région géographique considérée et des avantages comparés qu'offre la pêche par rapport aux autres secteurs d'activité.

Ainsi, en ne considérant que les perspectives offertes par la pêche, le littoral des Maritimes se divise, au vu des résultats obtenus dans le tableau, en deux régions bien distinctes (fig. 59). À l'ouest de la ligne mn (région X), les activités halieutiques présentent des conditions de rémunération *relativement* avantageuses par rapport à celles situées à l'est de cette ligne. Nous ne reviendrons pas sur les causes de cette coupure dont nous avons longuement parlé dans les chapitres précédents. Nous ferons cependant remarquer qu'à l'intérieur de cette région, Y, il y a lieu de distinguer les secteurs côtiers placés en bout de terre qui, du fait de la proximité et de la diversité des ressources faunistiques, sont dans une position plus favorable que ceux situés en fond d'estuaire ou de baie. Les premiers ont été regroupés en deux zones 1 et 2, les seconds dans une même zone 3.

Si maintenant nous inscrivons sur cette carte les aires géographiques qui offrent aux pêcheurs les meilleures chances de reconver-

sion vers un travail à terre, nous voyons qu'une région A se détache très nettement. Elle s'appuie sur les trois foyers industriels de Saint-Jean, Halifax, Moncton, et empiète de part et d'autre de la ligne mn sur les deux régions X et Y. S'y ajoutent trois zones côtières aux dimensions plus restreintes : l'une (D) dans le S.E. de la Nouvelle-Écosse englobe les centres de Sydney et Port Hawkesbury mais exclut Canso, trop isolé, les deux autres (B et C) comprennent la partie amont de l'estuaire de la Miramichi et de la baie des Chaleurs où se sont implantés ces dernières années d'importantes industries de transformation de minerai et des usines de pâte à papier.

Finalement, le recoupement de ces différentes zones fait apparaître plusieurs types de régions halieutiques.

— Dans les secteurs A3, B3, C3, où les possibilités de reconversion sont favorables et les perspectives de pêche limitées, les pêcheurs seront incités plus qu'ailleurs à réduire leurs activités en mer, parfois même à les abandonner complètement pour se tourner vers des emplois à terre mieux rémunérés. Le nombre de pêcheurs occasionnels y sera relativement élevé par rapport aux pêcheurs à plein temps (saison de pêche supérieure à 10 mois).

— À l'opposé, dans le secteur côtier X1 (S.W. des Maritimes) où la pêche fournit souvent de bons revenus alors que par ailleurs les occasions d'emplois alternatifs demeurent fragiles, les pêcheurs seront portés à se consacrer presque exclusivement à leur métier. Rien d'étonnant à ce que dans cette région le nombre de pêcheurs occasionnels soit faible et celui des pêcheurs à plein temps au contraire élevé.

— Entre ces deux situations extrêmes, existent bien entendu tous les types intermédiaires. Mais il faudrait se reporter à des études monographiques pour mieux cerner le phénomène. D'une façon générale, on peut dire que le voisinage d'un foyer urbain et industriel (à moins d'une heure de trajet) est un facteur favorisant le désengagement et le *débauchage* partiel ou total du pêcheur, même si ce dernier peut trouver dans la proximité d'un centre de consommation de quoi assurer un débouché intéressant à ses prises. Autrement dit, la pêche a d'autant plus de chances de se maintenir qu'elle ne se trouve pas en concurrence avec d'autres activités industrielles. Elle reste fondamentalement une activité de région pauvre.

3. *L'assurance-chômage*

Arrive un moment où les pêcheurs, comme des milliers de leurs concitoyens, s'arrêtent de travailler pour s'inscrire à l'assurance-chômage. Instauré pendant la guerre (1940), le système a été pendant longtemps réservé aux seuls salariés. Ce n'est qu'en 1958, après de difficiles et interminables discussions qu'on a fini par l'élargir aux patrons-propriétaires de bateaux. Il a pris depuis une grande importance au point de devenir un des pôles d'intérêt de l'année en fonction duquel s'organise la vie économique et sociale des familles. Grâce à ces prestations, ce qui était autrefois vécu dans la crainte et l'effroi, le passage de la redoutable saison hivernale, est attendu aujourd'hui comme une récompense aux efforts déployés durant la saison estivale.

Le principe de cette allocation est simple. Au cours de sa période d'activité, le pêcheur cotise à une caisse d'assurance selon un taux de 1 dollar pour 100 dollars de gains assurables et jusqu'à un maximum fixé en 1973 à 1,60 dollar. Le versement de cette cotisation s'effectue par l'intermédiaire de la compagnie à laquelle le pêcheur livre ses captures, compagnie qui elle-même joue le rôle d'employeur puisqu'elle participe à la caisse selon un barème de 1,4 fois plus élevé que celui du salarié (ici du pêcheur). Mais l'essentiel des prestations reste à la charge de l'État.

À la différence des autres catégories de travailleurs, le pêcheur ne peut bénéficier de cette assurance à n'importe quel moment de l'année, mais durant seulement une période dite d'admissibilité qui couvre largement la saison hivernale. Comprise tout d'abord entre le 1er janvier et le 15 avril, elle a été par la suite étendue du 1er décembre au 15 mai et encore avancée en 1976 au 1er novembre. À l'intérieur de cet intervalle de temps, le pêcheur choisit librement le moment de recouvrement de ses prestations en fonction de ses préférences et de ses possibilités d'embauche. Sa durée diffère quelque peu du régime général. Pour simplifier, disons qu'elle est proportionnelle à la durée d'emploi ou plus exactement au nombre de semaines de cotisation. Jusqu'à ces dernières années, elle correspondait aux 5/6 de cette période. Autrement dit, un pêcheur qui affichait 8 semaines consécutives de travail ne pouvait prétendre qu'à un peu plus de 6 semaines de prestations. De ce point de vue, le pêcheur se trouvait nettement désavantagé par rapport à un salarié normal qui, pour le même temps de cotisation (8

semaines) pouvait retirer jusqu'à 51 semaines de prestations. En d'autres termes, pour que le pêcheur puisse se mettre sur l'assurance-chômage durant toute la période d'admissibilité (soit 24 semaines, du 1er décembre au 15 mai), il aurait fallu qu'il obtienne un peu plus de 28 semaines de cotisations. Or, si de telles conditions peuvent être aisément remplies dans le S.W. des Maritimes, il n'est est pas de même en bordure du golfe du Saint-Laurent où, comme nous l'avons vu, les chances de travailler plus de 6 mois par an sont assez restreintes. De sorte que l'insuffisance des ressources obligeait de nombreuses familles, surtout à la fin de l'hiver, à s'inscrire à une caisse de secours, le Bien-Être social, et à s'endetter encore plus auprès des banques et des compagnies.

Depuis 1976, une série de mesures législatives a sensiblement amélioré cette situation. Dorénavant, un pêcheur ayant à son actif 8 semaines d'emploi pourra toucher jusqu'à 26 semaines de prestations, ce qui pratiquement couvre toute la période d'admissibilité (novembre à mai). De fait, les conditions d'éligibilité ne sont pas fixes : elles varient désormais en fonction de la conjoncture économique de chaque région. Dans les zones à taux de chômage élevé, le nombre de semaines requis pour avoir droit aux prestations est inférieur à celui exigé dans une zone moins touchée par le chômage. Ainsi, les prestataires qui ne remplissent pas les conditions lors de leur demande peuvent très bien, pour peu que la situation économique dans leur région se dégrade, y satisfaire quelque temps plus tard.

Quant au taux des prestations (on parle encore de la valeur du *timbre*) en souvenir du temps où chaque pêcheur disposait d'un livret sur lequel l'on collait les timbres achetés au bureau de poste, correspondant à la valeur des cotisations, il s'élève *grosso modo* aux deux tiers des gains obtenus au cours de la période d'activité. Avec toutefois un plafond calculé de telle sorte qu'un pêcheur ayant charge de famille pouvait espérer toucher durant l'hiver 1975-1976 entre 80 et 150 dollars par semaine, soit environ 330 à 600 dollars par mois. Comme on le voit, il s'agit d'une rentrée d'argent importante, d'autant plus appréciée qu'elle n'est soumise à aucun des aléas de la pêche.

Conçue au départ comme une aide temporaire réservée à ceux qui, par suite de l'interruption forcée de leurs activités, se voyaient brutalement privés de leurs ressources, elle a pris rang aujourd'hui de véritable institution à laquelle chacun essaye coûte que coûte d'adhérer, même ceux, et ils sont plus nombreux qu'on pourrait croire, qui seraient en mesure de trouver un travail durant cette période d'inactivité. Cet attachement a une explication économique : les revenus tirés d'emplois marginaux, qu'ils soient liés ou non à l'industrie halieutique, atteignent rarement un niveau tel qu'il puisse entraîner le renoncement du pêcheur à ses droits aux prestations. Dans le tableau VII où l'assurance-chômage a été établie avant que n'intervienne les modifications de 1976, le montant des allocations perçues par les 37 pêcheurs dépassait, pour huit d'entre eux, les 1 800 dollars, et quinze d'entre eux les 1 000 dollars (après déduction d'impôts) ; cela sur une durée oscillant de 2 à 12 semaines. Or il faut reconnaître que peu d'activités halieutiques (nous l'avons vu avec la pêche à l'éperlan par exemple) sont capables d'assurer de telles rentrées d'argent, y compris la pêche au homard durant le mois de février.

Et puis, dans l'esprit du pêcheur, il s'agit encore une fois d'un droit revendiqué comme tel plutôt que d'une nécessité à laquelle chacun devrait se soumettre bon gré mal gré. Que représente-t-elle en effet sinon la sécurité de passer l'hiver sans encombre, sans devoir comme autrefois garder les enfants à la maison parce qu'on n'avait pas de quoi les chausser, sans devoir aller quémander un peu d'argent à l'un ou à l'autre pour faire la soudure du printemps. Avec l'assurance-chômage, l'hiver est devenu supportable, le contraire d'un moment redouté, une saison quelquefois attendue, souvent appréciée.

Mais il y a plus encore. Le pêcheur (combien de fois ne l'avons-nous pas ressenti au cours de nos interviews!) voit dans cette participation financière de l'État et de l'employeur une sorte de reconnaissance implicite par la collectivité nationale de la valeur de son travail, un début de réhabilitation! Car lui aussi désormais peut faire comme *les autres* : se promener, ne rien faire de ses dix doigts, traînasser si bon lui semble dans sa maison, à son jardin, et pouvoir malgré tout compter à la fin de la quizaine sur une rentrée d'argent. L'événement, il se situe là, dans l'émancipation et la sécurité qu'apportent ces quelques centaines de dollars qu'il touche ou plutôt qu'il choisit de toucher au moment le plus critique de l'année où il se sent le plus vulnérable.

Mais est-ce vraiment une période d'inactivité? Il est difficile d'imaginer le pêcheur inactif durant plusieurs semaines, voire plusieurs mois, avachi dans son fauteuil, absorbant à longueur de journée les niaiseries de la télévision. Certes, le désœuvrement est souvent la plaie de tout chômeur. Mais les loisirs actifs occupent une grande partie de son temps. Se retrouver à quelques-uns pour jouer aux cartes ou organiser quelques bonnes parties de moto-neige sur la mer englacée ou dans les sous-bois, appartiennent aux plaisirs de l'hiver : ses congés payés à lui, pêcheur. Il y a aussi la tournée dans les tavernes, les virées chez les parents et amis, la chasse et la pêche illégale (il faudra y revenir). Une habitude également très répandue est de se réunir chez l'un ou l'autre pour bavarder (jaser) en vidant quelques canettes de bière achetées au *bootlegger* du coin. Dans chaque village existent un ou même deux *bootleggers* attitrés. Il s'agit de simples particuliers (pourquoi pas un pêcheur!) qui se chargent d'aller à la Régie des alcools (*Liquor Commission*) de la ville la plus proche, et de s'approvisionner en bières qu'ils revendront clandestinement et au prix fort, bien entendu, aux voisins qui se présenteront.

B. *Une pauvreté sociale et culturelle*

La pauvreté n'a pas seulement une résonance économique, elle a des incidences sur le plan social et culturel. Le pauvre est celui qui se sent en marge de la société moderne, démuni, résigné, incapable bien souvent d'élaborer un mode de vie qui ne soit pas l'imitation maladroite et forcément tronquée de la classe dominante. Sans ressources, il attend tout des autres ; il est ce que les indicateurs sociaux désignent sous le terme d'inadapté ou d'assisté.

Les pêcheurs des Maritimes se rangent-ils dans cette catégorie?

1. *Manque de cohésion*

Sans doute est-ce le lot commun de toutes les populations riveraines qui vivent dispersées à la périphérie d'un territoire de se sentir isolées, incapables de s'organiser collectivement, en un mot vulnérables. Mais le manque de cohésion se trouve particulièrement accusé ici.

L'éparpillement de ces hommes de la mer le long d'une frange côtière extrêmement sinueuse, n'a pas été un facteur favorable aux rencontres. Les occasions de se retrouver et de parler métier et affaires sont rares, pour ne pas dire inexistantes. Traditionnellement, le pêcheur côtier des Maritimes est un être isolé, beaucoup plus en contact finalement avec les autres habitants du village qu'avec ceux qui partagent les mêmes soucis professionnels. La plupart voyagent peu ; ils n'en ont pas les moyens. Et ceci pouvant expliquer cela, il n'existait jusqu'à ces dernières années aucune structure de participation interprofessionnelle, aucun Comité local des pêches, aucune association de défense des pêcheurs. Le milieu maritime était dirigé par une poignée de techniciens et de fonctionnaires des gouvernements fédéral et provincial. Peu de concertation, sinon pour entériner des décisions déjà prises en haut lieu.

À cette dispersion géographique, s'ajoute un autre élément qui vient contrecarrer les efforts de rapprochement. Et il est de taille : l'obstacle de la langue! Nous l'avons constaté bien des fois, la communication passe mal entre ces hommes de la mer et les *experts* du ministère. Divorce perpétuel et toujours d'actualité au Canada entre les anglophones qui détiennent les rênes du pouvoir et la masse des francophones. Cela est vrai mais n'explique pas tout. Les feuilles d'information, même quand elles sont traduites dans la langue maternelle (de louables efforts de traduction ont été faits par l'administration Trudeau), ne sont pas comprises des pêcheurs, des gens de la base. Qu'il soit anglais ou français, ce langage de l'administration n'est pas le leur. Trop abstrait, il devient difficile à suivre. Les mots n'ont pas le même sens, ne désignent pas la même chose. Le flou s'introduit régulièrement dans les conversations. On s'est mal compris.

D'autant qu'il ne faut pas oublier que les antagonismes entre pêcheurs d'une même région sont nombreux et souvent irréductibles.

L'opposition entre côtiers et hauturiers ne date pas d'hier, mais elle a repris de la virulence, ces dernières années, depuis le retrait des flottilles étrangères de la plate-forme continentale sur lesquelles se déchargeaient, il n'y a pas si longtemps, tous les ressentiments et rancœurs des pêcheurs des Maritimes. Il n'y a plus cette excuse. Les riverains se retrouvent aujourd'hui face aux gros bateaux canadiens et aux compagnies qui les arment.

— Mais les conflits entre pêcheurs côtiers ne sont pas moins flagrants. Qu'il suffise de rappeler les discordes et les heurts survenus en baie de Fundy entre les propriétaires de parcs à fascines et les senneurs, ou dans le détroit de Northumberland, l'opposition entre les dragueurs de pétoncles et les pêcheurs de homards, et entre ces derniers et les récolteurs d'algues!.

Enfin, l'isolement du pêcheur n'existe pas seulement par rapport à ses homologues, mais aussi dans une certaine mesure par rapport à ses voisins du village ou de la ville. La solidarité qui unissait si fortement les membres d'une même communauté paroissiale, notamment chez les Acadiens, s'est dissoute au fil des années. Fini le temps des *corvées*, qu'elles s'appellent halerie, bûcherie, arracherie, filerie. L'ouverture au monde extérieur s'est accompagnée de la perte de prestige des églises et de la destructuration de ces petites collectivités. Avec plus ou moins de retard sur les autres catégories professionnelles, les pêcheurs ont adhéré aux valeurs séductrices de la société moderne, fondée sur la possession individuelle et inassouvie des biens de consommation :

> La foi en la valeur de l'individu s'est transformée en conviction que chacun pouvait se débrouiller seul, en compétition avec tous et chacun, et en conséquence, personne en dehors du cercle immédiat de famille et d'amis désormais ne nous intéresse (E. Leblanc, 1971, p. 1).

2. *Dépendance du milieu maritime*

Ce manque de cohésion du milieu maritime trouve son expression dans la dépendance des pêcheurs vis-à-vis du directeur ou gérant de l'usine de conditionnement. L'emprise de cet *usinier* (c'est ainsi qu'on l'appelle) sur le village et les pêcheurs est encore extrêmement forte, inimaginable dans un pays comme la France où existent sur le port des contre-pouvoirs à l'influence des mareyeurs. Elle découle, croyons-nous, de la pauvreté économique et culturelle du milieu maritime, de son inaptitude à s'organiser, de sa propension à s'endetter pour satisfaire ses besoins élémentaires ou superflus.

L'usinier est d'abord celui qui achète le poisson du pêcheur. À ce titre, il jouit déjà d'une grande autorité car c'est de lui (qui, dans le village, n'en serait persuadé?), que dépend le bien-être et la survie de ces familles. Et puis, la menace est toujours là, suspendue, angoissante : s'il venait à s'en aller, si la compagnie venait à quitter les lieux, que deviendrait-on? Peu nombreux sont les pêcheurs qui vendent à plusieurs compagnies. Par tradition ou routine, par crainte ou peur de déplaire, ou tout simplement parce qu'il n'y a pas d'autre choix, ils s'en remettent au même *acheteur* pour écouler la marchandise. Les prix qu'on leur fait, ils ne les discutent pas. Ils n'ont d'ailleurs aucun moyen pour protester ; comment diable le pourraient-ils, et avec quels arguments! Eux, ces petits producteurs si éloignés du marché de distribution et si peu familiarisés avec les questions de commercialisation et de conjoncture économique! Peuvent-ils même soupçonner *l'usinier* de quelque machination frauduleuse! À côté d'une attitude beaucoup plus critique qui commence à se faire jour et sur laquelle il faudra revenir, combien de fois n'avons-nous pas entendu des propos tels que : «*L'usinier fait ce qu'il peut pour nous tirer d'affaire, pour nous donner le meilleur prix. Comment ne pas être reconnaissant envers lui?*»

L'usinier fait vivre la famille du pêcheur. C'est encore lui qui procure des emplois à l'épouse, quelquefois même aux enfants durant la période des congés scolaires. Quand il le faut, il peut s'arranger pour recaser le pêcheur, temporairement pendant l'hiver, ou même définitivement s'il ne peut retourner en mer. Auréolé du pouvoir économique, *l'usinier* a remplacé le curé ou le pasteur à l'autorité vacillante. Plus que l'élu politique, il est celui que l'on écoute, que l'on va consulter quand il s'agit de faire un achat important. Dans une société où l'argent tient une si grande place, il représente celui-qui-a-réussi. Par ses propres moyens, à force de ténacité et de courage! Un exemple pour tous ses concitoyens! Quel pêcheur après tout n'a jamais rêvé d'en faire autant : se bâtir une *usine à poisson* et la faire tourner, et n'aller en mer que de temps en temps, pour son plaisir, sans avoir l'obsession de *sauver* sa journée.

L'usinier joue aussi un rôle important par l'argent qu'il est amené à avancer à l'un ou à l'autre pour se tirer d'affaire. Le coutume est encore bien vivace dans nombre de petits ports, surtout au printemps quand il s'agit pour le pêcheur d'acheter du matériel, des agrès, quelques barils, de la boëtte, un ou deux jeux de filets, mais aussi à n'importe quel moment de l'année et pour n'importe quoi ; qu'il s'agisse de l'achat d'un ustensile ménager, d'une télévision, d'une voiture, *l'usinier* se substitue au banquier. Il fait l'avance, quelquefois même c'est lui qui se charge de payer le marchand ; il se remboursera au fur et à mesure des arrivages de son débiteur. Faut-il s'en étonner? Cela fait partie des services qu'il se doit de rendre à sa clientèle de pêcheurs pour la conserver et pouvoir compter sur elle durant toute la saison de pêche. Rien ne serait

plus catastrophique, on le comprend aisément, qu'une partie d'entre elle se décide à aller vendre à la compagnie concurrente. Cette éventualité n'est pas à négliger dans les ports où se côtoient les établissements de plusieurs entreprises différentes (Lockeport, Shippagan). Mais elle ne se réalise que fort rarement. Il faut bien voir en effet que ce n'est pas en fonction des prix que le pêcheur choisit telle compagnie plutôt qu'une autre (dans un même district, ils sont rigoureusement uniformes, précisément pour éviter ce *débauchage*), mais d'après les services qu'elle peut individuellement lui rendre. Les prêts d'argent en font partie, mais il y a aussi les menus aides et bienfaits : l'utilisation d'un hangar pour entreposer outils et filets, d'un camion pour transporter Dieu sait quoi, l'embauche préférentielle de l'épouse ou de la sœur ou des enfants. L'essentiel est que des liens d'interdépendance se créent entre *l'usinier* et le pêcheur de telle façon que celui-ci se sente moralement obligé de lui vendre sa marchandise. Tel ce pêcheur de Comeauville (N.E.) qui nous avouait à propos de l'entreprise Comeau SeaFood de Saulnierville : «*Je me sens forcé de leur porter mon poisson ; ils sont bons avec moi, je dois être bon avec eux.*»

Quant au mouvement coopératif qui, avant-guerre, a joué un si grand rôle pour sortir les pêcheurs de la misère, il a beaucoup sacrifié de son idéal tout orienté au départ vers la formation et l'information de ses membres. Par nécessité, disent ses responsables, parce qu'il fallait s'adapter au climat de concurrence sous peine de disparaître, le mouvement a négligé ce rôle éducatif pour ne consacrer ses efforts qu'à la seule amélioration de l'appareil économique. Résultats : les pêcheurs se sont désintéressés de la coopération, ou plutôt ils ne voient plus ce qu'elle est, ce qu'elle représente de différent. Dans leur esprit, elle n'est ni plus ni moins qu'une autre société qui offre les mêmes prix et les mêmes services. Les fameuses ristournes qu'elle distribue à ses membres à la fin de chaque exercice ne sont même plus considérées comme des avantages inhérents à la fonction coopérative dans la mesure où les compagnies elles-même attribuent des *primes* équivalentes à *leurs* pêcheurs.

3. *Les activités illégales*

Certains s'étonneront de voir cette question abordée à cet endroit de notre étude. Nombreux sont ceux en effet qui pensent que le braconnage n'est que le résultat de mauvaises habitudes contractées depuis longtemps, un indice de l'irresponsabilité des pêcheurs dans la façon d'envisager l'exploitation des richesses communes, une conséquence de leur manque d'instruction, de leur insouciance. Que de choses n'a-t-on pas écrites sur ce sujet! Ces arguments ne sont pas irrecevables, loin de là, et les efforts d'information comme ceux qui visent à renforcer la surveillance ne sont pas toujours inutiles. Pourtant, il faut bien constater que toutes les campagnes de sensibilisation sur ces questions (et elles ont été nombreuses ces dernières décennies) n'ont jamais pu aboutir au moindre résultat. Pour la simple raison qu'il s'agit avant tout d'un problème social lié à la pauvreté du milieu maritime. Sans cela, comment expliquer que le phénomène sévisse principalement dans les secteurs les plus démunis des Maritimes, en bordure du golfe du Saint-Laurent par exemple?

C'est d'abord dans son métier que l'on triche, que l'on commet des actions illégales. Elles sont nombreuses et rarement portées à la connaissance du public et des autorités responsables. Pêcher le homard en dehors de la saison est une des pratiques les plus courantes. Pour cela, rien de plus aisé. Il n'y a qu'à immerger quelques casiers anonymes, c'est-à-dire sans bouée de repère, et le tour est joué. Dans certains secteurs de l'île du Prince-Édouard, certains n'hésitent pas à draguer des huîtres et des moules dans les zones interdites (parce que contaminées), qu'ils vendent ensuite sur le marché sans se préoccuper des graves dangers que leur action fait courir aux consommateurs! De même, l'interdiction de pêcher le saumon a donné lieu à une prolifération d'engins fixes et dérivants susceptibles de le capturer en même temps que les autres espèces pour lesquelles ils sont normalement utilisés. On pourrait multiplier les exemples.

L'écoulement de ces produits illégalement pris ne présente pas de difficulté majeure. On s'arrange pour les vendre aux particuliers et aux restaurateurs, parfois même aux *usiniers* trop heureux d'obtenir de la marchandise à bon compte pour grossir les stocks et prolonger d'autant les activités de l'établissement. Dans ce domaine, la connivence des riverains et des pêcheurs n'est pas souvent prise en défaut et cache aux yeux du grand public l'ampleur du phénomène. Comment en effet évaluer l'importance de ces délits? Tous les chiffres avancés se situent certainement au-dessous de la vérité.

Pour le homard, les autorités estimaient en 1977 à plus de 3 millions de dollars les pertes annuelles ainsi subies dans les seules Provinces Maritimes (*News Release*, 25 août): de 3 à 10% de la production totale! (Audet-Mc Laughlin, 1976, p. 85)

— En ce qui concerne le saumon, aucune évaluation n'a été possible, mais le gouvernement reconnaissait en 1976 que son plan de repeuplement des cours d'eau était gravement compromis par la pêche illégale. Il lançait alors un vibrant appel pour que la population participe avec les enquêteurs à l'arrestation des contrevenants et de leurs complices (restaurateurs, usiniers). Inutile de préciser qu'il n'a guère été entendu. Malgré les menaces et les amendes distribuées, le braconnage continue de plus belle.

Ces dernières années cependant, quelques discussions sont apparues sur ce sujet au sein du milieu maritime. On a pu voir dans certains secteurs côtiers (Richibouctou), des groupes de pêcheurs partir en guerre contre les fraudeurs, mais là également sans beaucoup de résultats.

La pêche illégale a toujours été et demeure le moyen, le plus facile sans doute, de pallier l'insuffisance des ressources familiales. La situation fragile de nombre de ces pêcheurs, la médiocrité de leurs conditions d'existence semblent toujours la cause première de ce phénomène. S'il n'y avait, encore une fois, que mauvaise habitude et manque d'information, pourquoi les *campagnes d'éducation* auraient-elles toujours échoué jusqu'à présent? Sans doute les effectifs de gardes-pêche sont-ils insuffisants et imparfaitement équipés. Mais comment œuvrer efficacement sur un littoral aussi démesuré face à des contrevenants aussi bien aguerris et qui bénéficient généralement de la complicité de la population. La tâche semble impossible. Et puis, les pêcheurs ne se rendent pas toujours compte de la portée de leurs actes; ils jouent la carte du présent sans prendre en compte l'avenir. La mer est *leur domaine*, et ils ne comprennent pas que des lois, élaborées de surcroît par des fonctionnaires étrangers au milieu maritime, viennent limiter leur liberté d'action.

Il faut dire aussi que la légèreté des peines encourues a pu encourager les fraudeurs. En 1976 par exemple, un pêcheur pris en flagrant délit avec 192 homards dans son panier n'a reçu qu'une amende de 386 dollars! Ce laxisme des tribunaux n'a pas été sans décourager les officiers de pêche qui ont pris l'habitude de fermer les yeux sur ces irrégularités, en échange parfois de petits cadeaux en nature.

La multiplicité des règlements, dont le bien-fondé n'apparaît pas toujours, y compris aux experts biologistes, a favorisé également cette indifférence des professionnels à l'égard de la législation en vigueur. Tenus à l'écart du travail de préparation de ces lois, comment se sentiraient-ils concernés par leur application! Ainsi, la décision prise brutalement en 1972 par les autorités responsables d'interdire la pêche au saumon aux seuls pêcheurs professionnels et non aux pêcheurs amateurs détenteurs de bail sur les terres boisées, a été ressenti par les professionnels comme une mesure de discrimination plus que de sauvegarde des fonds de pêche.

Autre occupation entachée d'irrégularité, la chasse apporte à ces familles un appoint de nourriture en même temps qu'un complément de revenus non négligeable. Elle est aussi un délassement, une distraction que pour rien au monde un pêcheur ne laisserait passer. Dans le Nord-Est du Nouveau-Brunswick, la chasse au gibier à plume (canard, barnache, outarde, *moyague, cadrasse, cocowick*) est particulièrement prisée des riverains. Elle ne se déroule pas en hiver mais plutôt au printemps et à l'automne, au moment des grandes migrations saisonnières. La complication vient du fait qu'en vertu d'une vieille convention passée entre les États-Unis et le Canada, les deux États se sont engagés à n'autoriser la chasse (chacun sur son territoire respectif) qu'à une seule période de l'année, au printemps pour les premiers, à l'automne pour les seconds. Les chasseurs-pêcheurs des Maritimes n'ont jamais accepté une telle décision qui, incontestablement, les désavantage. En septembre-octobre affirment-ils, le passage des oiseaux les plus prisés se fait à l'intérieur des terres, hors de leur portée mais accessibles en revanche aux quelques détenteurs de lots boisés (des Américains fortunés pour la plupart) dont les moyens de destruction sont autrement plus importants que ceux utilisés par les autochtones (Le V. du 16 mai 1973). Il ne leur reste plus que la chasse printanière ; mais comme elle est officiellement interdite, il leur faut utiliser toutes les vieilles ruses pour tromper la vigilance des services d'inspection. Pour la circonstance, les femmes et les enfants se mettent de la partie, et pendant une ou deux semaines le pays tout entier joue au chat et à la souris.

La chasse à l'orignal et au chevreuil donne lieu à des équipées autrement plus audacieuses. Autrefois, elle se déroulait pendant la morte saison, d'octobre à mai. Les hommes, par groupes de cinq ou six, partaient avec leurs chiens plusieurs semaines consécutives pour traquer l'animal jusqu'à sa tanière. C'était toujours une aventure car il fallait s'enfoncer très loin dans la forêt et se réfugier le soir venu dans des abris de fortune. Mais l'on s'en revenait avec de belles réserves de viande et quantité de peaux dont on faisait des souliers (caristeaux) (voir A. Chiasson, 1972. p. 51 et p. 64-65). Aujourd'hui, ce passe-temps est strictement réservé à un nombre limité de chasseurs tirés au sort au début de chaque saison. Là aussi, le braconnage est de règle et les pêcheurs ne sont pas les derniers à braver la loi. L'un d'entre eux nous avouait fièrement avoir effectué plusieurs voyages sur l'île d'Anticosti pour y chasser le chevreuil.

En un voyage, au début de l'hiver 1974, il avait abattu 57 bêtes qu'il avait transportées par bateau jusqu'à Shippagan. Déchargement en plein jour. Personne n'a rien vu, y compris les douaniers tout occupés qu'ils étaient à prendre leur *lunch*. Une équipe s'est ensuite chargée d'écouler la marchandise dans les environs. «*Tout le monde en voulait, et pour un peu on m'aurait bien demandé de repartir là-bas.*»

4. *Un milieu quelque peu figé*

Une autre constatation s'impose et qui n'a rien d'étonnant après ce que nous venons de dire précédemment : le milieu maritime n'attire plus beaucoup les jeunes. Il sert plutôt de repoussoir. Les quelques enquêtes auxquelles nous avons procédé, notamment dans le Sud-Est du Nouveau-Brunswick, corroborent les résultats obtenus sur le littoral vendéen (à savoir que le recrutement se fait *sur place* par l'appartenance à une famille de pêcheurs ou à une communauté portuaire).

Il apparaît en effet fondamental pour le futur marin d'avoir vécu son enfance en bordure de mer, d'avoir été bercé par les histoires de marin, d'avoir eu pour compagnon de jeu un fils de pêcheur, etc. Autrement dit, l'appartenance à une frange côtière extrêmement étroite (limitée en fait aux ports du front de mer) conditionne l'engagement dans la profession. Mais quelles sont les raisons qui poussent les adolescents de cette étroite bande littorale à *choisir* le métier de marin?
— Une raison toute négative : le manque d'instruction et l'absence de choix. La pêche devient une solution provisoire pour éviter le chômage avant de se transformer en situation

définitive parce qu'il n'y a pas d'autres possibilités pour se tirer d'affaire.

— *La vie saine*. C'est là un élément plus positif que l'on retrouve dans beaucoup de réponses. Non pas l'amour du grand large mais l'attrait de la nature et de la mer, le désir d'aventure et un certain goût du risque, le bonheur d'être son propre maître et de ne pas dépendre des autres dans son travail, une certaine façon d'être libre, de vivre bien, que le pêcheur oppose volontiers aux tracasseries de la vie moderne, aux horaires fixes, à la pollution des villes.

— *La soif d'argent*. C'est là un aspect plus déconcertant, car les résultats montrent au contraire que les possibilités de s'enrichir sont plutôt médiocres et plus faibles peut-être qu'ailleurs. N'empêche qu'il existe une idée tenace qui veut qu'à la pêche il soit possible de *faire de bons coups*. À vrai dire, cela n'est pas faux. Nous l'avons vu, certaines pêches procurent de très bons revenus (pétoncles, harengs), mais elles ne sont réservées qu'à un petit nombre d'individus d'ailleurs soigneusement recrutés. Mais ces exemples suffisent à tourner la tête à quelques-uns qui s'imaginent qu'ils gagneront rapidement de quoi se faire construire un bateau, un grand senneur de 2 millions de dollars, pourquoi pas! Pour beaucoup de ces jeunes, la pêche reste un jeu; ils y entrent avec la même envie qui pousse d'autres à jouer au casino: pour en sortir millionnaire!

Quelques exemples:
- Originaire de Robichaud Office où il vit encore présentement, D. Norman aurait pu travailler dans l'entreprise de charpentier de son père. Une affaire qui continue de bien marcher. Mais il déclare n'y avoir jamais sérieusement songé. Tenir les comptes, surveiller la main-d'œuvre, se démener pour recevoir le matériel, ce n'était pas dans ses cordes! «*Trop d'embarras, Dieu ne m'a pas choisi pour cela.*» Sans avoir jamais vraiment hésité, il a préféré suivre les traces de son grand-père: avoir son petit *boat* et sortir en mer quand bon lui semble. Cele ne l'empêche pas, chaque hiver, de travailler quatre à cinq mois durant à l'entreprise de son père. À 5 dollars l'heure (1976), il se fait plus d'argent qu'à la pêche. Mais dès que le beau temps revient, il ne tient plus en place, «*il se sent des fourmis dans les jambes*» comme il dit; il faut qu'il parte. La pêche, oui il aime cela, elle rompt la monotonie de la vie, même s'il reconnaît qu'elle ne lui rapporte guère et qu'il aurait plus intérêt à rester travailler à la charpenterie. Mais Norman semble avoir trouvé son bonheur dans ce partage d'activités entre la pêche, de juin à septembre, et le travail du bois, d'octobre à janvier. Ce n'est pas le désir des biens matériels qui l'entraîne mais plutôt l'aspiration plus large à un *bien vivre*.

Satisfait alors de son sort? Presque, s'il ne regrettait la place excessive faite aujourd'hui à l'argent, et ne se plaignait des difficultés qu'il a, avec une famille comme la sienne (5 enfants), pour s'en sortir convenablement. Ces dernières années, il a dû, et «*à regret*» ajoute-t-il, abandonner plusieurs pêches devenues non rentables (le hareng et le maquereau) et raccourcir d'autant sa saison. Mais il se considère comme «*chanceux*» de pouvoir trouver quand il le veut une place à terre. D'ici quelques années, il n'en sera plus de même. Bien peu pourront concilier un emploi à terre avec la pêche. Il faudra bien choisir.

Pour D. Adrice, la cinquantaine, de Cap-Pelé, il n'y a pas eu de choix. À vrai dire, il ne s'est jamais posé la question. Aîné d'une famille de 14 enfants, il a bien fallu qu'il abandonne l'école dès l'âge de 13 ans pour aller «*aider le père*» à la mer. Si ce dernier avait été plombier, il serait problablement devenu plombier. C'est le père qui a guidé irrémédiablement son destin. Il s'est retrouvé sur un bateau sans bien se rendre compte de ce qui lui arrivait. Par un enchaînement logique et naturel, simplement, fatalement. Arrivé à l'âge de 28-30 ans, il était déjà trop tard pour changer de cap, c'est du moins ce qu'il pense. «*Sans éducation*» (instruction), comment aurait-il pu trouver un «*placement en ville*»? Pourtant il est le seul de la famille à avoir gardé le métier de marin. Ses trois frères, pas plus instruits que lui, sont partis il y a quelques années pour tenter leur chance, l'un à Toronto, l'autre à Montréal, le troisième au Labrador. «*Ils se sont imposé un sacrifice*»; quatre à cinq ans tout au plus, juste le temps d'amasser quelques *piastres* et revenir s'installer ici. Non pas pour se remettre à la pêche, mais pour retrouver le pays, la famille, les amis.

Lui, Adrice, ne les a pas suivis. Il n'y a même jamais songé, sérieusement tout au moins. Pourquoi? Il se le demande encore parfois. À dire vrai, il a pris goût au métier, à cette compétition pour trouver le poisson, au *challenge*, un mot qui revient souvent dans sa bouche. Sa fierté, c'est de s'être fait un nom parmi les pêcheurs. D'ailleurs, dans ce métier, même s'il y a des déconvenues, des échecs, il y a toujours l'espoir de mieux faire, de rattraper le retard, de redresser la barre, de prendre sa revanche sur le destin. Dépendant de la nature et de ses caprices? Certes, comment pourrait-il l'ignorer? Mais ce qui importe c'est d'être libre dans son travail. Et s'il reconnaît n'avoir pas choisi ce métier, Adrice sait maintenant qu'il n'aurait pu en faire un autre.

M. Francis, de Wedgeport (S.W. de la Nouvelle-Écosse) a 35 ans, patron-pêcheur d'un *Cape Island* de 45 pieds. Pour lui, tout semble clair. Il a désiré devenir pêcheur non pas en vertu d'un inclination particulière pour la pêche, mais parce qu'il a vu là (ou cru voir) un moyen de se doter rapidement d'un capital. Il avait 18 ans et sortait d'un centre de repos où il avait été soigné pour une tuberculose. Fils de pêcheur, il connaissait bien la petite pêche côtière, non «*le grand métier*»[17]. Enfin, son frère aîné, capitaine d'un pétonclier, est venu lui proposer une place sur son «*boat*». Une chance à ne pas manquer, «*personne n'aurait hésité à ma place, combien n'attendent-ils pas jusqu'à 25-30 ans pour l'obtenir*».

Pour Francis, c'était l'assurance, surtout à cette époque où cette pêche marchait fort, de pouvoir, six ou sept ans plus tard, se faire construire son propre bateau. Plein d'ardeur, il s'est donc engagé. Mais hélas, il a dû vite déchanter. Non que les gains fussent au-dessous de ce qu'il avait imaginé; chaque coup de drague en ce temps-là valait une mine d'or, et les sorties rapportaient gros. Mais à quel prix! Pas une minute à soi. Nuit et jour à écailler, manœuvrer, tenir le quart, à peine le temps d'avaler un sandwich qu'il fallait retourner sur le pont. Finalement, le manque de sommeil, le mal de mer, les coups

de gueule du capitaine (son frère pourtant, si calme et si doux habituellement), tout s'y mettait pour rendre intenable la vie à bord. Au milieu de la saison, un des hommes a eu deux doigts de sectionnés par une drague. Le bateau a dû revenir d'urgence à Yarmouth. Le capitaine en voulait à tout le monde de ce contretemps. Francis a bien failli lâcher à cette occasion. Mais que faire d'autre avec son faible niveau d'instruction? S'engager à l'usine de conditionnement pour toucher un salaire de misère? Il ne pouvait y songer. Alors il est reparti, pour une seconde marée, et une autre encore et puis une autre. Il a même recommencé l'été suivant, mais sans entrain cette fois. Il le fallait bien pour rembourser son petit *Cape Island* qu'il venait de se faire construire. Et encore cinq autres années. Peut-être y serait-il encore s'il n'était tombé malade en 1969. Cette fois, les médecins lui ont conseillé d'arrêter et de prendre un autre travail. Mais que faire à 25 ans quand on n'a connu que le métier de la mer et qu'aucun autre *job* à terre ne peut vous offrir un salaire équivalent. À la rigueur, mécanicien chez un garagiste, mais il n'y avait aucun emploi de ce genre dans le pays. Alors, il s'est mis à la pêche côtière. Sans gaieté de cœur; mais c'est encore ce qui paye le mieux par ici.

B. Ronald, de Pointe-l'Église (S.W. de la Nouvelle-Écosse), reconnaît que son cas sort un peu de l'ordinaire. Voilà en effet un pêcheur acadien qui a suivi tout le cours secondaire. Il aurait pu aller à l'université, ses professeurs le lui conseillaient, mais il n'a pas voulu. Les étudiants de l'Université Sainte-Anne, il les trouve un peu «*top*» (dans les nuages), trop tournés vers les histoires du passé. Comme la plupart de ses compatriotes, il descend des quelques familles qui, en 1768, revinrent s'installer dans ce pays de Clare après avoir été déportées par les Anglais dans le Massachussets. Depuis son enfance, il n'entend parler que de ces valeureux pionniers mais, déclare-t-il sans ambages: «*être issu d'un peuple battu et humilié n'a rien de très glorieux*». À choisir, il aurait préféré descendre de la «*race des vainqueurs*». Les Acadiens d'ailleurs s'assimilent. Ils sont bilingues et ne se marient plus exclusivement entre eux comme autrefois. Ronald trouve cela très bien. C'est une preuve qu'ils grandissent,

17. L'expression de *grand métier* est quelquefois utilisée par les pêcheurs côtiers. Elle nous semble un argument supplémentaire pour préférer l'expression de grande pêche à celle de pêche hauturière laquelle sert plutôt à désigner la pêche qui se pratique effectivement au grand large, telle la pêche au homard aux accores de la plate-forme.

qu'ils s'ouvrent au monde, qu'ils se sentent de plus en plus de vrais Américains. Ce réalisme, il le reporte dans ses propres affaires. Que lui aurait donné un bac en administration ou en économie? (l'équivalent d'une licence). Au mieux un poste de fonctionnaire dans un ministère à Halifax. Il a préféré faire sa vie à la mer. Parce qu'il aime ça et qu'il sait qu'il pourra s'en tirer. Avec son bateau de 38 pieds, n'est-il pas déjà devenu l'un des meilleurs pêcheurs de la région! D'ici deux ans, il espère se faire construire un autre *Cape Island* plus puissant, et un jour, qui sait? Peut-être aura-t-il un senneur? Dans une région où la pêche est l'activité dominante et l'une des mieux rémunérées, Ronald a eu vite fait de comprendre quel chemin il devait prendre pour gagner sa vie sans quitter le pays.

Sensiblement différente apparaît la situation de G. Roméo, 23 ans, de Caraquet. Originaire d'une famille acadienne de pêcheurs, Roméo a suivi des études secondaires avant de «*descendre*» en 1970 suivre des cours de géographie à l'université francophone de Moncton (cette ville à caractère anglophone). Mais pour lui qui n'avait jamais quitté sa région, le changement a été brutal. De fait, il n'a jamais pu s'adapter à cette immersion dans un milieu aussi différent de ce qu'il avait connu jusque-là. Chaque fois qu'il le pouvait, il remontait se plonger dans son Gloucester natal, son pays. Les vacances, il allait pêcher avec son père et ses amis.

À la fin de quatre années de brillantes études couronnées par un diplôme de bachelier ès arts, il a envisagé de poursuivre plus loin et de tenter une maîtrise à l'université d'Ottawa. Mais il y a vite renoncé. Un diplôme pour quoi faire? Pour se faire une belle situation à Moncton ou Saint-Jean, pour avoir le droit de se faire des *piastres* et de devenir anglais! Cette idée de devoir quitter sa terre pour travailler dans un milieu anglophone lui était devenue insupportable. C'est à Moncton, loin de son village natal, qu'il a découvert son acadianité, qu'il s'est senti profondément différent de ce monde anglo-saxon. Alors, il a décidé de retourner vivre au pays, parmi les siens. Et comme, dans le Nord-Est, il n'existe pas d'autre débouché que la pêche, c'est vers cette activité qu'il s'est naturellement tourné. Lui, le brillant étudiant en géographie, est devenu matelot sur un grand chalutier. Les études n'auront été qu'une simple parenthèse dans sa vie, ou plutôt elles lui auront permis de mieux se situer dans l'existence et de choisir en connaissance de cause le métier de son père.

TROISIÈME PARTIE

À la recherche des responsabilités

Nous avons consacré les chapitres précédents à la description des activités halieutiques et du milieu maritime. Les hommes au travail, aux prises avec leurs difficultés quotidiennes pour prendre à la mer tout ce qu'elle peut donner, puis pour organiser à terre la transformation et l'expédition de ces produits vers les foyers de consommation. Chemin faisant, nous avons pu nous rendre compte de la situation fragile de ces hommes dont la plupart ne retirent de la pêche qu'une faible part de leurs revenus, et sont obligés de s'adonner à d'autres occupations pour faire vivre leur famille.

Dans ce pays «à vocation maritime», n'est-il pas étrange que ces marins-pêcheurs demeurent dans leur majorité des marginaux, des laissés-pour-compte de la société d'opulence? *«Plus une collectivité dépend de la pêche, plus son revenu moyen tend à se réduire»* reconnaissait le rapport officiel sur la politique canadienne pour la pêche commerciale (1976, p. 22).

Une question alors se pose, toujours la même, simple et obsédante à la fois. À quoi cela est-il dû? Comment expliquer cette faiblesse qui frappe non seulement le secteur halieutique mais aussi toutes les autres sphères d'activités de cette région des Maritimes? Car nous le voyons trop bien ; cette pauvreté n'est pas seulement sectorielle mais géographique, autrement dit globale. Elle affecte l'ensemble de ces régions bordières du N.W. atlantique, encore qualifiées de *périphériques* du continent nord-américain : un qualificatif qui est déjà l'aveu d'une dépendance, d'un manque d'autonomie!

Tout se tient en effet. De même qu'il serait vain de vouloir se lancer dans une politique de modernisation du secteur des pêches sans tenir compte des licenciements et des besoins de reclassement qu'une telle action entraînerait, de même il serait illusoire d'élaborer un programme de développement d'ensemble de ces trois Provinces sans répondre aux questions spécifiques que soulève aujourd'hui la crise de l'industrie halieutique (tant dans le domaine de la commercialisation des produits alimentaires que dans celui de la protection des fonds de pêche).

Les caractères d'ordre physique et climatique fournissent, de prime abord, des éléments d'explication suffisamment convaincants. Qui pourrait douter de l'importance du facteur englacement responsable, on le sait, de l'arrêt des activités de pêche durant plusieurs mois de l'année, et d'une façon plus générale des rigueurs de l'hiver canadien qui gênent considérablement l'accessibilité aux ressources. Comment ne pas souligner le rôle primordial joué par la configuration des côtes dans la mise à l'écart des Maritimes, ainsi que par la présence de cette grande voie de pénétration fluviale du Saint-Laurent dont l'importance même contribue à rejeter ce petit isthme au N.E. du continent.

Il serait donc tentant de vouloir tout mettre sur le compte des éléments naturels, aussi bien le caractère déprimé de cette région, son manque d'autonomie de croissance *(self-sustained growth)* que les déséquilibres apparus à l'intérieur même de ce territoire entre les secteurs côtiers où l'emprise de ces obstacles naturels se font le moins sentir (le S.W. des Maritimes) et les autres régions littorales.

Mais la clarté et la commodité des arguments avancés invitent le géographe à la prudence, surtout quand il s'agit de se soumettre à un certain déterminisme. Dans les sciences de l'homme, il faut se garder d'un excès de positivisme. Comme l'écrit Roger Garaudy (*l'Alternative,* Laffont, Paris, 1972, p. 135) :

> *Un fait humain n'est pas un donné, c'est ce qui a été fait par un homme ou un groupe d'hommes, ce n'est pas un objet, c'est un projet réalisé, ce qui implique que d'autres projets étaient possibles et que la réalisation de ce projet parmi d'autres n'était pas inéluctable comme l'est la chute d'une pierre ou le déroulement d'une réaction chimique.*

Ici comme ailleurs, l'action des facteurs naturels ne se fait pas, ne peut se faire sur une humanité purement réceptive ; «*des nécessités nulle part, des possibilités partout*» affirmait en son temps l'historien Lucien Febvre. Mais s'il est faux de croire que l'homme ne réagit pas aux inconvénients que lui pose la nature, faut-il pour autant adhérer sans réserves à la conception du «*challenge and response*» exposée par Arnold Toynbee suivant laquelle une civilisation a d'autant plus de chance de se développer qu'elle se trouve confrontée à un défi naturel, mais un défi, s'empresse-t-il d'ajouter, qui ne soit ni trop fort sinon le milieu écrase l'homme, ni trop faible sinon le milieu ne joue plus son rôle de stimulant. Mais que d'exemples ne trouverait-on point en contradiction avec cette affirmation.

En définitive, mieux vaut admettre dans ce domaine qu'il y a *réciprocité* dans les rapports entre sociétés et milieux, plus précisément une série constante d'adaptations au cadre géographique, d'échanges jamais interrompus dans la mesure où la modification de l'espace naturel par un groupe humain amène ce dernier à se transformer et à s'adapter aux conditions nouvelles ainsi créées. Comme le remarquait l'ethnologue américain Sahlins (1964), «*Les cultures entrent en relation avec les conditions externes et sont façonnées par ces dernières.*» Ce qui signifie que l'on doit reconnaître aux conditions naturelles une influence sur le comportement des groupes humains sans pour autant nier l'autonomie au moins partielle des faits culturels.

Il faut noter que cette adaptation ou désadaptation de l'homme à son milieu ne dépend pas de la simple mobilisation des ressources locales, mais aussi du système d'organisation économique et social qui lui est imposé. En l'occurrence, le capitalisme commercial et industriel qui, depuis quatre siècles, a présidé aux destinées du continent nord-américain, a créé d'importantes disparités régionales.

L'expansion économique aussi massive et étendue qu'elle puisse être, ne résulte pas automatiquement en bien-être pour tous. En particulier, l'expansion économique comme telle n'élimine pas le besoin de mécanismes permettant d'assurer une répartition équitable de la richesse qu'elle fait naître, le fait qu'aucun mécanisme efficace de ce genre n'ait été jusqu'ici introduit dans la société nord-américaine prouve l'état primitif de la politique sociale de cette société comparée à certains pays démocratiques européens par exemple dont le produit national brut par habitant est nettement inférieur (E. Leblanc, 1971, p. 6).

Les Provinces Maritimes font partie de ces «poches résiduelles» que toutes les politiques de développement régional n'ont pas réussi, jusqu'à présent, à résorber. Une région sous-développée, mal intégrée à l'ensemble économique national, subordonnée à des foyers de production situés à l'extérieur de son territoire, lesquels continuent de drainer l'essentiel des investissements et des efforts des hommes. *«Au Canada plus qu'ailleurs, les déséquilibres régionaux posent des problèmes graves au point de mettre en cause la structure même du pays»* (L.E. Hamelin, 1969, p. 114).

Finalement, que l'accent soit mis sur l'adaptation du groupe à un type d'organisation économique ou sur les multiples formes d'actions humaines sur le milieu naturel, l'une et l'autre de ces composantes doivent s'analyser dans une perspective *historique*. Paradoxalement, dans ce pays «neuf», le poids du passé apparaît singulièrement important. Que ce soit dans la répartition des hommes et des infrastructures portuaires, ou dans les techniques de pêche utilisées encore présentement, les formes anciennes d'organisation et de travail des hommes se retrouvent partout dans le paysage. Et ce n'est pas un hasard. La multiplicité et la longévité des survivances dans une région appartenant pourtant à un pays en profonde et rapide transformation, témoignent des forces diverses qui, depuis les premiers temps de la colonisation jusqu'à aujourd'hui, se sont conjuguées pour contrecarrer, parfois annihiler, ou pour le moins freiner et gêner les efforts de mise en valeur de cette façade maritime.

Il y a des pays où l'on pourrait dater avec assez de précision le moment où s'est opéré un renversement dans ce que l'on pourrait appeler la *«hiérarchie relative des régions»* (A. Reynaud, 1974, p. 27-28). En France par exemple, comme l'ont démontré plusieurs historiens (P. Chaunu, B. Porchnev), l'Ouest et le Midi apparaissaient au XVIe siècle en bien meilleure posture pour réaliser leur *«décollage économique»* (pour reprendre une expression moderne chère à l'économiste américain Rostow) que le Nord et l'Est alors en retrait. Pourtant, à partir du XVIIe et plus encore du XVIIIe siècle, sous l'effet de facteurs sociaux et politiques, une inversion se produisit qui devait assurer la prédominance de ces deux dernières régions. Même chose au XIXe siècle pour le Royaume des Deux-Siciles dont le dynamisme économique semblait devoir guider les pas du futur État italien en voie de formation mais qui, on le sait, devait laisser ce soin aux régions septentrionales.

Rien de tel avec les Maritimes. Jamais ce petit isthme n'a donné l'impression qu'il pourrait se développer sur une base autonome. Trop bien situé au départ pour ne pas exciter les convoitises des puissances qui se disputaient la suprématie dans cette région du monde, il fut par la suite considéré comme trop à l'écart pour attirer les regards des investisseurs privés ou publics. C'est donc à travers une histoire faite surtout d'adversité et de malchances répétées que devait se mettre en place une industrie des pêches. Nous allons voir comment.

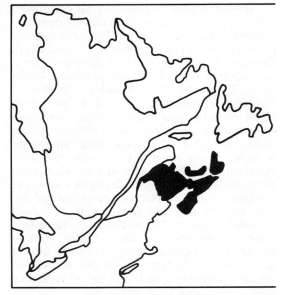

Un territoire d'enjeu

Une des causes majeures du retard accumulé par les Maritimes a été la rivalité qui a opposé pendant trois siècles les deux couronnes de France et d'Angleterre dans cette région du monde. Lutte sans merci, impitoyable, visant à éliminer purement et simplement l'adversaire, à s'accaparer de ses possessions et à le bouter hors du continent. Jamais en effet, on a eu l'impression qu'il pourrait s'établir un accord définitif sur les conquêtes effectuées par chacune des deux parties en présence. Pas d'accommodement possible, pas de partage en zones d'influence comme avaient pu le réaliser l'Espagne et le Portugal dans les autres Amériques. Entre les deux États rivaux, il n'y a jamais eu de paix véritable mais une série de longues périodes de conflits, seulement interrompues par de courtes trêves. Tout au long de ces siècles d'empoignades, l'isthme des Maritimes est apparu comme un des principaux territoires stratégiques, en quelque sorte une zone-tampon dont il fallait s'assurer à tout prix la mainmise pour garantir la sécurité des foyers de peuplement disséminés de part et d'autre.

A. L'expansion coloniale du XVIᵉ siècle

À la base de cette rivalité, il y a cette formidable expansion européenne du XVIᵉ siècle, aux motivations fort complexes et encore mal connues des historiens.

On sait comment les Ibériques profitèrent de leur domination politique ainsi que de leur situation géographique privilégiée pour se tail-

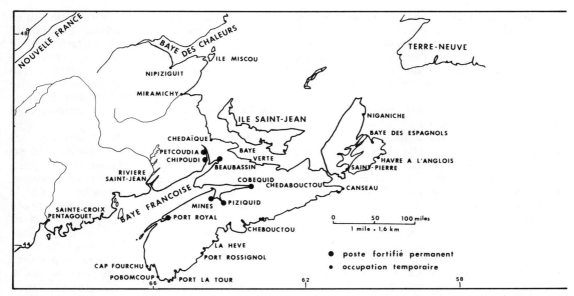

Figure 61
L'Acadie à la fin du XVIIe siècle.

ler la part du lion dans cette extraordinaire aventure.

Les Portugais furent les premiers à établir une série de comptoirs le long des côtes africaines, à doubler au sud le cap des Tempêtes pour rejoindre les Indes et de là les îles de la Sonde et la Chine. Mais la plus belle réussite, la plus lourde de conséquences, vint incontestablement des Espagnols. Empruntant le «rail des alizés», leurs bateaux devaient aborder un autre continent, un nouveau monde auquel un imprimeur lorrain donna le nom d'Amérique. S'ils n'avaient pas trouvé, comme ils l'espéraient, une nouvelle route pour atteindre le pays des épices, ils n'en avaient pas moins découvert un nouvel Eldorado. Grâce aux exploits de leurs conquistadors les deux États ibériques entrèrent rapidement en possession d'immenses territoires dont ils entendaient bien tirer parti pour asseoir définitivement leur domination sur les autres puissances européennes.

Mais le champ d'action presque infini qui s'offrait ainsi au capitalisme ibérique, ne pouvait qu'inciter les autres puissances à intervenir, ne serait-ce que pour faire table rase des prétentions ibériques à l'hégémonie mondiale clairement définies par le Traité de Tordesillas (1494). Dans la mesure aussi où personne n'avait encore atteint par l'ouest la Pointe de l'Asie, tous les espoirs de conquête demeuraient intacts : la grande route vers le pays de Cathay (Chine) restait à découvrir.

C'est ainsi qu'avec l'aide principalement de navigateurs méditerranéens, les gouvernements des différents États européens, y compris ceux d'Espagne et du Portugal, se lancèrent à la découverte du Nord-Ouest Atlantique. On sait ce qu'il advint, dans le premier tiers du XVIe siècle, des voyages de Cabot, Gomez, Verrazano, Corte Real et Cartier ; ils se soldèrent par des échecs retentissants. Les vastes horizons qu'ils avaient entrevus ne révélaient aucune des merveilles que l'imagerie populaire attribuait si volontiers à ces pays lointains. Ce n'étaient que terres ingrates, inhospitalières, peu propices aux cultures exotiques, et défavorables (à cause du terrible hiver) à l'implantation humaine. Quelle déconfiture pour ceux qui avaient espérer prendre leur revanche sur les Ibériques! Que faire alors? Abandonner la partie et chercher dans d'autres directions le fameux passage vers l'Asie? On y songea un moment, et l'intérêt pour ces régions marqua une certaine pause au milieu du siècle. Cependant, il ne faiblit jamais tout à fait car, au cours même de ces expéditions, d'autres motifs de satisfaction apparurent qui ne pouvaient laisser personne indifférent.

Il y eut tout d'abord la «découverte» des riches bancs de morue dans les mers limitrophes de ces Terres Neuves. Qu'on s'entende bien ici sur le mot «découverte». Il ne fait aucun doute que les pêcheurs basques, bretons, anglais, normands, fréquentaient ces mers depuis de nombreuses années, même si les documents attestant leur présence de ce côté de l'Atlantique ne datent que du début du

XVIe siècle. Sans même remonter aux voyages des Scandinaves dont on sait qu'ils profitèrent du réchauffement postglaciaire pour édifier entre les Xe et XIIe siècles des colonies éphémères sur les côtes du Groenland, les historiens s'accordent aujourd'hui à penser que dès le milieu du XVe siècle, à la faveur notamment de la poussée démographique qui suivit la guerre de Cent ans, et en raison également d'un certain appauvrissement des eaux littorales européennes (en baleines et harengs), les pêcheurs de l'Occident chrétien furent amenés à s'écarter des lieux de pêche traditionnels pour fréquenter le N.W. atlantique. Il faut dire que ces aventuriers, en bons pêcheurs qu'ils étaient, ne tenaient certainement pas à divulguer la position de ces pêcheries dont ils revenaient si abondamment chargés. La crainte de voir affluer d'autres bateaux les incitait à entourer ces voyages d'un maximum de discrétion. Quant aux sociétés d'armement, elles avaient tout intérêt à ne rien dire de façon à entretenir sur le marché une certaine pénurie dont elles étaient les principales bénéficiaires.

Il faut ajouter que les capitaines de ces bateaux, et *a fortiori* leurs équipages, n'avaient qu'une idée très approximative des régions qu'ils découvraient au hasard de leurs voyages. Leur degré d'instruction (ils étaient presque toujours analphabètes) et le faible matériel cartographique dont ils disposaient, ne les mettaient guère en mesure de localiser les terres qu'ils n'entrevoyaient d'ailleurs que de fort loin. En effet, en ces débuts, la majorité d'entre eux ne pratiquaient que la pêche *errante* qui n'impliquait aucun *atterrage*. Une fois arrivé sur le banc, le bateau se laissait dériver lentement sous voilure réduite ; les hommes, abrités jusqu'à la ceinture dans des demi-barils alignés le long du bastingage, pêchaient à la ligne à main. La morue, au fur et à mesure, était étêtée, évidée, tranchée, puis arrimée en cale et convenablement salée. Une fois le plein fait, le navire mettait immédiatement le cap vers l'Europe.

Aucune comparaison avec les expéditions officielles, minutieusement organisées en vue d'un travail de reconnaissance et de prospection du pays à découvrir. Pour des explorateurs patentés, le souci de ne pas dévoiler le secret, si jalousement gardé par les professionnels de la pêche, ne se justifiait plus. Dans la mesure même où ils avaient raté l'objectif assigné, ils avaient tout intérêt à mettre l'accent sur le seul résultat positif de leur périple, à savoir la richesse extraordinaire de ces mers lointaines en morues de toutes sortes, au besoin en y mettant une pointe d'exagération. L'un d'entre eux (Jean Cabot) ne laissait-il pas entendre qu'il n'y avait qu'à mettre un seau à l'eau pour le ramener tout frétillant de poissons! Galéjade ou pas, cette nouvelle suscita un peu partout dans les pays de l'Occident un engouement exceptionnel pour ces pêches lointaines.

Pour comprendre cette «ruée» vers les Terres Neuves, il faut se souvenir du rôle extrêmement important que jouait alors le poisson dans l'alimentation de ces populations, celles en particulier des pays catholiques où le nombre de jours de jeûne, rigoureusement observés, dépassait les cent cinquante. Or, si les riverains trouvaient aisément à s'approvisionner, il n'en était pas de même des habitants des contrées plus continentales qui ne disposaient que d'une quantité limitée de poissons d'eau douce. Aussi l'émotion fut-elle grande lorsque l'on apprit que, loin vers l'ouest, des bancs quasi inépuisables de morues avaient été découverts. C'était la promesse qu'une nourriture saine, bon marché, et de bon goût, allait enfin pénétrer dans les campagnes. C'était l'espérance d'une meilleure vie, une revanche sur la misère, une délivrance.

Mais quelque importante que fût cette «découverte» pour l'économie occidentale, elle n'eût pas été suffisante pour engager les gouvernements des États concernés à intervenir plus activement pour entrer en possession de ces Terres Neuves du N.W. Atlantique. La pêche à la morue verte (ou simplement salée) se pratiquait, comme on l'a dit, à distance des côtes et n'impliquait pas l'existence de ce que l'on appellerait aujourd'hui des «bases avancées». Il fallait d'autres raisons, plus impérieuses encore, pour qu'à partir du dernier quart du XVIe siècle, s'engage une véritable compétition entre la France et l'Angleterre pour s'emparer de ces pays pourtant peu accueillants de prime abord.

L'une de ces raisons est la curiosité et l'avidité que suscitait l'immensité des espaces progressivement mis à jour. Ce n'était pas quelques terres isolées, mais bien un autre et vaste continent qui s'étendait dans cette région du globe. Peut-être la pointe de l'Asie, qui sait? Face à ces horizons infinis et mystérieux, les rêves les plus insensés pouvaient se donner libre cours et entretenir les illusions les plus extravagantes. Ce que l'on n'avait pu découvrir dans un premier temps, pouvait l'être dans un second. Pourquoi désespérer? L'exploration finirait bien par mettre à jour quelque fabuleux pactole, d'autres mines de Potosi...

L'idée même de trouver un passage vers le Nord-Ouest, vers le pays de Cathay, loin de tomber dans l'oubli, connut un regain d'intérêt après la reconnaissance des détroits de Davis et d'Hudson, et celle plus au sud de l'embouchure du fleuve Saint-Laurent. Ce sont d'ailleurs ces espoirs de conquêtes et de possibles découvertes qui allaient inciter les négociants et le gouvernement français à opter pour cette grande voie de pénétration plutôt que pour l'isthme des Maritimes. Il faut insister là-dessus ; s'il n'avait fallu tenir compte que des conditions de mise en valeur, l'Acadie de Port-Royal avec son climat relativement clément, ses bons sols agricoles, sa façade maritime libre de glace toute l'année, eût mieux fait l'affaire que les rives longtemps englacées du grand fleuve, difficilement accessibles de surcroît depuis la mère patrie. Mais en ces débuts, la préoccupation majeure des aventuriers et autres marchands qui abordaient le Nouveau Monde était moins d'établir de solides colonies de peuplement que de créer des bases ou comptoirs pour y poursuivre plus aisément l'exploitation systématique des richesses et la mise sous tutelle des espaces continentaux. En un mot, l'immensité du pays engageait plus à la conquête et au commerce de traite qu'à une véritable colonisation. Et dans cette optique, le territoire restreint et étriqué des Maritimes se trouvait déjà dévalorisé par rapport à la région laurentienne.

L'autre raison est liée à l'essor du commerce du poisson séché, ou stockfish, dans le dernier tiers du XVIe siècle. Par ce procédé, la morue, au lieu d'être simplement salée, était mise à sécher sur les galets du rivage (les graves) ou mieux encore sur des claies de bois (vigneaux) de façon à ce que la déshydratation se répartisse sur toutes les surfaces. Le délai de conservation s'en trouvait singulièrement allongé : de quelques semaines à plusieurs mois! Immense avantage dont on peut facilement imaginer les effets. Le marché du poisson put s'étendre jusqu'au fin fond des campagnes pour gagner les pays méditerranéens et plus tard les régions tropicales des Amériques. La morue, nourriture de première nécessité, devenait un produit d'exportation, et de quelle importance! En effet, le déclin de l'Espagne et du Portugal, surtout sensible après la défaite de l'Invincible Armada (1588), fit de ces pays de gros importateurs de poisson séché ; raison de plus pour les puissances montantes, la France et l'Angleterre, de s'intéresser à ce commerce qui leur permettait de s'approprier une partie de l'énorme masse monétaire engrangée par les Ibériques depuis leur aventure américaine. Une revanche en quelque sorte sur les événements qui, jusqu'à présent, ne les avaient guère favorisés.

Mais cette forme nouvelle de préparation allait à son tour bouleverser les conditions de pêche dans le N.W. Atlantique et faire monter les enchères sur les terres qui s'y trouvaient. Le séchage du poisson impliquait *l'atterrage* du bateau, c'est-à-dire la recherche d'un havre convenable, aussi bien abrité que possible, suffisamment spacieux pour y recevoir un campement provisoire et y étaler la morue au soleil. Cela bien entendu en bordure d'eaux poissonneuses car la pêche se pratiquait non plus au large mais à proximité immédiate du rivage. Répartis dans de petites chaloupes, par groupes de deux ou trois, les hommes partaient chaque matin pêcher dans les anfractuosités de la côte et s'en revenaient en fin d'après-midi pour débarquer au quai (ou échafaud) leur précieux chargement. Cette pêche dite *sédentaire* prit rapidement le dessus sur la pêche *errante*. En France par exemple, elle mobilisera 10 300 hommes à la veille de la Révolution contre 2 500 seulement pour l'autre technique de pêche (Charles de la Morandière).

Une des conséquences de l'apparition de la pêche sédentaire et qui peut à son tour expliquer le succès de celle-ci, fut le développement du commerce des pelleteries. Les matelots engagés dans ces expéditions prirent l'habitude d'occuper leur temps libre à chasser le phoque et le morse, et plus souvent encore à échanger (troc) auprès des Indiens autochtones des objets de faible valeur (vêtements, alcools, armes et munitions) contre des fourrures terrestres (lynx, martres, castors) en forte demande sur le marché occidental (notamment pour la confection de chapeaux). Ce trafic accrut sensiblement la rentabilité de ces expéditions et justifia l'intérêt croissant manifesté à leur égard par les bourgeois et autres avitailleurs. D'autre part, les sociétés d'armement bénéficièrent du soutien actif des pouvoirs publics. Par l'entremise de diverses primes d'encouragement et de taxes d'importation sur les produits étrangers, l'État fit tout ce qu'il put pour encourager ce type d'activité : outre la perspective, grâce aux exportations, d'enrichir ses caisses, il y voyait le moyen inespéré de recruter à bon compte des équipages supérieurement aguerris pour sa marine de guerre. Comme l'a si bien noté Charles de la Morandière, favoriser la pêche sédentaire devint pour les gouvernements français et britanniques une obligation impérieuse, la condition même du maintien de leur puissance maritime et de l'accession à cette suprématie des mers que chacun d'eux revendiquait depuis le déclin ibérique.

B. *Le «gel» du territoire des Maritimes*

Les deux puissances européennes avaient donc bien des raisons d'intervenir et de ne pas laisser à d'autres le soin de poursuivre la découverte de ce continent.

On sait comment, après plusieurs essais malheureux, la France jeta son dévolu sur le Saint-Laurent. En 1608, Samuel Champlain (avec l'aide de Pierre du Gast) fondait Québec, un simple comptoir à fourrures, et recevait ensuite la mission de «*trouver le chemin facile pour aller par dedans le dit païs de la Chine et Indes orientales*» et d'y exploiter le cas échéant les métaux précieux (J. Bérenger, 1974, p. 161). Ainsi se dessinait le foyer de la Nouvelle-France, simple axe de communication, dans l'esprit de ses pionniers, entre l'Europe et l'Asie. Par la suite, ce domaine s'agrandit considérablement grâce aux voyages d'exploration d'aventuriers tels que Bréhaut, Dolloer et Daumont vers les Grands Lacs, puis de Louis Joliet et du jésuite Marquette sur le Haut Mississipi, et enfin du rouennais Cavelier de la Salle lequel, descendant l'ohio et le Mississipi jusqu'à son delta, prenait possession en 1682 de la Louisiane. En quelques décennies, la France s'était dotée d'un immense territoire à peine peuplé et aux limites fort imprécises, mais dont on peut dire qu'il tendait à envelopper les colonies britanniques situées plus à l'est, en bordure de la façade atlantique.

De son côté, en effet, l'Angleterre s'était solidement implantée en deux points de la côte. En 1607, trois navires de la Compagnie de Londres s'engageaient à l'intérieur de la baie de la Chesapeake sur le 42e parallèle pour y débarquer, sur le site actuel de Jamestown, une trentaine de colons. L'existence de la jeune colonie de Virginie, un moment compromise par le manque d'eau et les ravages occasionnés par le paludisme, se trouva sauvegardée par la découverte et l'exploitation du tabac ainsi que par l'arrivée simultanée d'un flot important et régulier d'immigrants. À 800 km plus au nord, 120 opposants au régime des Stuarts s'égaraient, un jour de décembre 1620, le long du littoral américain et mettaient pied à terre dans la baie du Massachussetts en un site qu'ils baptisèrent du nom du port d'où ils étaient partis : Plymouth. Quelque dix années plus tard, les persécutions de l'évêque de Londres et primat d'Angleterre allaient jeter des milliers de réfugiés sur cette Terre promise et contribuer ainsi au véritable démarrage de cette Nouvelle-Angleterre, bâtie autour des ports de Salem et de Boston.

Située entre la Nouvelle-France et la colonie bostonienne, la région des Maritimes, plus connue sous le nom d'Acadie, apparut comme *un territoire d'enjeu* de première importance, indispensable à la sécurité des deux foyers de colonisation nouvellement mis en place et à la protection des centaines de bateaux métropolitains qui venaient y faire sécher leur poisson. En particulier pour les Bostoniens ; extrêmement dépendants du commerce international de la morue séchée, ils en arrivèrent à considérer la côte atlantique néo-écossaise comme leur marge naturelle dont ils devaient s'assurer absolument le contrôle pour que leurs ressortissants pussent en toute liberté y exercer leur droit de pêche. Mises à l'écart des efforts de peuplement, ces terres du N.W. Atlantique jouèrent le rôle d'une zone-tampon que chacune des deux puissances ne pouvait abandonner à l'ennemi sans porter atteinte à tous ses intérêts en Amérique du Nord. Ainsi, la prise de possession de l'île de Terre-Neuve dès 1593 par Sir Humphrey Gilbert, au nom de l'Angleterre, resta toute théorique et ne fut jamais reconnue par la France. Les pêcheurs français continuèrent de venir pêcher le long de ces côtes jusqu'à s'enhardir à fonder un établissement permanent dans la baie de Plaisance. Ce n'est qu'au traité d'Utrecht (1713) que la France admit la souveraineté britannique tout en obtenant d'ailleurs le droit pour ses ressortissants de venir établir des sécheries de poisson sur le *French shore*, droit maintenu après bien des péripéties jusqu'en 1904!

En 1605, Pierre du Gast, sieur de Monts, ayant reçu le titre de «*lieutenant général des côtes, terres et confins de l'Acadie, du Canada et autres lieux en Nouvelle-France*», fondait en bordure de la baie Française (baie de Fundy) le premier établissement en Amérique du Nord : Port-Royal. Mais quelques années plus tard, quand ce même Pierre du Gast (accompagné de Champlain) eut opté pour les rives du Saint-Laurent et surtout après que Richelieu eut pris en 1627 la Nouvelle-France sous sa juridiction immédiate et créé la Compagnie des Cent Associés, la cause était désormais entendue. Les quelques efforts que la France consentirait en faveur de ses colonies nord-américaines, elle les réserverait en premier lieu aux comptoirs du Saint-Laurent. L'Acadie ne serait, là aussi, qu'une marge, un pays limitrophe, dans une position capitale néanmoins pour garantir la sécurité de ses pêcheurs et assurer la surveillance du golfe du Saint-Laurent, porte d'accès à la Nouvelle-France. Pendant près de deux siècles, cette zone stratégique allait servir de champ de bataille privilégié dans cette lutte que se livraient les deux puissances européennes pour la domination du monde occidental.

— Dès 1613, un capitaine anglais, Samuel Argall, lançait depuis la Virginie un premier raid dévastateur contre les établissements français de Saint-Sauveur, Sainte-Croix et Port-Royal. L'Acadie à peine née allait-elle disparaître? On le crut un moment quand l'Écossais William Alexander obtint en 1621 de Jacques 1er d'Angleterre une charte qui le désignait comme Lord-propriétaire du territoire des Maritimes qu'il nomma pour la circonstance Nouvelle-Écosse. Cependant, par le traité de Saint-Germain-en-Laye (1632), le roi d'Angleterre promit de *« rendre et restituer à sa majesté très chrétienne tous les lieux occupés par les Anglais en la Nouvelle-France, l'Acadie et le Canada »*.

— À peine le pays se relevait-il de ces années d'occupation, qu'une sombre querelle éclata entre plusieurs familles françaises qui prétendaient chacune au gouvernement de la province. Le conflit La Tour, d'Aulnay, Le Borgne, émaillé de raids et d'épisodes rocambolesques, dura pendant près de vingt ans et eut pour effet de réduire à néant les quelques essais de mise en valeur du pays (notamment ceux de Nicolas Denys). À peine le litige était-il en voie de se régler que les Bostoniens, sous la conduite de Robert Sedgewick, lançaient une vaste expédition contre les positions françaises. Avant même d'avoir pu acheminer des renforts, les quelques postes fortifiés de Saint-Jean, Pentagoët, Cap-Sable, Cap-Fourchu, La Hève et surtout Port-Royal, tombaient sans coup férir devant un adversaire trop supérieur en hommes. L'Acadie passait une nouvelle fois sous l'administration britannique. L'occupation devait durer seize années jusqu'à ce que, par le traité de Bréda (1667), l'Angleterre consentit enfin à rendre le pays appelé Acadie au roi Très Chrétien. Mais

les Néo-Anglais maugréèrent devant cette décision, et ce n'est qu'après l'intervention personnelle de Colbert auprès de Charles II d'Angleterre que la restitution devint effective en 1670.

— Durant la guerre de la Ligue d'Augsbourg, le pays fut de nouveau occupé et Port-Royal ravagé par les troupes ennemies. Cette fois-ci, les marchands de Massachussets, dont le rôle ne cessait de croître au fil des années, entendaient bien ne pas se laisser déposséder de leur conquête. Ces Acadiens, si peu nombreux qu'ils fussent (un millier peut-être), constituaient une menace permanente, un obstacle intolérable (c'est du moins ce que prétendaient les marchands néo-anglais) à la libre circulation de leurs pêcheurs. Mais la victoire sur le terrain était une chose et la paix une autre. Au traité de Ryswick, la France encore victorieuse sur le champ de bataille européen pouvait faire valoir son point de vue et contraindre les Britanniques à se retirer de l'Acadie. De fait, il ne s'agissait que d'une simple trêve car, cinq années plus tard, lors de la guerre de Succession d'Espagne, la colonie de Port-Royal subit une fois encore les assauts répétés d'un adversaire décidément trop puissant. Assiégé en 1704, puis à deux autres reprises durant la même année 1707, le fort de Port-Royal devait finalement capituler en 1710.

Le traité d'Utrecht de 1713 qui mettait fin aux hostilités, sanctionnait pour la première fois les revers subis en Europe par les armées de Louis XIV. Pour imposer Philippe d'Anjou sur le trône d'Espagne, la France dut faire de nombreuses concessions à sa rivale. En plus de Terre-Neuve et du territoire de la baie d'Hudson cédés de pleins droits à la couronne britannique, l'Acadie fit l'objet d'une partition. Tandis que la France conservait l'île du Cap-Breton (île appelée Royale) et l'île Saint-Jean (l'actuelle île du Prince-Édouard), l'Angleterre s'appropriait l'Acadie péninsulaire rebaptisée Nouvelle-Écosse ; quant au territoire situé au nord de la baie de Fundy, le Nouveau-Brunswick d'aujourd'hui, il fut l'objet d'une controverse entre les deux États, et occupé de fait par les Français.

Mais ce partage, loin de calmer les esprits, ne fit qu'exaspérer les passions et activer de part et d'autre les préparatifs d'une revanche. Du côté des Bostoniens surtout. S'ils avaient cru un moment pouvoir compter sur ces acquisitions pour s'adonner en toute quiétude à leurs activités halieutiques, leurs espoirs s'évanouirent rapidement. La France se renforça considérablement dans l'île Royale ;

elle y favorisa l'implantation des 600 habitants de Plaisance qui refusaient la tutelle britannique, et fit venir de nouveaux colons de la métropole ; elle y stimula également la pêche sédentaire par une exonération de taxes sur les morues et les huiles provenant de cette région. Mais surtout, elle dota le port de Louisbourg, centre d'affaires et de regroupement des pêcheurs métropolitains, de formidables fortifications qui, dans l'esprit des politiciens de l'époque, devaient permettre une étroite surveillance du golfe du Saint-Laurent et partant de là, servir de clef de voûte à la défense de tout le Canada français.

Nul besoin de dire que l'existence de cette place forte ne fit qu'accroître l'inquiétude des Britanniques, d'autant que les trois ou quatre compagnies de soldats qui y vivaient en permanence se trouvaient en bonne position pour effectuer des raids surprises, dévaster les campements néo-écossais et si besoin prêter main-forte à leurs compatriotes acadiens. Ceux-ci renoncèrent dans leur grande majorité, et malgré les appels répétés des autorités françaises, à venir s'installer sur l'île Royale. De multiples raisons les retenaient ; en particulier la volonté de ne pas quitter les bonnes terres agricoles qu'ils avaient patiemment conquises sur la mer, pour les sols ingrats et médiocres de l'île Royale. De son côté, le gouvernement britannique les pressa de demeurer sur place, préférant sans doute les maintenir sous sa coupe plutôt que de les voir renforcer la colonie française. Mauvais calcul en vérité ! Grâce à une fécondité exceptionnelle, le nombre de ces Acadiens s'accrut rapidement, passant d'un peu plus d'un millier à la fin du XVIIe siècle à presque 9 000 au milieu du XVIIIe siècle. Pour les nouveaux maîtres, cette prolifération fut jugée d'autant plus grave qu'elle s'accompagna d'un refus catégorique de ces colons de prêter un serment d'allégeance à la couronne britannique qui n'inclurait pas des *réserves* parmi lesquelles figuraient le respect de la foi catholique et la reconnaissance d'un statut de neutralité en cas de conflit ouvert entre la France et l'Angleterre.

Progressivement donc, la présence de ces Acadiens et de leurs alliés de toujours, les Indiens Micmacs et Abénaquis, apparut comme un obstacle majeur à la mise en valeur de ce territoire britannique, et une menace directe pour les intérêts néo-anglais. Ne se comportaient-ils pas déjà comme des alliés objectifs de l'ennemi héréditaire en allant illégalement approvisionner les Français de Louisbourg en divers produits agricoles ?

L'entrée en guerre de l'Angleterre aux côtés de l'Autriche contre la France et la Prusse, dans une affaire de succession qui agitait l'Europe, mit fin à une longue période de paix et de relative prospérité, les offensives reprirent de part et d'autre avec leur suite logique de raids, de coups de main, d'arraisonnements, de destructions et de pillages. La prise de Louisbourg, en 1745, par un contingent de 4 000 miliciens du Massachussets ruina peut-être les illusions françaises sur la prétendue invincibilité de ce *Gibraltar américain*, mais ne régla rien du différend anglo-français. En effet, le traité d'Aix-la-Chapelle en décidant le *statut quo ante bellum* exaspéra les colons américains furieux de se voir frustrés d'une victoire magistralement acquise sur le terrain. La tension monta encore d'un cran lorsque les Anglais se décidèrent en 1749 à construire une forteresse dans le havre de Chebouctou (baptisé Halifax) vers lequel affluèrent presque immédiatement quelque 2 000 colons britanniques. À cette menace, les français répliquèrent en édifiant une série de forts dans l'isthme de Chignecto (Beauséjour et Gaspareau) et en entretenant l'agitation parmi les populations indiennes de Nouvelle-Écosse, commandées par un missionnaire, adversaire intransigeant des Anglais, l'abbé Leloutre.

Face à cette politique d'agressivité réciproque, la situation des Acadiens néo-écossais devenait intenable. Leur volonté de rester *neutres* et de ne pas prêter un serment de loyauté sans l'accompagner de *réserves* n'était plus de mise à présent. Il leur fallait choisir leur camp. Plus de tergiversations possibles. Toute résistance ne pouvait être assimilée qu'à une trahison pure et simple. Mais les Acadiens s'obstinaient dans ce qu'ils estimaient leur bon droit. Exaspéré, le conseil d'Halifax décida brusquement, en 1755, de les déporter massivement. Le *Grand Dérangement* ne faisait que commencer. Il allait se poursuivre durant toute la guerre de Sept ans et affecter, au fur et à mesure de l'avancée des troupes anglaises, la totalité de la population francophone des Maritimes (au total entre 13 et 15 000 personnes).

L'effondrement de la France en Europe ne permit pas, cette fois, de redresser la situation outre-mer. Le traité de Paris de 1763, en sonnant le glas de la présence française en Amérique du Nord, mettait du même coup un terme à la vieille rivalité franco-anglaise dont les Maritimes, de par leur position géographique, avaient eu à subir les plus graves dommages. Une page d'histoire se trouvait ainsi définitivement tournée.

C. *La politique incohérente de la France*

Quel que soit le rôle joué par cet antagonisme, celui-ci ne saurait expliquer à lui seul l'énorme retard apporté à la mise en valeur des Maritimes et du Canada en général. L'état misérable de la colonie acadienne illustre bien les graves déficiences de la politique coloniale française et plus généralement l'incapacité des gouvernements successifs de l'État le plus puissant de l'Europe à comprendre l'importance de la partie qui se jouait outre-mer. Ce manque d'intuition explique, pour une large part, les échecs successifs, les reculades et la tragédie finale.

Nombre d'historiens, sans méconnaître cet aspect des choses, insistent sur le vieil argument déterministe suivant lequel l'Angleterre, en s'implantant plus au sud à des latitudes plus tempérées, se serait donné de meilleures chances de réussir sa greffe américaine que la pauvre France obligée de compter avec le terrible hiver canadien. Autrement dit, Sir Walter Raleigh, en se faisant attribuer dès 1584 des privilèges aux environs de 37 degré de latitude nord, aurait opéré «*le choix décisif pour l'avenir*» (J. Béranger, 1974, p. 65) alors que Samuel Champlain, en s'établissant sur les rives du Saint-Laurent engageait la France sur le «*mauvais parallèle*». Cette place accordée aux facteurs climatiques et «*aux vertus d'une orientation prophétique*» pour reprendre l'expression de P. Chaunu, nous semble être pour le moins excessive et faire bon marché des responsabilités humaines, écrasantes à notre avis dans cette affaire.

Les récits que nous font pourtant les historiens sur les modalités d'implantation de ces premiers colons le long de cette façade atlantique, montrent d'une façon irréfutable que, quel que soit le parallèle *choisi*, les difficultés furent partout extrêmement grandes et celles des agriculteurs de Virginie n'apparaissent pas moindres que celles des trappeurs du Québec ou des pêcheurs de Boston. La disette, la maladie décimèrent de la même manière et aussi impitoyablement les premiers contingents. La première adaptation des hommes à la géographie de l'Amérique du Nord fut de mourir. Quelques-uns néanmoins survécurent, le plus souvent grâce à l'aide des Indiens

et aux vivres déversés plus ou moins régulièrement par les bateaux métropolitains. Encore une fois, s'il n'avait fallu compter que sur les seuls critères géographiques dans la détermination des sites les plus appropriés à la fixation d'une colonie de peuplement, l'Acadie de Port-Royal eût dû l'emporter non seulement sur le Québec mais aussi sur Boston dont la prépondérance s'affirma pourtant immédiatement.

La fragilité de la colonie acadienne procède avant tout de *l'absence d'une volonté affirmée* de la part de la France de construire outre-atlantique un véritable pays, comparable à ce que l'Angleterre mettait en place plus au sud. Nos rois, d'Henri IV à Louis XVI, ont montré plus d'empressement à défendre une place forte en Flandre ou au Palatinat qu'à conserver l'Inde, le Canada et la Louisiane réunis, disait en substance l'historien P. Goubert (1966). Quant au dédain manifesté par Voltaire à l'égard des «*quelques arpents de neige canadiens*», il illustre bien ce manque d'intérêt manifesté par l'intelligentzia française vis-à-vis de ces expéditions lointaines jugées incohérentes, ruineuses et sans avenir. À choisir, mieux valait encore s'occuper des Antilles pourvoyeuses de produits exotiques que la Métropole ne produisait pas. Mais le Canada, à quoi bon! Chateaubriand l'a souligné admirablement dans ses Mémoires d'outre-Tombe (1848-1850):

...des Anglais, des Américains, des Allemands, des Espagnols, des Portugais, ont accompli, à l'aide du concours des volontés nationales, ce que chez nous des individus délaissés ont commencé en vain...(Livre septième, chap. I, p. 243).

Et plus loin d'ajouter:

...nous sommes exclus du nouvel univers, où le genre humain recommence: les langues anglaise, portugaise, espagnole, servent en Afrique, en Asie, dans l'Océanie, dans les îles de la mer du Sud, sur le continent des deux Amériques, à l'interprétation de la pensée de plusieurs millions d'hommes; et nous, déshérités des conquêtes de notre courage et de notre génie, à peine entendons-nous parler dans quelque bourgade de la Louisiane et du Canada, sous une domination étrangère, la langue de Colbert, de Louis XIV: elle n'y reste que comme un témoin de revers de notre

fortune et des fautes de notre politique...(Livre septième, chap. II, p. 266-267, «Livre de Poche»).

Un exemple de cette absence de clairvoyance de nos gouvernements est fourni par la politique suivie en matière de peuplement de ces territoires. Alors que la Virginie et la Nouvelle-Angleterre devinrent rapidement des lieux de refuge pour des milliers de dissidents, hérétiques et autres rebelles à l'ordre public, les colonies canadiennes demeurèrent la chasse gardée des missionnaires. Fer de lance de la Contre-Réforme, la France se devait de n'ouvrir ses conquêtes qu'aux seuls «*catholiques bon teints (sic) et de mœurs irréprochables*», en excluant tous les autres y compris les Huguenots (non exempts il est vrai de faiblesse vis-à-vis de l'ennemi) lesquels n'eurent d'autre recours, après la Révocation de l'Édit de Nantes (1685) que de partir en masse pour l'étranger y compris vers les colonies néo-anglaises d'Amérique du Nord. Tout au plus leur accorda-t-on le droit de venir commercer. Piètre consolation! L'intendant Jean Talon, le plus grand homme que la Nouvelle-France ait sans doute jamais eu, essaya bien dans son programme de favoriser l'immigration vers le Canada. Moyennant quelques avantages aux engagés (notamment l'octroi de terres), il parvint à installer 1 500 personnes et à obtenir l'envoi d'un régiment de soldats pour lequel il fit venir (détail intéressant) mille filles *de qualité,* toutes dotées par ses soins. Mais les efforts au bout du compte furent modestes en comparaison de ceux déployés au même moment par les Britanniques, et toujours contrariés par les initiatives de Colbert lequel craignait par-dessus tout de voir la métropole se dépeupler. Nos responsables politiques ne prirent jamais les moyens qui leur auraient permis de créer une véritable colonie de peuplement. Le fait de se dégager de cette responsabilité sur les compagnies de commerce et les simples particuliers en dit long sur l'aptitude de ces hommes à comprendre la politique dès lors qu'elle sortait du cadre européen.

En effet, de cette double tâche qui leur incombait (et quelque peu contradictoire en vérité) de développer le commerce et d'établir des colons, les compagnies devaient ne retenir que l'aspect commercial, source de profits immédiats et substantiels, et négliger leur mission colonisatrice aux résultats plus aléatoires. Ce n'est qu'après son annexion au domaine royal en 1663 que la Nouvelle-France connut un certain développement. Quant à l'Acadie, du fait même de son exposition aux incursions ennemies, elle suscita encore moins de zèle chez les marchands et les administrateurs. L'insécurité n'engageait guère aux placements à long terme mais plutôt aux opérations ponctuelles rapidement menées et ne laissant aucune trace dans le paysage. Malgré les efforts méritoires d'un Razilly pour installer des engagés tourangeaux et le dynamisme interne de sa population, la colonie acadienne ne présentait au début du XVIIIe siècle qu'un petit nombre de postes dispersés dans les zones d'alluvionnement adjacentes à la rive méridionale de la baie de Fundy. Partout ailleurs rien, ou presque. Les quelques campements fortifiés qui s'y trouvaient ne résistèrent jamais bien longtemps aux attaques répétées des flibustiers britanniques et autres affairistes métropolitains.

Il y eut tout de même une tentative sérieuse, celle de la Compagnie de Pêche sédentaire. Créée en 1682 avec l'aide de capitaux parisiens, cette compagnie débarqua dans le havre de Chedabouctou un premier contingent d'une centaine de colons. Durant quelques années, la petite colonie s'adonna avec succès à diverses activités de pêche et séchage du poisson, d'*apprêtage* des peaux de phoque et de construction de bateaux. Malheureusement, les difficultés de recrutement de nouveaux colons plaça cet établissement dans une situation de grande vulnérabilité (R. Guitard, 1978). Surtout vis-à-vis des Bostoniens. Ceux-ci avaient obtenu du gouvernement La Vallière le droit de venir pêcher et sécher leur poisson sur les côtes acadiennes contre le paiement d'une taxe de cinq pistoles par embarcation avec en outre la possibilité, pour le bateau qui le premier viendrait à prendre possession d'un havre, de se voir décerner la qualité d'Amiral. Privilège exorbitant que le roi supprima en 1684 devant les protestations véhémentes de la Compagnie. Mais les néo-anglais ne pouvaient accepter d'être privés d'une liberté de mouvement, surtout pour ce qui concerne cette activité tout à fait vitale à leur économie. Non seulement ils passèrent outre aux décisions du gouvernement français et continuèrent à établir des sécheries (ou rins de pêche) sur le littoral acadien, mais ils multiplièrent les raids contre le poste de Chedabouctou lequel disparut après la dissolution de la compagnie en 1703.

À cette politique d'abandon et de laisser-faire, il faut ajouter la faiblesse de l'administration. En dehors de quelques hommes de valeur, les gouverneurs et autres fonctionnaires français ne se montrèrent pas à la hauteur de la situation. Plus avides de s'enrichir que de servir les intérêts de leur pays, ils s'abandonnèrent aux querelles et aux intrigues les plus sordides, n'hésitant pas au besoin à collaborer avec l'ennemi pour arriver à leurs fins (cf. le comportement de Charles de Latour dans le conflit qui l'opposa à Charles d'Aulnay, de 1637 à 1650. (C.J. d'Entremont, 1976, p. 22-30).

Ce manque d'autorité ne contribua pas moins à l'affaiblissement de ces embryons de colonie. Bref, s'il n'avait fallu tenir compte que du seul rapport des forces sur le terrain, l'Acadie et même probablement la Nouvelle-France eussent été rapidement anéanties et annexées aux États de la Nouvelle-Angleterre. Le tableau VIII montre la disparité effarante des effectifs de population (J. Daigle, 1976, p. 11).

Années	Nouvelle-France	Acadie	Colonies américaines
1608	28	10	100
1640	220	200	28 000
1680	9 700	800	155 000
1710	16 000	1 700	357 000
1750	55 000	1 500	1 200 000

Mais ces conquêtes d'outre-Atlantique que la France n'était pas en mesure de sauvegarder face à un ennemi incontestablement plus fort, elle pouvait les récupérer grâce à ses victoires en Europe. Mais ainsi, elle ne faisait qu'aggraver les tensions et prolonger d'autant le «gel» du territoire des Maritimes.

On voit donc que cette marginalité du territoire des Maritimes n'est pas le résultat d'une quelconque fatalité naturelle. Dans un autre contexte historique, l'évolution de ce petit isthme américain aurait pu se faire d'une façon fort différente. C'est notre conviction. Que se serait-il passé par exemple si les Anglais avaient les premiers débarqué sur les rives du Saint-Laurent et les Français à l'embouchure de la rivière Potomac? Sans doute, ces derniers auraient-ils été pareillement chassés du continent nord-américain, mais le Canada d'aujourd'hui présenterait à coup sûr une tout autre physionomie.

De cette première page d'histoire, d'une si grande importance pour la suite des événements, nous retiendrons ces deux faits.

— De par sa position stratégique dans le Nord-Ouest Atlantique et la richesse de ses eaux côtières, le territoire des Maritimes fut âprement convoité par les deux puissances européennes qui, évincées du continent sud-américain, cherchaient plus au Nord des compensations. Ce fut un premier inconvénient pour ce pays que de servir de lieu d'affrontement privilégié entre les deux principaux États du monde occidental : de quoi décourager les plus valeureux de ses pionniers!

— L'annexion de ce petit isthme par la France constitua un autre désavantage dans la mesure où des deux puissances en présence, elle se révéla la moins apte politiquement à créer une colonie de peuplement, capable tout au plus de maintenir sa souveraineté juridique mais non de créer véritablement un pays. Que la *pêche sédentaire* ait pu aussi longtemps se passer de *résidents* et s'accommoder des transports saisonniers de main-d'œuvre contribua encore plus à retarder la mise en valeur de cette région pourtant riche de potentialités.

Le drame de l'Acadie, c'est moins d'avoir été délaissée que d'avoir été trop désirée pour le plus grand malheur des quelques centaines de colons qui, désespérément, s'y accrochaient.

CHAPITRE DEUX

«*L'âge d'or*» *des Maritimes: le siècle des* «*marchands*»

Le retrait de la France modifia radicalement les données politiques dans cette partie du monde. Plus rien désormais ne s'opposait à une certaine expansion des Maritimes, à condition toutefois qu'elle s'inscrivit dans le cadre de la politique coloniale mise en œuvre et contrôlée depuis Londres.

A. *Le peuplement*

Un des éléments les plus importants de cette période fut l'arrivée de plusieurs dizaines de milliers de réfugiés (55 à 60 000 peut-être) venus des horizons les plus divers.

1. Les Néo-Anglais

Dès la paix retrouvée, de nombreux petits colons de la Nouvelle-Angleterre, victimes de la spéculation qui les empêchait d'agrandir leur domaine, vinrent s'installer sur les terres laissées vacantes par les Acadiens. Chaque fermier reçut un lot de 2 à 5 acres pris sur les marais, les terres hautes et la forêt. Des villages se multiplièrent le long de la côte, bientôt transformés en petits bourgs : Annapolis, Newport, Cornwallis, Amherst, Sackville, Windsor. Par ailleurs, des pêcheurs du Cap Cod et de Nantucket qui depuis longtemps venaient à la belle saison pêcher et sécher leur poisson sur les côtes de la Nouvelle-Écosse, franchirent définitivement le bras de mer pour se fixer à l'emplacement des futurs ports de Yarmouth, Liverpool, Chester.

Mais la grosse vague arriva pendant et après la guerre d'Indépendance américaine quand les *Loyalistes*, fidèles à la couronne britannique, s'exilèrent vers le nord. Les Maritimes reçurent une bonne partie de ces proscrits, 15 à 20 000 peut-être, représentant à eux seuls un échantillon à peu près complet de la société néo-anglaise : fermiers, journaliers, commerçants, salariés de manufactures, militaires, et même aristocrates. Ils prirent possession de vastes secteurs côtiers, principalement dans le S.W. de la Nouvelle-Écosse et le Sud du Nouveau-Brunswick ; il y fondèrent de nombreuses villes et assurèrent définitivement la prépondérance d'Halifax et Saint-Jean. Nombre d'entre eux cependant ne purent s'adapter aux conditions de vie particulièrement dures de ces pionniers, et refluèrent au bout de quelques années vers les contrées plus riches de l'Ouest laissant des petits ports un moment prospères (tel Shelburne) retomber dans l'oubli.

2. *Les Britanniques métropolitains*

Des immigrants de la métropole arrivèrent également, tels les presbytériens de l'Ulster presque tous originaires d'Écosse. Frappés par l'interdiction de créer des manufactures concurrentes, ils s'exilèrent dans la région de Truro où les rejoignit maint coreligionnaire.

À partir de 1772, plusieurs centaines de paysans du Yorkshire, peut-être un millier, s'établirent à leur tour dans la presqu'île de Chignecto (Oxford et Macca). Relativement fortunés, ces nouveaux venus introduisirent de nouvelles méthodes culturales et développèrent dans leur région une agriculture prospère. N'entretenant aucune animosité particulière envers la mère patrie, ils devaient jouer un rôle décisif dans la bienveillante neutralité observée par la Nouvelle-Écosse durant le conflit anglo-américain.

Enfin, c'est à partir de 1773 que devait s'amorcer le grand exode des Écossais des Highlands, consécutif aux bouleversements intervenus dans ce pays à la suite de la défaite des Stuarts à Culloden (1745)[18] ; ils se fixèrent tout d'abord comme tenanciers sur les *townships* de l'île du Prince-Édouard octroyés par le gouvernement britannique à quelque 67 officiers supérieurs méritants. Mais cette formule se révéla peu attrayante et les autres émigrés préférèrent tenter l'aventure sur le

continent. À partir de Pictou, ils essaimèrent vers l'est, en bordure du détroit de Northumberland et dans les vallées boisées du district d'Antigonish. Peu avant 1800, les nouveaux venus franchirent le détroit de Canso pour s'installer dans l'île du Cap-Breton, d'abord le long du golfe du Saint-Laurent (Mabou, Margaree, Creignish, Judique) puis sur les bords du Lac du Bras d'Or où ils submergèrent les quelques *Loyalistes* nouvellement arrivés dans cette région (à Baddeck et Saint-Pierre notamment). Plus tard, les bateaux débarquèrent les exilés directement à Sydney et Port Hastings, et la pénétration s'opéra alors simultanément par les deux extrémités de l'île (fig. 62). À partir de 1820, quelque 25 à 30 000 Écossais avaient pris racine dans la partie orientale de la Nouvelle-Écosse. C'est encore là qu'on les retrouve aujourd'hui.

3. *Les Acadiens*

Le sort réservé à ces francophones mérite une attention particulière. Les tragiques événements de 1755 et 1758 allaient conduire ce peuple à une longue errance, qui ne se termina qu'une fois la paix retrouvée en 1763, après avoir engendré la diaspora acadienne.

La plupart de ceux que l'on déporta vers les colonies américaines ou même directement en Angleterre, ne réussirent jamais à s'intégrer à la société britannique à cause de leur particularisme culturel et religieux, mais aussi en raison de leur extrême dénuement qui les mettait *ipso facto* au ban de la communauté. Finalement, de déportation en déportation, ces noyaux d'exilés finirent par se sédentariser : à Saint-Pierre-et-Miquelon, à Terre-Neuve (presqu'île de Port-au-Port), au Québec (îles de la Madeleine), en Louisiane (les *cajuns* ou *cajouns* de la Louisiane), aux îles Malouines (îles Falkland) et même en France (Belle-île-en-Mer et Chauvigny près de Poitiers).

Le territoire des Maritimes fut lui-même le théâtre d'un vaste regroupement des familles acadiennes. Ayant par miracle échappé à la déportation, certaines d'entre elles se réfugièrent durant la période des hostilités à l'intérieur de la forêt canadienne ; des groupes survécurent, mais dans quelles conditions ! D'autres, plus nombreux encore, parvinrent après bien des péripéties à revenir dans leur pays en espérant naïvement reprendre possession de leurs terres. Hélas, les *bonnes vallées* avaient été entre-temps prises en main et réaménagées par les colons de la nation victorieuse. Que pouvaient faire les Acadiens,

---

18. Après la défaite des Stuarts à Culloden (1745), le gouvernement de Londres mit un terme à l'hérédité des clans en plaçant à la tête de ceux-ci des hommes plus conciliants vis-à-vis du pouvoir central. Les terres furent attribuées à des landlords qui résidaient en ville et ne s'intéressaient guère qu'aux profits retirés des fermages. C'est l'augmentation vertigineuse de ces loyers, à la fin du XVIIIe siècle, conjointement à la décision des landlords de récupérer leurs tenures en vue d'agrandir leur exploitation et la transformer en terre d'élevage, qui contraignit les paysans écossais à l'exil.

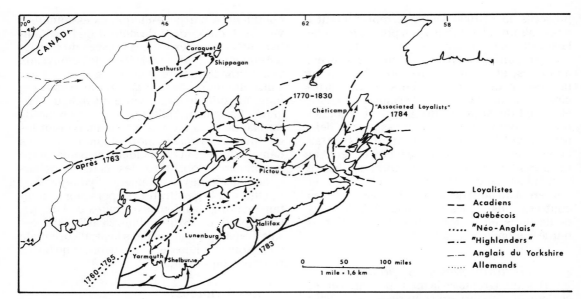

Figure 62
Peuplement des Provinces Maritimes (1760-1830).

sinon s'incliner devant cette spoliation et aller s'installer là où ils ne dérangeraient personne, là où l'on voudrait bien les tolérer, c'est-à-dire dans les secteurs encore inoccupés et souvent les plus déshérités des Maritimes : d'une part, dans l'Ouest de la Nouvelle-Écosse (pays de Clare, presqu'île de Pubnico, comté d'Argyle), d'autre part, dans le Centre et le Nord-Est du Nouveau-Brunswick (de Cap-Pelé à Bathurst), enfin, en différents points des îles du Cap-Breton (Chéticamp, île Madame) et du Prince-Édouard (Cap Egmont, Mont-Carmel).

Ainsi, alors qu'en cent cinquante ans d'occupation française, le territoire des Maritimes n'avait jamais compté plus d'une quinzaine de milliers d'habitants, il reçut en moins d'un demi-siècle un flux relativement important et régulier d'exilés. Il en résulta un peuplement encore discontinu mais suffisant pour laisser espérer une certaine autonomie de développement. Malheureusement, la situation de pauvreté, voire de misère, de la plupart de ces nouveaux colons constituait un sérieux handicap dont une classe de marchands allait profiter pour asseoir sa domination et maintenir ce pays dans un état de sous-développement chronique.

B. *L'indépendance américaine et la politique coloniale de l'Angleterre*

Un autre élément capital dans l'histoire de cette région fut l'indépendance des États-Unis d'Amérique. Cette révolution provoqua au sein de la population néo-écossaise des sentiments très divers, allant de l'hostilité la plus déclarée à la collaboration active. Cependant, les hommes d'affaires comprirent rapidement tout le parti qu'ils pourraient retirer de leur soumission à la mère patrie. L'état de guerre avait déjà promu le port d'Halifax au rang de capitale économique sans lui faire perdre sa qualité de base navale prépondérante de l'Atlantique Occidental ; la tension permanente entre le gouvernement britannique et la jeune république des États-Unis allait donner toutes ses chances à une catégorie d'individus plus soucieux de tirer profit des avantages offerts par le système colonial que de participer à un véritable développement du pays.

Pour comprendre l'ascension de ces *marchands* (c'est ainsi que les historiens les nomment), il faut souligner l'extrême vigilance dont fit preuve, cette fois-ci, le gouvernement de Londres dans l'application des règles du mercantilisme qui voulait qu'une colonie ne produisît et n'exportât que ce qui faisait défaut à la métropole, et ne pût développer des industries concurrentes[19]. C'est ainsi que l'exploitation des mines de charbon de l'île du

19. Il faut insister là-dessus. L'Angleterre qui avait fait preuve d'une certaine tolérance vis-à-vis de Boston dans l'application des règles mercantilistes, se montra par la suite beaucoup plus rigoureuse envers les Provinces Maritimes. Pourquoi un tel changement de politique? Par crainte sans doute de voir ces contrées nordiques se rattacher à la jeune République des États-Unis et quitter le giron britannique. Ces *lobbies coloniaux anglais* devaient cependant se heurter, au milieu du XIXe siècle, aux idées libérales prônant l'inutilité des colonies (voir J. Bruhat, Encyclopaedia Universalis, vol. 4, p. 703-711).

Cap-Breton fut rigoureusement interdite. Et pour que cette mesure soit scrupuleusement observée, on confia durant quelques années (de 1784 à 1820) l'administration de cette région à un gouvernement séparé lequel reçut l'ordre de retarder autant que possible l'installation de nouveaux colons de crainte de voir ceux-ci se tourner vers l'extraction du fameux minerai. C'est toujours au nom de ce principe de la non-concurrence que les autorités néo-écossaises furent sévèrement rappelées à l'ordre pour avoir autorisé des coupes de bois sur le territoire de l'île sous prétexte que ce bois aurait pu servir à la fabrication de la fonte. Toujours pour la même raison, Londres prit des mesures draconiennes pour s'opposer coûte que coûte à la mise en place d'une industrie textile, allant jusqu'à contraindre les habitants de la petite localité de Londonderry (dans l'isthme de Chignecto) à se dessaisir de leurs rouets. On pourrait multiplier les exemples de ce genre.

De fait, une seule chose importait aux autorités de Londres : que la colonie participât à la prospérité de la métropole, qu'elle contribuât à rendre excédentaire sa balance commerciale en orientant son économie vers l'exportation de produits qu'elle-même eût été incapable de fournir en quantité suffisante : en premier lieu, le bois et ses dérivés, et bien entendu les produits de la pêche. En retour, les Maritimes pouvaient espérer jouer une carte maîtresse : bénéficier de ces liens privilégiés avec la première puissance économique du monde pour se substituer aux États-Unis dans l'approvisionnement des Antilles britanniques en denrées alimentaires de première nécessité (au premier rang desquelles figurait la morue séchée). En d'autres termes, il s'agissait de refaire ce que la Nouvelle-Angleterre avait entrepris avec tant de succès deux siècles ou presque auparavant, à savoir la création d'un commerce triangulaire incorporant les Indes Occidentales (Antilles) et la métropole. Durant un demi-siècle, tous les efforts furent dirigés dans ce sens. Concrètement, ils prirent la forme d'une lutte acharnée pour contrecarrer les activités halieutiques du pays voisin et restreindre ses exportations vers les colonies britanniques.

En 1783, le traité de Versailles laissait encore aux pêcheurs américains la possibilité de venir pêcher et sécher leur poisson sur les côtes néo-écossaises, mais à la suite de la *seconde guerre d'indépendance* (1812-1814), les marchands pressèrent le gouvernement britannique de supprimer ce privilège. La Convention de 1818 leur donna satisfaction. Désormais les bateaux néo-anglais n'auraient le droit d'utiliser un port des Maritimes que pour y effectuer des réparations ou s'y abriter en cas de tempête, ou encore s'y approvisionner en bois et en eau. Mesures extrêmement sévères auxquelles les autorités américaines répondirent en promulgant différents Actes de Navigation (de 1817 à 1820) qui tendaient à fermer les ports des États-Unis aux navires britanniques (Innis, 1954, p. 250-251). S'il y eut des périodes de plus grande tolérance, en particulier au début de l'administration Jackson (1828-1837), la tension entre les États-Unis et les colonies nord-américaines ne devait jamais se relâcher. Elle atteignit son point culminant après 1835, quand le gouvernement néo-écossais, désireux de mettre un terme au commerce interlope, multiplia les arraisonnements pour finalement se décider, par le Hovering Act (1836), à saisir tout bateau étranger surpris à l'intérieur des trois milles, résolution à laquelle souscrivirent quelques années plus tard les gouvernements des deux autres provinces (Innis, *ibid.*, p. 349). Au même moment, des voix s'élevèrent pour imposer des taxes aux 7 à 800 voiliers qui empruntaient régulièrement le détroit de Canso pour aller pêcher le maquereau à l'intérieur du golfe du Saint-Laurent. Quant aux demandes réitérées des gouverneurs des Antilles d'assouplir quelque peu la réglementation qui les empêchait de commercer librement avec les États-Unis, Londres leur opposa à chaque fois une fin de non-recevoir.

C'est donc dans le cadre de ce mercantilisme étroitement surveillé et protégé que les Maritimes connurent leur *âge d'or*. Outre Halifax et Saint-Jean, de nombreux ports tels Yarmouth, Liverpool, Lunenburg, Pictou, Digby, Canso, Arichat, Richibouctou, Caraquet, devinrent des centres actifs d'expédition de poisson séché, de bois de sciage et de longues billes de pin blanc destinées à mâter les bâtiments de la flotte britannique avec quelquefois en prime les célèbres goélettes (schooner) qui en assuraient le transport. En retour, ils réceptionnaient et diffusaient à travers le pays les produits et objets manufacturés les plus hétéroclites (textiles, outillage, matériel de pêche), le précieux sel des Bahamas (îles Turks, grande et petite Exuma), diverses denrées alimentaires (farine, grains), sans oublier les produits tropicaux tels que le sucre de canne et son résidu sirupeux (la mélasse) que l'on distillait pour obtenir le rhum.

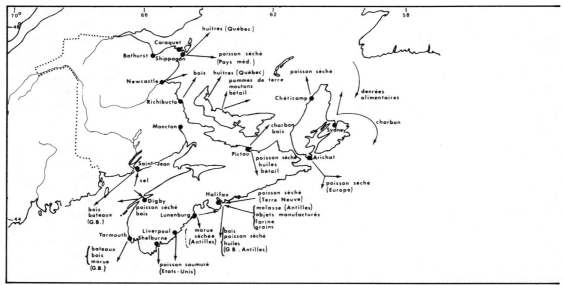

Figure 63
Activités commerciales dans les Provinces Maritimes au XIXe siècle.

C. *Le règne des marchands*

Instruments de cette politique coloniale voulue et dirigée depuis Londres, les marchands, à la tête de sociétés à caractère familial, jouèrent un rôle éminent durant toute cette période.

Qui étaient-ils? La question n'a pas à ce jour reçu de réponse définitive. Si quelques-uns se recrutaient parmi les immigrants nouvellement installés (en particulier parmi les loyalistes), il semble que la majorité d'entre eux (tout au moins au début) soit venue des îles britanniques sans autre dessein que celui de faire du commerce. En ce sens, ils n'agissaient pas autrement que ces aventuriers français du XVIIe siècle qui cherchaient à s'enrichir en pratiquant la pêche sédentaire et la traite des peaux et des fourrures. Avec une différence fondamentale cependant. Alors que les hommes d'affaires du siècle précédent, mis en face d'un pays à peu près vide de résidents, se voyaient obligés d'engager et de transporter à leurs propres frais la main-d'œuvre nécessaire à ces opérations de pêche et de séchage du poisson, leurs successeurs britanniques purent s'appuyer sur des communautés villageoises d'autant plus conciliantes à leur égard qu'elles étaient inorganisées, isolées, sans ressources.

Dans un certain nombre de cas, les marchands contribuèrent à l'implantation de cette main-d'œuvre servile à l'endroit même où ils entendaient se fixer. Cela ne fait aucun doute pour nombre de familles acadiennes exilées en France ou en Angleterre et que les Compagnies Jersiaises embarquèrent sur leurs propres bateaux pour les installer là où elles possédaient une station ou rin de pêche (Lauvrière, 1922, t.2, p. 454).

Ainsi Jean-Baptiste Robichaud: né à Cobequid en 1751, il s'enfuit avec sa famille au moment des événements de 1755 et se réfugie quelque temps sur l'île Saint-Jean (île du Prince-Édouard). Survient la chute de Louisbourg; tout le pays est alors occupé. La famille Robichaud ne peut échapper à la déportation vers l'Angleterre. Qu'y fait-il? Combien de temps y reste-t-il? Aucune information à ce sujet, mais on retrouve sa trace nombre d'années plus tard à Saint-Servan en Bretagne où il épouse en 1773 une dénommée Félicité Cyr. En 1774, il part avec son épouse sur un bateau de la compagnie des Robins avec quatre-vingts autres exilés acadiens. On les débarque sur la côte méridionale de la Gaspésie où ces marchands exploitent des sécheries. Durant plusieurs années, Jean-Baptiste travaillera pour eux jusqu'à ce que les tracasseries de l'administration anglaise l'obligent à s'en aller s'installer de l'autre côté de la baie, sur l'île de Lamèque (au lieu-dit, La Pointe-à-Peinture ou encore le Village-des-Robichaud) où tout laisse supposer qu'il continua, sa vie durant, à pêcher et à sécher pour le compte de la même compagnie (Le V. du 26 juillet 1973).

Parmi ces sociétés commerciales, quelques-unes acquirent rapidement une envergure qui déborda largement le cadre de la petite communauté villageoise pour s'étendre à toute une région côtière.

L'exemple le plus remarquable dans ce domaine reste celui des Robins. Originaire des îles Anglo-Normandes, cette famille profita de son bilinguisme et de son affiliation au protestantisme qui lui assurait l'entière confiance des autorités britanniques, pour s'assurer une place prédominante dans le commerce international de la morue séchée. En quelques décennies, cette compagnie familiale mit en place pas moins d'une quinzaine de stations ou rins de pêche disséminés de Canso sur la côte atlantique à la Gaspésie. Plus tard, elle étendit sa domination sur la Côte Nord du Québec (Innis, *ibid*., p. 275 et 360).

Cette réussite éclatante n'empêcha nullement d'autres sociétés du même type de se rendre maîtresses de secteurs côtiers plus restreints, tels les Fruings dans le Nord-Est du Nouveau-Brunswick, les Loggie en baie de Miramichi, ou encore les Lawrence dans l'île du Cap-Breton. Dans le Sud-Ouest de la Nouvelle-Écosse, ces marchands orientèrent plutôt leurs activités vers l'expédition de bois et de bateaux, tels les Harvey à Meteghan, les Burill à Yarmouth, les Butler à Saulnierville (A. Deveau, 1968, 69-70, 82 et 86).

Dans l'une comme dans l'autre de ces régions, l'emprise des marchands sur la population locale fut totale et basée avant tout sur la possession d'une flottille de goélettes assurant tout à la fois l'exportation de biens de production et l'importation de produits de consommation courante. L'élément tangible de cette domination : la mise en place d'un magasin général dans le ou les villages où la compagnie possédait un établissement de pêche. Chaque famille venait y chercher tout ce dont elle avait besoin, le nécessaire : agrès de pêche, sel, outils de ferme, farine, comme le superflu : fusils, boissons alcoolisées (brandy de Naples), produits tropicaux, tabac américain, etc. Ne disposant d'aucun numéraire, les familles se voyaient contraintes de tout acheter à crédit. Pour cela, elles anticipaient sur le résultat de leur travail et s'engageaient à livrer le nombre de cordes de bois ou la quantité de morue (séchée ou non) correspondant au montant des achats effectués.

La règle voulait en effet que la compagnie déboursât le moins d'argent possible, aussi bien pour rémunérer la main-d'œuvre affectée aux travaux de la station que pour acheter la marchandise des pêcheurs. Maîtresse de toutes les décisions, elle pouvait toujours s'arranger, si la saison s'annonçait fructueuse et les récoltes abondantes, pour majorer la valeur de ses articles en magasin et baisser au contraire le prix du poisson réceptionné. Ce système, faut-il le préciser, rivait chaque famille à *sa* compagnie, laquelle jouait le rôle à la fois de patron, de protecteur, de créancier de la communauté villageoise tout entière. Un petit nombre d'individus seulement parvinrent à se soustraire à sa tutelle. Mais dans quelles conditions! Il serait bon que les historiens se penchent sur cette question, ô combien intéressante! Dans le Nord des Maritimes, les populations, un peu plus favorisées, obtinrent de leur maître qu'il renonçat à récupérer ses avances ou provisions après le 15 août, ce qui leur permettait de pêcher pour leur propre compte après cette date (Innis, *ibid*., p. 357).

Pour asseoir son autorité, la compagnie commençait par acheter une surface de terrain située en bout de terre, le plus près possible des bancs de pêche ; elle y édifiait un ou plusieurs quais, un chantier de construction et de réparation navales, un nombre suffisant de bâtiments réservés à l'entreposage du poisson et aux diverses fournitures (sel). Outre l'inévitable magasin général, elle possédait quelques ateliers de charpenterie, bourrellerie, ferronnerie, quelques habitations, une salle de réfectoire, une ou plusieurs aires caillouteuses (graves) pour faire sécher le poisson, et quelquefois même de vastes concessions de forêt destinées à répondre aux multiples besoins de la station en matériaux ligneux. La responsabilité et la bonne marche de ces divers postes économiques relevaient d'un certain nombre d'agents et de commis, soigneusement recrutés non dans la colonie elle-même mais directement en Grande-Bretagne où se trouvait la maison mère. Engagés pour trois, quatre ou même cinq ans, ces *clerks* ne devaient établir aucune relation avec les autochtones, assister obligatoirement chaque matin à l'office religieux, refuser de boire et de jouer à l'argent (cf. C. Le Breton, 1976, p. 12-21). Un régime strict qui ne souffrait aucune incartade!

Ce système rigide mais parfaitement cohérent, dérivé des principes les plus traditionnels du mercantilisme, devait conduire à une exploitation impitoyable des populations côtières.

Il (le système) produisait de merveilleux résultats financiers mais était plus semblable à l'esclavage qu'à un libre trafic, il rappelle les débuts de la colonisation sur les côtes d'Afrique (R. Blanchard, 1935, p. 63).

D. *La vie des populations*

La toute-puissance des compagnies eut pour conséquence de maintenir ces populations de la région atlantique dans un état de faiblesse et de sous-développement chronique. À ce propos, il faudrait revoir sur plus d'un point la légende de l'«âge d'or» que les Maritimes auraient alors traversé. Tout mène à affirmer que c'est au contraire à ce moment décisif de l'évolution du continent nord-américain que ces pays, enfermés dans les cadres rigides dictés par le colonialisme, ont accumulé un retard qu'ils ne pourront par la suite rattraper.

Le système, tel qu'il était appliqué, n'autorisait pas une quelconque division du travail. Chaque famille devait faire un peu de tout pour survivre. Outre la morue livrée à la station, la pêche fournissait la nourriture de base en même temps qu'une petite quantité de boëtte vendue parfois clandestinement à quelque goélette de passage. Le reste (hareng, homard) servait à la fertilisation des terres nouvellement labourées (M. Perley, 1849, p. 16). De fait, en de nombreux secteurs côtiers, la pêche n'était qu'une activité de subsistance et ce n'est qu'en livrant du bois coupé ou en se faisant embaucher à la scierie de la compagnie que l'on obtenait un peu d'argent ou des bons de crédit.

Voici comment un habitant de l'Anse des Belleveau décrit la vie des Acadiens du Sud-Ouest de la Nouvelle-Écosse (A. Deveau, 1968, p. 70).

Les familles de la Pointe n'ont jamais été très riches bien qu'elles aient été propriétaires de belles terres à bois et de fermes de vaste étendue. Au printemps, on labourait et ensemençait les champs. Puis on allait à la pêche durant quelques semaines jusqu'au temps des foins (fin de juin). Lorsque le foin avait été engrangé, on retournait à la pêche durant quelques semaines jusqu'au temps de la récolte. A l'automne, les hommes allaient au bois. Après Noël, toute la famille déménageait à Margo et y passait le restant de l'hiver. Très tôt au printemps, on charroyait les billots au moulin avec une paire de bœufs. Tard au printemps, on amenait les planches chez les Ben. Ils échangeaient de la nourriture contre leurs planches. À la fin de l'année, il leur restait tout juste d'argent pour payer leurs taxes et payer la dîme.... C'est tout l'argent qu'ils avaient.

Et un autre témoin de cette époque de raconter :
L'argent a été bien rare dans cette région depuis le retour de ces gens (les Acadiens). *Ils ont dû s'habituer à s'en servir le moins possible. Par exemple, la femme acadienne confectionne elle-même tous ses habits et ceux de sa famille avec de l'étoffe à la verge que son mari obtient des marchands anglais pour son bois ou ses produits de la ferme. Le mari fait les chaussures avec du cuir qu'il tanne lui-même. Il fabrique aussi tous les meubles de la maison. Le savon est fait «au pays» en se servant du résidu de la cendre de bois franc, qu'on appelle «la lessie». Le sucre, le sel, les épices et les autres condiments qui nous viennent du sud sont tous échangés contre notre bois chez les marchands qui trafiquent ce bois avec les commerçants des Antilles....*(A. Deveau, *ibid.*, p. 71).

Néanmoins, si elles vivaient modestement et parfois même parfois chichement, on ne peut pas dire que ces familles baignaient dans la misère la plus noire. Dans cette région, les marchands étaient plus nombreux et rivalisaient pour s'octroyer les services des riverains. L'argent circulait plus librement. La proximité des États-Unis devait même encourager quelques-uns à partir s'engager, pour la saison, sur des goélettes américaines où le système de partage des bénéfices se révéla nettement plus avantageux que celui en vigueur aux Maritimes. Enfin, il faut ajouter que malgré toutes les interdictions et les menaces, les gouvernements néo-écossais et néo-brunswickois ne réussirent jamais à supprimer complètement le trafic de contrebande entre les États-Unis et les Maritimes, et cela au grand profit de ces régions limitrophes. Combien de familles durent leur promotion sociale à ce commerce interlope? À cette question aussi, il serait intéressant de trouver réponse.

Coïncidence ou pas, c'est dans ce secteur côtier que l'on vit le plus grand nombre de pêcheurs s'installer à leur propre compte, acquérir une goélette et partager leurs activités entre la pêche durant la période estivale et le commerce transocéanique durant la morte-saison. Quelques-uns ouvrirent un magasin général et des stations de pêche (*fishing rooms*) et créèrent à leur tour leur propre société. Mais ce climat de concurrence ne bénéficia au bout du compte qu'à de petits secteurs. Là où régnaient les compagnies britanniques, il n'était pas question que d'autres marchands viennent leur disputer leur monopole :

Malheur à qui aurait vendu son poisson à d'autres. À ces gens qui dépendaient à ce point de leurs maîtres pour vivre, il en aurait coûté cher. Aussi, que de fois n'a-t-on pas vu des goélettes marchandes venir à Chéticamp et offrir le prix double pour le poisson, mais s'en retourner à lège parce que les pêcheurs n'étaient pas libres de traiter avec elles (A. Chiasson, 1972, p. 75).

Sensiblement différente fut en effet la condition réservée aux populations des autres régions, notamment celles où les marchands avaient établi des *rins de pêche*.

Qu'elles s'arrangent pour pêcher et sécher elles-mêmes le poisson et le vendre ensuite à la compagnie, ou qu'elles effectuent ce travail sur les *graves* de ladite compagnie, ces familles durent supporter le poids d'une sujétion implacable. Obligées de consacrer le plus clair de leur temps à une tâche pour ainsi dire non rémunérée ; elles ne pouvaient s'adonner correctement ni aux travaux des champs (d'où provenait pourtant l'essentiel de leur nourriture de base) ni même à d'autres activités halieutiques. Enfermées dans le cercle vicieux de la pauvreté et de l'endettement, elles se voyaient contraintes d'aliéner chaque jour un peu plus de leur autonomie.

À Chéticamp par exemple, chacun à l'automne recevait son état de compte. Invariablement, les recettes de la saison équilibraient les dépenses. Après quoi, il n'y avait plus qu'à acheter de nouveau à crédit pour l'hiver. *On arriva à un point où très peu de pêcheurs avaient leur propre embarcation. Toute barque et agrès de pêche appartenait aux Jersiais à qui les pêcheurs payaient l'allocation, un dizième de leur pêche* (A. Chiasson, *ibid*., p. 74).

Quant aux employés de la compagnie, leur sort n'était guère plus enviable.

Les conditions de travail étaient terribles. On trimait depuis cinq heures du matin jusqu'aux heures avancée de la nuit. On accordait une demi-heure pour le déjeuner et une heure pour le dîner. On s'en allait souper quand le travail était terminé, après le coucher du soleil. Assez souvent, il fallait revenir après souper s'il restait encore du poisson à trancher, et poursuivre la tâche jusqu'à dix ou onze heures de la nuit. Et à quel salaire! Les ouvriers de métier comme les «trancheurs» et les «saleurs» de poisson recevaient un dollar par jour ; les autres recevaient de douze à quinze dollars par mois, ou vingt cinq sous par jour plus leur dîner. Et cela à la fin du dernier siècle!, alors que les conditions s'étaient améliorées. Qu'était-ce donc vers 1820 ou 1830! Ceux dont le salaire comprenait le repas n'avaient aucune chance de se dédommager sur la nourriture. Ils étaient soumis à une stricte ration. Chacun, au commencement de la semaine, recevait sept livres de biscuits, trois livres de viande et pas de la meilleure qualité, une chopine de mélasse, une demi-chopine de pois. Pas de pain. Ceux qui osaient en demander se faisaient tancer : «t'en n'auras pas! Si t'es pas content, va-t-en dans les montains!» Dans la cuisine commune, on faisait cuire la viande de tous dans le même chaudron. Pour reconnaître son propre morceau, chacun le marquait grossièrement en lui attachant un clou, un bout de merlin ou de broche. Dès le jeudi, la ration était épuisée. Il ne restait plus qu'à payer sa nourriture ou à crever de faim (A. Chiasson, *ibid.*, p. 74).

Il faut souligner que les compagnies en restèrent à leur spécialité sans jamais chercher à diversifier leur production en tirant parti des autres richesses potentielles du pays. Leur conservatisme provenait de la crainte de voir un monopole leur échapper, mais plus encore du manque d'imagination de leurs responsables. Que les affaires soient conduites et dirigées de l'Europe ne favorisa d'ailleurs pas la prise en compte des réalités américaines et des évolutions inéluctables qui se préparaient.

Les compagnies ne s'intéressèrent guère à d'autres formes de commercialisation du poisson. Ou alors épisodiquement ; expéditions en 1824 de maquereau salé de Pictou vers le Royaume-Uni, mais non renouvelées par la suite, tout comme celles de gaspareau, détrônées par le hareng écossais de bien meilleure qualité. Pubnico demeura quelque temps un centre important d'exportation d'anguilles, et Port Medway réussit durant plusieurs saisons à commercialiser de belles quantités de saumon. En baie de Fundy, l'industrie du hareng connut quelques bonnes années, surtout au début du XIXe siècle. Mais toutes ces ventes ne venaient jamais qu'en complément des chargements de poisson séché et des matériaux ligneux. Prisonnières d'un système à présent dépassé, les compagnies britanniques semblaient incapables, au milieu du XIXe siècle, de s'adapter aux conditions nouvelles du marché international.

De leur côté, les populations riveraines, du fait même de leur pauvreté et du caractère dispersé de leurs activités, ne paraissaient pas en mesure d'affronter la formidable mutation sociale qui allait accompagner la révolution industrielle. *Nos pêcheurs ne suivent pas leurs affaires avec l'énergie requise pour s'assurer le succès* constatait amèrement un député de l'assemblée nationale de la Nouvelle-Écosse ; *en divisant leur temps entre le cabotage, l'agriculture et la pêche, ils n'obtiennent rien de bon* (Innis, 1954, p. 346). Propos confirmés par les remarques de responsables politiques et religieux qui, de passage dans cette région du Canada, s'étonnaient de voir les pêcheurs prêter si peu d'attention à leur travail et vivre misérablement sans même tenter d'exploiter les richesses faunistiques situées pourtant à proximité de leurs rivages (rapports de Moses Perley, 1849-1852).

En cette fin du XIXe siècle, les dés semblaient déjà jetés. Les Maritimes ne pouvaient espérer jouer un autre rôle que celui que leur conférait la géographie : un appendice négligeable du continent nord-américain. Un détail sur la carte.

CHAPITRE TROIS

Les changements inévitables et les grandes interrogations (1860-1940)

Si dans la première moitié du siècle les Maritimes avaient paru pouvoir tenir une place importante dans cette Amérique du Nord, la période suivante allait remettre les choses en place. La géographie en quelque sorte reprenait ses droits. Ce territoire n'était qu'un petit isthme d'un vaste continent dont on commençait à peine d'exploiter les énormes ressources. Au demeurant, l'expansion des Maritimes avait quelque chose de factice. L'application trop stricte des principes mercantilistes n'avait eu pour effet que de retarder les évolutions en cours, de mal préparer le pays aux changements inévitables qui, partout ailleurs, mettaient l'économie et les hommes à l'heure de la révolution industrielle. Les Maritimes n'offraient plus rien pour attirer les immigrants qui, par milliers, affluaient vers le Nouveau monde. Ces provinces manquaient de capitaux, d'hommes entreprenants et ingénieux pour, *d'elles-mêmes*, accomplir la reconversion de la flotte de voiliers, la transformation de l'agriculture, la mise en place de structures industrielles. Le retour à une situation plus détendue avec le voisin étatsunien par la signature des accords commerciaux de Réciprocité (1854-1866) et de Washington (1871-1885), puis l'adhésion (non sans réticences) à la Confédération canadienne (1867-1873), enfin la disparition progressive des liens priviliégiés avec la Grande-Bretagne, tout cela contribua à dévaloriser ce poste avancé vers l'Europe. Montréal et New York l'emportaient définitivement sur Halifax et Saint-Jean. Reléguées en bout de terre, les Maritimes se voyaient condamnées à ne servir que de zone de transit pour les marchandises et les hommes.

Cette perte d'influence se traduisit par un sérieux ralentissement dans le peuplement du pays. Alors qu'en 1871, les trois Provinces représentaient avec 770 000 habitants pas loin du quart de la population canadienne, en 1941 ce pourcentage ne s'élevait plus qu'à 10 % pour un chiffre de population de 1 130 000. Et encore, la forte fécondité masquait-elle une émigration qui, sans être spectaculaire, ne se poursuivit pas moins d'une façon régulière jusqu'à la grande crise des années trente.

De même, la constitution d'un réseau ferroviaire (entre 1870 et 1900), puis routier (après la Première Guerre mondiale), loin de stimuler le développement commercial et industriel de la région, ne fit que mieux ressentir l'absence d'un arrière-pays susceptible de fournir des ressources complémentaires à celles du Canada central. En se détournant de sa *vocation* maritime pour s'accrocher au continent, les Maritimes mettaient en lumière le caractère morcelé et isolé de leurs terres. La prise de conscience de cette réalité ne se fit pas sans heurts et s'exprima par une attitude souvent frondeuse des autorités provinciales à l'égard du gouvernement fédéral, notamment en 1886 quand la Nouvelle-Écosse menaça de faire sécession si elle n'obtenait pas une meilleure répartition du revenu national, puis une seconde fois en 1925 et 1927 quand au nom des *droits des Maritimes* les trois gouvernements réclamèrent le retour à des tarifs ferroviaires préférentiels pour endiguer le détour du trafic par les États-Unis.

Simultanément, de grandes firmes étrangères prirent en main l'exploitation des ressources naturelles en éliminant au passage nombre de petits entrepreneurs locaux. C'est ainsi que la Dominion Coal, intéressée par les riches bassins houillers du Cap-Breton, profita de la forte demande en rails, poutrelles métalliques et machines-outils, pour créer dans la région de Sydney un puissant complexe sidérurgique. De la même façon, les besoins croissants des pays occidentaux en papiers et cartons amenèrent des sociétés britanniques et américaines à implanter un certain nombre d'usines de pâtes à papier aux endroits de la côte les mieux placés pour recevoir à bon compte l'électricité produite par les retenues d'eau.

Autre fait de grande importance, on assista au déclin des nombreux petits ports qui tenaient leur fortune des échanges directs établis avec les principaux marchés tropicaux et européens. En effet, la substitution des bateaux à vapeur aux goélettes traditionnelles entraîna une concentration des échanges dont bénéficièrent les quelques ports du N.W. Atlantique les mieux outillés et les plus aptes à centraliser les commandes comme à tirer parti des marchandises réceptionnées. Ainsi, Halifax regroupa le gros des expéditions de poisson séché, de bois et de produits agricoles en provenances des Provinces Atlantiques et put établir, dès avant la fin du XIXᵉ siècle, un service régulier avec les Antilles Britanniques. Mais c'est le port de New York qui profita le plus de cette évolution. Grâce à sa flotte imposante, à ses facilités d'entreposage, à son organisation commerciale, à la présence d'un arrière-pays bouillonnant d'activités, il fut le seul capable de raccourcir sensiblement la durée des transports océaniques quel que soit le lieu d'embarcation choisi (via New York, il ne fallait pas plus de 25-25 jours pour joindre Caraquet à la Méditerranée contre 30 à 50 jours par un transport direct en goélette) (Innis, 1954, p. 426). De plus, ce transit par New York était avantageux sur le plan financier car il permettait d'obtenir, par la diversité et le volume des marchandises transportées, une baisse importante des taux d'assurance.

Le secteur halieutique participa à ces transformations et tira parti des innovations technologiques introduites tant dans le domaine des opérations de capture que dans celui de la mise en marché du poisson pour diversifier ses activités. Mais il n'y eut pas de changements radicaux quant à la traduction spatiale de cette évolution. Malgré une amorce de regroupement, les infrastructures portuaires conservèrent leur caractère émietté en bordure immédiate du rivage. En conséquence, elles s'isolèrent progressivement des centres urbains et industriels qui, eux, se mettaient en place en arrière du littoral, le long des grands axes de communication. Dégagé de la tutelle des marchands, le milieu maritime sortit de sa torpeur sans pour autant éviter la prise en main *du dehors* de l'industrie de traitement du poisson. Isolés, peu instruits, les pêcheurs demeurèrent longtemps les jouets des événements. Ce n'est que lorsque se posa en termes concrets la question délicate du passage à la pêche industrielle, suivie bientôt par les graves difficultés dues à la grande dépression des années trente, qu'ils s'organisèrent pour mettre en place les premières structures coopératives.

Quatre grands événements nous paraissent avoir marqué cette tranche importante de

l'histoire des pêches :
- L'essor de la pêche commerciale au homard.
- Le déclin de l'industrie du poisson séché.
- L'affaire du chalutage.
- La naissance du mouvement coopératif.

A. *L'essor de la pêche commerciale au homard*

Pendant longtemps le homard n'a été utilisé dans le N.W. Atlantique qu'à des fins domestiques, comme base de la nourriture familiale. L'habitude voulait que l'on allât à marée basse le ramasser dans les trous d'eau des plages, à la main, à la pelle, ou encore avec un filet en forme de poche ajusté sur un cerceau (*truble*). À vrai dire, le homard ne faisait l'objet d'aucune attention particulière. Les pêcheurs exécraient cette *abominable écrevisse* qui déchirait leurs filets et dont ils avaient toutes les peines du monde à se défaire. Par grands vents, les plages en étaient recouvertes sur des milles de distance (J.O. Plessis 1865, p. 112). Comme pour le hareng, il était courant d'en remplir des charrettes entières qu'on allait ensuite épandre sur les terres. À l'époque des plantations de pommes de terre, chaque butte pouvait être ainsi garnie de deux ou trois beaux homards (M. Perley, 1852, p. 194). Sans doute existait-il un commerce, mais il ne portait que sur de petites quantités et ne dépassait guère le cadre régional tant la conservation de ce crustacé posait des problèmes délicats.

Il fallut attendre l'application industrielle du procédé d'appertisation des aliments pour que s'ouvre une ère nouvelle pour les Maritimes. L'initiative en revint une fois de plus aux États-Unis. Les premières *homarderies* apparurent vers 1830-1835 sur les côtes du Massachusetts et du Maine, puis simultanément vers 1845-1850 dans le S.W. de la Nouvelle-Écosse (Yarmouth) et le Centre-Est du Nouveau-Brunswick (estuaire de la Miramichi), autrement dit dans les deux secteurs côtiers les plus aisément accessibles depuis les grands foyers urbains du continent nord-américain. À partir de là, elles essaimèrent partout le long du littoral y compris sur l'île du Prince-Édouard, la dernière région touchée vers 1875-1880.

Loin de s'atténuer, le mouvement s'amplifia dans le dernier quart du XIXe siècle. Le nombre des conserveries grimpa de 74 en 1873 à 480 en 1887, pour arriver au chiffre record de 760 en 1900 (Gordon Dewolf, 1974, p. 20). Un essor prodigieux que l'on peut expliquer par la conjonction d'au moins deux séries de facteurs :

● la présence d'une matière première extrêmement abondante et de surcroît peu coûteuse qui permit, dans un premier temps tout au moins (jusque vers 1885-1890), de produire des conserves à très faible prix de revient et de ne rencontrer de ce fait aucun concurrent sérieux sur le marché britannique vers où se déversait le plus gros de la production.

● le faible capital requis pour installer ces *canneries*, et l'intérêt très vif manifesté par nombre de petits industriels pour ce genre d'entreprises où il semblait possible, sans beaucoup de risques, de récupérer rapidement sa mise.

En outre, cette industrie de la conserve bénéficia immédiatement d'un soutien populaire incontestable. L'élan en fut donné par des sociétés à capitaux étatsuniens dont les méthodes de travail et les relations employeur-employés marquaient une rupture complète avec les usages des compagnies de commerce britanniques ; en particulier en ce qui concerne la rémunération des salariés et des pêcheurs, effectuée non plus en bons d'achat mais en argent liquide. On imagine l'importance de ce changement pour les populations côtières. Non seulement l'industrie du homard mettait des milliers d'emplois nouveaux à la disposition des épouses de marin, mais encore elle valorisait la pêche au point de reléguer l'agriculture et le bûcheronnage au rôle d'activités annexes ; enfin et surtout, elle donnait à ces gens le moyen de se libérer du carcan dans lequel les *marchands* les avaient tenus jusque-là. Si peu élevée qu'elle fût, l'introduction du numéraire engageait ces familles dans un processus irréversible d'émancipation et de promotion sociale, de rupture avec le passé.

L'essor de cette industrie devait dépasser toutes les prévisions. On vit bientôt des pêcheurs se regrouper, parfois sous la houlette du curé, pour édifier leur propre *shop à homard* (voir le rôle joué par le père Fiset à Chéticamp : A. Chiasson, 1972, p. 77-78). Chaque village se dota au moins d'une, quelquefois de deux ou trois, voire de quatre conserveries, chacune concurrençant l'autre pour s'octroyer le homard des pêcheurs. Ceux-ci touchaient un cent le homard à Shippagan, cinq cents le gros homard à Bas Cap-Pelé, quatre-vingts cents les cent livres à Grand Manan ; des prix qui sans doute paraissent dérisoires aujourd'hui mais qui, à la fin du siècle dernier, semblaient une petite fortune d'autant qu'un pêcheur et son compagnon pouvaient prendre jusqu'à 2 500 à 3 000 livres de homards en une seule journée de pêche (1 100 à 1 300 kg).

Mais cette *ruée vers le homard*, menée sans discernement, dans la plus complète anarchie, devait être de courte durée. À partir de 1887, cette industrie jusque-là si florissante, entra dans une période de long déclin. Les débarquements amorcèrent une chute brutale. De 94 millions de livres en 1885, les mises à terre ne s'élevaient plus qu'à la moitié de ce chiffre en 1920 (fig. 18). Mais surtout, la taille moyenne des captures baissa sensiblement, signe évident d'une surexploitation des stocks. On sait comment les autorités réagirent à cet effondrement ; elles établirent des saisons de pêche et des tailles limites marchandes, prohibèrent la commercialisation des femelles grainées, engagèrent de lourds investissements dans la mise en place d'écloseries et de stations d'alevinage. Tout cela sans résultat apparent. Il faut dire, à leur décharge, que les experts ne disposaient pas des connaissances biologiques suffisantes qui leur auraient permis de mieux apprécier la situation. Ils procédèrent un peu à tâtons, en essayant de ménager les intérêts souvent contradictoires des uns et des autres. Et puis, les pêcheurs contournèrent à leur façon la réglementation. D'abord par le recours systématique au braconnage, ensuite par l'introduction de méthodes de pêche toujours plus efficaces. C'est ainsi qu'on substitua le casier à la truble (à partir de 1890), puis qu'on augmenta la taille et le nombre de ces casiers. S'y ajouta vers 1908-1910 la motorisation des petites embarcations, avec, pour conséquence, une multiplication des sorties en mer et un élargissement du rayon d'action des bateaux. Autant d'innovations techniques qui réduisirent à néant ou presque la portée des mesures de protection.

La période de l'Entre-deux-guerres vit une relative stabilité des apports en dépit d'importantes fluctuations cycliques. La production oscilla de 30 à 50 millions de livres sans que les autorités aient jugé nécessaire d'apporter de sérieuses retouches à la réglementation existante. La crise économique des années trente eut pour effet d'accroître sensiblement les effectifs des pêcheurs côtiers (de 13 500 en 1928 à 18 000 en 1936), ce qui amena un grossissement logique des débarquements globaux mais aussi un sérieux déclin des rendements par bateau. En 1928, on

estimait que pour prendre 100 livres de homard, il était nécessaire de mouiller trois fois plus de casiers qu'auparavant (Innis, 1954, p. 437). Que dire à la veille du second conflit mondial, il en fallait peut-être huit à dix fois plus!

...Au début de la guerre, vers 1914 ou 1915, un bon pêcheur pouvait prendre dans une saison ordinaire une quinzaine de tonnes de homard...En ce temps-là, un gars qui arrivait à la côte avec moins de 2 500 livres ne maugréait pas mais il n'estimait pas avoir raison de se vanter. Et il y a des jours où les pêcheurs revenaient *avec des prises de 2 700 à 3 700 livres. Comparez ces chiffres avec ceux d'aujourd'hui (1935). La moyenne* se situe *bien encore à deux à trois milliers de livres par embarcation mais à deux à trois milliers de livres par saison! Mais oui, la situation aujourd'hui est aussi triste que cela. On prend aujourd'hui dans une saison ce qu'on prenait autrefois dans une journée!...Et ce n'est pas toute l'histoire. Il y a vingt ans, le nombre des attrapes était faible. Un bon pêcheur en avait une centaine, cent cinquante au plus, et il ne jugeait pas toujours nécessaire de les tendre[20] toutes. Aujourd'hui, c'est 250, 350 et 400 attrapes qu'il faut compter par homme. Nous connaissons des familles le long de la côte qui mobilisent au début de la saison tout près d'un millier d'attrapes. Dans la paroisse de Barachois, il doit y en avoir près de 25 000! Et avec tout ce formidable outillage on prend, en 1935, cent livres de homard lorsqu'on prenait mille livres il y a quinze ou vingt ans. L'outillage a été doublé et triplé, la pêche a diminué dans des proportions trois ou quatre fois plus grandes!* (Év. du 5 septembre 1935).

À ces difficultés, liées au mauvais état de la ressource, s'en ajoutèrent d'autres associées à la situation générale du marché de la conserve. À partir de 1885-1890, cette industrie donna des signes évidents de faiblesse. La venue de nouveaux pays producteurs instaura un climat de concurrence auquel les industriels canadiens n'étaient pas préparés.

---

20. Noter bien l'expression *tendre les attrapes*, ce qui signifie poser deux ou plusieurs casiers en ligne au moyen de filins bien *tendus*.

D'autant moins d'ailleurs que nombre d'entre eux s'obstinaient à mettre en boîte du homard de mauvaise qualité obtenu à bon compte auprès des pêcheurs-braconniers complaisants. Il en résulta une multitude de faillites et un début de concentration et d'appropriation des *canneries* par des sociétés américaines. En 1910, la Portland Packing Company en possédait à elle seule vingt et une et la Burnham and Morell Cie une trentaine (Innis, *ibid.,* p. 437).

La Première Guerre mondiale accéléra le processus de restructuration. La Grande-Bretagne se tourna résolument vers des produits de substitution auxquels elle resta attachée à la fin des hostilités. Après 1920, l'entrée en force de la conserve de crabe japonaise sur le marché et l'imposition par la plupart des pays européens de lourdes taxes sur les importations de produits alimentaires, portèrent un nouveau coup à l'industrie canadienne déjà bien mal en point. Les exportations déclinèrent rapidement : d'une valeur de 5,1 millions de dollars en 1920 pour l'ensemble des quatre Provinces Atlantiques à quelque 2 millions en 1936 (J.B. Rutherford, 1967, p. 4). Parallèlement, le nombre des homarderies dégringola ; de 760 en 1900 (pour les seules Maritimes) à 486 en 1918 et à 182 en 1939 (Gordon Dewolf, 1974, p. 20).

L'effondrement d'une activité qui mobilisait en 1912 environ 20 000 pêcheurs (pêcheurs et employés d'usine réunis), aurait pu avoir les pires conséquences sur la vie économique de cette région s'il n'avait été compensé par l'ouverture du marché états-unien du homard vivant ou *en carapace*. Les premiers essais de ce genre remontent à 1872 quand une goélette partit de Clark's Harbour (N.E.) emportant avec elle quatre barils de homard vivant à destination de Boston. Quelques années plus tard, un petit trafic commença à s'établir entre Yarmouth et le grand port du Massachusetts. Mais ce n'est qu'à partir de 1882-1885 que plusieurs sociétés, dont la compagnie Arcadia Lobster, se tournèrent vers cette forme nouvelle de manutention (Gordon Dewolf, *ibid.,* p. 18). À cet effet, elles mobilisèrent toute une flottille de petits bateaux à vapeur chargés de concentrer les prises aux points les plus importants du littoral (Shelburne, Yarmouth, Digby, Saint-Jean) pour les expédier ensuite vers les États-Unis. Les prix intéressants offerts pour ce gros homard engagèrent les pêcheurs à se conformer aux normes américaines sur la taille limite marchande et à se détourner progressivement du

marché de la conserve. Il n'est donc pas faux d'affirmer que la commercialisation du homard *en carapace* précipita le déclin de l'industrie de la conserve, même si elle n'en fut pas, comme on l'a vu, la seule cause.

Limité d'abord aux régions du S.W. des Maritimes les plus aisément accessibles par bateau au marché américain, ce commerce gagna bientôt les autres districts côtiers, grâce, il faut bien le dire, aux efforts déployés par les associations de pêcheurs pour installer des viviers un peu partout le long du littoral. Mais cette extension géographique se fit lentement, peut-être en raison des inconvénients naturels qui pesaient sur ces régions plus isolées, mais aussi à cause du peu d'empressement manifesté par les autorités gouvernementales pour venir en aide aux pêcheurs de ces secteurs, qui, par exemple, se voyaient contraints de supporter les frais d'acheminement du homard vers les foyers urbains alors que leurs homologues de la côte atlantique et de la baie de Fundy (pourtant moins éloignés) bénéficiaient pour cela de bateaux de ramassage subventionnés (cf. Év. du 20 août 1931). On voit donc comment la politique suivie tendait à accentuer les écarts régionaux en consacrant les quelques efforts d'investissement aux régions déjà les plus favorisées.

Ainsi, en un peu plus d'un demi-siècle, la pêche commerciale au homard avait acquis une place importante au point de dépasser chacune des autres activités halieutiques. Les exportations s'élevaient à plus de cinq millions de dollars et se répartissaient d'une façon presque égale entre les conserves et le homard *en carapace* (Gordon Dewolf, *ibid.,* p. 26). Certes, les difficultés ne l'épargnèrent pas, surtout Entre-les-deux-guerres avec l'effondrement des cours (de 12,8 cents la livre en 1927 à 6,2 cents en 1933) et la chute simultanée de la valeur débarquée (de 4 millions de dollars en 1923 à 2,1 millions en 1933). Mais c'était la crise, et chacun devait bien se contenter de son lot et ne pas maugréer. Et le fait qu'elle permit déjà de survivre suffisait à lui attirer des milliers de chômeurs des villes!

Plus généralement, l'ouverture d'un marché au homard eut pour effet de revigorer la pêche côtière artisanale et d'éviter du même coup à de nombreuses familles de prendre le chemin de l'exode vers les grandes cités américaines. En ce sens, elle fut un facteur de *stabilisation géographique*. Sans elle, il y a gros à parier que le regroupement eût été plus rapide, la dispersion des infrastructures por-

Planche 16-A

À quelque distance de leur bateau mère, les pêcheurs dans leur doris posent leur ligne de fond (dessin Elliott et Collins, Brown Good G, 1887).

Planche 16-B

«Apprêtage» de la morue à bord de la goélette à la fin du XIXe siècle (dessin Elliott Collins, ibid.).

tuaires moins prononcée qu'elle ne l'est encore aujourd'hui. Mais le plus important peut-être, c'est qu'elle donna l'illusion aux pêcheurs côtiers qu'ils pourraient désormais *faire leur vie* sur place sans trop changer leurs habitudes d'autrefois. On comprend alors leur inquiétude quand apparurent des formes de pêche industrielle qui remettaient précisément en cause ce genre de vie rural et ce statut de pêcheurs-artisans auquel ils restaient profondément attachés.

B. ***Le déclin de l'industrie du poisson séché et la montée du capitalisme***

Simultanément ou presque au développement de la pêche commerciale au homard, on assista au déclin de l'industrie du poisson salé et séché qui avait tenu jusque-là une place prépondérante sur le plan tant économique que politique et social. Mais cette évolution, perceptible dans les autres pays industriels dès le milieu du XIXe siècle, fut retardée au Canada pour trois raisons principales.

• La rapidité avec laquelle les États-Unis se reconvertirent vers la production de poisson frais, permit aux Maritimes (notamment durant la période de fonctionnement du traité de Washington) de récupérer à leur profit un certain nombre de marchés laissés vacants (tels les Antilles espagnoles et les États américains du Sud...) et ainsi de ne pas ressentir immédiatement les effets de la baisse de consommation de morue séchée enregistrée un peu partout.

• L'établissement d'un réseau ferroviaire à travers le Canada stimula dans un premier temps la production intérieure de poisson séché qui se situait jusque-là à un niveau extrêmement bas. Toutes les statistiques le confirment : à Montréal comme à Québec, le commerce de la morue *verte* ne fut jamais aussi florissant qu'entre 1860 et 1914.

• La toute-puissance enfin des compagnies britanniques qui, enfermées dans leur routine, se montraient incapables de s'ouvrir à des formes de mise en marché autres que celles qui leur avaient assuré jusqu'ici des revenus substantiels et la mainmise sur les populations riveraines. L'industrie canadienne du poisson séché connut encore de belles années. C'est même en 1886 que la production atteignit en Nouvelle-Écosse le chiffre record de 820 000 quintaux (41 500 tonnes) (Grant, 1934, p. 6). Période faste que mirent à profit les capitaines de goélettes pour développer la pêche sur les grands bancs. Jusque-là, ils se contentaient de pratiquer la pêche sédentaire le long des côtes de Terre-Neuve et du Labrador. Mais à partir de 1873-1875, à l'initiative d'un capitaine de Lunenburg (un dénommé Benjamin Anderson), quelques-uns se risquèrent à pêcher sur les grands bancs externes de la plate-forme continentale. Les bons résultats obtenus incitèrent nombre de pêcheurs d'autres ports (Canso, Liverpool, Shelburne, Lockeport...) à suivre cet exemple. À noter que cette nouvelle orientation s'accompagna de deux changements importants quant à la manière de conduire les opérations de pêche : la ligne de fond se substitua à la ligne à main, ce qui amena presque simultanément les goélettes à s'équiper de petits bateaux auxiliaires (les doris) pour aller les poser et les relever. Ainsi

les pêcheurs des Maritimes adoptaient des techniques depuis longtemps en usage chez les Européens au moment même où ces derniers s'apprêtaient à les délaisser pour se lancer dans le chalutage.

Mais il ne s'agissait que d'un sursaut, et l'industrie du poisson séché devait entrer, à partir de la dernière décennie du XIXe siècle, dans un long et irrémédiable déclin. La baisse de consommation, déjà sensible dès le milieu du siècle, s'accentua et affecta surtout le marché des Antilles, le plus gros importateur des Maritimes. Ainsi, de 1885 à 1914, la valeur des exportations vers ces pays déclina d'environ 30 %.

— Cette brusque contraction s'explique surtout par les graves difficultés économiques que traversèrent ces pays tropicaux dans le dernier tiers du XIXe siècle, à la suite notamment de la forte baisse des exportations de canne à sucre, elle-même consécutive à l'essor de l'industrie européenne de la betterave. Les autorités de ces États, acculées à une politique d'austérité, n'eurent d'autre recours que de contingenter leurs importations de produits de consommation courante (et en premier lieu le poisson séché).

— La guerre hispano-américaine (1898) et la défaite de l'Espagne n'arrangèrent pas les affaires des Maritimes. En effet, l'intégration des anciennes colonies de Porto Rico et de Cuba dans l'orbite économique des États-Unis s'accompagna de l'instauration de tarifs préférentiels de la part du nouveau maître américain, ce qui eut pour effet de pénaliser les exportations canadiennes de poisson séché à destination de ces pays ; ces exportations eurent en outre à souffrir des changements notables intervenus dans les habitudes alimentaires de ces populations antillaises résultant de leur émancipation. À Porto Rico par exemple, la consommation de poisson *per capita* tomba de 34,6 livres en 1897 à 14 livres en 1930 (Grant, 1934, p. 46).

La préférence accordée aux bateaux à vapeur dans les transports océaniques contribua également à la ruine de l'industrie canadienne du poisson séché. L'intérêt manifesté jusque-là pour la goélette se justifiait par la polyvalence et la souplesse d'adaptation de ce bateau. À partir du moment où elle ne fut plus utile qu'aux seules opérations halieutiques, elle perdit beaucoup de son intérêt.

La pêche sur les grands bancs, un moment si prospère, déclina rapidement au profit de la petite pêche côtière. Déjà stimulée par

Planche 17
A
Séchage de la morue sur des panneaux disposés sur le toit d'un hangar.

l'ouverture du marché du homard, celle-ci se révéla la plus apte à satisfaire les besoins de l'industrie du poisson frais alors en plein développement, ainsi qu'à approvisionner les entreprises américaines spécialisées dans la préparation de morue désarêtée (*boneless cod*).

— Après un moment d'éclipse, ce retour en force de la pêche côtière fut tout à la fois cause et conséquence de ce déclin de l'industrie du poisson séché. Seuls quelques ports, comme Lunenburg et dans une moindre mesure Shelburne, résistèrent plus longtemps à cet effritement grâce à la réputation acquise depuis longtemps par leurs pêcheurs dans la préparation d'une morue, de médiocre qualité sans doute, mais inaltérable (parce que fortement salée) et bon marché.

Après la guerre, la situation s'aggrava encore. D'une part, la morue de Terre-Neuve perdit progressivement les positions qu'elle détenait sur le terrain européen en raison de l'arrivée en force des produits norvégiens, islandais et britanniques dont la qualité correspondait mieux au goût d'une clientèle devenue plus difficile. Les marchands de la Grande Île cherchèrent alors des compensations sur le marché des Antilles, domaine réservé jusque-là aux seuls Canadiens. D'autre part, la plupart des pays importateurs touchés à des degrés divers par la crise économique, essayèrent autant que possible de limiter leurs importations

soit en augmentant leurs droits de douane (tels les États-Unis et l'Italie), soit en orientant leur consommation vers des produits de substitution (tel le Brésil avec le porc et le bœuf salé), soit encore en développant une flottille de palangriers et de chalutiers qui leur permit de ne plus dépendre de l'extérieur (telle l'Espagne).

Incapables de faire front à cette accumulation de difficultés et de relever le défi de la concurrence en essayant de trouver à leur tour d'autres débouchés, maints expéditeurs néo-écossais préférèrent se tourner vers des activités plus lucratives. Quant aux propriétaires de goélettes, accablés sous le poids des dettes résultant des charges nouvelles créées par la modernisation de leur bateau (en particulier l'équipement d'un moteur), de la stagnation dramatique des prises et de la chute spectaculaire des prix au débarquement (de 10,30 dollars le quintal de 110 livres en 1916-1920 à 3,50 dollars en 1932), ils n'eurent d'autre solution que de s'adonner au commerce interlope durant la prohibition des alcools aux États-Unis, puis de désarmer. À Lunenburg, le nombre de goélettes en activité tomba ainsi de 111 unités en 1926 à 26 en 1932 (Grant, *ibid.*, p. 79).

Presque au moment où cette industrie déclinait, la commercialisation du poisson frais progressait rapidement, notamment aux États-Unis avec la mise en circulation, dès la fin du siècle, des premiers wagons et camions réfrigérés (voir article : Le transport du poisson congelé aux États-Unis, P.M., nº 999, p. 416-419). Une fois encore, le Canada s'ouvrit plus lentement à ces innovations. Assez rapidement cependant, les grandes villes du littoral, Saint-Jean, Halifax, furent approvisionnées en morue fraîche, mais fort irrégulièrement si l'on en juge par les statistiques parues à ce sujet. Même chose pour les régions minières à forte concentration humaine de l'île du Cap-Breton (Grant, *ibid.*, p. 15). À Canso également, on commença dès 1890 à expédier par camion de petites quantités de poisson frais jusqu'à la ville voisine de Mulgrave. De là, les marchandises se dirigeaient par chemin de fer sur les grands centres du Canada. Mais compte tenu des distances qui les séparaient des ports des Maritimes, ces foyers urbains trouvèrent plus d'intérêt (et malgré des droits de douane élevés) à faire venir leur poisson frais directement des ports de Boston et Gloucester eux-mêmes alimentés en grande partie par des bateaux néo-écossais en mal de reconversion.

La situation se modifia quelque peu à partir de 1908, quand le gouvernement canadien inaugura une politique d'aide substantielle aux transporteurs des Maritimes complétée par une surtaxe de un cent la livre sur les importations de poisson en provenance des États-Unis (Innis, 1954, p. 432). Mais l'élan décisif devait être donné pendant la guerre quand le Fédéral lança une grande campagne publicitaire pour inciter les Canadiens à consommer plus de poisson de façon à distraire une partie des stocks de bacon et de viande de bœuf destinés au marché d'outre-mer (Grant, 1934, p. 30). Du coup, les expériences se multiplièrent. De nouvelles compagnies à capitaux nord-américains se lancèrent qui dans la production de poisson frais à peine salé *(green salted)*, qui dans la fabrication de morue désarêtée et de filets légèrement fumés, voire dans la mise en conserve. Après les hostilités, le mouvement ne se ralentit pas mais se confina plutôt dans l'exportation de poisson réfrigéré et congelé réservé principalement au marché domestique. Un peu plus tard, l'introduction de la technique du filetage suscita un grand enthousiasme pour la pêche à l'églefin, espèce dont la morphologie se prête admirablement à cette manutention, mais elle conduisit aussi à un épuisement rapide des stocks du banc Georges pour lequel le biologiste américain Herrington fut le premier à envisager des mesures de sauvegarde que personne, à l'époque, ne voulut suivre.

Ce changement intervenu dans le conditionnement du poisson s'accompagna de sérieuses modifications dans les structures commerciales de production. Les compagnies britanniques de type traditionnel ne furent pas en mesure de résister au climat de concurrence et disparurent les unes après les autres. Un exemple significatif : celui des Fruing qui *tenaient* le port de Shippagan.

Dès les premières années du siècle, on commença à *jaser* dans le pays au sujet des difficultés qu'éprouvait la compagnie. Extrèmement endettée, (celle-ci) continuait d'opérer comme à ses débuts : administration démodée, quartiers généraux outre-mer où toutes les décisions, même mineures, étaient prises, manque total d'initiative permise aux gérants locaux. En 1908, Giuseppe Atlante, importateur de poisson de Bari en Italie, fit son apparition sur les côtes gaspésiennes achetant la morue en boucauts à un prix beaucoup plus élevé que celui des Fruing. L'établissement de Grande-Grève en fut sérieusement affecté ainsi que toutes les autres succursales. En 1910 arriva à Shippagan le capitaine Joyce, acheteur pour Job Brothers de Terre-Neuve. Pour la pemière fois, un acheteur payait les pêcheurs argent comptant sur livraison de la morue, au grand désarroi des Fruing, Robin Le Bouthillier et autres...Une telle concurrence rendait la vie impossible aux Fruing qui, pour la première fois en 1911, durent payer «*rubis sur l'ongle*», soit 5,50 dollars les 100 livres pour la grosse morue sèche de plus de deux pieds de longueur et 5 dollars pour la petite...Mais d'autres marchands affluèrent les années suivantes, ce qui amena la compagnie à se lancer dans l'achat de morue verte. Mais il était trop tard. L'entrée en guerre de l'Angleterre porta un nouveau coup aux Fruing dont la base d'opération se situait à Londres. Finalement, après avoir vivoté encore quelques temps, la compagnie fut mise en faillite en 1917 et tous ses biens vendus pour la somme de 20 000 dollars à la société Jones and Whitman (d'après D. Robichaud, 1976, p. 179-181).

Au moment même où s'effondraient les derniers vestiges du système colonial, de nouvelles et puissantes firmes étrangères, principalement étatsuniennes, allaient progressivement se mettre en place aux Maritimes. En effet, contrairement à ce qui s'était passé dans l'industrie de la conserve de homard, l'installation d'usines de conditionnement incorporant tout à la fois entrepôts frigorifiques, chaînes de filetage, unités de traitement des déchets et de fabrication de la glace, nécessitait d'énormes capitaux que les pêcheurs à peine sortis de leur état de misère eussent été bien incapables de fournir. C'est tout juste s'ils parvinrent à se regrouper pour acheter de simples chambres froides destinées à entreposer leur appât. D'ailleurs, cette première tentative d'organisation, amorcée en 1899 et qui sembla un moment réussir puisqu'en 1908 on comptait 45 de ces glacières dispersées le long du littoral (dont 37 pour la seule Nouvelle-Écosse), se termina par un échec complet en 1910.

De leur côté, quelques capitalistes locaux essayèrent bien de tirer leur épingle du jeu en investissant dans l'industrie du congelé appelée, disait-on, au plus bel avenir : tels Léonard à North Sydney, Arthur Bouthilier à Halifax, les frères Nickerson à Liverpool, Sweeny à Yarmouth, R.E Jamieson à Canso, les frères Swim à Lockeport, etc. Mais la plupart d'entre eux ne devaient pas résister à la crise des années 1924-1934 et à la vague de restructuration qui s'ensuivit. En 1935, seules deux grandes sociétés contrôlaient cette industrie :

la National Fish Company et la Maritime Fish Company, filiales l'une et l'autre de la Atlantic Coast Fisheries de New York. Les usines dont elles avaient pris possession ou qu'elles avaient construites à Digby, Lockeport, Liverpool, Lunenburg, Halifax, Port-Hawkesbury, Canso, North Sydney...conjuguaient à la mise en marché du poisson frais et congelé celle de la morue séchée sous tunnel, du hareng fumé par ventilation forcée, de la vente des pétoncles et du homard en carapace... Bref, en même temps qu'on assistait à une concentration horizontale des entreprises, l'implantation de ces grosses unités aboutissait à une intégration verticale tendant à exclure les pêcheurs des opérations *d'apprêtage* et d'empaquetage du poisson (Innis, *ibid.*, p. 435). Celui-ci, dont le rôle s'était déjà singulièrement amoindri au fil des années, se voyait ainsi privé petit à petit d'une autre de ses attributions essentielles ; il devenait un simple producteur dont l'existence, on va le voir, allait être à son tour menacée par l'introduction des chalutiers à vapeur.

C. «*L'affaire*» du chalutage

Pour résumer les événements qui, durant plusieurs années, allaient défrayer la chronique, on pourrait dire que toute cette controverse ne fut qu'une manifestation de résistance des pêcheurs artisans face au pouvoir envahissant des sociétés agroalimentaires dont la dernière initiative, celle d'introduire des chalutiers à vapeur, tendait à ne leur réserver qu'une place mineure dans les opérations de capture.

Pour mieux situer *l'affaire,* il faut se souvenir que les difficultés traversées par l'industrie du poisson séché avaient précipité le déclin de la pêche en goélette déjà sérieusement ébranlée par les modifications intervenues dans les transports maritimes à la fin du XIXe siècle. Au moment donc où se mettaient en place un peu partout sur le littoral des unités de conditionnement, grosses consommatrices de matières premières, les compagnies-propriétaires de ces usines se voyaient privées d'une source importante d'approvisionnement que la flottille de petits bateaux côtiers, aux apports nécessairement irréguliers, ne pouvait espérer combler. Il paraissait donc logique, dans l'optique d'un essor prévisible de cette industrie du congelé, que des techniques de capture aussi efficaces que celle du chalutage fissent leur apparition aux Maritimes, tout comme elles l'avaient fait dans les autres grands pays halieutiques. Mais

voilà, on n'était pas aux États-Unis ou en Grande-Bretagne, l'achat d'un chalutier, même de petit tonnage, dépassait de beaucoup les possibilités financières d'une famille de pêcheurs, d'autant qu'on ne pouvait compter en ce temps-là sur aucune aide de la part de l'État. Ajoutons que, même s'il s'était trouvé quelque capitaine plus fortuné pour s'en doter, il n'est pas certain qu'il eût opté pour le chalutage ; l'adoption de cette technique impliquait un profond changement dans la manière d'organiser son travail, et un renoncement à la petite pêche côtière, laquelle avait démontré, ces dernières décennies surtout (grâce à l'essor de la pêche au homard) qu'elle pouvait encore jouer un rôle important. En ce sens, la querelle sur le chalutage fut aussi une démonstration du renouveau de la pêche côtière artisanale ; s'ils n'avaient rien eu à défendre, les pêcheurs n'auraient à coup sûr pas réagi avec autant de vivacité.

Pour les sociétés de conditionnement, il n'existait plus qu'une issue : gravir le dernier échelon qui les séparait d'une intégration totale et se lancer dans les opérations de capture. Mais elles ne pouvaient alors que se mettre à dos l'ensemble du milieu maritime qui voyait dans cette arrivée une menace directe pour leur qualité de pêcheurs-artisans, une atteinte à leur indépendance.

Le premier chalutier opérant au Canada fut l'*Active.* Mis en service peu avant 1900 pour le compte de la National Fish Company, ce bateau (acheté en Écosse) n'obtint que des résultats médiocres, ce qui justifia peu de temps après sa cession à une firme de Canso laquelle se contenta de l'utiliser pour la pêche aux palangres. En 1907, une autre compagnie, la A.N. Whitman and Sons de Canso, acheta un chalutier britannique le *Wren,* qu'elle revendit en 1910 à la Maritime Fish Corporation. Durant la guerre, plusieurs autres unités venant de Grande-Bretagne devaient opérer à partir des ports de Canso, Halifax et Digby. En 1918, les chantiers navals de Shelburne et LaHave lancèrent pour la première fois des chalutiers-bois de 150 pieds de long. En 1919, on ne comptait toujours que sept chalutiers canadiens. Peu de chose sans doute à côté de l'armada déployée par les autres pays industriels, mais il faut remarquer que ces sept unités, travaillant sur une base de 70 à 120 tonnes par sortie en mer avaient débarqué 9 300 tonnes dans leur saison contre 13 300 tonnes pour l'ensemble de la pêche côtière. En 1926, les mises à terre des onze chalutiers en service s'élevaient à 18 100 tonnes contre seulement 16 300 tonnes pour la flottille traditionnelle.

On comprend dans ces conditions, l'inquiétude grandissante des pêcheurs-artisans. Dès 1905, le gouvernement fédéral, sous la pression de l'opinion publique, avait refusé l'aide que lui demandait la Chambre de commerce d'Halifax pour faire venir des chalutiers écossais. Le ministre des Pêches s'expliquait ainsi :

> ...les autorités ne seraient pas justifiables de prêter assistance à une société quelconque pour l'introduction de ce genre de navire dans nos eaux. Vous n'ignorez sans doute pas que c'est à ce procédé destructif de pêche qu'on attribue le dépeuplement de certaines pêcheries importantes sises au large des côtes de la Grande-Bretagne et qu'il y est interdit de l'exercer dans les limites des pêcheries côtières. En dehors de la limite des trois milles on ne peut pas empêcher cette pêche, mais je ne suis pas disposé à la favoriser dans les eaux territoriales ni à venir en aide aux sociétés désireuses de la mettre en pratique (MacLean, 1929, Commission royale d'enquête, p. 102).

Il ne s'agissait que d'un succès mitigé pour les pêcheurs car, si le Fédéral avait abondé dans leur sens en refusant son concours financier à toute expérience de ce genre, il n'entendait pas retirer aux compagnies le droit d'utiliser des chalutiers dès lors qu'elles pouvaient en assurer l'exploitation. Mais dans un premier temps, les compagnies n'insistèrent pas, d'autant que les premiers essais avaient montré l'extrême difficulté de chaluter sur les fonds chaotiques de la plate-forme néo-écossaise. En 1908, un Décret du Conseil prescrivit officiellement l'interdiction pour les chalutiers de travailler « *en deça de la limite des trois milles aussi bien que dans les baies, les havres et les ports du Canada* » (MacLean, *ibid.*, p. 102).

Mais les protestations et les plaintes n'en continuèrent pas moins, suscitant ici et là, et pour la première fois sans doute, la tenue d'assemblées de pêcheurs. En 1912, une délégation fut envoyée à Ottawa pour remettre une pétition aux autorités fédérales. La même année, l'Assemblée législative de la Nouvelle-Écosse adopta à l'unanimité une résolution demandant la réunion d'une conférence internationale en vue d'aboutir à la suppression du chalutage en haute mer. Une première séance exploratoire eut lieu dans ce sens à Washington en été 1912. Mais les recherches ultérieures traînèrent en longueur et la guerre arriva avant que le gouvernement britannique ait pu réunir tous les pays intéressés comme il s'était engagé à le faire. Durant la période des hostilités, Ottawa, soucieux malgré tout de sauvegarder la pêche aux palangres, édicta une ordonnance suivant laquelle tout capitaine d'un chalutier à vapeur devait s'engager par écrit, avant chaque sortie en mer, à ne pas pêcher à moins de 12 milles des côtes. Ces mesures énergiques ne furent pas suffisantes pour calmer les esprits.

À partir des années 1923-1924, l'émergence, dans un climat de crise économique et de difficultés croissantes, de puissantes sociétés qui ne cachaient pas leur intention de développer à leur profit tout le secteur de la transformation et d'augmenter sensiblement le nombre de leurs unités de pêche, attisa encore plus le mouvement de contestation vis-à-vis du chalutage industriel. Le 1er juillet 1927 à Canso, les fêtes du cinquantième anniversaire de la Confédération dégénérèrent en un chahut monstre (cf. *infra* p. 527). Pressé d'agir, le gouvernement fédéral créa une Commission royale d'enquête chargée d'écouter toutes les doléances et de faire toute proposition susceptible d'améliorer la situation de l'industrie des pêches. La question du chalutage fut naturellement au cœur des débats. Dans ce flot de griefs et de plaintes que reproduisent le volumineux rapport final et les multiples articles de journaux et revues de l'époque, les arguments défendus par les pêcheurs tournent autour de quatre idées forces.

a) La première concerne la protection des fonds. (cf. Év. du 27 octobre 1927, du 1er mars 1928, du 1er août 1928 et du 14 mai 1931). Ces chalutiers de 250 à 300 tonneaux sont, disent-ils, de véritables « *écrémeurs de mer* ». En une marée de quatre à cinq jours, ils peuvent capturer d'énormes quantités de poisson, de l'ordre de 150 000 à 300 000 livres et cela de la manière la plus sauvage qui soit : en labourant les fonds. Ils détruisent ainsi les œufs de morue et d'églefin, de même que toute la flore et la faune dont se nourrissent les animaux marins. Par sa non-sélectivité, le chalut est source de gaspillage. Rejetés par-dessus bord, les poissons trop petits sont perdus à jamais et pour tout le monde. Les survivants, dérangés dans leurs habitudes, sont contraints pour se nourrir de sortir de leurs aires traditionnelles où ils seront plus facilement la proie de leurs ennemis naturels.

b) La seconde objection se rapporte au manque de protection des pêcheurs dans l'exercice de leur métier. Amenés à fréquenter les mêmes lieux de pêche que les bateaux traditionnels, ces gros chalutiers à vapeur détruisent tout sur leur passage ; filets, palangres, casiers. Ils se comportent en véritables souverains des mers jusqu'à l'intérieur des eaux canadiennes. Le malheur pour le petit pêcheur, c'est qu'il ne dispose d'aucune cour de juridiction pour faire valoir ses réclamations et obtenir au besoin une somme d'argent à titre de dédommagement. Pour la défense de ses droits, il ne peut compter que sur lui-même, et les efforts qu'il mène dans ce sens restent trop souvent infructueux. L'Association des capitaines de Lunenburg n'annonçait-elle pas des pertes énormes (pas moins de 5 000 dollars) subies lors des dernières années par plusieurs de ses membres (MacLean, *ibid.*, p. 106).

c) Il y a aussi l'argument suivant lequel le poisson ainsi chaluté serait de mauvaise qualité.

Entassé de quatre à six jours en cale chaude et mal aérée, il perd une grande partie de sa fraîcheur. De plus, lors des opérations de dragage, les cailloux et les pierres pénètrent à l'intérieur de la poche et blessent plus ou moins gravement l'animal, sans parler de l'écrasement de la partie de la prise située dans le cul du filet. Bref, ce produit de qualité médiocre, bien inférieur à ce que la pêche côtière a l'habitude de débarquer, n'encourage guère à la consommation du poisson.

La morue triée et préparée avec soin par nos pêcheurs, et le produit gâté des grands chalutiers, tout aura le même prix. Et ce prix sera nécessairement très bas. Les grands propriétaires, eux, s'en tireront à merveille, car leur cargaison énorme ne leur a pas coûté cher. Mais les petits pêcheurs, ceux qui ont fait des efforts pour mettre sur le marché un poisson de première qualité, ceux-là seront vite ruinés (Év. du 9 septembre 1920).

d) On touche là à l'une des principales critiques émises à l'encontre de ces chalutiers à vapeur, à savoir les risques de surproduction et d'engorgement des marchés. D'après les pêcheurs,

lorsque les prises sont abondantes, les sociétés, opérant des chalutiers à vapeur, n'achètent pas aux pêcheurs côtiers ou si elles le font, c'est à des cours fixés par elles-mêmes et en général bien au-dessous d'un niveau raisonnable. Elles convertissent alors le surplus des approvisionnements en filets, en produits fumés ou congelés qu'elles gardent en magasin pour en disposer à l'époque où les assortiments commencent à diminuer ou que s'accroît la consommation. En d'autres termes, elles monopolisent le marché et la production (MacLean, C.R.E., 1929, p. 107).

D'ailleurs, observait-on, les pêcheurs-artisans se voient d'ores et déjà privés de l'expansion du marché domestique du poisson frais, lequel profite avant tout aux sociétés qui, au fur et à mesure des besoins, augmentent leur capacité de capture ; les pêcheurs n'ont plus alors qu'à se rabattre sur l'industrie du poisson salé et séché, à l'avenir peu prometteur. Obligés de brader leur marchandise et d'acheter au prix fort tout ce dont ils ont besoin, les pêcheurs ne peuvent s'en sortir ; ils quittent la profession et partent vers les grands centres urbains faute de trouver sur place des possibilités de reclassement.

Au demeurant, sans même se référer au dépeuplement des fonds ou à la dépréciation du marché, la mise en service de ces chalutiers constitue en elle-même une menace pour l'emploi. Exemple :

«Un seul chalutier est revenu après cinq jours d'opération ayant à son bord 385 000 livres de morues. Cela équivaut à la pêche de 21 hommes à la ligne durant trois mois d'opération... ; un chalutier fait en une semaine environ le même travail que feraient en trois mois (une saison) vingt et un bons pêcheurs à la ligne. Pendant la saison, le chalutier fera donc le travail de 252 pêcheurs... Et si une quinzaine de ces chalutiers opèrent sur les côtes de la Nouvelle-Écosse et de Cap-Breton, c'est tout de suite trois mille sept cent quatre vingt lignes à l'œuvre!» (Év. du 9 septembre 1920).

Face à ce déferlement de reproches, les compagnies eurent beau jeu de montrer que le chalutage constituait la seule technique capable non pas de vaincre mais du moins d'atténuer les incertitudes pesant sur la prise et d'assurer un approvisionnement régulier indispensable au bon fonctionnement des usines de traitement. Les pêches traditionnelles, côtières ou hauturières, demeurent soumises aux aléas climatiques. Dès lors que les vents se lèvent et que la mer se fait grosse, il devient dangereux de mettre les doris à l'eau. Rien de tel avec les chalutiers. Ils opèrent presque sans discontinuité aussi bien en été qu'en hiver sur la côte atlantique. Leur mobilité leur permet de se déplacer rapidement d'un lieu de pêche à l'autre et de suivre aisément les déplacements des bancs de poissons. Le chalutage représente donc l'avenir. Son interdiction, loin d'améliorer le sort des populations riveraines, gâcherait les chances d'expansion de l'industrie halieutique canadienne. Elle découragerait les investissements en capital et inciterait les négociants de Montréal et de Toronto à se tourner davantage vers les États-Unis pour leurs approvisionnements. Et puis ajoutaient les compagnies, dans la mesure où les pêcheurs en barque et sur navire ne peuvent plus répondre aux besoins de la demande, les chalutiers ne sont pas seulement utiles mais bien indispensables à l'ensemble de la profession. Sans eux, les opérations commerciales de poisson frais iraient inévitablement en périclitant et c'est alors toute la flottille de pêche qui en supporterait les conséquences.

On se demande en quoi les pêcheurs côtiers pourraient bénéficier de la suppression des chalutiers qui, à leur dire, se révèlent si nuisibles à leurs intérêts. Assurément, la concurrence ne serait pas par le fait même éliminée, et bien que provenant d'une autre source elle n'en serait pas moins effective (MacLean, 1929, p. 127).
Autrement dit, la présence des chalutiers, loin de précipiter le déclin de la pêche côtière, aiderait au contraire celle-ci à se maintenir.

Quant à la dénonciation de l'action déprédatrice des chaluts sur le fond, les compagnies, fortes de l'appui de nombreuses personnalités scientifiques, purent démontrer qu'elle n'était nullement fondée. Notamment en ce qui concerne le frai de morue et d'églefin *« qui flotte entre deux eaux et n'est donc pas sujet à être détruit par le chalutage si ce n'est dans le cas de la capture des poissons reproducteurs, inconvénient susceptible de se produire par tout autre mode de pêche »* (MacLean, *ibid.*, p. 119). De plus, affirmaient-elles, il n'existe aucun indice sérieux prouvant une destruction alarmante des jeunes poissons et encore moins des substances nourricières de ces derniers. En tout état de cause, la question de la protection des fonds et de la surveillance

des pêches ne saurait être résolue sans un accord international entre tous les pays concernés. À quoi servirait-il que les Canadiens soient les seuls à interdire les chalutiers quand, dans les eaux toutes proches, des centaines de bateaux étrangers, en tout point identiques aux précédents, continueraient leurs opérations? En 1931, les États-Unis comptaient 300 chalutiers en activité, la Grande-Bretagne, 1 576 et la France 250.

Comme on le voit, la controverse fut très vive entre les deux parties. Et si, parmi la population maritime, il y avait unanimité pour dénoncer les méfaits du chalutage, l'accord était loin de se faire quant aux mesures à prendre pour remédier à la situation ainsi créée. Fallait-il aller jusqu'à la fermeture pure et simple des ports canadiens à ce type de vaisseau comme le préconisaient certains, ou se contenter de limiter leurs activités à la période creuse de l'hiver comme le prônaient d'autres? Quant aux membres de la Commission royale d'enquête, la divergence de leurs vues les amena à rédiger deux rapports différents. L'un signé par quatre membres, recommandait qu'à partir du 1er juin 1929 aucun chalutier à vapeur ne pût *« se servir des ports canadiens comme base d'activité, y décharger ses prises ou y faire du charbon et des approvisionnements »*. Le second, rédigé par le président même de la Commission, MacLean, demandait au contraire que l'usage des chalutiers fût maintenu dans l'intérêt même des pêcheurs en barque et sur navire.

Devant ce désaccord, le ministre des Pêcheries dut procéder lui-même à une enquête pour voir de quoi il retournait. Finalement, au bout d'une longue période d'attente, le gouvernement prit en octobre 1929 un décret allant *grosso modo* dans le sens de ce que désirait la majorité des pêcheurs :

- les compagnies n'auraient le droit de n'utiliser que des chalutiers enregistrés au Canada et dont elles seraient propriétaires.
- les opérations se dérouleraient en dehors de la zone des 12 milles.
- une taxe de un cent par livre serait imposée sur la morue, l'églefin et le flétan débarqués par des chalutiers de construction étrangère, et un peu moins d'un cent sur les mêmes espèces mises à terre par les chalutiers de construction canadienne, sauf durant les mois de janvier, février et mars où aucune imposition ne serait exigée (Grant, 1934, p. 93).

L'affaire eût pu en rester là si, en 1931, une des compagnies n'avait refusé de payer ses taxes d'un montant de 150 000 dollars. La Cour de l'Échiquier appelée à trancher conclut que certains paragraphes de l'Acte des pêcheries (Fisheries Act) n'étaient pas conformes à la Constitution. Il fallut rédiger en hâte une nouvelle réglementation, laquelle fut adoptée le 14 août 1931 (Év. du 13 avril 1931). Plus dure que la précédente à l'égard des compagnies, elles instaurait une licence pour tout chalutier, d'un coût de 500 dollars. En outre, chaque société désirant se doter d'un chalutier, devait apporter la preuve que cette décision lui était dictée par l'incapacité dans laquelle se trouvaient les palangriers de satisfaire convenablement les besoins de l'usine de traitement. Ces mesures rigoureuses, qui tranchaient singulièrement avec le laisser-faire des autres pays, dissuadèrent les compagnies de prolonger la polémique. Seule la Maritime National Fish Company d'Halifax conserva ses trois chalutiers lesquels ne totalisaient plus en 1933 que 15 % des débarquements de poissons de fond.

Pour la première fois sans doute dans l'histoire de ces trois Provinces, la mobilisation des pêcheurs avait porté ses fruits. Il faut dire aussi que la situation de crise invitait le gouvernement à la prudence. Le lancement de nouveaux chalutiers eût sans nul doute privé d'emplois un nombre considérable de marins-pêcheurs qu'il eût été bien difficile ensuite de reclasser. Au moment où la faillite de dizaines et de centaines d'entreprises renvoyait vers ces régions périphériques des milliers de chômeurs, il était bon que la pêche pût servir d'activité de refuge à ces malheureux. Priver ces villages d'un de leurs principaux moyens d'existence eût été une erreur politique. Et comme le reconnaissaient les membres de la Commission d'enquête (Mac-Lean, *ibid*., p. 112):

> *pour bien juger d'une industrie, surtout d'une industrie puisant librement à même du domaine des réserves naturelles, il ne s'agit pas seulement de tenir compte des profits ou des bénéfices qu'elle réalise non plus que de sa faculté d'approvisionner le marché, ni même de sa valeur pour le consommateur, mais aussi et plutôt de l'influence qu'elle exerce sur la prospérité et le contentement de la population du pays où elle existe et de la classe des travailleurs dont elle envahit le domaine.*

Ainsi tout fut dit et bien dit à propos de cette affaire. Et si, parmi les arguments développés par les pêcheurs, certains se sont révélés par la suite inexacts, tel celui par exemple se rapportant à la destruction du frai, les événements de ces dernières décennies ont montré la justesse de la plupart des autres. Nul ne peut contester aujourd'hui que c'est l'irruption dans le Nord-Ouest Atlantique de chalutiers supérieurement outillés qui a été à l'origine de l'appauvrissement des fonds si préjudiciable à la petite pêche artisanale. De même, il ne fait pas de doute que ce sont ces arrivages massifs qui ont contribué à la dévalorisation des apports côtiers, même si d'autres éléments entrent en ligne de compte dans cette appréciation.

Cependant, ou pourrait remarquer que dans leurs protestations, les pêcheurs ont eu tendance à amalgamer deux séries de problèmes; d'un côté la préservation de leur indépendance, de l'autre l'hostilité à l'égard d'une technique de pêche jugée contraire à leurs intérêts. Le milieu maritime qui avait dû supporter un siècle ou presque d'esclavage n'a jamais caché ses inquiétudes devant l'importance grandissante de ces compagnies.

> *Tout comme les autres industries, celle de la pêche excite elle aussi la convoitise des gros intérêts; ils en contrôlent déjà en grande partie les opérations; mais tel est l'appétit de ces compagnies aux goussets gonflés qu'une fois lancées à la conquête d'un commerce quelconque, elles ne s'arrêtent que lorsqu'elles en sont les maîtres absolus. Soyons donc sur nos gardes sinon, nous nous réveillerons un beau matin, pour apprendre que la pêche n'est plus l'industrie libre et payante qu'elle était autrefois, que les gros bonnets s'en sont emparé et que nous le voulions ou non, il nous faudra accepter le fait accompli, consentir aux conditions nouvelles et passer par leurs Fourches Caudines* (Év. du 1er mars 1928)

Toutefois, cette méfiance devait amener les pêcheurs non seulement à rejeter les gros chalutiers en possession desquels ils ne pouvaient espérer entrer un jour, mais aussi à s'opposer à toute forme de chalutage. De sorte que, s'il est faux de réduire cette controverse à un combat d'arrière-garde d'un monde s'accrochant désespérément aux valeurs du passé quand tout laisse voir au contraire qu'elle fut une réaction de défense contre la monopolisation des pêches par quelques groupes financiers, il faut bien reconnaître que la crispation des esprits sur le thème du grand chalutage a retardé l'évolution de la pêche artisanale vers des techniques plus efficaces. On peut s'étonner par exemple que les revendications n'aient pas porté plus souvent sur l'octroi par le gouvernement de prêts à long terme qui auraient permis à ces pêcheurs-artisans de se doter de chalutiers de petit tonnage en vogue à cette même époque dans les pays d'Europe Occidentale et aux États-Unis. La question fut tout de même soulevée (cf. Év. du 21 mars 1929: «*Pourquoi pas des prêts à longs termes pour nos pêcheurs?*»)

Néanmoins, le côté positif de ce grand débat, le principal sans doute, aura été la prise de conscience par les pêcheurs de leur force, de leur appartenance à un même groupe social qui, au-delà de ses différences culturelles et religieuses, était confronté aux mêmes difficultés de la vie. Les assemblées que tint la Commission d'enquête dans les différents ports des Maritimes furent l'occasion de débats animés et d'échanges fructueux, à l'origine de la création de cercles d'études et d'associations de pêcheurs d'où devait naître le puissant mouvement coopératif.

D. *La condition des pêcheurs et le mouvement coopératif*

Malgré une amélioration sensible de leur niveau économique et de leur situation sociale, les conditions de vie des marins-pêcheurs et de leur famille restaient, à la fin du XIXe siècle, fort précaires et en retard sur celles des ouvriers des centres urbains. Après une période d'arrêt correspondant à l'apogée de l'industrie de la conserve, l'émigration avait repris de plus belle. On ne comptait plus les départs vers les provinces de l'Ouest et les États-Unis. Heureux ceux qui trouvaient à s'embaucher dans les mines de charbon de la Nouvelle-Écosse! Quelques-uns combinaient la pêche avec un travail d'hiver de débardeur à Saint-Jean ou Halifax. Décidément, les métiers de la mer se montraient incapables de nourrir convenablement une famille sur une base annuelle, et pour ceux qui ne possédaient pas un lopin de terre suffisant, la situation confinait à la misère surtout au moment de la soudure, quand il fallait selon la formule «*gravir la montagne de mars*». Ainsi à Bouchtouche (N.B.):
La pêche à l'éperlan se terminera le huit du courant. Les pauvres pêcheurs qui ne peuvent trouver d'ouvrage pour gagner le pain nécessaire pour nourrir leur nombreuse famille, se révoltent

contre les autorités et pêchent les huîtres nuit et jour pour empêcher leurs enfants de mourir de faim. C'est avec beaucoup de chagrin que nous voyons partir chaque jour nos familles pour les États-Unis. Au-delà de quinze familles ont déjà pris le chemin de l'expatriation, et un nombre plus considérable se prépare à suivre ces premières (Év. du 12 mars 1896).

Ce besoin impérieux de dénicher un emploi pour la morte saison trouva une solution provisoire après la Première Guerre mondiale quand la forte demande en planches et madriers sur le marché britannique suscita un essor sans précédent de l'industrie du bois. Les salaires relativement élevés (jusqu'à 60 dollars par mois) provoquèrent une véritable ruée vers les chantiers de coupe, ce qui n'alla pas d'ailleurs sans quelques fâcheuses répercussions sur les activités de pêche.

...Nous fûmes alors témoins d'une course ininterrompue vers les chantiers. Tous, jeunes gens comme pères de famille, voulaient y participer. Aussitôt le quinze août arrivé, date de réengagement pour les opérations de l'automne, nos jeunes abandonnaient la pêche, et sans penser aux conséquences, prenaient la route des chantiers, laissant les capitaines de goélettes seuls et sans équipage pour la pêche automnale sur les revenus de laquelle comptent les intéressés pour l'achat des denrées nécessaires à l'entretien de leurs familles pour l'hiver. Arrivé d'un voyage en Nouvelle-Écosse aux environs du quinze août, je me rappelle avoir compté 15 goélettes ancrées dans le havre de Caraquet, faute d'équipage, tous partis aux chantiers... (Év. du 4 septembre 1941).

Cet engouement traduisait en fait un sérieux malaise. La concurrence de plus en plus vive sur le marché du poisson salé et séché, la stagnation des prises de homard aggravée par une baisse sensible des cours, les difficultés de l'industrie sardinière, tout cela avait en deux ans (1918-1921) entraîné une chute de 35 % de la valeur des exportations (de 15,1 millions de dollars à 9,7 millions pour la Nouvelle-Écosse). Loin de s'améliorer, la situation empira par la suite. On s'installa dans une sorte de dépression chronique que vint encore compliquer, à partir de 1929, la fermeture des chantiers de bois et de certains bassins houillers. Et comme si cela ne suffisait pas, le reflux des chômeurs vers les Maritimes entraîna un gonflement des effectifs de pêcheurs (d'un peu plus de 4 500 entre 1928 et 1936) et une pression accrue sur les stocks. La pêche illégale connut alors ses plus beaux jours, avec pour résultat d'abaisser un peu plus la part de chacun.

Il est difficile aujourd'hui d'imaginer ce que furent ces *années-de-la-faim*. On revenait aux pires moments du XIXᵉ siècle quand les marchands régnaient en maîtres sur le milieu maritime. Tel pêcheur de Canso raconte comment il fut contraint de cesser ses activités de pêche :

> *Il avait l'habitude de toucher pour son poisson de 1,50 à 2,50 dollars le cent ; voilà qu'un beau jour on ne lui en a plus donné qu'un seul. Sans explication. Pire encore, on lui refusait le poisson trop petit, inférieur à 23 pouces, alors qu'auparavant celui de 19 pouces et même moins trouvait toujours preneur. Au bout du compte, une fois payés le carburant et l'appât, il ne lui restait plus rien. Par la force des choses, il est donc allé travailler à l'usine de traitement. Là, pour une journée de dix heures, il recevait deux dollars, et pour une semaine pleine douze dollars ; c'est peu, concluait-il, si l'on songe qu'une paire de bottes en caoutchouc coûte sept dollars et qu'il faut en changer tous les deux mois environ. Et avec ce qui lui reste, il doit encore se vêtir et nourrir sa famille* (The Halifax Chronicle du 15 juillet 1927).

Mais surtout, la misère obligea les familles à recourir systématiquement au crédit et à s'assujettir à nouveau aux compagnies, si toutefois elles étaient parvenues à s'en défaire jamais.

> *C'est tout un système de troc à partir d'une situation où le pouvoir d'achat a été presque entièrement éliminé et où les pêcheurs ne peuvent espérer gagner grand chose, que l'année soit bonne ou mauvaise. Quand la situation du marché s'améliore et que le poisson est payé un peu plus cher, invariablement on assiste à une augmentation des prix sur l'équipement, la nourriture et les vêtements. Les dettes s'ajoutent les unes aux autres jusqu'à ce que le marchand, pour protéger ses intérêts, en arrive à se servir de la maison, du bateau et des agrès comme caution, à supposer que ceux-ci ne soient pas déjà hypothéqués. Ainsi, le pêcheur, par le jeu des circonstances, en arrive à n'être qu'un simple instrument de production de richesses pour les autres au lieu de demeurer un producteur primaire en état d'exiger une part juste de la valeur des articles produits par son travail ou ses investissements* (MacNeil, 1945, p. 12).

C'est dans ce contexte de malheur et d'extrême pauvreté que se posa la question de la mise en place de coopératives de pêcheurs. L'idée n'était pourtant pas nouvelle. Dès 1915, des pêcheurs de Chéticamp, forts de l'expérience acquise par leurs voisins les mineurs de Sydney, s'étaient organisés pour mettre le homard en conserve et l'expédier par bateau sur Halifax et Charlottetown. Malgré son succès indéniable, cette première tentative se poursuivit isolément, sans bruit, dans l'anonymat le plus complet, jusqu'à ce que les événements de 1927 la révèlent brusquement au grand public.

Mais l'intérêt pour la coopération prit cette fois une tout autre ampleur, grâce, il faut bien le dire, à l'action de ces ardents et infatigables propagandistes que furent les curés des villages. Le rôle déterminant du clergé canadien, son total engagement dans cette affaire mérite un moment d'attention. À vrai dire, il n'y a là rien d'étonnant. L'église ne pouvait rester indifférente à la misère qui s'abattait sur les populations. Dans ce climat de trouble, d'inquiétude des esprits, de doute sur la valeur du système capitaliste, elle se devait d'intervenir et d'être une force de proposition. S'inspirant des grandes thèses du catholicisme social développé au XIXᵉ siècle par des hommes comme Albert de Mun et La Tour du Pin et reprises dans les encycliques Libertas (1888), Sapientiae (1890) et Rerum Novarum (1891) du Pape Léon XIII, elle prônait un retour à *l'esprit social chrétien et corporatif du Moyen Âge* qu'un évêque canadien définissait en ces termes devant l'Académie Saint-Thomas d'Aquin (cf. Év. du 23 janvier 1941) :

> *Sans doute, l'individu a des droits tout comme l'État, mais alors que le Moyen Âge savait maintenir l'équilibre et retenir l'individu et l'État dans la limite juste de leurs droits respectifs, la Réforme a tout à la fois exagéré les*

Planche 18 A
Pêche au hareng à la «torche» *(pratiquée jusqu'en 1940) (dessin Elliott, Brown Good G. 1887).*

Planche 18 B
Pêche au hareng (ou maquereau) à la fin du XIXe siècle. *Dans leur chaloupe, les hommes d'équipage rament à force allure pour déployer la senne autour du banc de poisson (dessin Elliott et Collins, Brown Good G., 1887).*

droits de l'homme et par trop mini-misé ceux de l'État. L'individualisme s'est alors installé à demeure dans le monde vers le milieu du XVe siècle, et comme un ver rongeur il a fait périr rapidement les admirables corpora-tions du Moyen Âge. Il a de plus donné naissance au libéralisme économique. À son tour, le libéralisme économique à base de liberté absolue quant à la recherche du gain personnel et de la concurrence, a déclenché la grande *révolution industrielle qui, commencée vers 1770, amena forcément le monopole et en dernière analyse le chaos économique dont souffre le monde depuis quelques années. Que le monde s'inspire de l'esprit chrétien qui pénétrait toute la civilisation du Moyen Âge, et l'ordre social nouveau tant désiré se lèvera sur le monde...*

Pour le clergé, la coopération devait servir d'instrument privilégié de cette «*restauration économique et sociale*», redonner à l'individu «*le sens de la responsabilité individuelle et collective*» et le replacer «*dans un cadre lui enseignant que tous les hommes sont frères*» (Extrait de la revue *Culture*, mars 1944, dans Év. du 4 mai 1944).

L'élite canadienne française mit d'autant plus d'enthousiasme à défendre cette idée de coopération qu'elle y voyait une des dernières chances de sauver des communautés francophones de la dislocation et de l'exode vers les villes anglophones. Donner une nouvelle impulsion aux activités agricoles et maritimes, c'était préserver l'Acadien de l'assimilation et de la perte de sa foi, l'enraciner à son sol, à son village, c'était lui donner une chance de conserver son identité et lui éviter l'apprentissage d'un autre mode de vie jugé néfaste et non conforme à la tradition. «*Revigorer la pêche par la coopération pour garder nos fils au pays*», fut un des thèmes les plus souvent repris durant cette période de troubles.

Tout commença en 1927 par l'agitation qui secoua le port de Canso particulièrement touché par la concurrence des grands chalutiers et le déclin de l'industrie du poisson séché. De nombreuses familles vivaient au bord de la misère. Tel pêcheur reconnaissait n'avoir que dix cents à dépenser pour chacun des membres de sa famille, ce qui ne représentait même pas de quoi se nourrir. Le 1er juillet, alors que tout le Canada fêtait le cinquantième anniversaire de la Confédération, les habitants de Canso furent invités à se rassembler à l'hôtel de ville pour entendre une conférence sur le thème : «Pourquoi se réjouir, que nous a apporté la Confédération?» Dans ce contexte de crise, le sujet avait quelque chose de provocant, et la réunion tourna rapidement en une manifestation de désapprobation vis-à-vis de la politique gouvernementale. Après trois heures de débats houleux, l'assemblée exigea que, dans les meilleurs délais, le Premier ministre de la province et son ministre de l'Industrie vinssent en personne s'entretenir avec les pêcheurs de leurs problèmes. La

presse donna un large écho à cet éclat considéré comme l'amorce du réveil d'une population trop longtemps négligée et humiliée. Le quotidien The Halifax Chronicle consacra une série de sept articles sous le titre évocateur : «Sauvez les pêcheurs.» Le gouvernement, disait-il en substance, se doit de prendre la situation en main et de faire en sorte que les pêcheurs et leur famille n'en viennent pas tout simplement à mourir de faim. À force d'avoir trop attendu, il en est réduit aujourd'hui à donner l'aumône. Mais au-delà de mesures immédiates d'assistance, ajoutait-il, la question se pose d'une modernisation des équipements, de l'acquisition d'entrepôts frigorifiques et plus généralement encore d'une meilleure organisation de la profession.

La seconde réunion eut lieu peu de temps après, en présence des deux personnalités réclamées et d'une foule rendue encore plus bruyante par l'intérêt suscité un peu partout par les derniers événements. La discussion menée dans la plus grande franchise aboutit à une résolution dans laquelle on pouvait lire (cf. The Halifax Chronicle du 26 juillet 1927) :

...Compte tenu de la situation sérieuse qui prévaut actuellement à Canso et les districts avoisinants dans l'industrie du poisson congelé, et de l'impossibilité qu'ont les pêcheurs de commercialiser leurs prises à des prix qui couvrent les dépenses d'exploitation.
Compte tenu du manque d'installations nécessaires à la récupération du poisson trop petit condamné à ne servir que d'engrais.
Compte tenu de l'état déplorable de la communauté de pêcheurs de cette localité menacée de disparaître en raison de l'insuffisance de leurs revenus.
Demande au Département des Pêcheries d'Ottawa de mettre en place une Commission d'enquête chargée d'entreprendre une étude complète touchant tous les aspects de l'industrie des pêches, et de faire toute recommandation susceptible d'améliorer la condition des pêcheurs.

L'affaire eût pu en rester là et ne pas avoir de suite si le clergé n'était à son tour intervenu. À l'initiative du curé de Canso, J.J Tompkins, fervent partisan de la coopération, plusieurs réunions de prêtres se déroulèrent à l'université Saint-François-Xavier d'Antigonish (Nouvelle-Écosse), à la suite desquelles plusieurs messages furent envoyés aux autorités politiques (fédérales et provinciales) pour leur demander instamment de mettre en œuvre une campagne d'éducation des pêcheurs afin de les initier aux méthodes modernes de traitement et de commercialisation du poisson, et aussi de les encourager à se regrouper dans une large Union.

On sait comment le gouvernement fédéral répondit à ces vœux. Il créa le 5 août 1927 une Commission royale d'enquête présidée par le ministre de la Justice en personne, A.K Mac-Lean. Cette commission tint 49 réunions et colloques dont plusieurs étalés sur plusieurs jours ; elle recueillit le témoignage de 823 personnes, et publia un volumineux rapport de 5 700 pages. Parmi les nombreuses recommandations, l'une d'elles insistait sur l'incapacité dans laquelle se trouvaient les pêcheurs de s'adapter aux changements intervenus dans le monde des trente ou quarante dernières années, et de la nécessité de les *éduquer* en vue d'aboutir à la mise en place d'un vaste organisme coopératif.

En août 1929, un prête diplômé de l'université d'Antigonish, M.M Coady, fut chargé officiellement par le gouvernement de procéder à ce travail de pionnier. Par sa forte personnalité comme par la connaissance approfondie qu'il avait des coopératives existant dans le milieu des producteurs de blé de l'Ouest canadien et du Centre des États-Unis, il apparaissait comme l'homme de la situation. Il ne déçut point. Avec une énergie indomptable, il parcourut les Maritimes de long en large, tenant de multiples assemblées pour inviter les pêcheurs à se regrouper. Il ne reçut pas toujours un accueil favorable. Dans les grands ports comme Lunenburg où prédominait la pêche hauturière, les résultats furent plutôt décevants. À la difficulté de rencontrer les capitaines et leur équipage, plus souvent en mer qu'à terre, s'ajoutaient l'indifférence et l'apathie d'une population peu habituée à se voir ainsi consultée. De plus, l'hostilité déclarée des négociants locaux et l'absence dans les régions protestantes de *personnes-relais*, n'encourageaient guère les pêcheurs à sortir de leur réserve et à prendre leurs responsabilités. En beaucoup d'endroits, la simple menace d'une suppression de crédit suffit à dissuader les intéressés de s'engager plus avant.

Dans la majorité des secteurs côtiers cependant, l'idée coopérative fut accueillie avec enthousiasme et suscita presque immédiatement l'organisation des pêcheurs en *cercles* ou *clubs d'études* regroupant vingt à trente personnes. On venait y discuter de tout, des difficultés et des besoins de chacun, mais aussi des moyens pratiques de mettre sur pied une coopérative. Le curé de la paroisse patronnait les séances, aidé parfois de jeunes diplômés de l'université Saint-François-Xavier d'Antigonish. Le rôle de cette institution durant cette période est à souligner. Chargée de transmettre la doctrine sociale de l'église, elle créa en 1930 une section d'enseignement *extra muros* destinée aux adultes ; elle participa activement à la fondation des cercles d'études et à leur regroupement en Cercles Associés, elle organisa aussi des cours intensifs ou *abrégés* d'une durée de quatre à cinq semaines, mit sur pied des bibliothèques ambulantes et lança même un bulletin bimensuel d'information largement diffusé parmi la population maritime. Centre de formation de centaines d'animateurs zélés, l'université d'Antigonish devait être l'un des pôles intellectuels les plus brillants de cette Amérique d'avant-guerre, en même temps qu'un lieu d'initiation et de recherche d'une pédagogie nouvelle tout entière branchée sur la vie active.

Le 25 juin 1930, une première Convention, réunissant environ 150 communautés de pêcheurs, se tint à Halifax dans le but de jeter les bases d'une Union de toutes les coopératives déjà créées ou à naître. À cet effet, on divisa la région atlantique en 22 zones, chacune ayant à sa tête un directeur nommé par un Bureau central. Le rôle de celui-ci se limita dans un premier temps à un travail d'administration et de coordination. Mais très vite, le besoin se fit sentir de regrouper les commandes en matériel de pêche, huiles et carburants pour obtenir de meilleurs prix de gros. Sans se départir de sa fonction d'animation, le Bureau central se chargea de ce travail de gestion pour devenir, à partir de 1934, une véritable agence de commercialisation centralisant tous les achats et les ventes des coopératives. Tournant décisif qui ne se fit pas sans appréhension et regrets. Quoi de plus difficile que de se défaire de *son* œuvre pour se placer sous le contrôle d'un organisme aussi lointain que celui d'Halifax! Mais le réalisme l'emportait. Il fallait bien sacrifier un peu de son autonomie si l'on voulait acquérir un peu plus de sécurité face à l'agressivité latente des négociants locaux.

Ainsi, malgré quelques déboires, le mouvement coopératif s'étoffait. Ici et là, les pêcheurs se regroupaient soit pour bâtir une conserverie, apprêter le maquereau et la morue, soit pour installer une glacière, un magasin d'agrès de pêche ou un réservoir de fuel. À Wallace, petit port du détroit de Northumberland, on les vit s'unir pour gérer en commun une *batture* d'huîtres (Év. du 4 décembre 1930), tandis que ceux de Barachois et Saint-Thomas s'organisaient pour expédier par camion sur Boston le homard en carapace (Év. du 27 août 1931). À Arisaig, ils réussirent à collecter le saumon en provenance d'une dizaine de districts pour l'amener chaque jour par bateau jusqu'à Antigonish et ensuite l'acheminer par train-express jusqu'à Montréal et Toronto. En ces temps difficiles, la coopération apportait un secours inespéré au milieu maritime. Significative à cet égard est l'histoire de cette petite communauté de pêcheurs de Nouvelle-Écosse que raconte le curé de la paroisse (MacNeil, 1945, p. 37-38).

> *Les pêcheurs du Havre-Boucher étaient pauvres et souvent découragés à la fin de la saison de pêche. Ils devaient dépenser beaucoup pour leur fourniture et accepter ce que les acheteurs voulaient bien leur donner pour leur homard. Comme l'exprimait l'un d'eux : on nous laissait le lait que l'acheteur avait écrémé. En 1931, ils formèrent une Union locale rattachée à l'organisation centrale d'Halifax... Leur première idée fut d'implanter une homarderie dont ils seraient à la fois les propriétaires et les gérants, et de s'organiser pour commercialiser leurs produits sans passer par les acheteurs professionnels. Au club d'études, les discussions allaient bon train et chacun s'étonnait de ne pas avoir pensé plus tôt à tout cela... À la fin de l'année, la décision fut prise de se lancer dans la construction de la «factorie à homard» (conserverie); mais les pêcheurs ne possédaient pas le moindre dollar, pas la moindre planche, excepté le courage de regarder la réalité en face sans être dépourvu de cet idéalisme et de cette fois en l'avenir qui vous stimulent quand les jours sont sombres. Un lundi matin, ils prirent leur hache et partirent couper le bois. À la fin de la semaine, ils disposaient d'assez de planches et de madriers pour construire le bâtiment. Qu'il soit Écossais, Irlandais ou Français, protestant ou catholique, chacun collaborait au travail, bénévolement, sachant qu'il en allait de son intérêt et de celui de la communauté. Mais le désespoir les saisit quand ils se trouvèrent sans argent pour acheter vitres, clous et bardeaux. C'est alors que piquées au vif, les femmes organisèrent des fêtes et parties de cartes grâce auxquelles elles purent réunir la somme de 400 dollars nécessaires à l'achèvement des travaux... En 1932, l'Union avait produit 680 caisses de conserves, expédié 60 000 livres de homard en carapace, et apporté 5 000 dollars de commission aux pêcheurs. Les trois années suivantes, la production de conserves s'éleva respectivement à 880, 1 080 et 1 140 caisses, tandis que les exportations de homard vivant se maintenaient à 60 000 livres. Grâce à cela, on put répartir pendant ces quatre années pour 27 800 dollars de ristournes sans parler des 10 000 dollars de salaires distribués aux fils et filles de pêcheurs. Cela est important mais encore secondaire par rapport aux conséquences sociales et spirituelles. Ces gens avaient acquis une intelligence sociale et une confiance en eux-mêmes, quelque chose qui ne s'achète pas... (traduction).*

Pourtant, à la veille de la Seconde Guerre mondiale, la situation des pêcheurs, sans être aussi catastrophique que dans les années vingt, n'en était pas moins préoccupante. Si le mouvement coopératif avait permis de sauver les pêcheurs de la détresse, il ne leur avait pas encore apporté l'aisance. Le bel enthousiasme du début fit place en beaucoup d'endroits à la morosité et à la lassitude. Il manquait des capitaux pour installer suffisamment d'entrepôts frigorifiques le long du littoral ; de plus, l'approvisionnement des quelques usines de traitement laissait à désirer. Grâce à la mise en place, dès 1936, des premières Caisses populaires, on essaya bien de pallier cette pénurie de numéraire mais avec la crise, les dépôts ne se chiffraient point en dollars mais en petits dix sous. Ceux qui ont vécu cette période en gardent d'ailleurs un souvenir à la fois douloureux et attendri. Le gérant, le plus souvent un bénévole, s'installait dans la salle paroissiale ou même dans la sacristie pour recevoir les clients, le dimanche à la sortie de la messe. Mais les cotisations rentraient mal et la U.M.F. (United Maritime Fishermen) avait les plus grandes peines à se défendre.

*Les temps étaient durs, les salaires bas.
Quand un pêcheur se faisait 100 à 200
dollars dans sa saison, c'était tout.
Avec ça, il fallait rembourser les com-
pagnies et aller jusqu'au printemps*
(A. Chiasson, 1972, p. 81).

Chacun vivait alors de ce qu'il produisait.
Les quelques moutons fournissaient la laine
avec laquelle les femmes, sur leurs broches,
fabriquaient des tricots, des bas, des mitaines,
des bonnets et avec les *breillons* (vieux
habits) et bonnes et solides couvertures. Pour
les bottes, c'était plus difficile car peu
d'hommes savaient tailler et coudre des
souliers de peaux ; il fallait donc les acheter et
pour les familles de dix, douze enfants, c'était
une grosse charge.

*J'en ai vu des petits bonhommes ne
pas pouvoir aller en classe parce qu'ils
n'avaient pas de quoi se chausser...
Pour le manger, chaque famille cul-
tivait son lopin de terre. Des choux,
des carottes, des patates, on n'en manquait point trop. Quelques-uns
récoltaient du sarrasin qu'on allait
moudre, l'automne venu, au moulin.
L'hiver, la femme se levait toujours
plus tôt que les autres pour préparer
les beignes aux crabes en veux-tu, en
voilà! Et puis chacun avait une ou
deux vaches pour le lait et un porc que
l'on tuait avant les grands froids. La
viande en ce temps-là n'était pas au
menu quotidien, il fallait se contenter
du hareng salé aux patates. Et pourtant ce n'était pas la misère, en un sens
on était même plus heureux qu'aujourd'hui. Il y avait une entraide qui
depuis a complètement disparu.
L'hiver par exemple, tout le monde s'y
mettait pour abattre le bois et le haler
jusqu'aux maisons ; même chose, en
été, pour les battages et à l'automne
pour les arracheries... À la mer, c'était
le chacun-pour-soi qui l'emportait,
mais pour les besognes à terre, il y
avait toujours des corvées. Le curé
l'annonçait le dimanche à la prêche.
Que ce soit une maison à bâtir ou un
quai à réparer, les hommes arrivaient
avec leurs outils et leur bonne
humeur ; l'entraide, c'était dans la nature des choses. Maintenant...* (Propos
d'un pêcheur de Barachois, N.B.).

CHAPITRE QUATRE

L'ère des grands bouleversements de 1940 à nos jours

Si par son cortège de souffrances et de misères, l'Entre-deux-guerres avait engendré un doute sur la valeur du système capitaliste, la période qui s'ouvre avec le deuxième conflit mondial allait inaugurer une ère d'expansion presque ininterrompue, une prospérité sans précédent dans l'histoire des pays occidentaux.

Comme région intégrée à un continent hautement développé, les Provinces Maritimes profitèrent largement de ce dynamisme industriel et affichèrent durant presque trois décennies des taux de croissance comparables à ceux enregistrés dans le reste du Canada (3 à 5 % l'an). Dans tous les secteurs de la vie économique, des progrès substantiels furent accomplis. L'agriculture subit de profonds changements ; en un mot, elle se mécanisa pour faire face à la pénurie de main-d'œuvre résultant de l'enrôlement des hommes durant la période des hostilités et de l'exode rural qui s'ensuivit. Mais la hausse des coûts de production entraîna un abandon des petites fermes et un amenuisement des terres cultivées. Les industries extractives, orientées surtout vers l'exportation, se diversifièrent grâce à l'exploitation de métaux non ferreux (plomb, cuivre, zinc) dans le Nord du Nouveau-Brunswick ; en revanche, les charbonnages de l'île du Cap-Breton devaient traverser de graves difficultés dues principalement aux rendements décroissants des bassins et à la perte du marché ferroviaire, elle-même consécutive à la généralisation des locomotives à moteur diésel. Par ailleurs, on assista à l'implantation de nouvelles usines de pâtes à papier (Saint-Jean, Newcastle, Pictou) et de nouvelles raffineries de pétrole (Port-Hawkesbury), à la construction de barrages hydroélectriques (Mactaquac). On ne saurait également sous-estimer les efforts tentés pour attirer les constructeurs étrangers, notamment dans le domaine de l'automobile : usine de montage de voitures japonaises et suédoises à Sydney et Halifax, fabrique de pneus Michelin près de Pictou et Bridgewater.

Bref, le développement économique fut incontestable mais incomplet et surtout limité par la faiblesse du marché intérieur, l'absence d'un tissu urbain hiérarchisé, et plus généralement encore par le manque d'accès facile à ces régions périphériques. Incapables de se doter de structures économiques autonomes, les Maritimes ne parvinrent jamais à diversifier leur appareil productif trop tourné vers l'extérieur. Ce qui était vrai hier continua de l'être durant cette période et avec plus de force encore, à savoir que les capitaux ne s'investissent dans ces Provinces que dans la mesure où ils trouvent comme *avantages concurrentiels* ceux par lesquels se définit le mieux un état de sous-développement en particulier le bas niveau des rémunérations, de 30 % inférieur à celui de la moyenne nationale. Conditionnée par la prospérité générale du pays, dirigée pour l'essentiel par des agents économiques de l'extérieur, soutenue par les fameux paiements de transferts (sous forme par exemple des prestations sociales aux particuliers), l'expansion des Maritimes ne doit pas faire illusion. Elle n'a fait qu'aggraver les déséquilibres régionaux en marginalisant un peu plus les secteurs côtiers tournés vers le golfe du Saint-Laurent, et accentuer le taux de dépendance de ces régions atlantiques vis-à-vis du fédéral, estimé, en 1976, à 26,4 % soit un taux de près de trois fois supérieur à celui des autres provinces (Canada d'Aujourd'hui, n° 49, octobre 1979).

A. *La généralisation du froid dans la commercialisation du poisson*

L'industrie des pêches n'échappe pas à ce phénomène. Même si sa contribution à la valeur ajoutée eut tendance à se réduire sensiblement (de 6 % en 25 ans, de 1945 à 1970), elle bénéficia de l'élargissement du marché de la consommation profondément transformé par les innovations technologiques apportées dans le domaine du froid.

Certes, l'introduction de la congélation, dans le transport des denrées périssables, re-monte au début du siècle mais les difficultés économiques des années trente d'une part, et le grave malaise créé par l'affaire des chalutiers à vapeur d'autre part, en différèrent de plusieurs années l'application sur une grande échelle. Ce n'est qu'à partir des années quarante que la congélation et la surgélation s'affirmèrent comme rouages essentiels de toute l'organisation commerciale des produits alimentaires en Amérique du Nord.

Pour expliquer ce rôle capital de la congélation, il faut se souvenir qu'à la différence de l'appertisation et de la déshydratation qui modifient notablement la nature des aliments, ce procédé offre l'immense avantage de prolonger de plusieurs mois le temps de conservation des denrées sans qu'il en résulte pour ceux-ci une quelconque altération de leurs caractères organoleptiques (texture, odeur, saveur) et de leur valeur nutritive. Telle qu'elle se définit, la congélation peut s'appliquer à deux types d'opérations fort différentes :

• soit comme une technologie intermédiaire de conservation de matières premières nécessaires aux industries de transformation (conserveries, ateliers de salaison, saurissage, etc.) ;

• soit comme un procédé de conservation temporaire de produits qui, ayant subi préalablement une préparation plus ou moins élaborée, seront ensuite acheminés et vendus *en l'état* aussi bien à la clientèle de détail qu'aux diverses collectivités (restaurants, cantines...).

La congélation eut comme premier avantage de présenter le poisson sous des formes qui répondaient mieux aux besoins de la clientèle nord-américaine. L'arrivée sur le marché de ces *convenience foods* correspondit à l'émergence d'un nouveau genre de vie caractérisé par l'augmentation du pouvoir d'achat et la recherche d'une nourriture plus élaborée (la cherté devenant synonyme de qualité), la généralisation du travail féminin et le souci pour la maîtresse de maison de n'être plus liée ni par la préparation longue et fastidieuse des repas, ni par l'obsession des achats quotidiens ; il faudrait y ajouter le développement des villes et la meilleure desserte des campagnes, la multiplication des magasins à grande surface et l'usage généralisé du couple automobile-réfrigérateur, sans oublier le désir pour l'Américain de consacrer plus de temps aux loisirs culturels et sportifs qu'à l'art de la cuisine.

La congélation permit de multiplier les points de vente, de conquérir des marchés éloignés des bases portuaires, de pénétrer dans des zones rurales où la faible densité de population n'aurait pas justifié l'ouverture de magasins spécialisés comme il est nécessaire d'en avoir pour la vente du poisson frais simplement réfrigéré. De sorte que si la consommation des produits de la pêche demeura en Amérique du Nord à un niveau relativement bas (de l'ordre de 6 à 7 kg *per capita*), la diffusion des surgelés ichtyques fit un bond en avant au détriment surtout des aliments marinés et fumés. Les achats de conserves se stabilisèrent de même que ceux des aliments frais, en l'état, presque exclusivement orientés vers les produits *nobles* de haute valeur marchande tels que le saumon ou le homard (fig. 64).

Cette préférence accordée au froid dans la commercialisation du poisson s'accompagna d'un certain nombre de modifications au niveau de l'industrie de conditionnement.

Ainsi, le nombre d'usines et de fabriques de traitement baissa sensiblement ; alors qu'à la veille du second conflit mondial on comptait environ 350 établissements de ce genre, il n'y en avait plus que 270 en 1955 et 180 en 1975. Les quelques pêcheurs qui s'occupaient encore de *l'apprêtage* de leur poisson, eurent de la difficulté à s'adapter au climat de concurrence et à répondre aux normes d'installation exigées par les autorités ; ils furent pratiquement exclus du secteur de la transformation. Même chose pour maintes petites entreprises familiales spécialisées dans le

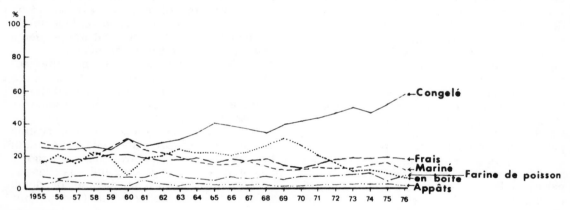

Figure 64
Répartition des débarquements (en %) selon leurs usages (1955-1976).

Le marché des États-Unis demeura, et de loin, le principal débouché de la production halieutique canadienne, mais le pourcentage des exportations à destination de ce pays baissa légèrement (de 75 % en 1945 à 65 % en 1975) tandis qu'augmentaient les exportations vers l'Europe Occidentale (+11 %) et le Japon (+8 %). Mais c'est encore le marché national qui bénéficia le plus de ces innovations. Dans ce pays, la sous-consommation plaidait en faveur d'un rattrapage ; il eut effectivement lieu. Si bien que les exportations canadiennes qui s'élevaient à la sortie de la guerre à un peu plus des trois quarts de la valeur marchande des produits de la mer, ne représentaient plus en 1976 que 61 % de ce total. Un progrès sensible qui témoigne des efforts sérieux, bien qu'encore insuffisants, nous le verrons ultérieurement, pour promouvoir la consommation de poisson sur tout le territoire de cet immense pays.

séchage de la morue et le saurissage du hareng ; seules celles dont les ateliers avaient la chance de se localiser à proximité immédiate des lieux de pêche, poursuivirent vaille que vaille leurs activités (telles les boucanières de l'île de Grand Manan).

À cette diminution du nombre des établissements, devait logiquement correspondre une augmentation de la grandeur de ces unités de production. Ainsi en 1940, chacune d'elles n'employait en moyenne que 19 personnes ; trente cinq ans plus tard (en 1975), ce chiffre s'élevait à 40. Le moment fort de cette évolution se place au début des années soixante. De 1961 à 1965 en effet, le nombre de ces petites usines d'un capital moyen inférieur à 500 000 dollars (1970) baissa de 27 %, alors qu'au-dessus de cette limite il progressait de 21 %. À l'intérieur de cette dernière catégorie, les grandes usines d'une valeur unitaire supérieure à un million de dollars (1970) virent leur effectif passer de 24 à 50 (C.L. Mitchell, et H.C. Frick, 1970, p. 31). Un grossissement vertigineux mais aussi trop rapide puisqu'on estimait en 1967 que l'ensemble de ces usines des Maritimes ne travaillaient qu'à 51 % de leur capacité (C.L. Mitchell et H.C. Frick, *ibid.,* p. 32). Au total, l'industrie de transformation qui mobilisait 6 500 employés en 1940, en comptait presque 8 000 en 1975, soit une majoration très nette (+23 %) sujette néanmoins à de sérieuses variations dans le temps.

De fait, cette évolution qui s'explique avant tout par l'importance des investissements requis pour la mise en place des infrastructures industrielles de traitement et de congélation, eut pour principal effet de renforcer le processus de concentration des entreprises amorcé dès le début du siècle. Ainsi la Connors Brothers Cie, déjà détentrice du monopole de la mise en boîte de la *sardine* en provenance de la baie de Fundy, étendit son champ d'action au hareng pêché dans le golfe du Saint-Laurent. De son côté, la société H.B. Nickerson se spécialisa dans le poisson de fond, et prit solidement position sur la côte atlantique de la Nouvelle-Écosse et de Terre-Neuve. Mais le développement le plus extraordinaire revint sans doute à la Smith Fisheries Company :
— En 1945, cette société holding, spécialisée dans la préparation du *fish block,* passa sous le contrôle d'intérêts étrangers (R.P. Bell) pour devenir la National Sea Products, elle-même incorporée à partir de 1953 au consortium Ocean Fisheries.
— Déjà propriétaire de plusieurs usines à Digby, Lockeport, Lunenburg, Halifax, cette compagnie allait successivement s'annexer les biens de General Foods à Rockland dans le Maine (1956), de Gordon Pew à Louisbourg (1959), de Salada Foods à Tampa en Floride (1963), de Connely à Cap Bimet (1965).
— Elle devait en outre installer de nouvelles unités de production à Louisbourg (1952) et surtout à Lunenburg (1964). Construite à quelques kilomètres du vieux port, au lieu-dit Battery Point, cette usine de conditionnement, la seconde au monde en importance paraît-il, résume à elle seule la puissance rapidement acquise par cette entreprise. Elle emploie en permanence 900 ouvriers, lesquels travaillent sur une dizaine de chaînes de fabrication susceptibles de traiter 22 tonnes de poisson par heure. La gamme de fabrication comprend près de trois cents variétés de produits différents : filets fumés ou non, pétoncles en chapelure ou en boîte, *morue-filet* enrobée de pâte, conserves de chair de homard et de crabe, hareng saumuré en baril, etc.

À longueur d'année, une flottille forte d'une vingtaine de gros chalutiers décharge le poisson le long de grands quais, propriété de la société. À proximité, se dressent les immenses entrepôts frigorifiques d'une capacité de 270 000 m³, ainsi qu'une fabrique de glace. On trouve aussi une unité de traitement des déchets à laquelle s'adjoignent les traditionnels réservoirs d'huile. Un ensemble impressionnant et tout à fait insolite dans ce paysage inhabité.

De son côté, le mouvement coopératif s'affermit. Grâce à un effort sans précédent, l'Union des pêcheurs unis des Maritimes (U.M.F.) étendit sa fonction d'agence de mise en marché à la quasi-totalité des coopératives de pêcheurs des Maritimes, des îles de la Madeleine et de Terre-Neuve. Elle prit en outre en gestion directe une homarderie à Richibouctou (N.B.), une usine de congélation à Alder Point (île du Cap-Breton) et de plusieurs grands parcs à homards près de Yarmouth (N.É.) et à Grand Manan (N.B.), d'une usine de farine de poisson à Lamèque et de plusieurs magasins de fourniture d'agrès de pêche. Mais alors que les compagnies avaient la possibilité, par l'intermédiaire de leurs agences commerciales réparties sur tout le territoire et aussi par les ententes occultes passées avec les grandes chaînes de distribution (dont elles ne sont parfois qu'un simple maillon), de contrôler le marché de la consommation, le mouvement coopératif ne parvint jamais à ce stade d'intégration. Malgré plusieurs tentatives, il lui fut impossible jusqu'à ces dernières, années de créer le moindre comptoir de vente sur le sol des États-Unis. La U.M.F. se contenta donc de servir d'échelon intermédiaire (supplémentaires, disent certains) entre les petites unités coopératives et les quelques courtiers américains, les vrais maîtres du marché.

B. **Accroissement des opérations de pêche**

Un autre événement capital allait profondément modifier la physionomie des pêches de cette région canadienne : la pression accrue sur les réserves ichtyologiques consécutive à la venue en force, dans ce secteur du N.W. Atlantique, de flottilles étrangères supérieurement outillées. Précisons que le phénomène n'est pas spécifique à cette région de l'hydrosphère ; il n'est qu'une simple illustration de cette spectaculaire et inquiétante intensification des activités halieutiques enregistrée depuis la fin de la guerre et qui, on le sait, devait aboutir à la remise en cause du sacro-saint principe de la liberté des mers et du libre accès aux ressources.

Voyons les chiffres. Alors que le total des captures en provenance du N.W. Atlantique n'avait jamais franchi la barre des 600 000 tonnes avant 1939 (statistiques sujettes à caution, il est vrai), il devait dès la fin des hostilités amorcer une progression extrêmement rapide pour frôler les 2 millions de tonnes dès 1956, dépasser largement le cap des 3 millions en 1963, approcher les 4 millions deux ans plus tard avant d'atteindre le record de 4,6 millions de tonnes en 1968 : soit une production multipliée par 7,6 en 23 ans! Ce *rush sur le poisson américain,* comme on l'a parfois décrit, doit être mis en rapport avec la forte demande en produits alimentaires sur un marché européen en pleine expansion ainsi qu'avec l'incapacité des mers épicontinentales du Nord-Est Atlantique à y répondre convenablement. Autrement dit, les raisons qui dès la fin du XVe siècle avaient poussé les pêcheurs des différentes nations européennes à s'éloigner de leurs rivages pour tenter l'aventure du grand large se trouvaient de nouveau réunies. Mais avec des moyens naturellement tout différents.

Non seulement le nombre de bateaux étrangers augmenta d'une façon vertigineuse (de 250 à la sortie de la guerre à 700 en 1953, puis 1 000 au début des années soixante et près de 1 500 à la fin de cette même décennie), mais l'efficacité de ces unités s'accrut de tous les perfectionnements apportés à la science halieutique. Le navire de pêche gagna en tonnage et en puissance sans rien perdre de sa vitesse et de sa maniabilité (fig. 66B). La grande révolution vint de l'apparition de chalutiers dotés d'une autonomie suffisante pour préparer, fileter, congeler et stocker les prises de toute une campagne de pêche ; ce qui permit de résoudre bien des difficultés inhérentes à la prolongation des sorties en mer, elle-même consécutive à l'éloignement de l'attache portuaire. Dès 1954, le premier d'entre eux, le *Fairtry* (battant pavillon britannique), faisait une campagne de trois mois dans les eaux américaines. Devant les bons résultats obtenus, il fut suivi de plusieurs autres unités appartenant à diverses nationalités. À partir des années 1958-1960, le système se perfectionna encore avec la venue d'énormes bateaux-usines équipés d'unités de traitement des sous-produits destinés à éviter le transport antiéconomique de déchets d'un

poids pouvant aller jusqu'au double de celui de la matière consommable ; et avec la venue d'une flottille de bateaux-annexes mis à l'eau dans les zones de pêche les plus favorables, sans oublier les quelques cargos assurant le ravitaillement et la rotation des équipages. Simultanément ou presque, apparurent les premiers chalutiers à relevage par l'arrière dont les avantages, précédemment signalés, allaient donner une impulsion décisive à tous les arts traînants.

Le Nord-Ouest Atlantique fut également le champ d'application privilégié des innovations techniques enregistrées dans le domaine des engins de capture. Parmi les plus importantes, il faut citer l'usage généralisé des fibres synthétiques dont les qualités d'imputrescibilité et de ténacité permirent d'augmenter les dimensions de toutes les catégories de sennes (les pêcheurs n'hésitant plus à investir dans un engin d'une plus grande durée d'utilisation). Les techniques de repérage s'améliorèrent grâce à la sensibilisation accrue des appareils : sondeurs travaillant à la verticale du navire et sonars à balayage sectoriel détectant des bancs de poissons jusqu'à 2 500 mètres en avant du bateau. Enfin, le montage d'un petit sondeur sur la lèvre supérieure du chalut *(netzsonde)* apporta des informations précises sur l'ouverture verticale du filet et sa distance par rapport au fond, ainsi que sur l'importance de la concentration comprise entre les ailes.

Cette révolution technologique appliquée à une flottille démesurément grossie, entraîna une intensification des opérations de pêche dans ce secteur de l'hydrosphère, désormais un des mieux situés, à l'échelle de la planète, par rapport aux grands foyers industriels. Jamais l'effort de pêche ne fut porté à un tel degré de puissance et d'efficacité. On ne se contenta plus de ratisser les fonds traditionnels, on les laboura véritablement pour en extraire les espèces fouisseuses (poissons plats) autrefois délaissées. Grâce aux chaluts pélagiques et semi-pélagiques, les rebords échancrés et les fosses profondes de la plateforme continentale furent ouverts à l'exploitation (ce qui permit notamment de découvrir la présence, en hiver, de quelques riches concentrations de morues à l'entrée du golfe du Saint-Laurent). Enfin, par l'utilisation systématique de différents procédés de radio-navigation (Decca), les bateaux eurent la possibilité de se risquer plus aisément qu'autrefois en dehors des zones franches (les

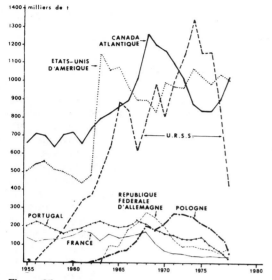

Figure 65
Évolution des captures par pays dans la zone C.I.P.A.N.

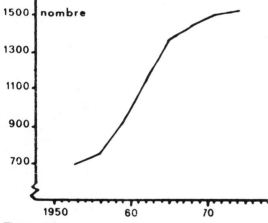

Figure 66 A
Progression du nombre de bateaux non canadiens (>50 tonneaux) dans le N.W. atlantique.

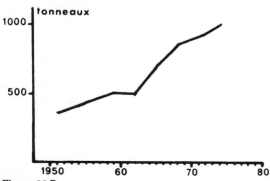

Figure 66 B
Évolution du tonnage moyen par bateau (étranger) dans le N.W. atlantique.

plaines) pour établir de véritables circuits de chalutage à travers les chaos rocheux jusque-là accessibles aux seuls cordiers.

Cet afflux de bâtiments de pêche s'accompagna d'une modification quant à l'importance respective des nations représentées dans cette zone maritime (fig. 65). Au moment de la mise sur pied en 1949 de la C.I.P.A.N. (Commission internationale des pêcheries de l'Atlantique du Nord-Ouest), seuls le Portugal, l'Espagne et la France jouaient, en dehors des deux grands pays riverains (Canada et États-Unis), un rôle non négligeable puisqu'ils totalisaient à eux trois près de 500 000 tonnes de prises, soit plus du quart de la production de ce secteur de pêche. Les autres nations alors représentées, Danemark, Islande, Royaume-Uni, Italie, Norvège, n'occupaient qu'un rang des plus modestes dans ce classement. Par la suite, quelques-uns parmi ces pays devaient disparaître de la liste (Islande, Italie), d'autres comme la France et le Danemark firent encore bonne figure durant quelques années puis régressèrent rapidement pour ne plus tenir qu'un rôle secondaire. En revanche, l'Espagne et le Portugal augmentèrent sensiblement leurs prises déjà situées à un haut niveau. Au bout du compte cependant, les captures de l'ensemble de ces flottilles européennes devaient décroître notablement, en valeur relative du moins.

Le fait nouveau vint en effet de l'arrivée en force de bateaux de pêche appartenant à des pays jusque-là non représentés dans cette zone. Successivement la R.F.A. (1954), la R.D.A. (1958), la Pologne (1961) dirigèrent leurs unités les plus modernes vers le Nord-Ouest Atlantique pour y effectuer des prélèvements supérieurs à 100 000 tonnes, voire 150 000 tonnes. Plus récemment encore, la Bulgarie, la Roumanie, le Japon et Cuba entrèrent en action avec des moyens cependant plus modestes. Mais l'événement allait venir de l'irruption, dans les eaux américaines, de la puissante flotte soviétique. C'est en 1956 que l'on signale les premières unités. Dès 1957, les statistiques (sans doute inférieures à la réalité) faisaient état d'une production de 69 000 tonnes et, deux ans plus tard, de 182 000 tonnes. En 1962, les 344 navires de pêche russes, présents dans cette région maritime, représentaient 33 % du tonnage global (y compris les bateaux canadiens supérieurs à 50 tjb) mais seulement 14 % des prises de la C.I.P.A.N. (370 000 tonnes), ce qui peut indiquer tout à la fois une sous-estimation voulue des captures, et des rendements relativement faibles. La progression ne s'arrêta pas là. En 1965 par exemple, avec des prises de l'ordre de 850 000 tonnes, l'U.R.S.S. passait au premier rang des pays producteurs de la C.I.P.A.N., précédant de peu l'État riverain canadien. Après quelques années de répit (1966-1968), la poussée reprit de plus belle à partir de 1969 pour atteindre un sommet en 1973. Cette année-là, la flottille russe, forte d'un peu plus de 500 unités (dont une bonne moitié composée de bateaux supérieurs à 2 000 tjb), déclarait 1 357 000 tonnes de prises, soit 30,4 % de la production totale du N.W. Atlantique.

Cette invasion de bateaux de l'Europe de l'Est dans les eaux atlantiques s'accompagna d'une nouvelle manière de conduire les opérations de pêche. Alors que jusque-là les bateaux étrangers se bornaient à pêcher des poissons de fond de haute valeur marchande (morue principalement), les flottilles étatisées des pays socialistes, moins dépendantes des contraintes économiques de profit que de la nécessité de *faire de la quantité,* inaugurèrent une pêche dite pulsatoire *(pulse fishing)*. Celle-ci consiste à diriger les navires-usines et les bateaux-satellites sur une aire de pêche donnée et à l'exploiter d'une façon intensive, c'est-à-dire en y prenant tout ce qui s'y présente comme espèces pélagiques et démersales sans exclusion, puis de partir ailleurs, là où les experts biologistes auront signalé d'autres concentrations importantes. De sorte que les flottilles étrangères, qui opéraient traditionnellement à l'intérieur d'une aire s'étendant depuis les abords du Groenland jusqu'au Bonnet Flamand (Est du Grand Banc de Terre-Neuve), élargirent leur champ d'action à toutes les mers adjacentes au territoire des Maritimes. Ainsi les bancs Georges, Brown, Scatarie, que les pêcheurs américains et canadiens considéraient un peu comme leur domaine réservé, virent affluer des bateaux russes, polonais, allemands... Il en fut de même du golfe du Saint-Laurent, surtout après la découverte en 1956 de riches bancs de morues sur le rebord du chenal laurentien, au nord de l'île Saint-Paul. Il y eut donc, en même temps qu'une extension géographique des activités de pêche, une diversification de la production. Alors qu'en 1952 par exemple, plus de la moitié des prises de ces bateaux européens se composait de morues, ce pourcentage déclina progressivement au profit d'autres espèces plus communes (poissons plats et sébastes) et surtout de poissons pélagiques, tel le hareng jusque-là délaissé

(21 % des prises en 1968 contre seulement 8 % en 1954).

C. *Essor de la flottille canadienne*

L'intensification des opérations de pêche ne fut pas seulement l'œuvre des bateaux étrangers ; l'État riverain (le Canada) fit un effort sans précédent pour se doter d'une flottille industrielle capable de rivaliser avec celle des grands pays halieutiques et d'approvisionner d'une façon plus régulière les unités de traitement qui, comme nous l'avons vu, se mettaient en place un peu partout le long du littoral. Le lancement de grandes unités de pêche répondait donc à un impératif économique, celui de faire face à la demande croissante de produits de la mer sur le marché nord-américain, mais aussi à une volonté politique, celle de ne pas laisser aux seuls étrangers le bénéfice de ce mirifique précontinent américain, ne serait-ce que pour se trouver là lors des discussions qui ne manqueraient pas de surgir un jour ou l'autre de l'exploitation désordonnée de ces richesses.

On sait comment, durant la période de l'Entre-deux-guerres, la crise économique et l'hostilité des pêcheurs-artisans à toute forme de chalutage s'étaient conjuguées pour empêcher les compagnies à se doter d'un nombre suffisant de bateaux à vapeur. Pendant longtemps donc, la pêche au large se limita aux campagnes saisonnières menées depuis les ports atlantiques par quelques dizaines de goélettes de type traditionnel, lesquelles s'étaient néanmoins équipées à partir des années 1926-1927 d'un moteur diesel destiné à leur assurer une plus grande mobilité. Depuis les ports de Caraquet et Shippagan, de petites embarcations motorisées n'hésitaient pas, non plus, à s'aventurer jusqu'aux abords du Plateau magdalénien pour pêcher la morue à la ligne. Mais cette grande pêche (sortie d'une durée supérieure à la journée) représentait finalement peu de chose, une production de l'ordre de 50 000 tonnes soit à peine le quart des mises à terre enregistrées dans l'ensemble des ports des Maritimes.

Le départ des hommes sur le front, et l'assainissement général du marché devaient changer radicalement les données du problème. Il s'agissait désormais de jouer à fond la carte de la productivité. Tout le monde en convenait. Du coup, les obstacles mis jusque-là à la création d'une flottille hauturière s'évanouirent comme par enchantement. Dès juillet 1942, le gouvernement fédéral lança un vaste programme d'aide à la construction et à la modernisation des bateaux sous la forme :

• d'une subvention de 165 dollars la tonne à quiconque voudrait se doter d'un chalutier ou d'un palangrier de plus de 72 pieds (22 m) ;

• d'une prise en charge par l'État jusqu'aux deux tiers du coût de reconversion d'une goélette en chalutier ;

• d'un privilège, accordé à chaque armateur, de soustraire de ses revenus imposables le montant de la dépréciation du capital-navire, soit un pourcentage de la valeur initiale estimé à 20 % l'an.

Après la guerre, les efforts du fédéral se portèrent sur la constitution d'une flottille de bateaux de tonnage intermédiaire, plus appropriés, croyait-on, à la situation de cette région canadienne caractérisée par la proximité des lieux de pêche et les faibles disponibilités financières de ses pêcheurs. C'est ainsi que l'aide à la construction alla en premier lieu aux chalutiers et cordiers de 55 à 60 pieds (17 à 18 m). Le montant de l'allocation de 165 dollars la tonne, jugé insuffisant, fut élevé à 250 dollars en 1961, puis fixé à partir de 1964 à 25 % du coût de la construction pour les bateaux de 35 à 55 pieds et 30 % pour ceux de 55 à 100 pieds. En 1968, on éleva à 45 pieds (13,70 m) la limite inférieure de recevabilité des demandes tandis que le taux de subsides passait de 25 à 30 % pour toutes les catégories de bateaux de pêche inférieurs à 100 tonneaux. Au total, de 1947 à 1969, 1 077 unités-bois bénéficièrent de ce programme d'un montant global de 11,4 millions de dollars (C.L. Mitchell et H.C. Frick, 1970, p. 4).

Ce n'est pas tout. Le gouvernement fédéral, par l'intermédiaire du département de l'Industrie, accorda des subsides aux chantiers navals pour la construction de grands bateaux-bois ou fer d'une longueur supérieure à 75 pieds (22,80 m) et de plus de 100 tjb. Cette aide prit la forme au début d'importants dégrèvements fiscaux (liés à l'amortissement du capital), puis à partir de 1961, de subventions directes dont le taux, équivalant au départ à 50 % environ du coût de construction, devait régulièrement s'abaisser pour ne plus s'élever qu'à 17 % en 1972. À la fin de 1969, 240 grands bateaux avaient profité de cette aide de l'État (C.L. Mitchell, *ibid.,* 1970, p. 5). De leur côté, les gouvernements provinciaux participèrent à ce renouveau de l'industrie halieutique. Leur appui se manifesta soit par des subsides directs aux armateurs (venant en supplément de ceux déjà versés par le fédéral), soit par des prêts bonifiés à long terme, soit encore par la création de stages de formation rémunérés pour les pêcheurs, soit enfin par le remboursement d'une partie, voire de la totalité, des frais d'assurance sur les bateaux et les équipements...

Cette politique de soutien actif à l'industrie des pêches entraîna, on s'en doute, de profondes modifications au niveau de la flottille.

— Dans la catégorie des petits bateaux inférieurs à 25 tjb, il n'y eut pas de grands bouleversements si ce n'est que le moteur à essence se substitua définitivement à la voile. Leur nombre grossit rapidement, de 6 800 en 1942 à 11 800 en 1958, se stabilisa quelques années (de 1958 à 1966) avant d'amorcer, en raison des difficultés croissantes de la pêche côtière, une longue régression encore loin d'être achevée aujourd'hui.

— Des changements intervinrent dans la catégorie des bateaux de plus de 25 tjb. La centaine de goélettes qui naviguaient encore dans les eaux atlantiques disparurent définitivement de la scène. Les palangriers s'équipèrent de moteurs auxiliaires et purent ainsi se passer de l'appui des embarcations annexes (les *doris*). Les chalutiers si longtemps décriés firent leur apparition. Au lendemain de la guerre, la chance sembla sourire aux petits dragueurs de 50 à 60 pieds dotés d'une autonomie suffisante pour accéder aux grands bancs de la bordure externe de la plate-forme continentale. Par la suite, leur situation se dégrada, surtout à partir des années soixante du fait de l'augmentation trop rapide des charges d'exploitation (J. Proskie, 1965, p. 16). Alors qu'en 1942 il en coûtait 17 200 dollars à un capitaine pour acquérir un tel chalutier (58 pieds), déduction faite des aides de l'État, en 1964 le prix d'un bateau équivalent (60 pieds) s'élevait à 52 000 dollars. Ce triplement du capital initial aurait exigé que la valeur débarquée augmentât dans les mêmes proportions. Malheureusement, il n'en fut rien. Si bien que les pêcheurs n'eurent d'autre solution que de reconvertir leur bateau dans un autre type de pêche (pétoncle, crabe des neiges, senne de fond) et de laisser aux compagnies privées le soin de poursuivre l'inexorable course à l'investissement.

— La décennie suivante vit en effet le lancement des premiers grands pétoncliers et des chalutiers-fer pêche arrière, puis à partir des années soixante-cinq des senneurs destinés à la pêche au hareng.

Tableau IX

Renforcement de la flottille de pêche canadienne entre 1962 et 1970
(Source : service des pêches du ministère de l'Environnement).

	1962	1964	1966	1968	1970	Total 1962-1970	
btx 100 tjb	111	195	273	361	365	+ 254	+ 228 %
bateaux de 50 à 99 tjb	157	183	211	238	277	+ 120	+ 76 %
bateaux de 25 à 49 tjb	340	339	345	371	391	+ 51	+ 15 %
Total	608	717	829	970	1 033	+ 425	+ 70 %

Comme le montre le tableau IX, la flottille canadienne se renforça par le haut, grâce à la mise en service d'unités supérieures à 100 et même 150 tjb, ce qui lui permit de mieux s'affirmer dans le concert des nations présentes dans le Nord-Ouest Atlantique (7,68 % du tonnage global en 1971 contre seulement 5,25 % en 1959) bien que ses unités (de plus de 50 tjb) y demeurassent quatre fois plus petites en moyenne (voir tableau 16 dans Politique canadienne pour la pêche commerciale, 1976).

Ce grossissement de la flottille canadienne s'accompagna, il va sans dire, d'une augmentation remarquable du volume des débarquements. De 280 000 tonnes à la veille de la guerre, les mises à terre s'élevèrent pour l'ensemble des Provinces Atlantiques à 350 000 tonnes en 1950, 600 000 en 1955, 880 000 en 1965 et 1 267 000 tonnes en 1968. À s'en tenir à la seule période 1958-1968, la progression des prises canadiennes fut du même ordre et même légèrement supérieure à celle des flottilles étrangères (abstraction faite des prises effectuées dans la 6e sous-zone de la C.I.P.A.N. ajoutée en 1963).

La composition des arrivages s'en trouva sérieusement modifiée. Les poissons de fond qui comptaient pour près des trois quarts des apports en 1945 accrurent leur tonnage, mais leur importance relative diminua sensiblement pour se stabiliser autour de 49 % au début des années soixante-dix. À l'intérieur de cette catégorie, une diversification s'opéra : pour les espèces bien cotées sur le marché, tels que l'églefin et la morue, les arrivages amorcèrent un déclin très net en valeur absolue et leur part se restreignit singulièrement par rapport aux poissons communs (sébastes et poissons plats) dont la production quadrupla en quinze ans (1955-1970). De leur côté, les poissons pélagiques virent leur rôle s'accroître grâce surtout au gonflement spectaculaire des prises de hareng. Malheureusement, la dramatique stagnation du prix à la première vente de ce dernier fit que la part de la valeur des poissons pélagiques dans l'ensemble des débarquements ne progressa que de 5,5 % entre 1955 et 1970 contre 23,5 % pour le volume des apports correspondants. Enfin, dans la catégorie des mollusques et crustacés, on assista à une baisse de près de 25 % des prises de homard, à l'arrivée sur le marché à partir de 1967 du crabe des neiges, et surtout à la hausse prodigieuse des captures de pétoncle consécutive au dragage des riches gisements du banc Georges.

Au total, cette période d'expansion de l'industrie des pêches se traduisit par une amplification et une diversification des mises à terre, un déclin sensible des espèces de haute valeur marchande (morue, églefin, flétan, homard) compensé, mais en partie seulement, par la mise en exploitation d'autres ressources (pétoncles, crabes, crevettes).

Durant cette phase d'intensification des activités halieutiques, de sérieux changements intervinrent dans le rôle dévolu à la pêche côtière dans cette région atlantique.

La pêche côtière vit en effet sa part s'emenuiser singulièrement, surtout à partir des années soixante avec la concurrence accrue des bateaux industriels. En 1970, elle ne représentait plus que le tiers du tonnage débarqué et un volume de mises à terre d'au moins 30 % inférieur à celui de 1940. À l'origine de cette régression, il y a l'appauvrissement des eaux côtières en espèces de haute valeur marchande (morue, églefin) pour lesquelles la baisse des rendements par bateau s'établit dans certains districts du S.E. du Nouveau-Brunswick entre 5 et 10 % l'an entre 1963 et 1970 (J. Proskie, 1965). En outre, la diminution de la taille de ces prises n'arrangea rien aux affaires du pêcheur ; la morue devenue trop petite pour le salage ne trouva plus qu'un seul débouché, la vente à bas prix à l'usine la plus proche pour être filetée et congelée en bloc. À ce manque à gagner s'ajouta la stagnation des prix unitaires, d'autant plus vivement ressentie que ces bateaux côtiers se trouvaient incapables de rivaliser avec les grandes unités industrielles conçues précisément pour *faire de la quantité.* Il en résulta une marginalisation progressive de cette pêche côtière artisanale et finalement l'abandon par les pêcheurs d'une partie de ces activités maritimes décidément non rentables (cf. Deuxième partie, chap. premier).

L'instauration en 1957 de l'assurance-chômage précipita cette désaffection. Dans la mesure où elle apportait au pêcheur une source de revenus appréciables, bien souvent supérieure à ce qu'il pouvait espérer retirer de son travail, elle le dissuada de s'adonner à une quelconque activité durant la période de recouvrement des prestations. De plus, le montant de cette allocation, calculé en fonction des gains perçus pendant l'année, l'incita davantage à ne s'intéresser qu'aux pêches les plus profitables et à délaisser les autres. La pêche au homard devint ainsi une sorte d'occupation-refuge parce que seule en mesure d'apporter des revenus substantiels et de garantir une valeur élevée aux timbres d'assurance-chômage. La conséquence en fut une forte progression du nombre des pêcheurs de homard (+41 % en 20 ans, de 1945 à 1965) et une augmentation notable des casiers immergés d'où devait résulter une surexploitation des stocks et un abaissement sensible des rendements par trappe (Gordon Dewolf, 1974, p. 43-44), heureusement compensé cependant par la forte hausse des prix au débarquement (+50 % de 1945 à 1965).

On voit donc que bien avant que se déclenche la crise des années soixante-dix, la pêche côtière était loin de se trouver dans une situation favorable. Il ne lui restait plus rien de la place prépondérante qu'elle tenait encore avant-guerre, hormis pour la pêche au homard, objet à présent d'une grave surpêche. Et si l'expansion des Maritimes devait, durant toute cette période, autoriser le reclassement d'un certain nombre de pêcheurs-artisans vers la grande pêche ou vers d'autres emplois industriels, elle ne fut pas suffisante pour éviter une paupérisation relative de ces marins, obligés, comme nous l'avons vu, de multiplier leurs activités pour survivre.

D. *Transformation du paysage géographique*

L'implantation de nouvelles unités industrielles de traitement et le lancement d'une flottille de grande pêche, allaient amener de sensibles modifications de la carte géographique. Pour résumer, on pourrait dire qu'il y eut un début de regroupement des activités halieutiques autour des principaux organismes portuaires. Pour ce faire, le Fédéral accomplit un effort financier considérable. Entre 1957 et 1966, les dépenses publiques affectées, dans les seules Provinces Maritimes, à l'amélioration des infrastructures portuaires s'élevèrent chaque année à 6 millions de dollars sur lesquels 30,5 % furent consacrés aux travaux de réfection des grands ports industriels : approfondissement des chenaux d'accès, édification de terre-pleins, agrandissement des quais, construction de nouveaux brise-lames... (Mitchell et H.C. Frick, 1970, p. 30). Alors qu'avant-guerre, seule une dizaine d'entre ces ports pouvaient aligner des débarquements supérieurs à 5 millions de livres (2 370 tonnes), en 1965 on n'en comptait pas moins de trente-huit.

Les secteurs côtiers situés en fond de baie virent leur importance décroître encore plus : tels les districts de la partie orientale de la baie de Fundy, de la région méridionale du golfe du Saint-Laurent ou au fond de la baie des Chaleurs (fig. 67). Déjà défavorisées par l'éloignement des lieux de pêche, les populations de ces secteurs côtiers subirent de plein fouet les inconvénients résultant de l'appauvrissement des fonds, de l'éloignement de l'usine et de l'absence de marché pour les produits salés et séchés de leur propre fabrication. Nombre de professionnels quittèrent le métier. Ceux qui restèrent ne furent que des *occasionnels,* consacrant l'essentiel de leur activité maritime à la pêche au homard dont la valeur, dans le total des arrivages, grossit fortement (+30 % dans le district 63, +26 % dans le district 70, pour la période 1953-1968).

En revanche, les trois secteurs qui occupaient déjà une place privilégiée au début des années cinquante accrurent encore et d'une manière très nette leur prépondérance. Ce sont le S.W. de la Nouvelle-Écosse et du Nouveau-Brunswick, la pointe N.E. de la presqu'île de Gloucester et la partie orientale de la côte atlantique néo-écossaise (de Canso à North Sydney). À l'origine de ce choix, il y a d'abord et avant tout la proximité des pêcheries. Dans la mesure où le coût de la matière première (le poisson) entre pour une part très importante, d'au moins 50 % dans le prix de revient final du produit brut congelé (cf. Atlantic Development Board, 1969, p. 62-63), il paraissait logique que les sociétés privées et les pouvoirs publics concentrassent le plus gros de leurs investissements vers ces secteurs côtiers situés en bout de terre, le plus

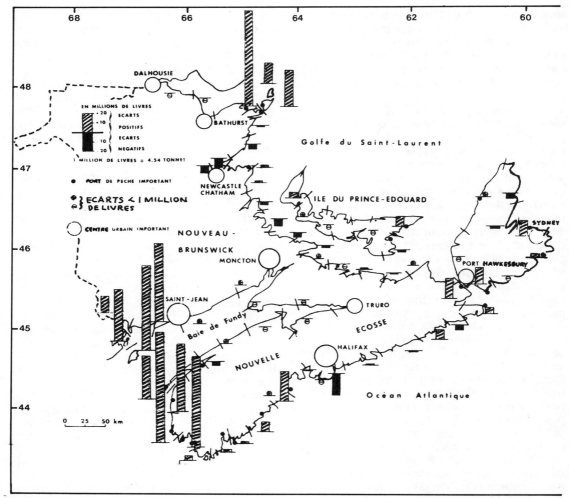

Figure 67
*Mise en évidence des écarts entre les débarquements
de 1953 et 1968 par district de pêche.*
Source : ministère de l'Environnement

près possible des champs de pêche ; la principale exigence étant moins, comme nous l'avons dit, d'évacuer rapidement la marchandise vers l'hinterland que de se mettre dans la meilleure situation possible pour ne pas aggraver les temps morts de retour à quai des bateaux.

Un autre élément militait en faveur de ce choix. Vouées depuis toujours à l'industrie des pêches, ces trois régions possédaient un réservoir de main-d'œuvre extrêmement qualifié, aussi bien dans le domaine du travail en usine que dans celui de la pêche proprement dite. C'est là un thème favori de tous les rapports d'étude traitant de cette question. Ajoutons que dans la mesure où ces régions en bout-de-terre sont aussi celles qui offrent le moins d'emplois alternatifs (y compris dans l'île du Cap-Breton où l'industrie charbonnière est aux prises depuis 25 ans avec les pires difficultés), les compagnies n'avaient pas à craindre les conséquences d'une politique de bas salaires, les habitants préférant encore se contenter d'un médiocre revenu à se voir contraints de quitter leur *paroisse* (commune) ; elles pouvaient même compter sur l'aide substantielle de l'État qui, dans son désir de ne pas aggraver les déséquilibres interrégionaux, misait sur la *vocation maritime* de ces régions en y favorisant le développement des industries de transformation du poisson.

Mais ces trois régions ne se trouvent pas placées sur un pied d'égalité. La preuve en est l'étude gouvernementale parue en 1969 portant sur l'efficacité comparée des usines de conditionnement de chacune des trois Provinces durant la période de 1961-1965 (cf.

Atlantic Development Board, 1969). La Nouvelle-Écosse y obtenait la meilleure valeur ajoutée par heure d'employé (2,35 dollars) et aussi les salaires horaires les plus élevés (1,13 dollars), alors qu'à l'opposé, l'île du Prince-Édouard n'offrait qu'une valeur ajoutée de 1,60 dollars par heure d'employé et des salaires horaires de 0,77 dollars. Le Nouveau-Brunswick se situait dans une position intermédiaire du fait de l'existence de ses deux façades maritimes ; l'une, en bordure du golfe du Saint-Laurent enregistrant des résultats en tous points comparables à ceux de l'île du Prince-Édouard ; la seconde, en bordure de la baie de Fundy se rattachant au secteur privilégié du S.W. de la Nouvelle-Écosse. Il n'y a donc rien d'étonnant à ce que les régions côtières du S.W. des Maritimes, dans une situation particulièrement avantageuse tant sur le plan de l'accès aux ressources que par rapport au marché des États-Unis, aient progressivement affirmé leur supériorité sur les autres districts (en particulier sur ceux du golfe du Saint-Laurent). Moins cependant qu'on pourrait le croire. En effet, durant toute cette période, la compétition pour s'adjuger les ressources fut très vive entre les grandes compagnies. Aucune d'elles n'était disposée à laisser l'autre accaparer les richesses faunistiques abondantes et variées du Plateau magdalénien, d'autant que les pouvoirs publics, dans le cadre d'ententes spéciales fédéral-provincial, octroyaient alors généreusement prêts et subventions à quiconque venait s'installer sur ces franges côtières déshéritées. Entre 1960 et 1970, on a donc assisté à une véritable course entre les sociétés de conditionnement pour se *placer* sur tous les terrains favorables sans trop se préoccuper des résultats à moyen et à long terme de leur implantation.

> *Il est arrivé par exemple que le gouvernement ait, au même endroit et au même moment, financé partiellement de nouvelles installations de traitement du poisson (comme contribution à l'expansion industrielle) et imposé des limites de prises (à des fins de conservation)* (voir Politique canadienne pour la pêche commerciale, p. 26-47).

Les modifications intervenues dans la localisation des organismes portuaires n'ont donc pas été le fruit d'un plan d'aménagement soigneusement réfléchi, mais plutôt le résultat d'une expansion rapide, menée follement, sans politique d'ensemble bien établie.

CHAPITRE CINQ

La pêche dans un monde en crise

La folle expansion qui avait présidé depuis la fin de la dernière guerre aux destinées du monde occidental et dont les Provinces Maritimes canadiennes avaient largement profité en s'ouvrant aux techniques industrielles de production et de transformation du poisson, a pris fin à l'aube des années soixante-dix. Rien ne va plus et rien n'ira plus comme avant. La belle machine à produire de la croissance donne des signes évidents de grippage. Le monde est entré dans une crise d'une ampleur jamais atteinte depuis la guerre.

Mais de quelle crise s'agit-il? On a beau fouiller l'histoire, on ne trouve aucun précédent qui, à défaut de rassurer, permettrait du moins de comprendre ce qui se passe. Crise financière? Crise politique? Crise culturelle? Chacune de ces interrogations recèle sa part de vérité sans qu'aucune puisse prétendre à elle seule apporter une réponse évidente et définitive. Pourtant, une constatation s'impose aujourd'hui (1980). Contrairement à ce que certains affirmaient au début d'une manière un peu trop péremptoire, la crise n'est pas simplement conjoncturelle; c'est bien l'aboutissement d'une lente dégradation, la rançon même du succès d'une croissance gloutonne, mal dirigée, et fondamentalement inégalitaire. C'est du moins notre opinion. Mais il ne s'agit pas ici d'en apporter les preuves (encore que la façon dont s'est opérée l'évolution des pêches dans ce secteur de l'hydrosphère pourrait parfaitement l'illustrer), mais bien de nous en tenir aux seuls aspects économiques qui intéressent notre étude.

L'industrie des pêches a été particulièrement affectée par cette crise, d'autant qu'elle se trouvait dans une position de faiblesse du fait de la chute brutale des apports résultant de la surexploitation des fonds et des vicissitudes d'un marché extérieur soumis aux spéculations les plus vives.

Première traduction de ces difficultés, on a assisté à une augmentation substantielle du coût des opérations de pêche malgré une hausse sensible des prix au débarquement. En particulier pour les grands chalutiers (supérieurs à 120 pieds). Alors qu'il en coûtait 5 à 6 cents en 1970 pour capturer une livre de poisson de fond, il en fallait deux fois plus en 1974 pour pêcher la même quantité (Politique canadienne pour la pêche commerciale, 1976, p. 53). Pendant ce temps, les prix à la première vente correspondant à ces apports n'avaient, eux, augmenté que de 40 %! De fait, les pêcheurs canadiens (comme leurs homologues des autres pays industriels) ont dû supporter de 1970 à 1977 une série de hausses vertigineuses : sur la construction des bateaux (+ 150 %), le matériel de pêche (+ 200 % sur les cordages), les différents services (+ 100 %), la location des appareils..., et bien entendu sur le carburant qui, de 35 cents le gallon en 1970, devait passer à 68 cents en 1977 et dépasser le dollar en 1979.

Prenons l'exemple d'un chalutier de 86 pieds (26 m) équipé d'un moteur de 510 CV et pêchant la crevette.

— En 1970, ce bateau consommait au cours d'une marée de dix jours 3 500 gallons de fuel (coût = 870 dollars). Si l'on table sur un apport moyen de 35 000 livres par sortie et un prix au débarquement de 18 cents la livre, les dépenses en carburant représentaient alors un prélèvement d'environ 15 % sur le revenu brut.

— En janvier 1979, pour un voyage effectué dans les mêmes conditions, c'est-à-dire avec 3 500 gallons de fuel et avec des prises identiques (35 000 livres) rémunérées cette fois à 40 cents la livre, le prélèvement en carburant s'élevait à 21 % des ventes brutes. Et encore, il n'est pas tenu compte dans ce calcul de la baisse des rendements due à la raréfaction de la ressource et de la surcharge en fuel qui en résulte...

Aux dires de plusieurs responsables, la ponction opérée par les frais en huiles et carburants aurait représenté, entre 1970 et 1977, une augmentation de l'ordre de 1,5 % l'an.

Autre aspect de cette crise, sur le marché des États-Unis où se dirigent les trois quarts des exportations canadiennes, de graves difficultés apparurent du fait de la baisse sensible du prix de certaines viandes (volailles notamment) et de l'augmentation simultanée des importations à bon compte de poissons congelés en provenance du Japon et de divers autres pays sous-développés (Corée, Argentine...) Il en résulta une réduction notable de la part canadienne dans l'approvisionnement du marché américain. Ainsi, de 1969 à 1974, les ventes canadiennes de poisson de fond congelé en blocs passèrent de 33 % à 12 % du marché, tandis que pour les filets, elles tombaient durant le même temps de 74 à 48 % (Politique canadienne pour la pêche commerciale, 1976, p. 48).

Pour éviter un effondrement de cette industrie, le gouvernement fut obligé d'intervenir massivement. De juillet 1974 à mars 1977, il accorda une aide spéciale de 130 millions de dollars venant en plus des quelque 200 millions que les administrations fédérales et provinciales dépensent chaque année pour les pêches. Utilisée au complet, cette somme représente 6 500 dollars par entreprise, ou 2 200 dollars par pêcheur canadien.

Ainsi, compte tenu de la conjoncture actuelle, les objectifs d'une politique de développement des pêches apparaissent, plus clairement encore qu'auparavant, s'inscrire autour de trois thèmes fondamentaux :
● une gestion rationnelle et efficace des ressources en fonction des composantes biologiques mais aussi économiques et sociales ;
● la recherche d'une plus grande autonomie commerciale des producteurs et exportateurs des Maritimes (vis-à-vis notamment des grandes firmes agro-alimentaires) ;
● l'engagement des pêcheurs au sein d'organisations coopératives et syndicales mieux structurées, condition *sine qua non* pour voir ces projets aboutir.

À la faveur de la crise, chacun de ces thèmes a reçu un début de réalisation, nous allons voir comment.

A. *L'appauvrissement des fonds*

Le problème soulevé par la raréfaction des richesses faunistiques dans les mers épicontinentales du Nord-Ouest Atlantique n'est pas nouveau. Maintes fois au cours de l'histoire, les riverains ont eu à se plaindre de la disparition, momentanée ou non, des bancs de poissons et autres animaux aquatiques qu'ils avaient l'habitude de capturer à proximité de leur rivage. Après tout, qu'il s'agisse du mouvement des baleines ou de la dérive des jeunes phoques sur la banquise, des *mouvées* de hareng arrivant à la côte *à épaisseur d'eau,* ou des déplacements en *pioles* (concentrations) de la morue, l'ampleur et la régularité de ces phénomènes migratoires ont toujours été aléatoires.

À défaut d'une explication rationnelle, les pêcheurs attribuaient cette désertion à la malchance, au mauvais sort, aux lois mystérieuses et indéchiffrables de la nature. Ils ne se gênaient pas non plus pour en faire peser la responsabilité sur les *autres,* c'est-à-dire les étrangers. Généralement mieux outillés, ceux-ci sont toujours apparus comme des gens sans scrupules, des *écrémeurs de mer,* pour tout dire des intrus qui non seulement venaient dérober le bien le plus précieux du pêcheur canadien, mais ne prêtaient aucune attention aux engins de pêche qu'ils trouvaient sur leur passage. L'histoire fourmille de ces querelles entre autochtones et pêcheurs étrangers, en particulier dans la baie de Fundy où l'animosité envers les Américains a toujours été très vive (voir M. Perley, 1852, p. 176).

Pendant longtemps, les autorités fédérales et provinciales se sont contentées de limiter l'accès des eaux côtières aux pêcheurs étrangers, plus d'ailleurs pour des raisons de politique générale que par un réel souci de protéger la faune et la flore marine (qu'on se souvienne de la Convention de 1818, ou du Hovering Act de 1836).

Dès le milieu du XIXe siècle cependant, des inquiétudes ont commencé à se faire jour concernant les destructions opérées sur les frayères de hareng ainsi que sur les dommages causés aux poissons anadromes par le rejet du bran de scie (M. Perley, *ibid.,* 176-178). Mais il fallut attendre le dernier quart du XIXe siècle pour voir enfin les autorités américaines entreprendre des recherches plus systématiques sur les causes des fluctuations de la ressource. Le laboratoire de biologie marine de Woods Hole (Massachusetts) fut le premier, dans les années 1875-1880, à se pencher sur la biologie de la morue dont on signalait un peu partout la raréfaction. L'un de ses plus éminents chercheurs, Spencer David, suggéra que cette diminution était en rapport avec la mortalité excessive des harengs et des gaspareaux, elle-même consécutive à la construction de barrages hydroélectriques sur les cours d'eau de la Nouvelle-Angleterre (H.W. Graham, 1970, p. 249).

De leur côté, les Canadiens s'intéressèrent à ces questions d'équilibre écologique à propos de la chute alarmante des prises de homards et de la baisse non moins inquiétante des montaisons de saumons. C'est dans ce but que fut créé, en 1898, une première station biologique chargée, entre autres activités, d'organiser la gestion des pêches. L'objectif était sans doute trop ambitieux et encore trop mal défini pour apporter des remèdes-miracles à la situation déjà critique de certaines pêcheries canadiennes. Le laboratoire de Saint-Andrews n'en fut pas moins un des centres de recherche ichtyologique les plus féconds de l'Amérique du début du siècle. À signaler par exemple les travaux de A.P. Knight sur les réactions des poissons aux effluents industriels et domestiques, et surtout ceux de A.G. Huntsman sur la dynamique des stocks de poisson. En 1918, ce biologiste fut l'un des tout premiers à donner une description scientifique de *« l'effet de pêche en essor »* (fishing-up effect) à la base de toute compréhension sur l'évolution d'une pêcherie. Plus tard, entre les deux guerres, les efforts portèrent sur le rétablissement des gisements huîtriers complètement décimés par la fameuse *« maladie de Malpègue ».* Au même moment ou presque, la baisse dramatique des prises d'églefin dans le golfe du Maine (de 65 000 tonnes en trois ans) suscita de vives réactions chez les pêcheurs américains. Pressé d'agir, le gouvernement des États-Unis demanda qu'une étude approfondie fût entreprise sans délai sur les causes de ce déclin et les remèdes à y apporter. Chargé de ce travail, le biologiste Herrington arriva à la conclusion qu'il y avait surpêche et que la seule solution acceptable serait d'élargir le maillage du cul des chaluts afin de permettre à un plus grand nombre de petits individus de s'échapper et d'arriver à maturité. Mesures que les pêcheurs auraient bien encore acceptées, mais que le gouvernement ne jugea pas bon de retenir en raison de l'hostilité déclarée des usiniers qu'intéressaient précisément ces prises d'églefin de petite taille.

Ces quelques exemples montrent que les symptômes de surexploitation ont pris une tournure inquiétante à la fin du XIXe siècle dès lors que les opérations de pêche ont été menées sur une base industrielle avec des engins de capture aussi peu sélectifs que le chalut. Mais entendons-nous ; il s'agit ici de déplorer non pas l'efficacité accrue des bateaux de pêche résultant des multiples applications du progrès technique au domaine halieutique, mais bien l'inorganisation qui a présidé aux opérations de capture et dont les effets se sont révélés d'autant plus désastreux que se perfectionnaient ces moyens d'intervention sur l'hydrosphère. En effet, les efforts pour gérer les pêcheries d'une façon un tant soit peu rationnelle sont demeurés jusqu'à ces toutes dernières années nettement insuffisants et de peu d'effet, sans commune mesure avec ce qu'eût exigé la situation nouvelle créée par l'arrivée de ces flottilles supérieurement outillées. Si curieux que cela puisse paraître, l'automatisation du navire de pêche, si loin qu'elle ait été poussée, n'a pas modifié sensiblement le comportement du pêcheur. Le métier revêt toujours cet aspect de compétition sportive, où chacun recherche le maximum des prises sans trop se soucier des dégradations à long et à court terme sur l'éco-système. Même entouré des appareils les plus sophistiqués, le pêcheur se conduit comme un nomade se déplaçant librement sur la mer, à l'affût du bon coup de filet à donner ici ou là.

1. *Un espoir :*
   la mise en place de la C.I.P.A.N.

Dans les années d'après-guerre, en prévision de l'afflux de bateaux dans cette région du globe, les quelques pays déjà représentés par une flottille, se mirent d'accord pour échanger des informations scientifiques. En 1949, une douzaine d'entre eux signaient une convention par laquelle chacun s'engageait à participer à des recherches communes en vue d'aboutir à une réglementation concernant la protection des fonds. Premier pas d'une collaboration qui devait aboutir, en 1951, à la création de la C.I.P.A.N. (Commission internationale des pêcheries de l'Atlantique du Nord-ouest).

Les premiers travaux de cet organisme furent consacrés à l'établissement d'annuaires statistiques, élaborés à partir de cinq différentes sous-zones et de leurs subdivisions (en 1963, une sixième sous-zone fut ajoutée). Simultanément, on entreprit des recherches sur l'identité et l'importance des divers stocks. C'est ainsi qu'en reprenant et en approfondissant les travaux de l'Américain Herrington, la Commission fut en mesure, dès le début des années cinquante, d'avertir les autorités gouvernementales des dangers de surexploitation que couraient les espèces démersales traditionnellement pêchées. Elle recommanda de porter de deux pouces et quart à quatre pouces et demi l'écartement des mailles de tous les chaluts, disposition grâce à laquelle les biologistes américains affirmaient pouvoir augmenter les rendements d'environ 30 %. Malheureusement, l'affaire traîna en longueur et perdit beaucoup de son efficacité. Ce n'est qu'en 1952 qu'elle fut ratifiée par les différents gouvernements et pas avant 1953-1954 qu'elle entra en application avec d'ailleurs quelques variantes selon les sous-zones considérées.

Aussi bien, l'arrivée dans les parages de nouvelles et puissantes flottilles de pêche rendait cette réglementation en grande partie caduque. Des études menées à cette même époque sur plusieurs espèces de poissons de fond indiquaient des signes inquiétants d'appauvrissement, en particulier dans le golfe du Saint-Laurent où les concentrations de morues sur les rebords du chenal laurentien attiraient chaque hiver un nombre grandissant de bateaux de pêche. Il fallait réagir. Dès 1956, les pêcheurs canadiens pressèrent leur gouvernement de repousser la limite des eaux territoriales au-delà des 3 milles traditionnels afin d'éloigner les flottilles étrangères de leurs rivages. À la conférence de Genève de 1958, le Canada s'évertua à faire accepter le principe d'une zone de pêche exclusive des 12 milles.

Il ne s'agissait pas à proprement parler d'une idée nouvelle. Depuis longtemps, le droit international avait reconnu implicitement qu'au-delà de la mer territoriale où s'exerçait la pleine et entière souveraineté de l'État riverain, existait une zone complémentaire à l'intérieur de laquelle ce même État pouvait légitimement s'octroyer certaines compétences en matière d'opérations de pêche, de contrôle douanier et sanitaire, d'admission de navires étrangers, etc. Mais jusqu'alors, aucune convention concernant ce sujet n'avait pu être signée en raison d'un désaccord persistant sur la largeur à donner à cette zone contiguë. En effet, un certain nombre de pays, las d'attendre la signature d'une hypothétique entente, avaient fixé d'eux-mêmes les limites de leurs *eaux de pêches réservées* situées au-delà de leurs eaux territoriales ; ce fut le cas de l'Espagne avec 6 milles (1933), puis du Brésil avec 12 milles (1938) et du Costa Rica avec 200 milles (1939).

En 1945, les États-Unis, jusque-là hostiles au principe des zones contiguës, affirmèrent par la bouche du président Truman que le plateau continental était le prolongement naturel du territoire terrestre des États, et qu'en conséquence il revenait à chacun de ces États de protéger les réserves de poissons qui s'y trouvaient. Fort de cet appui, un certain nombre de pays tels que l'Argentine et le Chili prétendirent étendre leurs droits juridiques sur toute la plate-forme continentale en y incluant les eaux susjacentes.

La conférence de Genève de 1958 consacra l'existence d'une zone contiguë de 12 milles, mais refusa de l'appliquer aux activités halieutiques. Votée en commission préparatoire, la proposition canadienne d'une zone exclusive de pêche ne reçut pas, lors de l'assemblée générale, l'approbation des deux tiers de voix requise. Les États-Unis (en recul sur la déclaration Truman) et l'U.R.S.S. s'y opposèrent farouchement, alléguant que cette mesure empièterait par trop sur la liberté des mers. Les deux supergrands craignaient par-dessus tout que les pays n'en viennent les uns après les autres à mordre sur le domaine *libre et indivisible* de la pleine mer et ne remettent par là-même en cause le libre passage de leur marine de guerre dans les détroits (Év. du 24 avril 1958).

Quant à la seconde conférence de Genève (1960), elle n'obtint rien de plus que la précédente, ce qui devait amener les États directement concernés par ce sujet à se déterminer unilatéralement en fonction de leurs propres intérêts. Pendant ce temps, la situation sur le terrain n'avait fait que s'aggraver. Dans le N.W. Atlantique, les bâtiments étrangers en nombre toujours plus grand poursuivaient leur râtissage systématique sans même prêter attention aux vives protestations que leur présence soulevait auprès des populations riveraines. N'était-il pas paradoxal par exemple de voir les plus gros chalutiers européens venir pêcher en toute impunité à proximité des côtes américaines alors que les chalutiers canadiens (de surcroît de plus faible tonnage) se voyaient interdire par leur propre gouvernement de s'en approcher à moins de 12 milles!

En 1962, à Moscou, lors de la conférence annuelle de la C.I.P.A.N., le délégué canadien aborda pour la première fois la question d'une limitation volontaire des captures et d'une réduction de l'effort de pêche. Inutile de préciser qu'il ne fut pas suivi. Manifestement, les autres pays n'étaient pas intéressés au même titre que le Canada à l'établissement de telles restrictions. Malgré un effort sans précédent pour se doter d'une flottille industrielle, celui-ci n'alignait que des unités de moyen tonnage, d'une autonomie nettement inférieure à celle des grandes unités étrangères lesquelles n'assuraient leur rentabilité que par des prises énormes et régulières. Travaillant plus près de leur base, les bateaux canadiens avaient la possibilité de rentabiliser plus aisément leur capital-navire, à condition toutefois que le poisson ne disparût pas des lieux de pêche traditionnels. De fait, les autorités canadiennes avaient tout à craindre d'un appauvrissement dont les petites communautés villageoises dispersées le long du littoral seraient les premières à faire les frais. Il n'en était pas de même des flottilles étrangères qui pouvaient à tout moment et selon les circonstances passer d'une aire de pêche à une autre sans se soucier des répercussions sociales et économiques de leur action.

2. Le premier «coup d'éclat» du Canada

En 1964, las d'attendre un geste de bonne volonté de la part de ses associés, le Canada prit la résolution (après beaucoup d'autres pays) d'étendre sa zone de pêche à 12 milles. Cette décision, depuis longtemps attendue, suscita un tollé du côté des États membres de la C.I.P.A.N., surtout quand il fallut définir le système adéquat de tracé de la ligne. Le Canada n'agissait pourtant pas en franc-tireur. Il ne faisait qu'appliquer pour lui-même les conclusions prises à Londres quelques mois auparavant et qui ne concernaient, il est vrai, que le Nord-Est Atlantique. Aux termes de cet accord, l'État riverain se voyait accorder le droit exclusif de pêche dans la zone des 6 milles mesurée à partir de la ligne de base de la mer territoriale. Plus au large, dans la zone comprise entre 6 et 12 milles (toujours mesurée à partir de cette même ligne de base), l'État riverain devait partager ces droits avec les nations dont les bateaux de pêche fréquentaient cette zone de pêche depuis plusieurs années, ceci en vertu de la théorie des droits acquis ou de *la prescription acquisitive* (P. Schmitz, 1971, p. 456). Par conséquent, le principe que les Européens avaient bien fini par admettre sur leur propre plate-forme continentale, pourquoi refuseraient-ils de la voir appliquer dans une région maritime où les problèmes se posaient en des termes équivalents?

Cette prise de position du gouvernement canadien résultait d'un climat général qui portait les États riverains à prendre leurs responsabilités face à l'insouciance et l'indolence des grands pays halieutiques, à leur incapacité à s'entendre pour mettre en place une politique commune de gestion des pêches. Pourtant, ce premier *coup de force* n'eut aucun effet pratique sur le déroulement des opérations, tout au moins dans le N.W. Atlantique. Il n'empêcha nullement les Européens d'accroître leur pression sur les stocks.

Le plus bel exemple en fut donné par les Russes.

Ceux-ci devaient profiter de l'abondance exceptionnelle sur le banc Georges de jeunes églefins (de deux ans d'âge) pour opérer en 1965 un véritable pillage de ce stock au grand dam des pêcheurs américains et canadiens peu habitués à croiser dans ce secteur de telles armadas. Le plus grave, c'est que l'effort de pêche se poursuivit à un haut niveau durant presque une année encore, alors que la venue de classes d'âge moins fournies eût exigé une diminution radicale des apports. Ainsi, la combinaison d'une pêche intensive et d'un recrutement insuffisant ramena en 1969 le stock à seulement 25 % de ce qu'il était *avant* 1965, c'est-à-dire au moment où la production annuelle atteignait 50 000 tonnes.

En 1969, le poids des prises d'églefin, en l'absence de réglementation, ne s'élevait plus qu'à 25 000 tonnes. Pour limiter les captures, on fixa en 1970 puis en 1971 un quota de 12 000 tonnes, réduit à 6 000 tonnes en 1972. Les experts estimaient en 1975 que cette production pourtant fort restreinte, dépassait encore les capacités de renouvellement de ce stock, et qu'il faudrait probablement la réduire...

En 1966, à la conférence annuelle de la C.I.P.A.N. à Madrid, la question d'une gestion plus rationnelle des pêcheries revint une nouvelle fois sur le tapis. Cette fois, les délégués ne purent faire autrement que d'accepter la création d'une commission de travail chargée de proposer des mesures concrètes de conservation des ressources. Le rapport présenté l'année suivante à Boston révélait, si besoin en était encore, la profondeur du mal. L'effort de pêche devait être réduit immédiatement de 30 à 40 % pour que les rendements se maintiennent à leur niveau et qu'ils puissent un jour à nouveau augmenter. Pour cela, il importait de réduire les effectifs de bateaux en activité dans le N.W. Atlantique, solution jugée préférable à celle qui consistait à écourter le temps de pêche pour chaque unité. Le nombre d'emplois serait peut-être réduit mais l'on permettrait à ceux qui resteraient d'avoir des revenus plus élevés.

Mais les délégués, tout en admettant le bien-fondé de ces recommandations, hésitèrent à s'engager plus avant dans cette direction de peur de se voir imposer des limites trop sévères à leur liberté d'action. Sans refuser catégoriquement les propositions (qu'auraient-ils pu justifier pour cela?), ils en différèrent l'application. La conférence dans laquelle les Canadiens avaient placé tant d'espoirs, s'achevait par un échec cuisant. Un échec qui en disait long sur la volonté des États de s'organiser pour exploiter les richesses naturelles dans l'intérêt de tous et de sortir de cette logique absurde qui condamne les hommes à poursuivre sans relâche leur action destructrice et à ne jouer que la carte du présent sans prendre en compte l'avenir. En ce sens, la conférence de Boston marquait un tournant décisif dans les relations entre membres associés de la C.I.P.A.N. Elle apportait des arguments à ceux qui, depuis longtemps, affirmaient qu'il ne pourrait rien sortir de bon de cette Commission internationale et que tout aménagement dans le domaine des pêches devait, pour avoir quelque chance de réussir, être pris en main par le pays riverain, au besoin d'une manière autoritaire.

3. *Le Canada sur la voie de la fermeté*

À la fin de cette décennie soixante, l'échec de la C.I.P.A.N. était manifeste. Le nombre des bateaux présents dans le N.W. Atlantique, loin d'amorcer le déclin désiré, continuait de progresser. En 1971 par exemple, dans la catégorie des unités de 2 000 tjb et plus, on ne comptait pas moins de 98 unités supplémentaires par rapport à 1968, tandis que le niveau global des prises n'arrivait à se maintenir que par l'exploitation massive de poissons communs (sébaste et maquereau surtout).

Devant cette démission de ses partenaires et sous la pression d'une opinion publique de plus en plus sensibilisée à cette affaire, le gouvernement canadien se décida à intervenir. Coup sur coup, il étendit la limite de ses eaux territoriales de 3 à 12 milles, et s'octroya à titre de territoire de pêche exclusif les eaux du golfe du Saint-Laurent et de la baie de Fundy (ainsi d'ailleurs que celles du golfe de la Reine-Charlotte sur la côte du Pacifique). Cette résolution, accueillie favorablement par la population canadienne, fut jugée encore insuffisante, l'idée de voir se créer une zone protégée englobant la plus grande partie de la plate-forme continentale, avait fait son chemin et apparaissait aux yeux de tous comme la solution idéale, la seule en mesure de mettre un terme aux graves difficultés de l'heure.

Néanmoins, le gouvernement entendait ne pas aller trop vite. La C.I.P.A.N. s'était enfin décidée à établir des quotas de prises et il fallait lui laisser des chances de mener à bien sa politique, d'autant que la tenue prochaine d'une réunion internationale sur le droit de la mer pouvait donner quelque espoir aux partisans de la conciliation.

Deux séries d'événements allaient définitivement engager le Canada sur la voie de la fermeté.

Il y eut d'abord les conférences successives sur le Droit de la mer de Caracas (1974), Genève (1975), New York (1976) où l'on vit s'affronter les pays industriels et nantis aux pays sous-développés sur lesquels le Canada *grosso modo* s'aligna. Le véritable défi lancé aux différents participants était le suivant : parviendrait-on à s'entendre pour que les richesses de la mer, que ce soit les ressources ichtyologiques, le pétrole offshore ou les nodules métalliques, soient reconnues (en dehors des zones territoriales) comme appartenant à tous (théorie de la *Res communis*)? Si oui, il s'ensuivrait une répartition équitable où la règle d'équité ne serait pas nécessairement l'égalité mais plutôt une *distribution compensatoire* tendant à favoriser les plus pauvres et les plus démunis par la nature. En 1968, les Nations unies n'avaient-elles pas admis dans ce sens et à l'unanimité, que la mer au-delà de la juridiction nationale faisait partie du *patrimoine commun de l'humanité!* À vrai dire, il ne s'agissait que d'un accord de principe qui devait se heurter à l'égoïsme des États dès lors qu'il fallut en préciser les applications concrètes. Les pays industriels défendaient avec acharnement l'idée de la *Res nullius* selon laquelle ces ressources n'appartiennent à personne ; et de même que l'île inconnue revient au premier occupant, les richesses sous-marines échoient au premier découvreur. Mais une telle position ne pouvait que rencontrer l'hostilité des pays sous-développés, pauvres en savoir-faire technologique et en moyens financiers, et qui, dans cette optique, se voyaient condamnés à regarder les autres s'emparer des ressources situées à proximité de leurs côtes sans pouvoir réagir.

Par ailleurs, la menace que faisaient courir les États côtiers d'étendre unilatéralement leurs droits territoriaux inquiétait les grandes puissances (U.S.A. et U.R.S.S.) soucieuses de maintenir la liberté d'action de leur flottille de surface et sous-marine aux endroits stratégiques de la planète. Devant cette opposition d'intérêts apparemment inconciliables,

il n'y avait plus qu'à s'acheminer vers une solution de compromis : elle consistait à reprendre la distinction déjà faite à Genève (1958) et à Londres (1964) entre les droits politiques d'un État à l'intérieur de la zone territoriale (laquelle ne devrait pas excéder les 12 milles nautiques) et ses droits économiques dans une zone complémentaire ou contiguë qui pourrait s'étendre jusqu'aux 200 milles nautiques.

4. *L'État-riverain impose ses vues*

Ainsi, au fil des années, les nations en étaient venues à admettre une nationalisation des richesses sous-marines qui, si elle sauvegardait les intérêts du plus grand nombre, devait conduire, il faut bien l'avouer, à une répartition fort peu équitable : les pays insulaires et aux côtes allongées (la France, par exemple, avec ses îles du Pacifique) recevaient de larges portions de l'hydrosphère alors que d'autres, enclavés à l'intérieur des terres ou à façade maritime étroite, se voyaient pratiquement exclus de toute attribution. Pour le présent, elle mettait le Canada dans une position de force pour faire valoir son point de vue auprès de ses partenaires de la C.I.P.A.N.

En effet, il apparut avec de plus en plus d'évidence que les contingentements déjà difficilement acceptés par les États membres de la Commission, étaient fixés à un niveau beaucoup trop bas pour gêner véritablement les flottilles et les contraindre à diminuer leur effort de pêche. Des photographies aériennes, largement diffusées dans la presse canadienne, laissaient voir la puissance d'action de la flottille russe avec ses énormes navires-usines et ses centaines de bateaux-satellites travaillant à moins de 20 milles des côtes néo-écossaises. Mais l'irritation des riverains fit place à l'indignation et à la colère quand les autorités canadiennes révélèrent toutes les irrégularités dont les bateaux étrangers se rendaient coupables : maillages non réglementaires, statistiques volontairement truquées, quotas non respectés. Des flottilles dépassaient allègrement de 60 à 70 %, quand ce n'est pas de 100 % et plus, le total des prises admissibles.

Or, dans la mesure où le gouvernement canadien était pour ainsi dire le seul (parce que le plus touché) à protester énergiquement contre de tels abus, il se comportait comme le meilleur garant des décisions prises ou à prendre par la C.I.P.A.N. et *de facto* comme le véritable responsable de la gestion de ce secteur maritime. Dans ce sens, il entama une vigoureuse campagne diplomatique pour engager les États membres de la Commission à procéder à une diminution importante de leurs prises. Sans résultat. La conférence d'Édimbourg, en juin 1975, se termina par un échec complet en raison de l'opposition de la délégation soviétique à toute mesure de restrictions supplémentaires.

Mais cette politique d'obstruction systématique ne pouvait que durcir la position canadienne, d'autant qu'au même moment la preuve était établie que les navires russes avaient une fois de plus triché avec les règlements en capturant, au large de la presqu'île d'Avallon, deux fois plus de capelans qu'il ne leur était permis. Le gouvernement fédéral tenta alors un coup de force et le réussit. Le 23 juillet de la même année (1975), il décida de fermer les ports canadiens à tous les bateaux russes qui avaient l'habitude de venir en grand nombre s'y approvisionner en eau et carburant et y effectuer diverses réparations. Naturellement, l'affaire fit du bruit ; il montrait pour la première fois au monde ébahi la détermination du Canada de ne plus se laisser faire et de ne pas faillir à ses responsabilités d'État riverain. La *guerre des pêcheries* néanmoins dura peu de temps. Des négociations canado-russes, menées au plus haut niveau, devaient aboutir à un accord bilatéral donnant largement satisfaction aux Canadiens.

Dès septembre de la même année, alors que l'interdiction faite à l'encontre des bateaux russes était levée, une nouvelle conférence s'ouvrit à Montréal. Dans un climat de détente cette fois, les différents points de l'arrangement canado-russe furent repris et approuvés par l'ensemble des délégations. À la faveur d'un coup d'éclat, ce qui avait été refusé à Édimbourg trois mois plus tôt, était accordé à présent et au-delà même de toute espérance. Le Canada exigeait et obtenait de ses partenaires une diminution de 50 % des prises alors que lui-même s'engageait à ne les restreindre que de 10 %. À cette fin, les bâtiments opérant à l'intérieur de la zone, reçurent l'ordre de réduire de 40 % le nombre de leurs journées de pêche à l'exception du Canada, de la France et des États-Unis qui, en tant qu'État côtier, jouirait d'un régime particulier.

5. *Vers la reconnaissance d'une zone exclusive de pêche*

Ainsi, après plus de dix années de longues et difficiles négociations, un sérieux effort était pour la première fois tenté pour enrayer l'inéluctable appauvrissement des fonds. Mais plus encore que les résultats obtenus, la manière dont ils avaient été acquis soulignait la primauté désormais reconnue à l'État côtier dans la conduite des opérations maritimes. À y regarder de plus près, elle ne faisait qu'appliquer la fameuse déclaration Truman du 28 septembre 1945 sur le *prolongement naturel du territoire terrestre des États*. Car personne ne doutait à présent que cet accord constituât le premier pas vers la reconnaissance pure et simple du droit pour le Canada d'exploiter et de gérer sa plate-forme comme bon lui semblerait. Le ministre fédéral des Pêcheries ne se cachait pas pour affirmer que ce succès ne réduirait en rien les efforts de son gouvernement pour obtenir l'extension de sa juridiction aux 200 milles. L'oublierait-il d'ailleurs que les pêcheurs canadiens exaspérés de voir tant de richesses leur échapper, le lui rappelleraient, d'autant qu'ils voyaient dans cette mesure la solution miracle à toutes leurs difficultés présentes et à venir. Durant l'été et l'automne 1975, des cahiers de pétitions circulèrent un peu partout dans les ports néo-écossais pour presser le gouvernement d'agir dans ce sens. Mais celui-ci avait décidé d'attendre encore un peu et de ne rien faire qui pût être interprété comme une provocation.

Cependant, la conférence de New York en mai 1976 allait confirmer l'autorité définitivement acquise par les États riverains. Dans la mesure où personne n'osait à présent s'opposer aux exigences du Canada, et surtout pas les pays membres de la C.I.P.A.N. par crainte des représailles ultérieures, la partie était définitivement gagnée. Il n'y eut donc aucune surprise lorsque, le 4 juin 1976, le secrétaire d'État aux Affaires extérieures et le ministre des Pêcheries du Canada annoncèrent conjointement qu'à partir du 1er janvier 1977, leur pays étendrait la limite de la zone économique de 12 à 200 milles nautiques (370 km).

Depuis cette date, chaque pays qui désire se livrer à des opérations de pêche à l'intérieur de la zone, doit préalablement obtenir un permis pour chacune de ses unités et s'engager à respecter scrupuleusement les règlements canadiens. Il doit en outre présenter avant le début de chaque campagne une sorte de calendrier des activités de sa flottille (en y joignant les engins et les secteurs de pêche envisagés), afin de vérifier s'il est bien conforme au plan de pêche souhaité par

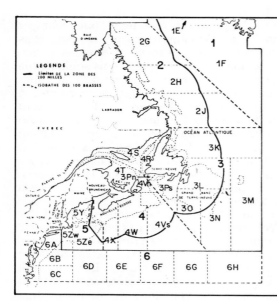

Figure 68
Divisions de la C.I.P.A.N. et zone exclusive des pêches.

les autorités canadiennes. Depuis 1978, un droit d'entrée de un dollar par tonneau est exigé ainsi qu'un droit de pêche calculé en fonction des dimensions du bâtiment et du nombre de jours de présence. Enfin, les commissaires canadiens ont désormais toute autorité pour monter à bord des navires et y opérer les contrôles qu'ils jugent nécessaires. À cet effet, vient d'être mis en place un vaste programme de construction et d'affrètement de bateaux de recherche et de surveillance ; dans les cinq ans à venir, il devrait assurer au Canada une parfaite maîtrise de son territoire de pêche. D'ores et déjà, fonctionne un système informatisé connu sous le nom de FLASH (*Foreign Fishing Vessels Licensing Information System*) ; il s'agit d'une banque de données qu'alimentent les services d'inspection en mer et de surveillance aérienne ainsi que les départements de délivrance des permis. Relié à des terminaux localisés à Saint-Jean de Terre-Neuve et Halifax, ce système permet de suivre les bateaux dans leurs moindres déplacements et de recueillir presque instantanément toute information concernant les prises et les contingents autorisés, la date d'entrée et de sortie dans la limite des 200 milles... Sa réalisation apporte un démenti à ceux qui prétendaient, il n'y a pas si longtemps, que le Canada ne serait pas en mesure de contrôler sa propre zone économique. Par les moyens énormes dont il dispose aujourd'hui, le gouvernement canadien peut surveiller plus

efficacement les bâtiments étrangers de haute mer que la multitude des petits bateaux côtiers.

Reste un litige important ; il concerne le tracé de la ligne de partage de juridiction entre le Canada et les États-Unis dans le S.W. de la plate-forme néo-écossaise, et en particulier l'attribution du banc Georges, une des aires les plus poissonneuses du précontinent américain. Après 18 mois de discussions serrées, une entente a été signée en 1978 sur la part respective que chacun des deux pays s'engage à pêcher sur les 28 stocks inventoriés de poissons, crustacés et mollusques. Mais ce n'est qu'une première étape sur la voie d'un règlement final !

Quant à la C.I.P.A.N. elle a fait place au cours de l'année 1978 à l'OPANO (Organisation des Pêches de l'Atlantique du Nord-Ouest) chargée dorénavant de gérer les pêcheries situées au-delà de la zone des 200 milles. Le Canada joue là aussi un rôle prépondérant compte tenu des moyens de pression dont il dispose pour faire valoir son point de vue. C'est ainsi qu'il a obtenu que la gestion des ressources, dans ce secteur de haute mer, applique les règles en vigueur près des côtes, afin qu'une exploitation trop intensive ne vienne pas compromettre les efforts de reconstitution des stocks entrepris par ailleurs. Sans difficulté, il s'y est fait reconnaître le statut d'État privilégié en ce qui concerne l'allocation des divers quotas de pêche.

Ainsi, après la folle anarchie des années cinquante et soixante, l'heure est maintenant venue des privations. Pour avoir trop voulu manger leur blé en herbe et racler les fonds de pêche sans discernement, les flottilles étrangères en sont réduites aujourd'hui à rester à quai dans leur lointain port d'attache ou à venir acheter du poisson aux pêcheurs canadiens (les Polonais par exemple, pour le hareng). S'il est encore trop tôt pour tirer des conclusions définitives sur ce que d'aucuns ont appelé les «*excès d'un nationalisme côtier*», il faut bien reconnaître qu'en quelques années, le Canada est parvenu à s'octroyer la part la plus importante des ressources ichtyologiques de cette région du globe. À s'en tenir aux dernières statistiques, les captures effectuées par les bateaux étrangers ont subi une chute d'un peu plus d'1 million de tonnes en deux ans (1975-1977), soit 36 % du tonnage global, alors que durant le même temps, les pêcheurs canadiens augmentaient les leurs de 187 000 tonnes (soit 22 %). Dans l'ensemble, la production du Nord-Ouest Atlantique est passée de 4,4 millions de tonnes en 1973 à 2,9 millions de tonnes en 1977, et la part des prises canadiennes pour cette même période de 20,5 à 35 % du total.

6. «*Les grandes manœuvres*»?

Une question alors se pose : ces mers épicontinentales sont-elles à l'abri de la surexploitation par le seul fait qu'une bonne partie des flottilles étrangères a quitté le secteur? Nul ne peut nier que les Canadiens ont contribué en leur temps et à leur façon à la dilapidation des ressources et qu'ils peuvent fort bien recommencer si une autre alternative n'est pas proposée à la politique du laisser-faire suivie jusqu'à présent par les pays occidentaux (y compris le Canada). La tentation est grande en effet pour les grandes compagnies de transformation de profiter du vide ainsi créé par le départ des bateaux étrangers et de la flambée des cours sur le marché international des produits de la mer, pour accroître la capacité de leurs usines et lancer, avec l'appui, au besoin, du gouvernement, de grands bateaux-usines construits sur le modèle européen.

Déjà, les regroupements spectaculaires auxquels on a assisté ces dernières années, ressemblent fort à ce que certains appellent déjà les «*grandes manœuvres*» en vue de la ruée prochaine sur les stocks du N.W. Atlantique. Le plus important concerne la prise de contrôle de la très puissante firme National Sea Products par une des principales sociétés de conditionnement du poisson du Canada :

H.B. Nickerson. Il faut savoir que la transaction s'est faite avec l'accord et par le biais de l'Empire Company qui gère une des grandes chaînes nord-américaines de distribution (Sobey's), laquelle détient 40 % du conglomérat Georges Weston. Cette multinationale agro-alimentaire contrôle à son tour la Connors Brother's Company, elle-même détentrice, nous l'avons vu, du monopole de la transformation du hareng. Par ailleurs, une famille de gros industriels canadiens dont l'un des membres n'est autre que le lieutenant-gouverneur de la province du Nouveau-Brunswick, vient de créer une nouvelle société, l'Associated Fisheries du Canada ; à l'actif de celle-ci : une usine ultramoderne de conditionnement des crustacés à Shippagan (N.B.) et la prise de contrôle de la compagnie E.P. Melanson, un des principaux acheteurs de homard des Maritimes. D'après l'Union des Pêcheurs des Maritimes, il ne fait pas de doute que ces grands oligopoles nord-américains vont tenter, et tentent déjà, de se substituer aux sociétés étrangères dans l'approvisionnement des divers marchés nationaux de la planète. Mais il faut faire vite. Ainsi, selon le directeur de l'Association espagnole des importateurs de poisson, l'Espagne est disposée pour le moment à importer tout le poisson que le Canada voudra bien lui vendre, mais elle entend bien à l'avenir développer une industrie du poulet qui comblera la carence en protéines créée par la raréfaction du poisson (Revue l'Actualité, juin 1978, p. 48).

Les risques qui découlent d'une telle politique sont bien connus et ne vont pas dans le sens souhaité par les pêcheurs canadiens. Loin de mettre les richesses faunistiques à l'abri d'une exploitation désordonnée, l'instauration de la zone des 200 milles n'aurait alors servi qu'à remplacer les bâtiments étrangers présents dans ces mers nord-américaines par une armada de bateaux à feuille d'érable dont il n'est même pas certain qu'ils seraient manœuvrés par des Canadiens. À en croire certains, il ne serait pas impossible qu'à l'avenir, des chalutiers-congélateurs appartenant à des compagnies canadiennes et payés sur fonds publics, soient commandés par des Japonais ou des Portugais. Dans ce cas, le poisson transformé à bord serait directement expédié sur l'Europe sans avoir touché le sol canadien. Politique-fiction que tout cela? Jusqu'à présent, le gouvernement fédéral s'est défendu de vouloir avantager les compagnies en leur permettant de se doter de grands navires-usines. Sur ce point, le ministre des Pêches a eu plusieurs fois l'occasion de s'expliquer et d'opposer ses vues à celles du Conseil canadien des pêcheries (dont le président n'est autre que le dirigeant d'une des grandes compagnies de transformation). Ainsi devait-il déclarer dans un discours le 3 mai 1978 :

Si nous procédions à une expansion prématurée de la flottille, nous ferions comme le propriétaire d'un terrain boisé épuisé qui dépenserait tout son argent à l'achat de tronçonneuses pour couper les arbustes qui restent, au lieu de planter d'autres arbres pour reboiser son terrain... Nous n'avons pas instauré la nouvelle zone pour nous la laisser reprendre subrepticement par les sociétés étrangères qui empruntent notre pavillon pour pêcher notre poisson. Je n'ai pas l'intention de voir la feuille d'érable devenir le pavillon de complaisance international de pêche.

Mais les élections du mois de mai 1979 viennent de porter les Conservateurs au pouvoir, et l'on dit déjà que le nouveau ministre des Pêcheries se montrerait beaucoup plus conciliant à l'égard des grandes compagnies...[21].

De fait, la recherche d'une gestion rationnelle des ressources halieutiques ne peut que mettre en lumière le conflit permanent et inévitable qui oppose les intérêts privés à ceux de la collectivité. Même si l'utilisation de la ressource se révèle bénéfique pour l'ensemble de l'industrie, il paraît évident que les entreprises de pêche doivent œuvrer pour leur propre compte et avoir pour objectif d'augmenter leurs prises au maximum sans se soucier des dégradations qu'elles font subir à l'écosystème. C'est le mérite du gouvernement libéral canadien de l'avoir reconnu :

Dans le contexte de la libre entreprise, les pêcheurs concurrents tentent de prendre tout le poisson possible, quelles qu'en soient les conséquences. À moins que ne soient contrôlées leurs activités, il ne peut qu'en résulter un effondrement de l'industrie, c'est-à-dire l'extinction de la ressource sur le plan commercial, provoquant dans le

contexte de la pêche une autre tragédie de la propriété commune... (Politique canadienne pour la pêche commerciale, 1976, p. 45-46).

7. Les autres causes d'appauvrissement

Cependant, il ne faudrait pas considérer ce *libre accès* aux richesses de la mer comme la seule et unique cause de l'appauvrissement des fonds. Celui-ci provient d'une mauvaise organisation d'ensemble où de nombreux facteurs interfèrent pour créer des conditions d'exploitation inadéquates.

Ainsi, personne ne contestera que le marché de consommation nord-américain, tel qu'il se présente aujourd'hui, ne favorise guère une utilisation rationnelle des ressources. En effet, à partir du moment où l'effort promotionnel d'un produit alimentaire en arrive à se faire beaucoup plus sur le contenant que sur le contenu, plus sur la commodité d'utilisation que sur les qualités gustatives et la saveur spécifique de la matière première, les sociétés de conditionnement ont tout intérêt à ne travailler que sur une gamme restreinte d'espèces, toujours les mêmes, celles qui finalement leur permettent d'uniformiser et de rationaliser au mieux leur production.

Or, cette habitude est à la source d'un énorme gaspillage. Alors qu'il y a pénurie des espèces traditionnellement pêchées (morue, églefin par exemple), d'autres ne trouvent jamais preneur sur le marché et sont rejetées par-dessus bord par les pêcheurs. Selon les experts, la production pourrait immédiatement augmenter de 30 à 40 % si l'on parvenait à commercialiser toutes ces pertes. Il serait possible également de tirer un meilleur parti de familles de poisson aujourd'hui délaissées ou insuffisamment exploitées par les Américains, tels les macrouridés (grenadiers), les rajidés (raies), les osméridés (éperlans), les congridés (congres) ou même de certains clupéidés comme le gaspareau *(Alosa pseudoharengus)* ou de gadidés comme le poulamon. D'après une étude réalisée par le laboratoire de Saint-Andrews, le quart au moins des ressources disponibles en poisson de fond des bancs de la Nouvelle-Écosse est peu ou mal utilisé (J.S. Scott, 1974). On ne dira jamais assez que l'appauvrissement résulte aussi bien de la sous-pêche (c'est-à-dire de la capture en-deçà de la capacité de reproduction de stocks) que de son contraire, la surpêche.

---

21. Après la chute du gouvernement Clark et le retour de P.E. Trudeau au pouvoir, Roméo Leblanc a repris ses fonctions de ministre des Pêches, au grand soulagement de nombre de pêcheurs.

Au cours de ces dernières années cependant, en raison des contingentements imposés, les industriels ont bien été obligés d'élargir l'éventail de leurs approvisionnements ; le sébaste et les poissons plats, autrefois négligés, ont fait l'objet de pêches intensives avant de bénéficier à leur tour du système de protection des quotas. Même chose pour le crabe des neiges dont l'exploitation a permis de reconvertir une flottille de petits chalutiers non rentables. De son côté, le gouvernement fédéral, dans le cadre de sa politique d'assistance aux pays-sous-développés, a lancé en 1975 un programme d'aide à la mise en conserve du maquereau de façon à relever sensiblement les prix offerts aux pêcheurs et à créer de nouveaux emplois à terre. L'effet a été spectaculaire puisque dans les deux années qui ont suivi, on a assisté à un accroissement de 66 % des prises de ce scombridé. Enfin, il ne faudrait pas oublier que l'ouverture plus grande du marché japonais a d'ores et déjà permis de faire progresser d'une façon très substantielle les apports de calmar *(Illex illecebrosus)* ; de 17 500 tonnes en 1975 à près de 100 000 tonnes en 1978. L'extraordinaire abondance de ce céphalopode, présent de mai à septembre au sud de Terre-Neuve et de la Nouvelle-Écosse, laisse présager un formidable développement de cette pêche. Plus généralement, il est permis d'espérer que la valorisation des produits de la mer aura un effet bénéfique sur la manière d'organiser les opérations de pêche. La reconversion opérée ces derniers temps par l'industrie du hareng est à cet égard riche d'enseignements et de promesses pour l'avenir. Pêcher moins pour pêcher mieux, tel est l'objectif majeur que devraient s'assigner responsables et professionnels du milieu maritime.

8. *La dynamique des stocks*

Mais cette recherche d'une meilleure gestion des pêcheries ne saurait se dissocier d'une connaissance approfondie de la dynamique des stocks, c'est-à-dire de la variabilité numérique des classes d'âge et en particulier de celles atteignant chaque année la taille commerciale. Depuis 1970, l'allocation de contingents de captures se négocie à partir du TPA, c'est-à-dire du Total des Prises admissibles par région de pêche. La technique de calcul est encore loin d'être maîtrisée ; elle s'effectue à l'aide d'un modèle analytique basé soit sur la composition en âge d'une population connue sur une période de plusieurs années (solution de loin la plus satisfaisante

mais malheureusement la moins fréquente), soit sur les informations concernant la grandeur d'un stock ou la biologie de l'espèce, soit enfin sur les statistiques des prises. À partir de ces données et celles recueillies dans les livres de bord des pêcheurs, on estime la vitesse de reproduction d'une espèce, son mouvement migratoire, sa densité et son rythme de croissance, et finalement la limite de capture au-delà de laquelle la reproduction de l'espèce sera menacée.

Prenons par exemple le stock de hareng, relativement bien connu, du golfe du Saint-Laurent. L'augmentation spectaculaire des prises, de 60 000 tonnes en 1966 à plus de 300 000 tonnes en 1970, a été rendue possible par l'arrivée de deux classes d'âge extraordinairement abondantes, celles des reproducteurs de l'automne 1958 et du printemps 1959. Le déclin rapide après 1972 a été le résultat d'une part de la mortalité due à la pêche ajoutée à la mortalité naturelle de la classe d'âge 1958-1959, d'autre part de la médiocrité du recrutement durant la décennie soixante. Malgré les informations assez précises sur l'évolution de cette population, il reste de nombreuses lacunes, notamment en ce qui concerne les circonstances de la venue de ces deux classes exceptionnelles. Sont-elles anormales ou peut-on espérer en revoir d'autres d'une égale ampleur? Et puis, une autre question toute aussi importante : que deviendra la pêcherie du sud de Terre-Neuve si le stock de hareng trop lourdement exploité du golfe ne laisse échapper qu'on petit nombre d'individus âgés de 5 ans et plus?

Pour le moment, les TPA sont des approximations grossières, souvent surestimées et peu fiables, déterminées en fonction de critères qui ne sont pas seulement scientifiques mais aussi économiques (capacité de la flotte et possibilité de rendement des usines), et au bout du compte politiques. Il faut dire aussi que l'accroissement de l'effort de pêche accentue les déséquilibres naturels entre les diverses classes d'âge, ce qui ne facilite pas, il va sans dire, la tâche des biologistes et des statisticiens (fig. 69). Cette variabilité qui peut aller de 1 à 3 et parfois même de 1 à 10 (comme dans le cas de la population d'églefins sur le banc Georges) est fonction du nombre d'individus reproducteurs qui échappent à la surexploitation. La difficulté majeure réside dans le calcul de *l'effet de pêche* sur l'apport numérique de la nouvelle classe d'âge qui vient grossir la pêcherie. De plus, lorsqu'elle

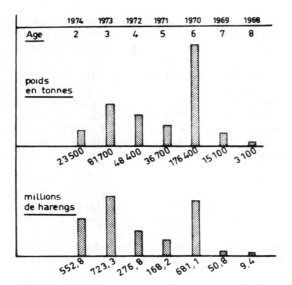

Figure 69
Fluctuation des classes d'âge de harengs : l'exemple du stock de la baie de Chedabucto (novembre 1976). On remarquera 2 bonnes classes d'âge : 1973 et surtout 1970. La première, bien que plus nombreuse, représente un poids plus faible. Compte tenu de sa moins grande vulnérabilité aux prédateurs, la classe 1970 continuera de fournir en 1977 et 1978 l'essentiel des apports de cette pêcherie (Source : Fish. Inf. Bull., 76-3F).

n'est pas liée à l'intensité de pêche, la distribution des classes d'âge dépend de nombreux facteurs encore mal maîtrisés : insuffisance ou excès de nourriture, importance plus ou moins grande des prédateurs à une époque donnée, oscillations de la température et du taux de salinité... Autre difficulté, lorsque le poisson est peu abondant ou moins abondant, il peut former des concentrations résultant d'une adaptation aux variations du milieu environnant ; pendant un certain temps il devient plus aisément accessible si bien que les effets de la surexploitation ne sont pas immédiatement perçus. Devant tant d'incertitudes, les biologistes canadiens sont plutôt enclins à faire preuve aujourd'hui d'une grande prudence dans leurs prévisions. Ainsi, bien que le seuil critique des captures de morue dans le sud du golfe du Saint-Laurent ait été établi pour l'année 1980 à quelque 61 000 tonnes, le TPA recommandé pour ce secteur ne sera que de 46 000 tonnes (P.C. de décembre 1979).

9. *La pollution*

Mais il faut aller plus loin dans l'analyse et rappeler que les activités de pêche ne sont pas les seules à participer à l'appauvrissement des ressources ichtyologiques. Le territoire des Maritimes, promontoire avancé vers l'Europe et zone de diffluence des transports océaniques, se trouve particulièrement exposé aux pollutions de toutes sortes résultant des accidents survenus en mer. Si cette frange maritime n'a pas eu à subir de catastrophes d'une ampleur comparable à celle du *Torrey Canyon* ou de l'*Amoco Cadiz* sur les côtes bretonnes, elle a tout de même supporté plusieurs naufrages dont ceux des pétroliers *Arrow* (février 1970) et *Kurdistan* (mars 1979) dans le S.W. de l'île du Cap-Breton. Dans les deux cas, le gouvernement a dû intervenir pour subventionner les pêcheurs sinistrés. À signaler aussi la contamination des eaux provoquée par les dégazages en mer et les déchargements des super-tankers à Saint-Jean, Halifax, Port Hawkesbury...

Mais sans être négligeables, ces pollutions accidentelles sont encore secondaires par rapport à celles d'origine terrestre, consécutives au rejet des eaux usées par les usines de pâtes à papier, les exploitations agricoles et les communautés urbaines. Ces pollutions affectent directement le littoral. D'ordinaire moins salées et plus chaudes que le milieu marin, elles flottent et s'étalent à la surface formant une sorte de bouchon à l'entrée des estuaires. Il s'ensuit une turbidité généralisée des eaux qui s'oppose à la pénétration de la lumière. À son tour, la réduction de la zone éclairée (ou euphotique) ralentit l'activité des organismes chlorophylliens autotrophes. Il faut aussi compter sur l'appauvrissement du milieu en oxygène à la suite d'une croissance désordonnée du plancton elle-même liée à l'apport excessif de sels nutritifs. Ce phénomène dit d'eutrophisation peut arriver dans les étangs littoraux et les baies fermées situées en bordure du golfe du Saint-Laurent. Comme on le sait, le manque de stations d'épuration (notoire aux Maritimes) est à l'origine de la contamination d'un grand nombre de gisements huîtriers qui oblige les pêcheurs à opérer de longs et laborieux transferts sur des fonds appropriés à l'assainissement. Un gros effort devrait être entrepris sans tarder pour améliorer les réseaux d'égouts et canaliser les effluents vers les secteurs côtiers les moins exposés, cela en attendant que des systèmes de traitement des déchets viennent équiper chacune des unités industrielles (P.C. du 19 avril 1979).

Le préjudice le plus grave que les pêcheurs aient eu à subir ces dernières années, est lié à la découverte de mercure en quantité toxique chez un certain nombre d'espèces pélagiques et démersales. En 1971, le gouvernement fédéral a été contraint de retirer du marché des cargaisons entières de thon et de flétan de plusieurs centaines de milliers de dollars de valeur, ainsi que d'aider les 70 bateaux spécialisés dans la pêche de l'espadon à se reconvertir dans d'autres activités (Év. du 28 juin 1971). Une consolation tout de même : cette alerte aura servi à mettre au point de nouvelles méthodes de détection du mercure contenu en quantités parfois infinitésimales chez les grandes espèces océaniques. Parce qu'elles se nourrissent au sommet de la chaîne alimentaire, elles absorbent le mercure accumulé par une succession d'organismes, et dont le taux, d'abord très dilué dans l'eau de mer, s'est de plus en plus concentré.

On ne saurait également oublier les recherches intensives menées en vue de déterminer les effets de chaque polluant sur les poissons et autres organismes aquatiques. Il est possible aujourd'hui de déterminer le degré de dilution nécessaire pour que l'effluent de sulfate en provenance d'une usine de pâte à papier soit inoffensif pour les jeunes poissons anadromes. Dans le même ordre d'idées, on s'est aperçu que de jeunes saumons maintenus dans les eaux polluées par le DDT ou les effluents d'une mine de cuivre-zinc ne montraient dans l'immédiat aucune modification apparente du comportement mais, qu'une fois revenus au milieu marin, seul un petit nombre d'entre eux (25 %) parvenaient à survivre et à regagner la rivière natale (Ricker, 1975, p. 26).

Enfin, il faut souligner tous les dommages subis par l'environnement, dont l'effet le plus clair est de soustraire une partie de la nourriture nécessaire aux animaux aquatiques. Ainsi, l'arrosage au DDT des forêts canadiennes pour tenter d'enrayer les ravages provoqués sur les bourgeons d'épinette par une chenille de la famille des tortricidés, a eu des conséquences désastreuses sur quantité d'espèces anadromes, non pas tant par mortalité directe que par la disparition d'insectes d'eau dont elles se nourrissaient.

10. *Modifications du milieu naturel*

L'intervention de l'homme sur le milieu naturel peut contribuer, par manque de précaution et d'études préalables, à rompre l'équilibre biologique d'un écosystème. Un exemple de cette imprévoyance, tristement

célèbre aujourd'hui, est fourni par la fermeture du détroit de Canso par une chaussée reliant l'île du Cap-Breton à la péninsule néo-écossaise, et que les bateaux peuvent tout de même franchir par une écluse large de 24 mètres. Les forts courants qui, autrefois, s'engouffraient dans cet étroit goulet, jouaient un rôle important dans l'oxygénation des eaux du sud du golfe du Saint-Laurent en même temps qu'ils facilitaient le passage dans les deux sens de nombreux et importants bancs de poisson. Par une appréhension intuitive des phénomènes, les pêcheurs s'étaient vigoureusement opposés au projet de construction. Mais à l'époque, leurs arguments sans doute mal étayés n'étaient pas apparus suffisamment convaincants pour motiver une remise en cause du plan d'aménagement. La suite devait hélas! prouver que leurs craintes étaient en tous points justifiées. La diminution alarmante des prises de homards et la quasi-disparition du hareng à l'intérieur du détroit de Northumberland amenèrent les autorités fédérales à entreprendre des recherches sur les causes de cet appauvrissement. Les travaux dirigés par l'océanologue Louis Lourmais (ancien membre de l'équipe du Commandant Cousteau) aboutirent aux conclusions suivantes (Québec-Presse du 9 septembre 1973, p. 11):

Ce bras de mer apparaît comme un milieu sinistre ; un désert marin où la visibilité est très faible. Les roches qui jonchaient le fond et servaient d'abris à toute une faune et une flore ont été progressivement enfouies sous un épais manteau de sédiments fins... Dans nombre de secteurs, le homard ne rencontre ni le substrat approprié, ni l'oxygénation et la nourriture nécessaires à sa croissance. Dans les zones les plus affectées, pullulent des crustacés morts, apparemment intacts, recouverts simplement de moules... Quant aux bancs de harengs qui avaient l'habitude au printemps de passer le détroit pour aller frayer dans les eaux méridionales du golfe, ils s'en sont détournés pour contourner l'île du Cap-Breton par le détroit de Cabot et venir frapper les côtes du Nord et du Centre-Est du Nouveau-Brunswick sans toutefois descendre au sud de la pointe Escuminac.

Cette désertion de la partie méridionale du golfe serait due à une oxygénation insuffisante consécutive à une mauvaise circulation des eaux. Ainsi qu'il a déjà été dit, l'ouverture inopinée de l'écluse de la chaussée au printemps 1978 et l'apparition quelques semaines plus tard de plusieurs *mouvées* de harengs en divers points du bras de mer, semble confirmer cette hypothèse. Elle est finalement de bon augure, car elle laisse supposer que la levée systématique de ces vannes à des moments appropriés de l'année pourrait redonner un peu de vie à ce détroit de Northumberland sans que l'on soit contraint, comme le recommandait Louis Lourmais, de détruire purement et simplement la chaussée.

B. *Les difficultés de commercialisation*

Un autre problème épineux auquel les pêcheurs des Maritimes se trouvent confrontés depuis toujours, réside dans la faible valorisation de leurs mises à terre. Ce poisson si difficilement pêché se vend mal, ou plutôt il n'est pas rétribué comme il se doit. C'est du moins ce que pensent les professionnels de la pêche. Car, même si la montée des prix au débarquement a été substantielle ces dernières années, de l'ordre de 11 % par an de 1970 à 1978, elle n'a pas suffi loin de là à compenser l'alourdissement des charges d'exploitation résultant de la hausse du carburant et des matières premières, et aussi de l'allongement des marées consécutif à l'appauvrissement des ressources halieutiques.

La majorité des pêcheurs se range dans la catégorie des *économiquement faibles* de la société américaine.

En 1976 par exemple (une année pourtant favorable aux pêcheurs canadiens), les prix moyens à la première vente pratiqués dans les ports français étaient environ 3,5 fois supérieurs à ceux enregistrés aux Maritimes (pour les mêmes espèces naturellement), avec d'ailleurs une fourchette qui oscillait de + 30 % pour l'églefin à + 380 % pour le hareng (Tableau X).

Cette comparaison illustre bien l'énorme retard accumulé par les pêcheurs canadiens sur leurs homologues européens. Pour l'expliquer, il ne s'agit pas de s'abandonner aux arguments simplistes du genre de ceux entendus, il n'y a pas si longtemps encore, sur les quais de la Nouvelle-Écosse : «*nos ressources surabondantes ne nous rendent pas service, à nous autres pêcheurs ; pour les écouler nous devons accepter n'importe quel prix, il n'y a pas d'autres solutions*». Les événements de ces dernières années ont

montré, avec suffisamment de clarté, que même en période de forte demande sur le marché, les prix au débarquement pouvaient sinon régresser du moins stagner, et les stocks de congelés canadiens s'accumuler dans les entrepôts frigorifiques sans espoir d'être vendus. Comme toujours, la situation est plus complexe qu'elle ne paraît de prime abord.

Tableau X

*Prix comparés au débarquement (année 1976)
(en francs français)*

	Provinces Maritimes canadiennes	France
Prix moyen total	1,21 franc	4,28 francs
Morue	1,09	4,13
Églefin	1,90	2,46
Sébaste	0,60	2,40
Hareng	0,30	1,43
Homard	13,40	38,14

Sources : Service des pêches du Canada, ministère de la Marine marchande, France.

Sans vouloir examiner les mécanismes qui règlent le fonctionnement des circuits de distribution (cela exigerait un long travail de recherche qui déborderait le cadre de notre sujet), il est possible néanmoins de rendre compte des principaux handicaps qui pèsent sur le marché de distribution des produits de la mer. C'est un système dont toute l'aberration apparaît quand on voit, exposé sur les comptoirs de vente des supermarchés d'Halifax, de Moncton ou de Saint-Jean, du poisson en boîtes ou en barquettes qui aura été pêché près des côtes canadiennes, congelé dans un port du Nouveau-Brunswick ou de la Nouvelle-Écosse, préparé ou, comme on dit *apprêté* aux États-Unis, enfin reexporté vers les trois provinces via parfois un importateur de Montréal ou de Toronto. Comment s'étonner, compte tenu de ce double passage de la frontière et du transport sur de si longues distances, que le poisson acheté au pêcheur à des cours dérisoires soit revendu au prix fort au consommateur du même lieu géographique !

1. *Faiblesse du marché des produits réfrigérés*

L'une des raisons fondamentales de la difficulté rencontrée par le pêcheur canadien pour valoriser ses prises consiste dans la fai-blesse du marché des produits frais, simple-ment réfrigérés, c'est-à-dire conservés à une température voisine de zéro degré. En dehors des produits *nobles* ou de *luxe* (saumon, homard, crevette), les quantités expédiées à l'état frais, destinées à être consommées telles quelles, *en l'état,* forment l'exception. Il en résulte un manque à gagner certain pour les pêcheurs, à en juger surtout d'après les profits substantiels des petites sociétés qui, dans le S.W. de la Nouvelle-Écosse surtout, s'adonnent à ce commerce. Le directeur d'une de ces entreprises, spécialisée dans la vente en frais de filets d'églefin, estimait à + 30 % le bonus ainsi obtenu aussi bien pour lui-même que pour les pêcheurs qui l'approvisionnaient.

Une question alors se pose ; pourquoi ne pas avoir cherché à développer ce type de commerce d'un si bon rapport pour les pro-ducteurs comme pour les expéditeurs?

La première réponse que l'on puisse faire, c'est qu'un tel marché n'existe pas ou se limite aux minorités ethniques des grandes villes. Et rien n'indique qu'il se développera dans les prochaines années, et cela pour deux raisons au moins.

a) Tout d'abord, le Nord-Américain demeure un faible consommateur des produits aquatiques. Sa préférence va à la viande blanche plutôt qu'aux poissons et aux fruits de mer, exception faite encore une fois des con-serves de crabe, du homard en carapace ou du saumon fumé. Les chiffres parlent d'eux-mêmes. Pour 100 livres de bœuf qu'il con-somme chaque année, le Canadien n'en mange que 15 livres de poisson. L'Américain des États-Unis ne fait pas mieux puisque sa con-sommation de poisson ne dépassait pas les 6,8 kg en 1976. Le plus grave c'est que la situation ne montre aucun signe d'amélioration. Entre 1955 et 1970, la consommation de produits de mer est restée désespérément stable, alors même que celle de la viande connaissait une hausse marquée.

Comment expliquer cette faible ichtyo-phagie du Nord-Américain et sa répugnance pour les produits de la mer? Les raisons ne sont pas faciles à donner comme pour tout ce qui touche aux habitudes alimentaires des peuples ; elles échappent au raisonnement économique pour s'enraciner dans les tradi-tions culturelles voire religieuses.

La présence par exemple d'un immense arrière-pays propice à la culture des plantes fourragères et à l'élevage a pu jouer dans cette orientation un rôle important quoique difficile à préciser. À l'évidence, les populations clair-semées de ce vaste territoire ne se trouvaient pas dans la même situation que celles du Japon ou de la Norvège acculées à retirer de la mer ce qu'elles ne pouvaient obtenir de leur sol (tout au moins en quantités suffisantes) ; elles avaient la chance de disposer de nom-breuses terres agricoles qui ne demandaient qu'à produire alors que la morue, pêchée et séchée le long des côtes acadiennes, était d'une telle importance dans les échanges commerciaux qu'il était logique qu'on la réservât exclusivement aux besoins de l'exportation. On ne le dira jamais assez, si le poisson a fait la fortune de Boston, c'est l'agriculture et l'élevage qui ont sauvé ses habitants de la disette.

— Une autre cause possible de désaffection est l'ignorance dans laquelle est tenue la popu-lation nord-américaine sur tout ce qui touche aux ressources de la mer. Malgré les efforts entrepris ces dernières années pour multiplier les campagnes publicitaires en faveur du pois-son, celles-ci n'ont connu qu'une faible ampleur en comparaison de celles déployées dans les autres secteurs de l'industrie alimen-taire. C'est là une constatation que chaque Américain peut faire en regardant sa télévision, et que viennent confirmer les divers instituts de consommation. Mieux renseigné sur la valeur nutritive du poisson et le rapport qualité-prix, mieux documenté sur les différents modes de préparation, on peut sup-poser qu'il porterait un plus grand intérêt aux produits de la mer.

Mais irait-il, comme le fait si volontiers l'Européen, jusqu'à acheter son poisson à l'étal du détaillant pour le cuisiner par lui-même? C'est moins certain. Il y a des habitudes dont on ne se débarrasse pas si facilement, d'autant moins d'ailleurs que le genre de vie ne s'y prête pas. En homme pressé qu'il est devenu, l'Américain ne consacre que peu de temps à sa cuisine. Il n'en a ni le goût ni la compétence ; c'est du moins ce qu'il déclare. Pas de plats soigneusement mijotés. À chaque fois qu'il le peut, il va au restaurant ou à la cantine de son entreprise. À la *coupure* de midi, il se contente d'un simple *hot-dog* ou d'un *fish and chips* avalé sur le pouce, sans même avoir besoin de sortir de sa voiture (il existe pour cela des stations-restaurants pour automobilistes ou *Drive-in*!). À la maison, sa préférence va au repas tout-prêt qui ne nécessite aucune préparation spéciale et qu'il absorbe en famille en regardant sa T.V. Pris au dépourvu, il lui arrive de commander par téléphone un plat-tout-chaud à l'un des nombreux *Take-out* de la ville ; un taxi viendra le lui porter à domicile un quart d'heure plus tard. Assurément, le Nord-Américain n'est pas un artisan de la cuisine (même s'il existe fort heureusement des exceptions!), mais avant tout un consommateur pressé de s'alimenter et dont les exigences en matière d'achats alimentaires peuvent se résumer en trois mots clefs : propreté, qualité, commodité. Comme l'écrit si bien Octavio Paz :

> *...Le plaisir est une notion (une sensation) absente de la cuisine «yankee» traditionnelle...L'industrie de l'aliment a été et est encore l'agent principal de la dégradation du goût...Nul ne sait plus ce qu'il mange quand il ouvre une boîte de conserve ou un paquet de nourriture «préfabriquée»...les Nord-Américains se nourrissent de plus en plus de succédanés dont personne ne sait si, à la longue, ils n'affecteront pas dangereusement la santé publique :* «no-dairy creamers, filled-milk», *jus de fruit synthétique et autres prodiges du* «Food Engineering»...(La Nouvelle Revue française, n° 322, novembre 1979, p. 9, 15 et 16).

Par conséquent, ces deux raisons conjuguées, d'une part, la répulsion presque instinctive de la clientèle américaine vis-à-vis du poisson, d'autre part, la préférence accordée aux aliments n'exigeant que peu de préparation, suffiraient à expliquer la faible diffusion des produits réfrigérés par rapport aux différentes formes de surgelés. Remarquons bien que ces derniers répondent mieux aux besoins des consommateurs d'outre-Atlantique, non seulement parce qu'ils sont d'une utilisation plus commode, mais encore parce qu'ils bénéficient d'un pouvoir attractif plus grand du seul fait que la matière première (le poisson) se trouve peu ou prou dissimulée, oblitérée par l'adjonction de sauces et de divers ingrédients. En somme, la possibilité qu'offre la surgélation de sophistiquer l'aliment, c'est-à-dire de l'apprêter et finalement de le dénaturer, prend toute sa valeur dans des pays à faible ichtyophagie tels que les États-Unis et le Canada. Plus le produit final aura des caractéristiques différentes de celles du poisson frais, plus il aura des chances de se vendre.

Reconnaissons aussi que cet ensemble géographique se prête mal à l'évacuation rapide des produits frais, simplement mis en glace, vers les foyers de consommation. La dispersion des centres urbains sur un vaste territoire et leur éloignement des bases portuaires des Maritimes constituent un handicap de première importance. Mais est-il aussi déterminant que cela?

Des améliorations ont été apportées au procédé de réfrigération par la glace, grâce, en particulier, à l'introduction de la saumure qui permet d'abaisser rapidement à -2°C, et à un faible coût, semble-t-il, la température de la masse des chairs (J. Besançon, 1965, p. 290-291). La durée de préservation s'en trouve allongée de plusieurs heures voire de plusieurs jours, y compris pour les espèces réputées fragiles comme le hareng ou le maquereau. On peut donc penser que s'ils l'avaient voulu, les Nord-Américains eussent été capables, tout comme les Européens, de mettre en place des circuits rapides de distribution de poisson frais vers les principales villes du Nord-Est des États-Unis. Sur le plan technique, cela n'offrait pas de difficultés insurmontables. Et pourtant aucun effort sérieux n'a été tenté dans ce sens, pas même dans les régions littorales, ce qui est plus surprenant encore. En effet, si la préférence accordée aux conserves ou aux produits surgelés peut encore s'expliquer dans les zones rurales éloignées des lieux de pêche où la faible densité de population ne justifierait pas l'ouverture de magasins spécialisés, il n'en est pas de même de la frange côtière située à proximité des bases de débarquement. Or, il faut bien admettre qu'en dehors du homard vendu sur le quai durant la saison, la vente du *frais* est encore peu développée y compris aux Maritimes. Dans chacune des grandes villes d'Halifax, Saint-Jean, Moncton, on pouvait jusqu'à ces dernières années compter sur les doigts d'une main le nombre de magasins spécialisés dans ce type de commerce. Durant la belle saison, des ventes directes ont bien lieu entre les pêcheurs et les particuliers, mais elles ne portent que sur de petites quantités.

Que penser, sinon que le facteur distance ne saurait rendre compte à lui seul de cette situation, et que d'autres raisons plus profondes expliquent ce choix fondamental? D'ailleurs, si ce facteur était le seul en cause, on peut penser que les Américains auraient trouvé le moyen de stabiliser le poisson *en l'état* au quai de débarquement de façon à le transporter sans encombre jusqu'au lieu de consommation pour le décongeler ensuite et le vendre sous cette forme sur le marché (ce qu'interdit pour le moment la législation américaine).

b) Il existe en effet un autre motif, et à notre avis déterminant, à cette orientation. C'est que le procédé de congélation donne la possibilité aux grandes firmes agro-alimentaires d'exercer une action sur les consommateurs et par là de retirer des profits supérieurs à ceux obtenus par l'expédition de denrées simplement réfrigérées.

Expliquons-nous. Les sociétés intégrées doivent toujours s'efforcer d'augmenter leurs ventes. C'est là leur objectif majeur. Elles ne peuvent le faire qu'en essayant de se démarquer sans cesse de leurs concurrents. Pour cela, une seule solution : offrir sur le marché un assortiment toujours plus étendu de produits *nouveaux* (ou que la publicité fera apparaître comme tels) de manière à s'assurer, ne serait-ce que pour un temps limité, une sorte de quasi-monopole et par conséquent une certaine maîtrise du marché.

Or, si avec la réfrigération, l'industriel n'a guère le temps d'élaborer un produit sensiblement différent de celui débarqué par le pêcheur, par contre, avec la congélation qui stabilise la substance périssable et la conserve véritablement, il a la possibilité de la transformer, de *l'affiner,* c'est-à-dire de l'adapter au goût des diverses clientèles réelles ou potentielles. Que personne ne s'y trompe, la présentation du produit tend à devenir, après le prix, l'élément décisif dans l'éveil du désir d'achat chez la ménagère. Ainsi, à partir d'une même matière première, il devient possible de fabriquer des dizaines de produits qui, préparés différemment, seront susceptibles de développer la consommation globale et donc d'accroître les ventes. Par présentation, il faut entendre les sauces et les ingrédients qui accompagnent ou s'incorporent à la nature de l'aliment, mais aussi le type d'emballage (plastique, carton, métal...) dont le rôle n'est pas seulement de protéger et de conserver mais aussi d'assurer par sa couleur, sa forme, son graphisme, ses images, la promotion du produit lui-même. Plus encore qu'en Europe, c'est un facteur dynamique de la vente. Mais cette politique de *différenciation des denrées* exige d'énormes budgets, et aboutit à éliminer de la compétition les petites entreprises qui n'ont pas les moyens d'inonder le marché de messages publicitaires.

Si vous voulez réussir dans l'industrie alimentaire, vous devez être une grosse compagnie, sinon vous n'aurez pas l'accès prioritaire aux banques, aux fournisseurs de matières premières et aux marchés. Mais la taille d'une entreprise devient véritablement une condition fondamentale lorsqu'il s'agit de «lancer un produit» (Susan George, 1976, p. 192).

2. *Dépendance vis-à-vis des grandes firmes agro-alimentaires américaines*

Ce qui vient d'être dit peut nous aider à comprendre un autre aspect de la difficulté que rencontrent les pêcheurs des Maritimes à valoriser leur production. En un mot, ils se trouvent dans une position comparable à celle des petits planteurs de coton du sud des États-Unis ou des exploitants agricoles de Nouvelle-Écosse ou encore des propriétaires de lots boisés du Nouveau-Brunswick : ils ne détiennent aucune parcelle de pouvoir dans la fixation des prix de campagne, lesquels se déterminent en fonction de l'état du marché nord-américain dominé par quelques grandes firmes agro-alimentaires.

Au niveau des Provinces Atlantiques canadiennes, il existe douze sociétés à activités intégrées ; celles-ci possèdent à elles seules une cinquantaine d'établissements de conditionnement qui traitent environ la moitié de la production débarquée (dont 80 % de poissons de fond). En amont, elles sont propriétaires d'une flottille qui assure jusqu'à 80 % de leurs approvisionnements ; en aval, elles sont liées sous des formes diverses et complexes à des chaînes de distribution (la Connors Brothers aux magasins Sobey's) ou à d'autres multinationales (la National Sea Products au groupe Weston). Pour ces grandes compagnies dont le champ d'action s'étend finalement à l'ensemble de la planète, le territoire des Maritimes ne constitue qu'une base d'approvisionnement parmi d'autres et un marché encore plus restreint. Depuis New York ou Boston, leurs courtiers contrôlent les importations en provenance du monde entier. Tout est mis en place pour qu'en périodes de surplus, ils puissent acheter à bas prix du *fish block* qu'ils accumuleront dans leurs énormes entrepôts frigorifiques. C'est ainsi qu'en se tournant en 1974 vers la goberge pêchée par les Japonais le long des côtes de l'Alaska, ils ont entraîné en six mois une chute de 54 % des exportations canadiennes de morue congelée. Les exportateurs traditionnels n'ont eu d'autre ressource que de rechercher de nouveaux débouchés, ce qui a provoqué un nouvel engorgement et la chute des cours du poisson

Tableau XI
Puissance du groupe Weston

(d'après David Cubberley, John Keyes, David Robertson)
Fédération des étudiants, Univesité de Waterloo
—mai 1975—

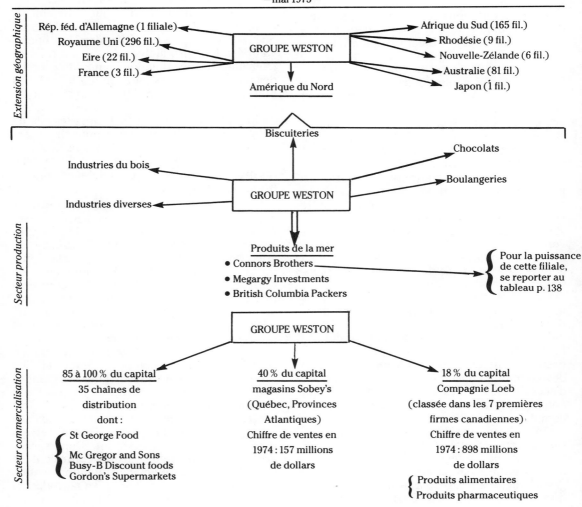

Extension géographique

Rép. féd. d'Allemagne (1 filiale)
Royaume Uni (296 fil.)
Eire (22 fil.)
France (3 fil.)

GROUPE WESTON

Afrique du Sud (165 fil.)
Rhodésie (9 fil.)
Nouvelle-Zélande (6 fil.)
Australie (81 fil.)
Japon (1 fil.)

Amérique du Nord

Secteur production

Biscuiteries

Industries du bois

Industries diverses

GROUPE WESTON

Chocolats

Boulangeries

Produits de la mer
• Connors Brothers
• Megargy Investments
• British Columbia Packers

Pour la puissance
de cette filiale,
se reporter au
tableau p. 138

Secteur commercialisation

GROUPE WESTON

85 à 100 % du capital
35 chaînes de
distribution
dont :
St George Food
Mc Gregor and Sons
Busy-B Discount foods
Gordon's Supermarkets

40 % du capital
magasins Sobey's
(Québec, Provinces
Atlantiques)
Chiffre de ventes en
1974 : 157 millions
de dollars

18 % du capital
Compagnie Loeb
(classée dans les 7 premières
firmes canadiennes)
Chiffre de ventes en
1974 : 898 millions
de dollars
Produits alimentaires
Produits pharmaceutiques

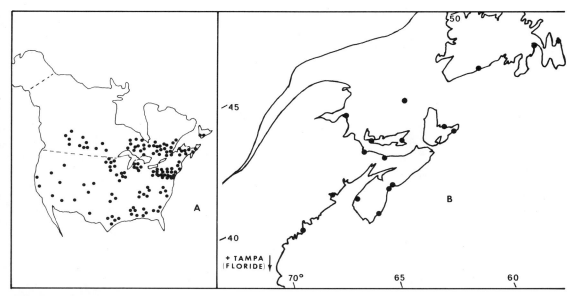

Figure 70 A
Courtiers et distributeurs de la compagnie National Sea Products.
Source : Bureau central de la N.S.P., Halifax.

Figure 70 B
Localisation des usines de transformation de la compagnie National Sea Products.

sur les principales places européennes (Tableau XI).

Comme on le voit, ce système est contraignant dans la mesure où les Canadiens dépendent étroitement du marché étatsunien pour l'écoulement de leur production, alors que celui-ci dispose d'un large éventail de pays parmi lesquels il choisit ses fournisseurs selon la conjoncture la plus favorable.

Les grandes firmes agro-alimentaires contrôlent les moyens de production et de distribution. En raison de leur taille, elles peuvent s'intéresser à tous les éléments qui influencent le marché et repérer la moindre demande solvable.

Ainsi, des compagnies comme Ralston Purina, Quaker Oats, General Foods, Swift and Armour, se sont lancées, ces dernières années, dans la fabrication de pâtés à base de farine de poisson pour nourrir les quelque 35 millions de chiens et 30 millions de chats des États-Unis. L'opération a remporté un succès inespéré puisque grâce à une campagne publicitaire savamment orchestrée, ils ont pu en 1974 amener les Américains à dépenser 2,1 milliards de dollars pour ces produits (Susan George, *ibid.*, p. 202).

Avec un tel pouvoir, les compagnies influencent nécessairement le comportement du consommateur. Tout est fait pour persuader la ménagère, qu'elle habite Chicago, Vancouver ou Halifax d'acheter des produits surgelés (et donc ultra-conditionnés) et la décourager au contraire de cuisiner du poisson frais entier qu'elle pourrait trouver près de chez elle. En ce qui concerne les Acadiens par exemple, toutes les informations que nous avons pu recueillir tendent à prouver que leur ouverture sur le monde extérieur (leur *désenclavement* comme disent les sociologues) s'est accompagnée d'un abandon de certaines habitudes alimentaires dont celle de manger du poisson. La publicité n'a eu apparemment aucun mal à les convaincre qu'ils sortaient de leur condition de pauvres, qu'ils se valorisaient en quelque sorte en donnant la préférence à la viande de bœuf sous cellophane achetée au supermarché de la ville plutôt qu'au filet de morue obtenu à bon compte auprès d'un poissonnier-détaillant. L'Acadien, en véritable Américain qu'il est devenu, reconnaît qu'il ne sait plus cuisiner comme le faisaient ses aïeux ; il n'en a plus le temps (Fig. 70 et 71).

L'existence de ces grandes firmes n'est cependant pas incompatible, nous l'avons vu, avec le maintien de plusieurs dizaines de petites entreprises familiales. Durant la période d'expansion des années cinquante et soixante, les industriels, stimulés par la bonne tenue du marché et le désir d'évincer les concurrents dans la lutte à l'approvisionnement, ont créé de nouvelles unités de traitement ; ils y ont été

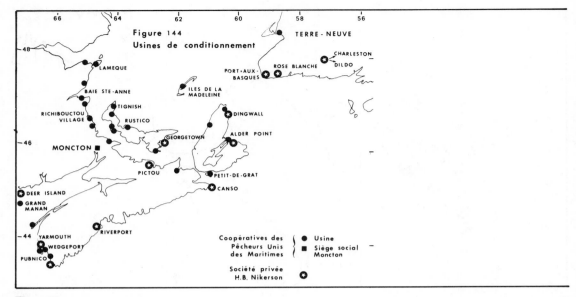

Figure 71
Usines de conditionnement des coopératives des pêcheurs Unis des Maritimes et de la société privée H.B. Nikerson.

encouragés par les aides distribuées généreusement par les gouvernements fédéraux et provinciaux. L'arrivée de la crise s'est traduite par une série de faillites et de regroupements, par un resserrement de la tutelle de l'État et des banques. Par rapport aux sociétés intégrées, ces petites entreprises sont dans une position de grande vulnérabilité.

— La majorité d'entre elles n'élaborent qu'une gamme restreinte de produits, blocs et filets congelés expédiés vers les États-Unis à des fins de *finition* (ou *d'affinage*), conserves de homard ou de crabe, morue séchée et hareng sauré ; aussi suffit-il qu'une difficulté surgisse dans la mise en marché de l'une de ces marchandises, pour que l'existence même de l'entreprise se trouve subitement remise en cause.

Tableau XII
Circuit de distribution du poisson

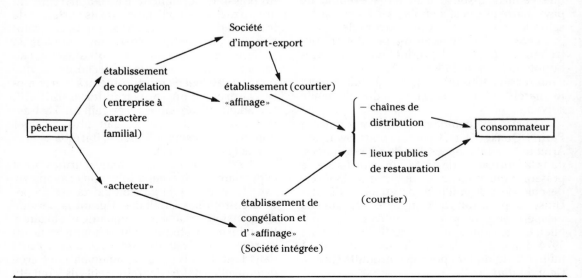

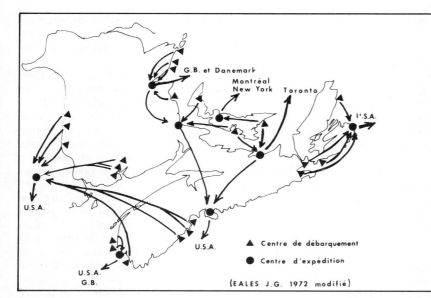

Figure 72
Multiplication des intermédiaires : exemple de l'anguille.
Source : (J.G. Eales, 1972, modifié).

Autre inconvénient, elles sont organisées en petites unités de production ne mobilisant qu'un effectif réduit d'employés sur une base saisonnière (moins de 5 mois), si bien qu'elles ne fonctionnent qu'à 45 % de leur capacité ; d'où un coût d'exploitation deux fois plus élevé que celui des grandes unités (Politique canadienne pour la pêche commerciale, 1976, p. 31).

À ces désavantages s'ajoute le manque de coordination dans la commercialisation. Si quelques-unes s'adressent directement à des courtiers (*brokers*) de Montréal, New York, Chicago, le plus grand nombre passent par des sociétés régionales d'import-export. Il s'ensuit une multiplication d'intermédiaires, avec tous les risques que l'on peut imaginer d'altération de la marchandise par les nombreuses manutentions ; avec aussi, les amputations inévitables du revenu des pêcheurs (fig. 72). Car il paraît évident que le maintien de la marge bénéficiaire de chacun de ces commissionnaires ne se fera, dans les limites qu'impose l'obtention d'un prix final compétitif, qu'au détriment des cours pratiqués en amont, c'est-à-dire sur les mises à terre des pêcheurs (Tableau XII).

D'une façon plus générale, le manque d'organisation ne rend que plus précaire la situation de ces entreprises. On l'a bien vu en 1975 avec la trentaine d'apprêteurs de chair de crabe de la région atlantique ; alors qu'un certain nombre souffraient d'un manque d'approvisionnement, d'autres ne savaient que faire de leur surplus, et tous mettaient leurs produits en marché sur une base individuelle en se faisant concurrence dans un étroit créneau représentant à peine 2 % du marché américain. (Politique canadienne pour la pêche commerciale, 1976, p. 49).

Quant à l'Union des coopératives (U.M.F.), elle occupe une position particulière. Vue de l'extérieur, elle représente avec sa flottille de bateaux de pêche, ses usines de conditionnement, ses magasins de fournitures, ses immenses parcs à homards, une puissance considérable qui dépasse, et de loin, les possibilités d'action de chacune des entreprises locales. Son chiffre d'affaires peut même se comparer à celui d'une filiale de sociétés intégrées aux Maritimes. Avec une différence fondamentale cependant : elle n'a aucun accès au marché de la distribution, là où se situe précisément le champ d'intervention privilégié des grandes firmes. Comme n'importe quelle autre entreprise régionale, la U.M.F. doit passer par des courtiers extérieurs pour écouler sa marchandise. Toutes les tentatives pour se créer des comptoirs de vente sur le territoire des États-Unis, se sont soldées jusqu'à présent par des échecs. Y parviendra-t-elle un jour? Ce n'est pas impossible, compte tenu de la volonté affirmée des dirigeants de ce mouvement d'établir ces circuits de vente directs. Déjà une expérience est en cours à Boston, mais il est encore prématuré d'en apprécier les chances de succès en raison des oppositions nombreuses que le projet ne manque pas de susciter et de la difficulté qu'elle a de recruter des techniciens confirmés.

3. *La qualité insuffisante du poisson canadien*

Un autre facteur explique cette faible valorisation des débarquements : l'image de marque défavorable dont pâtissent généralement les produits canadiens auprès des importateurs américains. Cette mauvaise réputation, apprêteurs et pêcheurs la traînent depuis des décennies, on pourrait dire depuis toujours. Déjà au XIXe siècle, il était fait reproche aux pêcheurs de Lunenburg de trop saler leur morue et de la laisser brûler au soleil, aux conserveurs de homard de mettre sur le marché des boîtes mal serties qui ne résistaient pas aux chocs. Mais les remontrances les plus graves s'adressaient aux apprêteurs de hareng mariné :

> *Il faudrait exiger des pêcheurs,* lit-on dans le Rapport des Pêcheries de 1889, p. 282, *qu'ils mettent le hareng dans la saumure aussitôt qu'il est retiré des filets. Alors qu'actuellement, il est débarqué avant d'être traité et reste de la sorte entre 6 et 24 heures sans voir le sel... En Nouvelle-Écosse, la pratique est de le plonger dans l'eau durant plusieurs heures et de l'exposer à l'action du soleil en croyant à tort en extraire le sang. Après quoi, ils jettent trop de sel dans les barils en s'imaginant que le dommage ainsi causé au poisson pourra être réparé. Mais le hareng se dessèche et perd ses qualités nutritives. Et si cela ne suffisait pas, ils utilisent des barils de médiocre qualité ; les douves sont trop minces, les cercles défectueux. Ils manquent de solidité pour résister aux longs transports.*

Pour expliquer ces négligences, il faut se souvenir que le pêcheur n'avait peut-être pas la compétence ni surtout le temps nécessaire pour s'occuper de ce travail ingrat de préparation. En homme habitué à tout faire, il avait du mal à concilier ces opérations longues et fastidieuses de conditionnement avec la poursuite des activités de pêche et l'exploitation, ô combien nécessaire à cette époque, de quelques arpents de terre. Quand il parvenait à se tirer d'affaires, ce n'était pas, on le comprend bien, en apportant tout le soin désiré à chacune de ces opérations. La pauvreté du pêcheur, à l'origine de la multiplication des besognes, n'a pas favorisé la prise en compte des normes de qualité qu'auraient exigés l'extension du marché des produits alimentaires et le développement de la concurrence internationale.

Dans une certaine mesure, cette situation s'est prolongée jusqu'à nos jours ; tout au moins en ce qui concerne les pêcheurs côtiers. Comme on l'a vu, ceux-ci doivent concentrer leurs différentes activités de pêche sur une courte période de l'année (de quatre à six mois) et les combiner avec un ou plusieurs emplois à terre. Ils ne se trouvent pas dans les meilleures conditions pour prêter toute l'attention voulue à leur travail. Il faut dire que la modicité des revenus-pêche n'incite guère à changer quoi que ce soit aux habitudes. Le fait, par exemple, qu'il n'existe pas de prime à la qualité et que tout soit acheté au prix-campagne sans référence à la fraîcheur de la marchandise débarquée, contribue à maintenir cet état de choses. Le pêcheur se trouve pris dans un cercle vicieux. Insuffisamment rémunéré, il ne peut se consacrer entièrement à son occupation favorite et agir en véritable professionnel de la pêche, mais ce faisant, il ne se donne pas les moyens de modifier sa situation afin d'être un jour reconnu à sa véritable valeur. Faut-il le dire, les pêcheurs des Maritimes se comportent encore trop souvent comme par le passé. Combien de fois ne l'avons-nous pas constaté : captures trop longtemps exposées sur le pont avant d'être mises en cale, glace en paillettes insuffisamment dispensée et de surcroît mal répartie, poisson débarqué à la fourche et endommagé, caisses de homards manipulées sans précaution...(*planche 8, ph.D et E*).

Quelle différence avec l'attention portée par les pêcheurs hollandais ou danois à leurs prises! Mais pourquoi le Canadien s'attacherait-il à faire mieux quand il sait que les efforts qu'il pourrait faire dans ce sens ne seront pas récompensés!

Ces négligences ne sont pas le fait des seuls pêcheurs mais aussi des industriels, empaqueteurs, conserveurs... Ainsi, dans une enquête réalisée en 1970 par la Direction des pêcheries canadiennes auprès de plusieurs importateurs des États-Unis, ceux-ci se plaignaient de la qualité insuffisante du filet canadien par rapport au filet norvégien et islandais. Dans cette même étude, une des plus grandes chaînes de distribution d'aliments prêt-à-manger reconnaissait qu'elle n'achetait plus sa matière première au Canada à cause de plusieurs expériences malheureuses. Les défauts enregistrés portaient sur le manque d'uniformité des filets et la difficulté qui en résultait pour les couper rapidement en portions. Mais il y avait plus grave encore : la présence persistante d'un grand nombre d'arêtes fines et de parasites à l'intérieur de la chair, une texture molle et un goût laissant à désirer. Or, tous ces éléments de présentation ont leur importance pour les chaînes de distribution qui tiennent à conserver leur bonne image de marque et craignent par-dessus tout que les plaintes émanant d'une ou de plusieurs associations de consommateurs n'entraînent l'intervention des services de contrôle alimentaire (*Food and Drug Administration*).

À ce propos, il faut bien reconnaître que les services d'inspection canadiens ne montrent pas toujours la même vigilance ni la même sévérité à l'égard de ce qui entre ou sort de leurs usines de transformation. En voici un exemple.

Mai 1976, un chalutier arrive après 12 jours de mer dans le port de S. Dans ses cales, 25 tonnes de poisson. L'inspecteur se présente. Il constate tout d'abord que la plie qui compose la première partie de la cargaison ne possède pas toutes les garanties requises de fraîcheur. Sur les dix ou douze critères de qualité, seuls quatre paraissent satisfaisants. « *C'est un peu juste* » reconnaît-il. Discussion avec le gérant de l'usine. Les ouvrières, qui viennent d'arriver, attendent à leur poste que la marchandise soit débarquée. On passe à la seconde partie du chargement. Résultat encore plus navrant. Le sébaste est franchement nauséabond. Tout le monde en convient, il est tout juste bon à faire de la farine. Le jeune inspecteur, à peine la trentaine, se sent mal à l'aise. Va-t-il se mettre tout le monde à dos en obligeant le directeur à renvoyer tout son personnel ? Situation embarrassante pour un homme que l'on sent attaché à sa tranquillité et dont l'épouse (nous l'apprendrons plus tard) est secrétaire dans une usine appartenant à la même compagnie. Après quelques moment d'hésitation, il finit par accepter la cargaison de plies au grand soulagement de tous, y compris des employés.

Ce laxisme ne rend pas service à la profession. Il engendre de grandes irrégularités dans la qualité des exportations. Or, on sait bien ce qui advient dans ce cas-là. Les importateurs en place à Boston ou à New York, peu confiants dans la bonne tenue des produits réceptionnés, ont tendance à les évaluer au plus bas prix afin de se dédommager des pertes éventuelles après achat. Il faut ajouter que l'allongement des marées et la diminution en taille de certaines espèces de poisson, conséquence directe de l'appauvrissement des fonds, ont contribué à cette dévalorisation de l'image de marque des produits canadiens. C'est d'ailleurs cette relative pénurie de matière première qui pousse aujourd'hui les usiniers à ne pas trop se montrer exigeants (c'est le moins qu'on puisse dire) sur la qualité des débarquements et à accepter des cargaisons qu'ils auraient autrefois dirigées vers l'usine de traitement des déchets. Et pourtant, les quantités de poissons altérés par un trop long séjour en mer et mis de ce fait au rebut n'ont cessé d'augmenter. Ces dernières années, on estimait, dans la seule industrie du poisson de fond, à quelque 25 millions de dollars les pertes annuelles subies par le retrait de ces apports impropres à la consommation humaine, ceci sans tenir compte du manque à gagner dû à la mise en marché d'un produit de plus faible qualité (Politique canadienne pour la pêche commerciale, 1976, p. 50). Bref, la raréfaction de la ressource, loin de jouer en faveur d'un rattrapage des prix, a plutôt renforcé cette instabilité de la qualité et accru du même coup ce manque de confiance des négociants étrangers vis-à-vis des produits c adiens.

Au cours de cette décennie soixante-dix, de nombreux colloques et séminaires ont porté sur cette question fondamentale de l'amélioration de la qualité à bord des bateaux comme à chaque étape de la chaîne du froid. Le gouvernement n'a pas ménagé ses efforts pour aboutir à des résultats concrets.
— Il a accordé des aides pour que les pêcheurs équipent leur embarcation de cales plus grandes et mieux réfrigérées.
— Il a même distribué des primes de l'ordre de 1,5 à 2 cents la livre pour qu'ils saignent leur poisson immédiatement après l'avoir pêché (Év. du 2 avril 1976).
— Plus récemment encore, il a annoncé qu'il subventionnerait les côtiers qui accepteraient de placer leurs prises dans de petites caissettes, à bord même du bateau. Ce procédé aurait pour avantage d'obliger les pêcheurs à utiliser plus de glace en paillettes tout en facilitant les opérations de déchargement (P.C. du 26 octobre 1978). Expérience intéressante mais qui, malheureusement, ne pourra se généraliser que lorsque les Maritimes disposeront d'un plus grand nombre de fabriques de glace. Leur insuffisance oblige pour le moment les compagnies à servir en priorité *leurs* pêcheurs, ceux sur lesquels ils peuvent compter pour leurs approvisionnements. Cette attitude ne va

pas sans inconvénient. Ainsi, durant l'été 1976, deux caseyeurs de crabes de la région du S.E. du Nouveau-Brunswick, se trouvant à travailler temporairement près des côtes du Nord-Est de la province, n'ont pu faire leur plein de glace sur place et ont été contraints d'en faire venir par camion depuis leur base portuaire située à 250 km plus au sud.

Reste une dernière difficulté : celle de faire face aux courtes périodes de forte concentration des apports. Il arrive, pendant la belle saison, que les pêcheurs ne puissent vendre immédiatement leurs prises parce que la capacité de traitement est insuffisante pour absorber les arrivages. Cette attente nuit bien entendu à la bonne qualité de la marchandise dont la capacité de conservation à l'état congelé se trouve ainsi réduite. Or, les compagnies sont d'autant moins portées à adapter leur équipement à ces brefs moments d'engorgement qu'il leur est fait souvent reproche de ne pas travailler à plein rendement le reste de l'année. Une solution possible consisterait à utiliser des entrepôts frigorifiques mobiles qui se déplaceraient l'été aux points névralgiques du littoral pour soulager les installations locales. Des essais de ce genre, patronnés par le ministère fédéral, ont eu lieu pour la première fois au cours de l'été 1978. Vu le succès remporté par cette première expérience, il serait étonnant qu'une suite ne lui soit pas donnée dans les prochaines années.

C. *Les pêcheurs en quête de dignité*

La dernière décennie aura été marquée par la volonté affirmée de nombre de pêcheurs de rompre avec leur isolement et de s'organiser pour mieux défendre leurs droits. Il s'agit là, à n'en pas douter, d'un événement d'une portée considérable bien qu'encore mal définie ; car si le mouvement n'en est qu'à ses débuts, il porte en lui les germes d'un changement profond d'état d'esprit, d'une prise de conscience sur le rôle que ces hommes de la mer, longtemps ignorés, entendent désormais jouer à l'intérieur de leur profession et plus généralement dans la société civile.

De quoi s'agit-il? Jamais, autant que ces dernières années, les pêcheurs n'auront tenu autant de réunions et de colloques, organisé autant de voyages d'études, de rencontres et de rassemblements les plus divers. Les pêcheurs surprennent. Ils ont la bougeotte. Eux que l'on croyait *incurablement heureux* et définitivement rivés au bout de leur pointe et de leur cap, ont décidé d'aller voir ce qui se passe ailleurs, de s'informer, d'étudier, de comparer, d'écrire et, s'il le faut, de prendre la parole, au besoin de se faire entendre haut et fort sur les ondes de radio et les chaînes de télévision.

Pour expliquer ce réveil, il convient de rappeler que la crise économique a mis beaucoup de pêcheurs dans une situation financière particulièrement délicate. Victimes de l'inflation, les revenus de ces producteurs ont eu tendance à diminuer alors même qu'augmentait le coût de la vie. Certains ont cru se tirer d'affaires en se lançant dans la course à l'investissement ; ils se sont dotés d'un moteur plus puissant, se sont équipés de filets plus grands, ont acquis de nouveaux appareils de détection, etc., mais ont dû en contrepartie accepter de nouveaux sacrifices pour rembourser leurs emprunts. Il a fallu travailler plus vite et plus longtemps, multiplier les sorties en mer et ainsi se couper un peu plus de la vie à terre et de la famille auxquelles ils demeurent fortement attachés. Pour les autres, la pêche n'est devenue qu'une activité d'appoint, centrée sur les quelques semaines de la saison du homard. Le reste de leur temps, ils le passent à terre à effectuer de menus travaux trouvés au hasard des rencontres. Rares sont ceux qui peuvent, à la fin de la campagne de pêche, compter sur un emploi stable. Le ralentissement de l'activité économique a fait disparaître maint de ces petits gagne-pain, notamment dans le secteur du bâtiment vers lequel se dirigent traditionnellement les pêcheurs.

Que peuvent alors faire ces hommes? Rester au pays et accepter de vivre dans un état de pauvreté difficilement supportable, ou tenter l'aventure vers d'autres régions moins touchées par la crise. C'est précisément pour sortir de ce dilemme angoissant que les pêcheurs, en même temps, d'ailleurs, que d'autres catégories de travailleurs, ont décidé de réagir. Leur sursaut est né de cette revendication, fondamentale à leurs yeux, de demeurer sur la terre qui les a vus naître et grandir, sans pour autant renoncer aux standards de vie de la société nord-américaine. D'un côté, un attachement au pays qui n'implique pas l'acceptation de conditions de vie matérielle inférieures à celles que tout Canadien est en droit d'attendre d'un pays hautement développé, de l'autre, la recherche d'un mieux-être qui ne signifie pas obligatoirement l'expatriation vers des contrées économiquement privilégiées. Plus précisément, il existe aujourd'hui chez nombre de professionnels de la pêche un désir profond de rompre avec un passé fait d'humiliations, de peurs et de silences, pour être enfin reconnu comme des citoyens à part entière, avec les mêmes responsabilités et les mêmes devoirs, vivant au milieu des autres, avec les autres, comme les autres.

Comment a-t-on pu en arriver là! De toute évidence, les pêcheurs sont aujourd'hui mieux informés qu'autrefois des réalités de leur métier et de leur pays. La coupure hivernale, si elle constitue un sérieux manque à gagner, peut aussi être mise à profit pour voyager et participer à des réunions et à des séminaires. Le gouvernement canadien a joué un rôle déterminant dans ce travail de sensibilisation des pêcheurs en accordant diverses bourses d'études dans les pays étrangers et en prenant l'initiative d'organiser des sessions d'animation. C'est au cours de ces stages hivernaux que les pêcheurs ont pris conscience de leur manque d'organisation et qu'ils ont cherché à se regrouper. Voici les propos recueillis auprès d'un pêcheur, Adrice, sur la façon dont a été créée l'Association des pêcheurs du Sud-Est du Nouveau-Brunswick.

...Il y a encore une quinzaine d'années dans notre secteur, bien peu de pêcheurs sortaient de leur village ; l'hiver, ils le passaient à jaser avec les gens des magasins. Quelques-uns participaient aux conseils paroissiaux et aux réunions du bureau scolaire et encore pas toujours. Et puis, en 1968, c'est pas vieux, le ministère de la Main-d'œuvre a passé une publicité dans les journaux. Il se proposait d'organiser pour les pêcheurs trois semaines de cours en administration et en économie à l'Institut Saint-Joseph de Memramcook (près de Moncton). Pour nous, il n'y avait aucun déboursement. Le ministère s'engageait à nous payer notre pension du lundi au vendredi soir, et à nous verser une allocation de 45 dollars par semaine. On s'est donc retrouvé un beau jour à une trentaine de pêcheurs dans une classe, comme de grands écoliers un peu troublés. Mais tout a bien fonctionné. Les cours n'étaient pas faits par des gens de notre milieu, mais ils parlaient notre langage et nous apportaient un bon éclairage sur ce qui se passait ailleurs. L'ambiance a tout de suite été bonne entre les organisateurs et nous. Personne n'hésitait à poser des questions et toute l'heure se passait quelquefois à y répondre ; et puis ça continuait pendant les repas et même au cours des soirées. Rapidement, on a été un petit groupe à voir qu'il ne fallait pas en rester là et que le moyen de rattraper notre retard était de créer une association, oui, une association pour regrouper tous les pêcheurs du Sud-Est de la province. C'était là une belle idée mais qu'il fallait faire partager par les autres pêcheurs, par tous ceux qui n'avaient pas eu la chance de suivre ces cours.

Aussi, notre première démarche a été de demander à l'Administration d'organiser plusieurs autres sessions de ce genre. De notre côté, on se proposait de faire un recrutement. Le gouvernement, qui ne voyait pas d'un mauvais œil la formation de ces associations, a fini par accepter après lui avoir expliqué (sic) notre besoin de « leaders » pour ce genre d'expérience. On s'est alors partagé le travail pour que dans chaque village, un ou deux d'entre nous aillent convaincre les pêcheurs de suivre ces stages. Ça n'a pas été facile, surtout au début. Prisonniers de leur routine, les marins ne voyaient pas un pouce d'intérêt à suivre les cours généraux qui n'avaient aucun rapport direct avec les techniques des pêches. Mais tout de même, après plusieurs mois d'efforts, pas loin d'une centaine de pêcheurs avaient participé à ces stages. Un nombre suffisant, pensions-nous, pour essayer de faire aboutir ce projet d'association qui plus que jamais nous tenait au cœur. À l'automne 1969, nous avons demandé et obtenu une somme d'argent du Secrétariat d'État pour que se tienne une assemblée générale des pêcheurs, au cours de laquelle serait proposée la Constitution d'une association. Le 12 décembre exactement, nous nous sommes retrouvés à une soixantaine environ. Vu les efforts déployés par les uns et les autres, ce n'était pas à franchement parler une réussite ; car on s'attendait, mais sans trop y croire, à une participation plus importante. Devant ce demi-échec, que fallait-il faire? Attendre encore quelques mois et redoubler d'efforts pour convaincre d'autres gars? Les responsables de cette journée hésitaient quand soudain, au milieu de l'assemblée, un homme se leva : «Moi», dit-il, «je propose que tous ceux qu'intéresse ce projet de regroupement des pêcheurs payent sur-le-champ leur cotisation de douze dollars. L'Association sera ainsi officiellement créée». L'assemblée, dans sa majorité, se rallia à cette demande. Dans les jours qui suivirent, le bureau fit imprimer à Moncton des cartes de membre que chacun s'efforça de vendre auprès des pêcheurs de tous les districts du Sud-Est. Moins d'une année après cette séance mémorable, l'Association comptait 500 membres...

Les voyages d'études ont aussi largement contribué au réveil des pêcheurs. Celui qu'organisa, en 1973, sur la côte du Pacifique, cette nouvelle association du Sud-Est, ne sera pa de sitôt oublié par les participants. Adrice en garde un souvenir inoubliable...

On voulait s'informer de la situation des pêcheurs de cette province, beaucoup mieux regroupés que ceux de l'Atlantique. Mais ce n'était pas une petite affaire... Si notre séjour là-bas ne posait aucune difficulté puisque nous étions hébergés par nos collègues-pêcheurs, il fallait payer le voyage-avion : 450 dollars aller et retour par personne. Une somme qu'aucun d'entre nous ne pouvait sortir de sa bourse. On était sur le point de renoncer au projet quand on apprit qu'il existait des programmes fédéraux «Voyage-échange» ; ils répondaient tout à fait au but que nous poursuivions. Restait à plaider notre cause à Ottawa. Une délégation fut envoyée là-bas. Quand nous sommes arrivés dans le bureau du ministre, avec notre projet bien écrit et bien clair, la partie était presque gagnée. Le ministre a tout de suite déclaré que notre demande serait prise en considération et qu'il n'y avait aucune raison pour qu'elle soit refusée. Quand on s'est quitté une demi-heure plus tard, il nous a souhaité bon voyage ; personne n'en revenait que tout se soit déroulé aussi facilement. On est donc parti en Colombie britannique avec un nombre plus important que ce qui était prévu au départ puisqu'au dernier moment, des pêcheurs du Nord-Est de la province avaient demandé à se joindre à nous.

En arrivant là-bas, la première surprise a été de constater que tous les pêcheurs de la région étaient en grève. Une expérience peu ordinaire pour nous autres qui n'avions jamais eu affaire à une telle éventualité. Durant toute la semaine, on a pu suivre toutes leurs réunions et participer à leur assemblée générale, et bien entendu poser toutes les questions que nous désirions. C'est ainsi que l'on a pu se rendre compte que le hareng pêché là-bas, contrairement aux affirmations des compagnies, n'était pas d'une qualité supérieure à celui débarqué sur la côte atlantique et que rien, finalement, ne pouvait justifier le meilleur prix donné aux pêcheurs de cette province si ce n'est leur meilleure organisation. Cet écart des rémunérations inquiétait d'ailleurs les pêcheurs de Colombie britannique qui craignaient de voir les grosses compagnies enlever leurs usines de leur côte pour les installer sur la façade atlantique. La B.C. Packers n'avait-elle pas donné l'exemple quelques années plus tôt?...

L'événement se situe à ce niveau. Le pêcheur des Maritimes a appris à se poser des questions. Ce qu'il veut : sortir des traditions et du mythe de la pauvreté rédemptrice pour revendiquer un autre ordre humain, plus juste et plus fraternel. À l'image de la société qui l'entoure, il tourne de plus en plus le dos à l'histoire sacralisée où les valeurs sont éternelles, absolues ; il se cherche une nouvelle règle de conduite. Cela l'amène à rejeter un certain individualisme et à reconnaître les valeurs de solidarité. Ce qu'il possède, il croyait le devoir uniquement à son travail, à sa ruse, à son expérience, quelquefois à la chance. Face à la mer et à la nature, il était seul, il ne pouvait compter que sur lui-même : une lutte de chaque jour, de chaque instant, une confrontation où les autres n'intervenaient pas ou si peu! Et quand une tragédie survenait, c'était le destin, la fatalité, le mauvais coup du sort — Dieu. On n'y pouvait rien. C'était comme cela! Ce sentiment d'impuissance, il l'éprouvait aussi face à l'usinier, cet homme plus instruit et plus riche qui lui achète son poisson pour le distribuer aux quatre coins de la planète. À présent, il découvre que cette complicité entre les éléments naturels comme entre les hommes, il peut à son tour la créer par une solidarité retrouvée avec les autres. Oui, il se joint aux autres dans un sursaut collectif pour sortir de sa pauvreté, pour vivre enfin et se dépasser!

Cette quête d'une nouvelle dignité a pris plusieurs formes.

a) Il y a d'abord eu les luttes contre la présence des grandes flottilles près des côtes canadiennes.

Le pêcheur des Maritimes s'est aperçu que les ressources de la mer n'étaient pas inépuisables et que ses prises dépendaient dans une large mesure de ce que les autres, les étrangers, voulaient bien lui laisser. Le problème n'est certes pas nouveau. On se souvient de l'acharnement avec lequel il s'était opposé, durant la première moitié du siècle, à l'introduction des chalutiers à vapeur. Mais c'était surtout à titre préventif. Le mal n'avait pas été fait ou tout au moins il était loin d'avoir la même ampleur qu'aujourd'hui. Maintenant, il en mesure les effets. Ce qui autrefois relevait d'une anomalie, d'un événement singulier, est devenu à présent une règle générale s'appliquant à tous les districts sans exception. Le poisson n'arrive plus à la côte, voilà ce qu'il constate. Les responsables de ces pêches infructueuses, il n'en doute pas un seul instant, ce sont les grands navires, qu'ils soient canadiens, européens ou japonais, qui viennent dans les eaux proches du rivage. Aussi s'est-il lancé, avec l'énergie du désespoir, dans la lutte pour les en chasser.

Un des épisodes les plus dramatiques de ce conflit fut l'incendie qui détruisit, en août 1967, une partie du havre de Bas-Caraquet. Durant plusieurs jours, les pêcheurs s'étaient opposés au déchargement des grands senneurs de la compagnie B.C. Packers qu'ils accusaient d'avoir écrémé les bancs de hareng de la baie des Chaleurs. À la fin de la semaine, découragés de voir que les autorités ne leur donnaient aucune assurance quant au retrait de ces bateaux, ils mirent le feu au quai principal du port de Bas-Caraquet où ils venaient de se rassembler, causant pour trois cent mille dollars de dommages. Geste de désespoir et de révolte qui devait par la suite les amener à mieux se structurer, et dans le cadre de leur association respective à faire pression sur le gouvernement pour que s'accélère le processus d'évacuation des flottilles étrangères de la zone des 200 milles.

Forts de l'appui des biologistes, ils s'en prirent dans un premier temps aux quotas très insuffisants que le fédéral entendait imposer aux bateaux hauturiers. Ayant obtenu gain de cause, ils exigèrent l'exclusion des eaux du golfe du Saint-Laurent des chalutiers de plus de 100 pieds appartenant aux compagnies National Sea Products et H.B. Nickerson (cf. Év. du 4 et 7 mai 1976). En 1975 et 1976 eut lieu dans les ports de la côte atlantique une grande campagne de pétitions pour que le Canada établît au plus vite une zone exclusive de pêche. Pendant ce temps, dans la région du Sud-Ouest de la Nouvelle-Écosse (Clark's Harbour), un violent conflit opposait les pêcheurs côtiers à la compagnie Continental Sea Foods, propriétaire de quatre bateaux hauturiers reconvertis dans la pêche au homard aux accores de la plate-forme continentale (P.C. du 30 décembre 1976).

Le retrait effectif depuis 1977 d'une grande partie de ces flottilles étrangères n'a pas débouché, comme certains le croyaient un peu trop naïvement, sur une ère de prospérité et d'enrichissement général. La déception a été à la mesure des espoirs que cette décision avait fait naître. Les pêcheurs côtiers surtout n'ont pas eu l'impression que quelque chose avait changé. Les plus grosses unités éliminent progressivement les plus petites avec l'assentiment du gouvernement, constatent-ils avec amertume (Év. du 1er février 1977). Ainsi en 1976, un seul senneur de 115 pieds monté par dix hommes a pris à lui seul 11 000 tonnes de harengs, ce qui représente la production d'une cinquantaine de côtiers manœuvrés par 250 hommes d'équipage, soit 18 % des prises totales de hareng de la province du Nouveau-Brunswick. Le plus grave, ajoutent-ils, c'est que ces gros senneurs se sont vu accorder en 1977 une prolongation (d'un mois) de leur saison de pêche, sans raison valable. Qu'en sera-t-il demain si les autorités accordent dès à présent des dérogations qui ne se justifient pas! Aussi, dans un mémoire de 42 pages, ont-ils demandé que soit instaurée une zone des 50 milles de laquelle tous les bateaux de plus de 65 pieds seraient exclus. Une sorte de territoire de pêche exclusif pour les côtiers. Mais les services des pêcheries n'ont pas donné suite jusqu'à présent à cette revendication.

C'est également dans un souci de protection de leurs ressources, qu'ils ont entrepris depuis 1973 une action vigoureuse pour tenter de mettre fin à la pêche illégale (*poaching*). À Richibouctou, on a vu se former un *front commun*, une sorte de comité de sauvegarde regroupant 70 pêcheurs. Leur objectif : lancer des avertissements à tous les contrevenants

qui, disent-ils, n'appartiennent pas, pour la majorité d'entre eux, au milieu maritime. À noter que dans cette lutte, les pêcheurs s'en sont pris au gouvernement qui, d'après eux, n'a jamais fait beaucoup d'efforts pour s'attaquer résolument au problème. Les amendes sont trop peu élevées pour dissuader les délinquants de recommencer ; pour lutter efficacement contre eux, les officiers sont trop peu nombreux et surtout mal équipés ; certains n'osent pas intervenir de peur de recevoir un coup de fusil, d'autres se laissent acheter et ferment les yeux. Le système est tel que les garde-pêche en arrivent à dévoiler aux braconniers le nom des donneurs. Ainsi, un pêcheur de Pointe-Sapin (N.B) s'est vu un jour attaqué par un groupe d'hommes qui affirmaient qu'il était responsable de leur dénonciation (Audet-McLaughlin, 1976, p. 84).
b) Mais le fait nouveau et le plus lourd de conséquence a été la prise de conscience par ces pêcheurs de l'intérêt qu'ils devaient porter à la vente de leur poisson et du rôle qu'ils avaient à jouer dans la fixation du prix de campagne.

Jusque-là, leurs efforts se concentraient sur la pêche proprement dite. Une fois à quai, le poisson était pris en charge par un système fort compliqué sur lequel ils n'avaient que des vues fort sommaires. Entre eux et le courtier s'interposait l'usinier, cet homme tout-puissant qu'ils craignaient et admiraient en même temps. Or, si cet esprit de soumission et d'obéissance n'a pas disparu, loin de là, il n'en a pas moins été remis fortement en question par les événements de ces dernières années.

Le mouvement partit du Sud-Est du Nouveau-Brunswick quand, à la suite de ce voyage d'études en Colombie britannique, les pêcheurs se rendirent compte que les écarts des prix pratiqués sur les deux façades maritimes ne s'expliquaient que parce que leurs collègues de cette lointaine province avaient établi un rapport de force favorable avec les principales compagnies de traitement. Ce fut du moins leur sentiment, au retour de cette expédition. Aussi, l'Association des pêcheurs du Sud-Est orienta-t-elle ses efforts à partir de ce moment vers une revendication fondamentale à ses yeux : obtenir le droit de négocier avec les compagnies un prix ferme et définitif pour les principales espèces débarquées. Or, dans la législation canadienne, seuls les Unions ou Syndicats de salariés possèdent un tel pouvoir. En ce qui concerne les travailleurs indépendants comme les pêcheurs, aucune disposition n'a

été prévue si ce n'est qu'ils peuvent se former en association n'ayant dans le domaine de la fixation des prix qu'un pouvoir de recommandation mais non d'intervention. C'est pour obvier à cet inconvénient que les pêcheurs des Maritimes, regroupés désormais en plusieurs associations, décidèrent d'un commun accord d'entamer des démarches auprès de leurs gouvernements provinciaux respectifs pour que des mesures législatives fussent prises en vue de former une véritable Union. Seule l'Association des pêcheurs de l'Atlantique, regroupant les professionnels plus aisés de la région du S.W. de la Nouvelle-Écosse, refusa de porter le débat sur un terrain qu'elle jugeait trop politique. Pourtant, en octobre 1975, devait éclater dans ce secteur jusqu'ici très calme un mouvement de contestations portant précisément sur le prix-campagne du pétoncle fixé par les compagnies à 1,65 dollars la livre. Les pêcheurs auraient sans doute accepté ce prix sans sourciller comme ils le faisaient chaque année, persuadés qu'il résultait du jeu normal de l'offre et de la demande, s'ils n'avaient été informés que le même pétoncle était acheté de l'autre côté du golfe du Maine et par les mêmes compagnies 93 cents de plus la livre. Du coup, ils exigèrent un relèvement à 2 dollars de ce cours. Devant le refus des compagnies, les pétoncliers restèrent à quai. Il n'y eut aucune défection. Durant toute une semaine, les manifestations se succédèrent, ponctuées d'appels à la négociation, mais en vain. Les compagnies, qui s'abritaient derrière le texte de la loi, repoussèrent tous les appels à la négociation. Finalement, voyant qu'aucune solution ne se dégageait en leur faveur, les pêcheurs retournèrent un à un au travail. Les dirigeants mêmes de l'Association avaient baissé pavillon de crainte de perdre leur emploi et de se voir catalogués comme meneurs ou *faiseurs de troubles.*

Dans les autres régions, les choses ne se passèrent pas ainsi. Au Nouveau-Brunswick, le ministre du Travail, après avoir reçu plusieurs délégations de pêcheurs, finit par accepter la création d'un Comité d'étude chargé de faire toute proposition au Parlement en vue de permettre aux pêcheurs qui le désireraient de se syndiquer. Dans cette optique, l'Association du Sud-Est organisa en 1974 un référendum auprès de tous les pêcheurs de la région pour savoir s'ils soutenaient le projet de création d'une Union. Près de 70 % des votants répondirent par l'affirmative mais, compte tenu du fait que plus du quart des inscrits n'avaient pas pris part au vote, le gouvernement jugea le résultat de cette consultation comme nul et non avenu. Sur ces entrefaites, on découvrit inopinément dans les archives du ministère une vieille loi de 1907 qui donnait droit aux pêcheurs de s'organiser dans le but de se familiariser avec les techniques de fonctionnement du marché ; sans accorder aux producteurs un véritable pouvoir de négociation, du moins leur permettait-elle de se regrouper en une Union.

• Du coup, le gouvernement fit clairement savoir qu'il s'opposerait à cette initiative : « *Un pêcheur est un homme d'affaires indépendant, il ne peut négocier un prix pour son produit comme il négocierait un salaire*» (Déclaration du ministre des Pêches au Moncton Time du 27 septembre 1975).

• À quoi il lui fut répondu qu'un homme d'affaires connaît, avant même de signer un contrat, quelle sera sa marge bénéficiaire. Il n'en est pas de même pour le pêcheur qui doit attendre plusieurs jours, voire plusieurs semaines après le début de chaque saison pour savoir quel prix il recevra pour son poisson (Mémoire de l'Association des pêcheurs professionnels du Sud-Est du Nouveau-Brunswick, p.16). Et d'ajouter en substance : les pêcheurs sont des petits producteurs en situation difficile, ils veulent se regrouper pour vendre leurs apports à un prix ferme qui leur permette de couvrir les frais d'exploitation de leur entreprise. Pourquoi seraient-ils les seuls à devoir assumer les effets d'une chute des cours en aval de la production? Pour sortir de la crise, il suffirait de prendre une plus grande quantité de poissons. Mais comment y parvenir quand de gros hauturiers viennent à moins de dix milles de nos côtes *avaler* des tonnes de poissons en quelques heures alors que nos petits *Cape-Island* recueillent tout au plus quelques boîtes de 50 livres dans leur journée? Devant cette disproportion des forces en présence, la seule solution qui s'offre aux pêcheurs côtiers des Maritimes est de tirer un meilleur prix pour leur poisson (cf. Év. du 8 décembre 1975).

Cette question de la revalorisation des mises à terre et de l'attribution aux pêcheurs d'un pouvoir de négociation du prix a été au cœur de tous les grands débats politiques des Provinces Maritimes depuis 1976. Au Nouveau-Brunswick, on a vu pour la première fois les pêcheurs refuser de vendre leur homard au prix proposé par les compagnies et tenter, avec un succès mitigé, il faut bien le dire, d'écouler leurs cargaisons sur le marché local.

Mais le grand événement aura été sans conteste le regroupement, en 1978, des différentes associations (hormis celle du S.W. de la Nouvelle-Écosse) en une Union des pêcheurs des Maritimes (U.P.M). Celle-ci a réussi rapidement à braquer sur elle les feux de l'actualité.

D'abord en organisant, au mois de mars de cette même année, une marche solennelle sur la capitale du Nouveau-Brunswick, Frédéricton, afin de se faire reconnaître officiellement par les autorités gouvernementales.

Puis en négociant avec un courtier indépendant de la région atlantique un contrat exclusif de vente du homard. Du coup, les enchères sur ce crustacé ont monté d'une façon spectaculaire, passant en quelques mois de 1,25 dollars la livre à 2 dollars dans les districts du golfe du Saint-Laurent et même 2,50 dollars dans certains secteurs de la Nouvelle-Écosse. La même opération s'est renouvelée dans le courant de l'hiver 1978-1979 avec l'éperlan qui, de 13 cents la livre, a sauté à 26 cents.

Ce bond en avant des cours, les compagnies n'ont pas manqué de l'expliquer par une forte demande sur le marché international. N'empêche que sans cet accord, il est plus que probable que la progression des prix à la première vente n'aurait pas enregistré une hausse aussi rapide. Comme le constatait une journaliste :

L'intervention du courtier indépendant a rétabli un climat de concurrence et forcé le marché libre à fonctionner plus près des forces de demandes, elle a rétabli la vérité des prix freinés lourdement jusque-là par le cartel des grandes compagnies... (P.C. du 30 décembre 1978).

Ajoutons encore, qu'elle aura servi à démontrer le rôle désormais prépondérant de cette nouvelle Union des pêcheurs. Bien que n'ayant aucune existence légale, ce syndicat a réussi à accroître son audience auprès des pêcheurs de toutes les régions des Maritimes. En 1979, seule l'Association des pêcheurs du Sud-Ouest de la Nouvelle-Écosse refusait toujours de rejoindre l'Union. Mais l'avenir de ce groupement, qui avait fait la preuve de son impuissance, semblait sérieusement compromis par la défection d'un grand nombre de ses adhérents (cf. P.C. du 22 mars 1979).

Dans les Provinces Maritimes du Canada, la pêche présente des aspects forts différents de ceux que l'on rencontre habituellement dans les autres grands pays développés et même des autres régions du continent nord-américain (en particulier de la Colombie britannique). Toute cette étude s'est attachée à en faire une description précise puis d'en donner une explication aussi rationnelle que possible.

Son trait le plus original réside dans la préservation d'une petite pêche côtière, multiforme et émiettée le long du littoral, saisonnière dans son déroulement, et rétentrice d'une main-d'œuvre nombreuse. Pour un pays qui a plutôt tendance à faire table rase du passé, la conservation de ce musée vivant de la pêche a quelque chose d'étonnant et même d'unique en son genre. C'est elle qui confère au pêcheur des Maritimes toute sa personnalité : un homme à tout faire qui doit se débrouiller pour ajouter à ses activités proprement maritimes, une, deux, ou plusieurs occupations à terre qui l'aideront à *joindre les deux bouts* en attendant de *se mettre sur* l'Assurance-chômage.

Autre aspect singulier et non moins déconcertant de cette façade maritime, la pêche industrielle n'a pas donné naissance à de grands organismes portuaires tels que l'on en voit sur le pourtour de la Mer du Nord. Ceux qui existent ne rassemblent tout au plus que quelques milliers d'habitants et s'isolent au bout de leur cap ou de leur pointe à l'écart des centres commerciaux et industriels plus actifs situés, eux, un peu en retrait du front de mer, le long des principales voies de communication.

Finalement, tout donne l'impression d'un pays qui n'a pas pu ou su tirer parti des énormes richesses ichtyologiques que la nature a placé à proximité de ses rivages. Une anomalie parmi d'autres de la géographie.

Les raisons de ce sous-développement doivent être recherchées, nous l'avons vu, moins dans les obstacles d'ordre physique et climatique qui pèsent sur les activités halieutiques (et qui ne sont pourtant pas négligeables) que dans les processus économique, sociaux, politiques qui, depuis les premiers temps de la colonisation, ont empêché ce petit isthme des Maritimes de se développer sur une base autonome et de s'adapter, le moment venu, à la grande mutation technologique née de la révolution industrielle.

Pendant près de quatre siècles en effet, depuis le XVIe jusqu'à la fin du XIXe siècle, l'exploitation des ressources naturelles de ce pays s'est effectuée dans le cadre rigide de l'économie de traite. Pour les Européens qui s'intéressaient à ces contrées lointaines, il s'agissait moins de mettre le pays en valeur que de venir y exploiter, à des fins commerciales, les richesses spécifiques (et en premier le poisson de ses mers bordières) destinées au marché international. Mais, contrairement à ce qui devait se passer dans les pays tropicaux où la mise en place d'une économie de plantation exigeait l'installation à demeure d'une main-d'œuvre nombreuse, la pêche et le séchage de la morue purent s'effectuer sur une base saisonnière avec pour tout support logistique qu'un simple campement provisoire destiné au travail de préparation de la marchandise et au repos de quelques dizaines de marins et paysans recrutés en Europe juste pour le temps d'une campagne.

Sans doute, la solution adoptée par les compagnies de transporter à chaque expédition toute la main-d'œuvre requise pour répondre aux besoins et de la pêche et des opérations de séchage, n'était-elle pas entièrement satisfaisante, mais elle apparaissait préférable (parce que moins hasardeuse) à celle qui consistait à implanter un établissement permanent de colons dont on aurait pu utiliser sur place les services. En effet, dans la mesure où ce petit isthme des Maritimes faisait l'objet d'un enjeu de première importance entre les deux puissances qui se disputaient l'hégémonie dans cette partie du monde, tout embryon de colonie était condamné à servir de cible favorite aux attaques de l'ennemi. Cette simple perspective suffit à décourager les meilleures volontés, et les efforts pour créer des postes (ou comptoirs) furent peu nombreux et au demeurant mal récompensés.

Aussi bien, tant que dura le conflit entre les deux couronnes de France et d'Angleterre, le territoire des Maritimes ne fut rien d'autre qu'une base avancée pour les bateaux bretons, normands, anglais, basques, et plus tard bostoniens, qui venaient y pêcher et sécher leur poisson, à la rigueur troquer quelques pelleteries auprès des Indiens, ou s'y approvisionner en bois destinés à mâter les navires. De sorte que ce pays, où les possibilités d'implantation apparaissaient au départ combien plus favorables (eu égard à la situation géographique, au climat, au sol et aux ressources diverses) que celles qui prévalaient le long des rives du Saint-Laurent ou même en bordure des côtes du Massachusetts, servit plutôt de pôle répulsif et ne reçut qu'un flot réduit d'immigrants. Seuls, de petits groupes de colons acadiens, vivant dans une semi-autarcie, parvinrent à s'enraciner et à maintenir vaille que vaille, à la faveur surtout d'une forte fécondité, une présence effective mais douloureuse.

La défaite de la France et son retrait définitif de cette partie du monde levèrent enfin l'hypothèque qui pesait depuis près de trois siècles sur cette partie du continent américain. Les Maritimes allaient pendant quelques décennies servir de terre d'accueil à plusieurs milliers d'exilés en quête d'une nouvelle patrie. Rien ne pouvait désormais s'opposer à la mise en valeur du pays, à condition toutefois que celle-ci s'inscrive comme par le passé dans le cadre de la politique coloniale, dorénavant mise en œuvre et contrôlée depuis Londres. Ainsi, en ce qui concerne les activités halieutiques, hormis un petit nombre de pêcheurs néo-écossais de la côte atlantique qui réussirent à se doter d'une goélette et à partager leurs activités entre la pêche en été sur les bancs et le commerce transocéanique en hiver, la majorité des nouveaux arrivants, pauvres et démunis, ne purent échapper à la domination des compagnies de commerce britanniques et à leurs représentants, les *marchands*. Ces derniers profitèrent de la présence de cette main-d'œuvre servile (qu'ils avaient contribué parfois à installer) pour mettre en place le long du littoral tout un réseau de stations (ou rins de pêche). Chacune de ces stations était pourvue, en plus des habituels bâtiments d'entreposage et des habitations des employés, d'un magasin général où chaque famille venait acheter des objets de première nécessité (farine, sel, agrès de pêche) ou superflus (bimbeloterie, rhum, armes...) dont le mode de paiement (en bons de crédit recouvrables sur les fruits de la prochaine saison de pêche) revenait à garantir au *marchand* la livraison à bon compte de toute la morue qu'il désirait vendre à l'extérieur.

Pour le géographe, il est intéressant de constater que c'est ce système commercial qui devait imposer les formes définitives d'occupation et d'exploitation de cette frange littorale. Loin d'amener le regroupement autour d'un centre portuaire, il allait favoriser la dispersion en petites unités familiales isolées les unes des autres. Deux raisons essentielles à cela :
• le travail de séchage, qu'il soit effectué par le pêcheur près de sa maison ou sur les *graves* de la station, nécessitait la possession de larges secteurs du front de mer ;
• la pauvreté de ces familles (résultat de leur asservissement) était telle qu'il était indispensable que chacune d'entre elles assurât sa subsistance en associant à ses activités de pêche proprement dites, l'exploitation de quelques arpents de terre.

Mais cette nécessité de devoir se prémunir contre les risques de disette en prenant en charge un secteur agricole d'autoconsommation devait à son tour bloquer tout effort d'innovation technique, empêcher les pêcheurs de sortir de leur routine et les enfermer un peu plus dans le cercle vicieux de la pauvreté.

Le passage à une économie halieutique plus diversifiée et surtout plus productive s'amorça à la fin du XIXᵉ siècle et au début du XXᵉ siècle. Le moteur en fut, d'une part, les applications industrielles du procédé d'appertisation des aliments, d'autre part, l'utilisation du froid dans le transport des denrées périssables. Mais cette évolution se fit lentement et n'apporta pas de changements radicaux dans les formes d'organisation spatiale acquises antérieurement.

Ainsi, les Maritimes ne ressentirent pas immédiatement les effets du rétrécissement du marché du poisson salé et séché, perceptible ailleurs dès le milieu du XIXᵉ siècle. Les compagnies de commerce britanniques purent maintenir longtemps encore leur pouvoir sur les populations ; elles récupérèrent les marchés laissés vacants par la reconversion des pêcheurs étatsuniens vers d'autres activités plus rentables, et profitèrent de l'établissement d'un réseau ferroviaire à travers le Canada pour acheminer de la morue *verte* vers l'intérieur du pays, jusqu'à Montréal. Il fallut attendre le début du XXᵉ siècle et la fin du premier conflit mondial pour les voir définitivement disparaître.

Simultanément d'ailleurs à cet effondrement des derniers vestiges du système colonial, de nouvelles et puissantes firmes étrangères (principalement d'origine nord-américaine) allaient faire leur apparition et installer les premières usines de conditionnement incorporant entrepôts frigorifiques, chaînes de filetage, fabrication de la glace, traitement des déchets. Du coup, les pêcheurs furent rejetés du secteur de la préparation du poisson, et un début de regroupement, s'opéra vers les sites portuaires les mieux situés par rapport aux lieux de pêche.

Autre événement capital, l'essor de la pêche commerciale au homard associée dans un premier temps à la mise en place de centaines de petits *shops* ou *canneries* (conserveries), puis à la vente sur le marché états-unien du homard vivant. En moins d'un demi-siècle, cette pêche allait prendre une importance considérable aux Maritimes, au point de dépasser toutes les autres activités halieutiques. Son effet le plus immédiat fut de revigorer la petite pêche côtière artisanale et ainsi d'éviter à de nombreuses familles le douloureux exil vers les villes. Elle fut, comme nous l'avons dit, un facteur de stabilisation géographique. Elle donna aux pêcheurs l'illusion qu'ils pourraient faire leur vie sur place, sans trop changer leur manière de faire et d'agir d'autrefois.

Pourtant, si sensible que fût cette émancipation, elle apparut insuffisante pour permettre à ces hommes de suivre l'évolution en cours et de se doter notamment d'un bateau plus grand et plus moderne grâce auquel ils auraient pu effectuer des mises à terre plus volumineuses et moins irrégulières comme le réclamaient les compagnies pour l'approvisionnement de leurs usines de congélation. Mais, ce qu'ils ne pouvaient (et ne voulaient) pas entreprendre, ils n'entendaient pas voir quelqu'un d'autre le faire à leur place. Aussi s'opposèrent-ils violemment au lancement, par les sociétés de conditionnement, des premiers chalutiers à vapeur. Réaction de défense, avons-nous dit, contre la tentative de monopolisation des pêches par quelques groupes financiers autant, sinon plus, qu'une hostilité déclarée à une technique de pêche jugée dévastatrice et dommageable pour la faune. Dans la situation de crise qui prévalait entre les deux guerres, les autorités gouvernementales n'étaient pas en mesure ni de mettre en place une politique d'aide à la construction des bateaux, ni d'accepter le point de vue des compagnies dont l'effet eût été d'aggraver la situation du chômage. Finalement, le choix du gouvernement en faveur des pêcheurs ne pouvait être qu'une solution très provisoire, en attendant des jours meilleurs.

Ce temps arriva en effet... avec la guerre. À partir de la décennie quarante, on assista à une extension considérable de la demande en produits frais et congelés, phénomène qui correspondait à l'émergence d'un nouveau genre de vie en même temps qu'à la généralisation des techniques de congélation et de surgélation des aliments.

— Dans une première phase, l'augmentation de la capacité des usines de transformation contribua au lancement d'une flottille de bateaux de moyen tonnage. Ce fut l'ère des *soixante pieds* (palangriers, chalutiers, pétoncliers). Aidés par l'État, les pêcheurs eurent l'initiative dans cette reconversion d'une partie de la flottille vers la grande pêche. Pas pour longtemps cependant.

— Dès le milieu des années soixante, l'expansion spectaculaire de la demande en matières azotées pour l'alimentation du bétail, et l'appauvrissement des fonds côtiers résultant de la venue en force de navires étrangers dans le Nord-Ouest Atlantique, incitèrent les sociétés de conditionnement à lancer leurs premiers bateaux-fer. Cette fois, le gouvernement ne s'y opposa pas ; il les aida même dans la mesure où il entendait ne pas laisser aux seuls étrangers le bénéfice des richesses faunistiques sises au grand large. Les pêcheurs eurent beau réagir, et parfois avec violence, à ce nouvel empiètement, ils ne purent que s'incliner devant le fait accompli.

Pourtant, cette phase nouvelle et ultime du développement des pêches n'a pas apporté de grands bouleversements dans les structures et les formes d'organisation.

• L'adjonction d'une flottille de bateaux de haute mer à de grands complexes industriels n'a pas entraîné de fortes concentrations de main-d'œuvre. Dans la mesure où cette population dispose de toutes les commodités de transports et de communications d'un État moderne, elle préfère encore mieux demeurer dans les villages avoisinants, quitte à s'astreindre à des migrations quotidiennes de travail.

• L'essor du grand chalutage n'a pas non plus fait disparaître la pêche semi-hauturière laquelle a su remarquablement se reconvertir vers des activités spécifiques (caseyage du crabe des neiges, dragage des pétoncles, pêche à la senne de fond). Par sa seule présence, elle a préservé de nombreux ports d'un déclin irrémédiable.

• Enfin, la petite pêche côtière qui a certainement le plus souffert de la concurrence des grands bateaux, n'a pas été rayée de la carte. Chaque saison, elle continue d'animer une foule de minuscules centres de débarquement. Cette permanence, elle la doit à la vitalité de la pêche au homard qui, bien qu'aux prises avec de graves difficultés, reste aujourd'hui encore une des activités halieutiques les mieux rémunérées ; elle la doit encore aux multiples possibilités qui s'offrent au pêcheur-artisan d'exercer un autre métier à terre ; elle la doit enfin aux prestations d'assurance-chômage qui permettent à ce même pêcheur de ne plus craindre comme autrefois l'inévitable coupure hivernale.

Cette dernière idée nous aide à mieux comprendre le rôle de l'État dans la modernisation et l'équipement de ces régions périphériques. Par leur appartenance à un pays *riche*, les Maritimes ont bénéficié d'une redistribution importante des revenus qui leur a permis de limiter les effets nocifs d'une croissance inégalitaire trop souvent hélas! génératrice d'insatisfactions et de frustrations.

Mais ce rôle est-il satisfaisant et suffisant au regard des exigences d'un authentique développement qui impliquerait, pour ces régions, la recherche d'une autonomie de croissance. Certainement pas. Et le défi se trouve là : dans la mise en œuvre d'un développement plus *centripète* ou, comme on dit, *autocentré,* plus orienté vers la valorisation sur place des riches potentialités naturelles que renferment ces contrées, plus attentif enfin aux cris de ceux, qui, de ce côté de l'Atlantique, veulent également *vivre et travailler au pays.*

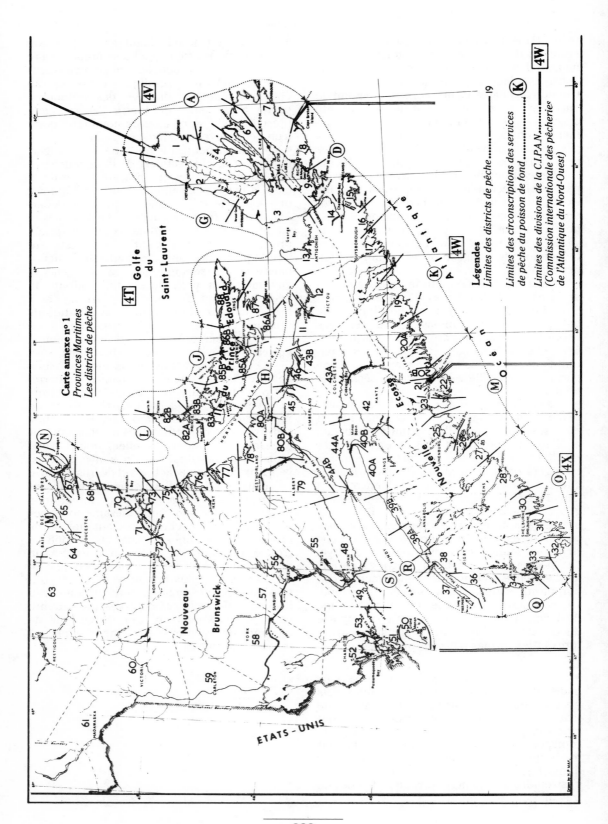

Carte annexe n° 1
Provinces Maritimes
Les districts de pêche

Légendes
Limites des districts de pêche ....

Limites des circonscriptions des services
de pêche du poisson de fond ....

Limites des divisions de la C.I.P.A.N. ....
(Commission internationale des pêcheries
de l'Atlantique du Nord-Ouest)

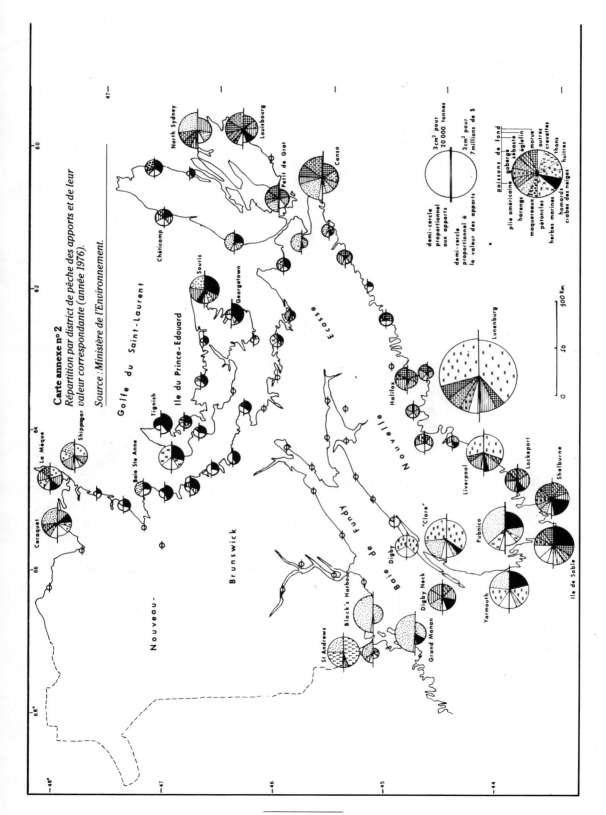

Carte annexe nº 2
Répartition par district de pêche des apports et de leur valeur correspondante (année 1976).

Source : Ministère de l'Environnement.

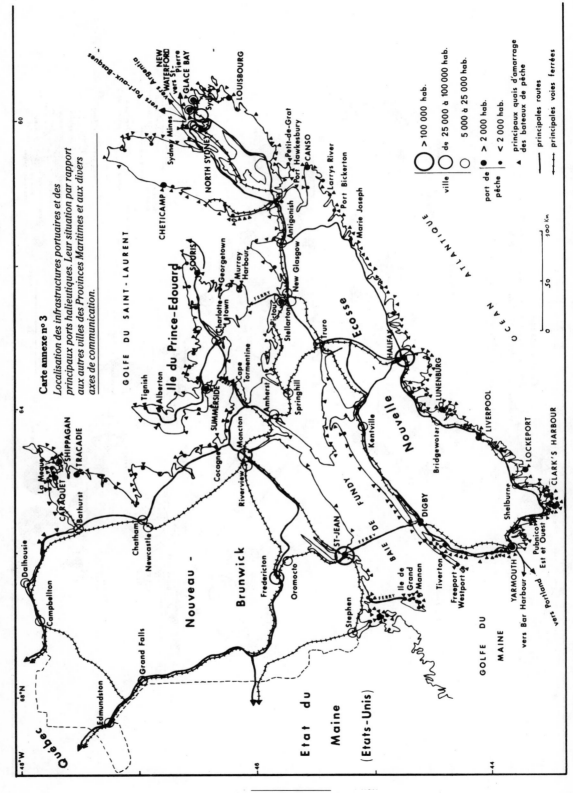

Carte annexe n° 3

Localisation des infrastructures portuaires et des principaux ports halieutiques. Leur situation par rapport aux autres villes des Provinces Maritimes et aux divers axes de communication.

Légende:

ville
- > 100 000 hab.
- de 25 000 à 100 000 hab.
- 5 000 à 25 000 hab.

port de pêche
- > 2 000 hab.
- < 2 000 hab.

▲ principaux quais d'amarrage des bateaux de pêche

— principales routes

—⊢— principales voies ferrées

0   50   100 Km

Québec

Etat du Maine (Etats-Unis)

Nouveau - Brunswick

Île du Prince-Édouard

Nouvelle Écosse

GOLFE DU SAINT-LAURENT

BAIE DE FUNDY

GOLFE DU MAINE

OCÉAN ATLANTIQUE

Edmundston
Campbellton
Dalhousie
Grand Falls
Chatham
Newcastle
Fredericton
Oromocto
Stephen
St-Stephen
RIVERVIEW
Moncton
Cocagne
Bathurst
CARAQUET
SHIPPAGAN
TRACADIE
La Meque
TIGNISH
Alberton
SUMMERSIDE
Cape Tormentine
Amherst
Springhill
Charlottetown
SOURIS
Georgetown
Murray Harbour
Pictou
Stellarton
New Glasgow
Antigonish
CHÉTICAMP
NORTH SYDNEY
Sydney Mines
NEW WATERFORD
GLACE BAY
Sydney
LOUISBOURG
CANSO
Port Hawkesbury
Petit-de-Grat
Larrys River
Port Bickerton
Marie Joseph
Truro
Kentville
HALIFAX
Bridgewater
LUNENBURG
LIVERPOOL
Springhill
Digby
Shelburne
LOCKEPORT
CLARK'S HARBOUR
Pubnico Est et Ouest
YARMOUTH
Tiverton
Freeport
Westport
Île de Grand Manan
Grand Harbour

vers Port-aux-Basques
vers Argentia
vers St-Pierre
FERRY
vers Bar Harbour
vers Portland

290

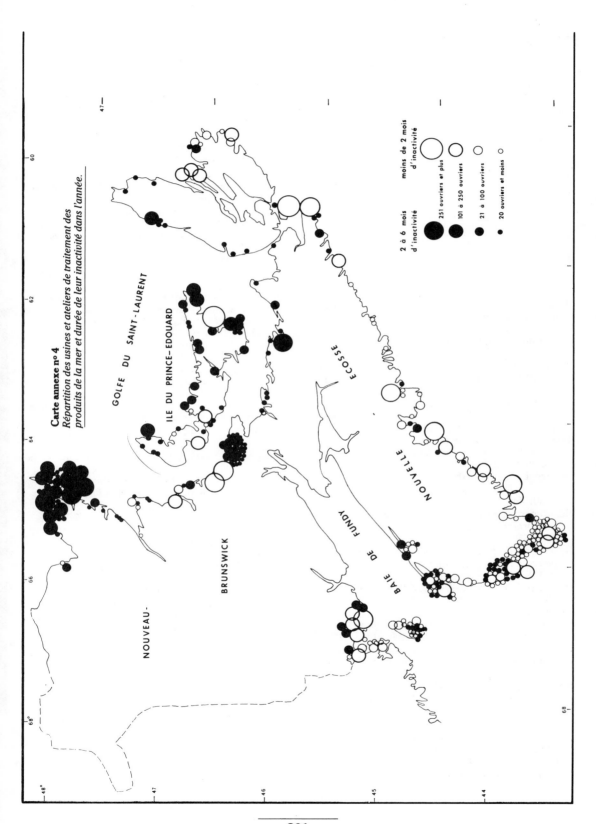

Carte annexe n° 4
Répartition des usines et ateliers de traitement des
produits de la mer et durée de leur inactivité dans l'année.

GOLFE DU SAINT-LAURENT

ILE DU PRINCE-ÉDOUARD

NOUVEAU-
BRUNSWICK

BAIE DE FUNDY

NOUVELLE

ÉCOSSE

2 à 6 mois
d'inactivité

moins de 2 mois
d'inactivité

251 ouvriers et plus

101 à 250 ouvriers

21 à 100 ouvriers

20 ouvriers et moins

Bibliographie sommaire

Allain, Ch., «L'hydrologie de la bordure atlantique nord-américaine du banc Saint-Pierre au cap Cod, en été 1962», *Rev. trav. off. de pêches maritimes,* Nantes, 34(4) 1965, pp. 357-381.

Audet McLaughlin, Y., D. Chouinard, *Situation de la pêche au homard au Nouveau-Brunswick et aux Maritimes,* Richibouctou, C.R.A.S.E., 1976, 170p.

Baulig, H., «Amérique septentrionale», dans Vidal de la Blache et Gallois, *Géographie universelle,* Paris, A. Colin, t.XIII, 2e vol., 1936, 315p.

Beaugé, L., «Rapport de mission à Terre-Neuve (campagne 1928)», *Rev. trav. off. de pêches maritimes,* 2(1) 1929, p. 33-70 et 2(2), 201-215.

Beaugé, L., «Le golfe du Saint-Laurent», *Rev. trav. off. de pêches maritimes,* Nantes, t.20, 1956, 39p.

Beauregard, L. et 23 auteurs, *le Canada, une interprétation géographique,* Toronto, Methuen, 1967, 650p.

Benezit, A., *Techniques actuelles de congélation du poisson,* Paris, Pêche maritime, no 999, 1961, p. 371-381.

Beranger, J., Y. Durand, J. Meyer, *Pionniers et colons en Amérique du Nord,* Paris, A. Colin, 1974, 343p.

Besançon, J., *Géographie de la pêche,* Paris, Gallimard, «Géographie humaine», 1965, 522p.

Blanchard, R., *l'Est du Canada français,* Publication Institut scientifique franco-canadien, t.I, 366p. t.II, 1935, 336p.

Bourne, N., «*Scallops and the offshore fishery of the Maritimes*», Ottawa, F.R.B., *Bull. no 145,* 1964, 60p.

Carré F., «Plates-formes continentales, eaux néritiques et provinces halieutiques», *Rev. trav. Institut de géographie de Reims,* UER lettres et sciences humaines nos 33, 34, 1970, p. 3-36.

Chaunu, P., *l'Amérique et les Amériques,* Paris, A. Colin, «Destins du monde», 1964, 463p.

Chaussade, J., *la Pêche et les pêcheurs du littoral vendéen,* Les Sables d'Olonne, Imp. Guibert, 1973, 117p.

Chiasson, A., *Chéticamp, histoire, traditions acadiennes,* Moncton (N.B.), Éd. des Aboiteaux, 1972, 38p.

Corlay, J.P., «Un milieu original de pêche au Danemark: le Limfjord», *Norois,* no 89 et 90, Poitiers, 1976, p. 199-220.

Daigle J., *Petit manuel d'histoire d'Acadie*, Moncton (N.B.), Librairie acadienne, 1976, 34p.

Deffontaines, P., *l'Homme et l'hiver au Canada,* Paris, Gallimard, «Géog. humaine», 1957, 293p.

D'Entremont, Cl., *Petit manuel d'histoire d'Acadie. Des débuts à 1670,* Moncton (N.B.) Librairie acadienne, 1976, 35p.

Deveau, A., *la Ville française,* Québec, Ed. Ferland, 1968, 286 p.

Dickie, L.M., «Fluctuations in Abundance of the Giant Scallop (Placopecten magellanicus) in the Diby area of the Bay of Fundy», Ottawa, F.R.B., J.12 (6), 1955, pp 797-856.

Dorst, J., «Migrations animales», *Encycl. Universalis,* vol. II, 1968 p. 7-14.

Doumenge, F., *Géographie des mers,* Paris, P.U.F., «Magellan», 1965, 280 p.

Dunfield, R.W., *Types of Commercial Salmon. Fishing year in the Maritimes Provinces,* Ottawa, ministère de l'Environnement, service des pêches, 1971, 41 p.

George P., *Précis de géographie économique,* Paris, P.U.F., 1962, 402 p.

Gordon Dewolf, A., «The lobster Fishery of the Maritime Provinces: Economic Effects of Regulations, Ottawa, *F.R.B.,* Bull. 187, 1974, 59 p.

Graham H.W., *Management of the grounfish fisheries of the Northwest Atlantic,* (A century of Fisheries in North America), American Fisheries Society, Washington, 1970, p. 249-261.

Grant, F.R., *The Canadian Atlantic Fishery,* The Ryerson Press, Toronto, 1934, 147 p.

Guilcher, A., *Précis d'hydrologie marine et continentale,* Paris, Masson, 1965, 390 p.

Guitard, R., «Le déclin de la Compagnie de la Pêche sédentaire en Acadie de 1697 à 1702», *Cahiers soc. hist. acadienne,* Moncton, (N.B.), vol. 9, no 1, 1978, p. 5-21.

Hachey, H.B., *Oceanography and Canadian Atlantic waters,* Ottawa, *F.R.B.,* Bull. 134, 1961, 120 p.

Hamelin, L.E., *le Canada,* Paris, P.U.F., «Magellan», 1969, 300 p.

Harache, Y., Boulineau, J.J., «L'élevage des Salmonidés migrateurs amphibiotiques en Amérique du Nord», Brest, CNEXO, Rapport scientifique no 5, 1971, 166 p.

Innis, H.A., *The Cod Fisheries, the History of an International Economy,* Toronto, Univ. of Toronto Press, 1954, 522 p.

Kohler, A.C., «Fish Stocks of the Nova Scotia Banks and Gulf of St. Lawrence», Ottawa, *F.R.B.,* Technical report, 80, 1968, 25 p.

Lauvrière, E., *la Tragédie d'un peuple,* Paris, 2 vol., 1922.

Lavoie, R.E., *The Oyster Leasehold Industry of Caraquet Bay,* Halifax, Service des pêches, ministère de l'Environnement, 1978, 48 p.

Leblanc, E. et associés, *Participation et Développement,* rapport du Comité d'étude du N.B. sur le développement social, t.I, 1971, 300 p.

Lebreton, C., «Richard Lebas, commis des Fruing», *la Revue d'histoire de la Société historique Nicolas Denys,* Bertrand (N.B.), vol. IV, n° I, 1976, p. 12-22.

Leim, A.H., S.N. Tibbo, «Report of the Atlantic Herring», Investigation Committee, Ottawa, *F.R.B.,* 1957, 317 p.

Leim, A.H., W.B. Scott, «Fishes of the Atlantic Coast of Canada», Ottawa, *F.R.B.,* Bull. 155, Ottawa, 1966, 485 p.

Loring D.H., D.J. G. Nota, «Morphology and Sediments of the Gulf of St. Lawrence», Ottawa, *F.R.B.,* Bull. 182, 1973, 147 p.

MacLean, *Report of the Royal Commission. Investigating the Fisheries of the Maritime Provinces and the Magdalen Islands,* Ottawa, 1928, résumé, 137 p.

MacNeil, R.J., *The Origin and Development of the United Maritime Fishermen*, Département d'extension de l'Université Saint-François-Xavier, Antigonish (N.E.), 1945, 45 p.

Malaurie, J., *Géo-économie de la morue,* Paris, Mouton, 1969, 487 p.

Marcotte, A., «Utilisation des lignes pour la pêche de la morue et du flétan», 1966, *Cahiers d'information* n° 35, Station de biologie maritime Grande-Rivière, Québec.

McLeese, D.W., D.W. Wilder, «Le homard : entreposage et expédition», Ottawa, *F.R.B.,* 1967, 75 p.

Medcof, J.C., «L'ostréiculture dans les Provinces Maritimes», Ottawa, *F.R.B., Bull.* 131, 1968, 175 p.

Mélançon, CL., *les Poissons de nos eaux,* Montréal, Editions du Jour, 1973, 455 p.

Minville, E., *Pêche et chasse : Études sur notre milieu,* Montréal, Fides, 1956, 580 p.

Mitchell, Cl., H.C. Frick, «Government Programs of Assistance for Fishing Craft Construction in Canada : an Economic Appraisal», *Canadian Fisheries Reports,* n° 14, Département des pêcheries, Ottawa, 1970, 59 p.

Mitchell, C.L., McEachern, «Developments in the Atlantic Coast Herring Fishery and Fish Meal Industry (1964-1968)», *Canadian Fisheries Reports,* n° 16, Département des pêcheries, Ottawa, 1970, 26 p.

Morandière C. (de la), *la Pêche française de la morue à Terre-Neuve du XVIe siècle à nos jours : son importance sociale et politique,* Paris, 1967, École pratique des Hautes Études, 6e sect., Contributions du Centre d'études arctiques et finno-scandinaves, 1967, 140 p.

Mordrel, L., «La perception de la pauvreté dans les sociétés riches», *Recherche sociale,* n° 30, Paris, rue Saint-Benoît, 1970, p. 12-28.

Papy, L., *la Côte atlantique de la Loire à la Gironde.* II : *l'homme et la mer,* Publ. Université de Bordeaux, Delmas, 1941, 528 p.

Pelletier, J., *le Canada,* Paris, Masson, 1977, 230 p.

Pépin, P.Y., *Life and Poverty in the Maritime,* Ottawa, ARDA research report. Department of Forestry and Rural Development, 1965, 210 p.

Pérès, J.M., *Océanographie biologique et biologie marine,* Paris, P.U.F., t. I : *la Vie benthique,* 541 p., t. II, *la Vie pélagique,* 1963, 543 p.

Perley, M., *Report on the Fisheries of the Gulf of St.Lawrence,* Fredericton, ministère des Pêches, 1849, 34 p.

Perley, M., *Report on the Sea and River Fisheries of New-Brunswick,* Fredericton, ministère des Pêches, 1852, 294 p.

Plessis, Mgr Jos Octave, 1811-1812, «Voyage dans le golfe Saint-Laurent et les provinces d'en bas», *le Foyer canadien,* mai-juin 1865.

Proskie, J., Economic aspects of small-boat fishing, St John, T.N., Collège of fisheries St. John's, 1965, 30 p.

Rallier du Baty, R., *la Pêche sur les bancs de Terre-Neuve et autour des îles de Saint-Pierre et Miquelon,* Mém. off. pêches marit. sér. spéc. n° 5, 1926, 132 p.

Reynaud, A., «La géographie entre le mythe et la science : essai d'épistémologie», *Trav. Institut de géographie de Reims,* UER, lettres et sciences humaines, Reims, 1976, 203 p.

Ricker, W.E., «L'Office de recherches sur les pêcheries du Canada», soixante quinze années de réalisations», Ottawa, *F.R.B.,* Report n° 2, 1975, p. 1-28.

Robichaud, D., *le Grand Chipagan, Histoire de Shippagan,* Beresford (N.B.), Société historique Nicolas Denys, 1976, 454 p.

Rutherford, J.B., D.G. Wilder, H.C. Frick, «An Economic Appraisal of the Canadian Lobster Fishery», Ottawa, *F.R.B.,* Bull. 157, 1967, 126 p.

Schmitz, P., «L'évolution du droit maritime international public dans ses rapports avec l'exploitation des richesses de la mer», *Pêche maritime,* n° 1119, Paris, 1971, p. 453-461.

Susan, George, *Comment meurt l'autre moitié du monde,* Paris, Laffont, «Réponse/Écologie», 1976, 339 p.

Templeman, W., «Marine resources of Newfoundland», Ottawa, *F.R.B.,* Bull. 1966, 154, 170 p.
Vanney, J.R., *Géomorphologie des plates-formes continentales,* Paris, Doin, 1977, 300 p.
Vernex, J.C., *les Acadiens,* Paris, Éditions Entente, 1979, 190 p.

Wilder, D.G., *Canada's lobster fishery,* Ottawa, Publication du Département des pêcheries, 1958, 23 p.

Documents cartographiques

— Cartes topographiques du ministère des Mines et des Relevés techniques : cartes au 1/500 000, 1/250 000 et au 1/50 000. Elles ont remplacé les anciennes cartes au 1/63 000.
— Cartes nautiques du ministère des Mines et des Relevés techniques : no D6, 7 4003-4486 ; L (D9) 4002 ; L 4041-4490 ; L (D7) 4023.
— Cartes routières éditées par les services touristiques de chaque province et les compagnies de distribution d'essence.
— Atlas
• Atlas du Canada, ministère des Mines et des Relevés techniques, Ottawa, 1969.
• Gulf of St. Lawrence, Geographical Paper no 53, Department of Environment, 1973.
• Atlas de l'Acadie, Éd. d'Acadie, 1976.
• Goode's World Atlas, 14e édit., 1974, Rand MacNally, Chicago.

Documents statistiques

— Annuaires du Canada : Exposé annuel sur l'évolution économique, sociale et politique du Canada.
— Revue statistique annuelle des pêches canadiennes. Service des pêches et de la mer, Ottawa.
— Bulletin de service sur les industries du poisson et des produits de la mer (mensuel).
— Revue statistique annuelle des pêches par province.
— Publications de la C.I.P.A.N. (ICNAF), siège, Dartmouth : liste annuelle des bateaux supérieurs à 50 tjb, Redbooks, Rapports des rencontres annuelles entre les pays membres.
— Publications du recensement de 1971, ministère de l'Industrie et du Commerce.

Journaux — périodiques

— *Actualités marines,* Département des pêches, Québec.
— *Canadian Fisherman and Ocean Science* (mensuel), Gardenvale (Québec).
— *Fishing News International,* depuis 1913 (mensuel), 110 Fleet street, Londres.

— *La Pêche au Canada* (mensuel), ministère des Pêches et des Forêts, Ottawa, (ne paraît plus depuis 1970).
— *La Pêche maritime* (mensuel) depuis 1921, 190 bd Haussman, Paris.
— *L'Évangéline,* Moncton (N.B), De 1887 à nos jours (quotidien).
— *Le Moniteur acadien,* Shediac (N.B), 1867-1926.
— *Le Petit Courrier de la Nouvelle-Écosse* (hebdomadaire), de 1937 à nos jours.
— *Le Voilier* (hebdomadaire), de 1965 à nos jours.
— *The Sou' wester,* Yarmouth (bimensuel).
— On consultera avec intérêt les feuilles d'information publiées par le service des Pêches et de l'Environnement *(Fishermen's Information et News Release).*

Rapports

— Politique canadienne pour la pêche commerciale, 1976, ministère de l'Environnement, 78 p.
— Fisheries in the Atlantic Provinces, 1969, Atlantic Development, Background study no 3, Ottawa, 92 p.
— Rapport : Les changements qui se dessinent sur le marché américain de l'alimentation et leur importance pour les produits canadiens de la pêche au poisson de fond (novembre 1970), Direction de l'agriculture des pêcheries et des produits alimentaires, Ottawa, 68 p.
— Canadian Atlantic Offshore Fishing Vessel Conference, Montreal, Canadian Fisheries Reports no 7, octobre 1966, 442 p.
— Commission royale d'Enquête sur les perspectives économiques du Canada (1956), Imprimeur de la reine, Ottawa, 209 p.
— Costs and Earning of Selected Fishing Enterprises, ministère de l'Environnement, Ottawa.
— Rapports annuels des pêches du ministère des Pêches et de l'Environnement, Ottawa.
— Rapport annuel de l'Association coopérative des pêcheurs de l'île Lamèque (N.B).

Documents divers

— Examen des pêcheries dans les pays membres de l'OCDE : comité des pêcheries (un document annuel).
— Canada — Les Guides Bleus, Paris, Hachette, 1105 p.
— Le Canada, Larousse, «Monde et Voyages», 160 p.
— Instructions nautiques : Golfe et fleuve Saint-Laurent, Nouvelle-Écosse et baie de Fundy, Service hydrographique de la marine, Série G, vol. II.
— Ice Observations, Eastern Canadian Seaboard, ministère de l'Environnement (un recueil par an).
— Food Fish Situation and Outlook, U.S. Department of Interior, Washington.
— The Grand Manan Historian, Publications de 1965 (14 numéros).
— Dictionnaire de la géographie, George P., Paris, P.U.F., 1970, 448 p.

— Vocabulaire franco-anglo-allemand de géomorphologie. Baulig H., Ophrys, 05 GAP 230 p.

Films documentaires

Films de l'O.N.F (Office national du Film) se rapportant aux pêches canadiennes et à la région des Maritimes.
— Les climats de l'Amérique du Nord (16').
— L'homme et le froid (35').
— Phénomènes atmosphériques (12').
— Métamorphoses dans les Maritimes (13').
— L'Anse Tabatière (29').
— Les Acadiens de la dispersion (118').
— Les pêcheurs (21').
— Les pêcheries (34').
— Les coopératives (16').
— La flottille blanche (15').
— Les crevettes (9').
— Îles de la Madeleine : les pétoncles (16').
                                      la pêche côtière (17').
                                      la pêche hauturière (22').
                                      les usines à poisson (21').
— Les algues marines (21').
— La détection du poisson par l'électronique (17').
— Le homard, c'est notre affaire (19').
— Le *Nancy J* ne pêchera plus (21').
— Le poisson, denrée périssable (14').
— Sous dix pieds d'eau (17').
— Richesses de la terre (15').
— Terra Nova (19').

TABLE DES ILLUSTRATIONS

TABLE DES FIGURES

TABLE DES CARTES

TABLE DES MATIÈRES

Achevé d'imprimer au mois d'octobre 1983
par l'imprimerie commerciale Le Courrier de Saint-Hyacinthe

LES PRESSES DE L'UNIVERSITÉ DE MONTRÉAL
C.P. 6128, succ. «A», Montréal (Québec) Canada   H3C 3J7

EXTRAIT DU CATALOGUE